제주기독교회사
ⓒ한국기독교사연구소 2023

2008년 9월 20일 1판 1쇄 발행
2008년 10월 10일 1판 2쇄 발행
2017년 11월 30일 2판 1쇄 발행
2023년 3월 1일 3판 1쇄 발행

지은이: 박용규
펴낸이: 박용규
펴낸곳: 한국기독교사연구소
등 록: 2005. 10. 5. 등록 25100-2005-212호
주 소: 서울시 마포구 합정동 376-32(122-884)
전 화: 02) 3141-1964
이메일: kich-seoul@hanmail.net

기획편집: 한국기독교사연구소
디 자 인: 김은경
인   쇄: 아람 P&H

ISBN 979-11-87274-06-3 (03230)

저작권자의 허락 없이 이 책의 일부 또는 전체를 무단 복제,
전재, 발췌하면 저작권법에 의해 처벌을 받습니다.

제주선교 100주년 기념

제주 기독교회사
濟州基督敎會史

| 박용규 지음 |

한국기독교사연구소
The Korea Institute of Church History

| 추천사 |

　척박한 제주 땅, 미신과 우상숭배가 팽배한 제주 땅에 하나님의 진리의 말씀이 들어간 지 100년이 되는 해입니다. 한국 그리고 기독교의 역사에서 너무 자주 소외된 제주도지만 하나님의 진리의 손길에서 소외되진 않은 땅이었습니다. 그렇기에 지난 100년 동안 한국 본토의 놀라운 부흥의 역사가 제주도에서도 반복됐습니다.
　그러나 제주도는 너무 자주 한국의 역사, 그리고 한국 기독교의 역사에서 소외됐기 때문에, 제주도에서 복음을 전한 위대한 손길들도 잊혀질 위험이 있습니다. 그럼에도 불구하고 그들이 흘린 피와 땀이 소중하기에, 그리고 그들이 일구어낸 밀알들이 우리 주님에게 큰 기쁨이 되었기에 이번 대한예수교장로회 총회는 제주도에서 열렸습니다.
　이 시점에서 한국교회 역사신학 학계의 거장이시며 양심의 소리이신 박용규 목사님이 제주기독교회사를 집필하신 것은 큰 의미가 있다고 봅니다. 박용규 목사님의 예리한 영적 그리고 역사적인 눈길로 제주도 교회사를 살펴봄으로서 우리에게 많은 깨달음을 줍니다. 기독교가 한국에서 쇠퇴하고 있는 이때 어떻게 우리의 신앙의 선조들이 척박한 제주도의 영적인 풍토에 진리의 씨앗을 심었는지 알아봄으로써 현재의 기독교인들 그리고 목회자들이 이 시대의 척박한 영적인 상황들을 헤쳐 나갈 지혜를 얻을 것임을 기대합니다.
　아직도 제주도에는 하나님의 진리보다 다른 진리를 찾는 사람들이 많습니다. 아직도 하나님의 교회가 다른 지방보다 약하다는 것은 제주도의 슬픈 현실입니다.

　그러나 제주선교 100주년을 맞아 이번 총회와 박용규 목사님의 저서가 계기가 되어서 다시 제주도에 그리고 더 나아가 온 대한민국에 부흥의 불길이 일어나길 간절히 기도합니다.

2008년 9월
최병남 목사
대한예수교장로회 총회장
대전중앙교회 담임목사

| 3판을 출간하면서 |

　제주기독교회사 3판을 출간하게 되었다. 3판은 몇 가지 점에서 그 동안 부족했던 부분을 보완했다.
　첫째, 본문에 인용된 한문으로 된 원자료에 한글과 한문을 병기하여 독자들이 읽기 쉽게 다듬었다. 책 제목이 한문으로 된 것은 본래 한문 제목 그대로 수록했다.
　둘째, 몇 곳의 오자 탈자와 연도를 수정하여 역사적 사실의 신뢰성을 높이려고 했다.
　셋째, 몇 개의 용어를 현대적으로 수정하여 가독성을 높이려고 했다. 3판은 2판에 비해 페이지가 약간 늘어났다.
　제주기독교회사는 어쩌면 변방의 역사, 주목 받지 못한 역사였다. 하지만 제주기독교는 평양대부흥운동의 영광스러운 결실이었다는 점에서 한국기독교회사에서 빼놓을 수 없다.
　제주선교역사를 온 몸으로 써 내려간 이기풍 선교사와 이선광 선교사를 비롯한 초기 개척선교사들과 동역자들 그리고 그들을 온 힘을 다해 후원한 총회 노회 개교회 목회자들과 교우들, 그 바턴을 이어 일제 강점기와 4·3의 수난의 역사를 겪으면서 오늘의 제주 기독교회를 세워간 수많은 이들의 희생과 헌신과 노고에 다시 깊이 감사드리며 하나님께 모든 영광을 올려드린다.

2023년 2월 15일
박용규
(총신대학교 신학대학원 명예교수/한국기독교사연구소 소장)

| 서 문 |

   한국에서 가장 천대 받던 제주는 분명 수난의 땅이었고, 그 역사는 비운의 역사였다. 왜적의 침입이 끊이지 않았고 한 세기동안 몽고의 지배를 받았으며 정치범들의 마지막 유배지였다. 탐관오리들의 수탈과 학정이 끊이지 않았고, 게다가 우상과 성적 타락이 극심한 곳이었다. 확실히 제주는 침략과 수탈과 학정이 그치지 않았던 수난의 땅이었다.

   하지만 영적으로 제주는 서양문화 접촉의 길목이었고, 희망의 땅이었다. 그리고 그들의 역사는 다른 한편으로 희망과 행동의 역사였다. 왜적의 침입과 몽고의 지배, 탐관오리들의 학정 앞에 제주민들은 정의에 대한 사랑으로 불타올랐다. 고대부터 민족애와 정의감과 의협심이 남달랐던 탐라인들은 온 몸으로 불의에 맞섰다. 삼별초 항쟁, 몽고항쟁, 이재수 난, 4·3 사건에 이르기까지 그토록 민족애와 정의감에 불타올랐던 우리 민족은 그 어디에도 존재하지 않았다. 돌이켜 볼 때 그 지나온 탐라의 역사는 복음을 위한 하나의 준비 과정이었다.

   100년 전 이기풍 선교사를 통해 그곳에 복음의 씨앗이 심겨지기 시작한 것이다. 그 놀라운 하나님의 복음은 당시 한국에 와 있던 선교사들을 통해서가 아닌 가난하고 볼품없는 한국교회를 도구로 사용하셔서 전달하셨다.

   1907년 독노회, 1912년 총회, 전남노회와 전북노회, 황해노회, 순천노회를 중심으로 한 한국장로교에 의해 시작된 제주기독교는 한국전쟁 후 감리교, 성결교가 동참하고, 1960년대 이후에는 침례교, 순복음, 그리스도교 교단이 동참하는 풍요로운 선교지가 되었다. 그런 의미에서 지난 100년의 제주기독교 역사는 한국기독교회사의 모판이었다.

본서는 제주선교 100주년을 맞아 지난 100년간의 제주기독교를 역사적으로 정리한 것이다. 제주선교의 자취가 그대로 담겨 있는 독노회록, 총회록, 조선예수교장로회사기 상 하, 전라노회와 전북노회록, 황해노회록, 제주동지방회(정의)회록, 제주노회록, 제주 개교회 당회록과 제직회록은 본서의 중요한 토대가 되었다.

본서를 집필하는 과정에서 너무도 많은 이들의 사랑과 도움을 입었다. 본 연구를 착수할 수 있도록 헌신적인 지원을 아끼지 않은 대한예수교장로회 합동 제주노회와 박창건 목사님, 인천제이교회(이건영 목사님), 대전 새로남교회(오정호 목사님), 필요한 자료와 사진자료를 아끼지 않고 제공해주신 모슬포교회(손재운 목사님), 성내교회(이동준 목사님), 제주기독신문, 제주기독교 100주년기념위원회 대회장 김정서 목사님, 그리고 아트뱅크 윤형원 선생님에게 진심으로 감사드린다. 제주기독교에 대한 연구를 진행한 조천교회, 기장의 이형우 목사님, 한일장신대의 한인수 교수님, 그리고 자료 정리와 원고 교정을 도와준 김요셉 박사, 김태균, 곽미경, 총신대 신학대학원 학생들께도 감사드린다.

무엇보다 화려한 육지의 목회를 뒤로하고 이름 없이 빛도 없이 "고난 중의 희망"으로 대변되는 제주선교를 위해 혼신을 다해 섬겨온 이기풍, 이선광, 윤식명, 임정찬, 이경필, 이도종을 비롯한 믿음의 선배들과 그 뒤를 이어 묵묵히 제주선교를 담당하고 있는 제주의 목회자들과 성도들에게 깊은 감사를 드린다.

우리는 지금 민족 통일과 아시아와 세계선교로 향하는 새로운 세기를 열어가는 역사의 길목에 서 있다. 하나님께서 두 손 들어 "수난의 땅 비운의 역사 제주"를 "약속의 땅, 희망의 역사 제주"로 온전히 축복하실 것을 믿으며 하나님께 모든 영광을 돌린다.

2008년 8월 15일

박용규

(총신대학교 신학대학원 역사신학 교수/한국기독교사연구소 소장)

목차

추천사 · 5

서문 · 7

서론 · 15

제 I 부 제주선교를 위한 하나님의 준비(-1908)

제 1장 수난의 땅, 비운의 역사 제주 ·············· 27
    1. 탐라 그 비운의 역사 개관 · 28
    2. 고대 제주의 역사 · 35
    3. 고려시대 탐라 · 39
    4. 조선시대 제주 · 60

제 2장 세계문화의 길목, 희망의 섬 제주(1653-1884) ·············· 72
    1. 하멜 일행의 제주 표착 · 73
    2. 바실 홀과 머리 맥스웰의 제주 연해 항해 · 83
    3. 칼 귀츨라프의 제주 연해 항해 · 87
    4. 근대서양문헌에 나타난 제주 · 90

제 3장 제주선교의 준비(1884-1908) ·············· 93
    1. 천주교의 제주선교와 신축민요 · 94
    2. 제주선교를 위한 개신교의 노력들 · 121
    3. 평양대부흥운동과 제주선교 · 124
    4. 조선예수교장로회 독노회 조직 · 126

제 Ⅱ 부 제주기독교 개척과 확장(1908-1930)

제 4장 복음의 불모지 제주에 심겨진 기독교(1908-1915) ············ 133
　　1. 이기풍 선교사 파송예배와 여정 · 134
　　2. 제주에서의 첫 선교 사역 · 140
　　3. 제주선교의 초기 결실들 · 150
　　4. 제주선교 전라노회에 이첩 · 173

제 5장 틀을 더해가는 제주기독교(1915-1922) ····················· 181
　　1. 제주선교 정책의 연속성과 변화 · 182
　　2. 겨레와 함께한 제주교회 · 197
　　3. 시련을 통해 정금같이 단련된 제주선교 · 205

제 6장 선교지 분할과 복음의 확장 ································· 224
　　1. 제주선교 분할 시대 · 225
　　2. 산북지방의 전도활동 · 228
　　3. 산남지방의 전도활동 · 246
　　4. 정의(동부)지방의 전도활동 · 253

제 7장 고난 속에서 진행된 제주선교(1922-1930) ················· 270
　　1. 제주선교의 위기 · 272
　　2. 위기를 극복하기 위한 노력들 · 278
　　3. 성내교회 사택을 둘러싼 갈등 · 282
　　4. 연합전도부 결성과 연합선교 · 288

제 8장 황해노회 철수 후 제주선교의 침체(1922-1930) ············ 301
　　1. 제주 산북지방 선교 · 302
　　2. 산남지방 선교 · 317
　　3. 동부(정의)지방 선교 · 325

제 Ⅲ 부 영광과 고난의 제주기독교(1930-1945)

제 9장 제주노회의 분립: 자립의 길, 고난의 길(1930-1938) ········ 339
　　1. 제주노회의 조직과 의미 · 340

2. 제주노회 조직 후 교회에 찾아온 변화들 · 349
3. 제도적 틀을 견고하게 다지는 제주교회 · 368
4. 눈에 띄는 영적 질적 변화와 교회성장 · 383

제 10장 제주노회의 신사참배 결정과 교회의 변화(1938-1945) ····· 396
1. 제주노회의 신사참배 결정 · 397
2. 신사참배 결정 이후 계속되는 배도 · 406
3. 일제의 시녀로 전락한 제주교회 · 423

제 Ⅳ 부 해방 후 제주기독교(1945-1960)

제 11장 해방과 이데올로기의 대립(1945-1950) ························ 439
1. 해방 후 좌익과 우익의 대립 · 441
2. 해방 후 제주교회 · 448
3. 비극의 4·3 사건 · 453
4. 4·3 사건과 제주기독교의 부흥 · 470

제 12장 한국전쟁과 제주기독교 부흥(1950-1960) ···················· 491
1. 한국전쟁과 제주기독교 · 493
2. 제주장로교의 분열 · 523
3. 감리교와 성결교의 제주선교 · 540

제 Ⅴ 부 한국근대화 시대 제주기독교(1960-2008)

제 13장 한국근대화 시대 제주기독교(1960-현재) ······················ 581
1. 근대화 시대 제주기독교 성장과 발전 · 582
2. 성장의 가도를 달리는 제주 천주교 · 618
3. 제주기독교의 침체, 과제, 그리고 전망 · 631

맺는 말 · 644

부록 · 651

참고문헌 · 679

색인 · 687

서 론

> 오직 성령이 너희에게 임하시면 너희가 권능을 받고 예루살렘과 온 유대
> 와 사마리아와 땅 끝까지 이르러 내 증인이 되리라 하시니라.
>
> 사도행전 1장 8절

2008년은 제주선교 100주년을 맞는 해이다. 1907년 평양대부흥운동이 일어나던 그 해 개최된 제 1회 독노회의 결정에 따라 이기풍 선교사가 제주에 파송되었다. 이기풍 선교사는 1908년 1월 평양 장대현 교회에서 길선주 목사의 설교로 파송예배를 드리고, 서울과 목포를 거쳐 제주도에 도착했다.[1]

첫 독노회가 조직 되면서 해외선교를 착수하기로 결정한 것은 세계에서 유래를 찾을 수 없는 일이다. 한국교회는 처음부터 선교하는 교회로 시작했다. 복음의 빚진 자의 본래의 사명을 충실하게 감당하겠다는 결연한 의지를 표출한 것이다. 성령이 너희에게 임하시면 권능을 받고 예루살렘과 온 유대와 사마리아와 땅 끝까지 이르러 내 증인이 되리라고 말씀하신 그대로 오순절 성령강림을 경험한 이들이 예루살렘, 온 유대, 사마리아를 넘어 땅 끝까지 선교적 사명을 감당한 것처럼 1907년 평양대부흥운동이 놀랍게 임하고 그 부흥의 열기는 선교로 이어졌다.[2]

놀라운 부흥운동의 현장에서 은혜를 경험한 일곱 명이 목사 안수를 받고 그 가운데 이기풍 선교사가 제주도에 파송되었다. 제주선교

---

1) 박용규, **평양대부흥운동** (서울: 생명의말씀사, 2007), 684.
2) 박용규, **평양대부흥운동**, 684.

는 평양대부흥운동의 결실이었고, 선교로 시작한 한국교회의 모델이었다. 제주선교 역사는 곧 한국선교 역사였다. 한국선교의 영광과 고난을 동시에 간직한 곳이 제주였다. 제주선교는 다음 몇 가지 점에서 한국교회사적으로 중요한 의미를 지닌다.

첫째, 제주선교는 사도행전 이후 가장 놀라운 평양대부흥운동의 결실이다. 1907년 1월 14일과 15일 평양 장대현 교회에 윌리엄 뉴톤 블레어가 '한국의 오순절'이라고 부른 놀라운 성령의 역사가 임했다. 그것은 사도행전 이후 가장 강력한 성령의 역사였다. 사람들은 자신들의 내면의 죄를 통회하지 않을 수 없었고, 성령의 강권적인 임재의 역사가 온 회중을 온전히 사로잡았다. 한국선교 불과 25주년 만에 한국은 놀라운 부흥을 경험한 것이다. 그것은 미국의 1차 대각성운동과 견줄 수 있는 견실하고 건강하고 참된 부흥이었다.

그 놀라운 부흥운동의 진원지는 평양이었고, 그 주역들은 평양장로회신학교 재학생들이었다. 길선주와 다른 일곱 명의 목사 안수를 받은 이들은 모두 부흥운동의 영향을 받은 이들이었다. 스왈른(W. L. Swallen)의 말대로 한국교회로 파송하기 전 그들을 성령으로 기름 부으신 것이다.3) 부흥운동과 선교의 만남은 기독교 역사 속에서 얼마든지 찾을 수 있는 특징이었다. 할레 공동체와 해외선교, 모라비안 공동체와 해외선교, 미국의 1차 대각성운동과 2차 대각성운동, 무디 부흥운동과 국내외 선교는 가장 대표적인 사례들이라 할 수 있다.4)

1907년 놀라운 부흥이 장대현교회에 임했고, 얼마 후 평양신학교에 임했다. 바로 그해 이기풍은 평양신학교 졸업반이었고, 평양대부흥운동의 주역이었던 길선주 역시 평양신학교 졸업반이었다. 놀라운

---

3) W. L. Swallen, "God's Work of Grace in Pyeng Yang Classes," *KMF* Vol. 3 No. 5 (May 1907): 80.
4) Paulus Scharff, *History of Evangelism* (Grand Rapids: Eerdmans, 1964), 70-73, 58-61; Gerald Cragg, *The Church and The Age of Reason*, 근현대교회사 (서울: 크리스챤 다이제스트사, 1999), 176-177; John Polluck, *Moody The Biography* (Chicago: Moody Press, 1983); 박용규, 근대교회사 (서울: 총신대학교 출판부, 2005), 212.

성령의 기름 부으심은 한국교회에 민족복음화와 해외선교에 대한 사명감을 더욱 고취시켜 주었다.5) 1907년 1월 14일과 15일 평양대부흥운동의 촉발, 4월 첫 주 평양신학교 재학생들의 놀라운 부흥의 경험, 1907년 9월 독노회 조직과 제주선교 이기풍 선교사 파송 결정, 그리고 장대현교회에서 1908년 1월 이기풍 선교사를 제주에 파송한 것으로 이어지는 일련의 과정은 평양대부흥운동과 제주선교와의 깊은 연계성을 그대로 대변해 준다. 평양대부흥운동을 경험한 이기풍이 평양대부흥운동의 주역 길선주에 의해 평양대부흥운동의 진원지 장대현교회에서 파송예배가 드려진 것이다.

둘째, 제주선교는 한국교회가 처음부터 선교하는 교회로 출발했음을 의미한다. 1907년 9월 독노회가 조직되면서 독노회는 제주선교사 파송이라는 가장 중요한 결정을 한 것이다. 1884년 9월 20일 시작한 한국기독교가 불과 23년 만에 독노회를 조직하고, 첫 교회를 조직하는 역사적인 시간에 선교를 착수한 것이다. 한국교회는 그런 면에서 특별한 교회였다. 짧은 시간에 그토록 놀라운 선교의 기적을 이루었는가 하면, 어느 나라에서도 경험할 수 없는 강력한 영적각성운동을 통해 성령의 기름 부으심을 경험했고, 새로 조직되는 교회가 복음의 빚진 자의 사명을 감당하기 위해 선교를 결정한 것이다.

이것은 일방적인 강요에 의한 결정이 아니었다. 선교사들과 한국인들이 하나 되어 어우러진 결정이었다. 그리고 즉흥적인 결정이 아니라 이미 하나님 앞에 기도해 온 기도의 제목이었다. 이미 평양대부흥운동 기간에 한국에 와서 그 놀라운 부흥을 경험한 중국 조나단 고포스(Jonathan Goforth, 1859-1936)와 그 일행이 부흥을 목도하고 돌아가 보고할 때 가는 곳마다 놀라운 부흥이 임했다는 사실을 고려할 때6) 평양대부흥운동을 통해 한국교회의 해외선교는 이미 착수한 셈이나 마찬가지이다. 하나님께서 먼저 부흥을 주시고 이어

---

5) 박용규, 평양대부흥운동, 304-308.
6) Jonathan Goforth, *When the Spirit's Fire Swept Korea* (Grand Rapids: Zondervan, 1943), 7.

자연스럽게 선교를 진행하신 것이다. 1907년 이기풍의 제주도 파송도 같은 맥락에서 이해할 수 있을 것이다. 제주선교는 선교사들의 결정이 아니라 한국교회의 결정이었다. 그런 의미에서 제주선교는 1890년부터 채택한 네비우스 선교정책, 자립·자치·자전을 실천하는 한국교회 선교의 모델이었다.7) 한국인에 의한 한국선교를 강조해 온 선교사들의 가르침이 한국교회 안에 구체적인 결실로 이어진 것이다.

셋째, 제주선교 100년은 곧 한국선교 100년을 의미한다. 제주선교는 해외선교의 시발로 오늘날의 한국선교의 기적의 씨앗이었다. 오늘날 한국교회는 미국에 이어 두 번째로 많은 선교사를 해외에 파송한 나라가 되었다. 전 세계에 한국의 선교사들이 가지 않은 곳이 없을 정도이다. 1908년 이기풍을 제주도에 파송한데 이어 1908년 일본에 한석진을, 1909년에 최관흘을 해삼위에, 그리고 1913년에 박태로, 사병순, 김영훈을 만주에 파송했다.8)

그 저력은 일제 강점기에 활발하지 못하던 선교가 다시 해방과 더불어 특별히 1960년대 이후 경제발전과 더불어 수많은 선교사들을 해외에 파송하는 나라가 되었다. 해외에 수많은 선교사를 파송할 수 있는 나라가 되려면 그만큼 경제적인 뒷받침이 되지 않으면 안 된다. 이를 위해 하나님께서는 놀라운 경제적인 축복을 주셨다. 그런 면에서 한국선교와 경제발전은 모종의 함수 관계를 갖고 있다. 기독교 역사를 살펴보면 하나님께서는 선교하는 교회와 민족을 축복해오셨다. 처음부터 선교하는 교회로 출발한 한국교회는 오늘날 선교 강대국으로 성장할 수 있었다.

제주선교 100주년은 곧 한국해외선교 100주년을 의미한다는 측면에서 지난 100년간의 제주기독교 역사를 정리하는 일은 한국교회사적으로 너무도 중요한 의미를 지닌다.

---

7) Charles Allen Clark, 한국교회와 네비우스 선교정책 박용규·김춘섭 역 (서울: 대한기독교서회, 1994), 192-202를 보라.
8) 박용규, 한국기독교회사 2권 1910-1960 (서울: 생명의말씀사, 2004), 98-110.

본고는 제주기독교 100년을 역사적으로 정리한 것이다. 단순한 역사 정리 차원을 넘어 전체 한국교회사적으로 제주기독교가 갖는 의미를 기술하려고 했다.

돌이켜 보면 제주기독교의 역사는 뚜렷한 역사적 분기점이 있었다. 이기풍이 파송된 1908년부터 윤식명이 전라노회의 파송을 받고 입도한 1914년까지, 윤식명이 입도한 1914년부터 황해노회가 제주선교를 철수한 1922년까지, 황해노회가 제주선교를 철수한 1922년부터 제주노회가 전남노회에서 분립되던 1930년까지, 제주노회가 조직되고 1930년부터 해방을 맞던 1945년까지, 이데올로기 대립이 정점에 달하던 1945년 해방부터 1950년까지, 1950년 한국전쟁과 다양한 교파와 교단이 제주선교를 진행하던 1960년까지, 그리고 부흥, 성장, 정체로 특징되는 1960년부터 지금까지로 대별할 수 있다. 각 기간에는 나름대로 뚜렷한 특징들이 존재했다.

1908년부터 이기풍이 파송되고 윤식명이 입도하던 1914년까지 이기풍이 제주선교를 주도하는 시대였다. 물론 이기풍 혼자 제주선교를 감당한 것은 아니지만 윤식명이 파송될 때까지 제주노회의 치리권은 이기풍이 담당하고 있었고, 그가 설립한 거의 모든 교회를 이기풍 혼자 치리하고 목양해야 했다. 그런 면에서 이기풍은 제주선교의 개척자임에 틀림없다.

1914년부터 1922년까지 제주는 전남노회와 전북노회 그리고 황해노회가 분담하는 선교지역이 되었다. 총회에서 제주선교를 인계받은 전라노회, 후에는 전라노회가 전북노회와 전남노회로 분립되어 전남과 전북노회가 공동으로 추진하다 황해노회가 동참하면서 제주선교는 세 노회가 참여하는 선교지역이 된 것이다. 분명 1914년 윤식명의 입국과 이어 1917년 제주선교에 황해노회가 동참하면서 제주선교에 새로운 변화가 일었다. 윤식명의 입국으로 선교지 분할이 책정되었고, 이어 황해노회가 제주선교를 시작하면서 전남노회, 전북노회, 그리고 황해노회가 제주도를 각각 나누어 선교를 했고, 영역적으로 황해노회는 제주지역의 반을 감당했다. 정의지방을 담당한 임정찬이 맡은 선교지역은 제주의 반에 해당했다. 그러다 황해노회가 제주선교를 포기하고 철수하면서 제주선교는 위기를 맞이하기 시작했다.

1922년부터 1930년까지는 제주선교에 있어서 가장 큰 위기의 기간이었다. 황해노회가 전담하던 제주선교지역이 황해노회가 갑자기 철수하면서 그 지역 선교를 담당할 주체를 상실한 채 오랫동안 방치되고 말았다. 물론 그 지역을 전남노회가 계승하여 순회선교를 하기도 하고 때로는 일시적으로 그 지역을 전담할 선교사가 파송되기도 했지만 지속적이지도 일관되지도 못했다. 결국 그 지역은 오랫동안 영적으로 황폐해지고 말았다. 지도자를 상실한 교회들이 자립의 길을 걸어가기에는 너무도 힘겨웠다. 확실히 이 시대 제주지역의 황폐는 선교를 착수한 교회에 그 책임이 있었다. 만약 황해노회가 제주선교를 포기한 후 총회가 바로 그 지역의 선교를 인수받아 추진했다면 결과는 훨씬 더 긍정적이었을 것이다.

1930년 노회가 조직된 후부터 해방을 맞던 1945년까지 제주는 제주노회 시대를 열어갔다. 제주는 1930년 노회가 조직된 후 새로운 시대를 맞았다. 외부의 도움이 거의 전무했지만 환경을 이겨내는 교회의 체질은 더욱 견고해졌다. 힘든 상황을 이겨내기 위해 어느 지역보다 노회가 자주 열렸고, 현안의 문제들을 함께 머리를 맞대고 숙의했다. 비교적 다툼과 갈등이 적었고, 의견의 통일이 쉬웠다. 노회에는 담임목사가 있는 교회만 참석한 것이 아니라 담임목사가 공석인 교회, 비록 장로는 있지만 담임이 없는 교회들 가운데서도 장로들이 노회에 참석하여 하나의 일원으로 노회의 현안들을 함께 처리하면서 공동체 의식을 가졌다. 노회가 조직된 후 제주교회들은 이전과 다를 것이 없었지만 외적인 환경을 극복하는 체질이 더욱 견고해졌다. 1930년부터 1945년까지 제주교회는 비록 교회 수로는 17개에서 24개 교회로 별로 발전하지 못했지만 개교회들은 견고해졌다.

그러다 1938년 제주노회가 신사참배를 결정하면서 제주에 새로운 시대가 열리고 말았다. 그것은 영적으로 배도의 길을 걷기 시작한 것이다. 그 배도의 길은 한국교회가 전철을 밟았던 대로 곧 제주교회의 영적 침체로 이어졌고 다시 교세의 하락을 낳았다.[9] 그로 인해 제주교회는 곧 닥쳐올 태평양 전쟁과 그로 인해 제주가 전쟁기지로 돌변하게 되는 고난의 시대를 대비할 수 없었다. 또다시 제주는 수난의 늪으로 빠져야 했고, 1948년 4·3 사건이라는 엄청난 고난을 겪어야 했다.

1945년부터 현재까지 제주의 기독교 역사는 부흥과 성장과 정체의 단계를 거치며 한국기독교 전체가 만난 역사를 공유하였다. 1945년 이후 제주기독교는 비로소 선교지라는 탈을 벗고 한국교회의 당당한 일원으로 발전할 수 있었다. 4·3 사건과 한국전쟁은 세상적으로 민족 비극의 사건이었지만 이를 계기로 놀라운 부흥이 일어나 제주기독교를 한 단계 도약시키는 전기가 되었다.

제주기독교는 1960년대 이후 한국교회의 신앙운동에 참여하여 한국교회의 흐름을 공유하면서 계속 발전했다.

이런 제주기독교 역사 전반을 고려하여 본서는 제 Ⅰ부 제주선교를 위한 하나님의 준비(-1908), 제 Ⅱ부 제주기독교 개척과 확장(1908-1930), 제 Ⅲ부 영광과 고난의 제주기독교(1930-1945), 제 Ⅳ부 해방 후 제주기독교(1945-1960), 그리고 제 Ⅴ부 한국근대화 시대 제주기독교(1960-2008)로 대별하였다.

제 Ⅰ부 "제주선교를 위한 하나님의 준비(-1908)"에서는 제주선교가 시작되기 이전까지 수난의 땅, 비운의 역사 제주, 매력의 땅, 희망의 섬 제주, 제주선교의 준비를 고찰하였다.

제 Ⅱ부 "제주기독교 개척과 확장(1908-1930)"에서는 이기풍 선교사가 입도하여 선교를 착수한 1908년부터 제주노회가 조직되던 1930년까지 복음의 불모지에 심겨진 제주기독교(1908-1915), 틀을

---

9) 박용규, 평양산정현교회 (서울: 생명의말씀사, 2006), 318-326.

더해가는 제주기독교(1915-1922), 선교지 분할과 복음의 확장, 고난 속에서 진행된 제주선교(1922-1930), 그리고 황해노회 철수 후 제주 선교의 침체를 살펴보았다.

제 Ⅲ부 "영광과 고난의 제주기독교(1930-1945)"에서는 1930년 제주노회가 조직되고부터 1945년 해방을 맞을 때까지 영광과 고난의 제주기독교 역사를 제주노회의 분립: 자립의 길, 고난의 길(1930-1938)과 제주노회의 신사참배 결정과 교회의 변화(1938-1945)로 대별하여 고찰하였다.

제 Ⅳ부 "해방 후 제주기독교(1945-1960)"에서는 1945년 해방부터 1960년까지 제주기독교의 성장과 발전의 역사를 해방과 이데올로기의 대립(1945-1950), 한국전쟁과 제주기독교 부흥(1950-1960)으로 조명하였다.

제 Ⅴ부 "한국근대화 시대 제주기독교(1960-2008)"에서는 1960년대 이후 제주기독교의 다양한 변천을 추적하였다.

마지막 맺는 말에서는 본 연구를 통해 발견된 몇 가지 중요한 결론들을 기술하였다.

한국교회는 제주선교 100주년을 새로운 100년을 향한 도약의 기점으로 삼아야 할 것이다. 제주선교 100주년을 맞는 2008년 예장통합총회, 예장합동총회, 기장총회, 그리고 예장합신총회 등 한국장로교단들이 같은 기간 제주에서 총회를 연 것은 참으로 의미가 깊다. 1907년 독노회에서 시작된 한국의 장로교단이 제주선교 100주년을 맞아 같은 기간 제주에서 총회를 갖고 총회 기간 중 한 자리에 모여 하나님께 영광을 올려드리며 예배를 드리기로 한 것은 신사참배 문제, 신학적인 이유, 에큐메니칼 이슈 등으로 분열을 맞은 한국장로교회가 본래의 한 뿌리로 거슬러 올라가 화합과 일치를 위한 아름다운 모습을 한국교회에 보여주는 참으로 고무적인 일이다. 올해는 한국교회사에 소중한 한 해로 기억될 것이다. 제주선교가 한국교회를 한 단계 도약시키는 계기가 된 것처럼 한국교회는 제주선교

100주년을 맞는 2008년 한 단계 도약하는 계기가 될 것으로 예견된다.

하나님께서 행하신 놀라운 역사를 정리하는 일이야말로 중요한 교회의 과업이 아닐 수 없다.10) 제주기독교 역사에 대한 통일된 작업은 지난 100년의 역사를 정리하고 다음 100년을 준비하는 차원에서도 필요하다.11) 본서가 이를 위한 작은 출발이 되었으면 좋겠다. 부족한 본서를 출간하면서 부끄럽기 그지없다. 앞으로 학자들에 의해 제주기독교 역사에 대한 무게 있는 통사가 나오기를 간절히 고대한다.

---

10) 제주선교 100주년을 맞아 역사에 대한 복원 움직임이 조금씩 일고 있는 것은 감사한 일이다. "첫 예배 처소 복원할 의향 있다." 제주기독신문, 2007년 2월 3일 4면; "이선광 여선교사 기념교회 건립," 제주기독신문, 2007년 2월 17일 1면.

11) "제주 초대교회사 만큼은 교단 연합 집필 바람직," 제주기독신문, 2007년 2월 3일 1면.

제 I 부

제주선교를 위한 하나님의 준비(-1908)

모든 역사적 사건들이 그렇듯이 제주선교 역시 하루아침에 시작된 것은 아니다. 하나님께서는 오랫동안 제주선교를 준비해 오셨다. 복음의 불모지 척박한 그 땅에 시련과 고난과 역경과 연단의 오랜 세월을 통해 주민들의 심령을 가난할 대로 가난하게 만드셨다. 그런 후 때가 차매 본격적으로 선교를 착수하게 하셨다.

제 1장 수난의 땅, 비운의 역사 제주
제 2장 세계문화의 길목, 희망의 섬 제주(1653-1884)
제 3장 제주선교의 준비(1884-1908)

제 1 장
수난의 땅, 비운의 역사 제주

> 제주의 역사는 한마디로 곤란과 시련 및 수탈의 역사였으며 처절한 생존 투쟁의 역사였다.
>
> 김항원, 제주도 주민의 정체성, 1998.

제주는 한마디로 수난의 땅이었고 그 역사는 비운의 역사였다. 특별히 서양문화와의 접촉 이전의 제주의 역사는 더욱 더 그랬다. 제주는 수재(水災), 한재(旱災), 풍재(風災)로 대변되는 "三災의 섬"이라 불렸다. 그 만큼 제주는 자연의 재앙이 극심했다.[1] 게다가 탐라국 시절부터 제주는 외세의 침략이 끊이지 않았으며, 주변국들의 찬탈이 극심했고, 본토로부터 박해와 천대를 받았다. 몽고는 물론 백제, 신라, 고려, 조선에 이르기까지 조공과 공마의 착출지(搾出地)였다. 이 때문에 탐라의 원주민들은 거대한 태풍, 중단되지 않고 타오르는 한라산의 용암분출, 무서운 태풍으로 인한 풍재(風災), 갑작스런 폭풍우로 인한 침수와 수해의 자연재해가 끊이지 않는 가운데 힘겹게 외세와 맞서야 했다.

---

[1] 김봉옥, **제주통사** (제주: 도서출판 제주문화, 1990), 21.

1. 탐라 그 비운의 역사 개관

제주의 수난사는 참으로 한국사만큼이나 긴 역사를 지니고 있다. 그 수난과 비운의 역사는 지리적으로, 문화사적으로, 정치적으로 복합되어 진행되었다. 제주는 본래의 특수한 지리적 위치로 인해 육지와 달리 독특한 인종적 기원과 문화적 특성을 지니고 있다. **탐라문화사**(耽羅文化史)에서 김종업(金宗業)이 지적한 것처럼 "제주도의 원주민은 북방대륙으로부터 이주해 온 여러 종족과 주변 여러 도서지방으로부터 유리(流移)한 종족들이 합해져서 형성"되었다.2) 김항원의 말을 빌린다면 "제주도는 한반도의 서남해상에 위치하여 중국과 일본의 중간 위치에 있어서 북방문화와 남방문화를 다 받아들일 수 있었다."3)

따라서 문화사적으로 "제주도의 역사는 북방대륙계통을 주축으로 주변도서의 유표민이 혼합해서 성립되었기 때문에 북방 육지부적인 요소와 남방적인 요소를 동시에 가지고 있다."4) 그 대표적 사례가 "북방적 요소와 남방적 요소가 함께" 녹아 있는 "제주도의 선사시대인 신석기 시대와 청동기 시대의 유물과 유적"5) 이다. 선사시대의 고인돌, 혈거지, 조개무지, 석기, 토기 등의 고고학적 발견은 북방문화와 남방문화가 만난 제주의 오랜 역사를 뒷받침하고 있다.6)

육지에서 발견되는 선사시대 유물들이 제주도에서 고고학적 발굴을 통해 발견되고 있다. 1979년 제주대학교 박물관에서 발굴한 곽지리 조개무지, 1985년 북촌 고두기 언덕에서 발굴한 신석기 시대

---

2) 김종업, 탐라문화사 (제주: 조약돌, 1986), 16.
3) 김항원, **제주도 주민의 정체성** (제주: 제주대학교출판부, 1998), 56.
4) 김항원, **제주도 주민의 정체성**, 43.
5) 김항원, **제주도 주민의 정체성**, 43.
6) 지석묘(支石墓)로 일컫는 선사 시대 권력 계급의 무덤이었던 고인돌이 제주시 용담동, 삼양동, 오라 삼동, 애월읍, 대정읍, 안덕면 일대에 널리 발견되었다.

제주목 관아지 발굴

의 빗살무늬 토기와 골각기(骨角器)는 기원전 1500-1000년의 것으로 경상남도 신암리 유적에서 출토된 유적과 너무도 유사하다.[7] 이처럼 북방문화의 흔적이 너무도 뚜렷하지만 제주의 북방문화는 남방문화와 융화되어 육지의 형태와 차이가 있었다. 김병모가 "제주문화의 고고학적 성격고찰" 논문에서 밝힌 것처럼 "청동기 시대의 제주도의 고인돌은 육지의 고인돌과는 근본적으로 다른 원탁형 고인돌로서 남방계통이다."[8] 이는 제주에 표착한 여러 종족들이 외부와 교류가 차단된 가운데 절해고도(絶海孤島)인 이 섬에서 사나운 자연환경과 투쟁하며 삶을 이어가면서 자연히 여러 종족의 고유한 문화가 서로 동화융합 되어 북방문화와 남방문화의 만남이라는 제주만의 독특한 문화가 형성된 것으로 보인다.

---

7) 김봉옥, **제주통사**, 25. 1973년 애월읍 어음리 빌레못굴에서는 대륙에 서식하는 황곰 뼈의 화석이 발견되어 아주 오래 전에 제주가 섬이 아니라 대륙에 연결되어 있던 땅이었을 가능성을 제시하고 있다.
8) 김병모, "제주문화의 고고학적 성격고찰," 국제화시대의 제주도연구, 제주도연구 제4차 전국학술대회, 58; 김항원, 제주도 주민의 정체성, 44에서 재인용.

이렇게 독특한 문화가 형성된 제주의 그 역사는 탐라국으로 거슬러 올라간다. 탐라국의 기원과 관련된 설화가 있는데 제주 탄생 설화와 관련하여 널리 알려진 삼신인(三神人)에 관한 기록이 그것이다. 문종 원년(1451년)의 고려사지리지에 수록된 탐라 신화 이야기는 말 그대로 신화인지라 얼마나 신빙성 있는지는 불확실하지만 탐라선인들의 기원을 흥미 있게 전해준다는 점에서 의미가 있다. 그 핵심 내용은 다음과 같다:

> 태초에 사람이 없더니 삼신인(三神人)이 한라산 북쪽 산기슭 광양 땅 모흥혈(毛興血)에서 탄생, 강림했다. 맏이에 해당하는 장(長)은 양을나(良乙那)이다. 우암(尤岩) 송시열(宋時烈)이 이르되 삼신인이 한라산에 내려와 하나의 섬을 나누어 다스리다가 신라시대 때 이르러 양(良)을 고쳐 양(梁)이라 했다는 것이다. 그리고 풍고(楓皐) 김조순(金祖淳)의 경우는 '양을 나가 제주 한라산에서 태어나 단군(檀君)과 동시에 나라를 열고 그 후 양탕(良宕)이 신라와 비로소 통교하고서 양(梁)이라 고쳐 칭했다'고 한다. 둘째는 고을나(高乙那), 셋째는 부을나(夫乙那)라 한다. 을(乙)은 을두을파(乙豆乙巴)와 같고, 나(那)는 거서나(居西那)와 같으니, 통치자를 높이는 칭호이다.9)

고량부삼성(高良夫三姓의) 씨족 사회가 발전하여 삼씨족의 원시국가를 성립한 것이 탐라국의 기원으로 전해 내려온다.10)

탐라국은 가라국(伽羅國)과 백제(百濟)와 교통을 하며 교역과 문물교류를 통해 자연스럽게 가라어(伽羅語)의 영향을 받았다. 김공칠이 "탐라어와 반도어와의 관계"에서 지적한 것처럼 탐라국은 "가라어와 고구려어는 밀접한 관계에 있고 가라를 통하여 북방계 언어를 수입한 것"11)으로 보인다. 지리적으로 가장 가까운 백제와 사적, 공

---

9) 홍순만, **譯註 增補 耽羅誌** (제주: 제주문화원, 2005), 487.
10) 김항원, 제주도 주민의 정체성, 44.

적 교류를 통해 백제의 영향을 받았으며, 그 후 주종의 관계가 형성 발전되면서 탐라국은 백제 무령왕(A.D. 462-523) 4년 이전에 백제에 부속되었다.12) 가라와 백제의 영향만 아니라 고구려의 영향도 컸다. 제주가 고구려와 지리적으로 멀리 떨어져 있었지만 고구려어(高句麗語)가 제주의 여러 곳에서 확인되고 있다.

예를 들어 제주말의 "사돈," "우시"(상객)도 고구려 유목민족에게서 온 것이다. 제주에는 백제와 고구려의 영향을 곳곳에서 확인할 수 있다.

제주의 북방문화와의 관련성은 백제와 고구려만 아니라 신라와 그 후 건국된 고려와의 관계에서도 찾을 수 있다. 백제가 멸망한 660년 이후 신라와 접촉하면서 경주어와 신라의 문화가 탐라에 영향을 준 것으로 보인다. 고려가 건국된 후에 탐라는 고려에 예속되어 고려의 지배를 받았다.

그 후 탐라국은 고려의 간접 지배를 받았으며, 숙종 10년 1105년에는 탐라가 탐라군으로 고려의 지방행정구역에 편입되어 중앙에서 파견된 관리의 통제를 받았다. 탐라국이 완전히 해체된 것이다. 이후 고려의 불교가 제주에 들어왔고, 그 외 고려의 문화가 탐라에 영향을 미쳤다.

외세의 침략 앞에 점차 주권을 상실해 간 제주는 1270년에는 몽고군에 맞선 삼별초의 최후 항전지(抗戰地)였고, 삼별초가 진압된 뒤에는 무려 100여 년 동안 몽고의 지배를 받아야 했으며, 원이 멸망한 뒤에는 원에 충성하는 목호세력의 반란으로 또다시 전장(戰場)으로 돌변했다.

어디 이뿐인가? 고려 말부터 시작된 270여 년 간 계속된 왜구의 침입은 탐라의 생활환경을 피폐로 몰아넣었다. 그것은 단순한 시달림 그 이상이었다. 탐라의 주민들은 아무런 힘이 없는 중앙정부의

---

11) 金公七, "탐라어와 반도어와의 관계," 제주도 제 40호 (1969년 9월): 137.
12) 김항원, 제주도 주민의 정체성, 44.

보호를 받지 못한 채 스스로 방호소를 구축해 외적의 침입에 맞서야 했다. 왜구의 침입이 끊이지 않고 계속된 데다 자연재해가 무섭게 몰아쳤으며 전염병이 나돌았다.

뿐만 아니라 탐라는 역사 깊은 "정치범" 유배지였다.13) 특별히 고려가 멸망 후 이태조는 적지 않은 정적들을 제주로 유배시켰으며, 조선조에 들어와서도 제주도 유배의 역사는 끊이지 않았다. 정치에 환멸을 느끼거나 염증을 느낀 전직 관리들과 선비들이 입도(入島) 영주(永住)한 곳도 제주였다.14) 조선조에 와서 제주의 수난은 더욱 거세졌다. 정치적으로 백제, 신라, 고려에 예속되면서도 반독립국의 형태를 유지하던 제주가 조선왕조에 접어들어 행정구역이 재편되면서 강력한 중앙집권 정책의 일환으로 "일개군현"으로 전락했다. "태조는 제주도에 대해서 적극적인 내지화 정책을 썼으며 파견되는 관원의 권한도 강화되었다."15)

이 모든 것보다도 더 큰 제주민들이 당한 수난은 "출륙금지"(出陸禁止)라는 특수정책이었다.16) 인조 7년 1629년부터 순조 말 1830년까지 무려 200여 년 동안 조선은 제주도민들이 육지에 이주하여 정착하는 것을 금하는 출륙금지 정책을 실시했다. 육지로의 이주로 인구가 격감하자 보호적인 차원에서 시작한 것이지만 바다 한 가운데 위치한 절해고도의 제주에 사는 주민들은 출륙금지 정책으로 인해 외부와 단절된 소외되고 고립된 삶을 살아야 했다. 고유한 언어와 문화를 보존할 수 있었지만 지역적, 문화적 고립을 피할 수 없었고, 거주의 자유라는 가장 기본적인 생존권을 박탈당한 채 삶을 이어가야 했다. 생활기반이 갖추어진 풍요로운 땅에서의 고립이 아닌 자연재해가 끊이지 않은 척박한 땅 제주에서의 "출륙금지"는 제주

---

13) J. S. Nisbet, "Meet My Friend-Rev. Yi Ki Poong," *KMF* Vol. 24 No. 11 (Nov. 1928): 229.
14) 김항원, 제주도 주민의 정체성, 46.
15) 김항원, 제주도 주민의 정체성, 46.
16) 김항원, 제주도 주민의 정체성, 46.

도민 전체의 집단 유배나 마찬가지였다.

　순조 말 1830년 출륙금지가 해제된 후에도 여전히 제주는 고난의 역사를 계속해야 했다. 19세기 후반 조선조 말엽에 이르러 시작된 민란과 소요는 20세기 초까지 끊이지 않았다. 철종 13년 1862년에 강제검(姜悌儉)의 사건, 고종 27년 1890년 12월에 일어난 김지 사건(金志事件), 고종 33년 1896년 3월에 발생한 송계홍 사건, 광무 2년 1898년 2월의 방성칠의 난, 광무 5년 1901년 5월에 일어난 이재수의 난은 대표적인 사례들이다.17) 열악한 자연의 악재로 인한 궁핍한 경제 환경에다 지방 관리의 수탈과 탐욕, 감당할 수 없는 과징으로 인한 생존권의 위협으로 제주민들은 더 이상 학정을 견딜 수 없었다. 지난 역사가 보여주듯 거의 대부분의 제주에서 일어난 민란의 시발은 개인의 영웅심이나 권력욕이 아닌 사회정의 공분(公憤)에서 발원하였다.

　20세기에 접어들어서도 그 비운의 역사는 그치지 않았다. 1905년 을사늑약, 1907년 고종의 퇴위, 1910년 한일합병으로 이어지는 일제의 조선 강점과 그 후 이어진 일제의 조선 지배는 제주의 수난을 더욱 부채질했다. 오랫동안 제주를 탐냈던 일본은 제주의 군제를 폐지하고 도사제(島司制)를 실시해 제주를 일제 수탈을 위한 어업기지로 전락시켰고, 제주도를 전라남도에 완전히 예속시켜 경제수탈의 대상으로 삼았다. 한반도 전체가 일제의 수탈 대상이었지만 제주는 유독 더 심했다. 더욱이 1942년 태평양 전쟁이 한창 절정에 달할 때 제주는 일제의 전쟁기지로 전락해 제주도의 생활상은 말 그대로 피폐하기 그지없었다. 제주도민들은 형언할 수 없는 비참한, 언제 끝날지 모르는 어두운 터널을 계속 달려온 것이다.

　1945년 8월 15일 해방 후에도 제주에는 여전히 수난의 역사가 계속되었다. 1946년 8월 1일 제주도가 도(道)로 승격되었지만 좌익과 우익의 대립이 끊이지 않았고, 급기야는 1948년 4월 3일 4·3 사건

---

17) 김종업, 탐라문화사, 150.

이 발생하여 수 만 명이 생명을 잃었다. 사랑하는 부모, 형제자매, 일가친척들, 이웃, 친구와 생이별하지 않은 사람이 거의 없을 정도였다. 이 사건은 김항원의 말대로 "제주도의 현대사에서 지울 수 없는 큰 상처"로 제주의 "정치, 경제, 사회, 문화 모든 면에 영향"을 미쳤다. 무엇보다 "이 사건은 정치와 행정에 대한 깊은 불신감을 심어주는 계기"[18]로 작용했다.

게다가 자연의 재해는 제주민들에게 세상적인 표현을 빌린다면 피할 수 없는 숙명이었다. 지리적으로 제주는 화산지형으로 하천은 거의 건천이며 영구류수천은 희귀하다. "제주도에는 30여개의 하천이 북류 또는 남류하며 동 서부 지역에서는 하천이 거의 형성되지 않는 것이 특징이다. 이들 하천의 대부분은 강우 시 일시에 흘러내리는 이른바 건천이며 연중 물이 흐르는 하천은 7-8개"에 불과하다.[19] "토양은 화산회토로서 돌이 많고 물이 땅 속으로 쉽게 스며드는 핍수 지역의 하나가 되어 물이 귀하여 제주도의 농업적 토지이용은 전작지가 될 수밖에 없었다. 토질은 척박하여 토지 생산성이 낮았다. 밭농사만을 가지고는 살아갈 수 없는 조건이기 때문에 여자들은 잠수를 하고 남자들은 어업에 종사해서 생활에 도움을 주어야 했다."[20]

매년 7월부터 9월 사이에 무서운 태풍이 제주를 강타했다. 1945-1986년 사이의 42년간 60개의 태풍이 제주도에 영향을 미쳤는데, 7월과 9월 사이에 53개의 태풍이 영향을 미쳤으며 이중 30개가 8월에 일어났다.[21]

제주에 외세의 침입, 탐관오리의 수탈과 학정, 이에 대한 민중의 항거, 게다가 자연의 재해는 너무도 오랜 역사 동안 중단되지 않고 계속되었다. 그 수난의 역사는 일제의 식민지배, 해방 후로 이어진

---

18) 김항원, 제주도 주민의 정체성, 49.
19) 김항원, 제주도 주민의 정체성, 53.
20) 김항원, 제주도 주민의 정체성, 53.
21) 김항원, 제주도 주민의 정체성, 54.

20세기 현대에서도 그치지 않았다. 제주는 한 마디로 수난의 땅이었고 그 역사는 비운의 역사였다. 수난의 땅 제주의 사람들은 그 비극의 역사를 비분으로 껴안고 살아가야 했다. 이제 그 비운의 역사, 그것은 제주도민들의 삶의 일부가 되었다.

2. 고대(古代) 제주의 역사

수난의 땅 제주에 대한 기록은 참으로 오랜 역사로 거슬러 올라간다.[22] 중국 진(晉) 나라의 진수(陳壽, AD 233-297)가 편찬한 三國志 가운데 동이전(東夷傳) 한조(韓條) 끝에 "마한(馬韓)의 서쪽 바다에 큰 섬이 있는데 주호(州胡)가 있다. 옷은 가죽옷을 입고 소나 돼지를 즐겨 친다. 배를 타고 한중(韓中)을 왕래하며 장사를 한다"는 기록이 있다.[23] 여기 주호는 제주도를 가리킨다. 이것은 제주에 오래 전부터 사람들이 존재했음을 구체적으로 보여주는 증거이다. 제주에 언제부터 사람들이 존재했는지, 어떻게 제주에 사람들이 존재하게 되었는지에 대해서는 불확실하지만 이미 신라시대부터 제주는 신라를 위협하는 강력한 세력으로 부상했다. 다음은 삼국유사(三國遺事)에 나와 있는 제주와 관련된 기록이다:

新羅第二十七代 女王爲主 雖有道武威 九韓侵勞 若龍宮南皇龍寺
建九層塔 側隣國之災可鎭 第一層日本 第二層中華 第三層吳越 第
四層托羅 第五層鷹遊 第六層靺鞨 第七層丹國 第八層女狄 第九層

---

[22] 제주의 역사적 기원에 얽힌 여러 가지 설화들 가운데 고, 부, 양 3대 성씨에 의한 개벽설화가 있다. 고을나(高乙那)의 15대손 고후(高厚) 등 3형제가 신라에 입조, 탐라의 국호 및 벼슬을 받아 탐라국으로 독립하였고, 476년 백제와 통교하였다. 662년에 신라, 938년 고려의 속국이 되었고, 1105년 고려 숙종 때부터 군을 설치하고 직접 다스리게 되었다. 역사적 기록으로서 제주도는 고려 왕조까지는 "탐라"로 알려졌다. 제주의 옛 명칭은 도이(島夷), 동영주(東瀛州), 주호(州胡), 탐모라(眈牟羅), 섭라(涉羅), 탁라(乇羅) 등 각 시대에 따라 다양하게 불리었다.

[23] 김봉옥, 제주통사, 26.

穢貊.24)

    이것을 풀어 쓰면 이렇다. 신라 27대 선덕여왕(善德女王, 632-647)은 덕은 있으나 위엄이 없어 주변 나라로부터 업신여김을 받는 것으로 인해 고민하다 불력(佛力)에 의해 이들 세력들을 복종시키기 위해 황룡사에 9층탑을 세웠다. 이 탑 1층에는 왜(倭), 2층은 진(秦), 3층은 오월(吳越), 4층은 탁라(乇羅), 5층은 응유(鷹遊), 6층은 말갈(靺鞨), 7층은 단국(丹國), 8층은 여진(女眞), 그리고 9층은 예맥(濊貊)이었다. 이들 아홉 나라는 안홍(安洪)이 동도성립기(東都成立記)에서 신라를 침략하거나 그 가능성 있다고 거론했던 인접국들이다.25) 괴롭히는 9개 국가 중에 탁라는 4번째 국가였는데, 여기 탁라는 제주를 말한다.26)

    탁라는 탐라, 제주와 더불어 제주에 대한 명칭으로 가장 널리 사용되어온 이름이었다. 그 외 제주에 대한 명칭으로는 탐모라(耽毛羅), 섭모라(涉牟羅), 섭라(涉羅), 담라(澹羅), 둔라(屯羅), 모라(毛羅), 주호(州胡), 영주(瀛州) 등이 있다. 탁라는 '풀로 짠 옷을 입은 사람들이 사는 나라'라는 뜻이다. 또한 탐라는 '깊고 먼 바다에 있는 나라'라는 뜻으로 바다를 건너 깊은 속에 있는 나라라는 의미이다. 그리고 제주(濟州)는 '바다를 건너가는 고을'이라는 의미이다. 제주 명칭 중 하나인 영주는 중국의 신선설(神仙說)에 나온 이름이다. 이 세상에 신선들이 사는 봉래산(蓬萊山), 방장산, 영주산을 삼신산이라 불렀으며, 우리나라에서는 삼신이 금강산, 지리산, 한라산으로 금강산을 봉래산, 지리산을 방장산, 그리고 한라산으로 영주산이라 일컬어졌다.

    한국사 속에서 탐라에 대한 흔적을 찾는 것은 어렵지 않다. 삼국

---

24) 三國遺事 券 3, 塔像의 黃龍寺九層塔, 홍순만편, 增補 耽羅誌 (제주: 제주문화사, 2005), 235쪽에서 재인용.
25) 홍순만 편, 增補 耽羅誌, 486.
26) 김봉옥, 제주통사, 29.

불탑사 5층 석탑

사기(三國史記)에는 탐라국이 등장한다. 탐라에 대한 기록은 백제와 관련하여 제일 먼저 등장하고 있다. 지역적으로 가장 가까운 곳이었기 때문에 탐라와 백제와는 일찍이 정치 역학 관계상 주종의 관계가 성립되지 않을 수 없었던 것으로 보인다. "백제 문주왕(文周王) 2년(476년)에 탐라국(耽羅國)에서 토산물을 바쳤으므로 왕은 기뻐하여 탐라왕(耽羅王)을 좌평(佐平)으로 삼고, 사자(使者)에게도 관작(官爵)을 내려 은솔(恩率)로 삼았다"[27]는 기록이 있다. 좌평은 백제의 1등 품계였다는 사실을 고려할 때 탐라와 백제의 관계는 매우 친밀한 관계에 있었던 것으로 보인다. 498년 백제 동성왕(東城王) 20년에는 탐라가 조공을 바치지 않으므로 정벌하고자 무진주(武珍州-광주)까지 내려갔으나 이 소식을 들은 탐라에서 사신을 보내 사죄하여 그만두었다는 기록이 있다.[28]

그 후 662년 신라 문무왕 2년 2월에 "탐라국주 좌평(佐平) 도동

---

27) 김봉옥, 제주통사, 29.
28) 홍순만 편, 增補 耽羅誌, 489.

음률(徒冬音律)이 항복하여 왔다. 탐라는 무덕(武德) 이래로 백제에 신하로 복속한 까닭에 좌평(佐平)으로써 관호(官號)를 삼았는데 이때 항복하여 속국(屬國)이 되었다"29) 그러다 백제가 660년에 신라에 멸망하고, 그로부터 8년 후인 668년 문무왕 8년에 고구려가 신라에 멸망해 통일신라를 이룩했다. 신라로서는 명실상부 통일국가를 이룩하기 위해 679년 문무왕 19년 2월에 탐라를 경략(經略)하였다. 당시 백제가 신라에 멸망했을 때 신라에 불복하는 일부 귀족 계급이 탐라에 망명하여 백제의 부흥을 꾀하였으므로 이를 징벌하기 위한 조치였다. 802년 예장왕 3년에 탐라국이 사자를 보내 조공을 했다는 기록으로 미루어 볼 때 신라가 삼국을 통일한 후 탐라는 정기적으로 사자를 보내 신라에 조공을 바치며 신라와 통교를 계속한 것으로 보인다.30)

탐라가 신라에 조공을 바쳤지만 탐라국이라는 이름으로 중국 일본과의 교류도 활발했던 것으로 추측된다. 수나라 역사책 **수서(隨書)**에는 탐라국에 대한 기록이 선명하게 등장한다. "백제국에서 남해를 3일 가면 탐라국이 있는데 남북은 천여리이고 동서는 수백리이다. 토산물은 노루와 사슴이 많이 나고 백제 부용(附庸)했다."31) 구양수(歐陽修) 등이 저술한 당나라 역사책 **당서(唐書)**에는 신라 문무왕 1년 661년에서 663년까지 해당되는 "용삭(龍朔) 초에 탐라왕 유리도라(儒李都羅)가 사자를 보내어 입조하였고 인덕(麟德) 연간에는 탐라의 추장이 내조하여 임금을 따라 태산에 이르렀다"는 기록이 있다. 여기 인덕은 신라 문무왕 4년에서 5년까지로 664년에서 665년 사이를 말한다. 송나라 사마광(司馬光)이 저술한 **자치통감(資治通鑑)**에는 "인덕(麟德) 2년(665년)에 유인궤(劉仁軌)가 신라, 백제, 탐라, 왜(倭)의 사자를 배로 서쪽을 돌아 태산사(泰山祠)에 모이게 하였다"32)는 기록이 있다.

---

29) 김봉옥, 제주통사, 31.
30) 김봉옥, 제주통사, 31.
31) 김봉옥, 제주통사, 33.

통일신라 때 당나라와 신라가 활발한 교역을 했다는 사실은 널리 알려진 일이다. 실제로 활발한 문물교류가 이 기간에 이루어졌다. 신라에 부용된 탐라는 당과의 교류를 통해 문물을 교류하면서 활발한 교역을 했던 것으로 여겨진다. 그 증거들이 발견되었다. 1928년 8월 제주항 축조 공사장에서 발견된 한나라 화폐인 화천(貨泉), 오수전(五銖錢), 동경(銅鏡), 동검(銅劍), 석부(石斧) 등이 출토되었고, 제주시 일도동 민가의 정원 항아리 속에 오수전이 다량으로 발견된 것도 같은 맥락에서 이해할 수 있다.

세계문명의 중심지 당과의 교역은 단순히 무역만 아니라 조선술(造船術)과 항해술 전수로 이어졌을 것으로 추론한다. 탐라는 당시 중국과의 교역만 아니라 일본과의 교류도 자연스럽게 행했던 것으로 여겨진다. 일본이 당나라를 왕래하는데 탐라는 해상 통로의 요충지였다.

3. 고려시대 탐라

탐라는 고려시대에 속국의 형태를 넘어 고려의 한 영토로 편입되었다. 이것은 힘이 세진 고려의 강력한 국력에 의해 피할 수 없는 절차였다. 925년(태조 8년) 탐라는 고려 태조의 세력이 강해지자 사신을 보내 토산물을 바쳤고, 그로부터 11년 후인 936년 태조 19년에 후삼국이 통일을 맞으면서 탐라국주 고자견(高自堅)은 938년 태조 21년 12월에 태자 고말로(高末老)를 입조시켰다. 탐라는 침략과 정벌을 피하기 위해 고려와 긴밀한 관계를 자청한 것이다. 고려는 958년 광종 9년에 쌍기(雙冀)의 건의를 받아들여 과거제도를 실시하고 인재를 양성할 때 탐라인에게도 과거에 응시할 수 있도록 하였다. 그 결과 977년 경종 2년 3월에 진사시(進士試) 갑과(甲科)에

---

32) 김봉옥, 제주통사, 33.

고응(高凝) 등 3인과 을과(乙科)에 3인이 급제하였다.

고응은 예부시랑(禮部侍郞)을 지냈다. 1057년에 고유(高維)를 우습유(右拾遺)33)로 삼으려 했으나 중서성(中書省)에서 "유(維)는 가계(家系)가 탐라 출신이니 간관(諫官)으로서는 적합하지 못합니다. 그의 재주가 아까우면 다른 벼슬을 제수하소서"라고 건의하여 다른 벼슬로 옮겼고, 후에 상서성(尙書省) 정이품에 해당하는 우복야(右僕射)에 올랐다.34) 고유의 아들 고조기(高兆基)는 1107년 (예종 2년)에 문과에 급제하여 의종 때 참지정사(參知政事), 판병부사(判兵部事), 그리고 정이품에 해당하는 중서시랑평장사(中書侍郞平章事)를 역임했다. 그 외에도 고적(高適)을 비롯하여 많은 탐라 귀족들이 과거에 급제하여 높은 관직에 올랐다.

탐라와 고려는 긴밀한 유대 관계를 유지하였다. 태조는 종래의 자치권을 인정하고 고자견(高自堅)을 성주(星主)로 양구미(梁具美)를 왕자(王子)로 삼았다.35) 고려의 태조는 탐라국의 자치를 존중하는 결정을 내린 것이다. 다만 정사를 감독하기 위해 구당사(勾當使)를 파견했다. 구당사는 직접 민정(民政)에는 관여하지 않고 정사 연락 업무를 담당했다. 탐라 성주에게 무장계급(武將階級)을 수여하여 변방을 지키게 한 것이다.36) 조정에서는 탐라를 끌어안으면서 그들에게 어느 정도 자율권을 준 것이다.

1011년 현종 2년에는 고려의 다른 주군(州郡)과 마찬가지로 관인

---

33) 우습유는 간관직(諫官職)으로 종육품직이다. 후에 정언(正言)이라 했다. 김봉옥, 제주통사, 40.

34) 김봉옥, 제주통사, 33.

35) 탐라와 고려가 처음 접촉한 것은 탐라가 방물을 고려에 바쳤던 925년 태조 8년이다. 이후 태조가 통일을 달성한지 2년이 지난 938년 태조 21년 11월에 탐라국주(耽羅國主) 고자견(高自堅)이 태자(太子)가 말로(末路)를 고려에 파견하여 방물을 바쳤고, 태조는 성주(星主)와 왕자(王子)의 작위(爵位)를 그대로 계승할 수 있도록 허락했다. 홍순만 편, 增補 耽羅誌, 489. 탐라가 탐라군으로 개편되는 1105년 숙종 10년이나 혹은 의종대(毅宗代, 1147-1170)에 탐라현(耽羅縣)으로 개편되어 외관(外官)이 파견될 때까지 탐라는 고려로부터 여전히 독립 혹은 반독립의 제후국(諸侯國)과 같은 위상을 유지하여 왔던 것으로 보인다. 1105년 이후 탐라와 고려와의 관계는 이전에 비해 더욱더 주종의 관계가 강하게 성립되었다.

36) 김봉옥, 제주통사, 36.

(官印)인 주인(朱印)을 내려 보냈고, 1024년에는 성주 주물(周物)에게 운휘대장군(雲麾大將軍)을 고몰(高沒)에게는 상호군(上護軍)의 벼슬을 하사하였으며, 1029년 6월에는 탐라 왕자 고오노(孤烏弩)가 입조하자 유격장군(遊擊將軍)을 하사하였다.37) 1054년 문종 8년 "5월에는 탐라국이 사자를 보내어 태자 책립(太子冊立)을 하례하여 사자 13인에게 벼슬을 가자(加資)하고 사공과 수행원에게 물건을 차등 있게 하사하였다."38)

1063년 문종 17년 3월에는 탐라의 새 성주 두량(豆良)이 내조하자 명위장군(明威將軍)을 제수하였고 1068년(문종 22년) 3월에는 탐라의 성주 유격장군 가야잉(加也仍)이 와서 토산물을 바쳤다. 1086년 선종 3년 2월에는 탐라의 유격장군 가어내(加於乃) 등이 와서 하례하고 토산물을 바쳤다.

1092년 선종 9년 2월에는 탐라 성주 의인(懿仁)이 토산물을 바치니 정원장군(定遠將軍)을 제수했다. 탐라는 정기적으로 조정에 토산물을 바쳐 관계를 유지했고, 고려는 탐라의 성주와 귀족들에게 무관벼슬을 하사하여 탐라의 질서와 안정을 꾀하는 한편 변방 해상을 방어할 수 있도록 책임과 권한을 부여했다. 일종의 통치 수단이었다.

탐라는 고려시대 고려왕에게 정기적으로 토산물을 바쳤다. 고려사 1034년 정종 위년 11월에 팔관회(八關會) 때 탐라에서 토산물을 바치는 관례가 있었다는 기록이 있고, 1052년 문종 6년에는 "탐라에서 세공(歲貢)하는 귤(橘)을 1백 포(包)로 개정하여 길이 법으로 삼으로소"39)라는 기록이 있다.

1053년 2월에는 탐라 왕자 수운나(水雲那)가 그의 아들 배융교위(陪戎校尉) 고물(古物)을 보내어 우황(牛黃), 우각(牛角), 우피(牛皮), 나육(螺肉), 비자(榧子), 해조(海燥), 구갑(龜甲) 등을 바쳤고, 왕은 왕자에게 중호장군(中虎將軍)을 제수하고 공복(公服), 은대(銀

---

37) 김봉옥, 제주통사, 36.
38) 김봉옥, 제주통사, 37.
39) 김봉옥, 제주통사, 37.

帶), 비단 및 약재(藥材)를 하사하였다. 1079년 문종 33년 11월에는 "구당사 윤응균(尹應均)이 큰 진주(眞珠) 두 알을 바쳤는데 빛이 별과 같이 반짝이므로 사람들은 야명주(夜明珠)라고 하였다."40)

1012년 현종 3년 8월에는 탐라에서 대선(大船) 2척을 건조하여 진상하였고, 1058년 문종 12년에는 송과 무역할 대선을 탐라와 영암에서 벌목하여 건조하였다는 기록이 있는 것을 볼 때 탐라는 일찍이 조선업이 발달했던 것으로 보인다.

탐라군 설치와 비정(秕政)

탐라 역사에 새로운 변화가 발생한 것은 1105년 숙종 10년에 탁라를 탐라로 고치고 탐라군(耽羅郡)을 설치한 후 직접 중앙에서 관직을 파견하여 민정을 관장하면서였다.41) 현령과 현위가 와서 탐라를 다스렸는데 이를 경래관이라고 불렀다. 경래관 중에서는 선정관도 있었지만 "많은 경래관들은 탐라가 서울과 멀리 떨어져 있고 특수한 지역임을 빙자하여 탐욕과 비정(秕政)으로 백성을 괴롭혔으므로 때로는 반항소요(反抗騷擾)의 근원이 되었다." "탐라에 온 현령과 현위는 15세 이상의 남자에게는 세공(歲貢)으로 콩(豆) 1곡(斛)을 바치게 하고 아리(衙吏)에게는 말 1필을 바치게 하여, 이를 현령과 현위가 나누어 가졌다."42) 수탈로 인해 가난한 수령이라도 탐라에 부임한 후에는 부자가 되었다. 반면 백성들의 고통은 더욱 가중되었다.

경래관이 탐욕과 수탈로 횡포가 심해 백성들이 고통에 견디지 못해 1168년 의종 22년 11월에는 토적(土賊) 양수(良守) 등이 중앙에서 파견된 경래관인 수재(守宰), 즉 수령(守令)을 내쫓는 사건이 발생했다.43) 양수의 난은 탐라 외관이 방물을 지나치게 거둠으로 야기된

---

40) 김봉옥, 제주통사, 38.
41) 1153년 의종(1147-1170) 7년에는 군을 현(縣), 즉 탐라현으로 삼고 현령(懸令)을 설치했다. 현령은 중앙정부가 탐라에 파견한 최초의 지방관이다.
42) 김봉옥, 제주통사, 41.

탐라사회의 첫 민란이었다.44) 민란의 주동자 양수 외 2명과 관련자 5인이 목 베임을 당했지만 이 일로 조정에서는 제주에 훌륭한 관리가 필요하다는 인식을 하게 되었다. 탐라기년(耽羅紀年)에 의하면 판이부사(判吏部事) 최윤의(崔允儀)가 최척경이 청렴결백함을 듣고 마침내 탐라 현령으로 제수하여 "탐라는 땅이 멀고 풍속이 사나워 수평으로 다스리기 어려우나 한번 가기를 꺼리지 말고 가서 먼 변방의 백성들을 어루만져 주기를 바라오"라 하였다. 최척경은 부임한 후 폐단을 혁파 백성들을 매우 편안하게 해주었다.45) 최척경은 존경받는 현령이었지만 보통 현령의 임기가 3년이었던 것을 고려할 때 최척경도 3년 이후 이임했던 것으로 보인다.

1202년 신종 5년 10월에는 토적(土賊) 번석(煩石)과 번수(煩守) 등이 경래관의 횡포에 항쟁하여 난을 일으켰는데 왕은 소부소감(小府少監) 장윤문(張允文)과 중랑장(中郎將) 이당적(李唐績)을 보내 정벌하여 난을 평정하였다. 장윤문은 앞서 제주 현령으로 부임했던 인물이었다. 고려왕은 탐라에 반란이 있었다는 보고를 듣고 식목녹사(式目綠事)로 지내던 장윤문을 탐라 현령으로 파견하고 탐라의 전 현령과 현위에게 중벌을 내렸다. 그러나 탐라에서 반란이 일어났다는 보고는 사실이 아니라 무고(誣告)였음이 드러났다.

1267년 원종 8년 봄에도 문행노(文幸奴)가 폭정에 항쟁하다 왕자 양호(梁浩)와 부사(副使) 최탁(崔托)에 의해 진압되는 일도 있었다. 수탈이 끊이지 않으면서 조정에서 파송한 제주의 경래관 부정에 항거한 토란(土亂)은 계속되었다. 대부분의 역사가들이 동의하는 것처럼 제주민의 성격을 대변하는 저항정신은 역사적 기원을 거슬러 올라가면 경래관의 부정에서 출발하였다:

---

43) 김봉옥, 제주통사, 42-43.
44) 김일우, 고려시대 탐라연구 (서울: 신서원, 2000), 214-216.
45) 홍순만 편, 增補 耽羅誌, 491.

주목할 점은 제주에서의 민란(民亂)은 모두 경래관의 비정(秕政)을 시정(是正)하여 주도록 요구한 점이고 조정에서는 백성들의 요구를 정당하다고 받아들였으나 주모자는 후일을 경계하기 위하여 예외 없이 모두 참한 점이다. 이러한 일벌백계(一罰百戒) 정책에도 불구하고 이러한 사건은 계속되었다. 그러므로 소장(訴狀)에 서명한 장두(狀頭)들은 언제나 죽음을 각오하고 일어서야 했다. 여기에 제주인(濟州人) 기질의 일면을 엿볼 수 있다.46)

제주에 입도한 사람들은 백제가 신라에 망할 때 제주에 유입되었고, 고려 말에는 이성계에 불복한 이들이 제주로 유배되었다. 이들은 정의와 의리를 소중히 여겼고, 경래관의 탐욕과 무도한 횡포를 감수하기 힘들었다. 이것이 제주 민란의 전모였다. 생명을 걸고 생존권을 주장하였고, 대부분의 경우 주동자는 죽음을 면치 못했다. "비록 그들은 죽었으나 조정에서는 크게 반성하여 선정(善政)할 목민관(牧民官)을 골라 파견하고 여러 가지 민폐(民弊)를 시정하는 데 노력했다."47)

삼별초(三別抄)와 탐라

학정과 수탈이 계속되었으면서도 탐라인들은 나라사랑과 공명심을 잃지 않았다. 사회정의 정신은 탐라인의 성품을 가름하는 중요한 특징이었다. 삼별초는 탐라인의 이 같은 사회정의 정신과 잘 어울렸다. 삼별초는 본래 개인적인 보호 차원에서 시작되었다.

고려시대 사회적 불안이 고조되면서 권신(權臣)들은 자신들의 신변 보호와 사회적 질서 안정을 위해 힘세고 용감한 자를 특별히 골라 야간 경비를 서게 하였다. 이들을 야별초(夜別抄)라 불렀다. 야별초는 정권 유지에 해가 되는 정적들을 제거하는데 이용하기 위한

---

46) 김봉옥, 제주통사, 43.
47) 김봉옥, 제주통사, 44.

목적도 농후했다.[48] 1170년 의종 24년 무신 정중부(鄭仲夫)의 난 이후 무신들 간의 정변이 반복되면서 사회적 불안은 극에 달했다.

이런 상황에 처음 최충헌(崔忠獻)이 정권을 잡으면서 시작된 야별초는 그의 아들 최우에 와서 세력이 커지면서 야별초를 좌별초(左別抄)와 우별초(右別抄)로 나누었다. 이들은 최씨정권의 사병적 성격이 농후했다는 지적도 있다.[49] 1231년 고종 18년 고려는 몽고군의 침략을 받았고 적지 않은 사람들이 포로로 잡혀갔다. 그 중에서 기회를 보아 탈출한 이들이 많았는데 이들을 별도로 모아 몽고군과 싸우는 일에 앞장서게 만들었다. 이들을 신의군(神義軍)이라고 불렀다. 좌별초, 우별초, 그리고 신의군을 합하여 삼별초라 불렀으며 이들은 특수 정예군으로 3가지 임무를 주로 감당했다.

"첫째, 국내 치안과 포도(捕盜), 금폭(禁暴), 형옥(刑獄)까지 담당하였다. 둘째, 도성(都城)의 수위(戌衛)와 친위대(親衛隊)의 임무를 담당하였다. 셋째, 몽고군과 싸우는데 전위대(前衛隊) 역할을 담당하였다."[50]

몽고는 중국 대륙을 정복한 후 1231년 고종 18년 8월에 고려를 침략했다. 이듬해 고종 19년 조정은 강화도로 옮기고 몽고의 침략에 맞섰다. 계속되는 몽고의 침략과 위협 앞에 문신 이장용(李藏用)은 몽고와 관계 개선을 주장하였다. 하지만 삼별초 무신들은 몽고에 항거해야 한다는 입장이었다.

화의론(和議論)과 항쟁론(抗爭論) 사이에 고려 원종(元宗)은 화의론에 기울었다. 원 왕실과 혼인을 맺으며 개성에 머물면서 환도를 명하였다. 원종은 강화도에 머물고 있는 문무백관에게 출륙을 명하였고 "삼별초 군인들은 곧 불복하여 수로방호사(水路防護使)와 산성별감(山城別監)을 각도에 파견하고 항몽태세(抗蒙態勢)를 취하였다. 원종은 장군 김지저(金之氐)를 강화도로 보내어 삼별초의 혁파

---

48) 홍순만 편, 增補 耽羅誌, 492.
49) 홍순만 편, 增補 耽羅誌, 492.
50) 김봉옥, 제주통사, 48.

(革罷)를 명하였다. 그러자 삼별초는 무기로를 점거 봉기하여 왕족 승화후(承化侯) 온(溫)을 왕으로 받들고 원종을 적(敵)으로 돌리니 이를 삼별초 난이라 한다. 이 때 주동자는 장군 배중손(裵仲孫)과 지유(指諭) 노영희(盧永禧) 등이었다."51)

1270년 원종 11년 6월 1일 삼별초는 천여척의 크고 작은 배에 사람과 물자를 싣고 남하하여 영흥도를 거쳐 진도에 이르러 용장성을 쌓고 몽고에 맞섰다. 그러다 1271년 5월 15일 여몽연합군이 총공격을 해오자 삼별초는 함락하고 말았다. 배중손과 지도자들은 전사하고 말았다.

삼별초는 이미 여몽(麗蒙)연합군에 의해 패전하기 전 탐라에 관군에 들어갔다는 소식을 듣고 별장 이문경(李文京)을 파송하여 탐라를 정복하였다. 이문경은 관군보다 2개월 늦은 1270년 원종 11년 11월에 탐라 명월포(明月浦)에 상륙했다. 이미 2개월 앞서 영암부사(靈巖副使) 김수(金須)는 방위군 200명으로 탐라를 수비하도록 명하였고, 장군 고여림(高汝霖)에게도 군대를 주어 탐라 수비에 가담할 것을 명하였다. 이들 관군들은 삼별초가 탐라에 상륙하는 것을 막으려고 했으나 역부족이었다.52) 삼별초 이문경은 명월포에서 조천포까지 교두보를 확보하고 탐라를 지배했다.

탐라에 들어온 삼별초는 맹위를 떨치며 고려와 몽고를 괴롭혔다. 특별히 몽고의 일본 정벌을 위한 조선계획은 큰 차질을 빚게 되었다. 고려와 원에서는 탐라의 삼별초를 회유하려고 가진 노력을 다했다. 하지만 회유에 넘어갈 삼별초가 아니었다. 이에 탐라를 정복할 계획을 세우고 1273년 3월 고려군 6천 명, 몽고군 2천 명, 그리고 한군 2천 명, 도합 1만 명이 중군원수(中軍元帥) 김방경(金方慶)을 수장으로 탐라를 공격했다.

김방경은 몽고장군 혼도(忻都) 및 홍다구(洪茶丘) 등과 더불어

---

51) 김봉옥, 제주통사, 51.
52) 김봉옥, 제주통사, 53.

삼별초를 토벌하기 위해 제주에 상륙했다.53) 상륙에 성공한 김방경은 정면 공격을 피하고 양단작전을 통해 삼별초를 공격했다. 연합군은 삼별초의 방어선을 무너뜨리고 항파두성을 공격해 성을 함락시켰다. 사력을 다해 연합군에 맞서던 삼별초는 1273년(원종 14년) 5월 6일 이문경, 김혁정, 김통정, 이순공, 조시적 등 장수들이 전사하거나 자결하면서 1231년 고종 18년 이래 42년간의 항몽혈투사(抗蒙血鬪史)는 막을 내렸다.54)

제주에서의 항쟁은 1270년 원종 11년 11월부터 1273년 원종 14년까지 불과 2년 반에 불과했다. 하지만 이 짧은 기간 삼별초는 제주에 새로운 문물과 문화를 이식시켜주는 결정적인 계기가 되었다. 박용후가 **제주방언연구**에서 지적한 것처럼 "삼별초 군의 제주도 입거(入據)는 언어 풍습 등 문화 전반에 많은 변화를 가져오게 되었다."55) 김봉옥에 따르면 "삼별초가 탐라에서 항쟁한 것은 1270년 원종 11년 11월부터 1273년 원종 14년 5월까지 만 2년 반에 지나지 않지만 이 지방에 큰 영향을 끼쳤다."56) 첫째가 "서울 문물(文物)의 전래"57)와 "호국불교(護國佛敎)58)의 확산이고, 둘째가 "산업상의 영향"59)이며, 셋째가 "고려 무인들의 불굴의 호국정신"60)이다.

---

53) 홍순만 편, 增補 耽羅誌, 493.
54) 김봉옥, 제주통사, 60.
55) 박용후, 제주방언연구 (동원사, 1960), 488.
56) 김봉옥, 제주통사, 61.
57) 김봉옥, 제주통사, 61. 그는 다음을 증거로 들었다. "문화적으로 낙후된 이 지방에 귀일촌(貴一村, 현 애월면 하귀리)은 삼별초의 임시 수부(首府)이므로 문인(文人)과 명승(名僧)들도 따라왔을 것이고 서울의 언어 풍습까지도 전하여졌다. 오늘의 제주방언에 황해도 경기도의 말씨가 많이 남아 있는 것은 이러한 연유일 것이다."
58) 김봉옥, 제주통사, 61. "1935년경 지금항파두성 안의 경작지에서 불상(佛像)이 출토된 일이 있었다. 이것은 물론 삼별초가 이곳에 와서 향수(鄕愁)와 불우한 처지를 불심(佛心)의 신앙으로 극복하고 불력(佛力)에 의하여 무운장구(武運長久)를 빌었던 호국불교(護國佛敎)의 유물이다."
59) 김봉옥, 제주통사, 61. "삼별초가 탐라에 들어와서 경제적으로도 자급자족(自給自足)을 위하여 벼농사와 양잠(養蠶)등이 시작되었다. 우리나라에 목면(木棉)이 들어온 것은 공민왕 12년(1363년) 문익점(文益漸)이 원에서 목화씨를 가져오면서부터였고 그 전에는 마포(麻布)와 저포(苧布)가 고작이었다."
60) 김봉옥, 제주통사, 61-62. "당시 탐라에 들어온 삼별초가 고려 조정과 원을 상대로

몽고의 수탈과 몽고 관리의 학정

몽고의 지배를 몸으로 막았던 삼별초가 1273년 4월 무너지면서 탐라는 몽고의 손에 넘어갔다. 고려가 삼별초를 토벌하기 위해 몽고병을 청한 것은 큰 실수였다. 삼별초 토벌에 참여한 몽고의 장수 혼도(忻都)는 몽고군 5백 명을 탐라에 남겨 불법으로 탐라를 점령하였다. "탐라는 남쪽 바다의 요충(要衝)이니 원이 점령함이 좋다"고 원에 건의하여 원이 초토사(抄討司)를 설치하였다. 몽고의 황제 쿠빌라이는 탐라가 남송과 일본의 요충지라는 사실을 주목하게 되었다. 그로부터 1달 후에는 원에서 다루가치(達魯花赤)를 탐라에 파견했고, 2개월 후인 6월에 첫 관부를 제주에 설치하고 직할령으로 삼았다.61) 몽고의 본격적인 탐라 지배가 시작된 것이다.

원이 탐라에 처음 설치한 관부는 탐라국초토사(耽羅國招討司)였다. 초토사에는 원의 장군 실리백(失里伯)이 부임했고, 부사(副使)에는 중국 한족 윤방보(尹邦寶)가 부임했다. 원의 초토사는 주로 연해 변방의 요지에 설치되어 주민의 위무나 토벌에 관한 일을 처리했다. 따라서 초토사의 주된 업무는 탐라민의 위무와 삼별초의 잔여 세력의 토벌로 보인다. 이 과정에서 탐라의 토착세력도 탐라국초토사의 속관(屬官)으로 탐라 통치에 참여했다. 토착적인 지배기구를 그대로 유지한 채 지배권을 덮어씌우는 형태의 통치구조가 전통적인 원의 정복지 지배방식 중 하나였다.62)

대적할 여건은 도저히 못된다. 그러나 삼별초는 몽고인의 노예가 될 바에는 차라리 죽음을 택하겠다는것이 그들의 정신이다. 삼별초가 평정된 후에 탐라인은 몽고인에게 많은 괴로움과 시달림을 받게 되자 비로소 그들의 호국정신을 흠모하여 그들을 영웅으로 받들고 신격화(神格化)하여 김통정에 대한 많은 전설과 민담(民譚)이 만들어져 이 고장에 전해지고 있는 것이다. 항파두성이 난공불락의 성이었다든지 장수물은 김통정의 발자국에서 솟아나온 것이라든지 그 주변에 거석(巨石)이나 괴석(怪石)이 있으면 삼별초 용사들과 결부하여 민담을 만드는 것들은 모두 이러한데서 유래한다."

61) 홍순만 편, 增補 耽羅誌, 493.

삼성혈전경

1275년 충렬왕 1년에 원이 제주를 다시 탐라로 칭하고, 이듬해 1276년 병자년에 초토사를 혁파(革罷)하고, 탐라국군민도달노화적총관부(耽羅國軍民都達魯花赤總管附)를 설치하고, 다루가치(達魯花赤-원나라의 관직 이름)를 두었다. 토벌 성격의 초토사에서 행정적 지원도 할 수 있는 총감부로 명칭을 개편한 것이다. 마치 조선을 자신들의 영구적인 식민지로 만들기 위해 만든 일본의 조선총독부를 연상케 한다. 총관부는 원대의 지방행정 단위인 행성(行省), 노(路), 부(府) 등 중에서 노에 설치되는 관부였다.

이 기구는 세조 초년부터 설치되기 시작한 지방 관부로서 권농(勸農)의 임무를 맡았고 강북(江北)에 설치된 총관부의 경우 군정업무도 수행했다. "탐라도 원의 지방행전 단위 중 노(路)로 간주되어 총관부가 설치되었던 것이다. 특히, 탐라의 총관부는 군정과 민정을 총괄하는 군민도달노화적총관부였고, 장관인 다루가치(達魯花赤)의 기본적 임무도 군정과 민정의 통할, 그리고 정북조로 뿐만 아니라

---

62) 홍순만 편, 增補 耽羅誌, 493.

군사적으로도 장악하려 했던 것이다. 군민도달화적 총관부에는 몽고족 손탄(孫攤), 합자적 등이 장관인 다루가치로 부임했었지만 그 휘하인 총관에는 고인단(高仁旦), 총관부에는 적(適), 동지(同知)에는 문신(文愼) 등과 같은 토착세력이 임명되곤 했다."63)

원의 탐라 관부는 물자를 징발하고 1274년 원종 15년 6월에는 저포 1백 필을 바치도록 강요했으며, 1276년 충렬왕 2년 6월에는 임유간(林維幹)을 탐라에 보내 진주(眞珠)를 강제로 징발해 갔으며, 향장목(香樟木), 목의(木衣), 포(脯), 환피(獾皮), 야묘피(野猫皮), 황묘피(黃猫皮), 포피(麃피), 안교(鞍橋), 꿩 피혀(皮貨), 수유(酥油)64) 등도 징발해 갔다. 물자를 원에 공급하는 것이 몽고의 탐라 관부의 주된 목적 가운데 하나였다. 1277년 충렬왕 3년에는 원이 탐라를 방성분야(房星分野)로 여겨 동서아막(東·西 阿幕)을 설치하고, 소, 말, 낙타, 당나귀, 양 등을 방목하고 다루가치가 이를 감시했다.65)

원은 1274년 8월에 정벌 도원수(都元帥) 홀돈(忽敦)을 보내 그해 10월 몽한군 2만 5천 명과 고려군 8천을 동원하여 900여 척의 전선에 분승시켜 일본 정벌에 나섰다. 그러나 태풍으로 13,500명이 익사 당해 회군하지 않을 수 없었다. 다시 1279년 10월 일본정벌을 위해 900척의 배를 만들면서 1280년 6월 다루가치를 통해 전선 100척의 배를 탐라가 만들도록 하였다. 같은 해 11월에는 원의 지배를 받는 조정에서는 일본정벌을 위해 1천 명의 진수군을 탐라에서 징발하여 보충하려는 일도 있었다.

1281년 5월 4일 고려의 김방경(金方慶), 박구(朴球), 김주정(金周鼎)과 원(元)의 흔도(忻都) 홍다구(洪茶丘) 등이 이끄는 10만의 대군은 일본정벌에 나서 6월 8일 구주에 도착했다. 그러나 태풍으로 대다수가 익사 당하고 생존자는 겨우 19,397명에 불과했다. 두 번째 일본정벌도 실패로 끝나고 말았다. 원은 두 번의 일본정벌이 실패로

---

63) 홍순만 편, 增補 耽羅誌, 493-494.
64) 김봉옥, 제주통사, 63.
65) 김봉옥, 제주통사, 63.

끝난 후 일본정벌을 중단하였다.66)

1284년 충렬왕 10년 2월에 원이 총관부를 혁파하여 군민안무사(軍民按撫使)라 칭하고 다루가치가 겸직했다. 탐라의 지배는 고려의 조정에서 볼 때 큰 짐이었다. 탐라주민들의 수탈과 원의 관리들의 횡포는 대단했다. 1294년 충렬왕 20년 정월, 왕은 공주왕비와 연경에 가서 성종에게 탐라를 고려로 돌려줄 것을 요청했고, 형식적으로 성종(成宗)의 허락을 받아냈다.67) 탐라의 고려 환속은 일본 정벌에 집착하던 원의 황제 쿠빌라이가 세상을 떠나고 일본정벌이 중단되어 충렬왕이 새로 등극한 황제 성종(成宗)에게 탐라 반환을 요청하면서 이루어진 것이다.68) 형식적이지만 탐라가 23년 만에 다시 고려에 환속된 것이다. "이로써 탐라의 통치권을 형식적으로는 회복하였으나 원에서는 탐라를 목마장으로 여전히 사용하고 이에 따른 관원을 파견하였으므로 주권 회복은 말뿐이고 원의 탐라 소유욕은 여전하였다."69)

불완전한 환속이지만 이것은 제주 역사에 전기가 되었다. 충렬왕은 1295년 충렬왕 21년 윤 3월에 판비서성사(判泌書省事) 최서(崔瑞)를 목사로, 지남익(池南翼)을 판관(判官)으로 탐라에 파송하고 같은 해 4월에 탐라(耽羅)를 제주(濟州)로 고쳤다.70) 목사와 판관을 둔 것이다. 목(牧)은 경(京)과 도호부(都護府)의 격(格)을 지닌 행정단위와 더불어 계수관(界首官) 지역으로 불려졌고, 여기에는 다른

---

66) 김봉옥, 제주통사, 66.
67) 홍순만 편, 增補 耽羅誌, 494.
68) 김일우, 고려시대 탐라연구, 307-318.
69) 김봉옥, 제주통사, 64-66.
70) 제주라는 명칭이 처음으로 고려 역사에 등장하는 것은 1229년 고종 16년부터이다. 탐라군의 제주 개편은 관격의 승격은 아니고 읍호가 군(郡)에서 주(州)로 올라가는 승격의 조처라 할 수 있다. 이 승격의 조처는 탐라사회의 규모가 육지부의 다른 주 지역에 비해 손색이 없다는 의미가 감안되었으나 이보다는 읍호의 주 승격을 바라는 탐라민, 특히 국가의 지방지배에 참여한 성주와 왕자 등과 같은 토착세력의 욕구를 충족시켜 주려는 의도가 더 크게 작용했다. 탐라군이 제주로 개편된 이후 그 명칭이 자리를 잡았고 탐라라는 명칭은 더 이상 고려의 공식적인 명호로는 사용되지 않았다.

행정단위와는 달리, 사록참군사(司錄參軍事, 7품 이상), 장서기(掌書記, 7품 이상), 의사(醫師, 9품), 문사(文師, 9품) 등의 속관층(屬官層) 외관이 더 두어졌다.

"고려 말기에 이르러서는 계수관지역은 최상의 독자적 개별적 행정단위 역할을 담당하고 있었다. 그러나 도(道)가 명실상부하게 중앙과 지방을 연결하는 중간기구로 정착해 극히 짧은 기간 동안에만 그 역할을 수행하였다. 이로 볼 때 탐라지역도 제주목으로 개편된 이후부터는 오늘날의 도(道)와 같은 위상을 지닌 고려의 최상급 지방행정단위가 되었고 원의 직할령이 되기 이전 어느 때보다도 높은 관품의 수령과 아울러 많은 수의 외관을 맞게 되었던 것이다."[71]

이원진(李元鎭)의 탐라지(耽羅誌)에는 충렬왕 때 제주의 촌락형성과 관련된 중요한 기록이 등장한다. 1300년 충렬왕 26년에 제주를 동도(東道)와 서도(西道)로 나누고 지금의 제주시인 대촌 외에 현(顯)을 설치하였다. 현은 귀일(貴日),[72] 고내(高內),[73] 애월(涯月),[74] 곽지(郭地), 귀덕(歸德), 명월(明月), 신촌(新村),[75] 함덕(咸德),[76] 김녕(金寧),[77] 호촌(狐村),[78] 홍로(烘爐),[79] 예래(猊來),[80] 산방(山房),[81] 차귀(遮歸)[82] 등으로 대촌에는 호장(戶長) 3인과 성상(城上) 1인을 두었고 중촌(中村)에는 호장 2인, 소촌(小村)에는 호장(戶長) 1인을 두었다. 충렬왕에 이르러 오늘날 제주의 촌락을 형성하는 중요한 틀을 가지게 된 것이

---

71) 홍순만 편, 增補 耽羅誌, 495; 김일우, 고려시대 탐라연구, 318-322.
72) 북제주군 애월읍 귀일리
73) 애월읍 고내리
74) 애월읍 애월리
75) 조천읍 신천리
76) 조천읍 함덕리
77) 구좌읍 금녕리
78) 남제주군 남원읍 하례리
79) 서귀포시 서.동홍동
80) 서귀포시 예래동
81) 남제주군 안덕면 화순리
82) 북제주군 한경면 고산리

다.83) **탐라지**는 이와 관련하여 중요한 사실을 제시하고 있다.

> 생각하건대 옛날에 신라가 고후(高厚)를 봉하였을 때 村을 두었고 고려 의종(毅宗) 때 또 나누어 현(縣)을 만들었으며 원종(元宗) 때 삼별초를 평정한 후에 합하여 주(州)로 만들었다. 이때에 이르러 또 현을 두었다 함은 사리에는 혹 그럴 듯하나 그 설촌 연대는 확실하지 않다.84)

제주의 도시 형성과정에 대한 중요한 역사적 근거를 제시하고 있다. 비록 설촌(設村)연대는 불확실하다고 하더라도 도시형성과정의 시대적 발전단계를 제시하고 있으며, 충렬왕 때에 이르러 동서쪽으로 큰 촌이 14개가 존재했음을 보여주는 것이다.

비록 형식적으로 제주의 주권을 회복하기는 했지만 몽고의 영향은 변함이 없었다. "탐라가 고려에 환속(還屬)된 이후에도 몽고병이 오히려 주둔하여 말을 길렀고 몽고인의 왕래가 빈번하여 본도(本島)의 물산(物産)을 취해 감으로 탐라는 크게 고통을 당하였다."85) 조정에서는 몽고의 세력을 제주에서 제거하는 것이 제일 급한 급선무였다. 원의 관원의 횡포가 너무도 컸기 때문이다. 학정에 시달리던 제주민들에 의해 토란(土亂)이 일어나는 상황에서 이 문제는 조정에서 볼 때 반드시 선결되어야 할 과제였다.

1318년 충숙왕 5년 12월에 제주인 토적(土賊) 사용(使用), 김성(金成), 엄복(嚴卜) 등이 난을 일으켜 성주(星主), 왕자(王子)를 내쫓는 일이 발생했다. 제주의 주민들이 몽고의 관원과 고려의 관원들의 학정에 시달리고 지방 토호인 성주와 왕자에게 시달리자 이에 항거한 것이다. 이에 조정에서는 검교평리(檢校評理) 송영(宋英)을 보내 토란을 진압하고 탐욕과 학정으로 제주 봉기의 원인을 제공한

---

83) 김봉옥, 제주통사, 67.
84) 김봉옥, 제주통사, 67.
85) 홍순만 편, 增補 耽羅誌, 496.

제주부사 장윤화(張允和)를 자연도(紫燕島, 현 국제공항 소재지 영종도)로, 대호군(大護軍) 장공윤(張公允)을 영흥도(靈興島, 인천 앞바다 위치)에 유배를 보낸 후 후임으로 상호군(上護軍) 배정지(裵庭芝)를 제주에 파송하였다.86) 이것은 충렬왕에 의해 형식적으로 주권이 회복된 후에 일어난 사건으로 여전히 제주에는 몽고의 영향과 고려 관리의 학정이 중단되지 않았음을 보여주는 것이다.

실제로 원 관원들의 횡포는 대단했다. 원에서 돌아와 1351년 12월에 즉위한 공민왕이 원의 혼란을 틈타 원의 지배를 벗어나 주권의 회복을 꾀하려 했으나 고려의 요직을 차지하고 있는 친원파 권겸(權謙), 노책(盧頙) 등으로 인해 성공하지 못했다. 공민왕은 1356년 이들 일당을 참살에 처하고 제주 주재 원관원 가을치(加乙赤), 홀고탁(忽古托)을 문초하려 했으나 오히려 원의 관원들은 조정에서 보낸 윤시우, 장천년, 이양길을 살해하였다. "이는 실로 어처구니없는 일로서 원의 위세를 등진 안하무인격인 횡포였다."87)

원의 횡포는 정도를 넘어섰다. 1362년 공민왕 11년 8월에 목호(牧胡) 고독불화(古禿不花)와 석질리필사(石迭里必思) 등이 탐라 성주 고복수(高福壽)를 부추겨 원에 만호를 청하도록 하였고, 만호(萬戶)로 온 원의 부추(副樞) 문아단불화(文阿但不花)는 천예(賤隷)를 시켜 고려 조정에서 만호로 임명한 박도손(朴道孫)을 살해했다. 화가 난 조정은 1366년 10월 전라도 도순문사(都巡問使) 김유(金庾)에 병선 100척을 동원하여 징벌할 것을 명하였다. 하지만 몽고군의 강력한 저항에 실패하고 말았다. 조정으로서는 중앙집권화를 위해 원의 영향력을 제주에서 제거하는 것이 필요했으나 역부족이었다.

공민왕은 1356년 공민왕 5년에 원이 쇠망해진 틈을 타 국가의 자주성을 회복하려는 반원(反元)정책을 단행했다. 자연히 원에서 파송받아 제주에서 목마장을 관리하는 목호(牧胡)와 고려와의 대립이 더

---

86) 홍순만 편, 增補 耽羅誌, 497.
87) 김봉옥, 제주통사, 68.

화북동 비석거리

욱 심해졌다. 당시 원은 내우외환이 일면서 한족(漢族)의 항거를 받았고, 주원장(朱元璋)이 임금으로 자처하고 있었다. 주원장은 명의 태조로 등극했다. 원의 순제(順帝)는 만일의 사태에 대비하여 제주를 피난처로 정하고 1367년 공민왕 16년 2월에 어의주사(御衣酒使) 고대비(高大悲)를 제주로 파견하여 어부의 금과 비단을 수송할 계획을 세우고 재인 원세를 비롯한 11명의 기술자를 제주에 파송하여 피난궁을 건설하도록 명하였다. 순제는 공민왕에게 비단 550필을 보내 대신들에게 차등하게 분배하도록 하였다. 이 같은 계획은 1368년 8월 원이 주원장에게 쫓겨 북으로 도망가면서 실현되지 못했다.

고려 조정은 이제 원과의 관계를 청산하고 새로 부상한 명과 우호적인 관계를 맺어야 했다. 1369년 원의 연호(年號) 사용을 중지하고 이듬해 1370년 공민왕 19년 7월 삼사좌사 강사찬을 보내 원에서 받은 금인(金印)을 반납했다. 중요한 사실은 이 때 조정에서는 명에 탐라계품표(耽羅計禀表)를 제출했는데 그 핵심 내용은 다음과 같다:

첫째, 탐라의 통치권은 어디까지나 고려에 귀속한다. 둘째, 몽고인이 목양(牧養)하던 말은 제주 관원의 책임 하에 목양하여 공마(貢

馬)한다. 다만 이리하는 것이 명의 마정관(馬政官)에게도 도움이 될 것이다.88)

그동안 원에게 바쳤던 공마를 명에게 바치되 제주의 통치권은 고려에 있다는 사실을 분명히 하려고 한 것이다. 형식적이지만 자주권을 원으로부터 이양 받았던 고려로서는 새로 부상한 명나라에게도 이 점을 분명히 하기를 원했다. 사실 명으로서는 별 문제가 되지 않았다. 원처럼 제주에 대한 관심이 그리 높지도 그 가치를 그렇게 높게 평가하지도 않았기 때문이다. 명 태조가 다음과 같이 답변한 것도 그 때문이다:

> 탐라의 통치권은 의당 고려에 속한다. 몽고인의 말은 제주 관원이 관리하라. 명에서는 마정관을 파견하지 않겠다. 그 대신 지금 있는 말 중에서 양마(良馬) 2천필을 바치라.89)

이것은 참으로 적절한 합의였다. 비록 2천 필이라는 말의 수가 적지 않은 것이지만 그동안 원을 통해 받았던 고통을 단번에 정리할 수 있는 기회라는 점에서 명의 요구는 받아들일 수 있는 요구였다.

목호(牧胡)의 반란과 목호 토벌

공민왕은 주어진 기회를 놓치고 싶지 않았다. 1372년 공민왕 21년 3월 공민왕은 명과의 협약을 이행하기 위해 제주에 관리를 파송하였다. 관리로 임명된 사람은 예부상서(禮部尙書) 오계남(吳季男), 비서감(秘書監) 유경원(劉京元), 두 사람을 유지별감(宥旨別監) 겸 간선어마사(諫選御馬使)로 제주에 파견했다. 공민왕은 왜구로부터 이들의 신변을 보호하고 안전하게 사명을 감당할 수 있도록 궁병

---

88) 김봉옥, 제주통사, 70.
89) 김봉옥, 제주통사, 70.

425명으로 해상호송을 하게 하였다. 그런데 전혀 예기치 않는 상황이 발생했다. 어쩌면 조정에서 충분히 예견했어야 했는데 미처 거기까지 미치지 못한 일이었다.

그동안 원에서 파송받아 제주에서 목마장을 관리하는 몽고인들이 있었는데 이들을 목호(牧胡)라 불렀다. 이들에 의해 반란이 일어난 것이다. 1372년 공민왕 21년에 목호 석가을비(石加乙非), 초고도보개(肖古道甫介) 등은 "우리 세조(世祖)가 기른 말을 우리 원수인 명에 보낼 수 있겠느냐"며 징마(徵馬)에 불응했다. 비서감 유경원, 제주목사 이용장(李用藏), 권만호 안방언(安邦彦), 그리고 상륙한 궁병을 300명이나 살해했고, 공민왕이 파송한 오계남은 아예 상륙도 하지 못하고 돌아갔다. 예기치 못한 사태를 만난 것이다. 징마가 이루어지지 않고 늦어지자 공민왕은 민부상서 장자온을 명에 보내 사실을 알리고 목호를 토벌할 것과 그런 후 약속을 이행할 것을 알렸다. 그러나 명에서는 1374년 4월 예부주사(禮部主事) 임밀(林密)과 자목대사(慈牧大使) 채빈(蔡斌)을 보내 말 2천 필을 보내 줄 것을 강하게 독촉하였다. 조정은 문하평리(門下評理) 한방언(韓邦彦)을 제주로 파송하여 징마하려고 했으나 여전히 강한 반대에 부딪쳤다. 석질리필사(石迭里必思), 초고독불화(肖古禿不花), 권만호(權萬戶), 관음보(觀音保) 등이 3백 필만 바치겠다며 강하게 저항한 것이다. [90]

원 세조의 명을 받들어 제주에서 자신들의 사명을 감당했던 목호의 입장에서는 자신들의 원수의 나라 명에 자신들이 기른 말을 보내겠다는 조정의 명령이 달갑지 않은 요구였다. 그러나 조정에서는 그동안 원의 지배를 받으며 학정의 학정을 거듭해온 상황에 제주의 자주권을 회복하고 민생을 척결할 수 있는 절호의 기회였고, 또한 명과의 약속을 한 상황이었기 때문에 약속을 이행하지 않을 수 없었다. 결국 조정은 최영 장군을 수장으로 목호 토벌을 실행했다.

공민왕이 1374년 공민왕 23년 7월 25일 문하찬성사(門下贊成事)

---

90) 김봉옥, 제주통사, 71.

최영을 제주 행병도통사(濟州行兵都統使)로 삼아 대군을 거느리고 '하치[哈赤]' 토벌을 명하자 최영 장군은 8월 12일 포획한 왜선 3백 척을 동원하여 병력을 분승시키고 진도를 출발했다. 8월 28일 명월 포에 정박한 최영은 전 제주목사 박윤청(朴允淸)을 목호로 보내 귀순할 것을 권했으나 이들은 왕지문서(王旨文書)를 찢고 선발대로 파견한 11척의 군인들을 모두 살해하고 제주목사 이하생(李夏生)까지 살해했다. 석질리 등이 3천여 기(騎) 등 대병력을 긁어모아 최영 장군에 맞섰다.

목호 세력은 기병 3천여 명 뿐만 아니라 수많은 보병을 거느려 명월포에 포진하고 있었다. "이들 목호군은 마을을 이루며 살았던 몽고족, 이들과 탐라 여자 사이에 태어난 반(半)몽고족화 된 탐라민, 그리고 고려 관리의 잦은 수탈에 반감을 품었던 탐라민도 가세해 편성되었던 것"[91]으로 보인다:

> 이에 최영 장군은 전군을 독전하여 명월촌(明月村)으로부터 어름비(氷非 於音) 지경, 밝은오름(明近吾音) 지경, 금물오름(今勿吾音·今岳) 지경, 샛별오름(曉星吾音) 지경, 연래(延來) 지경, 홍로(烘爐) 지경에 걸쳐서 주야를 가리지 않고 상거교전(相拒交戰)하며 백방으로 공격하니 합적목자(哈赤牧子·牧胡)들이 견디지 못하여 호도(虎島)로 도망하였다. 이때 전부령(前副令) 정용(鄭龍)으로 하여금 쾌속선 사십척으로 포위하게 하자 저들 중에 초고독불화(肖古禿不花), 석질리필사(石迭里必思), 관음보(觀音保) 등이 스스로 섬 바위에서 떨어져 죽었다. 저들의 시체를 인양하여 목을 베고, 다른 무리들에게 보이자 답실만(答失蠻) 등 101명은 항복하여 생금(生擒)되었다. 최영 장군은 저들을 초무(招撫)하였는데 그 사이에 답실만(答失蠻) 등이 재차 반란을 기도하자 이에 그를 주살하니 나머지 무리들은 완전히 항복하였으므로 재차 초무(招撫)하여 귀화하게 되었다. 이원진(李元鎭)의 탐라지(耽羅誌)에 의하면 조(趙) 이(李) 석(石) 초(肖) 강(康) 정(鄭) 장(張) 송(宋) 주(周) 진(秦)은 이때 귀화인의 성씨(姓氏)라 하였다.[92]

---

91) 홍순만 편, 增補 耽羅誌, 499.

목호 세력들이 최영 장군에게 굴복하고 패전하게 된 과정을 비교적 소상하게 그려주고 있다. 이로서 목호세력이 종식을 고하게 되었고, 몽고의 탐라지배도 끝이 났다. 최영 장군은 목호마 1천 7백 필을 선별하여 9백 3십 필을 싣고 9월 22일 선발로 떠났고 나머지 7백 7십 필은 안무사 임완에게 맡겼다. 1375년 1월 21일 안무사로 제주에 도착한 김중광(金仲光)은 임완에게 맡겼던 7백 7십 필을 보내 명과의 관계를 일단락했다. 1273년 원종 14년부터 시작된 몽고의 탐라지배는 1374년 최영 장군에 의해 목호 세력들이 무릎을 꿇으면서 종식을 고하게 되었다. 탐라가 고려에 환속된 이후에도 탐라는 이중귀속 상태에서 벗어나지 못하다 최영 장군의 목호 평정으로 말미암아 실질적으로 고려에 귀속된 것이다.

원의 100년의 탐라지배는 너무도 많은 상처를 제주에 남겼다. 목호 토벌과정에서 너무도 많은 제주민들이 희생되는 결과를 초래했다. 원의 지배를 상징하는 목호 세력들이 토벌된 뒤에도 제주민들은 고려의 탐라 통치를 환영할 수 없었다. "최영의 평정 이후 탐라민은 오히려 더 많은 말을 바쳐야 하는 부담을 졌고, 또한 관리의 수탈과 행패도 여전했던 점이 크게 작용했다. 더욱이 최영 장군이 목호 세력을 평정하는 와중에 많은 탐라민이 죽임을 당했다."[93]

원이 100년 동안 제주를 지배하면서 언어, 풍습의 몽고의 영향은 여러 곳에서 확인할 수 있다. 몽고의 지배를 받으면서 목마를 중심으로 몽고의 문화와 언어가 탐라에 적지 않게 영향을 미쳤다. 박용후가 **제주방언연구**에서 지적한 대로 지금까지도 "말(馬)에 관한 말에 몽고어가 많고, 땅 이름(地名)에 중국의 땅 이름이 산견(散見)되는 것은 몽고의 탐라 점령이라는 역사가 가져온 것이다.[94]

확실히 제주의 역사는 수난과 피탈의 역사, 이에 대한 항쟁의 역사였다. 고려시대 제주에는 탐라군이 설치되면서 탐관오리들의 수탈

---

92) 김봉옥, 제주통사, 72-73.
93) 홍순만 편, 增補 耽羅誌, 500.
94) 박용후, 제주방언연구, 488; 김항원, 제주도 주민의 정체성, 45.

이 늘면서 민란이 일어났다. 이런 상황에 삼별초가 제주를 지배하면서 관군과 삼별초 간의 대립이 있었고, 결국 삼별초가 여몽연합군에 의해 무너지면서 탐라는 원의 지배하에 놓이게 되었다.

1259년 형식적인 탐라지배가 고려의 손으로 넘어왔지만 원의 영향은 그 후에도 계속되었다. 그러다 몽고의 지배가 종식되었지만 그렇다고 제주에 안정이 찾아온 것은 아니다. 왜구(倭寇)의 침입이 계속되었다. 1323년 충숙왕 10년 6월에 왜구가 추자도에 침입하여 사람들을 잡아갔고, 1350년 충정왕 2년에는 왜구의 침략을 피해 추자도에 사는 백성들을 도근천(都近川)으로 이주시켰고, 1351년에는 왜구가 귀일촌(貴日村)을 침공했다. 그 이듬해인 1352년에는 왜구가 우포(友浦)를 침공했고, 1359년에는 대촌(大村, 제주시)를 침공했다.

4. 조선시대 제주

1392년 7월 고려가 멸망하고 이태조(李太祖)가 조선을 개국하였다. 조선시대에 이르러 제주의 정치 환경은 많은 변화를 경험했다. 제주의 관직에 변화가 있었고, 그동안 형식적이지만 유지되어 오던 '성주', '왕자'가 없어짐으로 탐라국(耽羅國)이 종식을 고하게 된 것이다. 제주의 통치는 이전에 비해 상당히 체계화되었다. 1397년 태조 6년에 만호(萬戶)가 목사(牧使) 및 첨절제사(僉節制使)를 겸하였고, 1400년 정종 2년에 판관(判官)으로 교수를 겸하였으며, 1401년에는 안무사(按撫使)를 제주에 다시 설치하여 목사를 겸하게 하였다. 1402년에는 성주를 좌도지관(左都知管)으로 삼고, 왕자는 우도지관(友都知管)으로 개칭함으로 성주와 왕자로 이어져 온 탐라국은 종식을 고하게 되었다. 1443년 세종 25년에 안무사(按撫使)로 목사를 겸하고 감목사(監牧使)를 두었으며, 1445년 세종 27년에는 좌우도지관을 폐하였다. 이원진의 **탐라지**에는 이와 관련하여 다음과 같이 기록하고 있다:

제주향교 명륜당

李元鎭曰 星主王子之號 自新羅始封 世世襲토 至高麗時 沿革相及 亂亡相繼 人心乘隔 칙順칙順 國家時遣按撫使宣撫使巡問使指揮使 防護禦] 使副使牧使 元迹 遺招討使達魯花赤整治事斷事官萬戶招 撫使 星主王子 赤各立官 循門 分治所管 維持風俗貢獻方物 一出於 誠 入本朝 能知其分 自求降號 有足稱者 厥後 革都知官 只以邑人有 識者 爲上鎭撫副鎭撫 分掌防禦之事 上下千有余年間 必有州乘 以 記時事 我世宗十七年 按撫使 崔海山時 官府失火 文籍 盡爲灰燼惜 哉[95]

이원진(李元鎭)이 말하기를 성주(星主) 왕자(王子)의 칭호는 신라 때부터 책봉이 시작되어 대대로 작호를 세습하였다. 고려 때에 이르러도 그대로 이어졌으나 반란이 계속되면서 인심이 분리되어 순종하기도 하고 반역하기도 했다. 조정에서는 때로 안무사(按撫使) 선무사(宣撫使) 순무사(巡撫使) 지휘사(指揮使) 방어사(防禦使) 부사(副使) 목사(牧使)를 파견하였고 원나라에서도 초토사(招討使) 다루가치[達魯化赤] 정치사(整治使) 당사관(斷事官) 만호(萬戶) 등을 파견하여 어루만져 위로하고 성주 왕자로 하여금 각기 관아에

---

[95] 홍순만 편, 增補 耽羅誌, 501-502.

근무하며 소관지역을 나누어 다스리게 하니 풍속을 유지하고 방물(方物)을 공헌하는 정성이 한결 같았다. 조선(朝鮮)에 들어와서는 그 본분을 잘 알아서 스스로 성주 왕자의 호칭을 낮추고자 하였으니 칭찬할 만한 일이다. 그 뒤에 좌우도지관을 혁파하고 단지 고을 사람 가운데 식견이 있는 사람으로 상진무(上鎭撫) 부진무(副鎭撫)를 삼아서 방어의 일을 분담하여 처리하게 하였다. 위아래 천여 년 사이에 반드시 주승(州乘)이 있어서 당시의 일을 기록하였을 것이다 그러나 1435년 세종 17년 안무사 최해산(崔海山)의 때에 관부(官府)의 실화(失火)로 문적(文籍)이 모두 불타버렸으니 애석한 일이다.

15세기 초엽부터 15세기 중엽까지 제주에는 특별한 변화는 없었다. 1454년 단종 2년 안무사가 감목사를 겸하다 1466년 세조 12년 가을에 안무사 겸 감목사를 폐지하고, 진(鎭)을 두어 병마수군절제사(兵馬水軍節制使)가 목사를 겸하고, 판관이 감목절제도위(監牧節制都尉)를 겸하게 하였다. 이 기간은 어느 정도 제주가 안정을 찾는 기간이었다.

하지만 15세기 중엽에 이르러 제주에는 왜구(倭寇)의 침입이 일기 시작했다. 왜구는 일본의 해적으로 고려 말부터 조선조 명종(明宗)까지 우리나라를 침입하여 살인, 방화, 약탈을 일삼았다.[96] 1316년 충숙왕 3년부터 1556년 명종 11년에 이르는 동안 무려 30여 회 제주를 침범해 인명과 재산피해가 심했고, 이들 왜구 중 일부는 조선인을 납치하여 인신매매까지 감행했다. 왜적의 침입이 잦자 제주사람 고준(高俊), 문근(文謹)은 이렇게 진언했다:

왜적들은 병진년(1316년, 충숙왕 3년)부터 을미년(1415년, 태종 15년) 사이에 틈만 있으면 침입하여 우리 부모처자를 죽이고 재산을 불태웠으니 위로서는 불공대천(不共戴天)의 원수입니다. 만일 이

---
96) 김봉옥, 제주통사, 102.

자들을 살려 보내면 이 고장의 지리를 알아 또 다시 침범할 터이니 마땅히 죽여야 합니다.[97]

1437년 세종 19년 조정은 왜구의 계속되는 침략을 막기 위해 제주에 3성 9진 및 10수전소, 25봉수대, 38연대를 정비하여 방어망을 구축했다.[98] 그런데도 왜구의 제주 침략은 계속되었다. 조선왕조실록 탐라록에는 다음과 같은 기록이 있다. 1494년 4월 "왜구 오십여 인이 추자도를 근거로 하여 제주 진공물(珍貢物)을 약탈하고 사람을 살상하나 우리나라 사람은 목이나 드리우고 혼백이나 조상하며 감히 누구하나 어찌하지 못하니 가슴 아픈 일이라 말할 수 있습니다. 그들은 반드시 이득을 얻는 것을 기뻐하여서 또 다시 와서 작모(作耗) 할 것이니 이것이 염려됩니다. 연변(沿邊) 진장(鎭將)으로 하여금 더욱 방비를 가함이 좋을 것입니다."[99]

두드러진 왜구의 침입만도 1443년 세종 2년 6월, 1552년 명종 7년 5월, 1554년 명종 9년 5월, 1555년 명종 10년 정월, 그리고 1556년 명종 11년 6월에도 제주를 침입하였다.[100] 이처럼 왜적의 침입이 눈에 띠기 시작한 것은 1552년 명종 7년부터이다.[101] 그해 5월 왜적은 중국 객상(客商) 등과 함께 8척의 배에 분승하여 정의현 천미포(川尾浦)에 표도(漂到)해서는 제주민들을 죽이고 약탈하는 사례가 있었다. 관군이 이들을 물리쳤으나 남은 30여 명의 왜적은 한라산에 숨어들었다. 왜적 망고삼부라(望古三夫羅)를 생포하였으나 남은 왜적들은 어선을 몰래 탈취하여 도망쳤다. 조정은 책임을 물어 제주목사 김충렬을 파면하고 생포한 망고삼부라는 성천부(成川府)로

---

97) 김봉옥, 제주통사, 102-103.
98) 김봉옥, 제주통사, 103. 3성은 濟州城 大靜城 旌義城이고, 9진은 金寧, 朝天, 別防, 涯月, 明月, 東海, 西歸, 水山 등이고, 10수전소(水戰所)는 禾北浦, 朝天浦, 魚登浦, 涯月浦, 明月浦, 西歸浦, 摹瑟浦, 友浦 등이다. 25봉수대(烽燧臺)는 통신망이고, 38연대(煙臺)는 감시망을 말한다.
99) 金奉玉 편, 朝鮮王朝實錄 耽羅錄, 234.
100) 金奉玉 편, 朝鮮王朝實錄 耽羅錄, 124, 254, 325-326, 331, 337. 344-345.
101) 金奉玉 편, 朝鮮王朝實錄 耽羅錄, 329.

유배를 보냈다. 왜적의 침입이 거세질 것을 보여주는 징조였다. 1554년 명종 9년 7월에 왜적이 다시 침입했고, 그 이듬해인 1555년 6월에는 왜선 60척이 침입해 전라도 장흥, 강진 등 8진을 함락시키고 제주성을 포위하는 일이 일어났다. 수문(秀文) 등이 왜적에 맞서 왜적을 물리치고 많은 왜적들의 목을 베었다. 이와 관련하여 김상헌(金尙憲)의 남사록(南槎錄)에는 다음과 같은 내용이 나타난다:

> (倭賊) … 前後入寇 一無得志於是邑子 還島石壁 鋪列海中 眞天作之險 賊艘所不能泊也 自是以後 烽火不警 居民 安枕無憂 盖將四十年牛禁云 … 但兵力人心 視祖宗朝 全盛之時 霄壤不侔 倭奴之熟諳我國地理 亦非曩時票竊者比 而朝廷每恃天險 委棄重地於貪暴武吏之手 將至於不可收拾 豈不寒心 102)

왜적들이 전후하여 쳐들어 왔는데도 한 번도 그들 뜻대로 되지 않았던 것은 온 섬을 둘러싼 석벽(石壁)이 바다 속에 깔려 늘어서 있었기 때문이니 참으로 천연의 요새이며 제주의 보배이다. 이로부터 그 후에는 봉화(烽火)도 경계하지 않고, 주민들도 근심 없이 편안하게 지낸지 대개 40여 년이었다. 그러나 군사와 민심이 왕조를 전성기라고 보고 있을 때, 하늘과 땅처럼 다르게 왜놈들은 우리나라의 지리를 익히 알아서 지난날의 도적들과는 비교가 안 되었다. 그런데도 조정에서는 항상 천연의 요새임을 믿고 탐욕스럽고 난폭한 무리의 손에 중요한 고을을 내맡겨 버려 장차 수습할 수 없는 지경에 이르니 어찌 한심하지 않은가.

일본이 일찍이 서양문물을 받아들여 총기술을 습득하면서 왜구가 문명의 이기를 이용해 조선을 침입했다. 왜구의 침입과 수탈은 명종 7년부터 11년까지 절정에 달하다 1556년 명종 11년 6월 제주를 침입한 왜구가 관민의 일치단결된 단합에 의해 패주하면서 중단되었

---

102) 홍순만 편, 增補 耽羅誌, 503.

옛 산천단 모습

다.103) 조선왕조실록 탐라록에 있는 대로 "왜선 4척을 진력하여 잡고 포획한 수도 자못 많다. 또 적선을 다 불살랐으나 공이 실로 가상하다."104) 제주민들의 단합과 용기가 왜구의 침입을 막은 것이다. 강력한 중앙집권정부 아래 보호를 받지 못한 상태에서 외세의 침략과 약탈에 맞서 제주를 지킨 것이다.

주지하듯이 1592년 임진왜란은 큰 민족적 위기였다. 다행히 임진왜란의 침입 때 제주는 침략을 받지 않았다. 오히려 임진왜란으로 본토가 위기를 만나자 제주목사 이경록(李慶祿)은 "군사 2백 명을 뽑아서 도해하여 진토(進討)하는데 협력하고자 하오니 청컨대 조정의 명이 있기를 바란다"고 전갈을 보냈다. 전갈을 받은 조정은 "작은 한 섬이 때에 비록 다행히 보전되고 있다 하더라도 … 만일 침범하는 날이면 한 섬의 힘으로는 방수(防守)하기가 소우(疎虞)한데 어찌 주장(主將)이 진(鎭)을 떠나서 바다를 건너 멀리 천리길을 달

---

103) 김봉옥, 제주통사, 105-106.
104) 金奉玉 편, 朝鮮王朝實錄 耽羅錄, 343.

려오는 것이 마땅하겠느냐"며 "충분(忠憤)은 가상하나 형세로 보아 시행하기가 어렵다"고 거절했다.105)

제주는 임진왜란에서 공격을 피할 수 있었지만 왜구의 침입 앞에 경계를 늦출 수 없었다. 그 과정에서 희생이 말할 수 없이 많았다. 생계도 힘든 상황에서 제주민들은 "왜구의 침입을 방지하기 위하여 성을 축성하거나 수축한다든지 기타 부역"에 시달렸다. 김봉옥 편, **조선왕조실록 중 탐라록** 1702년 7월 기록에 의하면 "제주에서 부역은 다른 지방의 갑절이나 되니 심지어 부모처자를 팔거나 자신은 고용살이를 하고 동생을 파는 지경"에 이르렀고, 심지어 "부모를 판 자도 58명"이나 되었다.106)

왜구의 침략이 잠잠해진 이후에도 제주에 안정이 찾아오지 않았다. 제주민들은 1629년 인조 7년부터 1830년 순조 30년까지 무려 200여 년 동안 출륙금지(出陸禁止)를 당했고, 자연재해로 인한 위협은 하늘이 원망스러울 정도였다. 제주에는 가뭄과 태풍으로 인한 피해가 극심했으며 그로 인한 기근이 그칠 날이 없었다. **조선왕조실록 탐라록**에 따르면 1671년 4월, 기민자(飢民者)가 2천을 넘어섰다:

> 제주목사 노정(露井)이 치계하기를 '본도 기민(飢民)의 사망자 수는 많아서 2,260여명에 달하였고 나머지 생존자도 이미 귀신처럼 되었으며 닭과 개는 다 잡아 먹어서 사방 경내에는 닭과 개의 소리를 들을 수 없습니다. 이어서 우마를 잡아 겨우 연명하고 있지만 서로 잡아먹는 변이 조석(朝夕)에 임박하였습니다'.107)

1796년 6월에는 기민자가 51,303명으로 늘어났다.108) "그 당시 제주도 주민 거의 전부가 굶주리고 있었다"는 것은 과장된 표현이

---

105) 金奉玉 편, 朝鮮王朝實錄 耽羅錄, 358.
106) 金奉玉 편, 朝鮮王朝實錄 耽羅錄, 477.
107) 金奉玉 편, 朝鮮王朝實錄 耽羅錄, 455.
108) 金奉玉 편, 朝鮮王朝實錄 耽羅錄, 640.

아니다.109) 질병이나 전염병으로 인한 피해도 극심해 수많은 사람들이 생명을 잃었다. 조선왕조실록에 따르면 1695년 8월에는 950명이 사망했고, 1750년 9월에는 882명이, 1757년 8월에는 500명이, 그리고 1822년 10월에는 수천 명이 사망했다.110) 조선왕조실록 탐라록에는 1822년의 기아상황을 이렇게 기록하고 있다:

> 제주.대정.정의의 백성들에게 유(諭)하여 하교하기를 '너희 탐라 백성들이여. 너희가 살고 있는 곳은 깊은 바다의 한 섬으로 멀리 떨어진 고을이다. 굶주려서 먹을 것을 기다리나 은혜는 미쳐 되지 못하고 궁하여 구제를 바라나 인휼(仁恤)할 틈이 없다. 마치 비유한다면 어린 아이를 보이지 않은 곳에 놓은 것과 같아서 젖을 달라고 울면 그 아픔을 헤아리지만, 항상 포대기에 있어 안은 자에게 먼저 주고자 하니, 남고(南顧)의 일념(一念)으로 마음은 불안하다. 뜻하지 않은 괴려(乖沴)의 질환(疾患)이 유행하여 풍도(風濤) 천리 밖에까지 미치어, 촌린(村里)에 전염(傳染)되어 요원(燎原)의 불길처럼 번져서 삼읍의 사망자가 수천에 이르렀다. 아, 이것이 무슨 재앙.'111)

게다가 제주에 파송된 탐관오리들로부터의 수탈은 대단했다. 이들은 가혹할 정도로 무겁게 세금을 징수했다. 조선왕조실록 탐라록에 따르면 공물을 바치는데 감귤나무에 열매가 열면 개수를 헤아려서 표시했다가 조금이라도 축이 나면 곧 징속할 정도였다.112)

이 때문에 19세기에 접어들어서도 제주에서는 민요가 끊이지 않았다. 그것은 제주도민들이 포악하거나 반정부적이어서는 결코 아니었다. 척박한 땅, 먹고살기 힘든 상황에서 지방 관리의 수탈이 극에 달해 더 이상 생존이 위협받는 상황에서 차라리 스스로 생명을 끊

---

109) 김항원, 제주도 주민의 정체성, 51.
110) 김항원, 제주도 주민의 정체성, 51.
111) 金奉玉 편, 朝鮮王朝實錄 耽羅錄, 658.
112) 金奉玉 편, 朝鮮王朝實錄 耽羅錄, 658.

고 싶은 상황에서 마지막으로 선택한 피할 수 없는 저항이었다. 1862년 임술민요(壬戌民擾), 1890년 경인민요(庚寅民擾), 1895년 병신민요(丙申民擾), 그리고 1898년 무술민요(戊戌民擾)로 대변되는 계속된 민요는 이를 단적으로 말해준다.113)

임술민요(壬戌民擾)는 1862년 철종 13년 10월부터 일어난 제주 농민항쟁이다. 목사 임헌대(任憲大)가 화전을 일군 농민들에게 부과하는 세금인 장화세(場火稅)를 지나치게 징수하자 백성들의 원성이 자자했다. 강제검(姜悌儉)과 김흥채(金興采) 등이 장두가 되어 1만여 농민들이 학정에 항의하여 난을 일으켜 밤중에 성안으로 들어가 가옥을 파괴하고 목사 임헌대를 화북포로 축출했다. 민란은 더욱 치열해졌다. 1863년 목사 정기원(鄭岐源)이 세율을 삭감하여 백성들의 원성을 줄이고 민란의 책임자 강제검, 김흥채를 체포하여 처형하였다.114)

경인민요(庚寅民擾)는 1890년 고종 27년 12월 김지(金志)가 주동이 되어 관리들의 부정부패에 항의하여 일어난 민란이다. 목사 송구호(宋龜浩), 조균하(趙均下) 등은 공평하고 공정하게 관리하여 징수해야 할 세금을 부과하면서 세율을 일정하게 거두지 않고 멋대로 부과하여 백성들의 원성이 높았다. 김지(金志)는 백성들을 선동하여 제주성을 함락시키고 가옥을 파괴하고 간리(奸吏)를 축출하였다. 그러나 김지(金志)가 아전들에게 뇌물을 먹었다는 소문이 돌면서 민심이 이반되어 민란은 오래 가지 못했다. 이듬해 1891년 가을 조정은 전장신(前將臣), 이규원(李奎遠)을 파견하여 찰리사(察里使)를 겸하도록 하고 민심을 위로하고 고을의 여러 폐단을 바로 잡자 안정이 되었다.115)

병신민요(丙申民擾)는 1895년 을미사변과 단발령을 반대하는 의병과 소요가 전국에서 일어나기 시작했는데 1895년 고종 32년 3월

---

113) 金奉玉 편, 朝鮮王朝實錄 耽羅錄, 667-668, 688, 694.
114) 홍순만 편, 增補 耽羅誌, 504.
115) 홍순만 편, 增補 耽羅誌, 505.

모슬포를 배경으로 한 제주도 풍경

에는 제주에서도 강유석(姜瑜奭), 송계홍(宋啓弘) 등이 주동이 되어 수천 군중이 경무청에 쳐들어가 '척양축척(倭洋逐斥)' 구호를 외치며 관아집기 등을 부수고 공문서 등을 불태워 버렸다. 그 발단은 1894년 고종 31년 친일 김홍집 내각이 들어 갑오개혁(甲午改革)을 단행해 옛 제도를 파괴하고 새로운 제도를 도입하면서다. 제주도에도 변화가 일어나 조선시대 초부터 내려온 제주목과 정의현, 대정현 등 3읍 제도가 폐지되고, 전국 23개 관찰부의 하나로 제주관찰부가 생겼다. 정의현, 대정현도 각각 군으로 승격되었고, 재판소, 경무청 등이 생겨 모든 조직이 근대 조직으로 개편되었다.

1895년 고종 32년 가을 갑오개혁이 단행되면서 그동안의 목사(牧使)를 폐지시키고 판관도 폐지하고, 정의현감 및 대정의현감을 폐지하고 산마감목관(山馬監牧官)과 명월진(明月鎭) 만호(萬戶), 심약(審藥), 검율(檢律), 왜학(倭學), 역학(譯學) 등 관원을 없애고 공마(貢馬)도 폐지했다. 목사 대신 관찰사 및 주사 13인을 두었고, 판관 대신 참서관을 두고 군수를 겸하게 만들었으며, 경무관을 설치하여 경무관과 순검 50인을 두었다. 공마 대신 돈으로 납부하도록 했다. 일대 변혁이었다. 제주의 행정체계의 일대 변혁이 오면서 단순히 행정상의 변혁만 아니라 관습과 제도에 대한 일대 혁신을 단행한 것이다. 일본의 한국지배를 한층 강화시키고, 친일 내각의 색깔을 분명히 드러내면서 갑오개혁에 대한 저항이 전국적으로 일어날 때 제주에서도 강한 저항이 일어났다. 건양 1년(1896년) 3월에 강유석(姜瑜奭), 송계홍(宋啓弘) 등이 난을 일으켜 경무청(警務廳)을 부셔버렸다. 그해 4월 김윤병(金潤柄), 채구석(蔡龜錫) 등이 관군을 이끌고 송계홍과 강유석의 아들과 형제를 죽였다.[116]

무술민요(戊戌民擾)는 1898년 광무 2년 2월 방성칠(房星七)을 장두로 화전민들이 중심이 되어 일어난 민란이다. 가혹한 세금이 징수되자 건장한 화전민 수십 명을 어남군(御南軍)이라 칭하고 제주성에 쳐들어가 관덕정(觀德亭) 앞에 진을 쳤다. 수만 명이 여기에 합류하였다. 관청에 들어가 관장을 난타하고 관인을 탈취하여 관부를 불태우고 군기(軍器)를 빼돌렸다. 수일 후 방성칠이 일인 어선에 탑승하여 도망을 치다 큰 풍랑에 놀라 되돌아왔다. 본도를 일본에 예속시키려는 목적으로 일본으로 도망한 것이다. 재진(在晉)을 중심으로 의병이 일어나 김남윤을 통해 방성칠과 강벽곡(姜辟穀)을 잡아 죽이고 잔당 수명도 죽이고 난을 평정하였다.[117]

민란의 성격은 각 난마다 약간의 차이가 있지만 근본 이유는 제주에 파견된 관리의 학정과 과징 혹은 포학한 횡포에서 기원되었다. 계속되는 수탈과 학정 속에서 제주도민들은 더 이상 참을 수 없었던 것이다. 수탈당하는 민중들이 선정을 베풀어 중앙정부의 안정을 꾀해야 할 상황에서 학정과 수탈을 통해 제주민의 사기를 저하시키고 생존을 위협받을 정도로 수탈을 감행함으로 백성들이 생존권을 위해 투쟁하였다는 면에서 볼 때 제주의 민란은 현대적인 의미에서 사회정의를 위한 항쟁의 성격이 매우 강했다.

---

116) 홍순만 편, 增補 耽羅誌, 505-506.
117) 홍순만 편, 增補 耽羅誌, 505-506.

가장 한국적이고, 가장 민족적이며,
가장 조국애가 불타올랐던 땅 제주.

그토록 줄기차게 천대를 받으면서도
민족애가 끊이지 않고 땅 속 깊숙한 곳에서
솟아나는 샘처럼 민족의 정기가 이어져왔던 땅 제주.

그들이 남긴 발자취, 그들이 쌓아온 보고,
그것은 고난의 땅 수난의 역사 속에서도
연단을 통해 제련된 정금과도 같았다.

맺는 말

 지금까지 살펴본 것처럼 제주에는 끝없는 수난이 반복되었다. 탐라국 시절부터 백제, 신라, 고려, 조선에 이르기까지 조공과 수탈과 착취의 반복이었다. 탐관오리들의 횡포가 다른 지역에 비해 두드러졌고, 삼별초의 난이 끝난 후에는 몽고의 학정과 수탈이 계속되었으며, 몽고의 일본정벌이 실패로 끝난 뒤에는 왜구의 침략이 계속되었다. 강력한 중앙정부의 등장으로 지방이 보호를 받을 수 있는 기회도 주어지지 않은 상황에서 몽고와 왜구의 침략까지 받은 것이다.118) 몽고의 지배가 끝나고 왜구의 침입이 끝난 뒤에도 제주에는 안정이 찾아오지 않았다. 조선시대는 물론 일제의 식민통치 시대, 그리고 심지어 해방 이후에도 제주는 고난의 시대가 계속되었다.

---

118) 김봉옥, 제주통사, 66.

제 2 장
세계문화의 길목, 희망의 섬 제주
(1653-1884)

> 가장 남쪽에 있는 섬 제주도(Quelpoert)는 매력적인 곳이다. 잘 개간되었고 너무도 편리한 곳에 위치해 있어 한 공장을 이곳에 세울 수 있었다면 우리는 가장 편하게 일본, 한국, 만주, 그리고 중국과 무역거래를 할 수 있었을 것이다. 그러나 만약 이것이 실현 불가능하다면 이런 섬을 선교기지로 삼을 수 없을까? 너무도 중요한 위치에 선교기지를 설립함으로서 이들 배타적인 체제에 치명적인 일격을 가할 수 있지 않을까? … 진실된 한 가지는 이들 섬들이 기독교를 접할 수 없는 곳이 아니라는 사실이다.
>
> Karl Gützlaff, 1832.

 전장에서 살펴본 것처럼 확실히 제주는 수난의 땅이었고 그 역사는 비운의 역사였다. 하지만 척박한 땅 제주, 그 고난의 역사를 영적으로 볼 때는 하나님의 깊으신 섭리였다. 제주는 수난의 땅, 비운의 역사였지만 마치 외적의 침입이 끊이지 않았던 이스라엘 백성들이 언약의 백성이었던 것처럼 영적으로는 희망의 땅이었다.
 제주 근해를 항해하던 외국인들은 제주가, 중국과 일본과 한반도 대륙으로 펼쳐갈 수 있는 약속의 땅이라는 사실을 일찍이 간파했다. 유럽이 종교개혁 이후 근대화를 통해 전통적인 지동설이 무너지고 천동설이 등장하면서 해상을 통한 탐험과 신대륙 발견이 한창 절정에 달하고 있을 때 제주를 항해하는 이들은 아시아와 태평양에서 제주의 가치를 재발견했다. 제주는 중국과 일본 사이에 위치하고 있어 이들 나라를 왕래하는 항해자들의 관심과 주목의 대상이 되었다. 네덜란드 해상들은 이 일에 선구자들이었다.[1]

　네덜란드 해상들이 활발하게 왕래했고 그 과정에서 제주에 표착·방문한 이들이 있었다. 박연으로 알려진 벨트브레와 **하멜표류기**를 저술한 하멜은 대표적인 사례라고 할 수 있다. **하멜표류기**를 통해 유럽인들은 제주에 관심을 기울였고, 그 후 1816년에 입국한 머리 맥스웰과 바실 홀 그리고 1832년에 입국한 칼 귀츨라프는 제주에 대한 관심을 부각시켰다. 이들은 제주가 희망의 땅이라는 사실을 하나 같이 기록하고 있다. 수난의 땅 비운의 역사 제주가 영적으로는 희망의 땅, 아시아 선교의 중심지라는 사실을 간파한 것이다.

1. 하멜 일행의 제주 표착

　수난의 땅 제주의 아름다움을 일찍이 간파한 사람은 서양인들이었다. 탐라(耽羅), 영어로는 퀠파트(Quelpart)로 널리 알려진 제주를 방문한 이들은 천혜의 자연의 아름다움이 살아 숨 쉬는 제주를 잊지 못했다. 1653년 표착한 하멜 일행, 1816년 은둔의 나라의 문을 두드렸던 바실 홀, 머리 맥스웰, 맥레오드, 그리고 1832년 입국해 한국선교를 타진한 칼 귀츨라프 등 모든 외국인들은 서해안과 제주의 아름다움에 반했다.

　지정학적으로 중국, 한국, 일본과 가까워 제주는 대한민국의 남단에 위치했지만 오랫동안 서양문화 접촉의 중요한 관문 가운데 하나였다. 남단에 위치하여 네덜란드와 영국 등 서양의 선박들이 일본 나가사키를 향해 항해하다 난파를 당해 입국하거나 아니면 서해안 탐사를 위해 항해하던 배들이 태평양을 향해 가다 만나는 곳이다.

---

[1] 일찍이 프란시스 사비에르를 통해 예수회 신앙을 받아들인 일본이 포르투갈, 스페인, 네덜란드와 무역을 통해 서구의 기술문명을 받아들이고 외국과 활발한 무역을 전개했다. 특별히 그중에서도 네덜란드는 일본과 활발하게 무역을 했다.

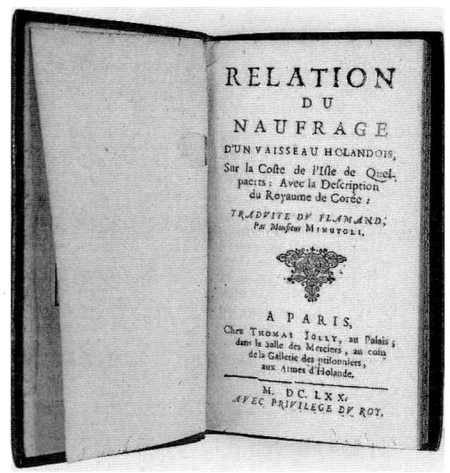

1670년 프랑스어판
하멜표류기

이 때문에 오랫동안 제주도에는 서양인의 발걸음이 끊이지 않았다. 알려진 자료에 의하면 1582년 서양인 마리-이(馬里伊)가 제주도에 발을 디뎠다. 하지만, 마리 이는 즉시 중국으로 송치되어 조선을 떠나야 했다.

벨트브레(박연)의 표착

그 후 네덜란드인 하멜 일행이 1653년 제주에 표착했다. 하멜 일행보다 26년 앞서 네덜란드인 3명이 표착한 사건이 있었다. 박연으로 알려진 벨트브레(Jan Janse Weltevree, 朴燕), 디렉 헤리스베르쓰(Direk Gijsbertz), 암스텔담 출신 얀 피테르츠(Jean Pieterz)가 주인공이었다. 네덜란드인 벨트브레와 동료들은 교역차 일본으로 항해하다가 폭풍으로 인해 배가 난파당하는 바람에 조선에 표착했다.[2] 박연으로 우리에게 더 잘 알려진 벨트브레(Jan Janse Weltevree)는 네덜란드 리프(Riip) 지방 사람으로 1626년 홀랜디아(Hallandia) 호에 승선하여 본국을 출발했다.[3] 1627년 무역선 우베르케르크(Ouwerkerck)

---

[2] 하멜에 대한 기록은 효종실록(孝宗實錄), 한거만록(閒居漫錄), 연경제전집(研經濟全集), 아정유고(雅亭遺稿), 석제고(碩齊稿), 탐라기년(耽羅紀年)에 나타난다.

[3] 어떤 자료에는 박연의 이름이 Wettevree 또는 Wetterree로 나타난다. 예를 들어 Charles Allen Clark, *Religions of Old Korea* (New York : Fleming Revell Co., 1932),

에 올라 일본으로 교역 차 항해하다가 심한 폭풍우를 만났고, 이에 더 이상 항해를 하지 못하고 표류하다가 일행 두 사람과 함께 경주 앞 바다에 표착했다.4) 박연은 같은 동향 출신인 디렉 헤리스베르쓰(Direk Gijsbertz)와 암스텔담 출신 얀 피테르츠(Jean Pieterz)와 함께 물을 구하기 위해 단정(短艇)을 타고 육지에 상륙했다가 그곳 주민에 의해 사로잡혔다.5) 김봉옥은 벨트브레가 제주에 표착했다며 다음과 같이 주장한다:

> 인조 5년(1627년) 9월에 네델란드인 수부(水夫) 얀 얀세 웰데부리(Jan Janse Weltevree)가 제주에 상륙하였다. 그는 오우벨 켈크(Ouwerkerck)호로 일본 나가사끼(長崎)로 가던 도중 물을 얻기 위하여 선원 2명과 함께 종선으로 상륙하였다가 관헌(官憲)에게 잡혔다. 그 사이에 모선(母船)은 떠나버렸으므로 3인은 서울로 압송되었다. 그는 한국 이름으로 박연이라 하였다.6)

제주, 호남, 경주 등으로 알려져 있으나 호남은 제주를 포함한 지명이었고, 경주는 전해들은 바를 적은 기록이고, 제주일 가능성이 높다는 것이 그 이유이다. 하지만 근거가 희박하다. 하멜의 표착기록이 **조선왕조실록**에 분명하게 기록되었으나 박연의 표착기록은 나타나지 않는다. 박연의 표착기록은 정재륜의 **한거만록(閑居漫錄)**과 김석익의 **탐라기년(耽羅紀年)**에서 살펴볼 수 있다.

그가 제주에 표착하지 않았다고 하더라도 하멜 일행의 통역을 위해 제주에 내려가 조선을 대표하여 제주에 표착한 하멜 일행과 역사적 조우를 했다는 점에서 제주는 서양문화 접촉의 길목이었다. 당

229와 William Elliot Griffis, *Corea, Without and Within* (Philadelphia : Westcott & Thomas, 1885), 56이 그렇다.
4) 한거만록, 연경제전집, 석제고에는 인조 6년(1628년)으로 기록되었으나 , 동래부접왜사목에는 인조 5년(1627년)으로 기록되었다.
5) Griffis, *Corea, Without and Within* , 56-57.
6) 김봉옥, 제주통사 (제주: 제주문화, 1990), 126.

시 네덜란드는 세계를 향해 뻗어가는 강대국이었다.

당시 유럽은 30년 전쟁이 한창 진행되고 있었고, 네덜란드는 지금의 뉴욕 맨하탄을 기지로 삼고 식민지 개척에 한창 열을 올리고 있을 때였다.7) 얼마 후에 박연 일행은 군대(訓練都監)에 편입되어 전투에도 참전했다.8) 세 사람이 모두 만주군 침입 시 있었던 1636년 인조 14년 병자호란(丙子胡亂)에 참전했으나 벨트브레만 살아남고 두 사람은 그 전쟁에서 사망했다.9) 이 전쟁에서 공을 인정받은 벨트브레는 얼마 후 조선 여인과 결혼이 허락되어 1남 1녀까지 두었다.10)

그가 과연 개신교도였는지 확인되지는 않았지만, 1618년 네덜란드는 개신교 국가로 세계에 명성을 떨치며 세계 개신교를 주도하는 국가 중 하나였기 때문에 박연 역시 독실한 개신교도였을 것은 확실하다. 다만 그가 이방의 나라 우상의 땅에서 공개적으로 하나님을 섬길 수 없을 뿐이었다. 한거만록(閑居漫錄) 제 2권에 있는 대로 "선악과 행복과 천재지변에 관한 이야기가 나오면 그[박연]는 언제든지 모든 것은 하늘이 알아서 보상할 것이다"라고 말했다.11) 이 말을 지나치게 비약시킬 필요는 없지만 "하늘이 알아서 보상할 것이다"라는 사상은 그 저변에 무언가 종교적인 심성을 근저에 두고 있음을 보여 주는 것만은 분명한 것 같다.12) 김양선은 이와 같은

---

7) 박용규, 근대교회사 (서울: 총신대학교 출판부, 2005), 87-90.
8) 李丙燾, 하멜 漂流記 (서울: 일조각, 단기 4287), 55.
9) 金良善, 韓國基督敎史硏究 (서울: 기독교문사, 1971), 236. "박연은 지휘관이었고, 동료 2인은 일개 사졸이었기 때문에 전진하다가 적탄에 명중되어 아깝게 죽어 버렸다."
10) 네덜란드 북부에 위치한 박연의 고향 드 라이프(de lijp)는 1654년 대화재로 공문서들이 함께 타 버렸다. 네덜란드를 떠날 때 그에게는 부인과 딸이 있었던 것으로 전해진다. 박연은 조선에서 결혼하여 두 자녀가 있었고 1648년에는 과거에 급제하여 조선의 관료로 살아갔다.
11) 李丙燾, 하멜 漂流記, 45-46. 심일섭은 한국 민족운동과 기독교 수용사고 (서울: 아세아문화사, 1982), 48에서 박연이 기독교 신앙 전도에 현저한 공헌을 하였다고 주장한다.
12) 金良善, 韓國基督敎史硏究, 237.

정재륜의 말에 근거하여 다음과 같이 주장한다:

> 벨트브레는 일개 상인이었고 전도자가 아니었으므로 기독교를 전파하는 일을 전문적으로 하지 않았으나 기독신자로서의 행위와 언사를 십분 이행하여 접하는 사람들에게 큰 감화를 주었다. 아무리 신실한 신자라도 환경이 바뀌어지면 신앙에 변화가 오기 쉽다. 더구나 외국에 가서 기독교인이 전혀 없는 곳에서 신앙의 절조를 지킨다는 것은 여간 어려운 일이 아닌데 벨트브레는 일평생 신앙을 지켜서 생면부지의 사람들로 그를 훌륭한 종교인으로 추존케 하였으니 그의 신앙은 실로 놀랄 만하다. 그는 조선에 들어온 최초의 신교 신자였음은 의심할 여지가 없다.13)

김양선의 말대로 벨트브레가 "일평생 신앙을" 지킨 훌륭한 종교인인지는 불확실하지만, 당시 네덜란드가 개신교국으로 국민 대다수가 개신교 신앙을 받아들였던 당시의 시대적 정황에 비추어 볼 때 그가 개신교도였을 가능성은 충분하다.

비록 박연이 제주에 대한 구체적인 기록을 남기지 않았지만 고국의 동료들이 표착했을 때 제주에 내려와 한국인 관리로서 자신의 고국 네덜란드인들의 통역을 맡았다는 사실은 문화사적으로 중요한 의미를 지닌다. 제주는 서양문화 접촉의 길목이었다.

하멜의 제주도 표착

박연이 표착한 지 26년이 지난 1653년 네덜란드 사람 헨드릭 하멜(Hendrick Hamel) 일행이 제주도에 표착했다. 이 때 제주목사는 1651년 효종 2년에 부임하여 1653년 효종 4년까지 재임했던 이원진(李元鎭)이었다.14) 이원진은 조정에서 지금까지 제주에 파송된 관리

---

13) 金良善, 韓國基督敎史硏究, 38.
14) 홍순만 편, 增補 耽羅誌 (제주: 제주문화사, 2005), 392.

하멜표류기 삽화

가운데 가장 중요한 업적을 남긴 제주민들로부터 사랑과 존경을 받아온 관리였다.

하멜 일행이 표착했을 때는 1648년 30년 전쟁이 끝나고 네덜란드가 마음껏 종교의 자유를 구가하던 때였다. 1653년 1월 10일 네덜란드 상인 하멜 일행을 실은 네덜란드 무역선 스패로우 호오크(Sparrow Hawk) 호는 테셀(Texel)을 떠나 나가사키를 향했다.15) 그 해 6월 1일 자바(Java)의 수도 바타비아(Batavia)에 도착한 스패로우 호오크는 15일을 그곳에 머문 후 네덜란드동인도회사(the Dutch East India Company) 총독의 지시를 따라16) 대만(Formosa)을 향해 떠나 7월 16일 그곳에 도착했다.17)

그곳에서 임무를 마친 후 스패로우 호오크는 2주 후인 7월 30일 대만을 떠나 일본 나가사키 항을 향한 마지막 긴 항해를 시작했다.

---

15) Joseph H. Longford, *The Story of Korea* (London: T. Fisher Unwin, 1911), 218.
16) Griffis, *Corea, Without and Within*, 37.
17) Longford, *The Story of Korea*, 10.

늦은 여름 스패로우 호오크가 나가사키를 향한 긴 항해를 시작한 것은 일종의 모험이었다. 폭풍이 가장 많이 일어나는 기간이 바로 그 때였기 때문이다.18) 아니나 다를까 대만을 출발해 일본을 향해 항해하던 스패로우 호오크 호는 폭풍을 만나 이리저리 밀려다녔고, 8월 11일까지 대만해협을 벗어나지 못했다. 계속되는 폭풍으로 돛대마저 부러져 정상적인 항해는 불가능했다.19)

그러다 8월 15일, 뜻밖에 눈앞에 육지가 나타나 살았다는 안도감이 드는 바로 그 순간 거대한 파도가 배를 강타하면서 세 겹의 물결이 배 안으로 들이닥치고 그와 함께 배가 쪼개져 선창에 누워 있던 사람들이 익사했다. 하멜이 증언하는 대로 난파 직전 선장은 전능하신 하나님께 맡기자고 외쳤다. 갑판 위에 있던 몇 사람들은 바다로 뛰어 내렸고 남은 사람은 물결에 휩쓸려 바다로 떠내려갔다. 이렇게 해서 탑승원 64명 중 선장 에흐베르츠(Egbertz)를 포함한 28명이 익사하고, 36명이 가까스로 물에서 기어올라 제주도 남해 앞바다 화순포(和順浦) 사빈(砂濱)에 도착20)하여 생명을 건질 수가 있었다. 28명 중 선장의 시체만 모래사장에 밀려나와 찾을 수 있었고, 다른 사람들의 시체는 보이지 않았다. 일행이 선장의 시체를 거두어 매장하고 있는 동안 이를 지켜본 그곳 주민이 곧 대정현감에게 이 사실을 보고했다.

8월 18일 대정현감 권극중(權克中)은 제주목(濟州牧)으로부터 2,000명의 원군을 얻어 하멜 일행을 생포하는 데 성공했다.21) 역관(譯館)을 불러 문정(問情)을 하려고 했으나 언어가 통하지 않아 뜻을 이루지 못했다. 제주현감은 하멜 일행이 난파된 배에서 마음대로 물건을 건져 낼 수 있도록 자유를 주어22) 여러 날 동안 파선된 배

---

18) Longford, *The Story of Korea*, 218.
19) Griffis, *Corea, Without and Within*, 40.
20) Griffis, *Corea, Without and Within*, 43.
21) Griffis, *Corea, Without and Within*, 46-47.
22) 孝宗實錄, 卷 十一癸巳 八月 戊辰條. 卷十四 四月己卯條 參照. 그 중에는 목향, 94포, 용뇌, 4향, 녹피 2만 7천 장이 있었다.

하멜표류기 삽화

속에서 남아 있는 물건들을 건져 냈다. 효종실록(孝宗實錄), 하멜표류기, 연경제전집(研經濟全集)에 의하면 하멜 일행이 건져 낸 물품들은 식료, 의료, 적포도주, 서적, 양기, 천리경, 조총, 망원경에 이르기까지 종류가 다양했고 그 양도 상당했다고 한다.[23]

1653년 8월 21일 하멜 일행은 제주 감영에 압송되어 제주목사 이원진(李元鎭)의 심문을 받았다. 하멜 일행은 자신들이 네덜란드 사람으로 일본으로 가려다 사고를 당했다고 말하고, 자신들을 일본으로 보내 줄 것을 간청했으나 목사는 국왕의 지시에 따르겠다며 정확한 답을 보류했다. 일행은 서울에서 회답이 올 때를 기다리는 동안 제주목사의 호의로 편안하게 지낼 수 있었다. 하멜의 말을 빌린다면 제주목사 이원진은 할 수 있는 한 자신들에게 편의를 봐 주었던 "친절한 지방 관리"[24]였다. 하멜 일행의 표류 소식이 조정에 알려져 10

---

[23] 李丙燾, 하멜 漂流記, 25-32; 研經濟全集, 券 五十六 成海應著 筆記類 西洋舶條 參照; 孝宗實錄, 卷 十一癸巳 八月 戊辰條, 卷 十四 四月己卯條 參照.
[24] Griffis, *Corea, Without and Within*, 45-58.

월 29일 문정관과 박연으로 널리 알려진 역관 벨트브레가 제주도에 도착했다.25) 박연이 네덜란드어로 하멜 일행에게 국적과 여행 목적을 물었고, 그들은 신중히 네덜란드어로 답변하면서 용기를 내어 박연에게 국적과 성명을 물었다.26) 곧 이들은 서로 같은 네덜란드인인 것을 확인할 수 있었다. 하멜 일행은 박연을 부여잡고 한바탕 울었다. 공포에 떨던 하멜 일행은 통역관으로 내려온 사람이 같은 동족 네덜란드 사람임을 확인하고는 안도의 한숨을 쉴 수 있었다.27) 이들은 잠시 후 박연에게 자신들을 일본으로 돌려보내 줄 것을 간청했다. 하지만 이들 36명 모두 훈련도감에 편입되었다. 1653년 8월 6일 **조선왕조실록 탐라록**에는 하멜 일행의 표류와 관련하여 다음과 같이 기록하고 있다.

> 제주목사 이원진(李元鎭)이 치계 하기를 "배 한척이 본주 남쪽에서 파선하여 해안(海岸)에 표도하였기로 대정현감 권극중(權克中). 판관 노정(盧錠)으로 하여금 군사를 거느리고 가보도록 하였는데 어느 나라 사람인지 알 수 없습니다. 배는 바다 속으로 전복되고 생존자는 38인입니다. 말이 통하지 않고 글자 역시 달랐습니다 배 안에는 많은 약재(藥材)와 녹피(鹿皮) 등 물건과 목향(木香) 94포(包). 용뇌(龍腦) 4항(缸).녹피 27,000장이 있었습니다. 푸른 눈에 높은 코, 노란 머리에 짧은 수염인데 혹은 수염을 깎은 자와 윗 수염만 남긴 자도 있었습니다. 그들의 옷은 길어서 넓적다리까지 미치고 사규.금방(衿旁).수저(袖底)가 같이 연이어 있습니다. 하복(下服)은 옷의 주름이 치마(裳)와 같습니다. 왜어(倭語)를 아는 자를 시켜 묻기를 '너희들은 서양의 길리시단(吉利是段)이냐' 하니, 모두가 '야야(耶耶)' 하였습니다. 우리나라 쪽을 가르키며 물었더니 고려(高麗)라 하였고 본도(本島)를 가리켜 물었더니 오질도(吾叱島)라 하였습니다. 중국을 가르키며 물으니 혹은 대명(大明)이라 하였고

---
25) Griffis, *Corea, Without and Within*, 50.
26) Griffis, *Corea, Without and Within*, 56.
27) Griffis, *Corea, Without and Within*, 57.

혹은 대방(大邦)이라 칭하였습니다. 서북쪽을 가르키며 물으니 달단(韃靼)이라 하였고, 동쪽을 가르켜 물으니 일본이라 하고 혹은 나가사기(長崎)라 하였습니다. 이어 그들에게 어느 곳으로 가고자 하느냐 물으니 나가사기(長崎)라고 하였습니다. 이에 조정은 명하여 서울로 올려 보내도록 하고 전에 온 남만인(南蠻人) 박연(朴燕)에게 그들을 보게 하였습니다. 과연 이들은 만인(蠻人)이라 하므로 드디어 금려(禁旅)에 편입시켰는데, 대개 그 사람들은 화포(火砲)에 능숙하고 혹은 코로 취소(吹蕭)하는 사람도 있고 혹은 말로 춤을 잘 추는 이도 있었습니다."28)

하멜 일행 8명은 13년간의 포로생활 끝에 단정을 타고 일본으로 도망하는데 성공했다.29) 본국으로 돌아가 하멜은 한국에서의 13년간의 포로생활을 담은 표류기를 출간했다.30) **하멜표류기**에는 제주와 당시 조선에 대한 상당한 정보가 담겨 있다. 2세기 동안 헨드릭 하멜의 표류기는 조선에 대해 궁금해하는 유럽인들에게 한국에 대한 유럽인들의 지식의 보고였다.31) 그리고 **하멜표류기**는 네덜란드어, 영어, 독일어로 번역되어 유럽 전역에 소개되었다. 그 책을 읽고 한국 입국을 꿈꾸는 젊은이들이 참으로 많았다.

하멜표류기가 출간된 후 제주는 하멜의 섬으로 널리 알려졌다. 롱포드(Joseph H. Longford)는 **한국이야기**(*The Story of Korea*)에서 제주를 언급하면서 이렇게 말했다. "그들 가운데 가장 크고 가장 중요한 섬은 하멜의 난파 장소, 그리고 더 최근에는 베드포드(H. M. S. Bedford)의 장소, 길이 40마일 넓이 17마일의 잘 경작된 섬, 본토 서남부 코너로부터 약 60마일 떨어진 곳에 놓여 있는 인구 10만

---

28) 김봉옥, 朝鮮王朝實錄耽羅錄 (제주: 제주문화방송, 1986), 436-437.
29) Griffis, *Corea Without and Within*, 107-108.
30) Griffis, *Corea Without and Within*, 37. 영어판 원제목은 *Narrative of an Unlucky Voyage and Shipwreck on the Coast of Corea*로 영어, 독일어, 불어로 출간되었다.
31) William Elliot Griffis, *Corea: The Hermit Nation* (New York: Charles Scribners' Sons, 1882), 200.

무역선 스패로우 호오크

의 Quelpart(제주)―좀 더 정확히 말해 Quelpaert―이다."32) 유럽인들은 제주를 하멜의 섬으로 이해했고, 제주에 대한 상당한 식견을 갖추었다.

2. 바실 홀과 머리 맥스웰의 제주 연해 항해

하멜과 견줄 수 있을 만큼, 제주의 존재를 전 세계에 소개하는 데 공헌한 사람은 영국 해군 머리 맥스웰(Murray Maxwell) 대령과 리라(Lyra) 호의 바실 홀(Basil Hall) 대령이었다. 이들이 1816년 9월 서해안을 항해하고 돌아가 바실 홀의 조선 항해기와 맥레오드(John McLeod)의 조선 항해기를 저술하여 서양세계에 조선을 알리는 데 큰 공헌을 했다.33) 그것은 이들이 처음으로 조선인들에게 성

---

32) Longford, *The Story of Korea*, 12.
33) Captain Basil Hall, *Account of a Voyage of Discovery to the West Coast of Corea*,

경을 건네주었고, 후에 귀츨라프 일행이 서해안을 탐사할 수 있도록 서해안 해도를 작성했으며, 조선 항해기를 저술하여 조선을 서양에 알리는데 지대한 역할을 하였기 때문이다.34)

동양에 자신들의 영향력을 확대하기 위해 꾸준히 노력하고 있던 영국은 1816년 순조 16년 암허스트(Amherst) 경을 수반한 사절단을 중국에 파송했다. 동양에 대한 바른 이해를 위해서는 먼저 중국과의 외교적인 관계를 정상화하고 중국과 그 주변에 대한 풍토와 역사와 지리를 연구할 필요가 있었다. 맥스웰을 선장으로 한 순양함 알세스트(Alceste) 호와 리라(Lyla) 호, 두 함선의 선장 맥스웰 대령과 바실 홀 대령이 암허스트 경과 동행했다. 맥스웰 대령은 영국이 프랑스와 전투했을 때 지중해 경비에 큰 공을 세운 유공장군이고, 바실 홀은 학문적인 조예가 풍부한 28세의 아주 젊은 사람이었다. 그리고 이번 항해에는 "예리한 관찰력과 필재"가 뛰어난 외과의사(外科醫師) 군의(軍醫) 맥레오드가 머리 맥스웰이 이끄는 알세스트 호에 탑승했다.

이들 배가 영국을 떠난 것은 1816년 2월 9일이었다.35) 이어 7월 초 중국 광동 앞바다 레마 섬에 정박해 있던 이들 배는 7월 13일 레마 섬을 떠나 북상해 올라갔다.36) 이리하여 장장 6개월에 걸친 긴 항해를 거쳐 7월 28일 일행은 천진(天津)에 상륙하였고, 곧바로 청의 가경(嘉慶)황제가 있는 북경으로 직행했다. 암허스트 경의 사절 일행은 황제의 큰 환영을 받을 것이라고 예견하고 대단한 기대에 부풀어 있었다. 하지만 이들의 기대와는 달리 실제 중국 정부의

---

and the Great Loo-Choo Island: With Two Charts (Philadelphia: Abraham Small, 1818), 5-55; Captain Basil Hall, *Voyage to Loo-Choo, and Other Places in the Eastern Seas, in the Year 1816* (Edinburgh: James Ballantyne and Co., 1826), 3-115; John McLeod, *Voyage of His Majesty's Ship Alceste, Along the Coast of Corea to the Island of Lewchew; With An Account of Her Subsequent Shipwreck* (London: John Murray, 1818), 42-61.

34) 金良善, 韓國基督敎史硏究, 283-300.
35) Hall, *Voyage to Loo-Choo, and Other Places in the Eastern Seas, in the Year 1816*, 3.
36) Hall, *Voyage to Loo-Choo, and Other Places in the Eastern Seas, in the Year 1816*, 25.

머리 맥스웰 대령

입장은 달랐다. 당시 가경황제의 대외 방침이 개방 정책을 썼던 이전 왕조와는 달리 수구적인 입장이었기 때문에 대영 사절단은 소기의 목적을 달성할 수 없었다. 그러자 암허스트 경은 함선을 곧 광동으로 회항시킬 방침을 정하고, 대사(大使) 상륙 후 겨우 3일 만인 8월 11일에 전 함선은 중국 측의 주장리(周章裡)에 발묘(拔錨)하여 각각 다른 임무에 들어갔다.37) 이들은 본래 4개월의 일정을 계획하고 있었기 때문에 회항을 서두를 필요가 없었다. 이 기간 동안의 모든 일정과 진행을 맡은 사령관 맥스웰 대령은 지금까지 영국의 탐험대가 미쳐 이르지 못한 요동만(遼東灣), 직예만(直隷灣)의 대부분과 조선 서해안 및 종래 조사가 매우 불충분한 유구제도(琉球諸島)의 답사 실측을 결행하기로 했다. 조선의 서해안 일대의 탐사는 이렇게 해서 이루어진 것이다.

조선 서해안 해도 작성(海圖作成)의 임무를 띤 맥스웰 함장의 프리게이트(Frigate) 함 알세스트(Alceste) 호와 바실 홀의 브리그(Brig) 함 리라(Lyla) 호는 8월 29일 위해위(威海威)를 출발했다.38) 이들은 9월 1일 동틀 녘 조선의 육지가 동쪽에 나타나는 것을 보았다.39) 이들은 서해안을 탐사하는 동안 마량진에서 마량진 첨사 조대

---

37) Hall, *Voyage to Loo-Choo, and Other Places in the Eastern Seas, in the Year 1816*, 39.
38) Hall, *Voyage to Loo-Choo, and Other Places in the Eastern Seas, in the Year 1816*, 30. Cf. Harry A. Rhodes, ed., *History of the Korea Mission, Presbyterian Mission USA 1884-1934* (Seoul: Chosen Mission Presbyterian Church, USA, 1934), 1.
39) Hall, *Account of a Voyage of Discovery to the West Coast of Corea, and the Great Loo-Choo Island: With Two Charts*, 6; Captain Basil Hall, *Voyage to Loo-Choo, and Other Places in the Eastern Seas, in the Year 1816*, 55.

복에게 최초로 성경을 건네주었다.40)

　교회사적으로 볼 때 알세스트 호의 맥스웰과 리라 호의 바실 홀 일행의 서해안 탐사는 와 견줄 수 있을 만큼 은둔의 나라 조선을 전 세계에 소개하는 데 중요한 공헌을 했다. 그것은 바실 홀과 맥레오드가 조선 서해안 및 류큐 열도의 항해기를 비롯한 **조선 항해기**를 저술하여 조선을 유럽 전역에 널리 소개했기 때문이다. 서방 세계에 조선을 소개하는 데 이들의 공헌은 이루 말할 수 없이 크다. 더구나 홀 함장이 본국으로 돌아가던 중 1817년 8월 11일 아프리카 서해에 있는 세인트 헬레나 섬에 정박,41) 그곳에 유배되어 있는 나폴레옹을 방문해 조선에 대해 이야기하면서 자신이 직접 그린 조선의 풍경을 담은 풍속화를 보여 주었다. 나폴레옹은 바실 홀이 그린 그림 가운데 기다란 담뱃대를 손에 들고 있는 한 조선 노인의 그림을 손에 들고는 눈을 굴리며 그림 구석구석을 살피더니 스스로 "아, 아주 큰 갓을 쓴, 긴 하얀 턱수염의 이 노인! … 참 보기 좋구나"42)를 되풀이하며 찬사를 아끼지 않았다. 그의 항해 일기에는 제주에 대한 기록이 매우 짧지만 너무도 의미 있게 서술되었다. 당시 항해자들에게 제주는 널리 알려진 섬이었음을 보여주고 있다. 이것은 가 출간 된 이 후 제주가 서양인들에게 널리 알려졌기 때문으로 보인다.

　1818년에 출간된 바실 홀의 1816년 9월 10일자 항해일기에는 이렇게 기록하고 있다. "9월 10일-약 오전 10시 오늘 아침 우리는 출항준비를 완료하고 남쪽을 향하려고 대기하고 있었다. 석양이 질 때까지 모든 섬들이 명료하게 나타났고 남동 방면에 있는 제주도를

---

40) Hall, *Account of a Voyage of Discovery to the West Coast of Corea, and the Great Loo-Choo Island: With Two Charts*, 6 29-30.
41) Hall, *Voyage to Loo-Choo, and Other Places in the Eastern Seas, in the Year 1816*, 302. 바실 홀은 위 책 302-322에서 이때 나폴레옹과 가진 인터뷰를 아주 소상하게 기록하고 있다.
42) Hall, *Voyage to Loo-Choo, and Other Places in the Eastern Seas, in the Year 1816*, 316.

확실히 구분할 수 있었다."43) 알세스트 호와 리라 호를 대동하고 서해안 탐사를 마치고 마량첨사 조대복에게 성경까지 건네준 머리 맥스웰 대령과 바실 홀 대령 일행이 막 제주를 지나면서 기록한 항해 일기다. 확실히 구분할 수 있는 섬 제주, 그래서 항해의 나침판의 역할을 하는 섬 제주, 그 땅은 망망대해 가운데 길을 잃은 배들에게 길을 안내하는 하나의 등대였다. 당시 항해자들에게 제주는 널리 알려진 섬이었고, 어둠 가운데 길을 찾아주는 나침판이었다. 제주는 항해하는 이들이라면 누구에게나 그들의 여정과 위치를 알려주는 항해의 안내자였다. 맥래오드 일기에 제주에 대한 기록이 나타나는 것도 그 때문이다.44)

18세기 말과 19세기 초 한국 해안을 영국, 프랑스, 러시아 전함들이 태평양 탐험의 선상에서 한국의 해안을 방문한 적이 있었고,45) 1832년 칼 귀츨라프 선교사가 서해안을 방문했을 때 제주도를 행해했다.

3. 칼 귀츨라프의 제주 연해 항해

바실 홀과 맥스웰보다도 더 제주에 대한 선명한 기록을 남긴 사람은 칼 귀츨라프다. 그는 백령도를 거쳐 고대도에 입국해 1달간 머물면서 한국선교를 타진했다. 비록 자신들의 청원이 이루어지지는 않았지만 귀츨라프 일행은 이 백성들에게 성경과 근대농업기술, 외국과의 교류의 필요성을 깊이 인식하면서46) 한국선교에 대한 비전을 간직한 채 기수를 남으로 돌렸다. 며칠 후 제주도를 발견한 일행

---

43) Hall, *Account of a Voyage of Discovery to the West Coast of Corea, and the Great Loo-Choo Island with Two Charts*, 54-55.
44) John McLeod, *Voyage of His Majesty's Ship Alceste, Along the Coast of Corea to the Island of Lewchew ; With An Account of Her Subsequent Shipwreck*, 62.
45) Longford, *The Story of Korea*, 10.
46) N. C. Whittemore, "Notes on the Life of Rev. Karl F. A. Gutzlaff. First Protestant Missionary to Visit Korea," *KMF* Vol. 16 No. 1 (Jan., 1920): 18.

은 그곳의 아름다움에 매료되어 그곳을 선교 기지로 만들고 싶다는 소원을 피력했다. 1832년 8월 17일 그가 탄 배는 제주도를 지나 한국의 가장 남단을 지나고 있었다. 8월 17일자 그의 일기에는 이렇게 기록되었다:

> 우리는 각기 나름대로 형상을 가진 많은 섬들을 통과했다. 가장 남쪽에 있는 섬 제주도(Quelpoert, lat, 32' 51', long. 126' 23')는 매력적인 곳이다. 잘 개간되었고 너무도 편리한 곳에 위치해 있어 한 공장을 이곳에 세울 수 있었다면 우리는 가장 편하게 일본, 한국, 만주, 그리고 중국과 무역거래를 할 수 있었을 것이다. 그러나 만약 이것이 실현 불가능하다면 이런 섬을 선교기지로 삼을 수 없을까? 너무도 중요한 위치에 선교기지를 설립함으로서 이들 배타적인 체제에 치명적인 일격을 가할 수 있지 않을까? 한국정부가 멀리 떨어진 그 섬을 통제해 왔는지 나는 알지 못하지만 나는 여기 거주하는 선교사는 뉴질랜드에 있는 선교사들, 라브라도르와 그린랜드에서 선교하던 선구자들(the first harbingers of the glad tidings in Labrador and Greenland) 보다는 덜 위험에 처할 것이라고 확실히 생각한다. 진실된 한 가지는 이들 섬들이 기독교를 접할 수 없는 곳이 아니라는 사실이다.47)

참으로 예언자적인 식견이다. 이미 2세기 전에 그 같은 견해를 피력하게 된 것은 제주에 대한 잠재력을 일찍이 간파했기 때문이다. 그의 견해에는 어쩌면 무력적인 힘을 동원해서라도 이 섬을 선교의 전진기지로 삼아야 한다는 의미를 함축하는 것으로 해석할 수도 있을 것이다. 하지만 꼭 그렇게만 해석할 필요는 없다. 중요한 것은 귀츨라프 중심에 한국선교에 대한 열망이 강하게 불타고 있었다는

---

47) Charles Gutzlaff, *Journal of the Three Voyages along the Coast of China in 1831, 1832, & 1833, with Notice of Siam, Corea, and the Loo-Choo Islands*, 288. 귀츨라프와 제주선교에 대한 관심, 한국선교에 대한 관심은 다음을 참고하다. N. C. Whittemore, "Notes on the Life of Rev. Karl F. A. Gutzlaff. First Protestant Missionary to Visit Korea," *KMF* Vol. 16 No. 1 (Jan., 1920): 18.

동양선교의 거장 귀츨라프

사실이다.

귀츨라프가 한국선교를 타진한 후 1845년 영국 사마랑(Samarang) 함의 에드워드 벨춰(Cap. Edward Belcher) 대령이 제주도를 탐험하고 거문도를 한국 남쪽의 해밀톤 항(Port Hamilton)이라고 불렀다.

4. 근대서양문헌에 나타난 제주

1882년 월리엄 엘리어트 그리피스가 기술한 **코리아 은둔의 나라**(*Corea: The Hermit Nation*)에는 제주도에 대한 기록이 비교적 정확하고 구체적이다. 한국의 각 지방을 소개하면서 언급한 "전라"에는 전라남북도의 지도와 함께 제주도에 대한 지도가 매우 정확하게 등장하고 네덜란드 사람 하멜 일행이 스패로우 호오크(Sparrow hawk)를 타고 가다 제주에서 배가 난파를 당했으며, 그 곳에서 그들이 13년 동안 투옥되었다는 기록도 등장한다. 그 아름다움에 대해 이렇게 기술하고 있다:

> 만약 한국이 "동양의 이탈리아"라고 한다면 제주도는 동양의 시실리이다. 제주도는 한국의 본토에서 남쪽으로 약 60마일 떨어져 있다. … 그 섬의 정상은 구름에 가리어졌다. 사람들이 Auckland 산 혹은 한라산이라 부르는 그 정상은 약 해발 6,500 피트이다. 그 정상에는 세 개의 휴화(休火) 분구가 있으며 각 분구에는 순수한 물 호수가 있다. 한국의 자녀들은 세계의 첫 창조된 세 명의 사람이 아직도 이 높은 꼭대기에 거주하고 있다고 가르침을 받는다. 분지, 계곡들, 산 측면들을 포함한 그 섬의 전체 표면은 주의깊고 아름답게 가꾸어졌다. 경작지들은 돌 벽들로 깔끔하게 나뉘어졌다. 제주에는 많은 마을과 세 개의 성(城)으로 된 도시가 있으나 훌륭한 항구는 없다. 제주가 오랫동안 죄수들의 유배지로 사용되어 왔기 때문에 섬 주민들은 거칠고 공손하지 않다. 그들은 고향지방을 위해 매우 뛰어난 곡식과 과일을 경작했다. 방대한 말들과 염소들이 풀을 뜯고 있으며 제주 주변의 섬 가운데 하나는 우도(우도, the Bullock Island)라고 부른다.[48]

---

48) Griffis, *Corea: The Hermit Nation*, 200-201.

시실리는 아름답기로 유명하며, 세계인들이 가고 싶어 하는 곳이다. 당시로서는 보기 드물게 세계 여러 곳을 여행했던 그리피스가 제주를 동양의 시실리라고 부른 것은 결코 과장이 아니었다. 이미 그 아름다움에 반했던 항해자들과 여행객들을 통해 신비의 섬 제주도에 대해 많은 식견을 가지고 있었던 것을 짐작할 수 있다.

맺는 말

세상적으로 제주는 고난과 핍박의 땅이었고, 제주의 역사는 비운의 역사였다. 하지만 영적으로 제주는 서양문화 접촉의 길목이었고, 희망의 섬이었다. 하나님께서는 제주선교를 위해 오랫동안 너무도 오랫동안 준비해 오셨다. 마치 한국에 복음을 전해주시기 전 청일전쟁, 러일전쟁, 을사조약과 한일합병에 이르는 모진 고난의 사건을 통해 조선인들의 심령을 가난하게 만드셨던 것처럼 탐라국 제주는 백제, 신라, 고려, 조선에 이르는 그 길고 긴 세월 동안 착취와 학대와 천대와 핍박의 대명사가 되었고, 중앙집권화 되지 않은 나약한 국력 앞에서 몽고와 중국의 침략과 지배를 받아야 했다. 제주에 파송된 지방 관리의 학정은 도를 넘었고, 세금의 과징은 생존권을 위협할 정도였으며, 공마는 제주민들이 감당할 수 없을 정도였다. 하지만 이 모든 것은 하나님께서 제주에 복음을 여시려는 깊으신 섭리였다. 제주민들의 심령을 가난할 대로 가난하게 만드셔서 오직 의지할 대상은 하나님 밖에 없다는 인식을 갖도록 만드셨다.

한국이 서양과 접촉했던 접촉점이었고, 전혀 예기치 않은 표착을 통해 제주는 유럽에 널리 알려진 섬이었다. 조선이 서양에 알려지기 전에 먼저 제주가 유럽인들에게 널리 알려졌다. **하멜표류기의 출간**으로 은둔의 나라 조선은 일약 유럽인의 관심을 끄는 특별한 나라로 부상했고, 그 채널은 제주였다. 하나님께서는 제주를 통해 희망을 여시려는 깊으신 섭리가 있었다. 하멜 일행이 제주에 표착했을 때는 제주 역사상 가장 신실하고 선한 목사로 알려진 이원진이 그 땅에 재임하고 있을 때였다. 하멜은 그를 가리켜 "친절한 한국 관리"라고 불렀고, 그 타이틀을 책의 부제로 달 정도로 제주목사 이원진을 존경하고 높이 평가했다.

 1832년 입국한 칼 귀즐라프가 제주의 잠재력을 간파한 것은 놀라운 선견지명이었다. 제주가 더 이상 갈 수 없는 마지막 귀양지, 제주민들이 육지에 함부로 이동할 수 없도록 출륙금지(出陸禁止) 정책을 통해 출륙을 막을 정도로 고립되어 온 수난의 땅, 비운의 역사 제주였다. 하지만 앞으로 다가올 20세기 환태평양 시대(環太平洋 時代)에 제주는 일본과 거대한 중국과 대륙을 통해 러시아와 유럽으로 향할 수 있으며, 태평양을 건너 미국으로 향할 수 있는 출발지가 되었다. 일찍이 제주를 다녀간 서구인들은 이 사실을 간파하고 있었다. 확실히 제주는 서양문화와 접촉이 끊이지 않았던 희망의 섬이었다.

제 3 장
제주선교의 준비(1884-1908)

> 베어드 씨는 전도지를 나누어 주면서 길 가에서 전도했고 항구에서 선원들에게 전도했다. 이런 방식으로 복음이 제주도까지 전해졌다.
>
> Harry A. Rhodes, *History of the Korea Mission PCUSA 1884-1934.*

> [1901년] 제주도에서 폭도들이 봉기하게 된 제1원인은 동도에 「가톨릭」교의 불국 선교사 2명이 있었는데(그 중 1명은 조선인이라고도 함) 이 2명의 선교사와 교민은 토민에 대해 가진 횡포를 다함으로 드디어 토민들이 개종자를 미워하는 감정을 조성시킨 데 있다. 제2의 원인은 강(姜)모라는 수세관이 있었는데 그가 각종 세목으로 증세를 부과하여 1할 내지 7분의 수수료를 빼며 아주 가혹한 징수를 함으로 도민들이 항거하게 된 것이다. 이 2가지 원인이 합쳐져서 드디어 폭발되어 개종자들을 살륙(殺戮)하는 사태에까지 이르렀다.
>
> 〈神戶又新日報〉 1901. 6. 19.

    역사의 주관자가 되신 하나님께서는 인류의 역사를 거룩한 목적을 향해 직선적으로 이끌어 오셨다. 하나님의 백성들의 생명을 구원하시려는 복음전파 사역을 위해 때로는 특정한 사건을 사용하셨고, 때로는 전혀 예기치 않은 사건을, 경우에 따라서는 한 인물을 세우셨으며, 또한 주변의 환경이나 국가를 동원하셨다. 제주선교의 장을 여시려는 하나님의 역사를 고찰할 때 제주선교 역시 예외는 아니었다. 1884년 한국 기독교 선교가 시작된 이후 1908년 이기풍 선교사가 제주에 파송되기 전까지 4반세기는 제주선교를 위한 준비 기간이었다. 제주선교를 위한 준비는 크게 네 가지 방향에서 진행되었다. 첫째가 천주교 선교였고, 둘째가 한국기독교의 준비였으며, 셋째는 평양대부흥운동이었고, 넷째는 독노회 조직이다.

이들 19세기 후반과 20세기 초엽에 일어난 이 네 가지 준비 작업은 제주선교를 위해 꼭 필요한 과정이었다. 제주의 천주교 선교는 천주교와 기독교의 차별화를 제시할 수 있는 절호의 기회였고, 한국선교는 장차 제주선교를 가능케 한 분위기를, 평양대부흥운동은 가장 중요한 제주선교의 영적 동력을, 그리고 1907년 독노회 결성은 제주선교에 대한 제도적 틀을 제공해 주었다. 선교는 하나님이 하신다는 평범한 진리를 깨우친 한국교회는 처음부터 선교하는 것을 교회의 본연의 사명으로 여겼던 것이다.

1. 천주교의 제주선교와 신축민요(辛丑民擾)

제주에 천주교 신자가 존재했다는 기록은 상당히 오래 전으로 거슬러 올라간다. 김석익(金錫翼)의 증보 탐라지 부기문전설조(附奇聞傳說條)에 따르면 제주도 사람으로 천주교 신앙을 처음 접촉한 사람은 김복수다. "그는 임진왜란(1592-1598)에 풍파를 만나 안남국(安南國: 월남)에 표착하였다가 그곳에서 만나게 된 일본 사신을 따라 일본의 오오사까성(大阪城)으로 가서 구라파왕(歐羅巴旺)의 사신들을 만나보고 그들이 그리스도교를 믿는다는 것과 교리책 및 기도문 책을 가지고 있는 것을 본 후에 다행히 배편을 얻어 제주도로 돌아오게 되었다."[1] 당시 예수회 신앙이 인도와 일본에 활발하게 전파되었던 때라 김복수는 예수회 신앙을 받아들였던 것으로 보인다. 그가 제주에 돌아와서 얼마나 그 신앙을 존속하고 확산시켰는지

---

[1] 김석익 편, 증보 탐라지: 부기문전설조, 1954, 280; 박장래, 이기풍 선교사의 제주선교 초기 활동에 관한 연구, 호남신학대학교 대학원 신학과 실천신학 전공, 1997년 석사학위 논문), 13-14에서 재인용.

는 불확실하다.

천주교 제주선교의 흔적들

제주에 천주교 신자가 존재했다는 기록은 그 후에도 나타난다. 제주 모슬포로 유배되었던 황사영(黃嗣永)의 부인 정난주가 바로 그 주인공이다. 황사영의 부인 정난주는 1801년에 남편이 사형된 후 제주도로 유배되었다. 정난주는 정약현의 딸로 황사영과 혼인하고 천주교 신앙을 받아들였다. 남편 황사영이 "황사영백서사건"으로 사형을 당하고 순교하자 아들은 추자도, 자신은 제주도로 유배되었다. 대정군에 짐을 풀고 죽을 때까지 유배생활을 하다 제주에서 세상을 떠났으며, 모슬포에 아직도 그녀의 묘가 남아 있다. 그녀가 제주에서 천주교 신앙을 전파했는지는 불확실하지만 유배지인데다 당시 천주교가 금교인 상황이어서 주변 사람들에게 천주교 신앙을 전파하지는 못했을 것이다.

제주에 천주교 신자가 존재했다는 기록은 달레의 **조선천주교회사**에도 나타난다. 1858년 8월 5일 장 베르뇌(Berneux) 주교가 파리 외방선교회에 보낸 다음과 같은 편지에 잘 나타난다:

> 펠릭스 베드로라는 제주 도민이 탄 배 한 척이 1856년 풍랑을 만나 중국의 광동지방으로 표류하던 중, 같이 배를 탔던 5명의 친구를 잃고 다행히 영국 배에 구조되었던 그는 홍콩에 있던 천주교 신부 댁으로 넘겨져 병을 치료받고 있던 거기서 조선 신학생을 만나게 되었다. 그리고 그 신학생의 가르침으로 영세하고 입교하였던 것이다. 그 후 펠릭스 베드로(Felix Dierre)는 1858년 조선에 귀국하여 페롱(Peron) 권신부와 최양업 신부를 만나 교리책을 얻는 한편, 장주교와 연락하는 방법을 알아 가지고, 제주도로 돌아가서 도민 20여명과 그의 가족 40명을 개종시켰다는 기록이다.[2]

---

2) 박장래, "이기풍 선교사의 제주선교 초기 활동에 관한 연구," (호남신학대학교 대학

하지만 이로 인해 제주에 선교가 진행되었는지는 불확실하다. 혹자는 약 20여 명 이상의 교인이 있었지만 병인박해가 발생하면서 지하로 숨어들어가 더 이상 선교활동을 할 수 없었다고 주장한다. 하지만 뮈텔(Mutel) 주교는 1866년 이전 제주에 몇몇 천주교인들이 살았으나 천주교 선교사들이 "1899년에 이 섬에 들어갔을 때 그들의 자취나 기념될 만한 흔적은 하나도 찾아볼 수 없었다"3)고 말했다. 그 혹독한 병인박해를 견디기 힘들어 잠재하거나 신앙을 포기했을 수 있다.

제주에 천주교 선교가 본격적으로 진행되기 시작한 것은 1886년 조불수호조약(朝佛修好條約) 체결로 신앙의 자유가 획득된 19세기 후반이다. 1898년 제주도 중문면 색달리(穡達里)에 거주하는 양베드로(梁베드루)는 육지에서 영세를 받고 제주에 돌아와 신아오스딩(申아오스딩)과 신바오로 형제와 함께 제주선교를 시작했다.4) 양 베드루와 신아오스딩이 보성리(保城里) 사람 강도비아(姜도비아) 김생원(金生員)이 당시 조선교구장(朝鮮敎區長) 뮈텔 주교에게 제주에 선교사를 파송해 달라고 요청했고 뮈텔 주교가 이 요청을 받아들였다. 1899년 광무 3년 프랑스 사람 뻬이네(M. Peynet, 裵嘉祿) 신부와 김원영(金元永) 신부가 제주도에 도착하여 제주읍에 머물면서 본격적으로 선교를 착수했다. 뻬이네 신부는 건강상의 이유로 얼마 후 다른 지방으로 전출되고 그 후임으로 1900년에 프랑스 신부 라쿠르츠(M. Lacrouts, 具瑪瑟)가 입도했다. 이어 그 이듬해 뭇세(J. G. Mousset, 文濟萬) 신부가 제주도에 도착했다. 세 신부가 제주에 입도함에 따라 제주 성내와 서홍리(西烘里)에 교회당을 세우고 또 큰

원 석사논문, 1997), 15에서 재인용. 제주에 천주교 신자가 존재했다는 기록은 윌리엄 엘리어트 그리피스의 조선: 은둔의 나라에도 확인된다. 그리피스에 따르면 제주 출신 원주민 한 사람이 탄 배가 중국 해안에서 난파를 당했다. 마침 한 영국 배에 의해 구조되어 홍콩으로 옮겨졌다. 그는 그곳에서 마카오 출신의 한 한국인 학생을 만나 회심하고 제주에 돌아와 천주교 신앙을 확산시켰다. William Elliot Griffis, *Corea: The Hermit Nation* (New York: Charles Scribner's Sons, 1882), 370.

3) 김옥희, 제주도 신축년 교난사 (제주: 천주교제주교구, 1980), 5.
4) 최선홍, "제주도의 학살 사건과 본당 연혁," 가톨릭 연구 (1935년 9, 10월): 177-178.

마을에는 공소(公所)를 두어 천주교 포교를 시작했다.

처음 천주교 제주선교는 쉽지 않았다. 외세의 압박에 시달린 사람들에게 서양종교로 널리 알려진 천주교 신앙을 받아들이는 일은 곧 반 탐라적, 반민족적 행위였다. 특별히 외세의 침략이 그치지 않았던 제주도 민중들에게는 더욱 그랬다. 처음 제주도민들은 천주교에 잘 귀의하지 않다가 조정에서 외국인 신부에 대해서 특별히 우대하고 보호하라는 특명이 내려오면서 달라졌다. 천주교가 세력화되고 여기에 합류하여 부역하는 이들이 늘어나면서 천주교 교세가 갑자기 증가하기 시작했다. 박장래는 그 이유를 이렇게 말한다:

> 천주교의 교세가 갑자기 확대된 것은 제주도민들의 마음속에 권력층에 대한 원망심과 반항심이 누적되어 있었고, 숙명적인 빈곤과 역사적인 불평과 원망심으로 쌓여 있는 이런 상황에서 고종 광무 초에 천주교가 처음 선교되기 시작하자 빈부귀천을 따지지 않고 평등한 입장에서 모두 교우로 대우해 주는 천주교에 감격하여 입교하거나 또한 봉건적인 억압과 인습에서 해방되고 구원될 것으로 생각하여 입교하는 경향이 있었기 때문이다. 여기에 당시 제주 목사와 군수들에게 돈을 강탈당한 사람들과 1900년경부터 봉세관(俸稅官)을 보내어 정부의 부족한 왕실 재정을 메우기 위해 각종 잡세를 징수하는 등의 정치의 부패와 문란도 교세 확장의 이유였을 것이다. 즉 종교적인 부분보다는 민생고에서부터 탈출구를 찾는 도민들의 심리적인 현상으로 인한 것이다. 또한 제주에 유배와 있던 학식 있는 자들이 천주교에 입교한 사실도 하나의 이유일 것이다.5)

중앙정부에서 유배된 양반들의 울분, 인생사의 허무함을 달래거나 프랑스의 힘을 빌려 중앙정계 진출을 꾀하거나 천주교의 힘을 빌려 자신들의 권익과 사적 이득을 취하려는 이들에 이르기까지 천주교

---

5) 박장래, "이기풍 선교사의 제주선교 초기 활동에 관한 연구," 17-18.

는 매력적이었다. 심지어 범죄자들이 선교사의 그늘에 숨어 처형을 면하려고 귀의했다. 당시 일본의 매일신보에 따르면 "지금 제주도에서는 천주교가 비상히 발호하여 한인의 소위 「七犯」의 도배들 즉 범죄, 유범죄(類犯罪) 도배들이 모두 다 이에 귀의하고 선교사들의 소매 그늘에 숨어서 처형을 피하려고 하는 양상이다."6)

제주선교 개시 3-4년 만에 1천 명이 천주교에 귀의했다는 사실은 참으로 놀라운 일이다. 제주에 천주교 신앙이 널리 확산되자 여기 저기 천주교 집회 장소가 생겨났다. 제주읍과 한논에 성당을 갖고 있었고 성당이 없는 각 촌에는 간단한 공소가 있어 이들 포교 장소를 중심으로 천주교 교세는 놀랍게 확산되어 나갔다.

뻬이네(Jean Charles Peynet) 신부가 돌아가고 후임으로 구마슬(L. Marcel Lacrouts) 신부가 부임했다. 교세가 확장되어 1901년 문제만(J. G. Mousset) 신부가 파견됨에 따라 구신부는 제주 성내를 김신부와 문신부는 정의군 서홍리 한논성당을 맡았다.7) 천주교는 정의, 한논을 거점으로 놀라운 선교 결실을 맺었다. 그 결과 1901년까지 가톨릭 교세는 영세 242명, 예비자 700명이나 되었다. 이중에 영세 50명, 예비자 400명은 1901년 한 해 동안의 결실이었다. 선교 2, 3년 만에 이 같은 결실을 얻는 것은 참으로 대단한 것이다.

신축민요의 발단 원인

그러다 1901년 "신축민요(辛丑民擾)"가 발생하면서 천주교 선교는 일대 변화를 맞았다. 신축민요는 1901년(고종 38년, 광무 5년) 5월에 제주에서 일어난 "천주교란"(天主敎亂)을 말한다. 당시 천주교도들의 월권과 행패, 그리고 과중한 과세의 폐단에 분격한 민중들이 봉기하여 제주성에 입성 천주교도들을 색출 처단하였다.8)

---

6) "불란서 선교사 2명이 재작년부터 도래, 포교하고 있으며 민란의 징조도 나타나고 있다"고 보도했다. 大阪每日新聞, 1901. 4. 29.
7) 유홍렬, 한국천주교회사 하 (서울: 카톨릭출판사, 1962), 364.

이 민란은 여러 명칭으로 불리고 있는데 1901년 신축년에 일어났다고 해서 신축교난(辛丑敎亂)이라 불리고, 이재수(李在守)가 주동이 되었다고 해서 이재수 난이라고도 불리며, 천주교에서는 천주교인들의 희생이 컸다고 해서 신축교안(辛丑敎案)이라고 부른다. 제주 탐라지는 민요(民擾)의 성격이 강하다 하여 "신축민요"(辛丑民擾) 혹은 "신축민란"(辛丑民亂)이라고 말한다.9) 이 신축민요는 많은 희생자를 내고 프랑스 군과 일본 함대의 개입으로 진압되었다.10)

제주통사에서 김봉옥이 지적한 대로 이 난은 "전도(全島)에 걸쳐 천주교도(天主敎徒)와 도민(島民)이 무력 충돌한 사건"이었고,11) 향토 사학자 김태능과 홍순만이 지적했듯이 신축민요는 "봉세관의 착폐와 천주교의 교폐"가 그 발단이었다.12) 봉세관의 착폐와 천주교의 교폐문제는 제주도민들의 원성을 살 정도로 심각했다.13) 일본 신호우신일보(神戶又新日報)에 따르면 이 두 가지가 1901년 민란의 주요 원인이었다:

---

8) 홍순만 편, 增補 耽羅誌 (제주: 제주문화사, 2005), 508.
9) 홍순만 편, 增補 耽羅誌, 508, 585.
10) 희생자의 수에 대해서는 약간씩 차이가 있다.
11) 김봉옥, 제주통사 (제주: 도서출판 제주문화, 1990), 189. 1901년 6월 9일자 일본의 朝日신문에 따르면 "불국 선교사 2명이 상시적으로 동도의 읍에 재류하여 포교에 힘썼으며 읍민의 대부분이 신도로 되어 있었는데 그들은 항상 선교사의 위세를 등에 지고 모든 일에 비신도와 대립, 떠들고 설치는 행위를 함으로 일반 인민들은 이에 분격, 서로 결합하여 선교사 배척운동을 기도, 신도와 비신도 사이에 드디어 일대 충돌을 야기 시켰다. 비신도는 제주성읍을 포위, 엽총, 혹은 대창을 뒤흔들어 서로 싸움이 벌어져 쌍방에 사상자가 속출, 노소 부녀들이 겁에 질려 아우성치며 헤매는 상황은 극히 비참하였다." 大阪朝日新聞, 1901. 6. 9.
12) 신축민요의 원인에 대해서는 크게 두 가지 입장이 존재한다. 하나는 교폐문제가 아니라 지나친 과정이 발단이라며 지방 관리의 부패와 수탈에서 찾으려고 하는 천주교의 입장이고 다른 하나는 전부터 지속되어 온 제주에서 지속적으로 일어난 수탈과 착취에 대한 저항의 연속선상에서 일어난 민란으로 보는 입장이다. 천주교의 입장에서 보든, 전통적인 민란의 성격으로 조명하든 1901년 신축민요는 수탈과 착취에 대한 저항이었다.
13) "보도에 의하면 한국 제주도 폭민의 봉기 원인은 동도 관리가 궁정비라고 해서 가책 없는 징세를 강행한데서 일어난 것이다. 금번 사변은 동도 관민 간의 악감정이 주원인"이었다. 神戶又新日報, 1901. 6. 3.

제주도에서 폭도들이 봉기하게 된 제1원인은 동도에 「가톨릭」교의 불국 선교사 2명이 있었는데(그 중 1명은 조선인이라고도 함) 이 2명의 선교사와 교민은 토민에 대해 가진 횡포를 다함으로 드디어 토민들이 개종자를 미워하는 감정을 조성시킨데 있다. 제2의 원인은 강(姜)모라는 수세관이 있었는데 그가 각종 세목으로 증세를 부과하여 1할 내지 7분의 수수료를 빼며 아주 가혹한 징수를 함으로 도민들이 항거하게 된 것이다. 이 2가지 원인이 합쳐져서 드디어 폭발되어 개종자들을 살륙하는 사태에까지 이르렀는데, 송모라는 자가 교도의 횡포를 증오하는 나머지 드디어 교도에 반항하는 운동의 사무소를 설립, 지난 5월 15일 토민들 1만이 봉기하여 교민들을 명월성에 포위하고 5월 19일 대거하여 공격 교민의 사상자 500명, 여자의 부상자 9명을 낳게 하였다. 토민들은 구식총 500정을 가지고 있었다고 한다.14)

신호우신일보(神戶又新日報)가 보도한 대로 "제주도 사변의 원인은 기보와 같이 세무리가 서교도와 결탁해 토인(土人)에게 가세(苛稅)하며 나아가서 토인에게 가혹한 대응을 한데서 일어난 것 같다."15) 천주교는 신도라면 지위를 막론하고 보호를 했다. 게다가 세폐의 장본인 장봉헌이 천주교 신자였기 때문에 천주교에 대한 주민들의 불만은 대단했다. 1901년 민란의 원인에 대해 **조일신문**은 이렇게 말한다:

신교민이 비신교민에 대한 억압에 원인이 있음은 부인할 수 없는 사실이다. 실은 재작년부터 불국의 선교사 2명이 도항하여 열심히 포교한 결과 2천여 명의 신도를 얻었으므로 선교사들은 크게 희망을 가지고 동지에 머물면서 모든 수단과 방법을 써 가면서 포교활동을 계속 했다. 그래서 신도라고 하면 그의 거동의 시비, 공직의 여하를 불문하고 항상 보호 원조를 하기 때문에 자연 비신도들은

---

14) 神戶又新日報, 1901. 6. 19.
15) 神戶又新日報, 1901. 6. 10.

이에 대해 악감정을 품고 있었던 차, 수세관리 강봉헌이란 자가 이 세력 있는 신교민을 이용하여 가혹한 영업세를 징수하게 되었다. 따라서 더욱더 알력의 열도는 증진되어 방금 파열상태에 있었다.16)

1901년 2월 8일 제주에도 정당한 세금을 징수해야 한다는 탁지부 민병석(閔丙奭)의 제의에 따라 내장원 봉세관(捧稅官) 강봉헌이 제주에 파송되어17) 제주도민들에게 도를 넘게 과징했다. 그가 천주교인이었기 때문에 천주교에 대한 제주도민들의 반감은 강했다. **신호우신일보(神戶又新新聞)**는 이렇게 전한다. "한국 제주도 폭민의 봉기 원인은 동도 관리가 궁정비라고 해서 가책 없는 징세를 강행한데서 일어난 것이다. 이들 관리는 모두 불국 선교사의 전도에 의해 개종한 야소교[천주교]들이므로 폭민의 분노는 나아가서 이 서교도들에 미쳐 불국 선교사 및 개종자들과 적대하게 된 것이다."18) 당시 천주교의 교폐와 세폐 문제는 대단히 심각한 상황이었다:

민란의 원인은 야소교민의 종횡무진의 난폭행위이며 불국 선교사가 이를 암암리에 후원한 것이 원망의 초점이 된 것이다. 그리하여 그와 같은 춘사에 이르렀다는 것은 명명백백하게 되였다. 근래 청·한 각지에서 포교에 종사하는 야소교[천주교] 선교사 도배(徒輩)가 복음을 선포하여 완민을 제도(濟度)한다고 일컬으면서 그 이리를 해득 못하는 자에 대해서는 자칫하면 무뢰무식의 도배라고 왜곡하며 횡포를 일삼으려, 심하게는 지방관의 시정에 개입하고 곡직(曲直), 시비(是非)를 전도(顚倒)하여 교리민을 비호하고 있다는 사실은 왕왕 듣는 바이다. 그들 선교사는 본국 정부의 위력을 등에 업고 끝내 전쟁이란 대사에 이르러도 두렵지 않다는 기세이다. 야소교[천주교] 교지에는 마땅한 신조도 있기는 하지만 이 일점에 있어

---

16) 神戶又新日報, 1901. 6. 14.
17) 金奉玉 편, 朝鮮王朝實錄 耽羅錄 (제주: 제주문화방송, 1986), 694.
18) 神戶又新日報, 1901. 6. 3.

서는 회교도가 왼손에 성서를 들고 오른손에 쾌검을 들어 외족을 정복하는 수단으로 한 것과 다름이 없다는 것은 식자들이 개탄하는 바이다.19)

천주교회로 "폭한이 죄적을 가시기 위해 도망해오는" 경우가 많아 "교도는 무뢰한이고 교당은 악마의 집회소로 되어 천주교는 양민을 해독하는 기계와 같은 결과를 낳게 하였다."20)

민란의 발단 배경

교폐문제의 발단은 한국에 와 있는 프랑스 천주교 신부 자신들에게 있었다. 이들은 천주교 선교를 위해 프랑스 공사에게 협력과 지원을 자주 요청하였고, 프랑스 공사는 "죄다 이를 채용하여 한정에게 요구"하는 경우가 많았다.21) 이것은 한반도 전역에서 보편적으로 일어나고 있던 현상이었지만 제주에서 유독 심했다. 강대국 프랑스의 군사력과 힘에 의존한 신부들의 무례한 행동, 이에 편승한 한국인들의 횡포가 여러 곳에서 일어났다. 일본 **신호신문(神戶新聞)**은 이 부분에 대해 너무도 소상하게, 그러면서도 매우 비판적으로 보도하고 있다:

> 조선에서 천주교도라는 놈은 지나의 교피(敎匪)와 닮아 실로 귀찮음이 그지없는 놈이라 신앙에 의해서 자비인욕(慈悲忍辱)의 덕을 얻는 것보다 오히려 양인(洋人)의 성위(聲威)를 빌려 눈앞의 이익 약탈만 일삼는 것으로서 그 목적을 이루기 위해서는 양민에게 해를 주는 것쯤은 태연한 자세이고 때와 장소에 따라서는 지방관도 위협할 지경이니 그 처사 필연 미워하지 않을 수가 없다. 일찍

---

19) 神戶又新日報, 1901. 6. 18.
20) 神戶又新日報, 1901. 6. 22.
21) 神戶又新日報, 1901. 6. 22.

이 충청도에서 서학당(西學堂)이라는 것이 대단히 발호한 바가 있다. … 보건데 이 서학당 즉 바꾸어 말하면 천주교도란 것은 태반은 도박쟁이, 도둑놈, 유랑민들로 되어 있기 때문에 그 행패를 저지를 때의 잔혹함은 한방울의 눈물, 티끌만의 인정도 없을 정도다. 그것도 그 사회의 상습이라면 이상히 여기는 바가 아니지만 일면은 교도, 다른 면은 도적이라는 게 아니 놀랠 수 없고, 마호메트의 종교 선포보다 더한층 놀라운 사태라 하지 않을 수 없다. 그런데 그 도둑놈을 거느리는 선교사란 게 어떤 인물로 꽉 차 있는가 하면, 이것 역시 십자가를 고리대의 초패(招牌)라고 마음 다짐 하고 있는지 돈을 빌려서는 토지를 저당 잡아 토지를 빼앗고는 소작인을 데려오고 소작인이 되면 두터운 보호를 하여 이자에는 지방관에 대하여 거의 치외법권의 특권을 갖게 한다. 그러니 토민도 그 특권을 얻으려고 차츰 그 승의(僧衣) 밑에 덮이게 된다. 이런 수법으로 어느새 조선의 토지를 그들의 수중에 둔 것이 지금은 막대한데, 이리되니 선교사도 이익의 관계상 신도의 보호에 주의를 돌리는 것보다 더더욱 토지를 얻기에 마음이 휘몰리게 되었다. … 이것이 어찌 선교사가 할 짓인가. 서학당 즉 천주교의 일파는 신도나, 선교사나 모두 이와 같은 인물로 이루어져 있기에 세월이 갈수록 그 위력과 난폭에 짜증이 나 제주도민은 더 이상 참을 수가 없어 아무튼 이에 대항하여 충분히 자기의 생명 재산을 맡길 수 있는 믿음직한 구제자(救濟者)를 다른 데에 바라지 않을 수 없게 되었다.22)

탐관오리들의 착취와 왜적의 침입이 계속되고 조정으로부터 버림받은 제주에서 지방관리 군수(郡守)마저 두려워하는 천주교의 위상은 주민들에게 대단한 권력집단이었다. 힘없는 사람들, 권력에 의존하여 출세를 모색하는 사람들, 심지어 그 권력을 힘입어 범죄의 신분에서 벗어나려는 이들에 이르기까지 천주교는 참으로 매력적인 종교였다.

---
22) 神戶新聞, 1903. 8. 13.

1898년에 제주선교를 시작한 천주교가 포교를 시작한지 얼마 되지 않아 놀라운 신장을 보인 것은 어쩌면 이상한 일이 아니다. 천주교 교폐에다 천주교 신앙을 가지고 있는 지방 관리의 세폐까지 한데 어울러져 천주교에 대한 이미지는 너무도 부정적이었다. 일본의 우신신보는 "제주도 민란의 원인"이 무엇인지를 너무도 선명하게 집약했다:

> 야소[천주]교민과 보통 인민 사이에 평소부터 다소 불화의 상황에 있었다. 단 배외적, 혹은 종교를 미워하는 깊은 관념에 의한 것이 아니라 다만 야소[천주]교민은 외국인의 위세에 의지하여 보통 인민을 건드리는 일들이 있었다. 이번 민란의 직접적인 원인이라 말할 수 있는 것은 한국 궁정을 위하여 잡세를 징수하는 관리가 야소[천주]교민이였기 때문에 특히 민심을 격분시켰다는 것.23)

당시 신호우신일보(神戶又新日報)가 지적한 것처럼 "한국 제주도에서 폭도가 봉기한 것은 서교를 신앙하는 세무 관리에 저항한 결과이다."24) 제주도민들이 척왜 척양의 사고가 있었지만 천주교 신앙 자체를 문제시한 것은 아니다. 일본의 1901년 6월 14일자 대판조일신문(大阪朝日新聞) 역시 "제주도 난원(亂源)정보"라는 보도를 통해 이를 분명히 했다. "신교민이 비신교민에 대한 억압에 원인이 있음은 부인할 수 없는 사실이다. 제주에 머물면서 모든 수단과 방법을 써 가면서 포교활동을 계속했다."25) 조일신문은 4일 후인 6월 18일 제주도민란의 원인을 보도하면서 이 부분을 또 다시 강조하였다:

> 그 원인은 야소교민의 종횡무진의 난폭행위이며 불국 선교사가 이를 암암리에 후원한 것이 원망의 초점이 된 것이다. 그리하여 그와

---
23) 大阪朝日新聞, 1901. 6. 2.
24) 神戶又新日報, 1901. 6. 7.
25) 大阪朝日新聞, 1901. 6. 14.

같은 춘사에 이르렀다는 것은 명명백백하게 되었다. 영국 대재상마저 이미 간파한바 「지나인(支那人)의 소란을 조성시킨 것은 야소교 선교사의 죄가 또한 크다」고 명언했다고 듣는다. 우리는 또한 동감하지 않을 수 없다. 야소교 선교사가 자칫하면 자기의 분한을 넘어 완민을 곡비(曲庇)하고 정치에 개입하여 포교도로서 어울리지 않는 언동을 하여 원망을 사며 악사를 저지르러 나아가서는 국가에 폐해를 주는 것을 보고 동야에서의 그들의 거동을 인정하여 타당하다고는 말할 수 없으며 야소교를 위해서도 한탄하는 자 또한 많다는 것이다.26)

민란의 책임이 전적으로 천주교에 있다고 본 것이다. 매일신문(每日新聞) 역시 같은 견해였다. "전적으로 천주교도의 횡포가 원인이 되어 폭발한 것이므로 교도들이야말로 폭도라고 할 것이다."27) 언어적 표현이 과격할 정도로 천주교에 대한 이미지는 부정적이었다.

1901년 민란의 원인을 규명해 가다 보면 조정의 책임도 피할 수 없다. 조정에서 제주관리들에게 신부들을 특별히 대우하라는 명령을 내리자 이를 가장 반긴 자들은 제주에 와 있던 유배자들이었다. 유배자들에게 천주교는 정권에 맞설 수 있는, 아니 어쩌면 더 막강한 권력을 가진 집단으로 인식되었다. 제주에 유배 중이던 이용호(李容鎬), 장윤선(張允善), 이범주(李範疇), 최형순(崔亨順)이 천주교에 입교한 것도 그와 무관하지 않다. "신부들을 극진히 대우하라"는 특명이 내리자 신부들 역시 이 점을 이용하여 교인(敎人)이면 범법(犯法)으로 투옥(投獄)된 자도 임의로 석방시켰다.28) 1901년 3월 17일 김창수 군수가 서주보(徐周輔), 정병조(鄭丙朝) 이범주(李範疇) 세 사람을 "불순한 일"이 있어 투옥시키자 이 소식을 들은 라쿠르츠(具瑪瑟) 신부가 김창수 군수에게 복사(福使)를 보내 "이범주(李範疇)

---

26) "제주도의 난원," 大阪朝日新聞, 1901. 6. 18.
27) 大阪每日新聞, 1901. 6. 22.
28) 김봉옥, 제주통사, 190.

는 교인이다. 형명(刑名)은 유형(流刑) 10년에 불과한데 어찌하여 수감하느냐. 곧 석방하여 달라."29)고 요구했다.

군수가 볼 때 이 같은 요구는 받아들일 수 없는 요구였다. 군수 김창수가 이를 거부하자 구마슬 신부는 직접 쇠 끌을 사들고 감옥을 찾아와서 감서(監署)에게 "어찌하여 우리 교도를 명목 없이 죽이려 하느냐"며 그를 잡아 제치고 직접 쇠 끌로 감옥 자물쇠를 부수고 옥문을 열어 제쳤다. 이범주를 데리고 나오면서 함께 투옥된 다른 두 사람, 서주보와 정병조에게 같이 나오라고 말했다. 그들이 "우리는 교인이 아니다. 우리는 법관의 명령이 아니면 나갈 수 없는 것이다"며 거절했으나 신부의 행동에 이미 풀이 꺾인 김창수는 감옥으로 달려와 "이미 한 사람이 나갔으니 유독 노형 두 사람을 가두는 것은 뜻이 없소"라며 다른 두 사람을 풀어주었다. 군수가 신부에게 쩔쩔 매는 모습을 민중들이 직접 눈으로 확인한 것이다. 이것이 미친 영향과 결과는 참으로 대단했다:

> 당시 김창수 군수가 구마슬 신부의 처사에 대해서 무기력하게 아무런 조치도 취하지 못하는 것을 본 백성들은 천주교에 대한 생각도 크게 달라졌다. 봉건사회 제도 하에 관의 억압에 시달리던 백성에게 천주의 복음(福音)에서 평등과 사랑이 심금을 울렸다. 그리하여 심취하여 입교하는 사람도 있었지만 그 중에는 외국인 신부의 우월권(優越權)을 믿고 범법(犯法)을 다반사로 하는 불량배도 있었다. 이것이 이른바 교폐(教弊)를 빚어 일반 도민으로부터 증오(憎惡)와 규탄(糾彈)을 받게 되었다.30)

천주교의 교폐문제는 조선에 널리 행해진 일들이다. 천주교 신부들은 명동성당의 건축 장소를 이전하라는 조정의 명령을 거부하고 건축을 강행하였으며, 곳곳에서 기독교인들에게 천주교 성당 건축을

---

29) 김봉옥, 제주통사, 190.
30) 김봉옥, 제주통사, 191.

위해 헌금을 강요하다 거부하면 잡아다가 주리를 틀며 고문을 가했다. 지방 관리는 그들 앞에서 아무런 힘이 없었다. 너무도 무기력했다. 당시 무력한 중앙정부의 보호를 받지 못하는 상황에서 지방 관리의 위상은 일개 신부의 권세만도 못했다.

게다가 이런 상황에서 봉세관(捧稅官)과 천주교인들이 "한 짝이 되어서 돈을 토색(討索)하는 일"31)이 제주에서 발생한 것이다. 1901년 4월 12일 탁지부(度支部)의 훈령을 가지고 온 홍서순(洪瑞淳)이 "징세의 독쇄관(督刷官)으로 와 있던 강봉헌(姜鳳憲)을 봉세관으로 임명"32)한 후 세금징수를 위해 그에게 "어사(御使)의 마패(馬牌)를 주어 삼읍의 공토(公土)와 생산물을 일일이 조사하여 봉세(捧稅)"33)케 했다. 강봉헌의 과징방법과 과징의 정도는 상상을 넘어섰다:

> 강봉헌은 자신도 학렴(虐斂)하는데 급급하였지만 그는 교인(敎人) 불량배를 시켜서 갑오년 이후 없어졌던 민패(民布)를 추징(追徵)하고 가옥세(家屋稅), 수목세(樹木稅), 가축세(家畜稅), 어장세(漁場稅), 어망세(漁網稅), 염분세(鹽盆稅) 심지어는 노위세(蘆葦稅), 잡초세(雜草稅)까지 징세하였다. 봉세관과 불량 교인들이 한 짝이 되어서 돈을 토색하게 되니 백성의 원성은 날로 높아졌다.34)

천주교인들은 막강한 권력을 등에 업고 "이미 팔았던 토지와 가옥을 원가(元價)로 물려받고 또 고가(高價)로 파는 일, 도당(徒黨)을 이루어 민재(民財)를 탈취하는 일, 타인의 금지(禁止)에 무단 매장(埋葬)하는 일, 범법한 자를 교인이라 하여 석방시키는 일, 교인들을 훼방하면 교회당에 잡아다가 사형(私刑)하는 일 등"35)을 일삼았다.

실제로 1901년 정월에는 전 훈장 현유순(玄有珣)과 오신낙(吳信

---
31) 김봉옥, 제주통사, 192.
32) 김봉옥, 제주통사, 191.
33) 김봉옥, 제주통사, 192.
34) 김봉옥, 제주통사, 192.
35) 김봉옥, 제주통사, 192.

洛)이 정의교당에서 치사(致死)를 당하는 사건이 발생했다. 현유순의 경우는 "지방의 명사"였기 때문에 이로 인해 주민들과 천주교 사이에 대립이 심각하게 진행되었다.36) 민중들이 볼 때 치사를 당한 이들이 공명심을 가지고 천주교를 반대하던 이들이었기 때문에 천주교 신부들과 교인들이 끌어다가 문초하며 고문을 가하다 결국 죽게 만든 것이라는 의심을 지을 수 없었다.

제주의 지방관리가 이 문제를 해결할 수 없는 상황에 주민들은 더 이상의 피해를 줄이기 위해 자구책을 만들지 않을 수 없었다. 대정현에서는 주민들이 천주교의 교폐(敎弊)를 막기 위하여 채구석(蔡龜錫), 오대현(吳大鉉), 감우백(姜遇伯), 이성교(李成僑), 송희수(宋希洙), 강철호(姜哲鎬), 강백이(姜伯伊)를 중심으로 상무사(商務社)라는 단체를 조직했다.37)

신축민요의 발단과 진행

"관리가 악세 징수를 강행하면 민란이 생길 것이라는 것은 누구나가 예상하고 있었던 일이었다."38) 게다가 천주교인 봉세관과 그에게 편승하는 천주교인이 한 짝이 되어 일반 백성들을 토색하자 천주교에 대한 민중들의 원망은 대단했다. "격분"한 대정군민들은 1901년 5월 11일 좌수(座首) 오대현(吳大鉉)을 장두(狀頭)로 하여 봉세관과 천주교의 교폐 시정을 호소하기 위해 제주성으로 출발했다. 이른바 민당(民黨)이 형성된 것이다. 강봉헌은 선편으로 도망하고 김창수 역시 효유(曉諭)차 피출하였다. 13일 천주교 구마슬 신부는 천주교도 수백 명을 대동하고 민당(民黨)이 있는 장소로 가서 무기를 휘두르고 위협하자 민당들이 흩어졌다. 오대현(吳大鉉), 강

---

36) 김봉옥, 제주통사, 192. 김봉옥은 이 사건이 1901년 신축민요 "사건의 발단"이었다고 말한다.
37) 神戶又新日報, 1901. 6. 10.
38) 大阪朝日新聞, 1901. 6. 9.

박(姜博), 마천삼(馬千三), 강희봉(姜希鳳)을 비롯하여 6명을 체포하여 제주목에 넘겼다.

5월 15일 천주교 신부와 교도들은 대정현에 도착 "무기고를 부수고 흥분된 군중을 향해 총을 발사하며 닥치는 대로 구타하자 모였던 군중은 흩어졌다." 이들이 발사한 총에 의해 김봉년이 그 자리에서 죽고 2-3명이 총상을 입었다. 이재수는 흩어지는 군중을 모아 민병(民兵)을 조직 그 다음날 5월 16일 제주성에 집결했다. 강우백(姜遇伯)이 동진을 이재수(李在守)가 서진을 지휘했다.

5월 17일 천주교 신부와 최형순은 무기고를 장악하고 제주성을 지키게 하면서 천주교인들을 이끌고 민병들이 집결해 있는 남문 밖 광양촌(光陽村)으로 가서 "무차별 발사하여 10여 명이 사망하고 30여명이 부상"했다.39) 이는 사태를 악화시키는 계기가 되어 이때부터 천주교인 학살이 시작되었다. 그로부터 2주 발행된 6월 3일자 매일신문은 이렇게 보도했다.

> 수년 이래 수세관은 잡세를 주구하고 천주교도들과 같이 인민들에게 추궁, 구타, 포박, 강수하며 교도들에게 부질없는 사촉을 하여 그 폐해가 극심했다. 그래서 5월 16일 인민들은 성남 1리의 장소에서 집회를 열고 그 대책을 협의하고 있을 때 불국 선교사 2명, 교도 300명을 거느려 창과 엽총을 가지고 내도, 발포하여 1명을 부상시키고 민회의 거괴 오대현 외 5명을 잡아 갔으며 이어 제주성에 난입, 군기, 탄약을 빼앗고 발포하여 인민 1명을 죽이고 3명에게 중상을 입혔다. 인민들은 이 폭살을 보고 격분하여 산포수를 불러 모아 교도 8명을 죽이고 성내로 들어가 구류 당하고 있던 6명을 구원했다. 교도들은 인민들의 세력이 큼을 보고 산산이 흩어져 불국 선교사는 정의군 군수의 집에 숨어 무사히 난을 면했다. 인민들은

---

39) 大阪每日新聞, 1901. 6. 23, 167. "제주군수 김 모라는 자 일찍부터 다소 천주교도와 친교가 있었으므로 중개를 시도, 명월에 달려와 도민파 수령과 회견, 회의를 제기했으나 파담, 김군수는 돌아가 동월 17일 도민파가 이제 성내에 내습할 것이다고 통보했다."

각 촌에 포고하여 교도들을 붙잡아 오도록 하였으며 매일 50여 명이나 살상하고 5월 18일에 이르러 각 촌에 산재했던 교도 250여명을 붙잡아 죽였다. 유배죄인인 교도 장윤선은 배를 타 섬을 나가 불국공사에게 타전하니 얼마 후 불국 군함 내도 상륙, 회민(會民)을 모조리 소탕하겠다고 위협 공갈하였으나 정부 관리가 그 불가를 설명하여 되돌려 보냈다. 지금 진위대 2중대가 주둔하고 있다. 천주교도가 불국 군병의 힘을 빌어 난폭한 행동을 일으킬 수 있으니 조속히 불국 공사에게 조회하여 군병 사용을 중지시켜야 할 것이다.40)

6월 14일자 대판조일신문(大阪朝日新聞)에 따르면 민병들은 후일의 문제꺼리를 염려해서 천주교 외국인 신부는 물론 일본인들에 대해 위해를 가하지 않았다.41) "만약 외국인에게 해를 가하면 우리나라 멸망의 단서가 되니 가장 주의하라"고 회민들에게 훈계해 선교사를 비롯해서 외국인의 피해는 한 사람도 없었다.42)

장윤선이 상황을 불국 공사에게 타전하며 프랑스 군함 파견과 교인 보호 요청을 한 것은 5월 20일이었다. 민병들은 황사평(黃砂坪)에 진을 치고 4진으로 나누어 성문을 공격했고, 5월 21일 용연에 진을 친 민병들이 서문을 공격했으나 교도들이 성위에서 요격하는 바람에 일단 물러났다. 대정군수 채구석(蔡龜錫)과 김창수 군수가

---

40) 大阪每日新聞, 1901. 6. 8, 150. 살해된 수가 500명이라는 기록도 있다. "제주도내의 인구는 15만 명 내외, 그 중 천주교도는 2,000명 가까이 있으며 그 4분의 1이 이번 사변에서 살해당했다. 불국 천주교회당은 제주성내에 본부를 두고 지부를 각 촌락에 배치하고 있는데, 본부는 불란서인의 비용으로 설립되어 있으나 지부는 한인의 소유 가옥이다." 大阪每日新聞, 1901. 6. 22.
41) "선교사가 사는 제주성내로 도주하였다. 비신도측은 군량보급을 막는 전법을 써서 10여 일 포위를 계속했다. 성내는 드디어 양식이 떨어져 문을 열고 도주하려는 판에 수천의 비신도 사방으로 아우성치며 돌입, 28, 29, 30일의 3일간에 신도 200여 명을 살육했다. 그러나 역시 후일의 문젯거리를 염려해서 일본인은 물론 선교사에게는 추호의 위해도 가하지 않았다. 비신도의 영수 이재수라는 자는 전도의 민심을 장악하고 세력을 가진 자였으므로 서교(西敎) 금지와 폐세(廢稅)론을 주장하여 일체의 정령 복구를 목사에게 청원하여 그의 동정을 얻은 모양이다." 大阪朝日新聞, 1901. 6. 14.
42) 大阪每日新聞, 1901. 6. 22.

민병들에게 해산하라고 요구하자 5월 22일 "백성들이 봉세관의 작폐를 호소하려 하였는데 교인들이 분쟁을 일으켜 무기를 탈취하여 무고한 백성을 사살하였으니 그 중 최형순(崔亨順), 나운경(羅雲卿), 박전대(朴田大), 이기선(李基善) 등 4-5명을 민병으로 보내면 곧 해산하겠다"고 전했다. 그러면서 각 마을에 있는 천주교인들과 그 가족들을 잡아들이고 성을 공격할 때 탄환받이로 쓰거나 작폐가 심한 자는 죽이기도 했다. 프랑스 신부는 진행되고 있는 급박한 상황을 다음과 같이 편지에 담아 긴급히 알렸다:

> 게다가 식량도 끊어져 사경에 있다. … 각세(各稅)조사위원인 강봉헌(姜鳳憲)이 보고한 것을 보니, 대정군수 채구석(蔡龜錫)은 은밀하게 상무사를 설립하고 불국 선교사와 대립하여 음력 3월 18일에는 군민 강백이(姜佰伊), 강희봉(姜希奉), 마찬삼(馬贊三) 및 향장 오료길(吳了吉) 등 수천명을 모아 천주교 신도 10여명을 난타하였으므로 그 때문에 나의 사무는 아무것도 못하고 어쩔 수 없었다. … 그 군수와 교도와의 확집이 어째서 생겼는지 아직 알 수 없다. … 제주부(인구는 2만명) 성내의 포위의 참상은 말로 표현하기 어렵다.43)

여기 신부의 보고에는 자신의 잘못이 전혀 나타나지 않는다. 그 자신이 단지 무모한 희생자라는 인상만 강하다.

포위된 상태가 여러 날 계속되면서 제주성내 주민들은 기아에 시달리기 시작했다. "5월 13일 폭민 제주부성(인구 2만 내외)을 포위한 이래 부성은 꼼짝 못하여 성내 주민들 모두다 기아에 시달리고 있으며 소와 말 다 쓰러져 부녀자 우는 소리 처연 참담한 광경이다."44) 상황이 여기에 이르자 김창수는 신부와 의논하여 성안에 억류 중인 오대현을 비롯한 6명, 그리고 후에 잡혀온 6명을 석방하고

---

43) 神戶又新日報, 1901. 6. 10.
44) 大阪每日新聞, 1901. 6. 9.

풀려난 오대현을 통해 민병 해산을 시도했다. 그러나 민병들은 이를 일축하고 보다 강경하게 나왔다. 5월 23일 성안의 백성들이 식량과 땔감이 떨어져 성문을 열어달라고 군수에게 요청하자 신부는 4-5일만 더 기다려 달라며 막았다. 신부가 이렇게 말한 것은 기다리는 "그 동안에 프랑스 함대가 올 것을 기대하고 한 것"이다.

양파의 포격 접전은 아침 일찍부터 정오까지 벌어졌다. "불국 선교사도 말에 타 가지고 교도의 군을 지휘하였는데 선교사 한 사람의 모자에 유탄이 맞아, 놀래서 성벽에서 떨어졌다." 5월 13일부터 진행된 포위가 13일을 넘어서자 성내 주민들의 상태는 심각했다. 더 이상 버틸 수 없었고, 천주교도가 아닌 주민들은 대치를 원치도 않았다.

5월 28일 성안의 천여 명의 여성들이 앞장서고 여기에 남자들이 호응하여 성문을 열어 제쳤다. 민병들이 성안으로 들어오고 두 신부는 동헌(東軒)에 가서 숨고 천주교인들은 모두 도망했다. 민병들은 성중에 숨은 천주교인 170명을 잡아들였다. 보리밭에 숨어 있던 최형순도 체포했다. 이재수는 제일 먼저 그를 효수하고 나머지도 학살했다. 민병들이 방을 부쳤는데 여기에 언급된 세 가지 죄는 "첫째는 봉세관(捧稅官)의 폐이고, 둘째는 교폐(敎弊)이고, 셋째는 무술창의(戊戌倡義)의 죄"45)였다.

5월 31일 프랑스 함대 두 척이 들어왔다.46) 그러나 외국 "해병을 상륙시키려면 국제상 수속이 필요하므로 우선 수차례 기적을 울리고 시위행동을 하니 폭민들은 군함이 온 것을 알고 급히 포위를 풀고 흩어졌다."47) 수병을 상륙시키지 않고 자주 공포를 쏘아 해상에서 시위운동을 하자 군중이 해산했다. 무장 안한 해병 75명을 상륙시키고 프랑스 선교사도 무사히 군함에 피신시켰다.48)

---

45) 김봉옥, 제주통사, 196.
46) "불국 함 「바르벳트」는 이미 인천에서 동도를 향해 출발했다고 하며 다른 1척은 나가사키에서 출발했다고 전해지고 있다." 神戶又新日報, 1901. 6. 2.
47) 大阪朝日新聞, 1901. 6. 6.
48) 大阪朝日新聞, 1901. 6. 6.

프랑스가 함대를 제주에 파송하자 일본도 정황을 시찰하고 일본인들을 보호하기 위하여 군함 사이엥(濟遠)을 6월 1일 아침 제주도로 파송했다.49) 러시아도 기회를 놓치지 않았다. 러시아함 1척도 여순(旅順)에서 제주도를 향해 발진했다. 프랑스 함대, 일본 함대, 러시아 함대가 제주에 집결한 것이다. 프랑스 정보함 「아르엣트」호는 제주도에서 비밀리에 교민 다수를 목포로 피난시켰다.50)

신축민요 수습과 피해보상

6월 2일에는 중대장 홍순명 인도 하에 강화병 100명이 상륙했다. 한국병 100명이 도착하면서 소요사태가 일단 진정되기 시작했다.51) 이 때 "프랑스 함대와 만일의 경우를 조정하기 위해" 궁내 미국인 고문관 산도, 번역과장 고의경(高義敬)도 동행했다. 새로 부임한 이재호가 상황을 파악하는 한편 민병에게 해산을 요구하자 6월 3일 동진의 장두는 "첫째, 봉세관을 돌려보낼 것, 둘째, 교회당을 없애 줄 것, 셋째, 백성의 죄를 감하여 줄 것"52)을 요구했다. 이재호 목사와 홍순명 중대장이 이를 원수부(元帥府)에 보고할 것을 약속했고, 바로 그날 일본 군함 사이엥이 제주에 입도하여 동정을 염탐하고 돌아갔다.53)

---

49) 神戶又新日報, 1901. 6. 3.
50) 大阪朝日新聞, 1901. 6. 9.
51) 大阪朝日新聞, 1901. 6. 9.
52) 김봉옥, 제주통사, 197.
53) 大阪每日新聞, 1901. 6. 23. 다음 내용은 일본에서 수집한 정보이다. "도민파의 병수는 이미 쓴 바와 같이 약 1만 명이라 하고 교도의 수는 2천여라고 한다. 그리고 전후 교전에서의 사상자는 확실하게 들은 바는 아니지만 교도파의 사망자 570여 명이나 되는 다수이고 그 중 9명은 여자라고 한다. 도민파의 사망자는 매우 적어서 근 19명에 그쳤다. 이와 같이 교도파에 사망자가 많았다는 것은 도민파의 무기 및 병력이 우세했다는 것, 또 수십 명의 교도들이 도망해서 어떤 초가집에 잠복한 것을 탐지하여 일시에 이를 분살(焚殺)한 사실이 있었던 것, 또한 각처의 촌장들이 교도를 붙잡아 심문한 끝에 척살한 일이 적지 않았다는 것이다. 그리고 도민파는 전도 일치하여 교도들에게 대항한 기세가 판이하게 컸다. 2명의 선교사는 도민파의 포위공격을 받았을 때 모자에 탄환이 맞았을 뿐 무사했고 또 교회당은 한인의 가옥

그로부터 일주일 후인 6월 10일 현익호(顯益號) 선편으로 찰리사(察里使) 황기연(黃耆淵)과 참령(參領) 윤철규(尹喆圭)가 강화병 100명, 수원 진위대(鎭衛隊) 100명, 순검 13명을 대동하고 입도했다. 제주군수에 홍희(洪僖), 대정군수에 허철(許澈), 정의군수에 유극환(兪棘煥)이 임명되었으며, 제주의 수령들도 모두 경질되었다.

6월 11일 찰리사 황기연과 참령 윤철규는 민병들의 요구를 듣고 민요와 관련된 교인들을 체포하며 강봉헌, 이용호, 이범주, 장윤선을 구속하고 이와 함께 "민병의 장두 이재수, 오대현, 강우백과 개문장두(開門狀頭) 김남학(金南鶴)도 구속"하고 관덕정에 집합하고 있는 민병들에게 해산을 요구했다.54) 6월 13일 미국인 산도와 김창수, 프랑스 함대도 떠나고 이재수, 오대현, 강우백이 구속되고 조정에서는 민요에 관여한 것으로 평가된 김윤식, 이범주, 이용호, 장윤선, 한선희, 김경하, 서주보, 이태황 등 유배인들을 다른 섬으로 이배시켰다.55)

그로부터 일주일 후인 6월 20일 윤철규는 관군 200명을 인솔하고 떠났고 황기연은 7월 17일 이재수, 오대현, 강우백, 강봉헌, 목양위원 윤행구, 채구석과 민요 관련자 40여 명을 호송하고 인천으로 떠났다. 주한 프랑스 공사는 제주도 폭도 사건에 관하여 한국 정부에 다음과 같이 요구했다:

1. 선교사의 가옥, 물품 파괴의 손해액 4,160원을 배상할 것.
2. 선교사가 고용한 한국인 한 명이 폭도에 의해 죽은데 대해서 위로금으로서 금 1천원을 지불할 것.
3. 유죄인(流罪人) 중 야소교도에 대해서는 신고(新古)든지 간에 죄를 가하지 말 것.
4. 그 곳 폭도 50명의 성명을 명백히 하여 율에 따라서 처벌할

을 수리하여 사용한 것으로서 하나는 성내에 있었으며 또 하나는 정의군 대답(大沓)이란 곳에 있었는데, 이 대답에 있던 것은 사변 초 도민파에 의해 파괴되었다고 한다."

54) 大阪朝日新聞, 1901. 7. 26.
55) 金奉玉 편, 朝鮮王朝實錄 耽羅錄, 695-696.

것.56)

프랑스 선교사들과 공사는 민란 관련자 50명의 명단을 작성해 올리면서 이들의 처벌을 강력하게 요청했다.57) 외세의 침략야욕이 거세지는 상황에서 조정은 제주도 문제가 외교문제로 비화되는 것을 가능한 막고 싶었다. 10월 9일 이재수, 오대현, 강우백, 3인에게 사형이 확정되어 교수형에 처해졌다.58) 그러나 프랑스 공관은 3명의 처벌에 만족하지 않고 더 많은 처벌을 요구했다. 이들은 모모 등 10여 명을 더 불러들여 심리할 것과 선교사 2명의 피해금 3천여 원(元) 및 피살 교도 모의 유족 구원금 1천원(元)도 요구했다.59)

프랑스 함장과 이재호 목사 간의 합의에 따라 피살된 천주교인 매장지로 1903년 11월 황사평(黃砂坪)을 제공하고, "교당파괴와 두 신부의 집물 보상으로 4천 1백 60원, 그 외 1천원, 도합 5천 1백 60원"을 1904년 광무 8년에 제주 대정 정의 삼읍의 제주도민들이 원리금을 합해 은 6천 3백 15원 21전 2리 2모를 거두어 모두 변상했다.

1901년 신축민요에 대한 평가

신축민요는 확실히 "1900년에 제주도에 부임한 봉세관 강봉헌의 혹심한 작폐와 관련된 여러 가지 세금의 과대 징수"와 "구마실을 비롯한 프랑스 선교사들의 치외 법권의 특수 권력과 편승한 천주교

---

56) 大阪朝日新聞, 1901. 8. 25.
57) "제주도 난민의 심리," 大阪朝日新聞, 1901. 8. 15. "주한 불국공사 「브란시-」씨는 한국 외부에 대해 제주도의 비교민파의 주되는 자들 50명을 처분하도록 하여 달라는 상신을 한 것 같으며, 지금 평리원에서 심리 중에 있는데, 불국 승정(僧正) 「뮈텔」씨 및 선교사 「크레모-르」씨(이는 민란 당시 제주에 있었던 자)는 매일 출정하고 있다. 그런데 이들은 입회인인지 방청자인지 자세히 모른다고 한다."
58) 세 사람의 처형이 프랑스 신부들과 프랑스의 개입에 의한 것이라는 본다. "철규 등이 난을 평정한 후에 이재수 등 3인을 체포하여 모두 교수형에 처하니 이는 프랑스 공사가 요청한 때문이다." 증보 탐라지, 508.
59) 大阪每日新聞, 1901. 10. 27.

도들의 횡포"에서 발단되었다. 천주교의 교폐와 세폐가 민란의 근본 동기였다. 그러나 1901년 신축민요에 대한 천주교의 시각은 확실히 다르다.60)

1901년 신축민요와 관련하여 그동안 천주교는 교폐(矯弊)가 아닌 세폐(稅弊)로 신축민요의 원인을 돌렸다.61) 유홍렬은 신축민요의 발단이 정치가 부패하여 탐관오리들이 백성의 피땀을 긁어모아 자신들의 배만 채웠고, 봉세관이 새로 부임한 후 천주교인을 부하로 써서 어업세 등 온갖 잡세를 거두고 도민들이 섬겨오던 신목과 신당의 공유지와 국유지를 도민과 교우들에게 팔아넘겼으며, 이러한 토지를 사들인 교우들이 신목과 신당을 없애 불신자들과 천주교인들 사이에 반목을 초래했고, 열심치 않거나 사리를 모르는 교우들이 "신부를 특별히 대우하라"는 왕의 명령이 제주 관리에게 내려지자 신부들의 권세를 믿고 관직이나 권리를 얻고자 민간에 무리한 행패를 많이 끼쳤던 사실에 있다고 보았다.62) 유홍렬은 신축민요의 쟁점과 핵심 내용을 비켜가고 있다. 그는 천주교 교폐 문제나 신부의 개입에 대해서는 극구 부정하거나 연관성을 짓지 않으려 했다.

천주교는 신축민요의 원인을 세폐에다 천주교 신앙이 들어오면서 제사를 금하고 우상을 금하면서 관습의 개혁으로 인한 갈등과 무당들이 생활의 위협을 느껴 천주교에 대한 반감이 작용했다고 주장했다.63) 천주교는 민요의 주된 원인이 "봉세관의 세폐," "교회 성장에

---

60) 천주교의 입장을 대변하는 박광성은 신축성교난이 "천주교와는 상관없는 일부 특정교도의 작폐로 야기된 것으로 민란적 성격 면에서는 조선조 말기의 다른 민란과 궤를 같이 하고 있으며 정책적인 천주교 탄압에 의한 다른 교안과는 구별되어야 한다고 주장"하지만 정진각은 "이 민란을 제주도라는 특수성을 지니고 있는 지역임에도 불구하고 그 상황을 정확히 파악하지 못한 채 무책임한 행동을 자제한 봉세관과 제주도의 전통을 무시한 선교정책의 부작용과 봉세관과 결탁한 사이비 교도들에게서 민란이 기인되었으며 민란을 통해 다수의 교인이 희생되었으므로 교난이라는 면을 부정할 수 없으나 그 보다는 제주도민의 단합과 외세에 대한 단호한 항거로서 제주도민의 자주적 역량을 보여준 민란이라는 데서 그 의의를 찾고 있다." 박장래, "이기풍 선교사의 제주선교 초기 활동에 관한 연구," 21.
61) 金奉玉 편, 朝鮮王朝實錄 耽羅錄, 696. 여기서도 "세폐를 개정하는 일로 소요가 일어났는데 장두는 교인배로 바뀌었다"고 말한다.
62) 유홍렬, 한국천주교회사 하, 366-367.

따른 관·민과의 대립-오신락(吳信洛) 사건"으로 해석했다.64)

천주교는 오신락 노인의 죽음 사건도 오노인이 교당 구내에서 목매 자살한 것으로 정의하고 목사가 실책에서 벗어나 자기 지위를 지키기 위해 천주교에 누명을 씌우려는 음모였다고 주장한다.

그러나 제주도민들은 "천주교도들이 오노인을 포함한 3인을 천주교를 반대한다는 이유로 교당으로 끌어다가 심한 매질과 고문 끝에 오노인을 죽이게 만들었다"65)고 믿고 있다. 제주도에 유배되어 민란의 시종을 목도한 김윤식은 **속음청사**(續陰晴史)에서 오노인의 죽음에 대해서는 그 진실 여부를 확인할 수 없으나 김영원 신부에 의해 매를 맞은 것만은 확실하다고 증언한다. 천주교가 그에게 매질을 가한 것을 분명히 한 것이다.

또한 천주교는 대정군수를 지낸 채구석(債龜錫)이 비밀단체를 결성하여 군민을 모아 봉세관과 천주교회에 대항하고자 조직된 상무사(商務士)가 외지 세력에 대항한 자구 보호책의 하나로 설립되었다기 보다 일본 어업자와 결탁하여 일부 지주층이 재산 증식과 탐욕을 위해 설립한 것이라고 주장한다. 뿐만 아니라 **황성신문**에 실린 교폐에 대한 내용도 액면 그대로 받아들이지 않고 터무니없는 내용이라고 일축한다.66)

이와 같은 천주교의 관점은 본토 특히 황해도를 중심으로 오랫동안 지속되어 온 교폐문제가 발단이 아니라는 사실을 그 저변에 담고 있다. 하지만 신축민요는 신부와 열심 있는 천주교인들이 천주교의 권력을 등에 업고 평민을 착취하려고 한 데서 발단된 것이다.67)

---

63) 유홍렬, 한국천주교회사 하, 366-367.
64) 박찬식, "신축교안의 원인과 전개," **1901년 신축교안에 대한 종합적 검토** (제주: 천주교제주교구, 1997), 30-34.
65) 박장래, "이기풍 선교사의 제주선교 초기 활동에 관한 연구," 23. 현기영, 변방에 우짖는 새 (서울: 창작과 비평사, 1983), 323.
66) 박장래, "이기풍 선교사의 제주선교 초기 활동에 관한 연구," 23.
67) **大阪每日新聞**, 1901. 6. 1. "1901년(광무 5) 3월에 가혹한 세금수취로 인한 백성의 고통이 심할 뿐 아니라 천주교가 크게 번성하여 그 신도가 온 섬에 두루 퍼져 신도들이 그 세력을 믿고 제 멋대로 방자하기가 날로 심해지니 관에서도 이를 제지하지

신축민요는 세폐와 교폐에 맞선 제주민들의 항거, 착취와 수탈에 대한 공분에서 출발한 것이다. 제주민들이 신축민요에 앞장섰던 이재수, 강우백, 오대현이야말로 외세에 맞선 진정한 나라 사랑의 애국자, 제주민의 억울한 형편을 대변하는 용기 있는 사람들, 민중의 압제를 대변하는 "의사(義士)"로 인식하고 있는 것도 그 때문이다. 신축민요 60주년을 맞는 1961년 제주도민들은 이들의 의기(義氣)를 추앙하여 대정에 삼의사비(三義士碑)를 건립했다.68)

신축민요가 제주에 미친 영향

1901년 신축민란은 몇 가지 점에서 제주에 심대한 영향을 미쳤다. 첫째, 한국정부에 대한 제주민들의 신뢰가 깨졌다. 재판을 통해 민란을 주도한 민간인 책임자들이 처형되거나 투옥되었지만 문제의 발단을 일으킨 천주교 측의 사람은 단 한 사람도 유죄를 언도받지 않았다.69) "제주도민은 한국 정부가 매우 미력하여 신뢰하고 의지할 수 없다는 것을 깨달았다."70)

둘째, 일본은 이 기회를 자신들에게 유리한 방향으로 이끌어 갔다. 제주도민들은 1901년 민란을 통해 조정의 무능함, 프랑스의 무법과 횡포를 보면서 차라리 일본이 더 낫다는 인식을 하기 시작했다. 1901년 8월 29일 진서일보(鎭西日報)는 1901년 민란 이후의 일본에 대한 시각 변화를 이렇게 보도했다:

불란서 선교사의 해독이 온 섬에 전파되어 드디어 적지 않은 재산

못했다. … 때에 다른 평가가 있기를 강봉헌(姜鳳憲)의 세금 독촉은 혹정(酷政) 중의 혹정이다. 제멋대로 거두는 폐단에 초목까지도 재앙의 화가 미쳤다." 홍순만 편, 增補 耽羅誌, 507-508.
68) 이재수, 오대현, 강우백을 기념하여 신축민요가 일어난 지 60주년 때 인 1961년 제주도민들이 대정읍 보성리에 삼의사비(三義士碑)를 건립했다.
69) 金奉玉 편, 朝鮮王朝實錄 耽羅錄, 694-697. 조선왕조실록 탐라록에 나타난 조정의 입장은 제주도민들에 대해 전혀 동정적이지 않았다.
70) "제주도의 民情," 大阪朝日新聞, 1901. 8. 22.

과 인명이 잿더미가 되고서부터 일반 도민의 감정은 갑자기 일변하여, 한국 정부의 힘은 아주 미력하기에 이것에 의뢰하는 마음이 적어짐과 더불어 일본인 및 일본 군함 등이 이 섬에 오면 크게 환영하고 후의를 표하기가 많아졌는데 이는 다른 외국인에 대하는 것과는 전혀 그 모습을 달리하는 것과 같다.71)

1901년 이후 제주도민들 사이에 일본에 대한 시각이 변화된 것을 보여준다. 일본은 이를 이용해 아예 제주도 "일본당"을 만들어 제주민들을 하나로 연합하려는 계획을 세웠다.72) 일본에 대한 우호적인 시각을 이용하여 일본은 제주를 자신들의 속국으로 만들 꿈을 꾼 것이다. 제주를 둘러보고 돌아간 아오야기 낭메이는 1904년 1월 11일자 일본의 대판매일신문(大阪每日新聞)에 제주야말로 "천부의 보물섬"이며, "우리 일본 민족 팽창의 새 방면으로서 식민(植民)의 적합지(適合地)"라고 소개했다:

> 망연한 큰 섬 전라해의 남쪽에 가로 놓여 10만 명의 백성과 주위 60리의 넓이를 가져 육지에는 우마저록(牛馬猪鹿)의 번성이 엄청나다. 또 콩, 팥, 농산물이 풍부하다. 바다에는 전복, 해삼 그 외의 어족도 끝없이 많다. 그러기에 수출품이 적지 않음을 보여 준다. 따라서 해류의 생산은 풍부하여 많은 생령을 흡수해도 남음이 있다. 민족은 용감하지만 그 풍속은 순박하고 창문은 연 채이고, 문은 누르는 대로 맡기며, 마을의 꿈은 온화하여 실로 남해안의 자유경이다. 이것은 천부의 보물섬이 아닌가. 나는 지금 경제상의 견지로부터 그 풍부한 遺利(유리)를 독자들에게 말해 아울러 우리 일본 민족 팽창의 새 방면으로서 식민의 적합지인 이유를 세인에게 소

---

71) 鎭西日報, 1901. 8. 29.
72) 神戶新聞, 1903. 8. 15. 1903년 8월 15일자 신호신문(神戶新聞)의 표현을 빌린다면 "도민은 그 다년간의 천주파의 압박과 학대에서 벗어나려고 백방으로 수를 쓴 결과 일본당 조직 이외에 아무런 수단이 없음을 깨달아 어서 결당하자고 20만의 의사는 드디어 일결" 했다. 다만 "어떤 수속을 밟으면 그 일이 순조로이 진척되겠는지 무지의 민중들은 그럴듯한 방도를 찾지 못했다."

개하려고 생각한다.73)

　이런 이유로 매일신문은 제주는 무한한 잠재력을 갖고 있어 "만약 일본의 자본과 기술이 결합된다면 이 고도(孤島)는 확실히 놀랄만한 힘으로 그 생산력을 증대할 것이다. 제주도에 있어서의 신일본의 전도를 결코 경시해서는 안 된다"74)고 결론 내렸다. 1901년 이재수 난은 결국 일본의 한국 통치를 서두르도록 자극을 주었고, 그 결과 1905년 을사늑약과 1910년 한일합병으로 이어지고 제주는 극심한 수탈의 섬으로 전락하고 말았다. 1901년 신축민요(혹은 신축교안[辛丑敎案]이라 불림)는 단순히 선교적 지장만 초래한 것이 아니라 결과론적으로 제주의 식민화를 앞당긴 셈이다.

　셋째, 1901년 신축민요는 서양종교에 대한 부정적인 이미지를 한층 강화시켰다. 기왕에 외세의 의해 끊임없이 찬탈을 받아온 제주 백성들에게는 천주교에 대한 이미지는 곧 압제당하는 백성들의 보호자가 아닌 군림하여 지배하는 권력 집단으로 비추어졌다.75) 서양종교에 대한 부정적인 이미지는 제주도민들의 가슴에 깊이 새겨졌다. 이 같은 서양종교에 대한 부정적인 반감과 적개심은 곧 시작될 이기풍의 제주선교에 부정적인 영향을 미쳤다.

　신축민요를 통해 한국기독교는 제주선교를 위한 중요한 교훈을 얻어야 할 것이다. 신축민요는 기독교가 제주에서 어떻게 선교해야 할 것인지를 가르쳐 주었다. 기독교가 군림하는 종교가 아니라 처음부터 섬김의 종교여야 한다는 사실을 일깨워 주었다.

---

73) 大阪每日新聞, 1904. 1. 11.
74) 大阪每日新聞, 1904. 1. 11.
75) 大阪朝日新聞, 1901. 12. 17. 이런 상황에서도 천주교는 제주선교를 중단하지 않았다. 1901년 12월 17일자 조일신문이 보도하는 대로 "선교사 2명 입도하여 포교에 힘쓰고 있으며, 조만간 제주성읍에 교당 하나를 세울 예정이고 소요 이전보다 더 크게 확장될 것 같다."

2. 제주선교를 위한 개신교의 노력들

공식적으로 개신교 선교사가 제주에 입국한 것은 1908년이지만 한국 기독교 안에 제주선교에 대한 관심이 일기 시작한 것은 그보다 10년 정도 앞선다. 1908년 이기풍 선교사가 파송되기 전 한국기독교 안에 제주선교를 위한 노력은 세 가지 방향으로 집약할 수 있을 듯하다.

첫째, 교단적인 차원에서의 준비이다. 한국교회는 처음부터 선교하는 교회가 되기를 원했고, 선교사들은 그런 방향에서 한국교회를 이끌어 갔다. 국내외 선교에 한층 발 빠르게 움직인 교단은 장로교였다. 장로교는 1907년 장로교 독노회에서 장로교신학교의 첫 졸업생인 이기풍을 제주선교사로 파송하기 훨씬 이전부터 해외선교를 계획하고 있었다. 한국장로교회가 해외선교에 관심을 기울이기 시작한 것은 1901년으로 거슬러 올라간다. 1901년 평양의 장로교회는 6명의 선교사와 9명의 한국인들로 구성된 선교위원회를 조직하여 "북방의 모든 미전도 지역에 전도자를 파송"하기로 뜻을 모았다.[76] 1902년에는 만주에 살고 있는 한인들에게 복음을 전할 사명감을 느끼고 이 문제를 스코틀랜드 장로교 선교회와 협의를 했고, 그 결과 국경 너머로 사역자들을 파송하기 시작했다.[77] 사실 한국교회의 해외선교는 이때부터 시작된 것이나 다름없다. 1905년에는 장로교공의회 차원에서 광범한 복음전도 사역을 관장할 선교위원회를 결성하여 한국교회의 해외선교를 위한 기초를 다졌다.[78] 그러다 평양대부흥운동을 거치면서 해외선교가 교단적인 차원에서 본격적으로 추진

---

76) 장로회 공의회 회의록 (1901), 17.
77) 장로회 공의회 회의록 (1901), 15.
78) Charles Allen Clark, 한국교회와 네비우스 선교 정책 박용규·김춘섭 역 (서울: 대한기독교서회, 1994), 181.

되었다. 이기풍 파송이 해외선교 정책의 일환으로 파송된 것을 고려할 때 그 준비 작업은 이미 수년 전부터 시작되었다고 할 수 있다.

둘째, 남장로교 선교회에 의한 전라도 선교회이다. 당시 제주가 전라도에 속한 지역이라 전라도를 담당한 남장로교 선교회가 1892년부터 전라도 선교를 착수하여 활발한 국내선교를 추진한 것은 제주선교를 위한 중요한 준비과정이라 할 수 있다. 돌이켜 볼 때 특별히 남장로교 선교회 소속의 유능한 선교사들 상당수가 전라도 지역의 선교사로 입국하면서 장차 전개될 제주선교의 미래는 밝을 수밖에 없었다. 장로교 총회가 해외선교를 활발하게 전개하면서 제주선교를 전라노회가 전담하도록 일임했던 사실을 고려할 때 남장로교 선교회의 전라지역 선교는 제주선교를 위한 중요한 준비과정이라 할 수 있다.

셋째, 이 모든 것보다 더 구체적이고 확실한 제주선교 준비는 부산에서 활동하던 베어드 선교사와 권서인으로 한국에 입국해 켄뮤어를 대동하고 성경을 반포하면서 제주도 순회선교를 착수한 피득을 통해 진행되었다. 제주에 대한 선교적 관심이 자연스럽게 등장하기 시작한 것은 1891년 한국의 대표적인 개신교 선교사 윌리엄 베어드가 부산을 거점으로 선교활동을 시작하면서부터였다. 그는 순회선교를 통해 그 주변 지역에 복음을 전하는 일에 대단한 노력을 기울였다. 연중 7개월 정도를 집을 떠나[79] 순회전도를 실시해 광범위하게 복음을 전했다. 1896년 보고에 의하면 그 한 해 동안 여덟 번의 순회선교를 실시했는데, 이는 279일을 요하는 것으로 1,000마일이 넘는 긴 전도여행이었다. 그는 마산포, 진주, 김해, 동래, 상주, 안동, 경주, 울산, 밀양, 대구, 전주, 목포, 그리고 공주에 이르는 광범위한 지역을 방문했다.[80] 해리 로즈가 **북장로교 50년사**에서 지적한 것처

---

[79] Harry A. Rhodes, ed. *History of the Korea Mission, Presbyterian Church, 1884-1934* (Seoul: Chosen Mission Presbyterian Church, USA, 1934), 129.

[80] Rhodes, ed. *History of the Korea Mission, Presbyterian Church, 1884-1934*, 129. 이와 같은 순회전도 결과 부산 지역의 개척자 베어드는 김해, 동래, 울산, 밀양, 진주, 대구, 상주, 안동, 경주 등 경상도 지방과 전주, 목포 등 전라도 지역과 충청도 공

럼 1891년 부산에 거점을 마련한 베어드의 전도를 통해 복음이 제주까지 전해졌다. "베어드 씨는 전도지를 나누어 주면서 길 가에서 전도했고 항구에서 선원들에게 전도했다. 이런 방식으로 복음이 제주도까지 전해졌다."81) 이기풍 선교사가 제주도에 파송되기 전 부산항과 제주도 간의 연락을 통해 복음이 제주도에까지 전달된 것이다.

그 후 제주도에 대한 관심은 꾸준하게 제기되었다. 선교를 목적으로 제주도에 발을 디딘 최초의 서양인은 알렉산더 피터스와 켄뮤어로 보인다. 특별히 피터스는 제주도를 다녀온 후 기행문을 남겼다. 그는 1898년 하반기로 예견되는 대영성서공회 책임자였던 켄뮤어(Alexander Kenmure)와 가졌던 자신의 제주도 선교여행을 글로 남겼다.82) 1899년 **코리아 리파지토리**(*The Korea Repository*)에 나타난 그의 제주도 기행문 "제주도 방문"(*A Visit to Quelpart*)에는 제주도의 풍물과 지리적 중요성이 그대로 담겨있다. 그가 제주도에 관심을 갖게 된 이유는 정확히 알 수 없지만 아마도 당시 제주도가 전라도 행정구역 편제 하에 있었기 때문에 전라도와 충청도를 담당했던 권서인으로 제주에 깊은 관심을 갖게 된 것으로 보인다. 그는 제주도 기행문을 이렇게 시작했다:

> [서구에 알려진] 퀠파트 섬 혹은 윌리엄 엘리어트 그리피스 박사가 한국에 관한 자신의 저서에서 '한국의 시실리'라고 불렀던 제주도는 한국의 섬 중에서 가장 큰 섬으로 본토에서 약 50마일 떨어진 반도 남쪽에 위치하고 있다.83)

주 지역에까지 순회전도를 실시해 이들 지역에 선교부가 설치되는 데 결정적인 역할을 했다. 1896년까지 학교 어린이들을 포함하여 출석교인이 60명으로 늘어났다.
81) Rhodes, ed. *History of the Korea Mission, Presbyterian Church, 1884-1934*, 129.
82) Alexander A. Pieters, "Early Experiences of Korea," *KMF* Vol. 26 No. 8 (August 1930): 176.
83) 1899년 *The Korean Repository*에 게재된 이 글은 더 널리 소개할 목적으로 *The Korea Review* (May 1905): 172-179, 215-219에 다시 게재되었다.

제주도의 중요성과 아름다움을 그대로 읽을 수 있다. 그는 기행문에서 제주도에 얽힌 설화와 전설, 그리고 역사를 흥미로운 필치로 놀랍게 엮었다. 그가 제주도 순회 중에 어떤 결실이 있었는지는 기록으로 남기지 않았다. 1890년부터 간헐적이지만 육지와의 왕래를 통해 복음을 접한 사람이 있었을 것으로 추론되지만 기록을 통해 찾기는 쉽지 않다. 복음을 접한 이들이 1901년 신축민란이 발생하면서 신변에 위협을 느낀 나머지 신앙을 드러내지 않았을 수 있다.

3. 평양대부흥운동과 제주선교

평안남도도사경회 기간이었던 1907년 1월 14일, 15일 양일간 평양 장대현교회에서 발흥한 평양대부흥운동은 평양지역은 물론 1907년 1월 6월까지 한반도 전역으로 확산되었다. 한반도 구석구석에 흩어진 수많은 교회들은 놀라운 부흥을 경험하지 않은 지역이 없을 정도로 부흥의 열기는 대단했고 광범했다.

"성령이 너희에게 임하시면 너희가 권능을 받고 예루살렘과 온 유대와 사마리아와 땅 끝까지 이르러 내 증인이 되리라(행 1:8)"고 말씀하신 것처럼 성령의 부으심을 경험한 개인과 교회와 교단은 구령의 열정으로 불타올랐다. 민족복음화와 이웃 중국과 일본과 러시아에 하나님의 복음을 전해야 한다는 일종의 거룩한 소명의식이 강하게 일어났다.

이미 교단적인 차원에서 한국교회는 처음부터 선교하는 교회라는 강한 선교의식을 심어준 데다 예수 믿는다는 것은 곧 가정의 복음화를 의미하는 상황에서 평양대부흥운동은 성령의 권능을 통해 복음전파와 선교에 대한 열정을 한층 북돋아주었다. 그것은 일종의 거룩한 소명의식이었다.

1907년 평양대부흥운동이 한국교회에 미친 영향은 참으로 광범위

평양대부흥 관련 사진

하고 그것이 미친 개혁의 범위는 참으로 넓었다. 선교에 대한 준비는 그 전에도 있었지만 진정한 선교적 열정은 평양대부흥운동을 통해 충전되었다. 1907년 평양대부흥운동이 제주선교를 위한 배경과 토양과 동력을 제공해 준 것이다. 제주에서 제주도민을 상대로 사역하는 그리스도인이 한 명도 없는 가운데[84] 제주선교를 개척할 수 있었던 그 영적 동력을 대부흥운동을 통해 공급받은 것이다. 그런 의미에서 원산부흥운동과 평양대부흥운동 그리고 백만인구령운동으로 이어지는 한국교회의 대부흥운동은 한국교회의 외형적인 틀을 다져 주었을 뿐만 아니라 해외선교열을 가속화시켰다.

대부흥운동이 한국교회 전체를 휩쓸던 1907년, 한국교회는 한편으로는 교회 조직을 통해 외형적인 틀을 다졌고, 또 다른 한편으로는 신앙고백의 채택과 신학교육을 통해 나름대로의 신학적인 틀을 다지면서 해외선교를 위한 토대를 구축했다. 한국교회는 이기풍 선교사를 제주에 파송한 데 이어 일본, 블라디보스토크, 중국을 가슴에 품었다. 부흥운동과 더불어 제도적인 틀을 다진 한국교회는 처음

---

84) Charles Allen Clark, *The Nevius Plan for Mission Work* (Seoul: Christian Literature Society, 1937), 160.

부터 선교를 시작하여 선교하는 교회로서의 틀을 다졌던 것이다. 블레어가 언급한 것처럼 이와 같은 한국교회의 해외선교열은 확실히 평양대부흥운동이 가져다준 가장 값진 선물이었다.85)

교세가 급신장했고, 교단과 교파의 벽이 무너져 내렸으며, 배움에 대한 열정이 남녀노소를 막론하고 불타오르기 시작했다. 신분의 타파, 여권의 신장, 남녀평등 사상, 교육의 균등 기회 제공, 가치관과 세계관의 변화는 평양대부흥운동이 가져다준 놀라운 결실이었다. 민족복음화가 수반되지 않는 부흥이 존재하지 않았던 것처럼 1909년 백만인구령운동이 보여주듯 한국교회는 교파와 교단을 초월하여 민족복음화를 위해 하나 되어 매진하였다. 민족복음화를 향한 거보는 바로 제주도에 선교사를 파송하여 그들을 복음화시키는 일이었다. 1907년 평양대부흥운동의 불길은 참으로 거셌다. 한반도에 그 영향을 받지 않은 곳이 없었다.

이기풍 선교사가 1908년 제주도에 파송받기 전 1907년 평양대부흥운동이 일어났을 때 그 부흥의 불길이 제주로 확산되었는지는 정확히 알 수 없다. 가능성은 희박할 것으로 보인다. 1906년 10월 목포부흥운동이나 평양대부흥운동으로 인한 대영적각성이 호남전역으로 확산되었을 때 그 영향이 설령 제주도로 이어지지 못했다고 해도 제주선교의 토양을 제공했을 것이 분명하다.

4. 조선예수교장로회 독노회 조직

독노회 조직은 제주선교를 위한 또 하나의 준비였다. 평양대부흥운동이 제주선교에 대한 동력을 제공해주었다면 1907년 조선예수교장로회 독노회 결성은 제주선교를 위한 제도적 틀을 마련해주었다. 1907년 평양대부흥운동이 일어나던 그해 9월 평양에서 조직된 조선

---

85) William N. Blair and Bruce Hunt, *The Korean Pentecost and The Suffering Which Followed* (Edinburgh : The Banner of Truth Trust, 1977), 78-79.

1907년 제 1회 평양장로회 7명의 졸업생. 앞줄 좌 두 번째가 이기풍

예수교장로회 제 1회 독노회에서는 제주선교를 결정하고 첫 목사 안수를 받은 일곱 명 가운데 한 명 이기풍 목사를 선교사로 파송하기로 결정했다. 1907년 9월 17일 창립된 첫 장로교 독노회에서는 산하에 해외선교부를 설치하고 "졔쥬에 션교스를 보내어 젼도를 시작흘 일"을 결의했다.[86] 역사적인 독노회에서 제주선교를 결정한 것이다. 해외선교가 교단적인 차원에서 진행할 수 있도록 제도적인 장치를 마련한 것이다. "졔쥬 션교스"로는 최초의 노회에서 안수 받은 일곱 명의 목사 가운데 가장 은사가 많은 "리긔풍 씨로 젼도인 흔 두 사름과 동반흐야 파송"하기로 결정했다.[87] 독노회 전도회 위원 길선주는 다음과 같이 보고했다:

― 졔쥬에 션교스를 보내여 젼도를 시작흘 일
二 션교스의 월은과 젼도 용비는 각 교회의게 감샤흔 모음으로 연

---

86) 대한예수교장로회독노회록 (1907), 16.
87) 대한예수교장로회독노회록 (1907), 16; William Newton Blair, *Gold in Korea* (Topeka, Kansas, H. M. Ives and Sons Inc., 1957), 109.

보ᄒힹ게 부탁ᄒᆞᆯ 일
三 연보ᄒᆞᆯ ᄯᅢ는 각 교회에셔 연보ᄒᆞᆯ 편지 보는 쥬일에 광고ᄒᆞ고 그
　　다음 쥬일에 연보ᄒᆞᆯ 일
四 졔쥬션교ᄉᆞ는 리긔풍 씨로 젼도인 ᄒᆞ두 사ᄅᆞᆷ과 동반ᄒᆞ야 파송
　　ᄒᆞᆯ 일 …
七 졔쥬션교ᄉᆞ와 젼도인 월급 밧씌 리왕비와 가샤비와 젼도회 인
　　허 특별비를 본 젼도국에셔 지츌ᄒᆞᆯ 일.88)

회장이 위 사항에 대해 일일이 회원들에게 찬반을 물었고 회중은 이에 동의하여 "가로 결뎡"했다. 이 결정은 신속히 추진되었다. 이기풍의 친구이자 평양신학교 졸업 동기생인 전도국 위원 양전백이 각 교회에 제주선교를 위해 연보를 부탁할 편지를 보고하였고, 한위렴이 "이 편지를 ᄎᆞ용ᄒᆞ야 셔긔로 속히"89) 전국 교회에 발송하기로 동의하여 결의했다. 정사 위원 박정찬은 새로 안수 받은 7명의 목사의 10가지 사역을 보고하면서 첫 번째와 두 번째에 이기풍 선교사의 제주도 파송을 일차로 언급했다:

一 새로 쟝립ᄒᆞᆫ 목ᄉᆞ 칠 인 즁 일 인을 션교ᄉᆞ로 파송ᄒᆞᆯ 일
二 리긔풍 씨를 졔쥬션교ᄉᆞ로 보내되 월급은 젼도국에셔 지츌ᄒᆞᆯ
　　일90)

이것은 독노회 조직 때 한국교회가 얼마나 선교에 관심을 두고 있었는가를 단적으로 말해 준다. 그 해 목사로 안수 받은 일곱 명 가운데 한 사람을 선교사로 보냄으로써 한국교회는 처음부터 선교하는 교회로서의 틀을 다질 수 있었다. 따라서 이기풍의 파송은 한국선교사에 있어서 하나의 획을 긋는 중요한 사건이라 할 수 있

---

88) 대한예수교장로회독노회록 (1907), 16-17.
89) 대한예수교장로회독노회록 (1907), 17.
90) 대한예수교장로회독노회록 (1907), 18.

다.91) 이미 육지에 와서 아비슨에게 치료를 받으며 세례를 받은 김재원이 말해주듯 제주는 복음을 목마르게 기다리고 있었다.92)

맺는 말

비록 1908년에 이기풍이 제주도에 파송되었지만 하나님께서는 오랫동안 너무도 오랫동안 제주선교를 준비해 오셨다. 그리고 다양한 환경과 사건들을 동원하셨다. 지금까지 살펴본 것처럼 하나님께서는 네 가지 방향에서 제주선교를 준비해 오셨다.

첫째, 천주교 선교였다. 기독교가 본격적으로 전파되기 전 제주에 천주교 선교가 먼저 진행되었다. 천주교 선교는 천주교의 본래의 모습을 그대로 반영하는 그런 성격의 선교였다. 천주교 선교는 복음의 준비를 긍정적으로 가져다준 것이 아니라 그 반대의 현상이었다. 그것은 정면(正面)교사로서의 준비가 아니라 반면(反面)교사로서의 준비였다. 한국기독교는 천주교 제주선교를 통해 분명한 교훈을 얻어야 할 것이다. 그것은 곧 천주교 제주선교의 실패와 성공은 한국기독교 선교의 방향을 결정하는 중요한 첩경이 될 수 있기 때문이다.

둘째, 1884년 알렌이 입국함으로 시작된 한국선교는 처음부터 한국교회를 선교하는 교회로 만들었다. 이 같은 선교하는 한국교회는 제주선교를 위한 영적 토양을 제공해주었다.

셋째, 평양대부흥운동이다. 평양대부흥운동은 복음의 빚진 자의 심령을 한국인들의 심령에 강하게 심어주었고, 은혜를 받은 이들은 민족복음화와 선교를 가슴에 품지 않을 수 없었다.

마지막으로 독노회 조직이다. 평양대부흥운동이 일어나던 1907년

---

91) 대한예수교장로회독노회록 (1907), 18. 선교비는 각 교회가 주일에 헌금을 하여 외국 선교비 지원을 받지 않고 한국교회가 일체를 부담하도록 하는 내용도 1907년 총회에서 결의했다.
92) 제주기독신문, 2007년 1월 20일.

그해 9월 조선예수교장로회 독노회가 조직되었고, 이 독노회에서 제주선교를 결정한 것이다. 그 후 지속적으로 선교사들을 만주, 시베리아, 일본으로 파송했다. 한국교회는 처음 조직될 때부터 선교하는 교회로 출발한 셈이다.

이 모든 것들은 제주선교를 위해 없어서는 안 될 준비였다. 천주교의 제주선교와 신축민요는 장차 제주선교를 위해 시행착오를 미리 경험하게 하심으로 실수 없는 겸손한 제주선교를 착수하게 하시려는 하나님의 섭리였다. 선교가 진정으로 섬기는 자의 모습이 아니면 불가능하다는 사실을 이 사건을 통해 분명하게 교훈하시려는 섭리이기도 하다.

착취와 압박으로 수난 당하는 제주민들에게 진정한 자유가 무엇인지를 일깨워줄 수 있는 것은 오직 복음 밖에 없다. 하지만 그것은 말로만의 선교로는 불가능하다. 주님처럼 섬기는 자의 모습으로 다가가야 할 것이다. 개신교 안에서도 제주선교를 위한 준비가 한창 진행되었다. 교단적인 차원에서 해외선교회를 발족하고, 베어드와 켄뮤어, 피득이 제주순회선교를 실천하고 장차 제주선교를 담당할 남장로교 선교회가 전라도 선교를 착수하며 큰 결실을 거둔 것이다.

이런 가운데 평양대부흥운동이 발흥했다. 평양대부흥운동은 장차 민족복음화와 해외선교를 위한 동력을 제공하시려는 하나님의 깊으신 섭리였다. 평양대부흥운동이 뒷받침되지 않았다면 제주선교는 형식적인 선교에 지나지 않았을 것이다. 그러나 평양대부흥운동을 통해 성령의 기름부으심을 경험한 한국교회는 비로소 사도행전적인 해외선교를 진행할 수 있었던 것이다. 한국교회는 그 성령의 놀라운 힘을 독노회라는 교회의 제도적인 틀을 통해 선교의 장으로 끌어올릴 수 있었다.

제 II 부

제주기독교 개척과 확장(1908-1930)

제주기독교는 이기풍이 중심이 되어 선교를 개척하던 1908년부터 1915년까지, 윤식명, 김창국, 임정찬으로 대변되는 전남노회, 전북노회, 황해노회가 참여하던 1915년부터 1922년까지, 그리고 황해노회 철수로 제주선교가 재편되어 진행된 1922년부터 1930년까지로 대별할 수 있다. 제II부에서는 이 시대 동안에 하나님께서 행하신 제주선교의 놀라운 역사와 초기의 모습을 살펴보려고 한다.

제 4장 복음의 불모지 제주에 심겨진 기독교(1908-1915)
제 5장 틀을 더해가는 제주기독교(1915-1922)
제 6장 선교지 분할과 복음의 확장
제 7장 고난 속에서 진행된 제주선교(1922-1930)
제 8장 황해노회 철수 후 제주선교의 침체(1922-1930)

제 4 장

복음의 불모지 제주에 심겨진 기독교
(1908-1915)

> 평양로회에서 턱정ᄒᆞᆫ 제쥬선교ᄉᆞ 리긔풍 씨는 평양서 긔차로 발정하야 제쥬도 가는 길에 그 부인과 조ᄉᆞ 일인을 거ᄂᆞ리고 본월 십칠일에 남대문 밧 뎡거쟝에 도착ᄒᆞ매 련동 승동 새문안 각 교회 교우들이 뎡거쟝ᄭᅡ지 나아가 환영ᄒᆞ고 승동교회에서 류ᄒᆞ다가 二十四일에 발정ᄒᆞ엿스니 슈륙 원로에 태평히 도달ᄒᆞ기를 축샤ᄒᆞ오며 그곳 어두온 빅셩을 붉은길노 인도 ᄒᆞ야 교회가 날노 흥왕ᄒᆞ기를 근졀히 긴구ᄒᆞᄂᆞ이다.
>
> 〈대한예수교회회보〉, 1908년 1월 29일.

하나님은 제주선교를 위해 오랫동안 준비해오셨다. 제주의 오랜 역사에 개입하셨고, 제주 사람들의 마음을 오랜 수난과 학정과 민란을 통해 가난할 대로 가난하게 만드셨다. 돌이켜 볼 때 제주민들이 받아온 그 고난의 역사는 거룩한 하나님 나라를 세우시려는 하나님의 섭리였다. 환란은 인내를 인내는 연단을 연단은 소망을 이루시는 역사의 주인 하나님께서 수난의 땅 비운의 역사를 통해 제주를 갈고 다듬어 옥토로 만드신 것이다. 천주교의 제주선교와 신축민요, 1884년 9월 20일 알렌의 입국으로 시작된 은둔의 나라 조선에 대한 선교, 선교 개시 불과 20여 년 만에 만난 그 놀라운 대부흥운동, 그리고 독노회 결성은 모두 제주선교를 위한 준비였다. 이런 준비 작업을 거쳐 첫 목사 안수를 받은 일곱 사람 가운데 한 사람, 이기풍을 제주도 선교사로 파송하기로 결정한 것이다.

처음부터 한국교회는 선교하는 교회로 출발했다. 1907년 9월에 열린 제1회 조선예수교장로회 독노회 결정에 따라 1908년 1월 그 놀라운 평양대부흥운동의 진원지, 장대현교회에서 그것도 대부흥의 주역으로 쓰임 받았던 동료 길선주의 집례로 파송예배가 드려졌다. 제주선교는 1907년 대부흥의 산물이었다. 1908년 제주에 부임한 이기풍은 1915년까지 7년간을 생명을 다해 섬겼다. 하지만 제주선교가 이기풍 혼자만의 작품은 결코 아니었다. 전국교회, 특별히 전남노회와 전북노회의 희생과 헌신이 어우러진 작품이었다.

무엇보다 그를 돕는 수많은 협력자들이 없었다면 이기풍의 제주선교는 처음부터 불가능했을 것이다. 이들은 단순한 협력자, 조력자를 넘어 제주선교의 훌륭한 동역자들이었다. 그 중에서도 평양여전도회에서 파송한 이선광 전도부인의 역할은 남달랐다. 그녀에게는 여선교사라는 공식적인 타이틀도 주어지지 않았고, 화려한 조명도 없었다. 그러나 그녀는 이름 없이 빛도 없이 가장 오래 제주를 섬기며 제주기독교 초석을 놓았다. 본장에서는 1908년부터 1915년까지 7년간의 이기풍의 초기 제주사역을 집중적으로 조명하려고 한다.

1. 이기풍 선교사 파송예배와 여정

1908년 1월 11일, 청중들이 가득 메운 가운데 길선주 목사가 시무하는 장대현교회에서 이기풍 선교사 파송예배가 드려졌다.[1] 첫 선교사의 파송예배가 평양대부흥운동의 중심지인 평양에서, 그것도 부흥운동의 발원지 장대현교회에서, 부흥운동의 주역 길선주 목사에 의해 진행된 것은 뜻깊은 일이었다.[2] 길선주 목사가 집례한 파송예배에 참석한 사람들은 민족복음화와 선교에 대한 비전으로 가슴이 벅차올랐다. 그날 이기풍 선교사가 간단한 작별 인사를 한 후 길선

---

1) Miss Julia Martin, "Three Pictures," *KMF* Vol. 7 No. 6 (Jun., 1911): 172.
2) Martin, "Three Pictures," 172.

1908년 이기풍 선교사 가족

주 목사는 설교를 통해 "당신이 어떻게 평양의 첫 선교사들에게 돌을 던졌는가를 기억하고"3) 설령 제주도 사람들이 당신에게 돌을 던진다고 하더라도 결코 실망해서는 안 될 것이라며, 선교사로서의 자긍심과 소명의식을 강하게 일깨워 주었다.

이 날 길선주 목사는 자신의 뚜렷한 회심의 체험을 통해 인생의 참된 가치가 무엇이며, 또 그것이 어디에 있으며, 인생의 여정 속에서 그것을 어떻게 이루어 가야 할 것인가를 너무도 분명하게 일깨워 주었다. 그날 그의 메시지는 파송 받아 떠나는 이기풍 목사에게는 물론이고 장대현교회를 가득 메운 한국인들과 선교사들에게 다시 한번 복음에 빚진 자의 사명을 새롭게 환기시켜 주었다. 이날 말씀과 성령의 강한 능력이 어우러진 길선주 목사의 설교는 참으로 감동적이었다.

준비된 선교사 이기풍

평양에 복음을 들고 온 선교사들에게 돌을 던지며 복음전파를 방해했던 이기풍이4) 신학교를 졸업하고 복음의 불모지인 제주도에, 그가 그토록 핍박했던 그 예수 그리스도를 증거하기 위해 선교사로 떠나리라는 것은 어느 누구도 상상하지 못했었다. 그것은 심지어 이기풍 목사 자신마저도 예상하지 못했던 일이었다. 이기풍은 1893년 마포삼열 선교사가 처음으로 평양에 선교하러 갔을 때 그의 집에 돌을 던진 불량배 가운데 한 사람이었다.5) 성질이 괄괄했던 그가 주님을 만난 것은 청일전쟁이 절정에 달할 때였다.

전쟁의 발발로 평양이 전쟁터로 바뀌자 원산으로 피난을 갔다가 그곳에서 스왈른(W. L. Swallen)을 통해 주님을 만났다.6) 피난길에

---

3) Martin, "Three Pictures," 172.
4) Martin, "Three Pictures," 171.
5) Arthur J. Brown, *The Mastery of the Far East* (London: G. Bell and Sons, LTD, 1919), 531.

모든 것을 다 잃어버리고, 담뱃대에 그림을 그려 겨우 생계를 유지하던 30세의 이기풍은 스왈른의 전도를 받고 예수를 믿은 후 새로운 피조물로 바뀐 것이다. 그렇게 복음을 반대하고 복음을 전하는 자를 핍박했던 그가 그 복음을 전하지 않고는 견딜 수 없는 사람으로 변화된 것이다. 마치 다메섹 도상에서 바울이 주님을 만난 후에 180도로 달라졌던 것처럼 주님을 만난 후의 이기풍의 삶은 완전히 달라진 것이다. 스왈른과 함께 순회전도를 하던 이기풍은 1901년 평양신학교에 입학하여 1907년에 최초의 졸업생 일곱 명 가운데 하나가 되는 영광을 얻게 되었다.[7]

감동적인 파송예배

그날 역사의 주인공 이기풍 목사는 친구이자 평양신학교를 같이 졸업한 사랑하는 동료 "길선주가 설교하고 있는 동안 눈물을 주룩 흘리면서 앉아 있었다."[8] 그 눈물은 돌에 맞을 것이 두려워서 흘리는 눈물이 아니었다. 지금까지 지나온 생애가 주마등같이 스쳐 지나가면서 자신의 과거의 한순간 한순간이 하나님의 깊은 은혜요 섭리였음이 마음 깊이 느껴져 자기와 같이 너무도 못나고 부족하고 방탕했던 사람을 주의 복음을 전하는 거룩한 종으로 불러 주신 주님의 은혜에 감사하는 감격의 눈물이었다. 그날 그를 파송하는 집회는 "참석한 이들에게는 결코 잊혀질 수 없는 집회였다."[9] 파송예배에 참석한 모든 사람들은 한국교회가 출발부터 선교하는 교회로서 세워지는 것을 지켜보면서 감격을 금치 못했다.

1908년 1월 17일, 조사 한 명, 아내와 함께 평양역을 출발한 이

---

6) "한국교회 초대 순교자, 이기풍," 한국교회원로목사 체험 수기 편찬위원회, 목회의 증언 (서울: 도서출판 목양, 1999), 24-27.
7) "한국교회 초대 순교자, 이기풍," 30-33.
8) "한국교회 초대 순교자, 이기풍," 30-33.
9) "한국교회 초대 순교자, 이기풍," 30-33.

기풍 선교사는 같은 날 서울 남대문에 도착해 승동교회에서 7일을 체류한 후 1월 24일에 목포행 기차에 올랐다. 1908년 1월 29일자 예수교신보에는 이기풍의 제주 여정과 관련된 "리목ᄉ가 계쥬로 발힝흠"라는 제목의 기사가 실렸다:

폴시더와 한국인 조사

> 평양로회에서 턱정흔 졔쥬션교ᄉ 리긔풍 씨는 평양서 긔챠로 발정하야 졔쥬도 가는 길에 그 부인과 조ᄉ 일인을 거ᄂ리고 본월 십칠일에 남대문 밧 뎡거쟝에 도챡ᄒ매 련동 승동 새문안 각 교회 교우들이 뎡거장ᄭ지 나아가 환영ᄒ고 승동교회에셔 류ᄒ다가 二十四일에 발정ᄒ엿스니 슈륙 원로에 태평히 도달ᄒ기를 축샤ᄒ오며 그곳 어두온 빅셩을 붉은길노 인도ᄒ야 교회가 날노 흥왕ᄒ기를 ᄀ졀히 ᄀ구ᄒᄂ이다.10)

목포에 도착한 그는 프레스톤(John Fairman Preston, 변요한)과 폴시더(W. H. Forsythe)를 비롯한 그곳 선교사들과 교우들의 환영을 받으며 얼마 동안을 그곳에 체류한 뒤 자신의 선교지 제주도로 향한 것으로 보인다.11) 이기풍은 적어도 2월 중순까지 목포에 머물면서 장차 자신을 후원할 목포선교부 사역을 지원했다. 그것은 1908년 1월에 선교부 산하 교회에서 1주간 전도집회를 인도하고, 2월에는 선교부 차원에서 진행하는 사경회 주 강사 중 한 사람으로 섬겼다는 사실에서 확인할 수 있다. "[1908년] 1월에 열린 한 주간의 전

---

10) 예수교신보, 1908년 1월 29일.
11) 차종순, 제주성안교회 **90년사 1908-1998** (제주: 대한예수교장로회 성안교회, 1999), 109.

도집회에서 제주에 우리의 내지 선교 전도자 이기풍 목사를 통해 지역교회가 대단히 새로워졌다."12)

1908년 2월 1일자 프레스톤이 그의 부모님에게 보낸 편지에서 밝힌 대로 이기풍은 목포에 체류하는 동안 그는 사경회를 인도했다.13) 이것은 연례보고서에서도 확인된다. 1908년 남장로교 선교회 연례보고서는 이기풍 선교사가 해리슨과 프레스톤과 더불어 시골 사람들을 대상으로 1908년 2월에 열린 2주 동안 계속되는 지역 특별 사경회에서 가르쳤다고 분명히 기록하고 있다. 이 보고서에서 프레스톤은 "이기풍 씨는 우리에게 매일 어느 정도 강한 복음 설교를 했다"(Mr. Ye gave us some strong gospel preaching daily)며 다음과 같이 증언했다.14)

> 이들 사경회는 두 종류가 있다. 첫째, 시골의 신앙 공동체를 대상으로 하는 지역 및 특별 사경회로 한 명의 선교사 혹은 두 명의 선교사 아니면 더 발전된 몇 명의 지도자들과 조사들이 가르친다. … 둘째, 시골의 신앙 공동체를 대상으로 하는 이들 사경회에 더하여 좀 더 형식을 갖춘 두 개의 종합적인 사경회가 선교부에서 열려왔다. 그중 첫 번째는 2주간 계속되는 것으로 남자를 대상으로 2월에 열린다. 이 사경회에는 선교부 산하 네 개의 선교구에서 선발된 우리의 지도급 그리스도인들이 370리 먼 거리에서까지 참석한다. 이 사경회에서 목포 선교부의 회원들은 제주도 내지 선교사 이기풍 목사, 해리

---

12) *Annual Report, PCUS*, 1908, 46.
13) Preston's Letter to Father and Mother, Feb. 1, 1908. "We have a protracted meeting at Mokpo since last Sunday. I have been assisted by Rev. Yi Ki Poong, the best of the seven preachers who were graduated at our Theological Sem. last spring. He is on his way to Chaeju, a large island to the South, as the first missionary sent out by the Korean Presbytery. I am on the Foreign Mission Com., and hope to visit the island this year. They are Koreans, but being so isolated, have a dialect of their own unintelligible to us. Mr. Yi is a fine man and has been preaching."
14) *Station Reports to the Seventeenth Annual Meeting of the Southern Presbyterian Mission in Korea*, September 17-23, 1908, 31.

슨과 프레스톤 씨로부터 도움을 받았다. 이씨는 우리에게 매일 어느 정도 강력한 복음전도 메시지를 전해주었으며 정규 성경공부 코스에 추가하여 몇 개의 소중한 사경회가 열렸다.15)

이로 보건대 목포에 도착한 이기풍은 바로 목포에서 제주로 출발하지 않고 적어도 2월 중순까지 머물렀던 것으로 보인다. 이기풍이 해리슨과 프레스톤과 함께 1908년 2월에 열린 전라도 남자 도사경회에서 강의를 하였다는 사실은 1908년 남장로교 선교회 연례보고서에서도 찾을 수 있다.

2. 제주에서의 첫 선교 사역

광주와 목포에서 집회를 인도한 이기풍은 2월 중순 이후 제주로 출발한 것으로 보인다. 한국의 대부분의 사료들은 이기풍이 풍랑으로 인해 추자도에서 표류하는 바람에 44일 만인 4월 초순에야 제주도에 도착할 수 있었다고 기술하고 있으나 이것은 확실하지 않다. 이사례 권사의 간증을 통해 전해지는 것으로 보이나 당시 원 자료 어느 기록에도 나타나지 않는다. 성내교회 당회록에 제주교회가 1908년 2월부터 시작되었다고 밝히고 있고,16) 금성교회 당회록에는 3월 2차 주일부터 금성리(錦城里) 양석봉(梁碩鳳)씨 댁에서 회집예배하기 시작했다고 기록하고 있어 이기풍 선교사는 1908년 2월 말이나 3월 초에 제주에 도착한 것으로 보인다.17)

길선주의 예견대로 오랫동안 우상과 미신의 굴레에 매여 있던 제주도 원주민들은 한국의 첫 선교사 이기풍을 처음부터 극심하게 박

---

15) Annual Report, PCUS, 1908, 30-31.
16) 제쥬셔문니교회당회 "셔문."
17) 금성교회 당회록. 박장래, "이기풍선교사의 제주선교 초기 활동에 관한 연구," (호남신학대학교 대학원 석사학위 논문, 1997), 33에서 재인용.

해하기 시작했다.18) 니스벳(J. S. Nisbet)은 "나의 친구 이기풍을 만나다"는 글에서 이렇게 증언한다:

> 충분히 준비를 한 후 이 목사는 1908년 제주에 도착하여 제주도의 가장 큰 도시에서 사업을 시작했다. 여기서 그는 강력한 반대에 부딪쳤고, 심한 박해를 견뎌냈다. 200명 이상 되는 사람들이 그를 죽이기로 서약했다. 그러나 하나님은 친구 송문옥을 만들어 주셨는데 송문옥은 군중을 진압하고 이 목사를 구해 낼 수 있었다. 그러나 다음날 그는 어느 마을에서 전도를 했는데 밤이 되자 아무도 그에게 자기 집에서 자는 것을 허락하지 않아서 그는 밖에서 자야만 했다.19)

사람들이 제주성 안에 방까지 붙여가며 이기풍을 박해했다.20) 하지만 혹독한 박해와 핍박도 동족 복음화에 불타는 이기풍의 의지를 꺾을 수는 없었다. 박영효 대감은 초기 이기풍의 제주선교에 큰 힘

---

18) 이기풍은 심한 좌절감에 평양의 마포삼열 선교사에게 편지를 보내 제주선교의 어려움을 호소했고, 두 달 후 이기풍은 마포삼열로부터 다음과 같은 회신을 받았다고 알려졌다. "이기풍 목사, 편지 잘 받았소이다. 그런데 당신이 내 턱을 때린 흉터가 아직 아물지 않았고 이 흉터가 아물 때까지 더욱 분투 노력하시오"라는 답신을 받고, 죄책을 회개하고 다시 제주선교의 의지를 다졌다는 이야기가 전해지나 이것은 사실이 아니다. 마포삼열 턱 밑의 흉터는 이기풍이 던진 돌 때문에 생긴 흉터가 아니라 어릴 때부터 있었던 흉터였다. 馬布三悅, "나의 宣敎四十五年 回顧談," 安大善 편, 第 一會 全朝鮮勉勵會四年大會錄 (경성: 基督敎靑年勉勵會朝鮮聯合會, 1934), 20-22. 한국선교 50주년을 맞던 1934년 마포삼열은 이와 관련하여 이렇게 기술하고 있다. "그러나 이 사람이 (강단에 앉아 있었던 이기풍 목사를 자리 옆에 세우면서) 나를 죽이려고 했습니다. 이 사람이 내게 던진 돌 소리가 지금도 내 귀에 새롭습니다. 그러나 무사했지요. … 내 턱 아래 홈 있는 것을 보고 돌로 맞았다고 하나 사실은 아닙니다. 나면서부터 있는 홈입니다. … 지나간 이야기를 다 할 수 없습니다. 과거 오십 년을 회고하매 오직 감사할 뿐입니다. 이기풍 목사가 나를 돌로 칠 때 사십 년 후 오늘날 이 회합을 생각이나 했겠습니까. 나 적시(赤是) 생각도 못하였습니다. 이와 같은 성공은 오직 신의 능력과 사랑입니다. 여러분은 이 닦아둔 터 우에서 믿음으로 성신의 힘을 의지하여 성공의 길을 꾸준히 밟기를 바랍니다. 그리스도와 십자가 우에 모든 것을 세우면 만사에 성취가 있을 줄 믿읍니다." 마포삼열 턱 밑의 흉터가 돌로 맞아 생긴 것이라는 통설은 사실과 다르다.
19) J. S. Nisbet, "Meet My Friend-Rev. Yi Ki Poong," KMF Vol. 24 No. 4 (Nov. 1928): 229.
20) 차종순, 제주성안교회 90년사, 123.

이 되었다. 박영효는 오까자끼(岡崎) 위술(衛戍) 사령관이 치안에 방해를 준다고 내무대신에게 통고함으로 제주 유배 유형 1개년에 처해져 1907년 8월 29일 유배지 제주를 향해 경성을 출발했다.[21] 제주에 도착한 박영효는 "제주도민의 자제들을 모아 일어와 조선어를 가르쳐 주며 묘욱[딸]도 일본에서 배운 재봉을 처녀들에게 전습하여"[22] 주었다. 1907년 말 대대적인 특사령이 내려 각지에 유배당한 이들이 석방되었지만 박영효는 "형사상의 범죄자가 아니며 보안법의 행정처분을 받아 유죄된 것이기 때문에 특사의 은전을 받을 수 없었다."[23] 신호신문(神戶新聞)에 의하면 그는 형기 만료 석방 후에도 제주도에 머물면서 딸과 같이 제주의 교육발전을 위해 헌신할 마음도 강했다. 박영효는 이기풍이 제주선교를 착수하는데 큰 힘이 되었다.

"얼마 되지 않아서 그 박해자들 중 10명이 믿기 시작했고 곧 교회가 형성되기 시작했다."[24] 처음 제주에 갔을 때 "돌에 맞고 죽음의 위협을" 받았으나 조랑말을 타고 제주 전역을 순방하거나 일손을 도우며 헌신과 사랑으로 전도한 결과 불과 3년 만에 이기풍은 "그곳의 모든 한국인들로부터 대단한 사랑을 받는" 복음의 역군이 되었다.[25] 내가 그리스도에게서 끊어질지라도 동족의 복음화를 원한다고 고백했던 바울 사도와 같은 동족에 대한 구령의 열정 앞에서는 어느 누구도 녹아지지 않을 수 없었다.

제주에서의 첫 사역 6개월 동안 어느 정도의 결실이 있었는지 **제2회 독노회록**이 증언하고 있다. 1908년 9월 6일부터 11일까지 서울 연동교회에서 열린 제 2회 독노회 때 전도국 위원 김찬성은 이기풍의 제주선교와 관련하여 이렇게 보고했다:

---

21) 神戶 新聞, 1907. 9. 23.
22) 神戶 新聞, 1907. 9. 23. 大阪每日新聞, 1907. 10. 6.
23) 大阪每日新聞, 1908. 1. 9.
24) Nisbet, "Meet My Friend-Rev. Yi Ki Poong," 229.
25) Martin, "Three Pictures," 172.

제주 최초의 성안교회

제쥬 젼도ᄒᆞ는 일은 잘 되옵ᄂᆞ듸 원입인 아홉 사ᄅᆞᆷ이오며 ᄆᆡ 쥬일
모히는 사ᄅᆞᆷ은 이십여 명이오며26)

제주도에 파송 받은 지 1년도 채 되지 않아 1908년 독노회 앞에 원입인 9명, 주일 출석 20명이라는 선교 결과가 보고되었다.27) 짧은 기간에도 불구하고 이와 같은 결실이 가능했던 것은 한편으로 성령께서 우상으로 물든 제주도 사람들의 강퍅한 마음을 강권적으로 변화시켜 주셨기 때문이고, 다른 한편으로는 이기풍 선교사가 제주도에 도착하기 전 이미 서울 세브란스 병원에 입원했다가 예수를 영접한 김재원과28) 젊은 구도자 김행권, 홍순홍의 협력이 이기풍의 제주선교에 중요한 힘이 되었기 때문이다. 김재원과 홍순홍은 1917년 4월 1일 장로 장립을 받았다.

---
26) 대한예수교장로회 독노회록 (1908), 7.
27) 대한예수교장로회 독노회록 (1908), 7.
28) 제주기독신문, 2007년 1월 20일.

이기풍의 파송으로 촉발된 선교정신은 전국 교회에 적지 않은 도전을 주었다. 전도인을 동반시킨다는 독노회의 결정에 따라 독노회와 한국교회는 이기풍 선교사 외에도 다른 사역자들이 장단기적으로 제주에서 동역하도록 여러 다른 사역자들을 파송했다. 1908년에 평양 시내 여성 교우들은 제주도의 여성 사역을 위해 이선광(李善光) 여전도사를 파송하였고,29) 1909년에는 평양 숭실대학과 숭실중학 학생들이 정성스럽게 선교비를 모금, 동료 "대학도(大學徒)" 김형재(金亨載)를 파송하여 이기풍 선교사의 선교사역을 측면에서 지원토록 했다.30) 김형재는 과거 자신이 받던 봉급보다 절반이 조금 넘게 받으면서도 이기풍 선교사를 돕기 위해 제주도로 떠났다. 이들은 1908년 10월과 1909년 5월에 각각 이기풍 선교사와 합류했다. 이들의 협력은 이기풍에게 적지 않은 힘이 된 것으로 보인다. 그것은 1909년 제 3회 독노회에 참석한 이기풍 선교사의 아래와 같은 선교보고에서 알 수 있다:

(1) 리긔풍 목사와 김홍련 젼도[사]는 열심 젼도ᄒᆞ엿ᄉᆞ오며
(2) 평양셩교회 ᄌᆞ민들이 연호ᄒᆞ야 리씨 션광을 졔쥬 녀젼도인으로 파숑ᄒᆞ야 겨간에 부인네 즁에 열심히 쥬를 밋는 ᄌᆞ민들이 싱겻ᄉᆞ오며
(3) 평양대즁학교 학도들이 연보ᄒᆞ야 대학도 김형지 씨를 계쥬 젼도인으로 파숑ᄒᆞ야 넉 달 동안 열심 젼도ᄒᆞ엿ᄉᆞ오며
(4) 계쥬 젼도된 형편이온즉 열심히 밋는 형뎨들이 싱겻ᄉᆞ오며 ᄯᅩ 쥬를 위ᄒᆞ야 핍박밧는 형뎨도 잇ᄉᆞ오며
(5) 셩셔공회에 교셥ᄒᆞ야 졔쥬에 미셔 흔 사롬을 두되 계쥬에서 밋는 형뎨 즁에서 턱ᄒᆞ기를 경론이오며 …
(12) 계쥬 녀젼도인 리씨 션광을 일 년 동안 ᄯᅩ 보닉기로 작뎡ᄒᆞ엿ᄉᆞ오며31)

---

29) 대한예수교장로회 독노회록 (1908), 11.
30) 대한예수교장로회 독노회록 (1908), 12; 장로회 공의회 회의록, 1909, 48.
31) 대한예수교장로회 독노회록 (1908), 13.

그 외에도 평양여선교회에서 파송한 이선광 전도사가 제주선교에 합류하였다. 조선예수교장로회사기가 밝힌 대로 이미 1908년에 이기풍의 제주선교로 금성리교회가 태동되었을 때 그 현장에는 훗날 제주 출신 1호 목사가 된 이도종(李道宗)이 있었다. 1908년, 이기풍은 이미 복음을 받아들인 김재원의 지원을 받으며 금성리교회를 설립했는데, 바로 그 현장에 훗날 제주선교의 산 증인이자 목격자이며 또한 제주에서 처음 순교한 제주 출신의 목사 이도종이 참석하여 장차 제주선교를 준비하고 있었으니[32] 하나님의 섭리는 참으로 오묘하고 놀랍다.

이기풍 선교사에 대한 한국교회와 선교사들의 지원은 꾸준하고 일관되었다. 목포부흥운동의 주역 남장로교 선교사 프레스톤(邊要翰, John Fairman Preston, 1875-1975)은 제주도 방문을 기도 가운데 준비하다 동료 배유지(裵裕祉, Eugene Bell, 1868-1925) 선교사와 함께 제주도를 방문하여 제주도 선교 사업이 고무적으로 잘 진행되고 있는 것을 확인할 수 있었다.

프레스톤은 테네시주 킹 대학과 사우스 캐롤라이나 두어만 대학을 졸업하고 프린스턴 신학교와 프린스턴 대학 대학원에 진학해서 신학과 영문학을 전공한 탁월한 선교사였다. 그는 킹 대학과 두어만 대학, 그리고 오글소프 대학에서 명예신학박사 학위까지 받을 정도의 재원이었다. 1903년 남장로교 선교사로 내한하여 전남 목포 선교부에 소속되어 목포를 거점으로 해남 강진지방을 순회하며 수많은 교회를 개척했다.

1905년에는 목포 영흥학교 교장으로 취임하여 학교 건물을 신축하고 오웬(C. C. Owen)과 광주선교를 시작하여 남녀 학생을 교육시켰으며, 1907년에는 숭일학교라는 교명을 받고 동료 유진 벨 선교사가 교장에 임명되어 사역하다 이듬해 1908년에 광주 숭일학교 초대 교장에 취임하여 1910년에는 학교 건축을 완공했다. 후에는 크

---

[32] 이도종 목사기념사업회, 제주 제 1호 목사, 이도종의 생애와 순교 (제주: 대한예수교장로회 제주노회, 2001), 86.

레인과 순천 매산학교를 설립하고 티몬스 의사와 순천 알렉산더 병원을 설립했으며, 순천성경학원에서 농촌지역 지도자를 양성하다 1940년 일제에 의해 강제 송환 당했다.33)

배유지는 1891년 켄터키주 센트럴대학교와 1894년 켄터키 루이빌 신학대학원을 졸업하고, 1893년 남장로교 선교사로 내한했다. 나주군에 부임하여 나주장로교회를 개척하고, 1898년에는 목포선교부를 개시하여 전도 및 부녀자 계몽사업에 헌신했으며, 1901년 4월에는 전도 여행 중에 부인이 사망하여 잠시 귀국했다가 1904년 12월 광주선교부 초대선교사로 전임되어 전도활동에 전념했다. 1908년에는 여자와 남자를 대상으로 수피아여학교와 숭일학교를 시작하였고, 여러 교회를 설립하였으며, 광주기독병원(제중병원) 설립에도 공헌했다. 이런 가운데서 평양신학교 교수로도 재직하였다.

배유지는 1911년 10월 15일 전라노회가 창립될 때 부회장을 맡았으며, 1914년 조선예수교장로회 총회 때는 총회장에 당선되어 제주선교를 전라노회가 인계하여 감당하도록 제도적 뒷받침을 해주었다. 그는 1919년 두 번째 아내가 제암리 취재 후 교통사고로 사망을 한 후에도 여전히 광주에 남아 사역하다 1925년 9월 28일 오랜 격무로 병사했다. 배유지 선교사는 전도, 교회 개척, 병원 설립, 학교 건립 등을 하며 또한 부노회장과 총회장을 역임하면서 한국선교의 발전에 큰 공헌을 한 인물이다.34)

변요한과 배유지, 두 사람의 제주도 방문 소식이 미셔너리(*The Missionary*) 지(誌) 1909년 4월호에 실린 것을 보면 두 사람의 제주도 방문은 4월 이전에 있었던 것이 분명하다.35) 프레스톤은 다시 1910년 5월 2주간 제주도를 방문하였다. 프레스톤이 아버지에게 보낸 6월 4일자 편지에는 제주선교에 대한 내용이 담겨져 있다:

---

33) 김승태, 박혜진 엮음, 내한 선교사 **총람 1884-1984** (서울: 한국기독교역사연구소, 1994), 398-399.
34) 김승태, 박혜진 엮음, 내한 선교사 **총람 1884-1984**, 398-399.
35) *The Missionary* (April 1909), 156-157.

저는 한국의 남쪽 제주(Quelpart)를 2주간 방문하고 돌아왔습니다. … 우리 한국교회 내지 선교지인 제주에 아주 흥미 있는 선교여행을 가졌는데 전 사역이 현지 한국 교회에 의해 운영되고 지원을 받아 진행됩니다. 1년 6개월 전 제주선교사역이 시작된 이후 이루어진 진보를 목도하고 대단히 기뻤습니다. 그곳에는 이미 4개 그룹의 기독교인들이 있으며, 기회는 대단합니다. 나는 몇 장의 흥미로운 사진을 찍었는데 잘 나오기를 희망합니다. 만약 시간이 있으면 그 여행에 대해 여러 장의 종이에다 기술하려고 합니다.36)

편지의 내용 중 1년 반 전에 제주선교가 개시되었다는 기록은 정확한 기록이 아니다. 이 기록은 2년 혹은 적어도 2년 반으로 수정되어야 할 것이다.

여하튼 선교사들이 제주를 방문하여 제주선교를 지원하고 협력을 아끼지 않았으며, 이기풍과 동료들의 헌신 그리고 선교사들의 헌신적인 지원에 힘입어 그 짧은 동안 제주에 4개의 신앙 공동체가 생겼다는 것은 참으로 고무적인 일이다. 프레스톤은 1주간 폴시더(保衛廉, Wiley H. Forsythe, 1873-1918) 의료선교사와 함께 제주도를 방문했다.

폴시더는 쿠바에서 다년간 의료 활동을 하다 1904년 남장로교 의료선교사로 대니얼, 놀런 등과 함께 내한하여 전주에 거점을 마련하고 전주병원에서 의료사역을 감당한 선교사이다. 또한 그는 1905년 3월에는 의병에게 일본 경찰로 오인받아 귀가 잘리는 수난을 당했던 선교사였다. 1907년 목포로 이전하여 놀랍게 사역을 감당하며 존경을 받았으며, 1909년과 1910년 백만인구령운동 때는 목포복음화를 위해 혼신을 다했던 영혼 구령에 불타는 선교사였다.

의료선교사의 제주 방문은 비록 의료선교와 교육선교가 직접전도와 병행되었던 초기 한국교회의 선교와 비견할 수 없을 정도로 미

---

36) Preston's Letter to Father, June 4th, 1910.

미한 수준이었지만 제주선교 시작 단계에서 간접선교의 노력을 엿볼 수 있다는 점에서 의미가 있다. 프레스톤과 폴시더가 제주에서 전도사역과 의료선교 사역을 지원했다는 기록은 1910년 남장로교 연례보고서도 읽을 수 있다:

> 프레스톤과 한 주간의 제주 여행을 했으며, 섬 주민들이 교회 예배에 참석하고 진료를 받으려는 열심은 정결한 어린 양의 속죄의 능력뿐만 아니라 병과 고통으로부터의 구원에 대한 그들의 필사적인 요구의 애절한 증언(a pathetic testimony)이다. 우리는 더 많은 의료 순회가 수행되어야 한다고 믿는다. 첫 방문 때 많은 환자들을 돌본 목포 진료소에서 온 학생들을 통해 제주에서 약 2개월 동안 의료 사역이 계속되었다.37)

비록 제주가 선교사들에게 직접 할당된 선교구는 아니었지만 전라도를 책임 맡은 남장로교 선교사들은 당시 전라도에 속한 제주도에 대해 모종의 책임을 느꼈던 것 같다. 1909년 10월 26일 평양노회 여선교회가 파송한 이선광(李善光) 여선교사가 제주에 도착했다. 이기풍 선교사가 최초의 남선교사라는 의미에서 중요하다면 이선광은 제주도에 파송된 "최초의 여선교사"라는 면에서 중요한 의미를 지닌다.38)

이기풍 선교사를 파송하기로 결정한 그 이듬해 독노회는 전도국장 길선주의 청원에 의해 이선광을 제주도에 파송하기로 결정했으며 평양지역교회의 여선교회가 선교비를 지원하기로 했다. 그녀는 5년 약정으로 1908년 10월에 제주에 도착하여 이기풍 선교사와 동역하면서 선교의 결실이 있자 1909년 제3회 독노회에서 1년 더 그녀를 여전도인으로 제주에 파송키로 결정했다.39) 해리 로즈는 **한국북**

---

37) *Station Reports to the Nineteenth Annual Meeting of the Southern Presbyterian Mission in Korea*, August, 1910, 51.
38) Margaret Best, "A Phase of Women's Work in Pyeng Yang," *KMF* Vol. 8 No. 1 (Janaury 1912): 28-30.

장로교선교회 50년사에서 "1909년 또한 평양의 이선광 여사가 평양 여선교회에 의해 제주도 선교사로 파송 받아 그곳에서 5년간 사역했다."40)고 증언한다. 평양선교의 개척선교사 가운데 한 명인 마가렛 베스트(Margaret Best) 여선교사가 1912년 코리아 미션 필드에서 이선광 여선교사에 대한 다음과 같은 흥미로운 기록을 남기고 있다:

> 우리가 가졌던 가장 흥미로운 집회는 금년[1911] 7월에 있었던 것으로 그 때 제주도에서 돌아온 이씨[선광 여선교사]가 시내 여성들이 평양 제 5교회에서 모인 큰 규모의 회중들에게 말했다. 많은 면에서 그 집회는 고국의 여자선교사집회(Women's Missionary Meetings) 가운데 하나를 상기시켜주었다. 그 선교사는 똑같은 방식으로 많은 것을 소개했으며 모든 사람들은 기대에 찬 모습을 보였으며 아주 호기심을 가지고 경청하고는 그들이 아는 그 놀라운 소식을 마음에 간직하였음에 틀림없다. 그 선교사는 '죄송한데 좀 더 크게 이야기 해주세요'라는 요청을 받았다. 여러 제주도 기독교인 여러 사진들을 회중들 가운데 회람하면서, 청중들에게 그 사역을 지원해 달라고 진지하게 호소했다. 사회자는 그 집회가 너무 오래 걸릴까봐 두려워 신경이 쓰여 순서의 마지막 강사들의 시간을 줄이기 시작했다. 하지만 그 여선교사에게는 그녀가 원하는 전 시간을 주었다. 그녀는 자신의 이야기를 흥미진진한 방식으로 명료하게 말했다. 그들이 제주도의 상태에 대한 그녀의 이야기를 들으면서 여인들의 얼굴에 나타나는 표정을 지켜보는 것은 흥미로웠다. 여선교회는 한 달에 10엔의 사례로 이 씨를 제주도에 다시 파송하기로 약정했다.41)

---

39) Best, "A Phase of Women's Work in Pyeng Yang," 28-30.
40) Harry A. Rhodes, ed. *History of the Korea Mission, Presbyterian Church, 1884-1934* (Seoul: Chosen Mission Presbyterian Church, USA, 1934), 398.
41) Best, "A Phase of Women's Work in Pyeng Yang," 29-30.

평양선교의 개척자 마가렛 베스트는 이선광을 여선교사라고 정확히 기록하고 있다. 비록 당시 남성 위주의 사회에 남자들만 목사안수를 받고 여성들의 사역이 제대로 평가받지 못하는 그 사회에서 이선광이 공식적으로 선교사라는 호칭을 받기는 쉽지 않았다. 그러나 그녀의 실질적인 제주사역은 선교사 본연의 역할이었다.

제주도에 파송 받은 사역자들과 이기풍과의 아름다운 협력관계는 제주선교 발전의 중요한 전기를 마련해 주었다. 학생들이 자발적으로 만든 선교 기구가 파송한 "평양 [숭실대]중학 학생 김형지의 열심과 부인 전도회가 파송한 리[李]씨 선광[善光]의 슈고"[42]는 제주의 복음전파는 물론이고 그곳에서 집회들을 여는 데 많은 도움이 되었다. 이들의 지원을 받은 이기풍 선교사는 복음의 불모지 제주도에서 여러 차례의 전도 집회를 열어 불신 영혼을 구원하는 일에 젊음을 바쳤다.

3. 제주선교의 초기 결실들

여러 차례의 위협에도 불구하고 꾸준하게 복음을 전한 결과 朝鮮예수敎長老會史記가 밝히고 있는 것처럼 제주에는 1908년 금성교회 성립에 이어 1909년 조천교회, 그리고 1910년에 성내교회가 성립되었다. 1908년부터 1910년까지 제주선교의 결실에 대해 차재명은 조선예수교장로회사기에서 다음과 같이 기술하고 있다:

> 1908/ 제주도(濟州道) 금성리교회(錦城里敎會)가 성립(成立)하다. 독노회(獨老會) 설립(設立) 당시(當時)에 파송(派送)한 전도목사(傳道牧師) 이기풍(李基豊)과 매서인(賣暑人) 김재원(金在元) 등(等)의 전도(傳道)로 인(因)하여 조봉호(趙鳳浩) 이도종(李道宗) 일명 김씨진실(金氏眞實) 조원길(趙云吉) 양석봉(梁石峰) 이씨민효(李氏旻

---

42) 대한예수교장로회 독노회록 (1909), 13.

孝) 이효민[李孝旻] 이씨자효(李氏慈孝) 이자민[李慈旻]) 김도전(金道傳) 김유승(金有承) 좌징수(左澄洙) 이의종(李義宗)이 귀도(歸道)하야 조봉호(趙鳳浩)의 가(家)에서 회집(會集) 기도(祈禱)하다가 이덕년(李德年) 가(家)를 예배처소(禮拜處所)로 작정(作定)하니라.43)

1908/ 제주도(濟州島) 성내교회(城內敎會)에서도 남녀소학교(男女小學校)를 설립(設立)하야 자녀(子女)를 교육(敎育)하니라.44)

1909/ 제주도(濟州島) 조천리교회(朝天里敎會)가 성립(成立)하다. 선시(先是)에 노회(老會)에서 파송(派送)한 전도목사(傳道[牧]師) 이기풍(李基豊)의 전도(傳道)로 천씨아라(千氏亞拏)가 몬저믿고 신자(信者)가 증가(增加)함으로 천씨(千氏)난 자택(自宅)을 예배당(禮拜堂)으로 기부(寄附)하야 교회(敎會)를 설립(設立)하니라.45)

1910/ 제주도(濟州島) 성내교회(城內敎會)가 설립(設立)하다. 선시(先是)에 노회(老會)에서 파송(派送)한 목사(牧師) 이기풍(李基豊)이 당지(當地)에 래(來)하야 산지포(山地浦)에서 전도(傳道)할 새 경성(京城)에 기유(寄留)할 시(時)에 수세(受洗)한 김재원(金在元)을 봉착(逢着)하야 협력전도(協力傳道)한 결과(結果) 홍순흥(洪淳興) 김행권(金行權) 등(等)이 귀주(歸主)함으로 기도회(祈禱會)를 시작(始作)하얏고 일덕리(一德里) 중인문내(重仁門內)에 초옥(草屋)을 매수(買收)하야 예배당(禮拜堂)으로 사용(使用)하고 전도인(傳道人) 김홍련(金洪連), 이광선(李善光) 등(等)이 전도(傳道)에 노력(努力)하니라.46)

---

43) 車載明, 朝鮮예수敎長老會史記 (京城 : 新門內敎會堂, 1928), 265.
44) 車載明, 朝鮮예수敎長老會史記, 278.
45) 車載明, 朝鮮예수敎長老會史記, 268-269. 여기 천아라는 "천아나"(千亞拿)로 자신의 자택을 예배당으로 기증하여 조천교회 설립게 크게 공헌했다. 그녀의 활동은 한국교회사학회 편, 조선예수교장로회사기 하 (서울: 연세대학교출판부, 1968), 319쪽에도 잘 나타난다. "제주선교 베이스 캠프-조천교회와 천아나," 기독신문, 2007년 4월 14일 1면.
46) 車載明, 朝鮮예수敎長老會史記, 274. 여기 언급된 사기의 교회 성립 년도가 첫 예배

장로회사기는 제주선교 초기의 모습을 비교적 소상하게 그려주고 있다. 보통 성립(成立)과 설립(設立)은 다를 수 있기 때문에 위 세 교회의 성립 순서가 곧 설립연도 순서를 의미하는 것은 아닐 수 있다. 실제로 다른 기록에서 차이가 나기도 한다. 위 기록에서 보듯이 심지어 성내교회가 1908년부터 존재했다는 사실은 **장로회사기** 안에서도 찾을 수 있다.47) 다만 우리는 위 기록에서 몇 가지 중요한 사실을 뽑아낼 수 있다.

첫째, 금성리교회, 조천리교회, 성내교회가 초기 제주도에 선교를 통해 설립된 대표적인 교회들이라는 사실이다. 둘째, 이들 세 교회 설립과정에서 이기풍이 직간접으로 교회 설립에 참여했다는 사실이다. 셋째, 금성리교회와 성내교회 설립과정에서 매서인 김재원의 전도가 중요한 몫을 했다는 사실이다. 넷째, 제주선교 초 설립된 교회들의 설립과정에서 참여한 사람들의 명단이 비교적 소상하게 등장한다는 사실이다. 금성리교회 설립 과정에서 자신의 몫을 감당한 김재원(金在元), 조봉호(趙鳳浩), 이도종(李道宗), 김씨진실(金氏眞實), 조원길(趙元吉), 양석봉(梁石峰), 이씨호효(李氏昊孝), 이씨자효(李氏慈孝), 김씨도전(金氏 道田), 김씨유승(金氏 有承), 좌징수(左澄洙), 이의종(李義宗), 조천리교회 설립에 중요한 몫을 감당한 천씨아라(千氏亞拏), 그리고 성내교회 설립에 중요한 역할을 한 김재원(金在元), 홍순흥(洪淳興), 김행권(金行權), 김홍련(金洪連), 이선광(李善光)이 바로 그들이다.

다섯째, 조천교회 성립과정에서 천아라가 주도적인 역할을 했고,

를 의미하는 것은 아니다. 제주성내교회의 경우는 1910년으로 교회 성립 년도를 기록하고 있지만 같은 책에서 1908년에 "濟州島城內敎會에셔 도男女小學校를 設立하야 子女를 敎育하니라"라고 기록하고 있어 이미 1908년에 성내교회는 존재했음을 보여주고 있다.

47) 성내교회가 1908년부터 존재했다는 사실은 다음 자료를 통해서 확인할 수 있다. 車載明, 朝鮮예수敎長老會史記, 278; 성내교회 당회록 서문; 홍순흥 장로가 1912년 1월부터 성내교회 관련 기록을 남긴 기록물 중에 "제주교회창립연월일"을 1908년 2월 1일이라고 기록하고 있다. 그러나 이 기록은 1912년 이후에 기록된 것으로 보인다.

이선광이 성내교회 성립과정에서 처음부터 같이 했다는 것은 의미가 크다. 여성의 가치를 존중하는 제주에서 교회 태동 과정에서 여성의 리더쉽이 결정적인 역할을 한 것이다.

마지막으로 각 교회 설립 과정에서 예배처소에 대한 구체적인 기록이 남아 있다는 사실이다. 금성리교회는 조봉호가에서 회집기도하다 이덕년가를 예배처소로 결정하였고, 조천리교회는 천씨아라 자택을 예배당으로 사용하였으며, 성내교회에는 일덕리 중인문내에 초옥을 매수하여 예배당으로 사용하였다는 사실이다. 이것은 여느 지역의 교회 설립 기록과 비교할 때 제주선교 기록은 상당히 구체적이다.

이들 세 교회는 제주에서 초기에 설립된 대표적인 교회들로 보인다.[48] 성내교회가 1908년에 시작되었고, 조천교회가 1909년에 시작되었으며, 모슬포교회 역시 1909년에 창립되었다.[49] **조선예수교장로회사기** 하권은 이렇게 모슬포교회 설립을 기록하고 있다:

> 제주도(濟州島) 모슬포교회(募瑟浦敎會)가 설립(設立)되다. 선시(先是)에 노회(老會)에서 파송(派送)한 전도목사(傳道牧師) 이기풍(李基豊)이 이재순(李載淳), 강병한(康秉漢), 최대현(崔大賢) 등(等)과 협력전도(協力 傳道)하여 강흥주(姜興周) 정응호(鄭應浩) 신창호(申

---

[48] 사실을 뒷받침할 수 있는 분명한 자료가 발굴되지 않는 한 사실 확인은 조심스럽게 접근할 필요가 있다. 금성교회, 조천교회, 성내교회를 두고 어느 교회가 제주의 최초에 세워진 교회인가에 대해 세미나가 있었다. 김인수 교수와 차종순 교수는 성내교회가 제주에 세워진 최초의 교회라고 주장한 반면 조천교회 이덕희 목사는 장로회사기와 여타 자료를 증거로 성내교회가 최초의 교회로 볼 수 없다는 의견을 개진했다. 통합 제주노회는 금성교회 창립일을 수정해 달라는 성안교회 요청에 대해 "노회 규명의 한계가 있어 다루기엔 적절치 않은 안건"이라는 결론을 내렸다. 차종순 교수는 "1908년 제주도 성내리교회에서 남녀 소학교를 설립하여 자녀를 교육하니라"는 장로회사기를 근거로 제시하고 있고, 김인수는 제 2회 독노회록을 근거하여 성내교회가 최초의 교회라고 주장한다. 그러나 김인수 교수와 차종순 교수가 주장하는 이들 자료들이 성내교회가 제주에 세워진 최초의 교회라는 사실을 입증한다고 보기 힘들다. 2회 독노회록은 제주선교에 대한 현황을 말해주는 것이고 장로회사기의 기록은 성내교회의 1908년 존재를 증거하는 그 이상의 의미는 없다. 이에 대한 논의에 대해서는 제주기독신문, 2007년 4월 28일, 1, 3, 4 면을 참고하라.

[49] 모슬포교회는 1909년(명치 42년) 9월 1일 창립되었다. 정인과, **1940년 장로회연감** (경성: 총회 종교교육부, 1940), 501.

昌浩) 김씨(金氏) 나오등(拿嗚等)을 얻고 기후(其後) 전도목사(傳道牧師) 윤식명(尹植明)과 전도인(傳道人) 원룡혁(元龍赫) 김경신(金敬信) 등(等)의 전도(傳道)로 이씨화숙(李氏華淑) 김씨순전(金氏 順全) 고씨수선(高氏 守善)과 송경서(宋敬瑞) 최정숙(崔正淑) 고계형(高桂炯) 장예규(長禮圭) 고훈장(高訓長)의 부인등(夫人等)이 신종(信從)하여 신창호(申昌浩) 가(家)에 회집(會集)하여 예배(禮拜)하다가 연보(捐補)하여 초가(草家) 예배당(禮拜堂)을 건축(建築)하니라.50)

이기풍은 매년 독노회에 참석해 "제쥬에 전도되는 형편을 일일이 설명"하면서 전체 한국교회와 깊은 유대를 가지면서 교단적인 차원에서 제주선교가 추진되도록 노력을 하였다.51) 이기풍은 제주도에서도 목포에서처럼 직접 가가호호 방문하여 복음을 전했고, 그들이 저녁집회에 참석해 수백 명의 사람들이 교회를 가득 메워 마당 밖으로까지 사람들이 넘쳤다. 이처럼 복음의 불모지 제주도에 복음이 전해진 지 불과 몇 년 되지 않아 복음의 씨앗이 놀랍게 싹트고 자라기 시작했다. 1911년 목포에서 사역하던 여선교사 마틴은 코리아 미션 필드에 이렇게 보고했다:

> 제주도는 인구 125,000명으로 목포에서 약 150마일 떨어진, 작은 동력선으로 도착할 수 있는 곳이다. 제주도의 한국인 선교사 이[기풍] 목사는 목포 전도집회를 지원했었는데, [이번에는] 목포의 한국인 목사, 몇몇 사역자들과 한 여자 선교사가 제주에 가서 그곳에서 열리는 전도집회를 도왔다. 이 목사가 처음 그곳에 갔을 때는 돌에 맞고 사선을 넘는 위험을 받았으나 이제는 그곳의 모든 한국인들로부터 대단한 사랑을 받고 있었다. 지금은 도시 외곽의 예배처소들과 더불어 한 멋진 교회가 도시에 세워졌다. 사역자들이 아

---

50) 한국교회사학회 편, 조선예수교장로회사기 하 (서울: 연세대학교출판부, 1968), 171.
51) 대한예수교장로회 독노회록 (1909), 16.

름다운 예배모임을 보고한다. 목포에서처럼 가가호호 방문하고 수백 명의 교인들이 교회를 가득 채웠고 뜰 밖으로도 넘쳐났다. 지금은 100명 이상의 신자가 보고되고 있다. 이들 사람들은 한국에서 복음을 가장 필요로 하는 사람들 축에 들며, 이것은 예수의 보혈의 능력의 위대한 승리다. 나의 신앙은 그곳의 사역으로 인해 대단한 힘을 얻었다.52)

이는 1911년에 접어들어 제주선교가 놀랍게 진행되었음을 말해 준다. 100명 이상의 신자라고 하지만 우리는 단지 100명이라는 틀을 넘어 그 이상의 사람들이 교회에 모이고 있음을 짐작할 수 있다. 그것은 수백 명의 사람들로 교회 뜰이 가득 찼다는 보고에서 알 수 있다.

독노회가 1910년 한 해 동안 제주선교를 위해 지출한 "계쥬지출금"은 "一千一百二十三원 二十八젼 四리"53)나 되었다. 이 금액은 당시로서는 상당히 많은 금액이었다. 그만큼 독노회는 제주선교에 대한 투자를 아끼지 않은 것이다. 실제로 투자한 것만큼 결실도 컸다. 1911년 제 5회 독노회 앞에 독노회 전도국 위원은 다음과 같이 보고했다:

제쥬젼도형편
(1) 션교ᄉ 리긔풍시는 열심젼도이오며
(2) 젼도인 김창문시를 륙기월간 보내여 젼도ᄒ엿ᄉ오며
(3) 목포계신 미국 마부인의 연보로 녀젼도인 두 사ᄅᆞᆷ을 보내여 젼도ᄒᄂᆞᆫ 중이오며
(4) 평양대즁학교 학도의 연보로 대학도 강병담시를 보내여 젼도ᄒᄂᆞᆫ중이오며
(5) 평양녀젼도회에서 리션광부인을 ᄯᅩ 보내여 젼도케 ᄒᆞ오며
(6) 례비당은 세슉곳이오 ᄯᅩ 례비쳐소가 두 곳이며 교인은 一百六

---

52) "Island of Cheiju," *KMF* Vol. 7 No. 5 (May 1911): 127.
53) 대한예수교장로회 독노회록 (1911), 12.

十여인이오 연보낸 돈은 八十一원五十七젼六리오며
　(7) 밋논형뎨의 열심 긔도로 이젹이 만ᄉᆞ오며54)

　　제주도로 파송 받은 지 불과 3년 만인 1911년 9월 제 5회 독노회에 보고한 내용에 의하면 이기풍 선교사는 제주도에 예배당 세 곳, 예배 처소 두 곳과 160명의 교우, 또한 17명의 학생이 재학하고 있는 학교 하나를 설립했다.55) 복음전도 외에 선교 초에 학교를 설립했다는 것은 놀랍다. 기독교의 복음의 대 사회적 책임의식을 여기서도 읽을 수 있다. 원주민의 위협과 박해 속에서 시작한 제주도 선교가 불과 3년 만에 그 같은 결실을 맺을 수 있었던 것은 축복이었다. 독노회 전도국이 "리긔풍목ᄉᆞ를 다시 졔쥬로 파송ᄒᆞ여 주시기를 쳥원"56)한 것은 당연한 일이다.
　　제주선교 보고 가운데 특별히 "열심긔도로 이젹이 만다"는 사실은 제주선교가 외형적으로만 성장한 것이 아니라 영적 진보 역시 상당했음을 말해준다. 놀라운 치병의 기록은 다른 보고에서도 나타난다. 실제로 그 즈음에 제주선교에서 놀라운 복음전도를 촉발시킨 사건이 일어났다. 이기풍 선교사를 통해 난치병이 고침을 받고 귀신이 나가고 정신 이상자들이 고침을 받는 역사가 나타난 것이다. 로스(A. R. Ross)는 1911년 11월 코리아 미션 필드에 그 구체적인 사례를 보고했다:

　　제주도 선교사 이[기풍] 목사는 한 의료 선교사가 치료를 하기 위해 목포로 데려온 11살 먹은 한 절름발이 소년에 대해 말했다. 약 3개월 동안 그 소년을 치료하려고 노력한 후 의사는 치료가 불가능하다는 사실을 발견하고 자신이 치료할 수 없다는 사실을 알려주고 제주도로 돌아가 성령의 능력으로 치료해 달라고 기도하라고

---

54) 대한예수교장로회 독노회록 (1911), 10.
55) 대한예수교장로회 독노회록 (1911), 9-10.
56) 대한예수교장로회 독노회록 (1911), 27.

말해 주었다. 소년은 제주 집으로 돌아가 7일 동안 기도에 전념했는데, 그 마지막에 그가 힘을 얻어 일어나 걸었다. 이 때문에 많은 환자들이 그들에게 찾아왔고, 교회는 병원이 되고 말았다. 또한 이 [기풍] 목사는 학교 운영이 어려웠을 때 타 지역의 한국인 그리스도인들이 돈을 보내 준 것과 선천의 한 여인이 재정이 어려울 때 그녀의 반지를 헌금, 특별히 가치 있는 행동을 한 것을 말해 주었다. 그[이기풍 선교사]는 또한 교회로 사용할 수 있도록 자신들의 집을 포기하고 이로 인해 심한 매를 맞으며 핍박을 당한 두 명의 여인들의 박해가 없었다면 제주도 교회는 성장하지 않았을 것이라는 사실을 말해 주었다. 그는 지금은 제주에서 다섯 곳 예배처에서 160명의 그리스도인들이 예배를 드리고 있고, 한 학교에는 17명의 학생이 재학하고 있다고 보고했다.57)

로스가 보고한 것처럼 제주선교가 그렇게 놀랍게 성장하기까지는 성령의 능력으로 말미암은 신유의 역사와 자신들의 집을 예배 처소로 내놓은 두 여인의 헌신이 배후에 있었다. 복음에 대해 그토록 배타적인 곳에서 예배 처소로 자신들의 집을 내놓는 것은 곧 마을로부터 매장되는 것을 의미한다는 사실을 잘 알고 있으면서도 그것을 실천했던 것이다.

1912년에 이르러 제주선교는 상당히 진전되었다. 1912년 장로교회 창립총회 때 총회 전도국 위원회가 "졔쥬교회" 이름으로 보고한 제주선교 현황은 매우 구체적이다.

1912년 제주선교 현황 보고

구분	상세내역	인원	구분	상세내역	인원
교인수 敎人	금년 세례인	十七인	성경공부 聖經工夫	사경회一초	八十인공부
	세례인도합	五十인		미일ᄉᄉ로이성경보 논이	二十인가령
	금년ㅇ희세례	二인		쥬일아츰성경공부ᄒ	一百二十인

---

57) "Brief Notes on the Meeting of Presbytery," *KMF* Vol. 7 No. 11 (Nov., 1911): 312.

	ㅇ희세례도합	五인	긔도형편 祈禱刑鞭	눈이 사긔도ᄒᆞ눈집	八	
	금년학습인	三十五인		부흥회긔도	一ᄎᆞ	
	학습도합	五十七인		특별회집긔도	二ᄎᆞ	
	금년새로단니는 사름	二百여인	특별ᄉᆞ건 特別事件	교인중에 권능을 밧아 병곳치는쟈만코 전도인이 전도흠에 문이 크게 열넛ᄉᆞ오며		
	교인도합	四百十인				
직분 職分	조ᄉᆞ	一인	회집형편 會集形便	미쥬일모히는남인	一百여인	
	령수	一인		미쥬일모히는녀인	二百여인	
	집ᄉᆞ	二인		미삼일례비에모히는이	一百五十여인	
례ᄇᆡ쳐소 禮拜堂	례ᄇᆡ당	三인	교회형편 敎會形便	직분들 화합흠		
	긔도회쳐소	五인		교인들 신령ᄒᆞ고 열심잇슴		
학교 學校 1개	남학도	八인				
	녀학도	四인				
	교ᄉᆞ	一인				
연보 捐補	조ᄉᆞ연보	一百二十원				
	쥬일연보	四十五원九十四젼				
	학교연보	五十九원三十七젼七리				
	연보도합	二百二十五원三十一젼七리				

자료: 1912년 제 1회 총회록 14-18쪽

    이기풍이 1912년 총회에 보고한 제주선교 현황은 매우 자세하고 구체적이다. 우리는 1912년 보고를 통해 제주선교에 대한 몇 가지 중요한 사실을 확인할 수 있다.

    첫째, 제일 먼저 눈에 띄는 것은 외형적인 성장이다. 1년 동안 세례 받은 사람이 17명, 전체 세례교인 58명, 당해 유아세례 2명, 당해 학습교인 35명, 전체 학습교인 57명, 당해 새로 교회에 다니는 사람 200여 명, 교인 도합 400명이었다.58) 조사 1명, 영수 1명, 집사 2명, 예배당 3곳, 기도처 5곳, 그리고 학교가 1개였다. 매주 남자 100여 명, 여자 200여 명이 모여 예배를 드리고, 수요예배에 150명이 모일 정도로 외형적인 성장을 이룩했다.[59]

둘째, 성실한 성경공부다. 전 제주교인들을 대상으로 1차 사경회를 실시해 80명이 참석했고, 매일 성경을 읽는 사람이 20여 명, 그리고 주일 아침 주일성경공부에 참여하는 사람이 120명이다. 당시 제주의 상황에서 볼 때 이 정도로 교인들이 성경공부에 참여한다는 사실은 쉽지 않는 일이다. 제주선교가 단순히 외형적인 성장만 아니라 장래가 밝다는 사실을 보여준 증거이다.

셋째, 성령의 권능이 제주교회에 나타나 전도의 문이 열렸다는 사실이다. "교인 중에 권능을 밧아 병 곳치는 쟈 만코 전도인이 전도홈에 문이 크게 열녓스오며"[60]라고 보고한 것을 특별히 주목할 필요가 있다. 여기 권능은 성령의 권능을 말하는 것이다. 성령의 권능은 사도행전이 보여주듯 성령이 임할 때 나타나는 현상으로 제주교회가 성령의 임재를 경험하고 있음을 보여주는 것이다. 그 권능은 사역자들만 아니라 "교인중"에라고 함으로 성령의 권능이 교회 가운데 임했음을 보여준다.

넷째, 교회가 화합과 일치에 힘쓰며 전도에 대한 열정으로 불탔다는 사실이다. 자연스러운 결과이겠지만 직분자들이 화합하고 교인들이 거룩한 삶을 살아가고 열심을 내는 것은 놀라운 일이다. 건강한 교회 성장이 나타난 것이다. 이러한 현상은 부흥이 임할 때 나타나는 특별한 현상이다. 그런데 제주의 경우 1907년 평양 대부흥운동 때 나타났던 현상들이 상당히 공유되고 있음을 볼 수 있다. 실제로 교인들이 헌금한 내역 중에 조사 연보를 위한 헌금이 전체 60% 이상을 차지한 것으로 볼 때 제주교회가 자립하는 교회의 모습을 보여주고 있다는 사실이다. 평양교회의 제주선교 지원도 헌신적이다.

---

58) 뎨 1회 총회록 (1912), 14.
59) 뎨 1회 총회록 (1912), 17.
60) 뎨 1회 총회록 (1912), 17.

제주 지역교회와 연합하여 제주선교를 추진한 것이다:

> 평양녀젼도(平壤女傳道)국에셔 평양 리시션광[善光]을 일 년 동안 졔쥬(濟州)젼도인으로 보니여 모든 부비를 다 담당ᄒᆞ야 젼도ᄒᆞ옵고 젼도국에셔 六十원을 보조(補助)ᄒᆞ고 졔쥬셩(濟州城)교회 형뎨자ᄆᆡ(兄弟姉妹)들이 六十원을 담당(擔當)ᄒᆞ여 합 一百二十원으로 졔쥬형뎨중에 ᄒᆞ사름을 턱(擇)ᄒᆞ야 졔쥬셩교회와 각교회에 조ᄉᆞ(助事)로 세웠ᄉᆞ오며61)

1912년 제 1회 총회록에는 제주선교와 관련하여 흥미로운 기록이 나타난다. 교단적인 차원에서 야심차게 시작했던 해삼위 선교가 부득불 중단하게 되었다는 소식이다:

> 히삼위(海蔘威) 젼도논 ᄉᆞ세부득이 ᄒᆞ와 뎡지(停止)이옵고 최관흘 목ᄉᆞ의 사무도 고만두윗ᄉᆞ오며 ᄒᆡ삼(海蔘)위 미셔(賣暑)로 보닌 리지슌 신윤협 량시논 그곳셔 젼도ᄒᆞ옵다가 아라사관리에게 핍박(逼迫)을 당ᄒᆞ여 갓치기를 한 달 동안이나 ᄒᆞ고 이수(移囚)되기를 세 번이나 ᄒᆞ엿ᄂᆞᄃᆡ 그 고샹(苦狀)을 다말ᄒᆞᆯ 수 업ᄉᆞᆸ네다.62)

이는 해외선교가 쉽지 않다는 사실을 단적으로 말해준다. 약소국의 상황에서, 그것도 일본과 합병된 상황에서 조선인 선교사가 강대국에 들어가 선교한다는 것은 죽음을 각오하지 않으면 불가능한 일이다. 선교의 장벽을 넘기 위해 최관흘의 경우는 러시아 정교회로 적을 옮겼고, 이에 총회는 해삼위 선교를 중단하지 않을 수 없었다. 선교가 쉽지 않다는 사실은 러시아 정교회로 적을 옮기지 않고 선교를 계속한 리재순과 신윤협이 해삼위 관리로부터 심한 핍박을 받고 옥에 갇히기를 수차례나 했다는 사실이 그대로 증언해준다.

---

61) 뎨 1회 총회록 (1912), 18.
62) 뎨 1회 총회록 (1912), 18-19.

총회는 해삼위 선교를 중단하고 대신 제주선교에 더욱 박차를 가하기로 결정했다. 총회는 해삼위 선교의 중단으로 남은 선교비를 제주선교에 투자했다. "해삼위 전도사업을 정지하고 최관홀 목사의 시무도 정지케 한 후 該 전도비로 제주에 전도인을 가파(加派)하기로" 한 것이다.63)

> 히삼전도를 뎡지(停止)흥고로 그 예산(豫算)흥엿던 금익(金額)을 가지고 졔쥬(濟州)에 일년동안 젼도(傳道)흥기 위흥야 리지슌 강병담 량시(兩氏)를 젼도인으로 파송(派送)흥엿소오며 젼쥬 녀젼도(女專道)국에셔 미삭(每朔)三원식연보흥고 쏘 고라복목사가 미사三원식 연보흥여 졔쥬형뎨(兄弟)자미즁 一인식 턱(擇)흥야 녀젼도인(傳道人)으로 셰우기를 경영(經營)이오며 광쥬사경(光州査經)시에 졔쥬위흥야 七十五圓 원 연보(捐補)흥여 졔쥬형뎨와 누이님 두사룸을 턱흥여 六기월(個月)식 젼도케흔일도 잇소오며.64)

제주선교를 위해 총회적인 차원에서, 평양교회의 차원에서, 전국교회 차원에서, 그리고 제주교회 자체 차원에서 총력을 기울인 것이다.

제주선교는 참으로 한국교회가 처음부터 선교하는 교회로 자리잡게 만든 중요한 전기가 되었다. 그러나 긍정적인 면만 있는 것은 아니었다. 1911년 전국교회가 합심하여 지원하던 선교비가 1910년에 비해 현저하게 줄어들었다. 그래서 선교를 더 확장하고 싶어도 재정적 한계로 실행할 수 없었다. 이것은 총회전도국의 보고 내용 중에 "작년(昨年) 연보(捐補) 드러온 거술 론흥면 지쟉년(再昨年)보다는 대단히 퇴보(退步)흥야 전국 二千여교회 중에서 빅여교회에서만 드러온 돈이 七百여원 인고로 젼도를 더 확장(擴張)치 못흥엿소오며"65)라는 말에서 읽을 수 있다.

---

63) 車載明, 朝鮮예수敎長老會史記, 14.
64) 뎨 1회 총회록 (1912), 19.
65) 뎨 1회 총회록 (1912), 20.

제주선교사 이기풍

1910년 한일합방 이후 일본의 식민화 지배가 가속화되면서 일제의 수탈과 착취는 더욱 심해졌다. 전국의 교회 80%가 농촌에 위치한 상황에서 대부분의 교회들의 재정 압박은 더욱 극심해졌다. 헌금 액수가 "대단히 퇴보"했다는 표현은 이 시대의 재정상황을 설명하기에는 너무도 부드러운 표현이었다. 자신들의 교회를 꾸려가기 힘든 상황에서 자립의 틀을 더해가면서 해외 선교비를 지원한다는 것은 고난의 길이었다. 하지만 한국교회는 일치하여 해외선교를 위해 허리를 졸라맸다.

어려운 형편에서도 이기풍에 대한 대우는 총회 전도국 차원에서 신경을 썼다. 1911년 전도국 회계결산보고에 의하면 수입 1,400원 45전 5리였고 지출은 1,329원 8리를 지출했다. 그중에서 "리긔풍시 월급"으로 년 270원이 지출되었다. 전체 지출의 약 25%를 선교사 사례로 지불한 것이다. 이 같은 금액은 당시로서는 적은 금액은 아니다.

총회는 제주선교를 위해 총회적인 지원과 노회적인 지원을 동시에 요구하지 않을 수 없었다. 총회는 전도국의 수입 중 지출하고 남은 "七百八十三圓六十八전九리"[66)]의 "우여 지금과 평양전도회연보 二百圓합ᄒᆞ야 제쥬전도비로 여산"[67)]하기로 결정했다. 이와 함께

---

66) 뎨 1회 총회록 (1912), 25.

총회전도국은 제주선교를 위해 특별 주일을 정하여 기도하고 예배를 드리며 헌금을 모을 것과 노회 시작 전에 제주선교를 통해 베푸신 은혜를 감사하며 하나님께 영광을 돌릴 것, 그리고 상당한 액수의 전도비를 총회적인 차원에서 지원해줄 것을 요청했다:

청원서
一. 우리교회에서 쥬일(主日)마다 구원지(의) 도를 전파(傳播)홀 뜻으로 フ르치는 거시로디 총회에서 一년즁(年中)의 한 쥬일을 특별히 뎍뎡ᄒ여 각 교회에 명령ᄒ시와 전도국을 위ᄒ야 례비(禮拜)보게ᄒ시되 그 쥬일의는 젼도(傳道)뜻으로 강도도 ᄒ고 외국젼도(外國傳道)홀 뜻으로 긔도도ᄒ고 그 쥬일(主日)에 특별히 힘써 연보(捐補)도 ᄒ되 그 날은 감샤日로 뎡ᄒ시고 각 교회의 인도ᄒ는 이들이 그 젼쥬일의 예비(預費)로 힘잇게 광고(廣告)홀 일이 옵고
二. 로회를 시작홀 ᄯᅢ에 계쥬에 션교ᄉ(宣敎師)를 보님으로 신령(神鈴)ᄒ 교회를 셰워 하ᄂ님믜 영광(榮光)을 돌님으로 우리에 깃븀이 츙만(充滿)ᄒ 바이온즉 지금 총회(至今 摠會)를 시작홀 ᄯᅢ에도 외국젼도(外國傳道)를 시작ᄒ디 지라등디에 션교ᄉ(宣敎師)를 파송ᄒ기를 청원ᄒ오며
三. 예산(豫算)은 졔주예산 ᄭᅡ지 并ᄒ와 二千五百원을 청구(請求)ᄒ오며.68)

제주선교에 대한 관심을 그대로 읽을 수 있다. 실제로 제 1회 총회록을 보면 전도국에 대한 보고가 상당부분을 차지하고 그 중에서 제주선교에 대한 기록이 보고의 중심을 이루고 있다. 전국의 교회들이 선교비에 동참하여 제주선교를 지원하였다. 제 1회 총회 때 전라노회가 총회에 노회 형편을 보고하면서 언급한 대로 "제쥬의 엇더

---
67) 뎨 1회 총회록 (1912), 25.
68) 뎨 1회 총회록 (1912), 21.

혼 누님이 젼일셕(田一石)락을 미쟝디로 교회에 밧첫슙ᄂ이다"69) 전라노회는 장차 제주선교를 자신들이 감당해야 한다는 소명의식을 갖고 총회에 "쟝리경영ᄒᄂᄉ건"을 보고했다:

> 본로회에 젼도국을 조직ᄒ고 一千九百十四年五月브터 졔쥬젼도ᄒ
> ᄂ일을 담당ᄒ야 명년 로회 안으로 六百圓을 모집ᄒ기로 힘쓰오며
> 그 경비가 부족흔 경우에는 총회에 쳥원ᄒ야 도음밧기를 경영ᄒ옵
> ᄂ이다.70)

앞으로 전라노회가 제주선교를 책임질 것을 총회 앞에 공식적으로 밝힌 것이다. 이듬해 1913년 제 2회 총회 때 전라노회는 제주선교와 관련하여 중요한 결정을 하였다. "명년도부터 작년에 보고흔 디로 졔쥬젼도ᄒᄂ 일은 본로회에서 부담ᄒ기로 결심ᄒ여 숩니다."71) 총회 기간 총회는 제주선교를 담당하겠다는 전라노회의 헌의는 총회전도국으로 이첩되었고, 전도국은 전라노회의 헌의를 그대로 받았다.72) 총회 전도국은 전라노회의 결정을 받고 이를 총회에 보고하였다:

> 졔쥬일을 도라보는 것은 젼라도 로회의 게 맛거셔 젼도국 일년회
> 에 경영과 예산을 ᄒ여 쥬ᄂ디로 ᄒ게 ᄒ엿 숩니다.73)

제주선교는 특별한 변화 없이 지속적인 발전을 이룩하고 있었다. 총회가 감당하던 제주선교를 전라노회가 감당하기로 결정하였지만 실제로 그로 인한 변화는 없었다. 총회 전도국보고 중 제일 먼저 감

---

69) 뎨 1회 총회록 (1912), 56.
70) 뎨 1회 총회록 (1912), 58-59
71) 뎨 2회 총회록 (1913), 55.
72) 뎨 2회 총회록 (1913), 55. 1913년 제 2회 총회록에는 다음과 같이 기록되었다. "젼라노회의 금년 총회 후로부터 졔쥬 젼도 일을 그 로회에셔 맛겟다 ᄒᄂ 헌의는 젼도국으로 보니오며."
73) 뎨 2회 총회록 (1913), 25.

사할 내용은 "졔쥬에 젼도ᄒᆞᄂᆞᆫ 형편은 날마다 진취ᄒᆞ여 가오며"74)였다. 총회전도국은 제주선교와 관련하여 1913년 제2회 총회에 다음과 같이 보고했다:

一. 졔쥬에 리긔풍목ᄉᆞ를 一년 쏘젼도케 ᄒᆞ엿ᄉᆞ오며
二. 강병감씨도 젼도인으로 一년더 ᄒᆞ게 ᄒᆞ엿스며
三. 리지순씨를 미셔로 一년동안 세워ᄂᆞᆫ디 월급은 셩셔공회와 젼도국에서 합ᄒᆞ야 담당ᄒᆞ오며
四. 평양녀젼도회에서 월급을 담당ᄒᆞ여 리씨션광으로 一년동안젼도ᄒᆞ엿ᄉᆞ오며
五. 젼쥬 녀젼도회와 고라복 목ᄉᆞ가 월급을 담당ᄒᆞ야 졔쥬 ᄌᆞ민 중 ᄒᆞᆫ 사ᄅᆞᆷ을 턱ᄒᆞ야 一년 동안 젼도케 ᄒᆞ엿ᄉᆞ오며
六. 경셩 젼신녀학교에서 녀젼도인 一인을 보ᄂᆡ기로 쟉졍ᄒᆞ엿ᄉᆞ오며75)

제주선교를 위해 이기풍, 강병담, 이재순, 이선광이 파송되고 총회, 노회, 셩셔공회, 지역교회, 남녀학교, 그리고 고라복 선교사에 이르기까지 협력을 아끼지 않은 것이다. 평양여전도회에서 이선광 여선교사를 지속적으로 지원하였다. 성서공회는 매서인의 월급을 지원했다. 이것은 총회만 아니라 성서공회 역시 제주선교에 지대한 관심을 가지고 있음을 보여준다.

전주여전도회와 고라복 선교사가 제주 자매 중 한 사람을 택하여 일 년 동안 전도하게 한 일도 고무적이다. 고라복(高羅福, Robert Thornwell Coit, 1878-1932)은 1907년 남장로교 선교사로 내한하여 전남 광주선교부 소속으로 프레스톤과 함께 순천지역을 담당하고 후에 순천선교부를 설립하는데 큰 공헌을 한 선교사였다. 1912년 남장로교 선교부에서 순천에 선교부를 개설하기로 결의하고 1913년 4월 순천으

---

74) 뎨 2회 총회록 (1913), 57.
75) 뎨 2회 총회록 (1913), 58.

로 이주하였다. 두 자녀, 로버트(Robert)와 우즈(Woods)가 이질로 사망한 후에도 여전히 고흥 보성지방을 담당하면서 복음전도와 교회 설립에 크게 헌신하다 1932년 귀국하였으며, 그해 세상을 떠났다.76) 다양한 사람들, 다양한 기관에서 제주선교를 지원한 것이다. 다음 1913년 총회전도국 보고서가 보여주듯 제주선교의 형편은 매우 희망적이다:

전도구역교회형편
1. 졔쥬교회 형편은 가속긔도와 특별긔도 중에 신령흐오며
2. 셩경공부는 믹 쥬일 오젼에 월보공부오 회당마다 사경도 흐고 三읍 도사경도 흐엿숩는디 一百十여명이 회집흐엿수오며
3. 젼도는 기인젼도와 믹주일 오후에 二인식 짝지어 젼도흐오며 남녀학도는 아동의게 젼도흐야 주일학교가 왕셩흐오며
4. 례비당은 四간을 징축흐엿수오며
5. 학교형편은 남학도 八인이오 녀학도 四인인디 지졍군졸흔 중 근근유지흐오며
6. 리긔풍목수는 신학교 기학할 씩부터 총회 씩신지 쉬게 흐엿수오며
7. 리긔풍씨는 쉬일 쏜에 여러 교회을 슌힝흐는 중에 황쥬읍교회에 셔 五十원과 즁화읍교회에셔 二十여원과 평양도 졔직샤경시에 四十六원 八十九젼五리연보가 되엿는니다.
8. 쟝릭사건은 신학도을 비양흘 것과 죠수월급을 젼담할일과 례비당이 협착흐야 금년니로 건축흘일77)

1913년 제주선교에 대한 전도국의 보고 내용은 기도, 사경, 공부, 전도, 예배당 증축, 학교, 신학교, 선교후원이라는 말로 가득 차 있

---

76) 김승태, 박혜진 엮음, 내한 선교사 총람 1884-1984, 175-176; 미국장로교한국선교회 편, 미국장로교 내한 선교사 총람 1884-2020 (서울: 미국장로교 한국선교회, 2020), 44.
77) 뎨 2회 총회록 (1913), 59-60.

다. 제주교회들이 기도하고, 성경을 공부하며, 정기적으로 사경회를 열고, 전도에 열심하며, 교인의 증가에 따라 교회를 증축하고 학교를 운영하는 등 한국교회가 선교사로부터 물려받은 영적 유산을 제주에 그대로 이식한 것이다. 제주선교가 얼마나 알차게 진행 발전되고 있는가를 보여준다. 정기적인 집회에 참석하는 인원도 상당히 증가한 것을 알 수 있다.

1913년 제주선교 현황

	구 분	인원		구 분	인원
1	금년세례인	二十一	8	령수	三
2	세례인도합	八十二	9	집ᄉ	二
3	아히세례	五	10	레비당 三처	제쥬성안 대정읍 죠쳔관
4	금년학습	二十三	11	긔도회쳐소	六
5	학습도합	八十四	12	미쥬일출셕수논도합	四百여명
6	피틱쟝로	一	13	학교비용	四十二원 五十전
7	죠ᄉ	一	14	레비당잡비와 징츅비	五百七十원 九十五전

제 2회 총회록(1913), 60-61.

1913년 총회 보고를 통해 제주선교에 대한 어느 정도의 중요한 사실을 파악할 수 있다. 무엇보다 당시 세 개 예배당이 어느 곳인지 밝히고 있다는 사실이다. 제주성안교회, 대정읍 모슬포교회, 정의지방 조천교회 세 교회가 1913년 9월 총회 현재 예배당을 갖고 있는 제주의 세 개 교회였다. 이들 세 개의 교회가 제주 안에서 가장 오래된 교회를 대변하는 것은 아니지만 적어도 당시 독자적인 예배당을 가지고 정기적인 주일 예배를 드리던 교회였다는 사실이다. 이들 세 개 교회 외에도 다섯 개의 기도처소가 있었다. 그렇다면 1908년 선교가 시작된 이래 1913년까지 5년 동안 제주 안에는 8개의 신앙의 공동체가 제주에 생겨난 것이다. 그 외에도 몇 가지 사실을 위 보고를 통해 확인할 수 있다.

첫째, 교회가 안정을 찾아가고 있다. 1912년 한 해 동안 세례를

제 10회 총회장 이기풍 목사

받은 사람은 21명이고, 학습을 받은 사람은 23명이었으며, 전체 세례인과 학습인은 세례인 82명, 학습교인 84명, 도합 166명이었다. 제주에는 신앙의 결실이 하나둘씩 맺히기 시작했다. 김병학은 전형적인 사례라고 할 수 있다. 제주에서 사역하고 있던 강병담은 1913년 7월 24일자 예수교회보에 김병학에 대한 이야기를 자랑스럽게 소개하고 있다:

> 전라남도 제주성 동문 늬에 거하는 김병학 씨는 금년 이십이셰인 디 근본 셩픔이 온유ᄒᆞ고 픔힝이 단졍ᄒᆞ야 쥬초도 불식ᄒᆞ는 고로 보는 사ᄅᆞᆷ마다 칭찬ᄒᆞ지 안는이 업더니 지나간 ᄉᆞ월브터 밋기를 작뎡ᄒᆞ고 열심으로 밋으미 부모형뎨들이 별별ᄒᆞᆫ 시험과 핍박을 ᄒᆞ는디 혹 의복도 쎄앗고 음식도 주지 안코 혹 구타도 ᄒᆞ며 간교ᄒᆞᆫ 시험이 만흘지라도 이 형님은 긔탄업시 불탄풍우ᄒᆞ시고 쥬일이면 오후에 열심으로 젼도ᄒᆞ시고 ᄒᆞᆫ달 동안 특별긔도회에도 열심히 다 니시매 지금은 부모가 아조 쏫ᄎᆞ니셔도 항상 열심이오니 이와 갓은 밋음에 시험은 욱거션에 슌풍이오 불븟는 집에 키질이라. 교뎨 가 이와 갓이 밋는 형님을 보고 싱각ᄒᆞᆫ즉 우리 쟝로교회 늬 십이만 칠쳔이빅여명 교우 부모 형뎨자미님이 다 김병학 씨와 갓치 환난 핍박을 이긔시고 열심으로 밋으시며 우흐로 하ᄂᆞ님ᄭᅴ 큰 영광을 돌니시고 아리로 가련ᄒᆞᆫ 동포의게 향복이 되실 줄로 알고 디강 몃 마디로 앙고ᄒᆞ옵ᄂᆞ이다.78)

강병담은 김병학을 박해를 이긴 신앙의 사례로 들고 있다. 신실한

---

78) "강병담씨 통신," 예수교회보, 1913년 7월 24일, 6.

신자가 제주에 생겨나고 있음을 보여준다. 이 같은 결실이 있기까지는 제주에서 활동하는 전도인들의 활동의 숨은 공이 컸다. 전남 강진 출신으로 중문리에 와서 사역하던 전도인 최대현은 당시 찬송가 234장 곡조에 맞추어 "쥬를 영졉흠"이라는 찬송 시를 지어 하나님께 영광을 돌렸다. 1913년 7월 15일자 예수교회보에 실린 다음의 찬성시는 당시 전도인들의 복음의 열정을 그대로 읽을 수 있다:

1. 亽랑 만흔 텬부 독싱자를 주샤 복음 깃븐 소식 젼파힛스니
   걱졍 근심 모든 즁흔 짐을 진 쟈 깃븜으로 나가 영졉흡세다.
(후렴) 영졉흡세다. 영졉흡세다. 깃븜으로 주를 영졉흡세다.
   영졉흡세다. 영졉흡세다. 깃븜으로 주를 영졉흡세다.
2. 십亽가에 달녀 보혈 흘닌 예수 보셰 만민의게 구쥬되셧네
   구쇽흠을 닙은 우리 형뎨亽미 깃븜으로 나가 영졉흡세다.
3. 쥬의 말숨대로 텬디 불툴 쌔에 무궁세계 영광 밋는 우리들
   신텬 신디 예비ᄒ여 두신 예수 깃븜으로 나가 영졉흡세다.
4. 샹션벌악ᄒ실 만유쥬예수가 션악간 심판ᄒ려 오실 쌔에
   세상 고난 밧고 쥬를 경외훈 쟈 깃븜으로 나가 영졉흡세다.
5. 세샹 영욕 즁에 잠든 령혼 쌔어 우리 밋음 굿게 예비힛다가
   부지 즁에 오실 엄위ᄒ신 쥬를 깃븜으로 나가 영졉흡세다.[79]

둘째는 피택 장로가 1명이고, 영수가 3명, 그리고 집사가 2명이 있다. 복음전파 5년 만에 장로가 피택된 것은 제주선교의 진보가 늦지 않았음을 보여준다. 김재원 장로가 바로 그 주인공이었다. 그는 이미 이기풍이 제주에 도착하기 전 세례를 받은 인물이었다.

셋째, 출석교인이 매 주일 400명이 되었다. 1912년 총회 보고에는 교인이 400명이었는데, 1913년 총회 보고에는 주일 출석교인이 400인이었다. 1913년 보고 때 전체 교인이 얼마인지 언급하고 있지 않아 알 수 없지만 출석인을 기준으로 할 때 이전에 비해 출석교인

---

79) "쥬를 영졉흠," 예수교회보, 1913년 7월 15일, 2.

이 증가했음이 분명한 것을 알 수 있다.

1913년 총회 전도국의 지출보고에 의하면 지출액은 926원이다. 이는 1,329원을 지출한 1912년과 비교할 때 상당히 적은 금액이다. 이를 내역별로 분류하면 다음과 같다.

1913년 총회전도국 제주선교 지출보고 내역

지출내역	지출액	지출내역	지출액
리긔풍목ᄉ월급	二百七十원	강병담월급	一百八十원
동전도비	二十원	동전도비	七十五원七十六전
동가샤슈리비	十五원三十二전八리	동로비	十七원五十一전
동사랑비	十四원八十八전八리	죠소월급	六十원
리지순월급	一百八十원	전도국용비	三十二원七十八전
동전도비	五十九원八十七전	총지출익	九百二十六원十三전四리

제2회 총회록(1913), 21-22.

전체 선교비의 지출내역을 이전과 비교해 볼 때 이기풍 선교사, 이재순과 강병담 전도인의 사례비가 차지하는 비율은 상대적으로 더 높아졌다. 이기풍 선교사와 다른 전도인과의 월급 차이는 그리 크지 않은 것을 발견한다. 이기풍에게는 년 270원을 지불하고, 전도인들에게는 180원씩 균등하게 지불했다. 당시 어느 정도 균형을 이루려는 노력이 보고서에서도 읽혀진다. 다만 전체 선교비 액수에서 세 사람에게 지불된 선교사 인건비가 너무 많은 부분을 차지한다는 사실이다. 이것은 제주선교가 해외 선교지로서 갖추어야 할 학교 운영, 문서선교, 병원 운영 등과 같은 선교사 사례 외에 필요한 선교 지원에 대해서는 거의 감당할 수 없었음을 보여준다.

마지막으로 제주의 기독교 학교운동에 대한 기록이다. 직접적인 대 사회적, 문화적, 민족적 책임을 찾을 수 있는 것은 제주에 설립된 학교들이다. 이것은 비록 완성된 형태는 아니지만 제주의 대 사회적, 문화적, 민족적 책임을 보여주는 좋은 사례라고 할 수 있다. 1908년 이기풍 부인 윤 여사는 34명을 사택에 모아놓고 한글을 가르쳤다. 1910년에는 삼도리 예배당에서 6년제 영흥(永興)학교가 설립되어 남녀학생 수십 명이 교육을 받았다. 조봉호(趙鳳鎬), 김동선(金東善), 김세라(金世羅), 강규언(姜圭彦), 김봉주(金鳳周), 홍마래(洪瑪大), 홍마리아(洪瑪利亞) 등이 교사로 섬겼다.[80]

전라노회가 파송한 윤식명 목사 역시 1920년 가을 모슬포교회에서 광선의숙(光鮮義塾)을 설립하였고, 1923년 봄부터는 보습과를 부설하여 많은 졸업생을 배출하였다.[81] 처음 중문리에 영명(永明)학교를 설립했으나 아동 수가 많지 않아 모슬포에 "개량서당" 형식의 기독교 학교를 설립한 것이다.[82] "학내 분위기는 항일 민족주의 성격이 강하여 광선(光鮮)이라는 의숙 이름도 조선(朝鮮)을 광복(光復)한다는 뜻으로 지었다"[83]고 알려진다. 당시 최정숙(崔正淑)이 숙장을 맡았고 교사는 강규언(姜圭彦), 이기언(李寄彦), 정동규(鄭桐圭), 조창일(趙昌日) 등 이었다.[84]

원용혁 조사 역시 협재(挾才)에서 영재야학부(英才夜學部)를 설립하여 협재리와 그 인근 마을의 청소년들을 모아 교육에 힘썼다.[85] 서양 선교사들의 손이 닿기 힘든 제주에 근대교육의 토대를 구축한 것이다. 1924년 4월에는 제주성내교회에 관인 중앙유치원을 개원했는데 이는 제주 최초의 유치원이다.[86]

제주 사람들이 개화파의 거두 박영효와 남강 이승훈과 만난 것도 새로운 시각을 열어주는 사건이었다. 앞서 살펴본 것처럼 박영효는 이기풍의 초기 제주선교를 직 간접으로 지원하였다. 남강 이승훈의 경우는 1911년 4월부터 10월까지 6개월 동안 남만주무관학교사건

---

80) 姜文昊, 文泰善, 濟州宣敎 70年史 (서울: 대한예수교장로회 총회 교육부, 1978), 46.
81) 姜文昊, 文泰善, 濟州宣敎 70年史, 46.
82) 김태혁, 濟州敎育史 (제주: 제주도 교육청, 1999), 351.
83) 김태혁, 濟州敎育史, 351.
84) 김태혁은 원용혁이 숙장을 맡았다고 말한다. 김태혁, 濟州敎育史, 351. 원용혁 역시 광선의숙 학교 운영에 참여한 것을 알 수 있다.
85) 姜文昊, 文泰善, 濟州宣敎 70年史, 47.
86) 긔독신보, 1924년 10월 22일.

(일명 안명근 사건)의 연루자로 북제주군 조천읍 조천포구에서 유배 생활을 한 일이 있었다. 그는 짧은 동안이지만 제주의 교회와 학교 그리고 민족운동에 깊은 관심을 보였다:

> 제주도에 내려 그가 제일 먼저 찾아간 곳이 교회였다. 그가 제주도 유배의 판결을 들으면서부터 제주도에 있는 동안 교회에 나가 고단한 영혼을 쉬고 새로운 향도(嚮導)를 받으리라고 생각하였다. 제주교회 김장로의 알선으로 교회당 옆에 있는 조그만 숙사에 유숙하면서 낮에는 가난한 사람들의 일을 도왔고 밤에는 등잔 아래서 성경공부와 기도로 날을 보냈다. … 제주에 있는 동안 남강의 생각은 역시 민족운동과 개화주의에서 잠시도 떠나지 않았다. 그는 곧 교회와 학교로부터 강설해 달라는 부탁을 받았는데 기회 있을 때마다 용동 동네 사람들에게 하던 것 마냥 민족주의의 고취와 민족성 개조에 대한 이야기를 잊지 않았다.87)

교회사적으로 만남의 사건은 매우 중요하다. 이 기간 제주기독교와 이승훈과의 만남에 대한 기록은 없지만 이것은 제주기독교 역사에서 참으로 의미 있는 사건이 아닐 수 없다. 영흥학교에 재학하던 이의종(李義宗)이 16세 때 남강 이승훈이 재직하던 평북 정주 오산학교에 유학하여 졸업한 후에 독립운동에 종사한 것은 남강의 영향이 크게 작용했을 것으로 보인다. 영흥학교 교사이자 금성리교회 설립자 중 한 명인 조봉호가 주도한 "군자금 모금사건"도 기독교와 제주민족운동과의 관계를 입증하는 중요한 사례이다.88) 제주선교는 조금씩 정착하기 시작했다. 단순히 복음의 확산만 아니라 제주 사람들의 시각을 새롭게 뜨게 만들어주고, 이에 따라 기독교 가치관에 대한 눈이 이들 가운데 조금씩 열리기 시작한 것이다.

---

87) 김기석, 남강 이승훈 (서울: 현대교육총서출판사, 1964), 170-171.
88) 이도종 목사 기념사업회 편, 제 1호 목사 이도종의 생애와 순교 (제주: 대한예수교장로회 제주노회, 2001), 46-50.

4. 제주선교 전라노회에 이첩

해외선교가 활발하게 진행되면서 제주선교는 전라노회가 맡았다. 제주에 대한 선교적 관심은 총회적 차원만 아니라 제주도가 속한 전라노회의 초미의 관심이었다. 전라노회는 노회에서 제주선교를 전담하기로 결정하고 총회에 헌의하여 허락을 받아냈다. 1913년 제 2회 총회가 경성 승동교회에서 회집할 때 "본 지방 전도위원의 보고에 의하여 각 노회, 구역 내 미전도 지방에 전도하는 사업은 각 노회 전도회에 위임"[89]하기로 결정하였다. 이 결정에 따라 "제주전도 사업은 전라노회에 위임하였다."[90]

해외선교가 확장되어 감에 따라 총회는 순수 중국인들을 대상으로 한 선교사역과 해외 한인 교포들을 대상으로 한 선교사역을 구분하여 1913년부터 전라노회가 제주도 선교를, 함경도가 시베리아와 북만주의 선교를, 한국의 북서부 교회들이 서 만주 선교 사역을 접수하였고, 일본의 선교 사역은 장감연합공회에서 관장하도록 일임한 것이다.[91] 이 같은 원칙에 따라 제주도가 속한 전라도 지역 선교를 담당하는 전라노회가 자연히 제주선교의 책임을 맡게 되었다.

1913년부터 제주선교를 전라노회가 전담하게 되었다.[92] 제주선교를 담당한 전라도 지역을 담당한 남장로교 선교회 소속 선교사들은 제주도를 방문하면서 선교를 독려했고 결실도 많았다. 코리아 미션필드에 제주에 대한 소식이 계속해서 실리는 것도 그 때문이다. 1913년에 이르러 제주도에는 6명의 사역자들이 사역하고 있었고 교회도 12개로 증가했다.[93]

---

89) 한국교회사학회 편, 조선예수교장로회사기 하, 15.
90) 한국교회사학회 편, 조선예수교장로회사기 하, 15.
91) 한국교회사학회 편, 조선예수교장로회사기 하, 15.
92) 한국교회사학회 편, 조선예수교장로회사기 하, 15.

제주의 첫 집사 김행권

전라노회가 제주선교를 이양 받았지만 그것은 보통 힘든 일이 아니었다. 가장 버거운 것은 역시 재정 부담이었다. 독노회와 총회 차원에서 제주선교를 진행할 때도 재정적인 문제로 힘들어 했다면 개 노회가 이를 담당하기에는 얼마나 벅차고 힘들었겠는가! 1914년 총회에 보고된 총회전도국 선교비 총 지출은 2,886원이었고 이중 "졔쥬션교의 디흔 경비"는 "육백육십칠원오십전팔삭"이었다. 1914년 총회가 지출한 제주선교비 667원은 1910년에 1,123원보다 훨씬 더 적은 액수다.

1914년 총회전도국 제주선교 지출보고 내역

지출내역	지출액	지출내역	지출액
리긔풍목ᄉ월급	一百四十四圓(륙삭월급)	강병담륙삭월급	九十圓
그 부부의 디흔 리왕비	七十五圓	전도비	三十三圓十一錢
슈리비	六十錢八厘	그 부인의 로비	二十五圓
리부인의치료비	十圓	조ᄉ의월급	二十五圓
리지슌륙삭월급	九十圓	마로덕목ᄉ의게로 전라로회의게 보낸 것	一百四十二圓 七十五錢
전도비	三十二圓六十九錢	총지출익	六百六十七圓 十五錢八厘

제3회 총회록(1914), 14-15.

시간이 지나면서 제주선교비가 점점 더 감소하는 것을 발견할 수

---

93) Charles Allen Clark, *Extending the Firing Line in Korea* (New York : The Board of Foreign Missions of the PCUSA, 1914), 4.

윤식명 목사

있다. 전라노회는 재정적인 한계로 제주선교를 충분히 지원할 수 없었다. 1914년 황해도 재령군 남산현 예배당에서 회집한 제 3회 총회 때 전라노회는 매 노회가 감사의 연보를 하여 전액을 총회 전도국에 보내는데 "전라로회에셔 감샤연보 삼분지 일을 총회 전도국에 납부하고 3분의 2는 제주선교비에 사용하기를 청원"94)했다.

전라노회는 자신들의 재정적 어려움을 총회가 배려해 줄 것을 요청하는 것이다. 총회는 전라노회의 헌의를 받아들여 전도국에 이를 위임하고 전도국에서는 "젼라로회에셔 감샤일 연보중에 삼분지 일만 총회젼도국으로 보내여 달나흔 일은 젼도국에셔 보고흔대로 일 년만 그대로 흐기를 총회에셔 허락"했다.95) 총회 전도국이 1년에 한해서 전라노회의 요구를 수용하기로 한 것이다.96)

재정적 압박 가운데 마로덕은 헌신적으로 제주선교를 지원했다. 많은 사람의 희생과 헌신이 제주선교 이면에 있었지만 마로덕의 헌신은 남달랐다. 마로덕(馬路德, Luther O. McCutchen, 1873-1960)은 미국 사우스캐롤라이나주 비숍빌리 출생으로 데이비슨 대학, 컬럼비아 신학교, 리치몬드 유니온 신학교를 졸업하고 1902년 남장로교 선교사로 내한했다. 그의 아내 하운셀(Josephine Hounsel)은 1902년 미감리교 선교사로 내한하여 서울에서 여선교부 총무, 배화여학교 교사, 원산 건내금 중학교 교사로 활동하면서 원산부흥운동

---

94) 데 3회 총회록 (1914), 18.
95) 데 3회 총회록 (1914), 13.
96) 한국교회사학회 편, 조선예수교장로회사기 하, 16.

의 발흥과 저변 확대에 매우 중요한 공헌을 한 선교사였다. 구령의 열정이 대단했고, 여자 선교사로서는 상당히 인정을 받았던 유능한 선교사였다. 마로덕은 목포를 거쳐 전주에 부임하여 순회전도를 하면서 많은 교회를 개척하였고 전북과 충남지방에 성경학교를 설립하여 전도자 양성에도 큰 몫을 감당했다. 마로덕은 일제 말기에는 강제 추방되어 하와이 호놀룰루에서 선교사역을 하다 귀국하여 1960년 세상을 떠났다.[97]

전라노회의 윤식명 선교사 파송

전라노회는 1914년 제 3회 총회 때 제주선교와 관련하여 2가지 중요한 결정을 보고했다. 제주선교가 확장됨에 따라 "목포양동교회 위임목ᄉ 윤식명시의 ᄉ면쳥원을 허락ᄒ고 졔쥬로 젼도 보니기로 경영"[98]한 일, "쟉년에 보고흔 디로 졔쥬젼도ᄒᄂ 일은 지경을 모집ᄒ엿ᄉ오며 금년브터 본 로회에서 부담ᄒ기로 쟉뎡"하였음을 보고하였다.[99] 전라노회가 제주 전도사업을 책임 맡아 "경영하되 전도 목사 1인을 가파하여 1인은 제주에서 1인은 대정"[100]에서 사역하도록 결정한 것이다.

제주선교가 활발하게 진행됨에 따라 이기풍 선교사는 전라노회가 파송한 윤식명(尹植明) 목사와 지역을 분담했다.[101] 이기풍은 제주, 삼양, 한림까지 "산북지방"을 담당하고 윤식명은 한림 협제부터 서귀포까지 "산남지방"을 담당했다. 1914년 당시 윤식명의 공식적인 타이틀은 "대정지방목사"[102]였다. 제주에 부임한 윤식명 선교사는 제

---

97) 김승태, 박혜진 엮음, 내한선교사 총람 **1884-1984**, 277-278, 338.
98) 뎨 **4회 총회록** (1915), 65. 위 내용은 1913년에 있었던 내용인데 1914년 제 4회 총회록에 수록된 것은 어떤 일로 1913년 3회 총회록에 누락되어 1914년 4회 총회록 부록에 수록된 것으로 보인다.
99) 뎨 **4회 총회록** (1915), 66.
100) 한국교회사학회 편, 조선예수교장로회사기 하, 166.
101) 한국교회사학회 편, 조선예수교장로회사기 하, 165, 178.

주에서 어려운 환경, 낯선 환경과 고투하며 선교를 배워갔다. 그는 1년 동안의 선교를 통해 고난과 희망을 동시에 경험하였다. 그것은 그가 1915년 전주군 서문외 예배당에서 회집한 제 4회 총회 때 보고한 "제주전도형편"에서 그대로 읽을 수 있다: "윤식명시는 계쥬에서 전도되는 형편을 들어보고 흐는디 그곳 인민의 풍속은 륙디와 부동흐야 남즈는 편흐고 녀즈는 수고 흠으로 범스에 권리가 녀즈에게 잇고 전도흐기가 극눈흐되 밋는쟈 중에 진실흔쟈가 만코 쟝리의 희망도 졈졈됴화감으로 위로를 만히 밧는다흐고."103) 1914년 윤식명의 보고에서 제주선교에 대한 가능성과 한계를 동시에 읽을 수 있다. 1915년에 이르러 제주선교는 두 가지 어려운 숙제를 만났다.

첫째, 재정적 어려움이다. 전라노회는 1914년 제 3회 총회 때 감사연보 가운데 3분의 1만 총회 전도국에 보내고 남은 금액은 제주선교를 위해 활용해달라고 총회에 요청하여 1년간만 그대로 하기로 허락을 받았다. 그러나 어려운 형편에서 전라노회는 1915년에도 "감샤연보는 쟉년과 굿치 三분지 일만니고 二분은 계쥬전도경비로 쓰게 흐여 달나는쳥원"104)을 냈고, 총회는 이 문제를 "전도국에 맛길 일"105)이라 결정했다. 이것은 "전도위원(傳道委員)의 보고(報告)에 의(依)하여 각(各) 노회(老會)에 총회(總會) 전도국(傳道局) 지회계(支會計) 1인씩(一人式) 치(置)하여 보조금(補助金)을 수납(收納)흐게 하고 전라노회(全羅老會)에서 감사연보중(感謝捐補中) 3분지 2(三分之二)를 제주전도비(濟州傳道費)에 충용(充用)하기를 청구(請求)하는 사(事)는 허(許)하기로 결정(決定)"106)하였다.

둘째, 이보다 더욱 어려운 숙제는 이기풍 선교사가 선교사 직을 사임한 일이다. 전라노회는 이와 관련하여 총회에 다음과 같이 보고

---

102) 제주동지방회(정의)회록, 42.
103) 뎨 4회 총회록 (1915), 17.
104) 뎨 4회 총회록 (1915), 22.
105) 뎨 4회 총회록 (1915), 22.
106) 한국교회사학회 편, 조선예수교장로회사기 하, 18.

하였다:

> 졔쥬에 션교ㅅ로 잇든 리긔풍씨는 셩음이 부됴흠으로 류디이나 방
> 면에셔 一기년 한양 치료케 흐되 광쥬디방 시찰위원의게 위임흐야
> 도라보게 흐옵고 리긔풍시 디에 최대진시로 一년간 졔쥬에서 젼도
> 흐게 흐엿나이다.107)

　1915년 이기풍 선교사는 7년간의 사역을 마치고 제주를 떠났다. 한국의 최초의 개신교 선교사로 제주에 부임하여 7년 동안 헌신적으로 봉사한 이기풍은 건강 문제로 더 이상 사역을 감당할 수 없었다. 하지만 1908년부터 1915년까지 7년간을 선교사로 섬기는 동안 이기풍은108) 너무도 많은 선교의 결실을 이룩했다. 모슬포, 법환, 중문, 용수, 한림, 금성, 조천, 삼양, 세화, 성읍 교회는 이기풍 목사에게 전도를 받아 예수를 믿게 된 이들에 의해서 교회가 시작된 것이다.109) 이들 교회들은 이기풍이 제주도에 뿌려 놓은 대표적인 선교 결실들이다. 1908년부터 1915년 사이에 제주에 설립된 교회와 설립 일자는 다음과 같다.

초기 제주에 설립된 교회들

	교회 이름	위 치	교회창립
1	서문통(西門通[城內]敎會)	濟州邑 三徒里(제주읍 삼도리)	1908
2	성읍교회(城邑敎會)	제주도 표선면 성읍리	1908
3	용수교회(龍水敎會)	제주도 한림면 용수리	1913
4	금성교회(金城敎會)	제주도 애월면 금성리	1908

---

107) 데 4회 총회록 (1915), 56.
108) 1915년 1년간의 안식년을 마친 이기풍은 1916년 전라남도 광주 북문안 교회 초대 목사로 부임하였다 1918년 실음병(목소리가 나지 않는 병)이 발생하여 사직했다. 그러다 건강이 회복되어 1919년 10월부터 순천읍교회 담임으로 부임했고 1920년에는 전남노회 노회장에, 그해 10월에는 제 9회 총회 때 부총회장, 그 다음 해인 1921년 평양 장대현교회에서 열린 제 10회 총회 때 총회장에 선출되었다.
109) 姜文昊, 文泰善, 濟州宣敎 70年史, 32.

5	고산교회(高山敎會)	제주도 한림면 고산리	1916
6	중문교회(中文敎會)	제주도 중문면 중문리	1914
7	모슬포교회(慕瑟浦敎會)	제주도 대정면 모슬포	1909
8	삼양교회(三陽敎會)	제주도 제주읍 삼양리	1908
9	조천교회(朝天敎會)	제주도 조천면 조천리	1909
10	한림교회(翰林敎會)	제주도 한림면	1915

자료: 제주선교70년사, 163

맺는말

우리는 선교의 토대를 구축하는 가장 중요한 이 기간 몇 가지 두드러진 사실을 발견할 수 있다.

첫째, 이기풍 선교사가 제주에 파송되어 제주선교를 희생적으로 감당한 일이다. 물론 이 기간 동안 이기풍 선교사만 사역한 것은 아니다. 수많은 선교사들의 협력이 있었고 실제로 그들의 협력이 제주 복음화에 매우 중요한 역할을 감당했다. 그러나 그것이 사실이지만 마포삼열의 평양선교를 방해했던 바로 그 주인공 이기풍이 회심하여 첫 목사 안수를 받은 일곱 명의 목사 중 한 사람이 되고, 제주선교를 감당하게 됐다는 것은 매우 의미가 크다고 할 수 있다.

둘째, 노회와 총회적인 차원에서의 지원이다. 한국교회는 노회와 총회적인 차원에서 제주선교를 자신들이 감당해야 할 시대적 사명으로 여겼다. 선교하는 교회로서의 정착은 희생과 헌신이 없으면 불가능한 일이다. 한국교회가 처음부터 선교하는 교회로서 틀을 다질 수 있었던 것은 1907년 평양대부흥운동을 통한 영적 뒷받침의 영향이라고 볼 수 있다.

셋째, 해외선교가 활발하게 진행됨에 따라 총회가 주도하던 제주 선교를 1913년부터 전라노회가 자원하는 마음으로 전담하기 시작했다. 이것은 매우 고무적인 일이 아닐 수 없다. 하지만 총회적인 차원에서 감당하는 것과 노회적인 차원에서 감당하는 것은 재정적인 면에서 차이가 있었다. 총회가 감당하던 제주선교를 전라노회가 감당하기 시작하면서 제주교세는 증가하는데 재정적인 지원은 점점 더 줄어들었다. 선교비 가운데 상당 부분이 선교사 월급에 할당하여 간접선교를 할 수 있는 재정적 여력이 없었다. 제주교회 스스로가 재정을 감당할 수 있는 기회를 제공하려는 의도가 있는지 모르지만 이것은 선교사 사례지원을 넘어 학교와 병원 등 간접선교를 통해 직접선교와 간접선교의 균형을 이루어 더 효과적인 선교를 진행할 수 있는 기회를 박탈한 셈이 되고 말았다. 설령 총회적인 차원에서 선교를 계속한다고 해도 그 한계는 여전했을 것이다. 아쉬운 일은 한국에 파송된 선교회, 적어도 남장로교 선교회 차원에서 제주를 자신들의 영역으로 알고 재정적인 지원을 아끼지 않았다면 더 효과를 극대화시켰을 것으로 예측된다.

넷째, 이런 열악한 환경 속에서도 제주선교는 한국인이 주도권을 잡고 진행함으로 여느 선교지에서 나타나는 주종의 관계로 인한 갈등과 대립을 줄일 수 있었다는 점이다. 천주교 선교가 주종의 관계로 인한 문제, 교폐로 인한 문제가 심각한 상황으로 부상된 반면 한국 개신교의 제주선교는 그런 마찰과 갈등을 처음부터 줄일 수 있었다. 제주민들의 입장에서 볼 때 평등적인 선교를 할 수 있었다는 점이다. 확실히 제주는 한국교회가 주도한 선교지였다. 선교사들이 시작하고 선교회의 지원을 받아 진행된 여느 한국의 선교지와는 확실히 달랐다.

다섯째, 영적 전투가 극심한 제주에서 초기 선교의 어려움을 성령의 권능을 통한 신유로 기독교 하나님의 우월성을 선포함으로 종교성이 많은 제주민들이 복음에 대해 마음의 문을 열도록 만들었다는 사실이다. 제주에 있는 반 기독교적 정서에 맞서서 기독교 선교를 진행할 수 있었던 것은 성령의 놀라운 능력이 그곳에 나타나 영적 승리를 민중들 가운데 선포할 수 있었기 때문이다.

제 5 장
틀을 더해가는 제주기독교(1915-1922)

> 제쥬는 탐라고도라 유리ᄒ나난 녯풍도와 자최가 늠어잇셔 이졔 사롬들이 가히 역ᄉ를 샹고홀만호 지료도 잇스며 의식쥬(衣食住) 세가지 문뎨에 더ᄒ야 곤란호 졍형과 미샹호 졍도는 가히 말홀 수 업시 춤혹호 뎜이 만터라. 마귀의 즁독된 그 량심을 회복ᄒ시는 이는 하ᄂ님의 성신이시라. 그곳 교회 형뎨ᄌ미들과 남녀학싱들의 신앙졍도를 관찰ᄒ면 한라산갓치 웃둑 ᄒ야 표준역 될만호 형뎨ᄌ미들이 열심의 활동ᄒ는 역ᄉ의 항샹 젼진되는 거시 륙디보다 오히려 셩호뎜이 발견되온즉 오리지 아니ᄒ야 륙디에 젼도 는 먼심로브터 올줄을 밋고 희망ᄒ노라.
>
> 김즁슈, 1916년 4월 12일 〈긔독신보〉

> 제쥬는 졔ᄉ와 술먹는 일로 젼도ᄒ기 랜[難]호 곳이 만코 혹 마귀가 나가는 거슬 보고밋는쟈 잇스오며 현금 셰례밧은쟈 三十二인이오 셩ᄂ교회는 당회가 조직되엿고 목ᄉ 최디진 시는 귀환ᄒ미 다른 목ᄉ를 파숑ᄒ다 ᄒ오니 희망이 만숩니다.
>
> 윤식명, 〈대한예수교장로회 제 6회 총회록〉(1917), 12.

이기풍 선교사가 제주를 떠난 것은 제주교회로서는 큰 손실이 아닐 수 없다. 하지만 그것은 새로운 전환점이 되었다. 제주가 특수지역이라는 사실을 감안하고 장차 자립하고 독립해야 할 국내 선교지라는 사실을 감안할 때 제주기독교에는 새로운 기회였다. 그가 떠난 1915년부터 1930년 제주노회가 설립될 때까지 제주교회는 전국적으로 불어오는 시대적 변화와 맞서야 했다.

　이제 제주는 단순히 선교지라는 차원을 넘어 한국교회 안에 자리 잡아 가기 시작했다. 왜적과 외세의 침략 앞에 민족주의적이고 자주적인 저항을 계속해온 제주는 1919년 삼일운동이 일어나면서 다시 한 번 거족적인 민족운동에 참여하지 않을 수 없었다. 제주기독교는 한국교회 안에 불고 있던 민족운동에 동참한 것이다. 그것은 일종의 강제적인 참여가 아니라 자발적인 참여였으며, 자원하는 입장에서의 동참이었다. 제주기독교는 자유와 정의를 사랑하는 오랜 탐라의 유산을 공유했다. 비록 어리지만 제주교회는 한국교회의 여느 교회들이 갖고 있는 시대적, 민족적 흐름에 동참하기를 거부하지 않았다. 과거 지도급 인사들의 유배지로 민족의 정기를 소중하게 여기는 제주민들로서는 자연스러운 일이었다.

　하지만 동시에 제주민들은 한국교회의 여타 지역의 교인들이 만나는 문제들을 동시에 공유해야 했다. 복음을 접한 제주 사람들이 권징을 받아야 했고, 교회는 이 문제를 심각하게 다루지 않으면 안 되는 상황이 도래한 것이다. 이것은 제주라는 선교지로서의 특수 지역이 이제 한국교회의 일원으로 대등하고 동등한 위치로 발전되어 가는 과정에서 거쳐야 할 피할 수 없는 단계였다. 그런 의미에서 1915년부터 1922년까지는 제주기독교에 새로운 도약을 향한 의미 있는 기간이었다.

1. 제주선교 정책의 연속성과 변화

　총회적 차원에서 진행되던 제주선교가 전라노회로 이첩되어 진행된 것은 참으로 큰 변화였다. 1915년 이기풍 선교사가 이임한 후 제주선교는 전라노회가 계속 전담한다는 점에서는 연속성을 가지고 있었다. 제주선교의 상징이었던 이기풍 선교사가 이임한 후 제주선교에 대한 총회의 관심도 상당히 줄어들었다. 매년 총회록에는 제주 선교에 대한 지면이 크게 할애되어 비교적 소상하게 진행상황을 기술해 왔으나 이기풍 선교사가 이임한 후 1916년 제 5회 총회에는 이전에 비해 보고가 미약했다. 그런 가운데서도 총회록의 보고 내용을 통해 여전히 제주선교의 흐름을 이해할 수 있다. 총회에서 윤식명 선교사는 "졔쥬의 풍쇽과 션교 후 전도되는 형편과 곤난 중 희망이 잇눈거슬"[1] 보고하였다.

제주의 선교지는 어려움과 희망이 교차되는 선교지였다. "곤난 중 희망"이라는 윤식명의 보고가 이를 단적으로 집약해 준다. 어려움이 있는 것이 사실이지만 그 가운데서도 복음의 문은 계속 열리고 있어 제주선교는 희망이 있었다. 1916년 제 5회 총회 전라노회는 제주선교 형편에 대해 두 가지를 보고했다:

> 二. 교회형편 … 졔쥬에셔 션교ᄉ로 일보던 리긔풍시는 광쥬북문니 교회의 쳥원으로 쳔임ᄒᆞ얏ᄉᆞ오며 그 디 최대진시가 졔쥬에셔 션교ᄉ로 一년간 시무ᄒᆞ얏ᄉᆞ오며 쟝로를 쟝립ᄒᆞ야 시로 당회를 조지직ᄒᆞᆫ곳도 만ᄉᆞ니다. …
> 五. 쟝리사건 본 로회젼도국이 졔쥬션교ᄒᆞ기 위ᄒᆞ야 그 경비를 각 교회가 쥬탄일연보로 보용ᄒᆞ기로 ᄒᆞ얏ᄉᆞᆸ니다.[2]

이기풍 선교사가 이임했지만 그 뒤를 이어 1915년 성내교회와 산북지방에 부임한 최대진 목사가 1년간 시무하는 동안 장로를 임직해 새로 당회를 조직한 교회들이 많았다.[3] 이기풍 선교사가 뿌린 복음의 씨가 구체적으로 교회 조직의 결실로 나타난 것이다. 총회로부터 제주선교를 책임 맡은 전라노회는 선교비를 마련하기 위해 노회 산하 모든 교회가 크리스마스 특별헌금을 해서 노회 전도국에

---

1) 제 5회 총회록 (1916), 25-26.
2) 제 5회 총회록 (1916), 64.
3) 한국교회사학회 편, 조선예수교장로회사기 하 (서울: 연세대학교출판부, 1968), 167.

보내 제주선교비를 마련하기로 한 것이다.

이기풍 선교사 대신 공백을 메우기 위해 파송된 최대진 목사는 1년 동안 시무하면서 성공적으로 교회의 틀을 다졌다. 윤식명과의 협력도 순조로웠다. "윤식명 최대진 량씨는 선교ᄉᆞ의 ᄌᆞ격으로 제쥬 흔 섬의 불상흔 동포들의 싱명 구원의 칙임을 그 몸에 지고 쥬와 흠끠 역ᄉᆞ하는 중인디, 두 디방에 난화서 최대진 씨는 계쥬 동북으로 셩안과 죠텬(朝天)과 한동(漢洞)과 뎡의(旌義) 모든 교회를 관리ᄒᆞ고 윤식명 씨는 셔남으로 수원(水原)과 대정(大靜)과 모슬포(摹瑟浦)와 중문(仲文) 모든 교회를 담임 시무"[4)]하였다. 산북의 최대진과 산남의 윤식명은 함께 대전도를 실시했다. 1916년 7월 12일 기독신보는 "장로회 통신(長老會 通信)"에서 "제쥬전도형편"을 이렇게 소개했다:

> 금년 삼월로 위시ᄒᆞ야 오월 삼십일ᄭᆞ지 칠십일 간에 한라산 남북편 교역쟈가 합ᄒᆞ야 대전도를 힝ᄒᆞ엿ᄂᆞᆫ디 최대진 윤식명 선교ᄉᆞ 량씨와 남녀 전도인 ᄉᆞ인과 날연보ᄒᆞ야 전도로 도와준 형뎨ᄌᆞ미가 미일 역ᄉᆞ ᄒᆞ엿ᄂᆞᆫ디 혹은 일삭간 혹은 세쥬일 간 혹은 두쥬일 간 혹은 삼ᄉᆞ일 간 ᄒᆞ엿ᄂᆞᆫ디 그 인원슈는 ᄉᆞ빅구십명이오 매셔흔거슨 복음[서] 二千九빅四十六권이오 전도지는 만여쟝이온디 동셔 ᄉᆞ빅리 쥬회되는 섬에 이십만명 인구에 디ᄒᆞ면 오히려 비례가 될수업더라. ᄀᆞ쟝 ᄌᆞ미 잇는 곳은 법환리라 ᄒᆞ는 동리는 오륙빅호되는 곳인디 그동리에 강만호라 ᄒᆞ는 팔십로인이 젼도를 듯고 밋기로 쟉뎡흔후 쥬일을 각근ᄒᆞ게 직히ᄂᆞᆫ디 례비당에 쥬일마다 회집ᄒᆞ기을 ᄀᆞᆫ 빅명식 되오니 감샤흔 일이외다. 누구시던지 계쥬에 불상흔 빅셩을 위ᄒᆞ야 긔도ᄒᆞ야 주시옵소셔[5)]

전도를 통해 얼마나 많은 결실과 영향력이 있었는가를 읽을 수 있다. 이 같은 노력에 힘입어 1916년 6월 12일 현재 제주에는 "이

---

4) 김죵슈, "濟州傳道狀況," 긔독신보, 1916. 4. 12.
5) 긔독신보, 1916. 7. 12

왕 셜립된 교회와 긔도쳐소가 아홉곳"6)이나 되었다. 그러나 얼마 후 최대진이 이임함으로 성내교회는 다시 교역자 공백이 생겼다. 제주가 영구적인 사역지가 아니라 임시로 특정한 기간을 정해 사역해야 할 사역지로 인식되었음을 말해준다. 그런 가운데서도 성내교회에 당회가 조직되고 세례 받은 자가 꾸준하게 증가했다. 1917년 윤식명은 총회에 다음과 같이 보고했다:

> 졔쥬는 졔소와 술먹는 일로 젼도ᄒᆞ기 란[難]ᄒᆞᆫ 곳이 만코 혹 마귀가 나가는 거슬 보고 밋는쟈 잇소오며 현금 셰례밧은쟈 三十二인이오 셩니교회는 당회가 조직되엿고 목ᄉᆞ 최ᄃᆡ진 시는 귀환ᄒᆞ미 다른 목ᄉᆞ를 파숑ᄒᆞᆫ다 ᄒᆞ오니 희망이 만습니다.7)

제주선교의 어려움 가운데 하나가 제사문제와 음주문제였다. 1년 전 "곤난 중 희망"이라는 말로 제주선교 보고를 집약했던 윤식명은 거의 동일한 톤으로 1917년에도 총회에 보고했다. 그의 보고 내용 중에 특별히 "희망이 많다"는 말이 눈에 띤다. 이 같은 윤식명 선교사의 보고와 선교사역은 제주선교를 전담하는 전라노회로서는 대단히 고무적인 일이 아닐 수 없다. 힘든 가운데서도 허리를 졸라매며 감당해온 제주선교가 실제로 꾸준한 결실을 맺자 크게 격려를 얻었다. 전라노회는 제 6회 총회인 1917년 총회에 제주선교사업에 대해 다음과 같이 보고했다:

> 졔쥬도 션교ᄉᆞ업은 여젼히 진힝ᄒᆞ옵ᄂᆞᆫ디 더욱 진력ᄒᆞ며 계쇽 션교 ᄒᆞ거시온디 특별ᄒᆞᆫ 일ᄌᆞ를 뎡ᄒᆞ여 연보ᄒᆞ오며 지난 一년 간은 젼도목ᄉᆞ 一인을 두엇소오나 지금부터 一인더 파숑케 ᄒᆞ엿소오며8)

---

6) 긔독신보, 1916. 6. 12.
7) 제 6회 총회록 (1917), 12.
8) 제 6회 총회록 (1917), 43.

전도목사를 한 명 더 파송하기로 결정한 것은 제주선교의 장래가 밝다는 것을 보여준다. 더 많은 사역자들이 제주에 유입되어 활동한다는 것은 고무적인 변화였다. 성내에서 수원까지는 김창국 목사가 맡고, 용수리에서 중문리까지는 윤식명 목사가 돌아보게 하였다.[9] 제주선교에 대한 다변화가 나타나기 시작한 것이다. 가장 큰 변화는 그 동안 전라노회가 주도하던 제주선교에 황해노회가 동참하기 시작한 것이다. 제주선교의 큰 변화라 아니할 수 없다.[10]

황해노회의 제주선교와 전라노회의 분립

1916년 11월 17일 신천읍 예배당에서 회집된 제 11회 황해노회에서는 "전도국(傳道局) 청원(請願)에 의(依)하여 제주도내(濟州島內) 전도인(傳道人) 파송(派送)하기 위(爲)하여 전라노회(全羅老會)에 교섭(交涉)"[11]키로 결정했다. 이듬해 5월 4일 신천읍 예배당에서 모인 제 12회 황해노회에서 "장덕상(張德尙) 목사(牧師)를 제주도(濟州島)에 파송전도(派送傳道)하게 하고 해(該) 본노회(本老會)에 서신(書信)으로 교섭(交涉) 위문(慰問)케"[12]하기로 결정했다.

같은 해 8월 31일 사리원 예배당에서 모인 황해노회 임시회에서 임정찬을 시취한 후 안수하고 목사로 임명하여 제주에 파송했다. 황해노회가 제주선교에 참여한 것이다. 파송과정에서 변화가 있었다. 황해노회는 본래 파송하기로 한 장덕상 대신 임정찬을 선정했다. 그 해 1917년 12월 6일 해창 예배당에서 황해노회 제 13회 노회가 회집되었을 때 "전도부에서 제주도에 임정찬을 전도목사(傳道牧師)로 파송한 상황을 설명하며 전도사무국을 설립함과 규칙을 새로 제정함을 청원함에 대하여 허락하다."[13] 황해노회가 이미 약속한 대로

---

9) 전라노회 제 6회 회록, 34-37을 참고하라.
10) 한국교회사학회 편, 조선예수교장로회사기 하, 149.
11) 한국교회사학회 편, 조선예수교장로회사기 하, 149.
12) 한국교회사학회 편, 조선예수교장로회사기 하, 149.

제주선교에 열심히 동참하기 시작한 것이다. 이는 1918년 7월 12일 남산현예배당에서 회집된 제 14회 황해노회 기록에서도 확인할 수 있다: "전도부에서 제주도에 파송한 임정찬 목사의 전도발전상황과 각 교회 부인들이 전도회를 조직하여 본 노회 전도부를 찬조함을 보고하다."14)

황해노회 산하 각 교회들이 여전도회를 조직하여 황해노회 "부인전도회" 이름으로 이경신(李敬信)을 제주에 파송하여 노회의 제주선교에 동참하기 시작했다. 황해노회가 파송한 임정찬의 제주선교 사역은 "전도의 성적이 양호"했다. 1918년 12월 6일 안악읍 예배당에서 회집된 제 15회 황해노회에서는 "전도부(傳道部)에서 제주도(濟州島)에 임정찬(林貞燦) 목사(牧師) 가정(家庭) 반이(搬移)함과 부인전도회(婦人傳道會)로서 이경신(李敬信)을 동지(同地)에 파송(派送)하여 전도(傳道)의 성적(成績)이 양호(良好)함을 보고(報告)하였다."15) 노회는 "성적이 양호"하다는 말로 제주선교의 결과를 집약했다.

전라노회가 주도하는 제주선교에 황해노회가 동참해 제주선교가 더욱 활성화되기 시작한 것이다. 거의 같은 기간 황해노회의 동참 외에도 제주선교에 변화가 찾아왔다. 전라노회는 전남노회와 전북노회로 분립되었다. 1917년 9월 1일 경성 승동교회에서 회집된 제 6회 총회에서 "전라노회(全羅老會)를 분(分)하여 전라북도지방(全羅北道地方)은 전북노회(全北老會)라 칭(稱)하고 전라남도(全羅南道)는 전남노회(全南老會)라 칭(稱)할 사(事)"16)를 결정한 것이다.

전남노회는 1918년 9월 17일 오후 8시에 목포 부양동 예배당에서 모여 전남노회를 조직하였다.17) 전북노회는 전남노회보다 앞서 노회

---

13) 한국교회사학회 편, 조선예수교장로회사기 하, 150.
14) 한국교회사학회 편, 조선예수교장로회사기 하, 150.
15) 한국교회사학회 편, 조선예수교장로회사기 하, 151.
16) 한국교회사학회 편, 조선예수교장로회사기 하, 21.
17) 제 7회 총회록 (1918), 59.

를 조직했다. 1917년 제 6회 총회에서 전라노회의 분립하는 것을 승인함에 따라 1917년 10월 10일 전북노회가 조직하고 3차례 회집하여 모임을 가졌다.18) 1917년 10월 새로 조직된 전북노회는 윤산온 선교사를 초청하여 특별강연을 들으며 큰 도전을 받았고 진흥회를 조직하여 대전도회를 가지며 3개의 교회를 신설하기도 했다.19) 신사참배 문제나 대일관계에서 매우 선명한 입장을 피력하면서 한국에 깊은 영향을 미치고 있는 윤산온(尹山溫, George S. McCune, 1872-1941) 선교사가 전북노회에 와서 특강을 했다는 것은 의미가 있다. 또한 총회에서 추진하고 있는 진흥회에 전북노회는 열심히 동참했다.

이와 함께 그동안 전라노회가 전담하던 제주선교도 전라노회가 전남노회와 전북노회로 분리됨에 따라 제주선교를 양 노회가 동시에 분담하게 된 것이다. 분립된 후에도 두 노회는 여전히 제주선교에 열심히 동참했다. 1918년(戊午) 7월 6일 회집된 제2회 전남노회에서는 전도목사 김창국과 윤식명의 사역을 연장하기로 결정하고 고향 제주의 복음화를 위해 재정지원을 하겠다고 밝힌 강한준 건을 보고했다:

> 강진군 고나(高那)면 병영예배당(兵營禮拜堂)에 회집(會集)하니⋯⋯ 김찬국(金昶國), 윤식명(尹植明)을 제주(濟州) 전도목사(傳道牧師)로 1년(一年) 더 허락(許諾)할 것과 목사봉급(牧師俸給)은 매월(每月) 3원씩(三圓式) 증가(增加)하는 것과 미주(美洲) 하와이에 속류(屬留)하는 강(姜)한준이 법환리(法還里) 자기(自己)의 친족(親族)에게 전도(傳道)하여 달라고 매년(每年) 미화(美貨) 60원전(六十圓錢) 5년간(五年間) 계속부송(繼續附送)하겠다는 사(事)를 보고(報告)하여 채용(採用)되다.20)

김창국은 이기풍이 떠난 후 그 대신 파송한 최대진이 사임함에 따라 전라노회가 파송한 전도목사였고, 윤식명은 1914년 전라노회가

---

18) 제 7회 총회록 (1918), 57.
19) 제 7회 총회록 (1918), 57.
20) 한국교회사학회 편, 조선예수교장로회사기 하, 294.

파송한 전도목사였다. 김창국, 윤식명, 그리고 황해노회가 파송한 임정찬 이 세 사람이 제주에서 사역하고 있었다. 이들의 사역을 통해 제주선교는 결실을 맺어가고 있었다. 1918년 제 7회 총회에 전남노회는 제주 "션교ᄉ업"과 관련하여 "졔쥬젼도 ᄉ업은 젼보다 진보ᄒ여 가오며"21)라는 말로 제주선교사역을 집약했다. 여기서 제주선교가 점점 진보하여 가고 있음을 읽을 수 있다.

전북노회 역시 1918년 총회에 "본 로회에서 졔쥬젼도 ᄉ업은 여젼히 ᄒ오며 기인젼도와 련합젼도는 더욱 열심으로 ᄒ오며"22)라는 보고로 제주선교 보고를 집약했다. 총회에 올린 전남노회와 전북노회의 보고는 제주선교 사업을 여전히 계속한다는 간단한 보고지만 과거 독노회와 총회적인 차원에서 수행하던 제주선교를 전라노회가 계승하고 다시 전남·북노회로 분립된 후에도 제주선교를 계속수행하고 있다는 의미를 담고 있다.

전라노회에서 주도하던 제주선교를 전남노회와 전북노회가 분담하고 황해노회가 제주선교에 동참함에 따라 제주지역을 분담해야 할 필요성이 제기되었다. 1918년 8월 26일 회집된 제 3회 전북노회에서 "황히로회의 션교구역 분계는 구좌면으로셔 중면ᄭ지 합 四면을 림시로 일 년 동안 허락ᄒ시고 로회에서 황ᄒ로회로 통지"23)하기로 했다. 황해노회의 입장에서 볼 때는 만족스러운 제의는 아니었다.

황해노회는 이미 총회차원에서 진행되던 제주선교의 전통을 계승해 온 전남노회와 전북노회와의 협의를 통해 이 일이 원만하게 해결되기를 원했다. 1918년 9월 4일 황해노회 전도부는 선천북교회당에서 전남전북 양 노회 연합협의회가 모였을 때 다음과 같이 청원했다:

황해노회 전도부 청원
一. 기위(旣爲) 허락한 제주도동편 신좌, 동중, 서중, 정의, 우면 이

---

21) 제 7회 총회록 (1918), 60.
22) 제 7회 총회록 (1918), 58.
23) 전북노회 데 3회 회록, 32.

상 6면을 황해노회 전도부에 허여(許與)하되 본 전도부에서 정
　　　지하는 시까지 정한(定限)하여 줄 사(事)
　─. 본 전도목사는 귀 노회에 이명하여 회원으로 참여케 하되 전도
　　　하는 사건과 목사 변경하는 사건을 황해노회에서 주관할 사(事)
　─. 목사의 주택(기타건물)에 대하여 하시던지 본전도부가 주관케
　　　하고 예배당을 건축하는 시에는 귀 노회에서 주관할 사
　─. 장래 당회 조직 하는 사는 귀 노회에서 주관하되 전도인과 조
　　　사 사용하는 것은 본전도부가 주관케 함을 청원함.24)

　황해노회의 청원은 단순히 선교지 분할만 아니라 사택과 예배당 건축, 당회조직에 대한 책임과 소재까지를 포함한 청원이었다. 1918년 9월 4일 선천북교회당에서 회집된 전남북노회 연합협의회는 황해노회의 청원을 전부 채용하고, 각 노회의 담당구역도 확정했다:

　　동년 9월 4일에 전라남북노회 연합협의회가 선천북회당에 회집하
　　여 회장에 배유지, 서기에 남궁혁을 선정하고, 제주전도사업에 대
　　하여 황해노회 교섭위원이 황해노회 청원서를 제출하매 전부 채용
　　하고, 제주전도 사(事)에 대하여 남북노회가 연합경영하던 것을 변
　　경하여 종영(從令)이후는 양노회가 전도국을 각립(各立)하고 전도
　　구를 분하되 황해노회와 계약한 것과 같이 [제주도 동편으로]하고
　　구역은 김창국목사의 지방은 전북노회의 담임(擔任)구역으로, 윤식
　　명목사지방은 전남노회의 담임구(擔任區)로 하기로 결정하다.25)

　사실 이 같은 결정은 이 모임에서 처음 결정한 것은 아니었다. 전남노회와 전북노회 연합협의회는 이 모임에 앞서 제주전도구역을 "3분하여 제주 동편 신좌, 구좌, 동중, 서중, 정의, 우면 등 6면은 황해노회전도구로, 목사 김창국의 지방은 전북노회의 부담구역으로,

---

24) 한국교회사학회 편, 조선예수교장로회사기 하, 296.
25) 한국교회사학회 편, 조선예수교장로회사기 하, 295-296.

윤식명목사의 지방은 전남노회의 부담구역으로 정하고,"26) 총회 전도국이 이를 받았다.27)

다만 "제주 법환리는 황해노회 전도구역에 속하였으나 윤식명 지방에서 보는 것이 지리상 편리하기로 윤식명, 최흥종(興琮), 양씨를 위원으로 택하여 황해노회에 교섭케 하기로 결정했다."제주를 전남노회, 전북노회, 그리고 황해노회 구역을 삼분하여 효율적으로 선교를 진행한 것이다. 장로교선교회와 감리교 선교회가 교계예양을 통해 선교지분할정책을 채택하여 한국선교의 효율을 극대화시켰던 점을 고려할 때 제주선교에 참여하는 세 노회가 제주 지역을 삼분하여 자신들의 선교구를 책임 맡아 제주선교를 진행하기로 결정한 것은 잘한 일이다.

제주선교를 담당하는 황해노회, 전남 전북노회는 선교지 분할을 통해 제주선교 과정에서 발생할지 모르는 문제를 원만하게 해결하였다. 성읍리교회를 중심으로 한 동부(정의)지방을 맡은 황해노회의 임정찬, 성내교회를 중심으로 한 산북지방을 맡은 전북노회의 김창국, 모슬포교회를 중심으로 한 산남지방을 맡은 전남노회의 윤식명으로 선교지로 대별된 것이다. 제주선교 과정에서 지나친 선교열로 생겨날지 모르는 마찰을 미연에 방지한 것은 잘 한 일이다. 비록 연수가 높지 않은 한국교회이지만 과거 선교사들이 성숙한 모습으로 선교지 분할을 실천에 옮겼던 전통이 세 노회가 선교지를 원만하게 조정하는 데 크게 작용한 것으로 보인다.

이제 남은 숙제는 효율적인 제주선교를 위해 헌신과 협력과 지원을 이끌어내는 일이었다. 전라남북노회 연합회는 할당된 1년 동안의 "전도비를 잘 수합하기 위하여 본 노회 지방을 3분하여 광주지방에 250원, 목포지방에서 200원, 수천지방에 200원 합 650원으로 정하고 광주 부인전도회 금 40원과 회계잔금 4원, 합 44원을 [전라]남북

---

26) 한국교회사학회 편, 조선예수교장로회사기 하, 295.
27) 한국교회사학회 편, 조선예수교장로회사기 하, 295.

노회 전도국이 반분하기로"[28] 결정했다. 1919년 2월 1일 양림리 숭일학교에서 회집된 제 3회 전남노회에서는 산하 유안동교회가 여전도인 1명을 후원하겠다는 결정을 보내왔고, 제주 출신 교포가 고향 지역의 복음화를 위해 매월 15원씩 후원하겠다는 뜻을 보내왔음을 보고했다. 이와 함께 제주선교를 위해 각 지방과 각 교회가 모두 동참하도록 독려하는 결정도 내렸다:

> 전도국보고에 의하여 광주 유안동교회에서 여전도인 1인을 담당하겠다는 청원과 유안동교회에서 제주 선교사 윤식명의 사택수리비 40원을 연조(捐助)하는 것은 기쁘게 받고 제주 남전도인 개선은 윤식명에게 위임할 것과 제주 위하여 권서 1인 파송하기를 맹현리[孟顯理, Henry Douglas McCallie, 1877-1945]에게 위탁하여 성서공회에 교섭할 것과 제주 법환리에 전도인은 원용혁으로 월급은 15원으로 정하고 강한준의 소송(所送)금전으로 시작하고 보내는 대로 계속할 사(事)와 전도국에 사무국을 치할 것과 선교사의 봉급은 매월 30원씩 지불 할 것과 전도비 예산은 전도국 사무국에 위탁하여 각지방분담액을 수합하여 부족액이 있을 시에 각 지방 시찰회에 통지하여 기정(己定)한 비례대로 다시 연보하자는 것을 허하다.[29]

맹현리(孟顯理, Henry Douglas McCallie, 1877-1945) 선교사는 1907년 남장로교 선교사로 내한하여 전남 목포를 거점으로 신안 도서지방, 해남, 강진, 장흥, 진도, 완도 등지를 순회하면서 교회를 개척한 선교사였다. 우수한 농촌 젊은이들을 목포 영흥학교와 정명여학교에 진학시키고 학비를 지원하며 낙도지역의 선교를 위해 헌신한 선교사였다.[30] 제주선교를 위해 총회, 노회, 개교회, 이민자, 선

---

[28] 한국교회사학회 편, 조선예수교장로회사기 하, 295.
[29] 한국교회사학회 편, 조선예수교장로회사기 하, 286-297.
[30] 김승태, 박혜진 엮음, 내한 선교사 **총람 1884-1984** (서울: 한국기독교역사연구소, 1994), 335-336.

교사들에 이르기까지 수많은 기관과 인적 자원이 동원된 것이다. 이같은 노력에 힘입어 실적 면에서도 제주선교는 대단히 고무적인 결실을 도출했다. 전도목사 김창국은 1918년 제 7회 총회에서 제주선교에 대해 매우 고무적인 보고를 하였다. 간단한 보고지만 제주의 인구와 교세 현황을 한눈에 볼 수 있는 보고라고 할 수 있다:

> 졔쥬인구는 二十만명이오 교회는 七쳐인디 교당이 七기소요 례비쳐소가 三이오 셩니교우 一인은 五十원을 연보ᄒᆞ야 죵을 삿스며 여러 형뎨흔 연죠ᄒᆞ야 젼도인을 셰우며 평양 뎡익로시가 十원을 연조ᄒᆞᆷ으로 한 교인이 긔부흔 집을 슈리ᄒᆞ여 례비ᄒᆞ는 곳도 잇더라.31)

위 내용이 정확한 통계인지를 확인해야 하지만 1918년 당시 제주 인구가 20만 명이며, 교회당이 7개이고 예배를 드리는 예배처가 3개인 것을 알 수 있다. 한 여인이 당시 오십 원의 돈을 헌금했다는 사실, 평양의 정익로 장로가 10원의 헌금을 제주선교를 위해 보냈다는 사실, 그리고 그 돈으로 한 교인이 기부한 집을 수리하여 교회당으로 사용했다는 사실은 매우 고무적이다. 비록 과거와는 차이가 있지만 여전히 전국의 교회가 제주선교에 관심을 끊지 않고 있음을 보여준다.

전북노회와 전남노회는 어려운 환경 속에서도 처음부터 제주선교에 대한 짐을 함께 나누었다. 제주선교는 1917년 10월 10일 전주 서문외 예배당에서 분립한 후에도 변함없는 노회의 주력 사역이었다. 1918년 3월 12일 군산 개복동 예배당에서 회집된 제 2회 전북노회에서 "제주전도목사 김창국의 전도 형편 설명을 듣고 당석에서 연보하니 27원 70여전"32)이었다. 총회가 제주선교를 위해 각 노회가 열리기 전 선교헌금을 하도록 지시했던 전통을 그대로 이어 전북노회 역시 제주선교의 끈을 놓지 않은 것이다. 그해 9월 3일 신

---

31) 제 7회 총회록 (1918), 11.
32) 한국교회사학회 편, 조선예수교장로회사기 하, 276.

성학교에서 회집된 임시노회에서는 전북노회와 전남노회가 분립되어 제주선교를 감당함에 따라 후속 조치를 다음과 같이 결정했다: "동월 4일 동임시회에서 전도국 사건에 대하여 남북노회가 합의한 결과 남북이 분립케 되었으므로 전도국을 새로 전도하여 위원선정하고 재정수입 방법은 전부 그 위원에게 위탁처리하고 전도목사주택을 매각상환 할 사(事)는 김창국에게 위탁하고 전북노회원으로 이명케 하기를 전남노회 전도국에 교섭하기로 결정하다."

김창국 목사에게 제주선교와 관련된 중요한 역할을 맡긴 것이다. 제주선교의 마찰을 피하기 위해 전남노회와 전북노회 양 노회가 협의하여 제주 김창국 목사가 맡은 선교지역을 전북노회가 맡기로 협의를 하고, 김창국이 선교에 전념할 수 있도록 사례를 연봉 540원으로 결정하고 교제비로 60원을 추가하기로 결정했다.33) 적지 않은 선교비를 양 노회가 지원한 것이다.

1919년에 접어들어 제주선교는 더욱 결실을 맺기 시작했다. 제주도민들은 시간이 지나면서 기독교에 대한 부정적인 이미지가 일소되고 기독교를 "믿을 만한 도"로 인식하기 시작했다. 복음전파에서 선교지의 주민들이 그 종교를 어떻게 인식하고 있는가는 매우 중요하다. 제주 사람들이 기독교 신앙에 대해 긍정적으로 평가한다는 것은 그만큼 선교의 가능성이 있음을 증거해 주는 것이다. 실제로 전북노회는 1919년 제 8회 총회에 제주선교사역과 관련하여 다음과 같이 보고했다:

---

33) 한국교회사학회 편, 조선예수교장로회사기 하, 278-279. "1919년(己未) 1월 10일 전주 서문외예배당에 개최한 임시노회에서 … 전도부는 선천총회시 남북노회가 연합회의한 결과 본노회는 제주 김창국지방을 담임전도하는 것과 사무국을 전주에 치한 것과 각교회가 열심진행하는 것과 제주 삼양리 오주병이 자시 사택을 예배당으로 기부한 것을 보고하고 김창국목사의 병에 대한 치료비를 청구하매 당석에서 14원 40전을 연보기부하니라. 동년 9월 2일 제5회 노회가 군산부 개복동예배당에 개최하니 … 제주전도목사 김창국의 봉급은 1년 540원과 교제비 60원을 결정하고 제주전도 연보는 입교인 每名 30錢比例로 연보하여 성탄일내에 전도부 회계 마로덕에게 송치하기로 결정하다."

졔쥬젼도ᄉ업은 례비당 훈 곳을 신셜훈바 三十여인식 모혀 례비ᄒ
오며 그 교회에서 학습인 八인을 셰우고 또훈 八인의게 셰례 주엇
ᄉ오며 유ㅇ셰례도 二명이오며 셔리집ᄉ도 一인을 셰웟ᄉ오며 쳥
년 몃사룸이 새로 열심으로 밋사오며 밋지안는 사람들도 예수도는
진실노 밋을 만훈 도라고 칭송ᄒ며 ᄌ긔들도 밋겟노라 ᄒ며 미우
환영ᄒ오며.34)

전북노회는 제주선교의 발전에 고무되어 "졔쥬젼도ᄉ업을 확쟝ᄒ
고 젼도목ᄉ의 봉급은 四十五원과 샤량비 五원 합ᄒ야 미삭 五十
원식 지발[불]ᄒ기로"35) 결정하고 이를 총회에 보고했다. 공황시기
인데도 열악한 환경 속에서 제주선교를 지속하는 동시에 그곳에서
사역하는 전도목사의 사례를 올려주기로 결정한 것이다. 이 같은 제
주선교에 대한 긍정적인 평가와 결정은 전남노회에서도 찾을 수 있
다. 제주선교와 관련하여 전남노회가 총회에 보고한 내용은 전북노
회보다 한층 진일보하고 더욱 고무적이다:

6. 광쥬교회 부인젼도회는 부인젼도인 一인을 담당ᄒ야 졔쥬에 젼
도ᄒ는일도 잇고
7. 봉션리교회(문동병원)는 미인이 졈심을 굴믐으로 양식갑슬 져
츅ᄒ야 미삭 二十五원 월봉으로 졔쥬션교 디방에 조ᄉ 一 인을
담당ᄒ오며
8. 졔쥬 법한리 강흥쥰씨는 하와이 가셔 잇스면셔 법한리 잇는 ᄌ
긔 족속을 위하야 미삭에 十五원식 보닉셔 젼도인을 셰우 게
ᄒ는일도 잇ᄉ오며 …
10. 본로회안 젼도부도견진ᄒ는것은 거년 동안은 六百五十원 예
산으로 션교ᄉ를 담당ᄒ얏스ᄂ 금년은 一千一百五十원 예산으
로 션교ᄉ를 담당ᄒ기로 ᄒ엿ᄉ오며.36)

---

34) 제 8회 총회록 (1919), 107.
35) 제 8회 총회록 (1919), 108.
36) 제 8회 총회록 (1919), 111.

전남노회 보고 내용은 당시 제주선교에 대한 교회의 관심과 지원의 정도를 판단할 수 있는 중요한 자료이다. 이 자료를 통해 볼 때 전남노회의 제주선교를 위한 헌신은 다음 몇 가지 면에서 대단했다.

첫째, 광주교회의 여전도회의 열심과 헌신이다. 광주교회 여전도회에서 전도부인 1인을 담당하여 재정지원을 한다는 것은 선교에 대한 열정을 그대로 반영하는 것이다.

둘째, 제주 선교비를 지원하기 위해 점심을 굶어가면서 그 돈으로 선교비를 지원한 일이다. 재정적으로 여유가 있어서 선교하는 것이 아니라 끼니를 건너면서 그 돈으로 선교비를 보낸 것이다. "미인이 졈심을 굴믐으로 양식갑슬 져축하야" 그 금액으로 조사 한 명의 사례를 담당했다.

셋째, 외국에 가서도 자신의 고향의 선교를 위해 헌신적으로 선교비를 지원한 일이다. 제주 법한리 출신 강한준 씨가 하와이에 가서 자신의 친척들의 복음화를 위해 매월 15원의 돈을 선교비로 보내 전도인 1명의 재정을 전담했다. 1905년 을사조약 이후 생존의 위협을 받는 상황에서 그 열악한 환경을 극복하기 위한 대안으로 마지못해 하와이 사탕수수 노동자로 건너간 것이다. 그들의 급료가 많지 않을 것은 자명한 일이다. 그가 보낸 15원은 거의 수입의 절대다수를 차지할지도 모른다. 그러면서도 자신의 친족의 복음화를 위한 일이라면 자신의 생명을 아끼지 않았던 바울의 복음의 빚진 자의 심정을 그대로 읽을 수 있다.

넷째, 이 모든 것보다도 더 놀라운 사실은 전남노회 전도부에서 1918년 650원의 전도비 예산을 세웠으나 1919년에는 1,150원의 예산을 세워 제주선교를 지원하기로 결정한 일이다. 이는 과거 1912년과 1913년 총회에서 지불했던 전도비를 상회하는 금액이다. 비록 총회적인 차원이 아닌 지방의 3노회가 제주선교를 담당하지만 과거 총회적인 차원에서 추진했던 것 못지않은 선교비를 지원한 것이다.

참으로 고무적이고 자랑스러운 일이 아닐 수 없다.

전남노회는 제주선교가 발전함에 따라 제주에서 사역하는 사역자들의 급료도 일정한 수준으로 올려주기로 결정하고 이를 총회에 보고했다:

> 제쥬젼도목ᄉ월급은 五十원식 쥬기로 ᄒ얏ᄉ오며 죠션인목ᄉ가 七인이요 죠션인 쟝로가 四十八인이오37)

전남노회는 제주에서 사역하는 사역자들의 월급을 전북노회가 지원하는 수준으로 올려주기로 결정한 것이다. 사역자들에 대한 대우가 상당히 증가한 것을 알 수 있다. 이보다 더 고무적인 것은 선교인력의 증가이다. 제주에서 사역하는 목사가 7명이고, 장로가 48명이나 되었다. 1915년까지 거의 이기풍 혼자 담당하던 제주선교가 이제는 일곱 명의 목사가 동참하는 것으로 발전했다. 불과 4년 사이에 제주에 대한 관심이 증가했고, 선교사역이 확대된 것이다.

2. 겨레와 함께한 제주교회

하지만 제주선교의 진행과정에서 고무적인 일만 있는 것은 아니었다. 1919년 제주선교는 여느 지역과 마찬가지로 핍박과 수난을 만나야 했다. 제주선교를 전담하는 전남노회는 1919년 큰 손실을 입었다. 전남노회에서 활동하던 배유지(Eugene Bell, 1868-1925) 선교사와 아내 마가렛 벨(Margaret W. Bell), 구보라, 로라복 네 사람의 선교사가 차에 타고 가다 "경부션 간에셔 긔차와 츙돌되야 비부인과 구보라시ᄂ 참혹ᄒ 모양으로 셰상을 리별ᄒ얏고 로라복시ᄂ 싱명의 관계ᄂ 업셧스나 올혼 눈을 일어바렷고 비유지 목ᄉ난 부인을

---

37) 제 8회 총회록 (1919), 112.

몬져 턴당으로 젼송ᄒ고 ᄌ녀들을 다리고 본국으로 도라간 일도 잇 ᄉ고 구보라 부인도 남편을 삼만리 외국에서 육신을 영별ᄒ고 어린 아ᄒ를 다리고 고국으로 도라갓"38)다. 배유지 선교사는 1901년 4월 전도 여행 중에 아내(Lottie Witherspoon Bell)가 세상을 떠나 두 번째로 아내를 잃는 큰 슬픔을 당한 것이다. 전혀 예기치 않은 아내의 죽음 앞에 배유지 선교사는 잠시 본국으로 귀국을 했다 다시 선교지로 돌아와 혼신을 다해 선교하다가 1925년 "오랜 격무로 병사"39)하고 말았다. 전남노회로서는 큰 손실이 아닐 수 없다.

태을교 공격

그러나 이보다 더 직접적으로 제주선교에 영향을 미친 사건은 윤식명 선교사가 태을교에 의해 심한 구타를 당한 일이다. 그동안 제주선교를 주도하던 윤식명 선교사가 태을교도들로부터 돌과 망치로 난타를 당해 심각한 생명의 위협을 받았다. 1919년 제 8회 총회 때 전남노회를 총회에 "특별ᄉ건" 항목으로 이를 보고했다:

> 一. 제쥬전도 목ᄉ 윤식명시는 교회업는 디방에 선교ᄒ려 가는 길에셔 태을교 이라 명층흔 폭동흠도 슈빅명의 핍희를 당ᄒ야 돌과 망치로 난타ᄒ는 중 四五인 동힝 남녀는 산으로 도망ᄒ고 전도인 원요[용]혁시와 윤식명 목ᄉ는 돌무덕이 속에 뭇치여셔 ᄉ경에 일으엇는디 맛참 구ᄒ기 전에 신도를 위ᄒ야 예비ᄒ시는 하ᄂ님씌셔 근쳐에 잇는 헌병과 보조원을 인도ᄒ야 부지중에 경찰ᄒ게 됨으로 흠도들을 물니치고 두 형님은 것치로 메여 다가 ᄌ혜병원에서 수삭을 치료 밧음으로 소셩은 되얏스나 ᄭ어진 ᄲ는 이를 수가 업슴으로 오날ᄭ지 혼젹을 볼수 잇ᄉ오며40)

---

38) 제 8회 총회록 (1919), 113.
39) 김승태, 박혜진 엮음, 내한 선교사 총람 1884-1984, 123.
40) 제 8회 총회록 (1919), 112.

전남노회의 총회 보고는 매우 간단하다. 그것은 사건의 핵심을 집약해서 보고하는 성격이기 때문에 소상하게 기술하기 힘들었던 것으로 보인다. 조선예수교장로회사기 하권에는 이 부분이 좀 더 상세하게 기술하여 사건의 발단과 과정을 좀 더 자세히 읽을 수 있다. 장로회사기 하권에 있는 내용은 다음과 같다:

> 1918년(戊午) 9월 2일에 제주도 법환리교회에서 전도에 종사하는 목사 윤식명이 원용혁, 김진성, 김씨나홍, 천씨아나로 더불어 본리에 전도하러 나오는 도중에 다수한 태을교도(太乙敎徒)가 방포 1성(放砲1聲)에 석(石)으로 매장(埋葬)하자는 소리를 지르며 각기(各其) 목봉(木棒)으로 무수히 난타하니 김진성은 다행히 피신하여 중문리 천제연 수중에 들어가서 재석구명(載石求命)하였고 김나홍, 천아나는 1, 2차 목봉을 받고 피신하였으며, 윤식명, 원용혁 양인은 중상하여 혼도(昏到)하니 상처가 분열(分裂)되어 선혈이 림난(淋難)한지라. 중문리 주재소 경관과 면직원 일동이 야중에 현장에 래도하여 양인을 담성(擔成)하며 서귀포 소천(小川)의원에 입원하여 1개월간 치료 후에 간신히 기동(起動)케 되어 모슬포로 래(來)하는 선중(船中)에서 목포수비대(守備隊)에게 체포되어 압거(押去) 중에 있는 태을교도 68명을 몽착케 되매 윤, 원 양인은 자기의 고통 중이었음에도 불구하고 ○○절절(切切)히 해교도에게 대하여 전도하니 해교도중 전일 자기의 난폭한 행동을 각오(覺悟)하고 감동되어 낙루(落淚)하는 자도 있었으며 이를 목격한 순사 박덕우(德佑)는 믿기로 작정하였다. 기후에 치료가 불완전하므로 목포병원에 래하여 완치되었으나 결국 윤식명은 우완(右腕)이 병신되고 원용혁은 두골(頭骨)이 병신되어 항시 불인(不仁)케 되니 그는 제주에 교회 설립된 후 초유곕박이었다.[41]

---

41) 한국교회사학회 편, 조선예수교장로회사기 하, 323.

태을교의 공격을 받고 사경을 헤매는 상황에서도 하나님께서 은혜의 손길을 펴신 것이다. 윤식명 선교사가 태을교의 공격을 받은 것은 1918년의 일이다. 이것은 전남노회의 입장에서 볼 때 큰 위협이고 상처였다. 제주선교가 결코 쉽지만 않았다는 사실을 보여준다. 이로 인해 윤식명은 왼편 팔이 부러져 있어 끈을 매고 다녔고, 원용혁 전도인은 머리에 난 상처로 인해 탈모되어 대머리가 되었다. 이들은 이 사건을 통해 더욱 성숙한 사역자로 거듭났다.

이런 가운데서도 전남노회의 입장에서 볼 때 건강상의 이유로 제주선교를 중단하고 이임했던 이기풍 선교사가 "광쥬북문안교회 견임목ᄉ"로 부임했다 "실음병을 인ᄒ야 휴직ᄉ면"42)했었으나 "다시 됴흔 음셩으로 주셔셔 각쳐에셔 ᄌ긔목ᄉ로 쳥빙ᄒ랴는 경징도"43) 있어 감사한 일이었다.

제주 3·1 만세운동

이 모든 것보다도 가장 힘겨운 수난은 1919년 3월 1일 전국적으로 발흥한 3·1독립운동으로 인한 일제의 탄압과 핍박이었다. 이병헌의 **삼일운동** 비사에는 제주에서 일어난 3·1독립운동과 관련하여 다음과 같이 기술하고 있다:

> △제주읍(濟州邑) - 三월 二十일부터 二十二일까지 연 三일간 수백명이 만세를 부른 다음 二·三일은 산에 불을 놓고 태극기를 높이 들고 만세를 부르며 시위행렬을 하였다. 각 부락에서도 이에 호응하여 일제히 일어나서 등불과 횃불을 들고 방방곡곡 해안까지 만세를 부르며 시위운동을 하였다. 이에 주모자 五인이 체포를 당하였다.
> △서귀포(西歸浦) - 사월 일일 밤 八시 경에 어선(漁船) 수十척이

---

42) 제 7회 총회록 (1918), 60.
43) 제 8회 총회록 (1919), 113.

일제의 잔인한 만행

등불과 태극기를 선두(船頭) 돛대에 높이 달고 북을 올리면서 만세를 부르매 육지(陸地)에 있던 각 부락에서도 수千명이 서귀포로 집결하여 만세를 부르며 시위행렬을 하는 한편 산에 불을 놓고 각산위에 수백명식 집합하여 만세를 부르다가 헌병에게 해산을 당하는 동시 주모자 十여 인이 체포되었다.
△수백명의 군중은 체포되어 압송하는 동지(同志)를 구출하고저 만세를 부르는 동시 돌을 던지며 대항하다가 부상자를 내었다.44)

간단하지만 제주도에서 일어난 삼일운동의 성격을 잘 말해준다. 첫째, 제주에서 독립만세운동은 제주읍과 서귀포, 두 군데서 집중적으로 일어났다는 사실이다. 제주읍에서는 3월 20일부터 22일까지 3일간, 그리고 서귀포에서 4월 1일 어선들이 만세를 부르며 독립시위를 했다.

둘째, 따라서 제주에서의 독립만세운동은 육지에서보다 다소 늦었다. 제주읍에서는 약 20일이 늦었고, 서귀포에서는 한 달이 늦었다.

---

44) 李炳憲, 三·一運動秘史 (서울: 時事時報社出版局, 4292), 920.

당시 촌음을 다투며 그러면서도 비밀을 보장해야 할 삼일독립만세운동의 정보가 제주까지 전달되는 데는 여건상 시간이 걸렸다.

셋째, 평화시위로 끝나지 않고 체포되어 끌려가는 동료를 구하려고 돌을 던지며 대항하다 부상자를 냈다. 전국적으로 일었던 평화시위에 손상을 입힌 부분이다. 아마도 처음 평화적으로 시위를 하다 동료가 체포되는 바람에 화가 난 제주도민들이 불가피하게 도를 넘게 된 것으로 보인다.

위 기록에는 제주기독교인들의 역할이 전혀 언급되고 있지 않는데다 체포된 사람이 15인 정도에 불과하다고 기록되었으나 실제로는 그렇지 않았다. 제주기독교는 제주에서 일어난 삼일독립시위운동에 적극 참여하였고, 실제로 그 피해도 극심했다. 전국교회들이 삼일독립운동으로 인해 많은 수난을 당했는데 제주도 예외는 아니었다. 제주를 담당했던 전북, 전남, 황해노회의 피해 역시 매우 심했다. 이것은 전북노회의 제 8회 총회(1919) 보고 내용 중에서 그대로 읽을 수 있다:

> 특별ᄉ건 죠션독립만셰 ᄉ건으로 인ᄒ야 본로회 디경 ᄂᆡ에 몃교회는 례비회로 모히는 것슬 병정이 금지홈으로 교인들이 각각 ᄌ긔 집에셔 례비를 보앗ᄉ오며 교역쟈와 一반교인 중에 총살된쟈 三인이오 百여인은 테포되야 고싱 중에 잇ᄉ오며 이일노 인ᄒ야 연약훈 신쟈의 타락훈쟈도 잇ᄉ오며 또훈 흉년으로 인ᄒ야 교인들이 연보ᄒᄂᆫ 것과 싱활에 곤란이 막심홉니다.45)

위 보고를 통해 삼일만세사건으로 인해 전북노회에서 3명이 총살을 당하고 100여 명이 체포를 당했으며 게다가 이 일로 인해 신앙이 연약한 자들이 신앙에서 멀어지는 경우가 발생한 것이다. 삼일만세사건으로 인해 극심한 수난을 당하기를 전남노회도 마찬가지다.

---

45) 李炳憲, 三・一運動秘史, 108.

전남노회는 좀 더 구체적으로 총회에서 피해 상황을 다음과 같이 보고했다:

독립만셰ᄉ건에 관ᄒᆞᆫ 보고셔
一. 장로 五인늬에 남궁혁시는 무죄방면 리문혹씨는 二년 집힝 유예 최홍종시는 경성에셔 수금 중이요 목치슉시는 대구 에셔 상고 중이오며 곽우영 시는 목포에서 쳐역 중이오며

二. 목ᄉᆞ 二인인디 김창국시는 二년반 집힝유예 윤식명씨도 집 힝 유예이오며

三. 조ᄉᆞ 三인늬[디]에 김강시는 대구에셔 三년쳐역 오셕쥬시는 대구에셔 상고 중이요 한의수시는 四년집힝유예이오며

四. 남교ᄉᆞ 四인늬[디]에 二인은 삼년션고 一인은 十기월 一인 은 六기월이오며

五. 녀교ᄉᆞ 二인중 박이슌 시는 一년반쳐역 진신ᄋᆞ시는 十기월 쳐역이오며

六. 남학ᄉᆡᆼ 二十인쳐역 녀학ᄉᆡᆼ 十七인쳐역

七. 쇼경 一인 一년쳐역

八. 집힝유례 밧은이가 二十三인 쳐역흔이가 二十인 팃형 밧은 이가 十三인 취톄 밧은 이는 무수흠니다.46)

중문의 강규언(姜圭彦)과 모슬포의 정동규(鄭桐圭)는 3·1만세운동에 가담하여 군산에서 검거되어 군산 재판소에서 보안법 위반으로 강규언은 징역 8개월, 정동규는 징역 6개월을 선고받았다. 이들은 대구 복심원(複審院)에 공소하였으나 기각되었다. 다시 상고하였으나 기각되어 대구형무소에서 복역하였다. 중문교회 강문호(姜文昊)는 군산에서 시위에 참여하다 체포되어 1년 6개월의 형을 언도받고 대구에서 복역했다.47) 삼일운동이 전국적으로 일고 있던 1919

---

46) 李炳憲, 三·一運動秘史, 114.
47) 姜文昊, 文泰善, 濟州宣敎 70年史 (서울: 대한예수교장로회 총회 교육부, 1978), 45-46.

1905년 11월 자살한 민영환

년 제주기독교인들도 당시 여느 지역의 교회 못지않게 독립운동과 저항운동에 적극적으로 동참했다.

전남노회 보고 가운데 제주 선교를 담당하고 있는 김창국과 윤식명은 조봉호의 독립군 자금모금 사건과 연루되어 형을 언도받았다. 제주에서는 삼일운동과 조봉호 독립군 자금 모금 사건, 이 둘의 구분이 큰 의미가 없었다. 두 사건이 같은 해에 일어났고 그 성격 자체가 제주기독교인들의 민족애에서 출발했기 때문이다.

조봉호의 독립군 자금모금 사건은 제주기독교와 민족운동과의 연관성을 이해할 수 있는 중요한 사건이다. 이 사건은 만세사건 이후에 일어났다. 1919년 5월 김창규가 독립운동 군자금 모금을 위해 상해임시정부의 독립운동에 관한 문서와 해외 통신문을 가지고 서울에 돌아와서 기독교 계통을 통하여 모금하였다. 김창규는 제주교회 지도자들과 먼저 접촉했다. 김창국 목사, 조봉호 전도사, 최정식, 김창언과 접촉하고 제주지방 독립희생회(獨立犧牲會) 조직을 착수했다. 교회 망을 통해 기독교인들과 지방 인사들의 지원을 받아 독립군 자금 1만원을 모금해서 송금했다. 당시 1년의 제주선교비가 1천 원 가량이었던 것을 고려할 때 그 돈은 적지 않은 액수였다. 제주지방에서 그 정도의 돈을 마련한 것은 제주지방으로는 대단히 헌신적인 참여였다.

불행하게도 이 사건이 2개월 후인 1919년 7월에 탄로 나고 말았다. 이 일에 참여한 조봉호, 최정식, 김창국, 이도종, 문창래, 김창언 등 독립군자금 모금과 관련된 60명이 구속되었다. 조봉호는 이 일에 책임을 지고, 자신이 주도한 것으로 고백했다. 그는 다른 사람의 피해를 최소로 줄이고 싶었다. 아마도 조봉호는 과거 제주의 민란의 역사가 보여주듯 민란을 주도한 책임자 장두(狀頭) 몇 사람만 희생하면 다른 사람들의 생명을 보존할 수 있었던 제주민의 숭고한 정신을 기억하고 이 사건에 적용하였는지도 모른다. 1919년 9월 25일 광주지방법원 제주 지청에서 조봉호는 징역 2년을 선고받았다. 그는 대구복심원에 공소하여 같은 해 12월 12일에 징역 1년을 확정받고 대구형무소에서 복역 중 1920년 4월 28일 잔기 불과 10일을 남겨두고 옥사했다. 34세의 젊은 나이에 조봉호는 조국을 위해 자신의 생명을 바친 것이다.

당시 조봉호는 제주 출신으로 엘리트 중의 엘리트였다. 1884년 한림읍 귀덕리에서 출생하여 제주선교 초창기부터 제주선교에 중요한 역할을 감당하였으며 숭실학교에서 수학한 인재였다. "제주성내 교회 이기풍 목사와 더불어 조사로 시무했으며, 금성리에 교회가 설립될 때에는 그의 사가에서 기도처로 회집하기도 했다."48)

3. 시련을 통해 정금같이 단련된 제주선교

1919년 4월 23일자 기독신보가 지적한대로 그 고통의 순간에도 새 교회가 설립되었다. "一. 졔주 선교사건은 六개월간 졔주 선교흔 일은 매우 잘되엿는 중 특별이 두 형뎨에 연보로 두 곳 교회례 비당이 셜립된 것은 참으로 재미잇는 일이오 졔주 셩내 교회에서 쥬 압헤 나온쟈 수십 명이되며 그 먼졔 쥬에서 형졔와 자매 五六인이 젼쥬 셩경 학원으로 와셔 一개월동안 셩경 공부를 ᄒᆞ고 간 것은 대

---

48) 姜文昊, 文泰善, 濟州宣敎 70年史, 45.

단 깃붐이오. 전북 로회에서 제쥬선교를 위ᄒᆞ여 각교회에서 하는 연보도 잘되게 되엿다."49) 1919년 12월 25일 모슬포교회에서는 삼백 명이 참석한 가운데 크리스마스 행사도 가졌다.50) 이 일은 긔독신보 1920년 2월 18일자 "장로회통신(長老會通信)"란에 "셩탄축하와밋 감샤ᄒᆞᆫ 일" 제목으로 상세히 소개되었다:

> 졔쥬도 대졍面 모슬교회에셔는 셩휴[탄]당일에 셩대ᄒᆞᆫ 축하식을 거힝 ᄒᆞ얏는 디 오젼십시에는 일반교우가 모혀 례비ᄒᆞ고 오후 칠시에는 삼빅 여명의 리빈과 흘[훌]끽 주미잇는 강연과 연극이 잇슨 후 불신쟈 즁에셔 금젼을 츌연ᄒᆞ야 셩탄부비에 보용ᄒᆞ기를 쳥ᄒᆞᆷ으로 깃븐 ᄆᆞ음으로 영수ᄒᆞ얏다는디 금익은 십삼원오십젼이라더라. 젼도인 원용혁씨를 광쥬남셩경학원에 입학케 ᄒᆞ고 부비를 연조ᄒᆞ랴 ᄒᆞ얏스나 방침은 업고 긔학 일쟈는 박두ᄒᆞᆫ지라. 이졔 션편을 엇어 가랴ᄒᆞᄂᆞ 엇지ᄒᆞᆯ슈 업는 즁 여러 교우와 불신쟈 합 십여인이 모혀 십이원 각수를 ᄂᆞ혀 그 션편에 츌발케 ᄒᆞ얏다ᄒᆞ니 이는 참으로 하ᄂᆞ님끽 감샤ᄒᆞᆫ 일이라 ᄒᆞ겟더라.51)

그 혹독한 시련 속에서도 제주선교는 중단되지 않았다. "작년 만셰ᄉ건으로 지감되엿던 교인과 학싱 즁에 츌감ᄒᆞᆫ 사람이 五十인이나 되ᄋᆞᆸ고 지금ᄭᆞ지 옥즁에셔 고싱밧는 사람이 十여인 이오여 거년 十二월 二十五일 경에 국민회 ᄉ건으로 피착되여 금년 四월브터 복역된 쟝로 二인 집ᄉ 一인 권셔 二인 합 五인"52)인 상황에서도 한국교회는 제주선교에 대한 끈을 놓지 않았다:

> 광쥬문동병원에서 졔쥬젼도 ᄉ업을 계쇽ᄒᆞ여 가오며 광쥬 부인젼도회에서 더욱 열심으로 졔쥬젼도 ᄉ업을 계쇽ᄒᆞ오며 광쥬에 엇던

---

49) 긔독신보, 1919년 4월 23일.
50) "長老會通信," 긔독신보, 1920년 2월 18일.
51) "셩탄축하와밋 감샤ᄒᆞᆫ 일," 긔독신보, 1920년 2월 18일.
52) 제 9회 총회록 (1920), 90.

1920년대 부산. 바다 건너에 영도가 보인다.

형님은 ᄌ긔의 영업에 슈입금 중 十一됴를 져츅ᄒ엿다가 금년에 졔쥬젼도 위ᄒ야 二빅원을 드렷ᄉ오며 슌텬부인젼도회에셔 열심 연보ᄒ야 디방젼도를 힘쓰오며 졔쥬도 법한리에 사는 강한쥰시ᄂᆞᆫ 十六년젼에 미국 하와이에 가셔 살면셔 쥬를 밋어 신령ᄒᆞᆫ 은혜를 만히 밧음으로 작년브터 ᄌ긔 고향된 졔쥬 법한리 구역에 특별젼도인을 셰워 ᄌ긔의 친쪽을 쥬ᄭᅴ로 인도ᄒᆞᆯ 열셩으로 그곳 젼도 목ᄉ의게 위탁ᄒ여 젼도인을 턱립ᄒ고 ᄆᆡ월 十五원식 월급을 담당ᄒ더니 금월브터 二十五원식 증급ᄒ오며 그곳에 특별히 큰 례비당을 건츅ᄒ며 젼도실 ᄭᆞ지 건츅ᄒ기를 예뎡ᄒᆞᄂᆞᆫ즁이오니 그런 열심으로 ᄌ긔 친쪽 즁의 밋는 사ᄅᆞᆷ이 ᄎᆞᄎᆞ 싱기오니 쥬 ᄭᅴ 영광을 돌니오며.53)

전남노회의 위 보고는 "졔쥬젼도ᄉ업은 더욱 힘써 ᄒᆞ오며"54)라는 말로 끝을 맺고 있다. 제주선교 사업에 대한 전남노회의 헌신이 얼마나 강도 높은가를 말해준다.

---

53) 제 9회 총회록 (1920), 91.
54) 제 9회 총회록 (1920), 92.

전남노회와 전북노회는 참으로 훌륭한 선교사들을 제주에 파송했다. 전남노회는 윤식명 목사를 후원하고, 전북노회는 김창국 목사를 후원하였다. 이들은 이기풍의 이임으로 인한 공백을 훌륭히 잘 메꾸어 주었다. 두 사람은 제주민들과 함께 하면서 독립의식과 민족의식을 심어주는 일에도 뜻을 같이했다. 실제로 이 두 사람은 조봉호 독립군자금 사건에도 동시에 연루되어 형을 언도받았다. 이 두 사람의 선교 사역을 통해 제주교회는 든든하게 지어져 갔다. 1920년 제 9회 총회 보고에 따르면 "졔쥬 젼도목ᄉ 윤식명시가 셩경 누가 十쟝 一 ~ 二十졀 랑독ᄒ고 졔쥬는 八十여셰된 로부인의 반신불슈 병이 긔도로 완츠ᄒ고 병든쟈들이 긔도로 낫는 고로 이런 권능을 보고 하ᄂ님ᄭᅴ로 나온 쟈가 만ᄉ오니 하ᄂ님이 권능을 나타 니심을 감샤ᄒ오며 교회는 十쳐오 신쟈는 五빅명"55)이었다. 전남노회는 "졔쥬 구역에 윤식명 목ᄉ를 파송ᄒ야 젼도ᄒ"56)는 일을 계속하였다.

전북노회 역시 김창국에 대한 신뢰가 돈독했다. 전북노회는 1920년 총회에 다음과 같이 보고했:

> 졔쥬에 젼도목ᄉ 김창국시를 파송 젼도ᄒᄂᆫ디 그곳 동포들이 지금은 핍박을 아니ᄒ고 젼도를 잘 밧ᄉ오며 새로 셜립ᄒᆫ 교회도 一쳐 잇고 그곳 형뎨ᄌᆞ믹들이 녀젼도인 셰우기로 ᄒ엿ᄉ오며 본로회에셔는 남젼도인 一인을 담당ᄒ엿ᄉ오며 쥬일연보와 감샤일연보와 특별연보와 구졔연보와 금츈 로회당셕에셔 졔쥬위ᄒ야 연보ᄒᆫ 거시 一千三百三十五원五十젼이오며.57)

이들 외에도 제주선교의 숨은 공로자들이 많았다. 제주 출신으로 하와이에 이주하여 살면서 자신의 고향에 전도인 1명을 두고 월급을 매월 15원씩 보내주던 강한준 성도는 교회 건축을 위해 300원을

---

55) 제 9회 총회록 (1920), 14.
56) 제 10회 총회록, (1921), 122.
57) 제 9회 총회록, (1920), 93.

보냈다.58) 당시 노동자의 상황에서 그 금액은 참으로 적지 않은 액수였다. 박재하 성도는 전도인 1명의 사례를 담당하였고, 광주여전도회와 문둥병원에서 전도인 각 1명씩의 사례를 담당하였다. 과거 총회적인 차원에서 담당하던 것보다 전남노회와 전북노회, 황해노회에서 지원하는 액수가 결코 적지 않았다. 전남노회는 이 사실을 총회에 소상하게 보고하였다:

> 표와에 이쥬ᄒᆞ는 강한쥰시는 본리 졔쥬틱싱으로 ᄒᆞ디에 이쥬 후에 쥬를 밋고 즈긔에 친족에 싱명을 위ᄒᆞ야 전도인 一인을 담당ᄒᆞ고 즈긔의 고향에 전도ᄒᆞ던바 금년은 례비당 건축키 위ᄒᆞ야 三百원을 보닌고로 본 로회는 깃븜으로 밧아스오며 박지하시도 전도인 一인을 계속 전도ᄒᆞ오며 광주부인전도회와 문둥병원에셔도 전도一명식 담당ᄒᆞ여 제쥬에 전도ᄒᆞ오며59)

1919년 삼일독립운동으로 개 교회는 극심한 피해를 입었고 구속된 자들도 무수했다. 때문에 당시로서는 막대한 선교비를 모금하여 노회에 계속해서 보낸다는 것은 힘겨운 일이다. 그래도 그 일을 중단할 수 없었다. 당시 선교비 가운데 대부분이 사역자들의 사례비인 것을 감안할 때 선교비에 의존해서 삶을 영위해야 할 제주 파송 선교사들의 경우 사례비 지원이 중단될 경우 그 어려움은 말로 할 수 없었다. 이런 상황을 잘 알고 있던 각 노회에서는 구속된 사역자들의 사례나 밀린 사례를 지원하기로 결정했다.

1919년 7월 15일 회집된 제 16회 황해노회에서는 "전도부(傳道部) 청원(請願)에 의(依)하여 제주도(濟州島) 전도목사(傳道牧師) 임정찬(林貞燦)군의 월봉부족금(月俸不足金) 3백원(三〇〇圓)을 각(各) 교회(敎會)에 통지(通知)하여 7월(七月) 22일(二二日) 주일(主日)에 일제(一齊) 출연(出捐)"60)하기로 결정했다.

---

58) 제 10회 총회록 (1921), 123-124.
59) 제 10회 총회록 (1921), 123-124.

황해노회는 선교비 부족으로 인해 제주선교가 중단되는 것을 원치 않았다. 당시 300원은 적지 않은 금액이었다. 하지만 황해노회는 개 교회가 제주선교를 위해 헌신적으로 동참해 제주선교를 지속하기를 원했다. 한국교회는 힘에 겹도록 지원을 아끼지 않았다. 이런 헌신적인 지원에 힘입어 제주선교는 꾸준하게 확장되었다.

그 결과 결실도 컸다. 제주의 현지 교회가 사역자들의 사례를 반분할 만큼 발전한 것이다. 1920년 7월 6일 은율읍(殷栗邑) 예배당에서 회집된 제 18회 황해노회에서는 "전도부(傳道部)에서 제주도(濟州島)에 임정찬(林貞燦) 목사(牧師)와 오인권(吳仁權) 여사(女史)의 전도(傳道) 발전(發展)한 결과(結果) 그곳 교우(敎友)들이 조사(助師) 1인(一人)의 봉급(俸給) 반부(半部)를 담당(擔當)하게 된 사항(事項)을 보고하였다."61) 제주교회는 비록 연수가 어리지만 개 교회 조사의 사례를 부담했던 한국교회의 전통을 이어간 것이다. 제주교회가 착실하게 성장해 가고 있음을 보여준다.

1920년 10월 6일 경성 안동 예배당에서 회집된 제 6회 전남노회는 "제주전도사업(濟州傳道事業)에 대(對)하여 연보(捐補)하는 하와이 강(康)한준과 광주교회(光州敎會) 집사(執事) 박재화(朴재華)의 연보(捐補) 200원과 무명씨(無名氏)의 200원 연보(捐補)한 사(事)를 기독신보(基督申報)에 게재광포(揭載廣布)하기로 결정하고 백용기(白容基) 목사와 장로 홍우종(洪祐鐘)에 위탁교섭(委託交涉)케"62) 하기로 결정했다. 제주선교를 위해 헌신하는 아름다운 일을 널리 알려 제주선교의 중요성과 필요성을 일깨우려는 선한 의도가 그 이면에 있었다.

그런데 이런 헌금은 노회 전도국이 직접 관장하여 공정하고 객관적으로 관리되어야 함에도 불구하고 어떤 이유에서인지 강한준의 돈이 전도인 김윤식 개인에게 전달되는 일이 발생했다. 의도적인지

---

60) 한국교회사학회 편, 조선예수교장로회사기 하, 152.
61) 한국교회사학회 편, 조선예수교장로회사기 하, 153.
62) 한국교회사학회 편, 조선예수교장로회사기 하, 301.

아니면 실수인지 정확하지 않으나 1921년 1월 28일 광주군 양림리 기념각에서 회집된 제 7회 전남노회에서는 이에 대해 다음과 같이 시정할 것을 결정했다:

> 전도부 보고에 의하여 제주도 법환리 전도인 김윤식이 포규도(布蜂島)거류 강한준에게서 받은 금 325원 사건에 대하여 먼저는 전도인의 실수함을 책하고 또는 해지방 전도목사가 그 사실을 본전도국에 고치치 아니함은 과실인 즉 노회서기로 하여금 노회의 명령으로 권책서(勸責書)를 발송하기로 결정하다. 제주도교회에서도 1920년도부터 성탄연보를 본 노회 전도국에 수납함이 가하다하여 차의(此意)를 서기로 통지케 하다. 총회의 排定에 인하여 전남노회에 부담된 감사연보금 800원을 4지방에 분배하되 광주지방에 800원, 순천지방에 200원, 목포지방에 200원, 제주지방에 100원으로 결정하다.63)

선교비의 객관적이고 투명한 수입과 지출을 위해 전남노회가 의미 있는 결정을 한 것이다. 이것은 선교 진행과정에서 생길 수 있는 선교비 부정 지출로 인한 피해를 사전에 막으려는 신중하고 사려 깊은 결정이었다. 재정지출의 투명성을 위해 1921년 3월 23일 목포 양동 예배당에서 열린 전남노회 임시회에서는 "제주도 법환리에 토지와 가옥을 매수할 사(事)는 전도국에 위탁하기로 결정"64)을 내렸다.

지도자 양성은 재정 수입과 지출의 투명성 못지않게 중요한 일이었다. 전남노회는 한국교회 지도자들이 될 사람들이 장차 한국교회의 지도력을 충실하게 갖추도록 할 필요가 있다고 판단 1921년 6월 29일에 광주 양림리 기념각에서 회집된 제8회 전남노회에서 명년도 별 신학생으로 정태인, 임정찬으로 정하고 신학지원자 김재선 등의 입학

---

63) 한국교회사학회 편, 조선예수교장로회사기 하, 302.
64) 한국교회사학회 편, 조선예수교장로회사기 하, 303.

을 허락하면서 신학생과 장로 자격에 대해 다음과 같이 결정했다:

> 신학생과 장로의 자격에 대하여 신학생은
> 一. 신학교규칙을 준수하되 성경학교 2개년 이상 수업자
> 二. 단인((斷火因)한 자로 할 것과
> 장로는
> 一. 성경학교 3년 수업증(修業證)이 있는 자급(者及) 차(此)와 동등의 학식이 있 는 자
> 二. 단인(斷火因)한 자와 성경교훈에 위반한 영업을 아니하는 자
> 三. 년령으로 30세 이상으로 하되 특별한 자격이 있는 자는 25세 이상으로 노회의 허락을 얻은 자.
> 四. 상회에 총대가 될만한 자격이 있는 자
> 五. 기히 장로된 자라도 단인(斷火因)치 아니한 자는 노회에 총대 됨을 득치 못함이라고 정하기로 결의하다.[65]

노회는 장로와 목사가 될 사람은 공히 담배를 피우지 아니하고 어느 정도 성경적 지식을 갖춘 사람이어야 한다는 사실을 분명히 한 것이다.

제도적인 틀과 복음의 확장이 동시에 진행된 것이다. 그런 의미에서 제주는 비록 육지에 비해 선교가 늦었지만 육지의 교회들이 시행착오를 거쳐 이룩한 축적된 제도적인 경험을 그대로 공유한 셈이다. 노회는 모일 때마다 제주선교를 위해 헌신적으로 지원했다. 1921년 전남노회는 제주의 삼양리 교회 건축을 위해 노회가 열리는 그 현장에서 건축헌금을 모았다:

> 전도부는 제주전도 상황이 잘된 것과 사숙설립을 위하여 특별위원 3인을 택한 것과 본년 예산은 1천원을 정한 것과 강한준의 부탁한 기도실 매수 사(事)는 윤식명에게 위탁함을 보고하다, 제주 삼양리

---

[65] 한국교회사학회 편, 조선예수교장로회사기 하, 303.

예배당건축비를 위하여 노회 당석에서 연보한 금액은 23원 30전이다.66)

제주선교는 꾸준하게 발전의 발전을 거듭하였다. 황해노회가 파송한 임정찬 역시 1917년 파송 받은 이래 제주에서 충실하게 사역을 감당하며 제주선교에서 중요한 몫을 감당하였다. 그것은 "본로회 전도국에셔 졔쥬도 절반을 맛하 림졍찬 목ᄉ와 오인권 녀젼도인을 파숑ᄒ야 복음을 젼파ᄒ는 즁 만흔 ᄌ미가 잇ᄉ오며"67)라는 1920년 제 9회 총회 황해노회 보고에서 읽을 수 있다. 그리고 황해노회의 제주선교에 대한 높은 차원의 예찬도 있었다. 1922년 3월 8일 기독신보에는 "영주(瀛洲) 김연배(金年培)"의 "제주도(濟州道)를 대표(代表)ᄒ여 황해노회(黃海老會)에 치사(致謝)함"이라는 제목의 장문의 글이 실렸다:

찬송(讚誦)ᄒ리로다 상제(上帝)의 은총(恩寵)이며 흑암(黑暗)과 사망(死亡)의 음침(陰翳)에 거(居)ᄒ 자(者)의 게 생명(生命)의 서광(曙光)을 편조(遍照)ᄒ심이로다 생명(生命)의 로(路)를 실(失)ᄒ고 몽롱중(朦朧中)에 방황(彷徨)ᄒ는 제기수(者其誰)인들 가련(可憐)치 아니ᄒ리오마는 수(殊)히 아반도(我半島)의 극단(極端)인 제주도(濟州道) 거민(居民)이 우참(尤慘)ᄒ도다 거륙천리대해즁(距陸千里大海中)에 고독(孤獨)히 위(位)를 점(占)ᄒ여 사(士)는 척(瘠)ᄒ고 인(人)은 중(衆)ᄒ으로 육적생활(肉的生活)도 극간심란(極艱甚難)ᄒ 中에 영적생애(靈的生涯)의 비참(悲慘)ᄒ 것은 일필(一筆)로 란기(難記)인 거시 혹(或)은 불(佛)의 게 혹(或)은 사(邪)의 게 의(依)ᄒ며 시(恃)ᄒ여 복(福)을 구(求)ᄒ 뿐이오 만복(萬福)의 원천(源泉)되시는 진신(眞神)을 부지불배(不知不拜)ᄒ 는지라 여시(如是)ᄒ 우민(愚民)을 기억(記憶)ᄒ 자(者)가 수(誰)며 애무(愛撫)ᄒ 수완(手腕)이 수(誰)인가 긍휼(矜恤)ᄒ에 풍성(豊盛)ᄒ신 상제(上帝)끠셔

---

66) 한국교회사학회 편, 조선예수교장로회사기 하, 304-305.
67) 제 9회 총회록 (1920), 86.

권원(眷願)호사 황해노회(黃海老會)로 호여금 본도(本島)의 민등(民等)을 향(向)호여 구원(救援)의 수(手)를 신(伸)케 호셧스니 즉(即) 제주도(濟州道)에 황해노회(黃海老會)의 선교사업(宣敎事業)이 시야(是也)라

황해노회(黃海老會)에서 본도(本島)에 선교(宣敎)를 시(始)호기는 1917(一九一七)年이엿다. 시(時)에 임정찬목사(林貞燦牧師)가 성직(聖職)의 임명(任命)을 대(帶)호고 본도(本島)에 극반구경(東半區境)에 래가(來駕)호야 복음(福音)을 선전(宣傳)호엿는대 당지(當地)는 주위(周圍) 약 삼백리(略 三百里)며 인구(人口) 십수만(十數萬)이로디 소위 신자(所謂 信者)는 노파(老婆) 칠팔인(七八人)에 불과(不過)호더라. 연(然)이나 본도(本島)를 특애(特愛)호야 은혜(恩惠)를 시(施)호신 제부형모매(諸父兄母妹)의 열심기도(熱心祈禱)와 임목사(林牧師)의 애휼(愛恤)호신 심정(心情)과 희생적(犧牲的) 열성(熱誠)으로 성신(聖神)의 권능(權能)을 의지(依之)호야 간신곤고(艱辛困苦)를 모(冒)호고 역사(役事)호신 결과(結果) 오개성상(五箇星霜)에 불과(不過)호엿스나 우금(于今)에는 교회(敎會)가 조천(朝天)과 성읍(城邑) 2개소(二箇所)에 긍(亘)호엿고 신도(信徒)가 백유여명(百有餘名)이오 외지유학생(外地留學生)이 남녀(男女) 육칠인(六七人)에 달(達)호엿스며 전교회(全敎會)가 은혜중(恩惠中)에셔 일익장성(日益長成)호여 감사(咸謝)홈을 불기(不己)호나 광막(廣邈)호 지대(地帶)에 화곡(禾穀)은 기위황숙(己爲黃熟)호엿스되 고역(雇役)이 부족(不足)호 고(故)로 사배공반(事倍功半)임을 한(恨)호여 사역자(事役者) 보니 주시기를 주(主)씌 구(求)호던 차(次)에 애(哀) 홉다 엇더호 관계(關係)로 인(因)호여 의외(意外)에 황해노회(黃海老會)에서 선교사업(宣敎事業)을 정지(停止)코져호다는 소식(消息)을 듯고 임목사(林牧師)는 선후책(先後策)을 엇기 위(爲)호여 황해노회(黃海老會)에 부(赴)홀 후(後)로 본지방교회(本地方敎會)는 압헤잇는 소망(所望)을 바라고 발분망식(發憤忘食)호며 비호절규(悲號絶叫)로 천부(天父)씌 간구(懇求)홀 싸름이러니 상제(上帝)씌셔 응락(應諾)호사 성사업(聖事業)을 여전(如前)히 계속(繼續)호여 시은(施

恩)케 ᄒᆞ실뿐 불시(不啻)라. 재령부인(載寧婦人) 이씨정애(李氏貞愛)는 임목사(林牧師)의 본도상황(本島狀況)에 대(對)한 보고(報告)를 청(聽)ᄒᆞ고 감동(感動)을 밧아 헌신(獻身)코 당지(當地)에 임(臨)ᄒᆞ여 월은(月銀)도 밧지 안코 용비(用費)를 자담(自擔)ᄒᆞ여 가며 성역(聖役)에 당(當)ᄒᆞ는 중(中)이오며 ᄯᅩ한 여전도국(女傳道局)에셔도 박목사(朴牧師)의 요구(要求)에 의(依)ᄒᆞ여 여전도대(女傳道代)에 남전도(男傳道) 1인(一人)을 허(許)ᄒᆞᆯ 계획(計劃)이 잇쓰오니 차(此)는 본지방(本地方)에는 남전도인(男傳道人)이 우(尤)히 필요(必要)ᄒᆞᆷ으로 인(因)ᄒᆞᆷ이외다

이럼으로 본지방(本地方) 교우일동(敎友一同)은 실망중(失望中)에셔 소망(所望)을 득(得)ᄒᆞ고 은혜(恩惠)우혜 은혜(恩惠)를 더 엇어 만구(萬口)가 아(我)의게 유(有)ᄒᆞ여도 찬론(讚論)을 진토(盡吐)키 란(難)ᄒᆞᆷ으로 본인(本人)이 본지방 교우(本地方 敎友)들을 대표(代表)ᄒᆞ여 천부(天父)의 은혜(恩惠)와 황해노회(黃海老會)에 대(對)ᄒᆞ여 감사(感謝)ᄒᆞᆷ을 일필(一筆)로써 표(表)ᄒᆞᄂᆞ니다.68)

그러다 1921년 9월에 접어들어 제주선교에 변화가 찾아왔다. 그동안 제주선교에 헌신해온 임정찬이 사임한데다 그동안 전북노회의 지원을 받으며 사역했던 윤식명 선교사도 전북 군산 개복동, 구암리, 두 교회에서 담임으로 청빙 받았다.

윤식명의 사임과 이경필의 부임

그동안 제주선교에 헌신해온 윤식명 선교사로서는 한 교회를 담임하면서 쉼을 갖고 싶었다. 그동안 전도목사의 타이틀에서 한 교회를 담임하는 담임교역자로의 사역은 이미 전임자 이기풍 선교사가 선택했던 과정이었다. 개복동교회에서 윤식명을 담임으로 청빙하려는 움직임은 이미 1920년부터 있었다. 1920년 2월 25일 목포 양동

---

68) 긔독신보, 1922년 3월 8일

예배당에서 회집된 전남노회에서 이에 대해 다음과 같이 결정했다:

> 목포양동교회 목사 이경필의 해임원(解任願)에 대하여 해 교회 전부가 유임을 원한 즉 교회의 형편을 생각하여 유하네 하되 해(該) 교회와 협의하여 2개월간 이 목사를 한양(閒養)하게 한 후 시무케 하고 전북 군산 개복동, 구암리 양교회에서 제주선교사 윤식명을 該 교회 담임목사로 청빙하는 事에 대하여는 목포, 제주 양 지방시찰부에 위임 처리케 하되 윤목사가 전임되는 時는 선교사 택하는 事를 전도국에 위임 처리케 하기로 하다…전도부 보고에 의하여 제주선교사 이전대(移轉代)에 전북노회 목사 이창규(昌口圭)를 추천하고 회장에게 위탁하여 전북노회와 마로덕(馬老德)에게 교섭하기로 하다.69)

담임으로 이명을 원하는 윤식명의 경우 목포와 제주, 양 시찰회에 위임하여 원만하게 처리하도록 하고 윤식명의 후임으로 전북노회 이창규를 내정했다. 제주선교가 차질을 빚지 않도록 하려는 배려에서다. 1921년 9월 10일 평양신학교에서 회집된 전남노회에서 윤식명의 위치변경은 전도부에 위임하고 전북노회에서 청빙하는 것은 제주시찰회에 맡기기로 결정했다.70) 그리고 같은 해 10월 14일 광주 숭일 학교에서 회집된 전남노회에서 "제주 전도목사 윤식명의 代에 이경필로 선정했다."71) 윤식명이 제주를 떠나고 이경필이 윤식명의 뒤를 이어 제주에 전도목사로 부임한 것이다.

이런 변화 가운데서도 제주선교는 꾸준하게 성장했다. 교회는 하나님이 하신다는 기독교 선교의 원리가 제주선교에서도 그대로 적용되고 있었다. 성내교회를 담임하면서 산북지역을 돌보는 김창국의 제주선교사역에 대해 1921년 전북노회는 다음과 같이 보고했다:

---

69) 한국교회사학회 편, 조선예수교장로회사기 하, 299.
70) 한국교회사학회 편, 조선예수교장로회사기 하, 308.
71) 한국교회사학회 편, 조선예수교장로회사기 하, 308.

> 본 로회 전도국에서 제쥬 산북(山北)을 맛하 김창국 목ᄉ와 남젼도
> 一인으로 복음을 션젼혼바 지금은 교회가 진흥됨으로 신쟈가 증가
> 되여 신셜된 교회가 三쳐요 남녀젼도디를 조직ᄒ야 열심젼도ᄒᄂ
> 이다.72)

매우 간단하지만 제주선교에 대한 상황과 결과를 매우 집약하고 있다. 산북을 전북노회가 맡고 있으며, 그 책임을 맡은 김창국 목사를 통해 실제로 교회가 발전하여 신자들이 증가하였다는 사실이다. 많은 고난을 통과하면서 제주민들과 호흡을 같이하고 삶을 통해 복음의 씨를 뿌린 결과라고 할 수 있다.

제주선교를 위해 교인들도 목회자들도 주머니를 털었다. 1920년 4월 6일 옥구군 구암리 예배당에서 제6회 노회가 열렸을 때 노회 기간에 "제주전도사업에 대한 강연회"73)가 있었고, 그 자리에서 제주선교비 헌금을 한 결과 헌금액이 1,335원 50전이나 되었다. 대단한 금액이다. 그만큼 노회원들이 제주선교에 헌신의 헌신을 다한 것이다. 개교회가 지원하고, 노회의 전도국에서 지원하는 상황에서 노회에 참석한 사람들이 자신들의 주머니를 털어 제주선교비를 지원한 것이다. 그해 9월 14일 전주 서문외 예배당에서 회집된 제 7회 전북노회에서는 "제주전도사업에 대하여 남전도인은 전도국에서 부담하고 여전도인은 제주교회에서 부담케하고 경비는 각 교회에 배정 연보하기로 결정"74)하였다. 제주선교에 대한 전북노회의 지원은 헌신적일만큼 강했다.

1921년 8월 24일 옥구군 구암리 예배당에서 회집된 제 9회 전북노회에서는 제주에 학교를 설립하는 문제를 놓고 또다시 헌금하였다. 자신들이 후원하는 김창국 선교사의 헌의를 노회가 받아들여 학교 설립을 결정하고 필요한 경비를 부담하기 위해 헌금한 것이다.

---

72) 제 10회 총회록 (1921), 125.
73) 한국교회사학회 편, 대한예수교장로회사기 하, 280.
74) 한국교회사학회 편, 대한예수교장로회사기 하, 280.

조선예수교장로회사기 하권에는 이와 관련하여 다음과 같이 기술하고 있다:

> 1921년(辛酉) 8월 24일 제9회 노회가 옥구군 구암리예배당에 개최하니 … 제주전도사업에 대한 강연을 듣고 당석에서 연보하니라. … 제주에 학교를 설립하기 위하여 당석에서 출연한 금액이 329원이요 부족액 200원은 전도목사 김창국이 중요지방에서 동정금(同情金) 모집(募集)함을 허(許)하다. … 제주전도에 대한 예산은 1,536원으로 정하고 목사 1인 남전도 1인으로 사역케 하다.[75]

1921년 제 9회 전북노회 때 김창국은 "졔쥬젼도상황을 열셩잇게 셜명"[76]했다. 제주선교는 한편으로 재정의 압박으로 다른 한편으로 태을교가 번성함으로 어려움을 겪었다. 그런 가운데서도 전북노회 전도부는 김창국의 제주전도사역에 대해 어려움이 없는 것은 아니지만 희망이 있다며 대단히 고무적으로 보고했다:

> 一. 감샤흔 것. 김창국 목ᄉ의 혼권이 쥬의 보호ᄒ심으로 무고 ᄒ오며 교회가 젼진ᄒ옵고 션교의 희망이 만ᄉ옴을 감샤ᄒ오며
> 二. 션교형편 임의 셜립흔교회 교인이 三분지一이나 증가되엿ᄉ오며 금츈에 교회 흔 곳을 셜립ᄒ야 二十五인이 례비ᄒ오며 二쳐에는 리년에 당회를 셜립홀 희망이 잇ᄉ오며 특별젼도딕를 조직ᄒ야 복음을 널니 젼ᄒ엿ᄉ오며 셩뇌에 조ᄉ 一인을 담당ᄒ엿ᄉ오며 션교의 쟝ᄒ는 틱을교가 번셩ᄒ야 곤란이 됨
> 三. 졔쥬교회에셔 학교를 완셩셜립ᄒ야 달나는 쳥원은 지졍예산이 업슴으로 로회에셔 쳐리ᄒ야 주시기를 부라오며.[77]

제주선교는 확장되어 나가는데 이를 뒷받침할 수 있는 재정적 여유

---

75) 한국교회사학회 편, 대한예수교장로회사기 하, 281-282.
76) 전북로회 뎨 9회 회록, 4.
77) 전북로회 뎨 9회 회록, 26.

가 없었다. 제주에 학교를 완성해 달라는 재정요청은 예산이 없어 기각시켰고, 35원의 건축 빚을 갚아 달라는 요청도 "예산이 업슴으로 허락지 못ᄒ엿"78)다. 그래도 전북노회는 제주를 위해 1,536원의 예산을 세웠다. 이것은 과거 총회가 지원했던 것보다도 많은 금액이었다. 이것은 전북노회로서는 최대한의 노력을 기울였지만, 요구하는 금액이 노회가 감당할 수 있는 한계를 넘어섰음을 보여주는 것이다.

제한된 예산으로 제주선교를 지원하는 전북노회의 상황에서는 긴박한 것이 아니면 지출을 금하거나 연기했다. 1922년 3월 4일 회집된 제 14회 전북노회에서는 예산이 없어 "셩니 례비당 건축비 부족익 쳔원과 츄ᄌ도 디경젼도인 일년 예산 삼빅원은 츄긔로회시ᄭ지 유안ᄒ"79)기로 하고, "졔쥬선교ᄉ는 일년 중 츄긔로회 시만 일ᄎ리 왕을 허락ᄒ"80) 기로 결정했다. 그러나 "셩니교회 학교 위ᄒ야 쳥구ᄒ 금익 一五0원"81)은 지원하는 것으로 했다.

1922년 3월 10일 김제군 옥산리 예배당에서 회집된 전북노회에서 전북노회 파송 김창국 목사가 제주전도목사 사직원을 노회에 제출했다.82) 전북노회는 전남노회 회원인 곽우익(郭宇益)을 파송하기로 결정하고 이후에는 매 노회마다 참석하여 보고하던 선교 보고를 "매년 추기노회시에만 전도목사가 출석케 하기로 결정하다."83) 이것은 한정된 예산에서 제주선교를 지속하기 위한 불가피한 조치였다.

1922년 8월 22일 전주군 서문외 예배당에 회집된 제11회 노회에서는 제주예배당 건축을 위해 그 자리에서 140원을 헌금하고, 전북노회가 맡은 제주선교와 관련하여서는 선교의 체계와 통일을 기하기 위해 "졔쥬선교ᄉ 틱정급파송사건"84)은 노회 전도국에 위임하기

---

78) 전북로회 뎨 9회 회록, 29.
79) 전북로회 뎨 10회 회록, 16.
80) 전북로회 뎨 10회 회록, 16.
81) 전북로회 뎨 10회 회록, 16.
82) 한국교회사학회 편, 조선예수교장로회사기 하, 283.
83) 한국교회사학회 편, 조선예수교장로회사기 하, 283.
84) 전북로회 뎨 11회 회록, 21.

로 결정했다:

> 제주전도형편 시찰위원이 상황보고를 들은 후 제주예배당건축을 위하여 당석에서 연보한 금액이 140원이더라 … 제주전도목사 선택급 파송사는 전도국에 위임하고 경비예산은 전년과 동일하게 하기로 결정하다.[85]

그 노회에서는 제주교회에서 청원한 "츄쟈도전도인 청구사건은 경비곤난으로 亨여 쥬지 못홀일"[86]이라 결정했다. 재정의 한계로 선교비를 지원할 수 없는 노회의 아픔도 요청한 선교비를 지원받지 못한 자의 심령처럼 안타까웠을 것이다.

맺는 말

1908년 제주에 기독교가 시작된 이래 온 한국교회는 사랑과 희생과 헌신을 "복음"이라는 이름으로 제주에 전달했다. 한국교회는 배고픔과 굶주림과 허기를 뒤로 하고 거룩한 하나님 나라 확장을 위해 희생을 아끼지 않았다. 끼니를 건너가며 한 푼 두 푼 모아 보내준 선교비는 어떤 것과도 비교할 수 없는 가치 있는 돈이었다. 어쩌면 그것은 돈으로 환산할 수도, 환산해서도 안 되는 마치 과부의 전 재산인 두 렙돈이나 마찬가지였다. 주님은 분명 그 헌금을 기뻐 받으셨다. 총회가 한국교회를 대신하여 제주선교를 했고, 전라노회가 그것을 인수하고 다시 전남노회와 전북노회가 이 일을 맡아 진행하였으며 황해노회가 이 일에 동참한 것은 참으로 고무적이고 영광스러운 것이었다. 민족의 사랑을 담아낼 수 있다면 이처럼 대단한 민족애는 없을 것이다.

---

85) 한국교회사학회 편, 조선예수교장로회사기 하, 284.
86) 전북로회 데 11회 회록, 22.

이기풍의 뒤를 이어 제주선교를 담당하던 윤식명이 1916년 총회에 보고한 것처럼 제주선교는 "곤란 중 희망"이라는 말로 집약할 수 있다. 제주는 한국의 여느 지역과 마찬가지로 교회의 민족적 책임의식을 충실하게 보여주었다. 우리 민족이 일제의 탄압에 의해 독립이 좌절되고 독립의지를 표명하였을 때 제주에서도 삼일만세운동이 일어났고, 독립군을 지원하기 위해 조봉호의 독립군자금 모금사건도 있었다. 이 일에 기독교는 자연스럽게 동참했다. 제주선교의 위기가 도래했지만 하나님께서 제주선교가 중단되지 않도록 개입하셨다. 전국 교회들의 지도자들이 대거 구속된 상황에서 제주 선교비를 충당하는 것은 쉬운 일이 아니었다. 하지만 전국의 교회는 헌신적으로 이 일에 동참했다. 경제공황에 전 세계를 강타하고 있던 그 혹독한 시련의 시기에 끼니를 걸러가면서 제주 선교비를 지원한 것이다. 제주교회가 자랑스럽고 제주선교를 중단하지 않고 지원한 한국교회가 자랑스럽다.

당시 갓 태어난 어린 아이와 같은 한국교회가 복음의 불모지 제주선교를 전담했다는 사실 자체가 놀라운 일이다. 강력한 국력과 엄청난 선교비를 쏟아부었던 천주교 제주선교와 비교할 때 기독교의 제주선교는 초라하기 그지없었다. 그것은 마치 말구유에 오신 주님의 모습과도 같았다. 군함까지 동원하며 호위를 받았던 천주교 선교의 모습과 전혀 달랐다. 하지만 하나님의 나라가 먹고 마시는 데 있는 것이 아니라 의와 희락과 화평이라고 했던 것처럼 제주선교는 하나님께서 선교의 주인이며 주체라는 사실을 보여주었다.

하나님께서는 힘은 없지만 정성을 다해 끼니를 굶어가며 동참했던 한국교회의 그 순결한 모습을 기뻐하셨을 것이다. 때로는 눈물로 때로는 비분으로 쓸어안으며 제주선교를 지속해온 한국교회는 제주선교의 영광과 고난을 공유해야 할 주인공들이었다. 총회가 주도하던 제주선교를 전라노회가 전담한 후 힘겨운 사역이었지만 전라노회는 총회에 제주 선교비 지원 요청을 하지 않고 스스로 감당했다.

노회 산하의 개 교회들이 기쁨으로 동참했고, 여전도회는 자신들이 감당할 수 있는 힘을 넘어 이 일에 동참했다. 그것은 일종의 거룩한 사명이었다. 전라노회가 전남노회와 전북노회로 분립된 후에도 제주선교는 흔들리지 않았다. 오히려 제주 지역을 분담하여 선교지 분할을 통해 서로 선의의 경쟁과 견제를 통해 선교의 효율을 극대화시켜 나갈 수 있었다.

비록 오랜 기간은 아니지만 황해노회가 한창 인적 자원과 선교비 지원이 필요할 때 제주선교를 위해 적기에 참여하였고, 실제로 큰 결실을 거두었다. 만약 제주선교를 중단하지 않고 제주를 삼분하여 전북, 전남, 황해노회가 계속 제주선교를 전담했다면 제주선교는 더욱 놀라운 결실을 거두었을 것이다. 그러나 이것은 역사의 가정일 뿐이다. 계속된 참여가 오히려 자원하는 마음이 아닌 불편한 가운데 계속되었다면 그 결과는 반분되었을 수도 있다. 가장 필요할 때 제주선교에 동참하고 가장 큰 결실을 거두고 그 선교 사역을 전남노회와 전북노회에 일임한 것이 제주의 선교의 지속을 위해 더 좋은 결정이었는지도 모른다.

중요한 것은 전라노회가 전북노회와 전남노회로 분립되어 각기 전도부를 설치하여 제주선교를 지속하면서 약간의 의견대립과 마찰이 있었지만 많은 문제들을 협의로 풀어가면서 지속적으로 제주선교를 감당한 일이다. 제주가 오랫동안 전라지역에 속했던 섬이었기 때문에 제주에 대한 책임감이 크게 작용했을 것이다. 또한 미전도 지역에 복음을 나눈다는 한국교회의 자전의 정신이 그대로 제주선교에도 적용된 것이다. 전남노회가 전남노회와 순천노회로 분립된 후 순천노회가 제주선교에 동참한 것도 같은 맥락이다.

제주선교는 한국인들이 주도했다는 점에서 의의를 찾을 수 있다. 한국인에 의한 한국선교가 본격적으로 진행된 것이다. 한국교회가 처음부터 선교하는 교회로 정착할 수 있도록 틀을 마련해준 것도 제주선교였다. 이것은 선교사들이 제주에 와서 선교를 진행했던 천주교 선교와 달랐던 점이다. 재정지원도 외국 선교부에서 전담했던 천주교 제주선교와 달리 기독교는 자체적으로 부담을 해야 했다. 그런 의미에서 기독교의 제주선교는 한국인에 의한 한국인을 위한 한국인의 선교였다.

하지만 긍정적인 점만 있었던 것은 아니다. 제주선교를 힘들게 한 것은 제주선교를 담당하기 위해 부임한 전도목사들이 일정기간을 채운 후에는 육지로 떠난 일이다. 선교지 제주는 더 많은 노력과 희생이 요구되는 상황에서 제주선교를 지속하는 일은 힘겨운 일이었을 것이다. 안식년 제도도 없는 상황에서 이 일은 더욱 희생을 강요하는 일이었을 것이다. 하지만 한국의 육지의 경우 한 지역을 전담한 선교사가 일생 동안 한국교회와 지도자들과 동고동락하며 선교지에서 일생을 보냈던 것과는 분명히 대조를 이룬다. 이기풍 선교사가 7년을 섬긴 후 제주를 떠났던 일이 이후 제주에 파송된 선교사들에게 하나의 전례가 되고 말았다. 이것은 제주선교 역사를 정리하면서 제주선교의 가장 큰 약점 가운데 하나였다. 민중과 함께하는 선교, 자신들이 신뢰하는 목회자가 제주에 뼈를 묻고 제주민들과 함께하는 이들이라는 사실을 보여주었다면 제주선교는 달라졌을 것이다.

제 6 장

선교지 분할과 복음의 확장

> 전도국은 전라남북노회 연합협회에서 결의한 제주 전도구역은 3분하여 제주 동편 신좌, 구좌, 동중, 서중, 정의, 우면 등 6면은 황해노회 전도구로, 목사 김창국의 지방은 전북노회의 부담 구역으로, 윤식명 목사의 지방은 전남노회의 부담구역으로 정하고 … 보고하여 채용하니라.
>
> 1918년 7월 6일, 〈전남노회록〉

윤식명이 제주에 부임하던 1914년부터 황해노회가 제주선교를 철수하던 1922년까지 제주선교는 새로운 역사를 맞았다. 이 기간 제주교회는 이기풍이 닦아 놓은 선교의 터 위에 복음의 확장이 활발하게 진행되었다. 그동안 총회가 담당하던 제주선교를 1913년 제 2회 총회에서 전라노회가 맡는 것을 인준하였는데, 행정적으로는 전라노회가 1913년부터 맡았지만 전라노회의 제주선교가 정착하기 시작한 것은 1914년부터이다.

또한 이기풍 선교사가 혼자 담당하던 제주선교에 윤식명이 파송되어 제주선교의 짐을 나누게 되었다. 같은 노회 소속 목사가 나란히 제주에 파송되어 제주선교를 분담하기 시작한 것이다. 윤식명의 파송은 제주 사역의 확장과 관련된 파송의 의미도 있지만 이면에는 이기풍이 건강 악화로 제주사역을 제대로 감당하기 힘든 상황에서 제주선교의 공백이 생기지 않도록 하려는 배려도 있었다.

이기풍이 1915년 제주를 떠남으로 이기풍의 시대가 막을 내리고 이제 새로운 제주선교의 시대가 열렸다. 1917년 황해노회가 제주선교에 동참함에 따라 제주선교는 이제 전남노회와 전북노회 그리고 황해노회가 동참하는 판도로 재구성되었다. 제주선교가 개교회가 아닌 총회와 노회의 제도적 차원에서 진행된 상황에서 이제 제주선교는 선교지 분할이 불가피하게 되었다. 이것은 윤식명 목사가 제주에 부임하면서부터 시작된 것이다.

제주 동지방회(정의)회록에는 "윤식명"을 "대경지방 목사"로, 1917년 황해노회에서 파송한 임정찬을 "제주동지방목사"라고 표기하고 있고, 이기풍을 "제주지방목사"라고 표기하고 있다. 1914년 윤식명이 파송되면서 제주선교에 대한 역할 분담과 효율적인 선교를 위해 제주지역을 분할할 필요가 있었던 것이다. 이미 1908년부터 제주선교사역을 감당하던 이기풍에게는 제주군이 할당되어 "제주지방목사"로 표기되기 시작했다. 1914년 윤식명이 파송되었을 때 대정군 모슬포를 거점으로 그 지역이 할당되었고, 1917년 임정찬이 입도하면서 "정의군"으로 대별되는 "제주동지방"이 할당되었다.

그런 의미에서 1914년 윤식명이 제주에 부임하면서부터 1922년 황해노회가 제주선교를 중단할 때까지 제주는 새로운 선교 역사를 맞게 되었다. 본장에서는 윤식명이 부임하고 황해노회가 제주선교를 중단하기 전까지 산북지방, 산남지방, 그리고 정의지방으로 3분되어 진행된 제주선교를 집중 조명하려고 한다.

1. 제주선교 분할 시대

제주를 제주, 대정, 정의(동 지방), 셋으로 분할 한 것은 자연스러운 일이다. 당시 행정구역상 제주는 제주군, 대정군, 정의군으로 나누어져 있었기 때문이다.[1] 제주군은 제주읍을 거점으로 하고, 대정

---

1) "졔쥬통신," 예수교회보, 제 4권 29호 (1913년), 4-5.

군은 대정읍 모슬포를, 그리고 정의군은 성읍을 거점으로 삼아 제주 선교를 분담하기 시작한 것이다.2) 이들 제주에 있는 세 개의 군은 각기 한라산을 중심으로 한 제주에서 제주군은 산북지방으로, 대정군은 산남지방으로, 그리고 정의군은 동지방으로 통했다. 제주에 전남노회와 전북노회가, 그리고 황해노회가 선교에 동참하면서 제주지역을 셋으로 분할할 때 자연스럽게 위 분류원칙을 따라 제주를 산북지방, 산남지방, 그리고 정의지방으로 삼분하여 선교지 분할을 하게 되었다. 당시 제주의 전도상황과 선교지 분할에 대해 **기독신보**에 여행기 형식으로 자세히 실렸다:

계쥬 려힝긔.
교뎨가 황히도 은률군 읍니 교회에서 쥬의 스역에 죵스ᄒᆞᄂᆞᆫ 一분 쥬로 본로회 명령을 밧고 계쥬도 동반부에 젼도홀 구역 시찰홀 ᄎᆞ로 六월 十四일 하오一시반에 평양역에서 츌발ᄒᆞ야 경셩에 즁간 들녀셔 경부션 즁심뎜 되ᄂᆞᆫ 태뎐역에서 호남션을 교환ᄒᆞ야 드고 목포항에 도착ᄒᆞ야 션편드로 제쥬도에 도착ᄒᆞ야 션편드로 계쥬도에 도착ᄒᆞ야 졔쥬교회 샹황과 젼도에 착슈홀 바 구역을 시찰ᄒᆞ고 七월二일에 집에 도라오니 그동안 약 二쥬간에 왕반ᄒᆞ엿더라
계쥬도ᄂᆞᆫ 죠션 데 一 큰 셤이오 력ᄉᆞ가 잇ᄂᆞᆫ 곳이니 곳 탐라고도라. 가히 춤고홀 만흔 것도 만흔디 증왕에ᄂᆞᆫ 그 셤안에 졔쥬 대셩 졍의 세 고을이 라열ᄒᆞ야 잇더니 합군이후로 계쥬도라 칭하ᄂᆞᆫ 흔 셤이 되고 도ᄉᆞ(島司)라ᄒᆞᄂᆞᆫ 힝정관이엇더라. 그러흔디 十三면이오 인구ᄂᆞᆫ 대략 二十여만에 지나겟고 인민싱산 작업은 어업, 농업, 샹업, 三부분에 분ᄒᆞ겟고 인민의 심셩은 셤 사람과 대륙 사람의 셩질은 대단ᄀᆞ치 아니흔거슨 우리가 아ᄂᆞᆫ바이라. 가령으로 말ᄒᆞ면 영국 사람과 미국 사람과 서로 쥬의와 경영ᄀᆞ치 아니 흔거슨 그 사ᄂᆞᆫ 디 형에 관계가 업다못 홀지라. 고로 셤 사람은 부지런ᄒᆞ고 금약흔 편 이만코 대륙 사람은 호화로은 편이 만흔지라 륙디사람 ᄀᆞ치 싱활

---

2) 긔독신보, 1917년 8월 1일.

곤난이 그디지 극도에 달ᄒᆞ엿다고는 못홀지로다.
그러ᄒᆞ디 十三면을 二부에 분ᄒᆞ야 셔편七면은 젼라로회가 젼도ᄒᆞ야 셩니에는 日百七八十명 신도가 잇셔 죠직혼 교회가 셩립되얏스나 담임 목ᄉᆞ가 잇지아니ᄒᆞ고 대졍면 모슬포에는 윤식명 목ᄉᆞ가 젼도ᄒᆞ는 즁인디 지금교인이 四十명에 달ᄒᆞ엿스며 동六면은 금년 총회 후에는 황히로회가 젼도ᄒᆞ기로 황히 젼라 량로회에 협의결졍 흠인디 죠텬리에 신쟈 오륙인과 졍의에 신쟈十여인이 잇슬 ᄲᅮᆫ이라. 금번 시찰혼바는 극동편 히안셩 산리에 위치를 뎡ᄒᆞ고 시작홀가 ᄒᆞ엿는디 그러케 홀거시면 솟받고야 노혼 것ᄀᆞ치 되리로다.3)

처음 제주 전체를 맡아 선교를 추진하던 이기풍 목사는 윤식명 목사가 제주선교를 위한 전도목사로 부임하면서 제주지역 전체를 돌보면서 산북지역을 담당하다 1915년 이임하였다. 그 후 산북지역은 이기풍 후임으로 최대진(崔大珍) 목사, 김창국(金燦國) 목사, 이창규(李昌珪) 목사가 산북지역의 중심교회인 성내교회와 삼양교회를 중심으로 제주선교를 지속했다.

산남지방의 경우는 1914년 전라노회 파송을 받고 제주의 전도목사로 부임한 윤식명이 1921년까지 모슬포에 거점을 마련하고 원용혁(元容赫) 조사의 협조를 받으면서 이 지역 전도활동을 전담했다. 1921년 윤식명이 이임한 후 전남노회의 파송을 받은 이경필 목사가 1921년부터 모슬포에 거점을 마련하고 광주 풍산리(鳳仙里)교회의 파송을 받은 원용혁과 광주 부인전도회 파송을 받은 김경신(金敬信) 전도부인의 협조를 받으며 선교사역을 감당했다.

한편 정의지역의 경우는 1917년 임정찬(林貞燦) 목사가 황해노회의 파송을 받고 이 지역의 중심교회인 성읍에 거점을 마련하고 세화교회와 조천교회를 돌보며 오인권(吳仁權) 여전도인과 김연배(金年培) 전도인의 협력을 받으며 선교활동을 활발하게 추진하였다. 황해노회의 사정으로 임정찬 목사가 이임한 후 정의지역은 전남노회

---

3) 긔독신보, 1917년 8월 1일.

파송을 받아 산남지방에서 활동하던 이경필 목사가 겸하여 담당하게 되었다. 이후 전남노회가 전남노회와 순천노회로 분립된 후 양노회가 함께 산남지방과 정의지방의 선교를 담당하였으며, 일제의 수탈과 식민화 과정에서 경제적으로 어려움을 겪으면서 황해노회가 제주선교를 중단한 이후에는 제주선교를 전남노회, 전북노회, 순천노회가 협력하여 담당했다.

제주선교가 활발하게 진행됨에 따라 효과적인 제주선교를 위해 제주 삼양에서 한림까지 이르는 산북지방의 전도활동, 한림, 협재에서 서귀포까지 이르는 산남지방의 전도활동, 그리고 조천에서 효돈까지 이르는 정의지방의 전도활동으로 대별하여 진행하였다.

2. 산북(山北)지방의 전도활동

1914년 윤식명이 제주에 "대정지방전도목사"로 부임했다.4) 대정지방은 윤식명에게 맡기고 이기풍은 이제 성내교회, 삼양, 금성교회를 중심으로 한 산북지방과 성읍교회와 조천교회를 중심으로 한 동부(정의)지방 목회를 전담하면 되었다.5) 이기풍은 이전에 비해 부담이 줄어들었으나 여전히 건강 문제가 해결되지 않아 휴식이 불가피했다. 그는 힘든 가운데서도 성내교회와 제주지방을 담당하면서 영적진흥에 힘을 쏟았다.

---

4) 제주 산북지방 선교는 이기풍-최대진-김창국-이창규-김정복-이기풍으로 맥이 이어졌다.
5) 제주 전역이 이기풍의 손길이 강하게 남은 곳이지만 특별히 제주 성내에서 한림까지 산북지역의 경우 이기풍의 희생과 헌신의 흔적이 깊게 담겨져 있는 곳이다. 조선예수교장로회사기를 통해 고찰할 때 이 지역에서 제일먼저 시작된 교회는 금성교회와 성내교회 그리고 삼양교회이다. 후에 설립된 내도교회(현 외도교회)와 수원교회(현 한림교회)도 산북지방에서 매우 오랜 역사를 지닌 교회들이라 할 수 있다. 제주선교 70년사에 따르면 이들 교회들 중 1925년 4월에 간행된 제주 지역 최초의 교회사라 할 수 있는 제주기독교사에서는 제주성내교회, 금성교회, 삼양교회가 1908년에 설립된 것으로 기록되었고, 수원교회는 1915년 그리고 내도교회는 1919년에 설립된 것으로 기록되었다.

전라도 개척 선교사들

매년 열리는 사경회가 1915년 성내교회에서 열렸다. 변요한(邊約翰, John F. Preston, 1875-1975) 선교사와 로라복(魯儸福, Robert Knox, 1880-1959) 선교사, 최마태(崔馬太, Mattie Samuel Tate, 1864-1940) 선교사와 명애다(明愛多, Ada Marietta McMurphy, 1883-1970) 선교사가 제주에 와서 인도한 사경회는 매우 성공적이었다. 최마태 선교사는 미국 미조리주 갤러웨이에서 출생하여 1892년 11월 3일 남장로교 선교사로 오빠와 함께 내한했다. 1894년 전주로 내려가 전도활동을 했으며, 1897년에는 전주 서문밖교회를 시작했다. 1898년에 교회 안에 주일학교와 여학교를 개설하고 아동교육에 힘을 쏟았으며, 이 학교는 1907년 랭킨(N. Rankin) 교사가 부임한 후 기전여학교로 발전했다. 전주에서 계속해서 여성을 중심으로 전도사업에 헌신하다 1935년 은퇴하고 미국으로 돌아갔다가 1940년에 세상을 떠났다.6)

명애다 선교사는 1912년 남장로교 선교사로 내한하여 목포 지방을 중심으로 활동했으며 농촌지방 부인들을 대상으로 선교와 계몽운동에 주력했다. 그녀는 부인조력회 확장을 위해 노력을 기울이는 한편 부인 성경반을 지도했다. 또한, 목포정명여학교 교장대리를 역임하고, 프렌취 병원 간호원장을 지냈으며, 특별히 가난한 환자들을

---

6) 김승태, 박혜진 엮음, 내한 선교사 총람 1884-1984 (서울: 한국기독교역사연구소, 1994), 471.

헌신적으로 섬겼다. 1941년 일제에 의해 강제 추방당했다가 1947년 재내한해 목포에서 병원, 학교 재건, 농촌선교에 크게 기여하다 1958년 은퇴했다.7)

변요한, 로라복 두 명의 남자 선교사는 남성들을 대상으로 1주일간 사경회를 인도했고, 최마태, 명애다 두 명의 여자선교사는 여성들을 대상으로 사경회를 인도했다. 1915년 제 5회 **전라노회록**은 제주사경회에 대해 이렇게 기록하고 있다:

> 슌텬 변요한 목ᄉ와 광쥬 로라복 목ᄉ 끠셔 지는 겨울에 도즁으로 드르오셔셔 흔쥬일 동안 샤경회를 열고 교슈ᄒ심으로 일백이십명 교우가 ᄌ미잇게 공부ᄒ엿 ᄉ오며 또 젼쥬계신 최미티 부인과 목포계신 명이다 부인끠셔 드르오셔셔 녀사 경회를 식힘으로 ᄌ미가 만ᄉ옵ᄂ이다.8)

남녀 사경회가 동시에 아니면 차이를 두고 열린 것인지 분명한 언급이 없다. 그러나 남녀를 대상으로 한 사경회를 통해 "ᄌ미가 만았다"는 사실은 매우 유익한 사경회였음을 말해준다.

1915년 이기풍이 건강이 악화되어 "셩음이 부족함으로" "육지 어떤 교회에서 한양"9)치료를 할 수 있도록 허락을 받고 제주를 떠난 후 그의 후임으로 최대진이 부임했다. 최대진의 사역기간이 "이기풍씨 한양하는 동안"으로 한정한 것을 보아 이기풍이 완전히 사임한 것도, 최대진이 정식으로 다년간 사역할 조건으로 제주에 부임한 것

---

7) 김승태, 박혜진 엮음, 내한 선교사 총람 1884-1984, 346.
8) 전라노회 제 5회 회록, 148.
9) 이후에 이기풍은 한동안 목소리가 잘 안 나와 고생을 했다. 긔독신보, 1917년 6월 27일. 〈기독신보〉에는 이기풍에 대한 "個人消息(기인쇼식)"이 실렸다. "리긔풍목사 씨는 광쥬교회 담임목ᄉ로 게시터인디 셩디가 병이나셔 부득불 오릭동안 한양치 아니치 못 ᄒᆯ 경우니 위ᄒ야 긔도ᄒ심을 브라오며 리여한목ᄉ 씨는 동경 련합교회에 션 교ᄒ로 파송ᄒᆷ을 밧아 가신 지 아직쥬년이 치못되얏ᄂ디 신병으로 인ᄒ야 일젼에 가족과 ᄒᆷᄭᅴ 귀국ᄒ야 그부인은 경셩에 류ᄒ시는 모양이고 리목ᄉ는 긔셩 고려병원으로가셔 치료즁이라ᄒ니 위ᄒ야 긔도ᄒ심 근구ᄒᄂ이다."

이 아님을 알 수 있다.

7년 동안 사역했던 목사를 떠나보낸 성내교회는 큰 슬픔이 아닐 수 없다. 이 영향으로 190명이던 교인이 120명으로 줄었다. 다행히 최대진(1915-1917) 목사는 이기풍의 이임 공백을 훌륭하게 메꾸어 주었다. 1915년 12월 25일에는 "일반교우와 남녀학생들"이 참석한 가운데 성탄절 행사를 대대적으로 벌였다. 1916년 1월 26일자 기독신보는 "제쥬교회성탄후문"이란 제목으로 상세하게 보도했다:

> 먼나라에서 오는 됴흔 쇼식은 목모른 사룸의게 굉슈굿도다. 됴창권(趙昌權)씨가 제쥬소식을 보니엿는디 지는 셩탄일에 그곳 교회에셔 지낸 샹황의 대략이니 일반교우와 남녀학싱들이 합동ᄒᆞ야 경축여흥으로 학교 운동쟝에다 연극을 비셜ᄒᆞ고 젼녁종 소리에 일션간 관이와 신ᄉᆞ졔씨와 남녀 ᄋᆞ동들이 졔졔챵챵 ᄒᆞ게 슘쳔여 명이 츌셕ᄒᆞᆫ 후에 죵교와 교육샹 취미를 포함한 연극을 힝ᄒᆞ야 관광계씨의 감샹과 흥분을 니르키고 이 시긔를 리용ᄒᆞ야 마가복음을 일쳔 일빅 오십권 가량을 젼급이 되엿다 ᄒᆞ얏스니 우리는 이통신을 졉슈ᄒᆞ고 싱각ᄒᆞ기를 경셩ᄀᆞᆺᄒᆞᆫ 곳에셔도 삼쳔명이 회집ᄒᆞ야 셩탄츅하를 못ᄒᆞ엿는디 제쥬ᄀᆞᆺᄒᆞᆫ 셤ᄀᆞ은디 에서 이ᄀᆞᆺ치 공젼졀후(空前絶後)ᄒᆞᆫ 셩황을 지는것보니 멀지 아니ᄒᆞ야셔 셤으로 브터 륙디에 젼도홀줄 밋노라.10)

3천여 명이 참여했다는 것은 제주교인들과 제주주민들이 함께 어루어진 축제였음을 말해준다. 부임한 후 성내교회에서 최대진의 사역은 교인들과 주민들로부터도 상당한 호응을 얻었던 것으로 보인다. 당시 여느 다른 지역에서도 마찬가지이지만 사경회는 영적재충전과 복음전도를 위해 너무도 좋은 기회였다. 성령의 감동과 교통이 느껴지는 사경회야말로 공동체성을 확인하고 거룩한 목적으로 하나 되는 기간이다. 1915년에 이어 1916년도 사경회에서도 큰 은혜가

---

10) 긔독신보, 1916년 1월 26일.

김재원 장로와 가족들

임했다. 그해 강사는 부위렴(夫偉廉, W. F. Bull, 1876-1941) 선교사와 그의 조사 최경률, 그리고 마부인이었다.

부위렴은 1876년 버지니아주 노포크에서 출생해 미국에서 대학과 신학교를 졸업하고 1899년 남장로교 선교사로 내한하여 군산에 선교 거점을 마련했다. 1902년 남장로교 선교사로 입국한 앨비(Libbie A. Alby, 1869-1957)와 결혼했다. 그는 개인전도, 천막전도와 복음 부흥성가단을 조직하여 부흥사경회를 인도하며 영혼구령에 앞장선 선교사였다. 그는 전킨(W. M. Junkin)을 도와 군산선교를 성공적으로 감당했으며, 옥구 지방에 교회를 설립하였고, 1915년 제 5회 전라노회 때 노회장으로 선임되었다. 1919년과 1920년에 전북노회 회계를 맡았고, 1920년에는 전북지방 교회진흥운동을 제창하여 전북노회를 크게 부흥시킨 주역이었다. 군산 영명학교와 멜볼딘여학교에 협력하였고 1941년 귀국하여 그해 세상을 떠났다.[11]

오랜 부흥회 인도 경험이 있는 부위렴이 인도한 사경회와 제주

---

11) 김승태, 박혜진 엮음, 내한 선교사 총람, 1884-1984, 151-152.

사랑이 남다른 마부인(馬栗理, Julia A. Martine, 1869-1944)이 인도한 10일 동안의 사경회는 산남지방과 산북지방 교회와 교인들에게 큰 유익이었다:

> 셩경공부ᄒᆞᄂᆞᆫ 것은 부위렴씨와 최경률씨가 오셔셔 사경회를 가라치ᄂᆞᆫ디 십일 동안 남북교회가 큰 은혜를 밧어소오며 두 션교ᄉᆞ가 모실포에서 사경회를 ᄒᆞᄂᆞᆫ디 ᄌᆞ미를 만이 엇고 목포계신 마부인 십일 동안 샤경ᄒᆞᄂᆞᆫ디 더욱 은혜를 만이 밧엇ᄂᆞ이다.12)

위 기록으로 볼 때 두 명의 선교사가 성내교회에서 산북지방 교인들을 대상으로, 모슬포에서 산남지방 교인들을 대상으로 사경회를 인도한 것으로 보인다. 마부인이 10일 동안 인도한 선교사의 경우 더욱 많은 은혜가 임하는 사경회였다. 최대진이 맡은 성내교회와 산북지방은 이기풍의 이임으로 인한 침체를 회복할 수 있었다. 본래 최대진은 이기풍이 한양하는 동안 한시적으로 사역을 감당하는 전도목사로 부임했었으나 1916년 제 6회 전라노회는 "자업 전도목사로서 [성내교회] 담임교역자직"13)을 1년 더 연장하기로 결정했다. 전도국 관할 하에 두고 산북편에서 1년 동안 자업생활을 하면서 선교할 수 있도록 허락한 것이다. 이는 본인의 청원이기도 했다:

> 제쥬에 一년동안션교ᄒᆞ시던 최대진씨가 자금으로 一년간은 ᄌᆞ업 싱활ᄒᆞ면서 션교ᄒᆞ겟다ᄂᆞᆫ 청원은 허락ᄒᆞ고 전도국으로 보니 여전 도국에서 최대진씨의게 대ᄒᆞ야 엇더케 교섭ᄒᆞ게 ᄒᆞ엿소오며.14)

> 제쥬션교ᄉᆞᄂᆞᆫ 젼년 쟉뎡디로 윤식명씨는 산남편 디방에서 션교케 ᄒᆞ고 최대진씨ᄂᆞᆫ ᄌᆞ긔청원에의ᄒᆞ야 본 전도국 관활하에 두고 산북

---

12) 전라노회 뎨 6회 회록, 31.
13) 전라노회 뎨 6회 회록, 30.
14) 전라노회 뎨 6회 회록, 30.

편에셔 一년동안 주업 싱활ᄒ면셔 젼도케 ᄒ옵ᄂ이다.15)

제 6회 노회는 이외에도 선교사 1명과 남녀전도인 2명, 여전도인 1명을 제주에 파송하여 제주선교를 계속하되 선교사는 윤식명, 여전도인은 이선광으로 결정했다.16) 그리고 매년 1회씩 선교사 1명과 한국인 1명을 보내 사경회를 열기로 결정했으며 1917년 사경회 강사로 고라복 선교사와 이자익을 결정했다.

1917년 3월 20일 성내교회에서는 "부인 대사경회 겸 부흥회"가 열렸다. 이기풍, 군산 서부인, 광주 서장로 부인, 순천 기부인 등 훌륭한 강사가 인도한 이번 사경회에는 남녀 4백 명이 모이는 성황을 이루었다. 오전에는 부인들만 대상으로 하였고 저녁에는 남자와 여자 모두를 대상으로 하였다. 산북지방의 교회 교인들이 대거 참석하였다. "졔쥬교회ᄉ은혜"라는 이름으로 1917년 6월 6일 이재순은 흥분을 감추지 못하고 이 소식을 기독신보에 전했다:

> 젼남졔쥬군 셔문안 교회에서 지나간 삼월 이십일 부인대 사경회겸 부흥회가 되엿ᄂᄃ 션싱은 리긔풍 목ᄉ 부부와 대군산 셔부인과 광쥬 셔장노 부인과 슌텬 기부인 졔씨오, 오젼에난 부인사경회로 모혀 진리를 공부ᄒ고 오후에는 집집마다 돈니며 쥬의 복음을 열심 젼파ᄒ엿고 밤마다 리긔풍 목ᄉ의 인도로 부흥회를 열고 십일 동안 여러 가지고 강연ᄒᆯ시 남녀 四빅여명식 모혀진 신령ᄒ 젼도를 열심으로 듯는 즁에 연약 ᄒ 형뎨ᄌᄆ는 굿건ᄒ 밋음과 오묘ᄒ 진리를 만히 비화 새슐에 취ᄒ듯ᄒ며 쥬의 말슘을 듯지 못ᄒ던 동포들이 셩신의 감동ᄒᆞᆷ을 닙어 밋기로 작뎡ᄒ 자도 수십명에 달ᄒ엿고 더욱 감ᄉᄒ 거슨 본교회 령슈로 잇던 홍순홍 김지원 량씨를 장로장립례식을 ᄒᆡᆼᄒ엿ᄂᄃ 교우 다 깃봄으로 영광을 하ᄂ님ᄭ 돌엿다 ᄒ엿더라.17)

---

15) 전라노회 뎨 6회 회록, 34.
16) 전라노회가 제주선교를 계승하면서 그동안 제주선교를 위해 헌신해온 이선광을 계속 파송하기로 결정한 것이다.

이기풍을 제외하고는 이번에 참가한 강사 군산 서부인과 광주 서장로 부인, 순천 기부인은 모두 남장로교 선교회 소속 선교사들이었다. 군산 서부인(徐舒平, Elisabeth Johanna Shepping, 1880-1934)은 1880년 독일에서 출생하여 미국으로 건너가 뉴욕에서 간호학을 전공한 후 비블리컬신학교를 졸업하고 1912년 미남장로교 의료선교사로 내한했다. 서울세브란스병원, 군산 구암예수병원에서 근무했으며 광주 제중병원 간호원장으로 재직하면서 고아사업과 나환자 간호에 헌신했던 선교사였다. 1922년에는 이일성경학교를 설립하여 불우한 여성을 대상으로 교육에 헌신했으며 니일의 헌금으로 이일성경학교 건물을 준공해 초대교장으로 취임했다.

1923년에는 한국간호협회를 창설하여 국제간호협회에 가입했으며, 한국여자기독교절제연맹을 창립하고 검소생활을 몸소 실천했으며, 가난한 학생에게 장학금과 기숙사비를 보조해 주는 등 몸으로 삶으로 주님의 사랑을 실천했던 선교사였다. 1934년에는 골수염과 간장염으로 세상을 떠나면서 자신의 시신을 의학연구를 위해 사용해 달라고 신체마저 기증했다. 일생 독신으로 한국선교를 위해 헌신했던 군산 서부인은 제주선교를 위해서도 상당히 공헌했다.18)

광주 서장로(徐路得, Martine Luther Swinehart, 1874-1957) 부인 스윈하트(Lois Hawk Swinehart, 1869-1971)는 미국에서 철도국장과 사범학교 교장을 역임한 남편이 1911년 남장로교 선교사로 내한할 때 함께 입국했다. 서장로는 광주선교부에 소속되어 교육사업과 교회건축에 종사했으며 1912년 2월 조선연합주일학교협회가 결성되었을 때 초대회장에 선출되었다. 광주에 중흥학교, 서흥학교, 숙명학원, 배영학교를 설립하였고, 광주 수피아여학교 운영에도 참여하였다. 1931년 조선예수교서회 빌딩을 완공했고, 1935년 이화학당 교사 신축도 책임 맡았다. 서장로의 아내 스윈하트는 과부 독신여성

---

17) 리지순, "계쥬교회시은혜," 긔독신보, 1917년 6월 6일.
18) 김승태, 박혜진 엮음, 내한 선교사 총람 1884-1984, 444.

1927년 초대장로 홍순흥

들에게 기술, 성경교육을 위한 광주 초급여자성경학교를 설립하고 교사로 활동했다. 이후 서장로는 신사참배 문제로 1937년 일제에 의해 강제 귀국 당했으며 1957년 세상을 떠났다. 아내 스윈하트는 1971년 11월 3일 남편의 뒤를 따랐다.[19]

순천 기부인(奇安羅, Anna Lou Greer, 1883-1973)은 1912년 남장로교 선교사로 내한하여 광주, 순천, 군산 등지에서 선교활동을 했으며, 1932년 워커(G. W. Walker)와 결혼하고 3년 후 1935년에 귀국했다.[20]

사경회 기간 낮에는 부인사경회가 열렸고, 오후에는 전도를 나갔고, 저녁에는 전도한 사람들을 대상으로 전도집회가 열렸다. 이 같은 패턴은 오랫동안 한국교회가 사경회를 열면서 사용해오던 순서였다. 평양대부흥운동이 한창 한반도 전역에 일어날 때 사경회를 통해 한국교회는 큰 유익을 얻었다. 사경회의 꽃은 역시 저녁집회였다. 저녁집회 강사는 이기풍이었다. 사경회에 400명이 참석했고 결신자가 수십 명이 나왔다는 것은 당시 제주의 형편에서는 대단한 결실이었다.[21] 1917년 3월 20일부터 10일 동안 열린 이번 사경회를 통해 산북지방의 남녀 신자, 불신자 모두 영적 재충전을 받는 기간이었다.

성내교회와 산북지방의 교회들은 이전의 열기를 회복해 갔다.

---

19) 김승태, 박혜진 엮음, 내한 선교사 총람 1884-1984, 466-467.
20) 김승태, 박혜진 엮음, 내한 선교사 총람 1884-1984, 239.
21) 리지순, "제쥬교회시은혜," 긔독신보 1917년 6월 6일.

1917년 사경회가 끝난 후 4월 첫 주일에 윤식명, 남대리, 이기풍 3인이 참석한 가운데 성내교회에서 장로 임직식이 거행되었다. 김재원과 홍순홍이 이날 성내교회에서 장로장립을 받았다. 당회가 구성되어 당회장 윤식명, 당회원은 김재원과 홍순홍이었다. 제주 역사상 첫 당회가 조직된 것이다. 이날 당회록은 이 역사적 사건을 이렇게 기록하고 있다:

> 一千九百 八年 二월브터 졔쥬교회가 시쟉되야 졈졈 흥왕흐는 즁에 전라로회에셔 졔쥬셔문니교회 당회를 죠직흐라는 승인을 가지고 一千九빅 十七년 四월 一일에 전라로회시찰원 윤식명 남디리 리긔풍 三시가 졔쥬셔문니 례비당에셔 쟝로쟝립 례식을 거힝흐고 졔쥬셔문니교회 당회를 죠직흐엿스니 우리 졔쥬도에 처음으로 설립된 당회가 반셕으로 터를 숨고 춤 리치로 기동을 삼아 영원무궁토록 견고흐야 텬국복음 스업에 확쟝흐기 도아쥬시기를 三위 一톄되신 하나님 씌 비옵느이다. 아멘 쥬후 一千九빅 十七년 四월 一일 셔문죵.22)

1917년 8월 1일 현재 성내에는 170-180명의 신자가 있었고,23) 성내교회가 개척한 용수리에 있는 기도처소는 예배처소로 발전하여 20여 명이 모여 예배를 드리고 있다. 성내교회가 장로를 장립한 후 더욱 안정을 찾았다. 교회는 새벽기도와 성경공부를 진행하고 남녀사경회를 인도하고 주일공과를 매주 시행했다. 여자들은 여전도회를 조직하여 매주 1전씩 저축하여 교회 건축비로 사용하기로 했다. 그러나 남녀학생을 양육하기 위해 설립한 학교를 유지하지 않기로 결정하고 학생들을 공립학교에 보내기로 했다. 재정상의 이유로 그렇게 한 것으로 보인다.24)

---

22) 濟州城內敎會堂會會錄, 一호.
23) 림택전, "졔쥬여행기," 긔독신보, 1917년 8월 1일.
24) 전라노회 뎨 7회 회록, 19.

성내교회 성경학교 창립

성내교회와 산북지방의 교회는 이기풍 목사를 다시 담임으로 청빙하여 교회 부흥을 꾀하고 싶었다. 마침 최대진 목사가 노회에 사면을 청원한 상태였기 때문에 후임을 구할 적기였다. 그래서 후임으로 "리긔풍시를 선교亽로 보니 달나는 쳥원"25)을 보냈다. 이 청원은 "뎡亽위원"26)에게 보내졌고, 정사위원들은 "본로회 전도국 지경의 예산이 부죡흔즉 허락지" 않고 "亽실상 불능흔 형편를 들어 로회가 셔긔로 편지"27)하기로 결정했다.

전라노회는 "졔쥬셩니에 션교亽 一인을 파숑ᄒ기로 ᄒᆞᆫ디 션교亽는 김챵국 시로 선턱ᄒ야 一년간 시무케"28) 할 것을 결정했다. 제7회 노회의 결정에 따라 김창국은 "셩니에셔 슈원ᄭ지" 담당하고 윤식명은 "룡슈리에셔 죵문이ᄭ지"29) 맡았다.

1917년 제 6회 총회에서 "졔쥬젼됴ᄒᄂᆞᆫ 亽건은 총회에셔 남북분

---

25) 전북노회 뎨 6회 임시회록, 2.
26) 전북노회 뎨 6회 임시회록, 4.
27) 전북노회 뎨 6회 임시회록, 5.
28) 전라노회 뎨 7회 회록, 35.
29) 전라노회 뎨 7회 회록, 36.

립을 승인 후 남북로회가 일년 동안 협동ᄒᆞ야 진힝ᄒᆞ기로 결뎡"30) 했다. 그러나 전라노회가 전남노회와 전북노회로 분립한 후 각기 소속이 정해져 김창국은 전북노회로부터 윤식명은 전남노회로부터 후원을 받았다. 이기풍이 부임하지 못한 것에 대한 아쉬움이 많았지만 새로운 목회자가 성내교회와 산북지방에 부임한 것은 또 하나의 좋은 기회였다. 김창국이 부임한 후 1918년 3월 9일부터 19일까지 사경회가 개최되었다. 강사는 맹현리 선교사, 윤식명, 임정찬, 김창국, 목포 최병호 장로 등이었다. 제주에서 사역하는 전도목사들이 모두 참석하였고, 저녁마다 저녁 전도집회가 열렸다. 놀랍게도 매 저녁 수백 명의 사람들이 모였다. 제주에서 그렇게 많은 사람들이 모일 수 있는 것 자체가 놀라운 일이다. 7일 동안의 새벽기도회도 은혜로운 시간이었다. 1918년 4월 17일자 기독신보는 "**長老會通信**(쟝로회통신)"란에 "제쥬사경회형편"을 자세히 소개했다:

> 제쥬사경회를 삼월 구일에 기최ᄒᆞ야 십구일에 폐회ᄒᆞ엿ᄂᆞᆫ디 츌셕ᄒᆞᆫ 회원은 팔십여명이오 교소는 셔양 션교소 밍현리와 죠션 목소 윤식명 림졍찬 김챵국 목포 최병호 쟝로 졔씨더라. 각반 과뎡을 졍밀ᄒᆞ게 조직ᄒᆞ여 교슈 홈으로 다대ᄒᆞᆫ 은혜를 만히 밧는 즁 특별ᄒᆞᆫ 일 몃가지를 들어 긔지ᄒᆞᄂᆞ이다
> 一. 밤마다 강셜회를 기최ᄒᆞ여 교인과 외인이 수빅 명식 모혀 ᄌᆡ미잇게 듯는 즁 신령ᄒᆞ고 격졀ᄒᆞᆫ 강연 소리는 텬상 종을 치는듯 령혼의 귀에 경경ᄒᆞ야 신앙샹 기름이 일층 쌀나졋ᄉᆞ오며 의인도 밋기로 쟉뎡ᄒᆞᆫ이가 만히 잇ᄉᆞ오니 쥬ᄭᅴ셔 특별ᄒᆞᆫ 긔회 주심을 감샤ᄒᆞ오며
> 一. ᄯᅩ 칠일 동안 시벽긔도회를 열어 림목ᄉᆞ의 인도로 형뎨ᄌᆞᄆᆡ들이 하ᄂᆞ님 은혜를 더욱깁히 씨둣고 ᄌᆞ복ᄒᆞ고 감샤ᄒᆞ는 쟈와 결심쟈가 만히잇셔 가뎡례비 보기 담비ᄭᅳᆫ키 一년에 각 사름이 ᄒᆞᆫ 사름식 엇기 밋지안는 가쪽 위ᄒᆞ여 시벽긔도 힘쓰기 연보에 열

---

30) 전라노회 뎨 7회 회록, 46.

심ᄒᆞ기 몃칠몸 밧쳐 전도ᄒᆞ기로 ᄒᆞ엿ᄉᆞ오며

一. 또 전례로 교ᄉᆞ들이 식비를 ᄌᆞ당ᄒᆞ고 교슈ᄒᆞ는 일이 황송ᄒᆞ게 ᄉᆡᄃᆞᆺ고 미순회에서 보내신 션싱 두 분 외에 다른 션싱과 외쳐에셔 오신 형뎨를 위ᄒᆞ여 본회에서 二十여원을 연보ᄒᆞ여 션싱을 디졉ᄒᆞ며 형뎨를 환영ᄒᆞ엿ᄉᆞ오며

一. 또 사경ᄉᆡ에 즁화민국 션교ᄉᆞ의 스틱실화ᄒᆞ여 몰쇼흔 비참흔 보고를 듯고 동졍을 표홈으로 십여원을 연보ᄒᆞ엿ᄉᆞ오며

一. 또 션싱으로 오신 밍현리목ᄉᆞ는 림목ᄉᆞ 구역에 미셔인 ᄒᆞ나도 업고 고독단신으로 션교ᄒᆞ는 거슬 보고 민망히 넉여 셩셔 공회에 미셔인 ᄒᆞ나 청구ᄒᆞ여 보내기로 ᄒᆞ는 즁 셩셔공회에서 허락지 아니ᄒᆞ면 ᄌᆞ긔가 ᄌᆞ당ᄒᆞ기로 흔 일이오며

一. 또 이곳에 칠팔년 젼브터 밋는 형뎨 김두봉씨는 과ᄌᆞ 쟝ᄉᆞ를 크게 ᄒᆞ는 가온디 그 영업에 ᄎᆞᄎᆞᄊᆞᆯ녀 밋음이 타락되고 쥬일을 폐ᄒᆞ와 셥셥흔 디졍에 드러가 회긔홀 소망이 망연ᄒᆞ더니 금번 샤경회 교ᄉᆞ 졔씨의 근졀ᄒᆞ고 젹졀흔 권면이 골슈를 씨르고 싸기는듯 ᄆᆞ음에 통회ᄒᆞ는 ᄆᆞ음과 쥬씌도라 오기를 용밍잇게 작뎡ᄒᆞ엿는디 작뎡흔 그 후날은 ᄌᆞ긔모친의 환갑이라 대연을 비셜ᄒᆞ고 션싱과 졔직들과 사경회원 일동을 모흐고 경소로 은연셕샹에셔 이왕에 쥬은을 니져ᄇᆞ린 것과 압흐로 열심 작뎡흔 거슬 셜명ᄒᆞ고 잔치를 ᄒᆞ엿ᄉᆞ오니 이 잔치는 졔쥬 셩안에 처음으로 흔 일이오며 곳 빅마리 즁 흔 양의 잔치가 겸ᄒᆞ여 할녜뉴야 찬송을 하ᄂᆞ님씌 돌녓ᄉᆞ오며 그후 쥬일에 샹뎜문을 굿이닷고 휴업이라 두렷이써 븟치고 왼 가죡과 고용군을 다거ᄂᆞ리고 와셔 깃브게 례비 보앗ᄉᆞ오며

一. 또 젼별ᄒᆞ는 날에 형뎨 ᄌᆞ미들은 풍셩흔 은혜를 밧은 즁에셔 하ᄂᆞ님씌 영광을 돌녀보내며 션싱들 의게 츅하ᄒᆞ는 즁에셔 ᄌᆞ미들이 여러 가지 션물노 츤셩을 표ᄒᆞ며 감샤흔 눈물노 이별을 이셕키 넉엿삽니다.[31]

---

31) 긔독신보, 1918년 4월 17일.

사경회를 통한 제주교회의 변화를 잘 그려주고 있다. 여기서 우리는 제주에서 매년 열리는 사경회가 산북지방이나 성내교회만을 위한 사경회가 아니라 제주지역 전체를 위한 사경회라는 사실을 알 수 있다. 제주에서 사역하는 사역자들이 다 참여한 것도 그 때문이다. 성내교회 김창국이 외부 강사에게 숙소를 제공했는데 이는 성내교회가 재정적으로 가장 여유가 있었기 때문으로 보인다.

이번에는 외국 선교사로는 맹현리 선교사 한 사람만 참석했다. 맹현리(孟顯理, Henry Douglas McCallie, 1877-1945)는 제주에 지속적인 관심을 가지고 선교에 동참한 선교사였다.32) 사경회 기간 동안 많은 사람들이 은혜를 깊이 깨닫게 되었고, 결신자들이 많았으며, 헌금과 헌신에 대한 결단도 두드러졌다. 1918년 성내교회 담임목사 김창국은 기독신보에 자신의 선교구 선교상황, 복음의 확장 과정에 대해 매우 소상하게 다음과 같이 보고하였다. 기독신보 "長老會通信"에 "졔쥬셔븍디방통신 김챵국"의 이름으로 올렸다:

졔쥬에 디ᄒᆞ야 선교구역을 세구역으로 난호앗ᄂᆞᆫ디 동편 디방은 림정찬 목ᄉᆞ의 구역이오 남편디방은 윤식명 목ᄉᆞ의 구역이오 셔븍디방은 교뎨의 구역이 올시다. 교뎨의 구역ᄂᆡ에 아직 교회가 넷이 잇ᄂᆞᆫ디 수원과 금셩과 셩안과 삼양 네곳에 잇슴니다. 이 네곳 교회에 특별ᄒᆞᆫ 형편만 긔지ᄒᆞᆞ이다. 수원 교회에ᄂᆞᆫ 례비당이 업시 밋ᄂᆞᆫ 형뎨의 집을 빌어 례비 보옵더니 그 교회 김홍수 집ᄉᆞᄂᆞᆫ 례비당 업슴을 한탄ᄒᆞ다가 특별이 셩신의 감동을 밧어 례비당 일좌를 지어 하ᄂᆞ님 ᄭᅴ 밧칠 ᄆᆞ음이 불닐듯 ᄒᆞ와 불일 ᄂᆡ로 삼간 례비당을 졍묘ᄒᆞ게 지어 밧치고 새례비당에서 부흥회를 열어 일반교우가 신앙상에 특별경셩을 밧어 하ᄂᆞ님ᄭᅴ 감샤흠으로 영광을 돌니오며 금셩교회도 례비당이 업시 리덕련 집ᄉᆞ의 집에서 례비를 보ᄂᆞᆫ디 례비당을 위ᄒᆞ야 돈을 얼마즘 져축ᄒᆞᆫ 것도 잇고 그 교회 리집ᄉᆞᄂᆞᆫ 됴흔 례비당 주시기를 밤낫 근구ᄒᆞ며 힘쓰는 즁이오니 쟝ᄎᆞ 됴흔 례비

---

32) 김승태, 박혜진 엮음, 내한 선교사 총람, 335-336.

당 싱길 희망과 교회가 젼진흘 희망이 만스오며 셩안 교회에 특별 흔 일은 졔쥬셤 교회에셔는 뎨일큰 례비당이오 큰 교회라고 흘수 잇는 디 죵이 업셔 대단 곤난 흐읍던 추에 본교회 형님 홍영진씨가 금오십원을 내여 죵을 사게 홈으로 미국으로 쥬문흐여 미구에 나와셔 교우들과 원셩안을 경셩 식히겟스오며 삼양교회는 작년 십이월 분에 비로소 셜립된 교회로 남녀 三十 명에 니르러 주미가 만히 잇는 즁에 그것도 형뎨의 집에셔 모히는디 새로밋는 오쥬병씨는 이왕슐긱으로 허망흔일을 만히흐든 거슬 다 온젼히 희기흐고 밋는 날부터 열심으로 밋는 형님이 을시다. 이 형님은 빈한흔 형뎨로셔 하느님 례비당을 본동에 셰울 모음이 근졀흐더니 하느님의 무한흐신 은혜를 씨돗는 즁에셔 오십원 가치되는 주긔 살던 집을 밧쳣스오니 이형님의 밧친거슨 과부의 연보와 곳치되엿습느다. 셩안교회 와 수원금셩 량교회가 그형님의 열심 셩의를 하례흐는 즁 이십여 원을 당장 연보흐야 수리비를 도와주어 잘 수리흐여 지금 새례비당에셔 깃븜으로 례비흐며 하느님끠 영광과 찬숑을 돌니느이다.33)

담임목사 김창국의 건강문제와34) 재정적인 압박이 있었지만35) 1918년에 접어들어 교회 형편이 "날로 전진"하였으며 1918년 노회에서 김창국과 윤식명이 노회로부터 1년 더 연장을 받았다. 이들이

---

33) 긔독신보, 1918년 7월 24일.
34) 김창국은 성내교회와 산북지방을 맡으면서 헌신한 나머지 건강이 좋지 않았다. 신병치료를 위해 노회에 재정지원을 요청했으나 노회 재정이 여의치 않아 즉석에서 14원 40전을 헌금하여 김창국에게 건네주었다. 전북노회는 김창국의 형편을 고려하여 1919년 노회에서 년 540원으로 올려주고 교제비로 60원을 지원하기로 결정했다. 전북노회 제 5회 회록, 11.
35) 1918년 8월 16일 제주의 기독교 인재 양성을 위해 설립한 여자사숙을 폐지하기로 결정했다. 여자사숙까지 폐지한 것이다. 차종순, 성안교회 90년사 (제주: 성안교회, 1999), 174. 1910년 설립 초부터 성내교회에서 운영하던 영흥학교는 제주기독교 교육의 시초였다. 조봉호, 좌형수, 김재선, 김세옥, 강규언, 김봉주, 이인전, 홍마태, 홍마리아, 윤진실, 윤신실, 김대봉, 김광삼, 김옥성, 신재홍, 정상조, 홍보영 등이 참여하며 운영해오다 1918년 8월 16일 폐지를 제직회에서 결정한 것이다. 학생도 2-3명에 불과하고 재정 지출도 곤란하여 남학도와 같이 여자들도 보통학교에 보내 교육시키기로 결정한 것이다. 남녀 학생들을 모두 보통학교에 보낸 것으로 보아 모두 폐지한 것으로 보인다.

받는 연봉은 각기 300원이었다. 1918년 선천에서 열린 제7회 총회 때 제주선교에 참여하는 황해노회 전남 전북노회 연합회가 모여 제주 김창국 목사 지방을 전북노회에서 담당하기로 결정함에 따라 1919년 4월 2일에 열린 제 4회 전북노회에서 이를 보고했다.

1919년 삼일운동이 발발하면서 제주교회 역시 일대 위기를 만났다. 제주교회와 관련하여 "금년에 소요ᄉ건을 인ᄒ야 기인전도에 크게 고난을 당ᄒ엿ᄉ오며"36)라는 1919년 전북노회의 보고는 상당히 부드러운 표현이었다. 전국의 교회들이 삼일독립운동의 네트워크 역할을 했던 것처럼 교회는 민족운동에서 늘 선두주자였다. 제주교회 역시 이 일에 동참했고 피해도 컸다. 제주교회는 단순히 삼일만세운동에만 참여한 것이 아니라 조국의 독립을 위해 그 이상의 노력을 기울였다. 독립희생회 사건이 그것이다.

1919년 5월 상해임시정부 연락원 김창규를 통해 제주에서 사역하는 김창국 목사와 윤식명 목사, 조봉호, 최정식, 김창언이 "독립희생회"에 가담했는데 이 일이 발각되어 피해가 심했다. 김창규는 임시정부 선포문과 해외통신문을 가지고 제주에 와서 "제주도에도 독립희생회를 조직해 줄 것"과 "회원은 1인당 2원(당시 쌀 한 가마는 4원)을 헌납할 것"을 요청했다. 최정식은 법원의 고용인으로 있던 김창언을 통해 법원의 등사기를 밤중에 운반해 임시정부 선포문과 해외통신문을 등사하여 교회 조직을 이용하여 제주 전역에 배포했다. 김창국 목사를 통해 구좌면 세화리에서 한림읍 수원리까지, 대정교회 윤식명 목사는 한림리부터 중문리까지 정의지방 임정찬 목사는 서귀, 남원, 표선, 성산을 맡아 비밀리에 배포했다. 4,450명이 이 일에 참여하여 총 만원의 독립운동자금을 거두어 송금했다. 이 일이 탄로 나면서 김창국은 2년 반의 집행유예를 윤식명은 집행유예를 받았다.

삼일운동과 그 후 이어진 독립희생회 사건 속에서도 성내교회는 1919년 10월 24일 "본 교회에서 일 년간 여전도인을 세우기로 결정

---
36) 전북로회 뎨 4회 회록, 13.

김익두 목사

하고 월급은 12원씩 지불하기로 하"고 "여전도인은 이선광씨로 택정"37)해 전도를 계속했다. "삼양리 새로 세운 교회에 금년 세례인 구인과 학습인 팔인을 세"38)운 것은 큰 수확이었다.

1920년 4월 6일 제 6회 전북노회 때 김창국이 참여하여 제주선교에 대해 보고한 것을 보면 이때는 김창국이 풀려난 것으로 보인다.39) 김창국의 감동적인 보고에 도전을 받은 노회원들은 그 자리에서 1,335원 50전을 헌금했다. 1920년 9월 14일에 열린 7회 전북노회에서는 제주에 학교를 설립하는데 1년에 120원을 지원하기로 결정하였다. 그 이듬해 1921년에는 학교 설립을 위해 329원을 헌금하고 부족한 금액 200원은 전도목사 김창국이 모금하도록 허락했다.

1920년 성내교회 김익두 부흥집회

김창국은 활발하게 제주선교를 추진했다. 한국교회 안에 김익두 부흥운동이 한창 진행되고 있던 1920년 12월 3일부터 13일까지 성내교회는 김익두를 강사로 모시고 부흥회를 개최하였다. 400여 명이 참석한 이번 부흥회 기간 동안 놀라운 성령의 역사가 그들 가운데 임했다. 1921년 1월 1일자 기독신보에는 "제주성내교회부흥회"라는 제목으로 소상하게 제주 김익두 집회가 소개되었다:

---

37) 성내교회 제직회록, 1919년 10월 24일.
38) 전북로회 뎨 4회 회록, 14.
39) 전북로회 뎨 5회 회록, 9.

十二月 三日부터 十三일ᄭᅡ지 十일간 김익두 목ᄉᆞ를 쳥ᄒᆞ여 부흥회를 ᄒᆞ엿눈디 셩니교인 二빅명과 각 교회에서 드러온 형데 ᄌᆞ미들을 합ᄒᆞ여 四빅여명 가량이 회집ᄒᆞ여 심령샹으로 크신 은혜를 츙만히 밧엇ᄉᆞ오며 육신으로도 각식 병 나흔 쟈가 五十六명 가량 되는 가운디 특별ᄒᆞᆫ 거슨 눈이 젼부 어두어 보지 못ᄒᆞ눈지가 六년지 된 로인이 눈이 붉어 무슴 물건을 분별ᄒᆞ며 례비당에도 ᄎᆞ져 왓ᄉᆞ옵고 두 팔이 굽어지고 ᄯᅩ 허리가 구브러진 로인이 량팔과 허리가 펴져 례비당에셔 츔을 너울너울 추엇ᄉᆞ오며 경샹도 열일군에셔 귀가 졀벽된 병어리 학싱들을 드리고 그곳ᄭᅡ지 와서 은혜를 밧는 즁에 귀가 열니어 소리를 듯고 ᄯᅩ 발음을 ᄒᆞ여 하ᄂᆞ님 아부지라고 ᄒᆞ며 깃븜으로 도라갓ᄉᆞ오며 ᄯᅩ 례비당 건츅ᄒᆞ기 위하여 연보ᄒᆞ눈디 혹은 금으로 혹은 월ᄌᆞ로 혹은 반지로 혹은 쟝도로 혹은 긔명으로 혹은 갓양터로 혹은 안경으로 혹은 시계로 혹은 면쥬로 혹은 의복으로 …다섯살 먹은 ᄋᆞ희가 주머니를 ᄯᅳᆯ너 엽흔 푼 잇는 것슬 ᄭᅳ니여 강디로 가지고 와셔 밧치는 거슬 보고 여러 사ᄅᆞᆷ이 긔특이 녀겨 그 엽 한푼을 三원에 四원에 五원에 二원에 五원에 一원에 서로 닷토아서 엽젼 ᄒᆞᆫ푼이 二十원이 되엿더라. 이와 ᄀᆞᆺ치 열셩으로 밧친 거시 금젼으로 계산ᄒᆞ온즉 二쳔 八빅 여원이 되엿ᄉᆞ오니 하ᄂᆞ님의 크신 ᄉᆞ랑과 무한ᄒᆞᆫ 권능을 찬숑ᄒᆞ고 영광을 돌니며 업드려 감샤ᄒᆞᄂᆞ이다.[40]

1920년 본토에서 일어난 놀라운 부흥운동, 신유를 수반한 김익두 부흥운동을 제주도 교회가 경험한 것이다. 이 불이 얼마나 제주지역으로 확산되었는지를 정확히 알 수 없지만 김익두가 제주에 와서 부흥집회를 인도했고, 실제로 육지에서와 같은 놀라운 신유의 역사가 나타난 것만으로도 의미는 크다. 김익두의 부흥회는 제주선교에 큰 힘이 되었고, 이로 인해 성내교회와 산북지방에서의 김창국의 리

---

[40] "제주성내교회부흥회," 긔독신보, 1921. 1. 1.

더십은 한층 견고해졌다. 대정지방에서 윤식명이, 동부지방에서 임정찬이 했던 역할을 산북지방에서 김창국이 감당한 것이다.

그러던 김창국이 1922년 광주 양림교회로 이임하고 그해 3월 14일 제 10회 전북노회에서 전도목사 사면이 수리되었다. 공교롭게도 마치 약속이나 한 듯이 대정지방을 담당해온 윤식명도 같은 해 김제읍교회로 전임하고, 임정찬도 황해노회의 결정에 따라 제주를 떠났다. 황해노회, 전북노회, 전남노회가 제주에 파송한 세 명의 선교사들이 모두, 그것도 거의 같은 시기에 제주를 떠난 것이다. 제주로서는 너무도 큰 위기였다. 김창국이 떠나고 곽우영이 성내교회 대리목사로 부임했지만 성내교회와 산북지방의 교회들은 크게 위축되고 말았다.

3. 산남지방의 전도활동

산남지방은 한림 협재에서 서귀포까지다. 모슬포가 이 지역의 거점이었다. 이기풍이 이 지방의 개척자지만 실질적 초석을 놓은 인물은 윤식명이었다. 1925년까지 설립된 산남지방에 속한 대표적인 교회는 모슬포교회, 용수교회, 중문교회, 고산교회, 두모교회, 협재교회 등으로 윤식명과 이경필이 맡아 성공적으로 사역을 감당했다. 1914년 제 4회 전라노회는 이기풍 선교사 외에 윤식명 선교사를 제주에 추가로 파송하기로 결정하였다. 윤식명의 제주선교 거점은 대정군 모슬포였다:

> 션교ᄉ 一인을 더 파송ᄒ랴 ᄒᄂᆫ디 윤식명씨를 보니기 원ᄒ오며 시로 가는 션교ᄉ는 남편 대정군 모실포로 위치를 졍ᄒ오며 션교ᄉ 一인 보니는 일에 디ᄒ야 이왕 젼도ᄒ던 젼도인 두 사ᄅᆞ람과 죠ᄉ 훈 ᄉᆞ람은 거두랴 ᄒ오며 각 션교ᄉ의게 젼도겸 미셔인과 던 젼도인 각 一인식 두어 일보게 ᄒ랴 흠.[41]

노회의 결정에 따라 1914년부터 1921년까지 전라노회에서 파송한 윤식명(尹植明) 목사가 모슬포에 거점을 마련하고 강병담(康秉談), 조창권(趙昌權), 김진성(金振聖), 원용혁(元容赫) 등의 협력을 받아 "산 남편 디방"42)을 개척했다. 모슬포교회는 대정군 지역을 전담할 목회자가 부임함에 따라 새로운 시대를 맞았다.

윤식명의 부임과 대정지방 선교 개척

　제주에 도착한 얼마 후인 1914년 10월 15일 "대정지방목사 윤식명"은 성읍리교회에 전도인 이재순씨와 함께 예배당에서 추계 세례문답을 실시했다. 이날 34살의 양경수, 17살의 이정희, 58세의 강광춘, 15세의 김보배가 세례문답을 받았다. 제주동지방회회의록에는 윤식명에 대해 "대정목사 윤식명," "대정지방목사 윤식명"으로 소속을 밝히고 있다.43) 성읍리교회가 윤식명에게 할당된 지역이 아니었는데도 세례문답을 실시한 것은 일시적인 사정에 의한 것이다.

　윤식명의 제주선교는 처음부터 쉽지 않았다. 사택도 없어 교회에 기거하면서 사택의 문제를 해결해야 했고, 학교 문제도 계속 학교를 유지해야 할지 어떨지에 대해 선임자 이기풍이 "완젼흔 디답"을 주지 않아 방침을 결정하지 못했다. 게다가 청산해야 할 빚도 남았다. 1915년 제 5회 전라노회 앞에 윤식명은 "섭섭한" 감정을 전도국 보고를 통해 전달했다:

> 모실포등디에 윤식명 목ᄉ의 전도로 교회가 시쟉ᄒ여 가는디 목ᄉ의 계실집이 업셔 례비당에 계심으로 미안ᄒ오며 리목ᄉ의 학교유지방침에 디ᄒ여 완젼흔 디답을 못ᄒ오니 섭섭흔 중 전도국에 남은 돈업고 오히려 六十원 빗이 잇ᄊ오니 엇지 ᄒ면 조흘넌지 조량ᄒ시옵[소서].44)

---

41) 전라노회 뎨 4회 회록, 14.
42) 전라노회 뎨 6회 회록, 34.
43) 제주동지방회(정의)회록, 41.

모슬포교회의 풍경

여기 "빚" 60원은 모슬포교회 건축을 하면서 진 빚으로 보인다. 전라노회 전도국 위원들도 처음에는 모슬포교회에 빚이 있는 줄 몰랐다가 이기풍 선교사의 말을 듣고 알게 되었다. "모슬포 신 건축훈 례비당은 빗이 잇논줄 몰나논디 리긔풍씨의 말을 시로 들은 즉 육십 원 빗이 잇다 ᄒ오니 우리 젼도국임원의 염려가 마지 안이ᄒ니다."45)

교회의 빚과 사택의 문제를 동시에 해결하는 일은 당시로서는 쉽지 않은 일이었다. 당시 선교사의 월급이 二十二원이었던 것을 감안할 때 빚 60원은 세달 치 월급에 해당되는 금액이다. 당시 교회 형편으로서는 적지 않은 액수다. 감사하게도 1915년 제 5회 전라노회 때 모슬포교회의 빚은 "기란 목ᄉ와 안지륜 목사가 연보 이십원을 ᄒ심으로"46) 부족한 액수 40원만 보충하면 되었다. 그동안 모슬포교회에 기거하면서 대정군 지역 전도를 전담하던 윤식명은 뜻밖에 제주 지역에서 선교하는 각 지방 선교사들로부터 150원의 후원을 받았다:

---

44) 전라노회 데 5회 회록, 11.
45) 전라로회 데 4회 회록, 14.
46) 전라로회 데 5회 회록, 16.

모실포게신 션교ᄉ 윤식명씨의 쥬턱이 업셔 곤란ᄒ더니 각 디방
션교ᄉ 씌셔 一百五十원 연죠를 보닉여 쥬턱을 예비ᄒ엿스니 감샤
ᄒ오며47)

동료들의 후원으로 윤식명 선교사는 1916년에 이르러 제주선교의 장애였던 빚과 주택문제를 해결한 것으로 보인다. 제 6회 전라노회는 제주에 1명의 선교사, 2명의 남자 전도인, 그리고 1명의 여자 전도인을 후원하기로 정하고 선교사로는 윤식명 선교사를, "녀젼도인은 리션광씨로 시무케 ᄒ엿"48)다. 그해 전라노회는 1917년 제주선교를 위한 전도국 예산 700원을 인준했으며, 각 내역도 결정했다. 이중 윤식명 선교사 사례로 264원을, 남전도인 2명의 사례로 144원, 여전도인 1명의 사례로 84원을 책정했다. 전라노회는 앞으로 생길지 모르는 혼란을 미연에 방지하기 위해 선교지의 영역을 재확인했다:

졔쥬 션교ᄉ는 젼년 쟉뎡 딕로 윤식명씨는 산남편디방에셔 션교케
ᄒ고 최대진씨는 ᄌ긔쳥원에 의ᄒ야 본 젼도국 관활하에 두고 산
북편에셔 一년동안 ᄌ업 싱활ᄒ면셔 젼도케 ᄒ옵ᄂ이다.49)

윤식명에게는 제주 산남편 대정군 지역이 할당된 것이다. 1914년 제주에 부임한 윤식명은 1922년까지 헌신적으로 사역을 감당해 제주에 새로운 선교 역사를 만들었다. 윤식명의 활동에 대해 **제주선교 70년사**는 이렇게 집약했다:

1914년 전라노회(全羅老會)의 파송(派送)으로 입도한 그는 모슬포에 거주를 정하고 산남(山南)지방 순회전도 목사로서 활동한 결과 많은 신자를 얻었다. 모슬포 지방에서 강병담(康秉談) 전도인과 전

---

47) 전라로회 뎨 6회 회록, 31.
48) 전라로회 뎨 6회 회록, 32.
49) 전라로회 뎨 6회 회록, 34.

도하여 김씨순전(金氏順全), 고씨수선(高氏守善), 최정숙(崔正淑) 등 8인에게 학습을 주었고, 이기풍 목사에게 전도 받고 결신(決信)한 고흥주(姜興周), 김씨나홍(金氏拿鴻), 그리고 이신숙(李辛淑) 3인(人)에게 세례(洗禮)를 베풀었다. 용수교회 초창기의 교인 이명춘(李明春), 이달춘(李達春) 형제(兄弟)의 전가족(全家族)이 윤식명(尹植明) 목사의 전도로 예수 믿게 되었다. 그는 모슬포에 포교소(布敎所)를 설치하여 산남(山南)지방을 순회 전도하는 중 태을교도(진천교)(太乙敎徒-晉天敎)들에 의하여 크게 고난을 당하고 사경(死境)에 이르렀으나 하나님의 도우심으로 구사일생(九死一生)하기도 하였다.50)

이렇게 해서 윤식명 목사는 제주 대정지방선교를 성공적으로 개척했다. 그는 이기풍 선교사가 구축한 선교업적 위에 견실한 집을 세웠다. 8년간 사역하는 동안 거친 풍랑을 만났지만 윤명식은 굴복하지 않았다. 그는 1918년 태을교 습격으로 팔을 잃으면서도 여전히 제주를 가슴에 품었다. 그의 헌신과 희생과 섬김은 대정지역, 모슬포지역 선교의 토대를 구축하는 중요한 밑거름이 되었다. 윤식명과 함께 사역했던 원용혁은 그가 제주를 떠나자 1922년 1월 1일자 긔독신보에 그의 이임을 다음과 같이 아쉬워했다:

윤식명 목사를 석별하고

원용혁

맑은 하늘 가을 밤에 한풍은 소슬ᄒ고 락엽은 비신ᄒ야 셰월의 신속흠을 싸라 엄동이 박도흠을 션고흠으로 야원에 놀든 즘싱들은 심산 궁곡의 심혈을 차자들고 슈림에 날든 죠류들은 온 후구디에 온 소를 슈츅ᄒᄂᆫ디 슯흐다 우리 인싱은 어데가 의지ᄒ며 어디로 도라 가리요 유한의 인싱이 무한의 비감을 금치 못ᄒᄂᆫ디 멀니갓든 기력이는 신구긔약어기지 안코 씨록 씨록.

---

50) 姜文昊, 文泰善, 濟州宣敎 70年史, 37.

문안 소리에 귀거리를 부르지져 리별한을 도아내고 살갓치 빠른 화륜션은 덩긔 일즈 닛지 안코 뛰오 뛰오 긔적소리 려힝 승긱을 지촉ㅎ야 항로의 시각을 다톰으로 졍들고 친슉훈 목ᄉ를 쟉별ㅎ도다. 망망흔 바다에 흉흉흔 챵파를 무릅쓰고 비오갓치 가는 비에 몸을 의지ㅎ야 쟉별한 목ᄉ는 하ᄂ님의 뜻으로 젼북젼쥬군 죠촌면 용흥리(全北 全州郡 助村面 庸興里) 교회 목ᄉ의

ᄉ명을 메고 가시지마는 바다 가운데 외로온 셤으로 교통이 불편ㅎ고 디방이 미기ㅎ야 미진 암로에셔 헤미이는 동포의 싱령을 위ㅎ야 팔 년 동안 쳔신 만고로 힘쓰고 이쓰던 졍형은 눈물 잇는 쟈로 동졍아니 홀 슈 업는 바로다.

텬연의 슙긔는 극심ㅎ고 도로는 험악ㅎ는디 타고단닐 것 젼혀 업시 도보로 디방을 도라 다니기에 얼마나 더운 쌈을 흘녓스며

포교홀 째에 빅쳑의 무리와 질타ㅎ는 인싱을 위ㅎ야 얼마나 슯흠에 눈물이 써러졌스며 젼도ㅎ랴고 츌쟝ㅎ는 로샹에서 쳔만 뜻밧게 민난을 맛나셔 무수흔 미를 맛고 사경에 니르럿다가 젼능ㅎ신 셩신의 능력으로 회싱의 은혜를 밧앗스나 머리에 여덜곳 샹쳐와 왼편팔둑 졀곡된 데와 왼편 갈비 샹흔데셔 만흔 피를 흘니며 놋슨으로 결박을 당ㅎ야 이리뎌릿 글려단닐 째에

얼마나 압흐셧스며 엇더케 참으셧슴닛가. 목ᄉ님의 지니신 슈졍은 우리쥬 예수님의 자최인바 하놀에 텬균이 간증ㅎ고 이곳에 신도가 인각된 바로다.

더운쌈과 슯흔 눈물과 쓸는피를 흘니고 히산의 슈고를 ㅎ든 쯧헤 복음의 ᄌ녀가 삼빅 여명에 달ㅎ엿스나 밋음이 굿건치 못ㅎ고 심지가 견고치 못ㅎ야 동거를 가리지 못ㅎ고

남북을 뎡치 못ㅎ는 신도가 목ᄉ님을 보니는 것이 무엇에 비ㅎ릿가. 사룸의 얼골을 아난 어린 ᄋ희가 자모를 닐흠과 갓흘가? 황혼 져믄 날에 길춧지 못흔 어린양이 목쟈를 닐흠에 비홀가? 일에 림ㅎ야 션후칙을 누구를 향ㅎ야 므르며 난국에 쳐ㅎ야 립각을 누구를 의지ㅎ야 보존ㅎ리요 이답도다.

목ᄉ님의 쟉별이여 ᄌ녀를 리별흔 자모 갓흔 목ᄉ님 엇더케 눈물

을 긋치시느넛가. 만히 안심ᄒ시고 가시는 교회에서 셩역을 더욱
진력ᄒ샤 그리스도 영광을 넓히 나타내시기를 바라오며
셩신흠씌 ᄒ시기를 복츅ᄒᄂ이다.

一九二一, 十月 三十일 밤[51]

참으로 긴 석별의 정을 노래한 시(詩)이다. 글 속에는 아쉬운 석별의 정이 윤식명 목사에 대한 깊은 존경과 사랑으로 승화되어 표출되고 있다. 글 구석구석에 섬김의 모델을 보여준 윤식명 선교사에 대한 깊은 감사가 절절히 배어있다. 척박한 대정 땅에 복음의 씨를 뿌리고 300여 명의 신자들이 모이는 신앙의 공동체를 이루고 떠나는 윤식명은 행복한 사역자라는 생각이 든다. 1918년 태을교 핍박을 비롯한 온 갖 박해가 끊이지 않았던 영적전투의 현장에서 윤식명은 승리한 것이다. 원용혁의 글 속에는 윤식명이 어떻게 모슬포교회를 섬겼는지를 그대로 읽을 수 있다. 1914년 부임해서 1922년 이임할 때까지 8년 동안 윤식명이 심어 놓은 복음의 씨가 든든하게 자라는 것을 확인할 수 있다. 윤식명이 부임할 때 몇 명에 불과했던 대정지방 교세는 1917년에 40여 명, 1921년 말에는 300여 명으로 증가했다.[52]

윤식명이 제주를 떠나고 그 뒤를 이어 이경필이 부임했다.[53] 그 역시 남다른 사랑과 헌신과 겸손의 사람이었다. 이경필은 윤식명의 바턴을 이어 모슬포와 대정지방 선교사역을 성공적으로 감당했다. 5년간 헌신적으로 모슬포와 대정지방을 섬기며 제주선교를 이끌어간 이경필(李敬弼)은 이기풍과 윤식명 못지않은 훌륭한 사역자였다. 이기풍-윤식명-이경필로 이어지는 대정지방 선교사역자들에 대해 **제주선교 70년사**는 이렇게 평했다:

[이경필은] 전라노회의 파송으로 윤식명 목사의 뒤를 이어 모슬포

---

51) 元容赫. "尹植明 牧師를 惜別ᄒ고," 긔독신보, 1922. 1. 11.
52) 긔독신보, 1917. 8. 1.
53) 제 11회 총회록 (1922), 140-142.

에 거주하면서 지방순회 전도목사로 활동하였다. 그는 특별히 교회의 조직에 힘을 기울이면서 전도에 힘씀으로써 모슬포 교회가 조직당회를 이루게 되었고, 그 외에도 법환, 중문, 고산, 용수, 두모 등지에 교회를 세우기에 이르렀다. … 이기풍, 윤식명, 이경필 세 목사는 제주선교에 있어서 선구적인 역할을 담당했던 전도자들로 후일 그들에 대하여 다음과 같이 기록하고 있다. '이기풍 목사는 복음의 씨를 짊어지고 와서 전파할 때 의관을 찢기워도 부끄러워 움을 개의치 않고 뿌린 파종자와 같으며, 윤식명 목사는 피땀 흘리고 팔다리가 부러지는 고통도 불구하고 사역한 관수자(灌水者[물 주는 자])이며, 이경필 목사는 조직적인 주의력을 가지고 밤낮으로 돌아보며 전도한 전경자(転耕者)이며, 이 세 목사를 도와 전도에 종사한 수많은 전도인들은 주님의 사업에 충실하게 수종든 보조병(補助兵)들이라.'54)

이기풍-윤식명-이경필로 이어지는 대정지방의 선교사역을 함축적으로 그려주었다. 하나님은 절대주권의 하나님이시지만 당신의 주권적 역사를 사람을 통해 이루어 오셨다. 제주선교가 결실을 거두기까지 눈물을 흘리며 씨를 뿌리고, 정성을 다해 물을 주고, 혼신을 다해 기경한 자들이 있었다. 역사는 그런 사람들에 의해 이루어졌다.

4. 정의(동부)지방의 전도활동

1917년부터 1922년까지 조천에서 효돈까지 이르는 정의지방은 전남노회, 전북노회, 황해노회의 협의에 따라 1917년부터 황해노회가 파송한 임정찬 목사가 담당하기 시작했다.55) 황해노회는 1907년 일곱 명의 목사 안수자 가운데 1명을 제주도에 파송한 것처럼 1917년

---

54) 姜文昊, 文泰善, 濟州宣教 70年史, 37-38에서 재인용.
55) 한국교회사학회 편, 조선예수교장로회사기 하 (서울: 연세대학교출판부, 1968), 24-25.

신학교를 졸업하고 목사 안수를 받은 아홉 명 중에 1명인 임정찬을 목사로 장립해서 제주에 파송했다:

> 신학 졸업싱 九인 중에 일인은 졔쥬 전도목스로 보니고 … 신학졸업 싱 림뎡찬시는 목스쟝립ᄒ야 졔쥬전도 목스로 파송ᄒ엿스오며 …56)

황해노회는 1917년 총회에 "졔쥬전도"를 "부흥전도"57) 등과 더불어 노회의 주요 전략으로 보고하였다. 이듬해 황해노회는 "졔쥬전도를 확쟝홀 일"을 "진리를 존즁히 간슈홀 일"58)과 더불어 황해노회의 가장 중요한 미래 사역으로 제시하였다. 김장호 문제로 황해노회가 곤란을 겪었던 것을 감안할 때 충분히 이해할 수 있는 내용이다. 1919년 제 8회 총회 때 황해노회가 "졔쥬도절반"의 전도를 담당하고 "졔쥬도에 목스 림정탄 시와 녀 전도인 一인을 파송ᄒ야 전도ᄒ는 것"59)을 매우 자랑스럽게 보고한 것에서 알 수 있듯이 황해노회는 제주선교를 전략적 사업으로 삼았다.

임정찬이 1917년 황해노회의 파송으로 조천에서 효돈까지를 담당하는 "제주동지방목사"로 부임한 후 이 지역의 선교는 활기를 띠기 시작했다. 그가 부임한 후의 활동은 현존하는 제주동부지방회(정의) 회의록을 통해 비교적 소상하게 살펴볼 수 있다. 1917년 부임한 임정찬은 제주의 절반에 해당하는 동부지방을 맡아 헌신적으로 사역을 감당했다. 임정찬은 윤식명이 대정지방에서 그랬던 것처럼 이기풍이 이룩한 터 위에 견고한 복음의 탑을 쌓아 올렸다. 그는 성읍교회를 중심으로 조천교회, 세화리교회(한동리처소회)를 돌보면서 학습, 세례, 유아세례, 책벌, 서리집사 피택에 이르기까지 개 교회의 주요 교회 회무들을 춘기와 추기로 나누어 실시했다.

---

56) 제 6회 총회록 (1917), 52.
57) 제 6회 총회록 (1917), 52.
58) 제 7회 총회록 (1918), 49.
59) 제 8회 총회록 (1919), 73.

임정찬이 동부지역을 순회사역하는 동안 1920년 3월부터 1921년 2월 7월까지 이선광 전도부인이 동행하여 임정찬의 사역을 지원했다. 이미 1908년에 제주에 파송하여 이기풍과 제주선교를 개척한 이선광이 임정찬을 돕는 것은 임정찬에게 대단한 힘이 되었다. 임정찬은 1922년 황해노회의 소환이 있을 때까지 제주동부지방의 순회사역을 열심히 감당했다. 1917년 그가 부임한 후 1922년 이임할 때까지 **제주동부지방회(정의)회록**에 나타난 그의 순회 일정과 순회 교회 그리고 개교회에서 그가 행한 주요업무는 다음과 같다.

임정찬 전도목사 동부(정의)지방 순회 일지(1918.4.-1922. 9)

순회일자	순회교회	주요업무	기타
1918.4.21	성읍교회	학습	
1918.6.9	조천교회	학습	
1918.10.20	조천교회	세례, 책벌	
1918.11.3	성읍교회	세례	
1918.2.23	조천교회	학습	
1919.7.20	성읍교회	책벌	
1919.12.28	조천교회	세례, 학습, 유아세례	
1920.2.29	조천교회	학습	
1920.3.7	성읍교회	학습	이선광전도부인동행
1920.4.4	성읍교회	책벌	김남서서리집사피택
1920.5.2	조천교회	학습	
1920.5.16	성읍교회	학습	
1920.6.10	성읍교회	유아세례	
1920.6.29	조천교회	학습및 세례	김연배 이관문 서리집사피택
1920.10.31	성읍교회	학습	
1920.12.19	한동리처소회	세례	이선광전도부인동행
1921.2.20	성읍교회	학습및 세례	이선광전도부인동행
1921.2.27	성읍교회	권징	
1921.5.28	조천교회	학습및 세례	
1921.7.31	성읍교회	학습및 세례	이선광전도부인동행
1922.3.11	성읍교회	세례	
1922.3.18	조천교회	학습및 세례, 권징	

날짜	장소	내용	비고
1922.5.13	성읍교회	학습및 세례, 유아세례	
1922.5.20	강경수 집	강경수에게 세례	
1922.6.17	조천교회	책벌	
1922.6.21	임정찬 집	성읍교회 교인 책벌	
1922.8.7	한동리처소회	책벌	
1922.8.16	성읍교회	학습및 세례, 유아세례, 책벌	
1922.8.19	조천교회	학습및 세례, 유아세례	
1922.9.2	세화교회	학습및 세례	한동리처소회가 세화교회로 발전

자료: <제주동지방회(정의)회록>

정의지방 제직회록에는 1914년부터 1926년까지 당시 정의지방의 교회들의 모습, 특별히 이 지역을 대표하는 성읍리교회, 조천리교회, 세화교회에 대해 소상하게 기록되었다. 이선광은 이기풍과 김창국에 이어 1920년부터 1921년까지 임정찬을 신실하게 보좌하였다. 이선광의 도움으로 임정찬은 춘계와 추계, 두 차례 정의지방의 교회들을 돌며 학습문답과 세례문답, 그리고 권징을 실시했다.

성읍리교회

1908년, 이 지역에서 제일 먼저 설립된 성읍리교회는 정의지방의 중심 교회였다. 임정찬이 부임하기까지 성읍교회는 명맥을 유지하는 정도였다. 제주동지방회(정의)회록에 있듯이 1914년 4월 18일 이기풍이 문답을 실시하고,[60] 그해 10월 15일 윤식명이 문답을 실시한 기록 외에는 특별한 사건이 없었다. 그러다 1918년 11월부터 1922년 9월까지 집중적인 목양을 받기 시작했다. 꾸준하게 학습문답과

---

60) 1914년 4월 18일 이기풍의 집례로 이재순 전도인이 동행한 가운데 67세의 정학석, 정학석의 처 69세의 이학인, 강승봉의 처 59세의 강홍렴이 세례문답 후 세례를 받았고, 34세의 양경수와 17세의 이정희가 학습문답을 받고 학습교인으로 세워졌다. 제주동지방회(정의)회록, 1, 41.

세례문답자들이 생겨났고, 영적 분위기도 점차 좋아졌다.

하지만 성읍교회는 제주의 여느 교회들과 마찬가지로 영적 전투가 극심했다. 우상과 성적 도전이 심한 제주라는 지역적 한계 때문에 교회 지도자들이 신앙의 배도로 출교를 당했고, 성적문란으로 권징을 받았다. 1920년 4월 4일에는 성읍리교회 교인 이○○를 "책벌받은 지 2개년이 되도록 회개치 아니함으로 출교"61)시켰다. 1921년 2월 27일에는 성읍리 교회 양○○가 "7계를 범한 고로 당범자(當犯者)를 불러 문목(問目)하니 이실직고하여 증거가 분명하나 교인들이 이 사실을 부지(浮紙)함으로 은밀히 증거하고 성찬에 불참케 하여 은밀한 책벌 하에 두었다."62) 임정찬은 이런 책벌을 통해 교회의 질서를 바로잡고 신앙을 견고하게 세우기를 원했다. 성읍리교회에서는 1922년 11월 30일부터 12월 4일까지 이경필 목사 인도로 "지방소사경회"를 개최하였다.63)

> 1922년 11월 30일부터 12월 4일까지 4일간 성읍리예배당에 회집하여 지방소사경회를 개최하고 목사 이경필 씨가 성경 마태복음 산상보훈을 교수하며 매일 신정(晨靜)기도회까지 인도하였는데 학생은 남녀간 38인이 공부하였으며 12월 3일 주일에 성찬 거행하고 폐회하다.64)

1918년부터 1922년까지 임정찬이 성읍교회 순회사역을 감당하다 임정찬이 이임한 뒤에는 이경필이 그 책임을 받았다. 1914년부터 1922년까지 **제주동지방회록**에 기록된 성읍교회 순회사역은 다음과 같다.

---

61) 제주동지방회(정의)회록, 45.
62) 제주동지방회(정의)회록, 46.
63) 제주동지방회(정의)회록, 57.
64) 제주동지방회(정의)회록, 56.

정의지방 성읍리교회 교회 순방 일지(1914-1922)

순회목사	순회일자	세례문답 및 세례	학습문답	기타
이기풍	1914.4.18	정학석, 이학인, 강홍렴	양경수, 이정희	
윤식명	1914.10.15	양경수, 이정희, 강광춘, 김보배		
임정찬	1918.11.3	송인석		
임정찬	1920.3.7		조영국, 김씨 상두	
임정찬	1920.4.4			이정희 출교 강남서 3년 서리집사 임명
임정찬	1920.5.16		이강량, 강성보	현석신 경우 학습 유보
임정찬	1920. 6.29	강봉은(3세) 유아세례		
임정찬	1920.10.31		현석신, 김봉우	
임정찬	1921. 2.27			양경수 책벌
임정찬	1921.7.31	현석신, 김성애, 김봉우	김일석, 강석천, 이성신, 이천길, 조계선	
임정찬	1922.3.11	김일석, 강석천, 이천길, 황경화		조계선 세례 유보
이경필	1922.5.12	유아세례 임정찬 2녀 순애(3세) 임정찬 4남 기두(1세)		
임정찬	1922.5.12	이경량, 김수만, 이성신 김경옥(4세) 유아세례	김이옥, 김경석	서리집사 임명 김달호(2년) 김일석(3년)
임정찬	1922.6.21			황경화 강성보 책벌
임정찬	1922.8.16	정희종, 김강석, 김만화, 김이옥, 조계선 송순희(3세), 송순아(1세) 유아세례	김성실, 현연화, 송림원	
이경필	1922.11.30 -12.4.			지방소사경회
이경필	1922.12.3.			성찬식

출처: 제주동지방회(정의)회록

조천교회

조선예수교장로회사기가 밝히는 대로 조천교회는 1909년 이기풍에 의해 설립된 교회다. 1918년 6월 9일 조천리 예배당에서 신정일씨를 3년 약정 기간으로 조천교회 서리집사로 택정하고, 27세의 이관문에게 학습문답을 실시했다.65) 임정찬 목사는 1918년 10월 20일 마태복음 16장 13절부터 20절까지를 읽은 후 27세 이관문, 23세 김유배, 6월 9일에 학습문답을 받은 이관문의 처 29세 강관애, 이관문의 장모 60세의 윤익신에게 세례문답을 실시하였다. 그는 윤익신을 제외한 3명에게 세례를 베풀고, 성찬식도 거행했다. 김씨 갓반댁의 경우 배교하여 책벌을 받은 지 1년이 지나도록 회개하지 않자 출교시켰다.66) 다시 임정찬은 1919년 2월 23일에는 신정일과 함께 23세의 김연배, 19세의 김창희에게 학습문답을 실시하고 학습교인으로 세웠다.67)

임정찬은 윤식명 목사를 초청하여 조천리교회에서 자신의 3번째 아들 승두에게 유아세례를 베풀었다.68) 1919년 12월 28일 임정찬은 그해 2월에 학습 받은 김연배와 김창인에게 세례문답을 실시하고 세례를 베풀었다. 그는 또한 전창희의 모친 57세의 송상숙에게 학습문답을 실시하고, 이관문의 첫째 아들 다섯 살 난 이성옥에 유아세례를 베풀었다.69)

1920년 2월 29일 임정찬은 신정일 집사가 참석한 가운데 57세의 김갑생과 16세의 부달회에게 학습문답을 실시하고 그들을 학습교인으로 세웠다. 그는 45세의 양철년의 경우 학습문답을 하면서 아직 학습 주기에는 이르다고 판단, 약 2개월 동안 학습을 유보했다.70) 임정찬은 1920년 5월 2일 양철년에게 다시 학습문답을 실시하고 학습교인으로 세웠다. 임정찬은 이 때 1919년 12월 28일 세례를 준 20살의 전창희를 "성서공회의 권서 시무에 피임(被任)"71)하였다. 1920년 10

---

65) 제주동지방회(정의)회록, 42.
66) 제주동지방회(정의)회록, 43.
67) 제주동지방회(정의)회록, 43-44.
68) 제주동지방회(정의)회록, 44.
69) 제주동지방회(정의)회록, 44.
70) 제주동지방회(정의)회록, 45.

월 10일 이정찬은 김연배와 이관문이 참석한 가운데 83세의 김두선, 김연배의 모친 57세 홍종원, 김연배의 매 22세의 김순배와 김운배의 자매 26세의 김혜경, 24세의 천재덕, 양철년의 딸 21세의 고성선, 전창희의 처 23세의 주성옥, 백순례의 딸 16세의 고보배에게 학습문답을 하고 이들 8명을 학습교인으로 세웠다. 그리고 19세의 김주경에게 세례문답을 실시한 후 세례를 베풀었다. 그리고 임정찬은 그 자리에서 김연배와 이관문 두 사람을 조천교회 서리집사로 임명했다.72)

1909년 성립되어 성내교회와 모슬포교회와 더불어 제주를 대변하는 제주에 세워진 첫 3개의 예배당이었던 조천교회는 미약했지만 이기풍, 윤식명, 임정찬, 이경필의 순회목양 속에 조금씩 교회로서의 틀을 다져갔다. 제주동부지방회(정의)회록에 나타난 조천교회 순회사역을 정리하면 다음과 같다.

정의지방 조천교회 교회 순방 일지(1914-1922)

순회 목사	순회 일자	세례	학습	기타
이기풍	1914.4.26	한순명, 윤보원	김대근 신두석 김영애 문정순 김씨(광순처) 황씨(신정일 처)	
이기풍	1915.5.1	김씨(광순처), 황씨(신오남모)	김기반,김학수처	책벌
임정찬	1918.6.9		이관문	신정일 서리집사임명
임정찬	1918.10.30	이관문 김유배 강관애 윤익신		책벌
임정찬	1919.2.23		김연배 김창희	
윤식명	1919.6.29	임정찬 자 승두유아세례		
임정찬	1919.12.28	김연배 전창희,이성옥 (유아세례)	송상숙	
임정찬	1920.2.29		김갑생 부달회	

---

71) 제주동지방회(정의)회록, 46.
72) 제주동지방회(정의)회록, 46-47.

임정찬	1920.5.2		양철년	전창희 성서공회권서 피임
임정찬	1920.10.10	김주경	김두선, 홍종원, 김순배, 천재덕, 김혜경, 고성선, 주성옥,고보배	김연배, 이관문 서리집사 피택
임정찬	1921.5.28	김보인 고창신, 김두선, 양철년, 홍종원, 김순배, 김혜경, 고보배	주봉옥, 김창신, 이기선, 김신순, 기문희, 김경성, 김자율, 고신생	
임정찬	1922.3.18	주성옥, 김갑생, 이기선, 김신순, 홍승규, 김자율, 김순희	김선애, 강기명, 김성순, 고성의, 한순, 김봉순	김○○ 출교책벌
임정찬	1922.6.7			신○○ 출교책벌
임정찬	1922.8.19	김경생,강기명, 김선애,주봉옥, 김병기,고성의, 김성순 외 김정애 (1세),전애(5), 전신 유아세례	신예중, 김구화, 김기성, 양운선, 김인애	
이경필	1922.11.12	김봉순, 김인애, 신예중, 양운선		

자료: <제주동지방회(정의)회록>

　임정찬 목사의 목양과 교인들의 헌신에 힘입어 조천교회는 조금씩 성장을 거듭했다. 1921년 5월 28일 임정찬은 8명에게 세례를 주고 8명을 학습교인으로 세웠다. 이날 세례를 받은 사람은 20세의 김보인, 김주경의 처 24세의 고창신, 84세의 김두선, 46세의 양철년, 김연배의 모친 58세의 홍종원, 김연배의 자매 23세의 김순배와 김운배의 자매 27세의 김혜경, 백순례의 딸 17세의 고보배였다. 이날 학습 받은 사람은 21세의 주봉옥, 32세의 김창신, 49세의 이기선, 23세의 김신순, 24세의 김순희, 22세의 김경성, 32세의 김자율, 65세의 고신생이다. 그리고 세례를 베풀 예정이었던 전창희의 처 24세의 주성옥의 경우는 1명의 경우는 다음으로 연기했다.[73]

　1922년 3월 18일 조천교회의 문답을 위해 김연배 집에서 모여 학

---

73) 제주동지방회(정의)회록, 48-49.

습교인 6명, 세례교인 7명을 세우고 성찬식을 거행했다. 이날 세례 받은 사람은 25세의 주성옥, 59세의 김갑생, 50세의 이기선, 24세의 김신순, 45세의 홍승규, 32세의 김자율, 23세의 김순희이고, 학습교인으로 세워진 사람은 42세의 김선애, 23세의 강기명, 42세의 김성순, 18세의 고성의, 70세의 한순, 그리고 김봉순이다. 1년 전 자격 미달로 세례를 받지 못한 주성옥이 세례를 받았고, "배교할 뿐만 아니라 제 7계를 범"한 김○○는 출교책벌을 받았다.74) 매우 엄격하게 권징을 실시했던 것을 알 수 있다.

실제로 조천교회에서는 1922년 6월 17일 이관문, 전창희 집사가 참석한 가운데 "7계를 범한 증거가 분명한 고로" 신○○를 광고 책벌했다. 신앙이 곧고 바르다고 판단한 집사가 그 같은 죄를 범한 것이다. **동지방제직회록**에는 이렇게 기술되었다:

> 1922년 6월 17이 하오 4시경에 본 지방목사 임정찬 씨가 조천교회 일보기 위하여 본 예배당에 모여 기도하고 개회하니 참석원은 집사 이관문, 전창희 씨러라.
> 1. 처리사항: 신○○이 7계를 범한 증거가 분명한 고로 광고·책벌 하기로 하다.
> 2. 동 익일 상오 12시에 교회 앞에 광고·책벌하고 예배 봄으로 폐회하다.
>
> 동지방목사 임정찬75)

임정찬은 한편으로 교인들을 말씀에 굳게 세우고, 다른 한편으로 신앙에서 멀어지는 자들에게는 신앙으로 권고하고 그래도 개정의 모습을 보이지 않으면 책벌했다.

임정찬은 1922년 8월 19일 문답을 위해 김연배 집에 모여 7명에게 세례를 주고 5명을 학습교인으로 세우고 3명에게 유아세례를 베풀었

---

74) 제주동지방회(정의)회록, 51.
75) 제주동지방회(정의)회록, 52.

다. 이날 세례를 받은 사람은 23세의 김경생, 23세의 강기명, 54살의 김선애, 22세의 주봉옥, 54세의 김병거, 18세의 고성의, 42세의 김성순이고 학습교인은 61세의 신예중, 19세의 김구화, 32세의 김기성, 31세의 양운선, 17세의 김인애였다. 이날 유아세례를 받은 사람은 김주경의 장녀 1살 정애, 전창희의 장녀 5세 전애와 차녀 전신이다.76)

세화리교회

세화리교회는 성읍리교회, 조천교회와 더불어 정의지방의 중심교회였다. 세화리교회는 부상규의 전도로 1918년 설립되었다. 조선예수교장로회사기 하권에는 세화리교회 설립과 관련하여 다음과 같이 기술하고 있다:

> 1918년 제주도 세화리교회를 설립하다. 선시(先是)에 한동(漢東)리 거(居) 부상규가 목포의사에게서 복음을 듣고 믿은 후 부산에 왕(往)하여 선교사 왕길지(王吉志)에게 학습을 전수하고 산지포 목사 이기풍에게서 수세를 받고 귀가하여 인근에 전도하여 신자를 얻어 교회가 시작되었고 황해노회에서 파송한 전도목사 임정찬이 래도하여 전도할 때 부상규가에서 회집예배하니라.77)

부상규의 전도로 시작된 세화리교회는 처음에 "한동리처소회"로 출발했다. 제주동지방회(정의)회록에는 임정찬 목사가 1920년 12월 19일 구좌면 한동리처소회 부상규 가에서 문답했다는 기록이 나타난다. 이때 전도부인 이선광이 함께 동행했으며, 이날 부상규의 처 37세의 김상두가, 부상규의 딸 16세의 부정순이 세례를 받았다.78) 1922년 8월 7일 임정찬 목사는 조천집사 김연배와 성읍리교회 전도

---

76) 제주동지방회(정의)회록, 54.
77) 한국교회사학회 편, 조선예수교장로회사기 하, 320.
78) 제주동지방회(정의)회록, 47.

인 조영국을 동반하고 세화리교회를 순회했다. 그는 히브리서 10장 26-39절의 말씀으로 설교한 후 "부상규 내외가 쟁투·구타하기를 누차함으로 개인의 치욕거리가 됨으로 부상규는 집사직분을 면직하기로 하고 부상규의 처 김상두는 3개월간 책벌 하에 두기로 작정하고 10일 주일에 광고하기로 하다."79) 세화리교회에서 엄격한 권징이 실시되었음을 보여준다.

그러나 부상규 내외는 하나님 앞에 자기반성을 하면서 자신의 잘못을 깊이 뉘우쳤다. 부상규는 약 10개월 후인 1923년 6월 2일 저녁 8시 30분 세화리교회 문헌주 집에서 이경필 목사와 이창규 목사가 참석한 가운데 예배를 드렸다. 이 집회는 2일간 진행된 특별한 집회로 세화리교회로서는 일종의 부흥사경회나 마찬가지였다. 첫날 이창규는 사도행전 2장 40절의 말씀을 가지고 "스스로 구원하라"는 제목으로 설교했다. 그곳에 참석한 "약 10명의 청중"들은 설교에 "다대한 감상"을 받았다.

다음날 오전 9시 이창규 목사는 고린도전서 16장 22절과 에베소서 6장 24절의 본문을 가지고 "은혜를 변치 말라"란 제목의 설교를 했다. 잠시 정회를 한 후 이경필 목사가 고린도전서 11장 23-32절의 말씀을 가지고 "주께서 하신 유언"이라는 제목의 설교를 하고 이창규 목사의 인도로 성찬식을 거행했다. 부상규 내외는 성찬에 앞서 진심으로 자신들의 잘못을 공개적으로 회개했다. 이와 관련하여 **제주동지방회(정의)회록**은 이렇게 기록했다:

부상규 부부 사항은 아래와 같다.
1. 부상규 처 김상두는 자기 가정에 불화를 일으킴은 모두 자기의 불찰로 인하여 가장이 면직을 당하고 권징 아래 있게 되었다고 일일이 자복함과,
2. 부상규 씨는 아내를 구타하며 지방목사 임정찬 씨를 후욕함에

---

79) 제주동지방회(정의)회록, 53.

책벌 당함은 자기 죄인줄 자각하고 금번 수벌함으로 앞에 신행에 다대한 유익을 각오하였다고 일일이 자복함으로 위 부부를 해벌한 후 교회에 광고하고 함께 성례에 참례하기로 하고 성례를 아래와 같이 거행하다.

동일 동시에 이경필 목사의 사회로 찬송 22장을 부르고 기도한 후 이경필 목사께서 성경 고전 11: 23-32 말씀에 "주께서 하신 유언"이라 하는 문제로 설명하고, 이창규 목사께서 떡과 포도즙을 나눈 후에 133장가 이경필 목사의 축복기도로 폐회하다.[80]

부상규의 아름다운 신앙이 드러나는 장면이다. 자신의 잘못을 솔직하게 고백하고 공개적으로 용서를 구하며 새로운 삶을 다짐하는 순간처럼 복되고 아름다운 것은 없다. 이후 부상규 내외의 회심은 세화리교회를 더욱 신앙 안에서 견고하게 만드는 중요한 원동력이 되었다. 세화리교회는 1918년 설립되어 한동리처소회로 불리다 교회 건물을 완성한 후 1922년부터 세화리교회로 칭하게 되었다. 세화리교회는 예배처소에서 예배당으로 조직을 갖춘 것이다: "1922년(壬戌) 제주도 세화리교회에서 본리인 최문환(崔文煥)이 신종(信從)하고, 금육십원(金六十圓)으로 삼간(三間)의 초가를 매수하여 예배당으로 기부하니 차시(此時)로부터 예배당을 본리(本里)에 이전하여 세화리교회라 칭하게 되었으며, 목사 이경필과 영수 부상규가 전도하여 교회를 위하여 노력하였다."[81]

한동리처소로 불리던 세화리교회는 이후 **제주동지방회(정의)회록**에도 "세화리교회"로 나타나기 시작했다. 세화리교회는 정의지방 내 성읍리교회, 조천리교회와 마찬가지로 교회라는 용어를 사용하고 있는 반면 연평기도처는 기도처라고 표시하고 있다. 1918년에 설립된 세화리교회가 1922년에 예배당을 갖추면서 교회로 발전하게 된 것이다.

---

80) 제주동지방회(정의)회록, 58-59.
81) 한국교회사학회 편, 조선예수교장로회사기 하, 328.

제주 동(정의)지방 한동리처소회(세화리교회) 순방 일지(1920-1922)

순회목사	순회일자	세례	학습	기타
임정찬	1920.12.19	김상두(부상규 처), 부정순(부상규 딸)		
임정찬	1922. 8.7			부상규집사직분면직
임정찬	1922.9.2	문헌주 문평권 고일근 정신석	송석신 고정운 마유택 최성화	
이경필	1922.12.5			성찬식

자료: 제주동지방회(정의)회록

이렇게 해서 임정찬은 성읍리교회, 조천교회, 세화리교회를 중심으로 이 지역에서 5년간 충실하게 전도활동을 감당하였다. 그는 당시 정의지방의 중심지인 성읍에 거점을 마련하고 여전도인 오인권과 함께 열심히 전도하였다. 1922년 가을 황해노회의 소환으로 오 전도인과 함께 황해노회로 귀환하였다.

"1917년 황해노회(黃海老會)의 파송(派送)으로 임정찬(林貞燦) 목사가 당시 이 지방(地方)의 중심지(中心地)인 성읍(城邑)에 거주(居住)를 정(定)하고 열심히 전도한 결과 성읍교회를 비롯하여 세화 조천 등 3교회와 기도처 1개소가 세워지게 되었다. 임(林) 목사는 오인권(吳仁權) 여전도인, 김년배(金年培) 전도인등과 동사(同事)했으며, 황해노회의 사정으로 임목사는 귀환하고, 전남노회(全南老會) 파송을 받아 산남지방(山南地方)에서 활동 중인 이경필 목사가 겸하여 정의지방(旌義地方)을 돌보게 되었다."[82]

돌이켜 볼 때 1908년부터 1915년까지 제주선교의 개척기였다면 1915년부터 1922년까지는 틀을 다지는 기간이었다. 1914년부터 1922년까지 8년 동안 제주기독교는 비교적 완만한 성장을 이룩했다. 1908년 이기풍 선교사가 제주에 도착한 후 1922년까지 제주에는 15개의 교회와 8개의 기도처소, 합 23개의 신앙의 공동체가 세

---

82) 姜文昊, 文泰善, 濟州宣敎 70年史, 35-36.

위졌다.[83] 1908년부터 1922년까지 각 지역에 설립된 15개 교회들은 다음과 같다.

1908년부터 1922년까지 설립된 제주지역 초기교회

제주 각 지방 명	교회명	창립년도	비고
산북지방(山北地方)	금성교회	1908	
	제주성내교회	1908	
	삼양교회	1908	
	내도교회(현 외도교회)	1919	
	수원교회(현 한림교회)	1915	
산남지방(山南地方)	모슬포교회	1910	
	중문교회	1914	
	용수교회	1913	
	협재교회	1921	
	법환교회	1918	
	고산교회	1916	
	두모교회	1920	
정의지방(旌義地方)	성읍교회	1909	
	조천교회	1909	
	세화교회	1919	
	연평기도처소	미상	
	김녕기도처소	미상	

출처: <제주선교70년사>[84]

15개의 교회 중에 장로를 장립하여 당회가 조직된 교회는 성내, 삼양, 모슬포, 3개 교회이고 나머지 12개는 미조직교회이다. 3개의 조직교회는 제주성내교회, 모슬포교회, 그리고 삼양교회였다. 제주에 조직된 첫 3개의 조직교회 가운데 성내교회와 삼양교회가 산북지방에 속하고, 모슬포교회가 산남지방에 속하는 것을 고려할 때 산북지방의 교세가 가장 왕성하고, 이어 산남지방의 교세가 강했으며, 제주동부(정의)지방은 가장 약했던 것을 알 수 있다.

---

83) 姜文昊, 文泰善, 濟州宣敎 70年史, 32. 위 교회 가운데 모슬포, 법환, 중문, 용수, 한림, 금성, 조천, 삼양, 세화, 성읍 등 교회는 모두 이기풍 목사가 직접 교회 창립에 참여하거나 아니면 이기풍 목사의 전도를 받고 예수 믿은 이들에 의해 시작되었다.
84) 姜文昊, 文泰善, 濟州宣敎 70年史, 36.

맺는 말

지금까지 1914년부터 1922년까지 제주지방의 선교확장의 역사를 살펴보았다. 윤식명의 파송으로 시작된 선교지 분할은 1917년 황해노회가 제주선교를 시작하면서 더욱 구체적으로 분할되어 산북지방, 산남지방, 그리고 정의지방으로 나뉘어 진행되었다.

제주지역의 복음의 확장과정을 추적하다 보면 제주의 3지역을 중심으로 거점교회라 할 수 있는 중심교회가 세워지고 그 교회를 중심으로 복음이 주변으로 확산되는 과정을 거쳤다는 것을 확인할 수 있다. 산북지방의 경우는 제주성내교회를 중심으로 삼양교회와 금성교회, 내도교회, 그리고 수원교회가 형제교회로 협력하는 체계를 이루고 있었고, 산남지방의 경우는 모슬포교회를 중심으로 용수교회, 중문교회, 고산교회, 두모교회, 협재교회와 협력체계를 구축하였고, 정의지방의 경우는 성읍교회를 중심으로 조천교회, 세화교회, 연평기도처와 김녕기도처와 유대를 가지며 제주선교를 추진했다. 한국교회가 그동안 추진해 온 대로 각 지방에 하나의 거점교회를 마련하고, 그 교회를 중심으로 주변으로 복음을 확산시켜 나갔던 선교방법을 제주에서도 채택한 것이다. 이것은 자연스러운 일이다.

마치 육지의 선교지 분할처럼 1914년부터 시작된 산북지방, 산남지방, 정의지방 셋으로의 분할은 제주 삼성을 중심으로 한 분할 구도를 오랫동안 존속시켜왔다. 산북은 이기풍-김창국-이창규가 성내교회를 중심으로, 산남지방의 경우는 모슬포를 중심으로 윤식명-이경필-김성원이, 그리고 정의지방의 경우는 성읍, 조천, 세화교회를 중심으로 1914년부터 1922년까지 임정찬이 맡아 담당하다 1922년 이후에는 산남지방 전도목사가 이 지역을 순회하며 감당하였다.

이 같은 분할 구도에 따라 1914년부터는 제주에 파송된 각 전도

목사들에게 담당구역이 명시되었다. 제주동부지방제직회(정의)회록에 나타나듯이 이기풍의 경우 "제주지방목사 이기풍," 윤식명의 경우는 "대정지방목사 윤식명," 임정찬의 경우 "제주동지방목사 임정찬"이라고 표기되기 시작했다. 이기풍, 윤식명, 임정찬에게 각기 지역이 할당된 것이다. 이 같은 명칭은 황해노회가 제주선교를 포기하면서 변화가 일어났다. 윤식명의 뒤를 이어 1921년부터 1926년까지 제주에서 사역했던 이경필의 경우는 "제주서지방목사 이경필"이라고 명기되다 후에는 "전도목사 이경필"이라고 명칭이 바뀌었다.

　제주의 선교지 분할은 선교지 분할을 통해 장로교 4개 선교회와 2개의 감리교 선교회가 각 지방을 맡아 추진했던 육지의 선교지분할정책을 연상케 한다. 제주에서 선교지 분할은 전남노회와 전북노회 그리고 황해노회가 마찰 없이 선교사역을 감당하기 위해서는 거쳐야 할 꼭 필요한 단계였다. 그러나 황해노회가 제주선교를 철수한 이후 후임자가 부임하지 않은 상황에서도 삼분 구도가 그대로 유지되어 정의지방의 교회들은 목자 잃은 양처럼 배회해야 했다. 그 결과 정의지방의 경우 그 후 교세의 침체를 면치 못했다.

제 7 장
고난 속에서 진행된 제주선교(1922-1930)

> 본년 八월브터 황히로회는 스셰에 의ᄒᆞ여 본도에 젼도ᄉᆞ업을 쳘폐ᄒᆞ고로 림 목ᄉᆞ는 즈긔가 복음으로 낫코 먹이던 양의 무리를 리별ᄒᆞ고 쳘귀ᄒᆞ시 피ᄎᆞ 셕별의 졍을 금치못ᄒᆞ여 ᄉᆞ랑의 눈물노 작별되엿스니 쳐량ᄒᆞᆯᄉᆞ ᄉᆞ랑 ᄒᆞ는 목ᄉᆞ를 젼숑ᄒᆞ 우리교회여 목쟈를 일흔양이며 부모에 운 고독ᄒᆞᆫ 자 식이 되엿슴니다. …. 아-고독ᄒᆞᆫ 우리의 비운이여 인이ᄒᆞ신 하ᄂᆞ님끠셔 엇지ᄒᆞ야 우리의게서 은혜를 쳘거ᄒᆞ셧ᄂᆞ잇가 우리의게셔 희락이 써나가 고 비이가 침습ᄒᆞ나이다.
>
> [1922년] 十二月 五일
> "제주동반부 교회의 애원서," 제쥬도온구역교회—동 비

　　황해노회가 제주선교를 중단한 후 제주선교는 큰 위기를 만났다. 갑작스러운 선교중단으로 함께 제주선교를 추진했던 전남노회, 전북노회, 순천노회는 물론 임정찬 목사가 돌보던 동부(정의)지역의 제주교회들은 목자 잃은 양처럼 방황하기 시작했다. 일 년에 두 차례 춘기와 추기 학습문답과 세례문답을 통해 가장 기본적인 교회사역을 유지할 수는 있었지만 영적인 말씀을 공급받지 못했다. 그렇다고 산북지방과 산남지방의 교회들이 놀랍게 생명력을 더해 간 것도 아니었다. 이들 지역을 맡은 전도목사들은 자신들의 사역도 버거운데 동부(정의) 지방의 교회들까지 감당해야 했다. 이들이 만난 육체적인 노고, 영적인 부담감은 제주선교사역을 힘들게 만든 주된 요인 가운데 하나였다.

힘들기는 제주선교를 감당해온 전남노회와 전북노회, 그리고 순천노회도 마찬가지였다. 이 시대 한국교회는 일본의 식민지배 하 수탈과 착취와 핍박 속에서 가난과 싸워야 했다. 이 시대 고통의 나날을 보내는 한국의 그리스도인들에게 제주선교는 사치스러운 구호일 수 있었다. 한국교회와 목회자와 교인들은 제주선교를 최선을 다해 감당했지만 경제 문제는 극복하기 힘들었다. 1922년에 이르러 제주선교를 후원하는 이들이나 선교 현장에 있는 이들 모두 한계에 봉착했다.

1922년 황해노회가 제주선교를 중단하고 임정찬 목사를 소환했으며, 전라노회에서 파송한 윤식명 목사도 제주를 떠났다. 얼마 후에 성내교회 김창국 목사마저 이임했다. 윤식명이 제주를 떠난 후 이경필 목사가 부임하고, 김창국의 뒤를 이어 이창규가 성내교회에 부임했지만 그동안 제주를 위해 헌신적으로 사역하던 선교의 주역들이 제주를 떠나면서 제주기독교는 지도력의 공백을 맞았다. 그동안 제주를 삼분해서 산북지방을 맡았던 김창국, 산남지방을 목양했던 윤식명, 그리고 동부(정의)지방을 돌보았던 임정찬 모두 마치 약속이나 한 듯이 거의 동시에 제주를 떠났다.

이들이 떠난 후 후임이 파송되어 전임자의 공백을 메웠지만 황해노회가 관리했던 동부(정의)지방은 임정찬의 후임을 파송하지 않고 큰 공백이 생겼다. 이 선교적 공백은 1930년 제주노회가 조직될 때까지, 아니 그 이후까지 지속되었다. 확실히 1922년부터 1930년까지 제주기독교는 위기의 시대였다. 물론 이런 위기는 제주동부지방에 집중된 것이지만 산북지방과 산남지방 역시 자유로울 수 없었다.

본장에서는 이 시대 고난 속에서 진행된 제주에서의 복음의 확장 과정을 추적하려고 한다.

1. 제주선교의 위기

제주선교 과정에서 가장 힘들었던 문제는 역시 황해노회가 제주선교를 중단한 일이었다. 제주선교에 열심을 다하던 황해노회에 1921년 봄 예기치 않은 변화가 일어나기 시작했다. 1921년 3월 21일 정상리 예배당에서 회집된 제 9회 황해노회 때 "전도부(傳道部) 청원(請願)에 의(依)하야 전도목사(傳道牧師) 임정찬군(林貞燦君)을 추기노회(秋期老會)에 래참(來參)"도록 결정하고, 이어 같은 해 7월 8일 재령읍성경학원에서 회집된 임시노회 때 "제주전도(濟州傳道)하는 사업(事業)을 폐(廢)하고 임정찬(林貞燦)을 소환(召還)하자는 의안(議案)에 대(對)하야 전북노회(全北老會)에 교섭(交涉)한 후(後) 래(來) 노회시(老會時)에 결정(決定)"[1]하기로 한 것이다.

제주선교를 중단한 황해노회는 1922년 제 11회 총회에 "계쥬전도는 형편에 의하야 정지"[2] 했다고 보고하였다. 제주도의 절반을 담당하며 제주선교에 대한 열의를 다지던 황해노회가 선교 착수 5년 만에 제주선교를 갑자기 중단한 것이다. 왜 중단했는지 공식적인 기록을 통해서는 확인할 길 없지만[3] 제주선교를 야심차게 시작했던 황해노회가 제주선교를 5년 만에 갑자기 중단한 것은 원만한 협의 과정을 통해 내린 결정은 아닌 듯하다. 그것은 황해노회가 갑자기 제주선교를 중단한 것에 대해 전남노회가 섭섭한 감정을 공개적으로 드러내고 있는 데서도 알 수 있다:

> 황히로회에셔 수년간 졔쥬도 동편구역에 젼도ᄒᆞ더니 문득 금년에

---

[1] 한국교회사학회 편, 조선예수교장로회사기 하 (서울: 연세대학교출판부, 1968), 154.
[2] 제 11회 총회록 (1922), 130.
[3] 한국교회사학회 편, 조선예수교장로회사기 하, 155. 황해노회 안에 제주선교를 놓고 찬반의 의견이 존재한 것으로 보인다. 어떤 이유에서인지 실제로 얼마 후 황해노회는 제주선교에서 손을 뗐다.

그 젼도ᄉ업을 거두어 감으로 우리도 셥셥흠을 이길슈 업거니와
그 디방에 잇는 二十만 동포의게 대불힝이오며.4)

제주선교를 야심차게 시작해서 제주의 절반을 담당한다는 대단한 자긍심과 자부심을 가지고 있던 황해노회가 갑자기 제주선교를 중단하고 임정찬을 소환한 것이다. 아무래도 이것은 정상적인 결정이 아니었다. 사전에 통보도 없었다. 황해노회가 갑자기 제주선교를 중단하자 전남, 전북노회도 당황하고 황해노회가 담당했던 제주 동지방의 교회들도 몹시 당황했다. 황해노회는 임정찬 목사의 후임을 제주에 파송하지 않았다.

황해노회의 철수로 제주선교는 새로운 시대를 맞았다. 일제의 찬탈과 식민화가 가중되고 있는 시대적 상황에서, 더구나 본토보다 더 열악한 환경에 처한 황무지 탐라에서, 그것도 이제 막 정착하기 시작한 마당에 제주교회는 또다시 힘겨운 싸움을 계속해야 했다. 가장 큰 피해자는 역시 제주동부(정의)지방 교회들이었다. 황해노회가 파송한 임정찬 선교사가 맡았던 지방은 공백을 맞았다. 사태의 심각성을 공감한 제주도교우들은 1922년 12월 5일자 기독신보에 "제주동반부교회의 애원서"를 기고했다. 제주선교를 재개해 줄 것을 눈물로 호소한 것이다:

제주동반부교회(濟州東半部敎會)의 애원서(哀願書)

아 우리 졔쥬도는 四백여리의 쥬위와 二十여 만의 싱명을 둔바 젼남젼북 두 로회에셔 각히 젼도목ᄉ 一인식을 파견ᄒ여 역ᄉᄒ되 오히려 부죡흠으로 하느님끠셔 본 계쥬도 동반구역 쥬위 三빅리의 디딕에 十유여만의 령혼을 황히로희로 ᄒ여곰 담인케 ᄒ심에 디ᄒ여 황히로회는 그 칙임을 달게밧고 림뎡찬 목ᄉ로 ᄒ여곰 그 직칙에 당케흠으로 씨가 이ᄉ명을 씌고 一九一七년에 본도 동반구역에 리림ᄒ여 이휼흔 심정과 열셩으로 광활흔 황폐디를 기간ᄒ고 복음을

---

4) 제 11회 총회록 (1922), 142.

젼파흔 바 五기 셩샹을 불과흔 오늘에 벌셔 교회가 죠쳔리 셩읍리 二기쇼에 셜립되고 또 금년에 셰화리에도 신셜되고 그 외에 二, 三 기쇼의 긔도회 쳐쇼가 잇셔 교인 총수가 一빅 三十여에 달ᄒ엿스나 아직도 유약ᄒᆞᆷ으로 범ᄉᆞ를 쥬의 은혜에 의탁ᄒᆞ야 신령샹 긔한의 걱졍이나 구뎍의(仇敵) 념려가 업시 령젹 싱이를 계쇽ᄒᆞᄂᆞᆫ 즁에 일은 만코 일군은 적음을 흔ᄒᆞ여 ᄉᆞ역쟈를 갈망ᄒᆞ던 ᄎᆞ에 이흡다 본년 八월브터 황히로회ᄂᆞᆫ ᄉᆞ셰에 의ᄒᆞ여 본도에 젼도ᄉᆞ업을 쳘폐ᄒᆞ고로 림 목ᄉᆞᄂᆞᆫ ᄌᆞ긔가 복음으로 낫코 먹이던 양의 무리를 리별ᄒᆞ고 쳘귀홀시 피ᄎᆞ 셕별의 졍을 금치못ᄒᆞ여 ᄉᆞ랑의 눈물노 작별되엿스니 쳐량홀 ᄉᆞ ᄉᆞ랑ᄒᆞᄂᆞᆫ 목ᄉᆞ를 젼송흔 우리교회여 목쟈를 일흔 양이며 부모에 운 고독흔 ᄌᆞ식이 되엿습니다. 멸망의 마풍이 혹독히 부ᄂᆞᆫᄃᆡ 닙혀줄 쟈가 업스며 주리며 목마르되 먹이여 줄쟈 마시게 ᄒᆞ여 줄이가 업고 병들되 곳쳐줄 쟈가 업스며 원수의게 사로잡히되 구원ᄒᆞ여 줄쟈가 업고 도젹이 침리ᄒᆞ나 방어ᄒᆞ여 줄쟈가 업스며 길을 일엇스나 인도ᄒᆞ여 줄쟈가 업고 복음의 씨가 각곳에서 우후죽슌과 ᄀᆞ치 발ᄒᆞ나 부양홀 쟈가 업고 二三 기쇼의 긔도회 쳐쇼ᄂᆞᆫ 인도쟈가 업슴으로 쥬일을 직히지 못ᄒᆞ며 三 기쇼의 교회도 신셜이 될 ᄲᅮᆫ아니라 녀ᄌᆞᄂᆞᆫ 만코 남ᄌᆞᄂᆞᆫ 젹음으로 졋먹ᄂᆞᆫ ᄋᆞ히의 약흔 상퇴를 면치 못흔 졍형이 온디 오늘ᄭᆞ지 四삭이 지나도록 목ᄉᆞ가 업슴으로 신령샹 긔갈을 면치 못ᄒᆞ여 구뎍을 피치못ᄒᆞ야 혼미흔 즁에서 하ᄂᆞ님ᄭᅴ 호규할 ᄯᅡ름이외다. 아-고독흔 우리의 비운이여 인ᄋᆡᄒᆞ신 하ᄂᆞ님ᄭᅴ셔 엇지ᄒᆞ야 우리의게서 은혜를 쳘거ᄒᆞ셧ᄂᆞᆺ잇가. 우리의게서 희락이 ᄯᅥ나가고 비이가 침습ᄒᆞ나이다. 고독흔 쟈에게 은혜를 몬져 ᄲᅦ프시ᄂᆞᆫ 쥬시여 우리를 누가 양육ᄒᆞ며 이디방 ᄂᆡ에 十여 만의 령혼을 누가 구원ᄒᆞ오릿가. 우리를 위ᄒᆞ여 독싱쟈를 주셧거든 하믈며 목쟈랴 인자ᄒᆞ신 텬부ᄭᅴ셔 우리의게 베펴셧든 구원의 손을 다시펴게 ᄒᆞ여 주옵쇼셔. 우리의 교부형 모미 여러분이여 우리를 향ᄒᆞ여 동졍ᄒᆞ여 주옵쇼셔. 외방에도 동졍ᄒᆞ거든 하믈며 동족의계랴. 우리도 육뎍(肉的)으로 단긔의 갓흔 후손이 오령뎍으로ᄂᆞᆫ 한 쥬 예수 그리스도의 지톄가 되엿쓰오니 우리의 가련 흔 형편을 권고ᄒᆞ

여 쥬옵쇼셔. 이것흔 참경을 당흔 우리는 다른데 호소할 데가 업슴으로 젼션 교우의 압헤 우리의 민망흔 스졍을 고흐오며 특히 본도를 위흐여 진력흐시든 황히로희와 젼남로회를 향흐여 이원흐오니 죠량흐시와 이에 동졍흐여 주시기를 업디여 비느이다.

[1922년] 十二月 五日
제쥬도온구역교회—동 비5)

참으로 애절한 호소다. 오랜 세월이 지난 지금에 읽어도 눈시울이 촉촉하게 젖어든다. 갑작스런 황해노회의 제주선교 중단으로 300명의 교우들이 유리하기 시작했다. 한국교회는 이 문제를 어떤 형태로든 풀어야 했다. 노회가 해결할 수 없었다면 총회에서 나서야 했다. 그러나 당시 기록을 통해서는 그런 움직임을 전혀 찾을 수 없다. 그로부터 6년 후 총회가 이 문제에 개입했지만 그 때는 이미 너무 늦었다. 확실히 1922년에 접어들어 제주선교는 일대 변화를 맞았다.

이 시대 제주에 찾아온 변화는 그 뿐이 아니었다. 첫째, 1922년에 접어들어 제주선교를 담당하는 세 노회 간에 보이지 않는 갈등이 표출되기 시작했다. 1922년 9월 11일 경성 인사동 승동교회에서 회집된 제 10회 전남노회에서는 "황해노회에서 제주 전도사업을 정지하는 사(事)에 대하여 전북노회와 협의하기 위하여 본 노회장 서기 전도국장을 협의위원으로 선정"하였다. 황해노회가 제주선교를 중단함으로 발생하는 문제들을 전북노회와 협의하겠다는 결정을 한 것이다. 그동안 제주선교를 분담해 온 상황에서 이 문제를 양 노회가 협의를 통해 풀어가겠다는 것은 바람직한 결정이었다. 그런데 한 가지 특별한 사항은 해 노회에서 "제주 성내교회는 조직노회까지 **全南長老**가 관리하기로 결정"6)한 일이다. 전남장로가 관리한다는 의미가 무엇인지 불확실하지만 전남노회가 관리하겠다는 의미로 풀이된다.

---
5) 긔독신보, 1992년 12월 6일.
6) 한국교회사학회 편, 조선예수교장로회사기 하, 308.

해주교회 담임목사 부부

1923년 7월 3일 광주 북문 외 예배당에서 회집된 제 12회 전남노회에서는 노회 전도부가 황해노회에서 결정한 황해노회의 "제주전도폐지건과 전북노회가 제주 산 지방에 대하여 원만히 해결되지 못할 시에는 총회에 청원키를 총대에게 전권 위임키로 결정"7)하였다. 위 전남노회 결정을 통해 살펴볼 때 이런 상황이 발생한 정확한 원인이 무엇인지는 모르지만 산북지방과 제주동부지방 선교 문제로 전남노회와 전북노회 간에 갈등이 생겼음을 암시해준다.

이 문제를 해결하기 위해 1923년 신의주 제1예배당에서 총회가 회집되었을 때 총회 기간 전남노회 총대와 전북노회 총대 간에 협의가 진행되었다. 그 결과 "제주 지방(濟州 地方) 전도사업(傳道事業)에 대(對)하여 전북노회(全北老會)에 교섭(交涉)한 특별위원(特別委員)은 전북노회(全北老會)가 명년추기(明年秋期)까지 여전(如前)히 담당(擔當)하여 보고 기후(其後)는 형편(形便)에 의(依)하여 좌우(左右)할 의향(意向)임을 보고(報告)하였다."8) 1922년경에 접어들면서 제주선교에 대해서는 전남노회가 가장 적극적이고 열심이었다.

둘째, 전남노회와 순천노회의 분립이다. 전남노회는 해마다 놀라운 성장을 거듭했다. 교회가 발전함에 따라 제주, 목포, 광주, 순천, 4시찰구로 구성된 전남노회는 제주, 목포, 광주를 전남노회 소속으로 하

---

7) 한국교회사학회 편, 조선예수교장로회사기 하, 309.
8) 한국교회사학회 편, 조선예수교장로회사기 하, 313.

고, 순천시찰을 순천노회로 독립시켰다.9) 1922년 9월 10일 경성 승동 교회에서 회집된 제 11회 총회에서 순천노회는 구례(求禮), 곡성(谷城), 순천(順天), 광양(光陽), 보성(寶城), 고흥(高興)을 맡고, 전남노회는 장성(長城), 영광(靈光), 광주(光州), 나주(羅州), 고창(高敞), 순창(純昌), 담양(潭陽), 화순(和順), 함평(咸平), 무안(務安), 장흥(長興), 영암(靈岩), 강진(康津), 완도(莞島), 진도(珍島), 제주(濟州), 해남(海南)을 담당했다.

셋째, 선교비 조달의 어려움이다. 주지하듯이 황해노회가 제주선교를 중단하고 그동안 제주선교를 지원하던 교회나 개인들도 제주선교 지원을 중단했다. 1922년 "봉성리교회에서 제주전도사업을 중지"10)하기로 결정했고, 그동안 고향선교를 위해 선교비를 후원하던 강한준도 지원을 중단했다.11)

> 전도부(傳道部)는 강한준이 전도비 불송하는 사를 회계 타마자(打馬字)로 직접문의하여 과군불송(果君不送)하는 경우(境遇)엔 광주 봉선리교회 전도인 원용혁으로 계속시무할 사(事) … 전도부는 봉성리교회에서 제주전도사업을 중지하는 사에 대하여 서기로 해 교회에 기서하여 아무쪼록 계속하기를 권면하고 또 김창국, 타마자 양씨로 그 당회장과 원만히 교섭하여 전도사업을 임의로 행하되 성탄일연보는 마땅히 본전도국에 송치케 할 사를 보고하다.12)

강한준이 선교비를 중단한 것은 1차 약정했던 기간이 지났기 때문이다. 그는 처음 5개년 동안 매월 15원씩, 후에는 25원씩 선교비를 지원하기로 약속했고, 이를 비교적 충실히 이행했다. 노동자로 하와이에 이주하여 갖은 고생을 하며 벌어들인 돈을 고향 친척의 복음화를 위해 투자했다는 사실은 참으로 아름답고 갸륵한 일이다. 광주 봉성리교회가 선교비를 중단한 이유는 정확하게 드러나지 않아 알 수 없다.

---

9) 한국교회사학회 편, 조선예수교장로회사기 하, 307.
10) 한국교회사학회 편, 조선예수교장로회사기 하, 310.
11) 한국교회사학회 편, 조선예수교장로회사기 하, 306.
12) 한국교회사학회 편, 조선예수교장로회사기 하, 306, 308-309.

넷째, 제주에서 사역하던 전도목사들의 이동이다. 전북노회가 파송한 김창국(金昶國) 전도목사가 1922년 사임했다. 김창국은 1918년부터 1922년까지 그 힘든 기간 동안 제주선교를 잘 감당하다 제주를 떠난 것이다. 그는 산북지역의 중심교회인 성내교회를 담임하면서 그 지방의 다른 교회들도 돌아보았다. 그의 전임자 최대진(崔大珍) 목사처럼 금성, 한림, 삼양교회를 순회하며 열심히 전도하였고, 내도교회를 설립하였다.13) 윤식명과 임정찬에 이어 김창국마저 제주를 떠난 것이다.

2. 위기를 극복하기 위한 노력들

이런 어려움 속에서 전남노회와 전북노회는 해결책을 모색해야 했다. 1923년 7월 3일 광주 북문 외 예배당에서 회집된 제 12회 전남노회에서는 "제주 전도상황 보고를 들은 후 당석에서" "팔십 원 십전"의 선교비를 모았다.14) 또한 전남노회는 황해노회의 제주선교 중단 건을 비롯한 제 문제를 총회에 헌의하기로 결정했다. 제주선교를 향한 전남노회의 단호한 의지를 읽을 수 있다.

전북노회 역시 이 문제를 심도 있게 논의했다. 1923년 1월 23일 군산개복예배당에서 회집된 제 12회 전북노회에서는 "황해노회에서 담임전도하던 제주지방은 [전]남북노회가 분담하되 졔쥬젼도디 분게는 그곳에 사역하는 두 젼도 목사가 상의 협졍케"하고 김창국 대신 "졔쥬젼도목사는 리창규씨로 션졍"15)하기로 결정했다. 전북노회는 1,806원의 전도비도 책정했다.16)

1923년 6월 26일 김제군 묘산(卯山)예배당에서 개최한 제13회 전북노회에서 노회원들은 "졔쥬젼도 목소 리창규시의게 졔쥬젼도샹황

---

13) 姜文昊, 文泰善, 濟州宣敎 70年史 (서울: 대한예수교장로회 총회 교육부, 1978), 38.
14) 姜文昊, 文泰善, 濟州宣敎 70年史, 309.
15) 전북로회 뎨 12회 회록, 28.
16) 한국교회사학회 편, 조선예수교장로회사기 하, 286

보고"를 들었다.17) 이날 전도국은 노회 앞에 제주선교와 관련하여 다음과 같이 보고했다:

> 二. 제쥬 연보가 슈입되지 못홈으로 전도ᄉ업을 진힝 ᄒ기가 심히 곤란 ᄒ오니 각 교회에 다시 시로히 광고키 위ᄒ야 로회 석상에 셔 각 교회 부담 익을 광고케 ᄒ야 쥬시오며
> 三. 로회 폐회 일노부터 일삭 후에 지불치 안논 교회논 출쟝원을 파송ᄒ야 징슈케 ᄒ고 츌쟝원 려비논 히 교회에 부담케 ᄒ고 츌 쟝원은 군산 디방은 량셕쥬 시로 전쥬 디방은 김성식 시로 션뎡 ᄒ엿ᄉ오며. ⋯
> 五. 졔쥬 젼도 ᄉ업은 계속ᄒ야 진힝 ᄒ기로 ᄒ얏ᄉ오며
> 六. 계쥬 젼도목ᄉ 특별비 百원과 졔쥬 셩니 례비당 건츅비 보죠금 三百원 쳥원은 경비상 곤난으로 인ᄒ야 허락지 못 ᄒ겟ᄉ오며.18)

우리는 위 보고를 통해 전북노회의 제주선교가 평탄한 것만은 아니라는 사실을 알 수 있다. 가장 큰 장애는 예산부족이었다. "연보가 슈입되지 못홈으로 젼도ᄉ업을 진힝기가 심히 곤란"하다는 보고가 이를 단적으로 말해 준다. 예산부족으로 인해 제주선교가 일대 위기를 만난 것이다. 그래도 감사한 일은 재정 압박 속에서도 제주선교를 재확인한 것이다.

전북노회는 제주선교를 계속하되 선교를 확대하는 일은 원치 않았다. 선교 구역은 현행대로 유지한다는 원칙을 세우고, "계쥬젼도구역 문뎨로 전남로회에셔 질문이 잇스면 윤식명 김즁슈 량시의게 위임ᄒ야 젼남로회원의게 회답케 ᄒ기로 가결"19)했다. 전북노회는 재정상의 이유로 전남노회가 관할하던 제주선교지역은 인수하지 않기로 결정했다. 조선예수교장로회사기는 이렇게 말한다:

---

17) 전북로회 데 13회 회록, 35.
18) 전북로회 데 13회 회록, 35-36.
19) 전북노회 데 13회 회록, 17.

> 제주전도경비 예산중 편입된 전도비는 전도목사가 임의로 사용케 하고 전남노회에서 관할하던 전도구역은 본[전북] 노회가 인수치 않기로 결정하다. … 제주전도사업은 계속진행하고 배당한 전도비를 최단 수합하기로 결정하다.20)

전북노회는 경제적인 부담이 가중됨에 따라 1924년 1월 22일 전주 서문밖교회에서 회집된 제 14회 전북노회에서는 제주선교를 계속하느냐 마느냐 하는 문제를 가지고 심각하게 논의했다. 장시간 논의한 후 재정 형편상 일단 선교사를 철수시키는 쪽으로 가닥을 잡았다. 그러나 제주선교를 중단할 수 없다는 인식하에 선교비는 계속 모금하기로 결정했다. 이 같은 이중적 고민은 전북노회 전도부 보고에 그대로 나타난다:

> 전도부보고 중 제쥬 선교ᄉ 리챵규 시는 전도국 지뎡이 부죡홈으로 선교ᄉ업을 거두자는 것은 다시 전도부에 위임 ᄒ기로 가결ᄒ다. 전도부 보고중 선교ᄉ는 철귀(撤歸)케 ᄒ고 학교ᄂ 리 삼학긔 말ᄭᅡ지 유지케 ᄒ고 전도인은 여전히 두고 전도연보는 힘써 밧기로 가결ᄒ다.
> 제쥬 선교ᄉ업은 쟝구흔 시일 동안에 죠흔 결과가 잇ᄂᆫ대 지금 뎡지홈은 실노 유감쳔만이니 각 교회가 힘써 연보ᄒ기로 가결ᄒ다.21)

재정부족으로 일단 제주선교 중단을 결정했지만 전북노회는 제주선교를 놓고 심각한 논의를 계속하지 않을 수 없었다. 기왕에 시작된 제주선교를 재정상의 이유로 철수한다는 것은 한국교회는 물론 전북노회에 불명예가 아닐 수 없었다. 해결책은 선교를 지속하되 재정을 긴축하는 길이었다. 전북노회는 제주에서 운영하는 학교와 남

---

20) 한국교회사학회 편, 조선예수교장로회사기 하, 287.
21) 전북로회 뎨 14회 회록, 10-11.

전도인 지원을 중단하고 전도목사는 계속 파송하되 비용을 최소화하는 방법을 찾기로 했다. 따라서 제주 북지방 예배당 건축비 보조는 하지 않기로 결정했다. 필요할 경우 돈을 빌려 제주선교를 계속하자는 의견도 제기되었다:

一. 졔쥬에 잇는 교회학교 경비와 남전도인의 비용은 四월부터 거두고 전도목ᄉ는 계속파송ᄒ되 월봉 ᄌ녀교육비 전도비 합ᄒ야 미월 七十參원으로 예산ᄒ엿ᄉ오며

二. 졔주선교ᄉ업 예산 편성에 대ᄒ야는 작년 츄긔 로회시ᄭ지 각 교회가 급뎍 연보하야 본회 회계의게 보니면 슈입되는 디로 차용금을 보샹ᄒ겟ᄉ오며

三. 임의 결의 디로 각 교회가 힘써 연보ᄒ야 보니시기로만 완전이 작뎡ᄒ오면 계속 전도ᄒ는 중 부죡금은 一년에 百圓에 디ᄒ야 리자 七圓례로 차용홀 슈 잇ᄉ오며

四. 전남로회에 교셥홀 것은 학교비와 남전도인비를 맛기는 일과 그 전도구역을 전북로회에 부속ᄒ였다고 교셥ᄒ는 일이 오며 그 위원은 최의덕 김영식 량시로 뎡ᄒ야 쥬시오며

五. 전도ᄉ무국위원은 위원쟝 최의덕 셔긔 김영식 위원 위인ᄉ 량셕쥬 김셩원 유지남 졔시요

六. 졔쥬 산북 디방 례비당 건축비 보죠 청구셔는 예산이 부죡ᄒ야 보죠키 어려우니 각하 하엿ᄉ옵나이다.22)

재정적인 압박이 점점 가중되면서 전북노회는 제주선교를 감당하기가 벅찼다. 빚을 내서라도 제주선교를 지속하겠다는 의지를 표현했지만 재정적 위기는 현실문제였다.

다행히 제주에서 들려오는 소식들이 고무적이었다. 1924년 6월 24일 회집된 제 15회 전북노회에서는 이창규가 "졔쥬전도상황을 보고홀시 교회가 발전ᄒ는 형편과 교인의 신앙이 독실ᄒ여 핍박을 이

---

22) 전북로회 뎨 14회 회록, 29.

기며 자라ㄱ난 정형과 지금에 젼도할만흔 긔회가 잇눈거슬 간졀흔 언사로 장시간 보고ᄒᆞ미 일반회원이 자미 잇게"23) 들었다.

3. 성내교회 사택을 둘러싼 갈등

고무적인 보고로 제주선교의 희망을 심어주던 이창규 목사 역시 부임 2년 만에 사임하고 말았다. 전북노회는 이창규의 사임청원을 받고 성내교회 사택을 매각하기로 결정했다. 전남노회와 순천노회에서 연합전도회를 결성하자는 안건에 대해서는 전북노회는 "그 내용이 션교사업을 도리여 축쇼케 됨으로 연합하기 란(難)"하다고 반려했다. 이와 관련 제 15회 전북노회는 몇 가지 중요한 결정을 내렸다:

1. 젼남 쳔랑로회에셔 발긔된 연합젼도의 건은 그 ᄂᆡ용이 션교사업을 도리여 축쇼케 됨으로 연합하기 란ᄒᆞ야 반려 하엿ᄉᆞ오며
2. 현금 졔쥬도 셩ᄂᆡ에 션교샤 주틱을 젼도 형편에 의ᄒᆞ야 불가불 이젼케 됨으로 히 쥬틱 방ᄆᆡ하야 뎍당ᄒᆞ 쳐쇼에 이젼케 ᄒᆞ고 잔익은 부치를 보상케 하며 션교는 게속하야 힘써 하기로 하얏ᄉᆞ오며
3. 쥬틱 방ᄆᆡ와 ᄆᆡ슈의 건은 히 디방 시찰과 리창규 목ᄉᆞ에게 젼권 위임하기로 하엿사오며
4. 신 죠직된 당회와 각 교회에 비뎡흔 것은 별지와 여하오며
5. 션교사 리창규시의 사면은 그 졍디에 의하야 밧기로 하엿사오며
6. 션교비 예산 편성은 별지에 첨부하엿사오며
7. 본 견도부 ᄂᆡ 사무국위원은 김영식 박연셰 위인ᄉᆞ 김셩식 四시로 션뎡하엿사오며
8. 리창규 목ᄉᆞ의 후게로 김영식 목ᄉᆞ를 션틱하엿나이다.24)

---

23) 전북로회 뎨 **14**회 회록, 4.
24) 전북로회 뎨 **14**회 회록, 29-30.

선교사와 교인

전북노회는 이창규 후임으로 김영식을 선정하고, 제주선교를 지속하기 위해 각 교회에 선교비를 책정하고 납부하도록 했다. 또한 전북노회는 1924년 총회에 제주선교를 계속하고, 리창규의 사면청원을 받고 그 대신 "김영식 목사를 파숑키로"[25] 결정하였다.

매우 구체적으로 보고하던 예년과 달리 1924년 전북노회의 제주선교보고는 매우 간단했다. 이것은 전남노회도 마찬가지였다. 전남노회는 1924년 총회에 제주선교 사업을 "지금신지 계속"하고 있고, "전북로회내 강도사 김정복시를 청빙하야 쟝립한 후 졔쥬셩내교회에 위임목사"[26]로 시무케 하였음을 보고했다. 전남노회와 전북노회가 제주선교를 계속한다고 총회에 보고하고 있지만 그 열기는 이전에 비해 너무도 떨어졌다.

당시 전북노회가 제주선교를 힘들어 하는 이유는 단지 재정적인 압박문제만은 아니었다. 전북노회는 성내교회 사택 문제로 전남노회와 의견이 대립되었다. 전북노회는 이 문제를 해결하기 위해 1924

---

25) 제 **13회** 총회록 (1924), 123.
26) 제 **13회** 총회록 (1924), 119-120.

년 총회 기간 중인 9월 13일 함흥군 신창리 예배당에서 제 15회 전북노회를 긴급 소집했다. 여기서 전북노회는 제주성내교회 대표자 8명이 연서하여 보낸 문건에 대해 전남노회를 통해 조회하고 "해 토디 소유자 명의를 가진 리긔풍 시의게 통지하야 이젼 등긔 수속과 위임쟝을 작뎡ᄒᆞ야 보니라고 하기로 결뎡하고 리즈익 목스를 파송ᄒᆞ야 해 주틱 방미와 미수하는 샤건을 젼권으로 위턱하고 젼남로회로 조회ᄒᆞ야 이일에 도아달라 하기로 결뎡"27)했다. 이창규의 후임으로 1924년 제주에 부임한 김영식 목사가 1년도 채 섬기지도 못하고 노회에 사임을 청원했다. 노회는 사면청원을 받아 수리하고 전남노회로 이명하여 보내고, 사택과 관련하여서는 "졔쥬도셩ᄂᆡ교회 목스 김졍복시 외 칠인이 련셔ᄒᆞᆫ 진졍셔는 기각"28)시켰다.

전북노회와 전남노회 사이에 성내교회 사택문제로 미묘한 대립상황이 벌어진 것이다. 전북노회는 사택을 매도하고 남은 금액을 선교에 투자하기를 원했다. 전도비가 제대로 거두어지지 않는 현 상황에서 제주선교를 지속하는 것이 어렵다고 판단한 전북노회는 잠시 제주선교를 중단했다가 곧 다시 재개를 했지만 제주선교에 대한 고민과 갈등은 그 후에도 여전했다. 제주선교를 중단 할 수 없다고 판단한 전북노회는 사택 매도를 통해 부족한 재원을 확보하기를 원했다. 1925년 1월 20일 제 16회 전북노회는 1천 200원의 예산을 세우고 주택을 매도하여 전도비로 사용하기로 결정했다. 제주선교를 담당해 온 노회 전도부는 다음과 같이 보고했다:

> 1. 졔쥬선교 스업을 사셰 불득으로 당분간 뎡지되여 여러 가지로 해 되ᄂᆞᆫ거시 유감 쳔만이기로 다시 계속ᄒᆞ기로 ᄒᆞᄂᆞᆫᄃᆡ 그 방법은 이왕 각 교회가 부담ᄒᆞ야 오던 연보를 속히 본부 회게의게로 보니쥬시기를 부라오며 (十五回會錄三十頁)이왕 언론ᄒᆞ야 오던 졔쥬셩ᄂᆡ션교ᄉᆞ 쥬틱을 방미ᄒᆞ야 흐림으로 이젼하고 여익이 얼

---

27) 전북로회 뎨 15회 회록, 53-54.
28) 전북로회 뎨 15회 회록, 55.

마던지 되는디로 션교사업에 보용흐기를 바라오며 금년예산은
　　　一千二百원으로 셰우고 시작흐는거시 죠흘줄 아오며 …
　2. 쥬턱방미 亽와 이젼하는 일은 본부 亽무국 위원의게 젼권으로
　　　맛게 쥬시기를 브라오며
　3. 젼도쥰비를 흐랴면 직시목亽를 턱숑흐여야 흐겟스니 션교亽 퇴
　　　숑흐는 일은 본 젼도부에 젼권으로 맛게 쥬시기를 바라오며.29)

　주택을 매도하여 남은 금액으로 부족한 선교비를 충당하겠다는 입장이었다. 그만큼 재정압박이 심각했던 것이다. 당시 일제 치하 한국의 경제 상황은 최악이었다. 경제공황으로 세계경제가 힘든 상황인데다 일본은 곡물을 대량으로 유출해 갔다. 빈농들이 속출했고 생계를 유지할 수 없는 농가들은 만주와 시베리아로 유랑했다. 인구의 절대다수가 농촌에 분포된 전라도 지역의 경우 그 피해는 더욱 심각했다.
　이런 상황인데다 제주성내교회 사택문제로 전북노회는 제주선교에 매진할 수 없었다. 1925년 총회에 제출한 전남노회와 전북노회의 제주선교보고는 이전에 비해 매우 간단했다. 전남노회는 "계쥬도 젼도사업도 지금까지 계속하오며"30)로 보고를 대신했고, 전북노회 역시 "계쥬도에 션교사업을 계속하야 금추긔에 젼도목사를 파숑하야 션교하기로 하오며"31)로 대신했다.
　대신 전북노회는 제주선교 문제를 노회에서 심도 있게 논의했다. 전북노회는 제주선교에 대한 열의를 다시 다지고 그동안 제주선교 현황에 대해 소상하게 노회 앞에 전도부 위원장 "리창규" 명의로 보고했다. 각 교회에 할당된 재정금액도 노회 앞에 보고하였다:

　　뎨 二十三호 젼도부위원 보고 위원쟝 리창규
　　一. 제쥬션교사업은 게속하긔로 하오며

---

29) 전북로회 뎨 16회 회록, 23.
30) 제 14회 총회록 (1925), 66.
31) 제 14회 총회록 (1925), 65.

二. 배뎡연보를 지금까지 니지 아니한 교회난 부쟝과 회게의 명의로 통지셔를 발부하야 슈봉하기로 하오며

三. 一년간 젼도비 예산은 一千三百圓으로 하엿사오며(니역은 좌 긔홈)

四. 젼도목사 택뎡할 일은 본 위원의게 위임하시오며

五. 젼도부 지졍은 부쟝의 명의로 은행에 져금하고 통쟝은 셔긔의 게 보관하기로 하오며

六. 본 젼도부 위원이 一차 회집하야 제쥬도 셩니 션교사 쥬택 명의 변경할 일과 산북디방 각 교회를 방문하며 문답하야 학습도 셰우고 셰례도 쥬며 셩찬을 거힝하기로 쟉뎡하야 홍죵필 시를 파송하야 좌긔와 갓치 진힝하였나이다

　1 기 五월분에 산북디방 각 교회마다 一일식 유하며 문답하야 학습도 셰우고 셰례를 쥬고 셩찬을 거힝하엿사오며

　2 산북 산남이 갓치 모혀 남녀디사경회 하난 즁에 참셕하야 자미를 보앗스며

　3 산북디방 각 교회에셔 금번 로회에 션교사를 보니 쥬시긔 위하야 로회 긔회시 쓰지 一쥬일간 시벽긔도 한다 하오며

　4 애월리에 례배쳐소를 허락하엿사오며

　5 션교사 쥬택명의 변경할 샤건으로 리긔풍시와 타마지시를 교셥한 바 문권을 쥬지 아니함으로 슈속치 못하엿나이다

七. 본 젼도부에셔 최의덕 시의게 차용한 치무금을 보상하여 쥬심을 바라오며

八. 본부회게 위인사시가 귀국함으로 량셕쥬시로 션뎡하였사오며

九. 각 교회에 비뎡금은 여좌하나이다 ….32)

위 보고는 전반적으로 상당히 고무적이다. 산북지방에서 선교사를 파송해 달라는 요청이 있고, 산북지역과 산남지역이 남녀 사경회를 같이 가졌다는 사실도 매우 고무적이다. 그동안 제주도 전도사업을 진행하지 못하던 전북노회는 1925년 11월과 12월 2개월간 곽진근 목사를

---

32) 전북로회 뎨 17회 회록, 34-35.

제주에 파송했다. 2개월 후 1926년 1월 12일 회집된 제 18회 전북노회에서 곽진근이 "졔쥬젼도상황을 보고ᄒᆞ미 회즁이 자미잇게 듯다."[33] 그동안 여러 가지 문제로 제주선교를 제대로 진행하지 못한 상황에서 곽진근 목사를 다시 파송한 것은 전북노회로서는 다행한 일이었다. 전북노회로서는 제주선교의 재개에 앞서 여전히 해결되지 않고 있는 재정적인 문제를 해결해야 하고, 성내교회 사택문제도 해결해야 했다. 전도부 위원장 이창규가 노회 앞에서 다음과 같이 보고했다:

1. 경비 곤눈으로 졔쥬젼도 ᄉᆞ업을 진힝치 못하다가 거 十一월 十二월 二기월간 곽진근 목사를 파송하야 시무케 ᄒᆞ엿ᄉᆞ오며
2. 졔쥬 셩늬교회에서 본 로회 젼도 목ᄉᆞ 쥬턱을 一千五빅원으로 양도하여 달나는 쳥원은 그 디방 상회의 경유가 업슴으로 반려 하였사오며
3. 졔쥬셩늬 젼도 목사 쥬턱 방미하는 일은 본부 ᄉᆞ무국에 젼권 위임하엿ᄉᆞ오며
4. 젼남로회에서와 슌텬로회에서 졔쥬젼도사업을 련합ᄒᆞ쟈는 공홈은 쟝리 죠흔 긔회가 잇슬 ᄉᆡᆼᄀᆞ지 류안하엿사오며
5. 졔쥬셩늬 교회에셔 목ᄉᆞ 쥬턱이 업슴으로 외어러온 ᄉᆞ정을 본 젼도부에 누ᄎᆞ 청원이 잇기로 셩늬 젼도목ᄉᆞ 쥬턱을 미도ᄒᆞ면 五백원만 그 교회에 목사 쥬턱 미수ᄒᆞ는디 보조ᄒᆞ긔로 결의 ᄒᆞ엿사오며
6. 졔쥬셩늬 젼도목ᄉᆞ 쥬턱 보존등긔 건은 리긔풍 목사의게셔 츄심ᄒᆞ야 젼븍로회 소유로 홍죵필 목ᄉᆞ 명의로 수속 즁이오며
7. 제쥬 연보를 니지아니훈 교회는 금년 二월 二ᄎᆞ 쥬일 안으로 보니라는 통지셔를 본부셔긔로 발부훈 후 보니지 아니ᄒᆞ는 교회가 잇스면 그 디방 목사의게 부탁하야 밧도록 할 일을 허락ᄒᆞ시오며
8. 졔쥬 젼도ᄉᆞ업은 래 츄긔로회시까지 목ᄉᆞ를 파송ᄒᆞ되 월봉은 미

---
[33] 전북로회 뎨 18회 회록, 10.

삭 五十원과 이사비만 지불키로 하엿사오며
9. 졔쥬 젼도목ᄉ 턱송하ᄂᆞᆫ 일은 본 사무국에 젼권 위임하심을 바라오며
10. 본부사무국 위원은 마로덕, 홍종필, 량셕쥬, 리창규, 김즁수 五시로 턱뎡하엿사오며(사무국쟝 홍종필 셔긔 김즁수)
11. 본부 치무금 二빅七원 五十젼은 금번에 쳥쟝[산]하엿사오며
12. 곽진근 목사의게 시간을 허락ᄒᆞ여 졔쥬샹항 듯긔를 바라나니다.34)

우리는 위 보고를 통해 제주선교를 둘러싼 전북노회의 고민이 무엇인지 그대로 읽을 수 있다. 가장 큰 문제는 역시 경제 문제였다. "재정곤란으로 제주전도사업을 진행치 못하다가"라는 말이 이를 그대로 대변해준다.

전북노회는 최소한의 공백을 메꾸기 위해 곽진근을 단기 선교사로 파송했다. 전북노회는 "전남로회에셔와 슌뎐로회에서 졔쥬젼도사업을 련합ᄒᆞ쟈ᄂᆞᆫ" 제안에 대해서는 적절한 기회가 올 때까지 보류하기로 결정했다. 경제적인 압박이 가중되는 형편 속에서 경제적인 부담을 줄일 수 있는 전남노회의 제안을 전북노회가 왜 거부했는지 정확히 알 수 없다. 그러나 "좋은 기회"가 올 때까지 최종적인 결정을 연기하기로 한 것에서 일단 성내교회 사택문제를 해결한 후 연합사업을 논의하려는 것으로 보인다. 전북노회에게는 연합보다 더 시급한 문제가 성내교회 사택 처분이었다.

4. 연합전도부 결성과 연합선교

1926년 전북노회는 드디어 성내교회 사택 매각 문제를 해결했다. 전북노회는 성내교회 사택을 매각하고 매각한 금액 중에서 500원을

---
34) 제 14회 총회록 (1925), 31-33.

성내교회 목회자 사택 구입비로 지원하고 남은 금액은 식산은행에 예치했다. 남은 금액을 은행에 예치하지 말고 땅을 구입하자는 의견도 나왔으나 노회는 "제쥬전도목사 쥬턱방미한 금익으로 토디를 미수하자는 됴건은 삭제하고 현금을 은행에 져금하기로 가결"35)했다. 성내교회 사택이 매각됨에 따라 1922년 황해노회가 제주선교를 중단한 이후 선교지역 책임 문제와 성내교회 사택문제를 놓고 벌어졌던 전북노회와 전남노회 사이의 갈등이 자연히 해결되었다.

전북노회는 세 노회가 연합으로 제주선교를 추진하자는 전남, 순천노회의 제의를 수용하기로 결정했다. 다만 제주선교를 위한 3노회 연합전도부에 참여하되 매년 500원의 선교비만 지원한다는 조건을 달았다. 전북노회가 500원을 지원하기로 한 것은 600원을 지원하는 전남노회보다 약간 적지만 200원을 지원하는 순천노회보다는 2배가 넘는 금액이었다. 경제적인 여건이 힘든 당시로서 제주선교를 지속할 수 있는 길은 연합이었다. 그런 의미에서 세 노회가 연합하여 제주선교를 추진하기로 한 것은 지혜로운 결정이었다. 전북노회 전도부 위원장 이창규는 제주선교와 관련하여 제 19회 전북노회 앞에 이렇게 보고했다:

1. 제쥬전도사업은 과거 四기월간 김셩원 목사를 파송하야 전도한 결과 교인이 배수나 증가되엿사오며 세례인 四인과 학습인 十六인을 문답하야 작뎡하엿소며 엄정리에 교회가 새로 셜립될 희망이 잇소오며
2. 제쥬전도목사 쥬턱 방미 스는 김셩원시의게 위임하야 二千원에 미도한 바 五百원은 제쥬셩니 교회에 지불흐고 一千五百원은 식산은행에 져금하엿사오며
3. 전남슌턴 량로회 련합전도국에셔 온 총디 구례인 김응규랑 시가 제쥬전도사업을 련합하자는 청원은 본 전도국은 미년 五百원으로 참가하기로 [하고] 전남 련합젼도국에 협의할 총디는 리창규 홍종필 김중슈 三시로 션뎡흐엿사오며

---

35) 전북로회 뎨 19회 회록, 11.

4. 젼남 련흡젼도국에 참가하야 사무진힝 할 일은 런합회 참가위원
의게 젼권위임ᄒᆞ심을 바라오며
5. 젼남련흡젼도국에 참가치 못할시는 젼도ᄉᆞ업을 여젼히 진힝하
겟ᄉᆞ오니 본 젼도국에 젼권위임ᄒᆞ심을 바라오며
6. 젼도비가 수입되는 ᄃᆡ로 본 로회구역 ᄂᆡ에 젼도샤업을 착수ᄒᆞ겟
사오니 사역자 션뎡ᄒᆞ난 것과 사업 진힝할 일을 본젼도국에 젼
권 위임하심을 바라오며.36)

전북노회는 그로부터 약 2개월 후인 1926년 8월 25일 전주남문밖 교회에서 회집된 제 19회 전북노회 임시노회에서 "계쥬련합젼도부규측"37)을 통과시켰다. 이제 제주선교에 전남노회, 전북노회, 그리고 순천노회가 연합으로 참여하는 연합선교 시대가 열린 것이다.

일제의 참혹한 경제 찬탈이 계속되고, 제주 현지 교회들이 자립할 수 없는 열악한 경제여건 상황에서, 게다가 모 교회들 역시도 자신들의 교회를 운영하기조차 힘든 열악한 상황에서 제주선교를 지속할 수 있는 길은 연합선교였다. 연합선교는 처음부터 분명한 이해와 숙지 가운데 진행할 필요가 있었다. 그래서 세 노회의 전도부는 다음과 같은 "계쥬련합젼도부규측"을 통과시켰다:

---

36) 전북로회 데 19회 회록, 25-28. 그해 "젼도비 각 교회에 배뎡은"은 다음과 같았다. 선 리 十圓, 학 골 八圓, 곰지 十圓, 디곡리 八圓, 우산리 十五, 송지동 二十五圓, 신촌리 八圓, 동연리 二十圓, 구동 十圓, 천원리 十圓, 기복동 九十圓, 거석리 二十圓, 돌목 九圓, 란산리 二十圓, 고현리 十五圓, 디창리 十五圓, 팟뎡리 二十圓, 고산읍 二十五圓, 보상리 十円, 남문밧 三十円, 디송리 十円, 만파실 二十円, 신덕리 十五円, 김뎨읍 二十五円, 디경 十五円, 금산읍 二十二円, 삼례리 二十円, 디방동 十五円, 만경읍 二十五円, 죽동 十五円, 시원 五円, 명양리 十五円, 양바리 七円, 류상리 十二円, 보이열디방 二十五円, 셔문밧 七十円, 청포리 八円, 마지리 三円, 널문리 十三円, 리리 二十五円, 한디리 五円, 소로동 十円, 부위렴디방 二十五円, 금당리 五円, 미요한디방 二十円, 구지리 二円, 구봉리 十二円, 마로덕디방 五十円, 구암리 四十円, 데누리 五円, 하위렴디방 四十円, 림샹리 十円, 종지동 三圓, 셔국태디방 三十圓사방말 十圓, 두화 八圓, 위인사디방 貳十五圓, 용산리 五圓, 신흥동 參圓, 신평리 五圓, 셔포리 五圓, 목동 五圓, 화산리 拾圓, 합게금 一千九十六円也.
37) 전북로회 데 19회 회록, 50.

제쥬련합젼도부규측

데 一쟝 명칭, 목뎍, 위치
1됴, 본부 명칭은 제쥬련합젼도부라 칭함
2됴, 본부 목뎍은 젼남, 젼북, 순텬 3로회가 협동하야 제쥬젼도사업을 경영함
3됴, 본부 위치는 광쥬 읍니로 뎡함 단, 필요한 경우에는 변경할 수도 잇슴

데 2쟝 회원
4됴, 본부회원은 3로회에서 션뎡한 쟈로 함
5됴, 본부회원의 뎡수는 민 로회에서 3인식 합 9인으로 함
6됴, 본부원 임긔는 1,2,3년 죠로 뎡하되 각 로회는 민년에 3년죠 1인식 임긔를 싸라셔 션뎡함
7됴, 본부원이 유고 미참할 경우에는 로회 회장이 보결함

데 3쟝 임원급국원
8됴, 본부는 되긔 임원을 두되 임긔는 1개년으로 함.
회쟝 1인, 셔긔 1인, 회게 1인
9됴, 사무국원은 4인을 두되 각 로회 별로 1인식 뎡하고 회게는 례겸함 단, 임긔는 1개년으로 뎡함

데 4장 회집
10됴, 본부집회는 뎡긔회화 림시회로 함
1. 뎡긔회는 민년 5월끗 쥬일 후 화요일로 함
2. 림시회는 필요한 사건을 싸라셔 회장이 소집함
11됴, 본부 긔회 셩수는 3로회 션뎡한 부원 2인이 출석하여야 함

데 5장 견도비

12됴, 전남, 순천 량 로회의 매년 입교인 미인하에 20젼비례와 젼
   북로회의 매년 5백원과 총회 내디젼도부 보죠금과 긔타의 연금
   으로 유지함
13됴, 3로회에 지회게 1인식 두어셔 젼도비를 수집케 함.

뎨 6장 권리급 의무
14됴, 본부는 졔쥬젼도 사업에 대하야 3로회에셔 지뎡한 범위 안
   에셔 젼권을 밧아 처리함
15됴, 본부는 매년 경과 상항과 쟝리 경영을 3로회에 보고함
16됴, 본부 사무국은 본부에셔 맷긔난 일을 처리함

뎨 7장 젼도목사
17됴, 젼도목사는 젼남로회 회원이 될 것

뎨 8장 쟝려비
18됴, 본부원의 려비는 본부에셔 지불함
19됴, 젼도목사가 로회에 참셕할시는 션비급차는 젼남로회가 지불
   하고 식비는 본부에셔 지불할 것
20됴, 3로회 등 젼도목사의 보고 듯기를 원하야 쳥하면 려비는 히
   로회가 담당하고 본부에셔 파숑할 시는 본부에셔 담당함

뎨 9장 규측개뎡
21됴, 본뷰 규축을 기뎡할 시는 본부원의 3분지 2로 가결한 됴건을
   3로회 승인을 밧아 시힝 할 것.[38]

　이제 명실상부 제주선교의 연합선교시대가 열린 것이다. 전북노회는 1926년 제 15회 총회에 "졔쥬션교사업은 계속하야 젼도목사를 파숑하야 션교하엿"[39]음과 그동안 연기해온 "졔쥬션교사업은 슌텬젼

---

38) 전북노회 제 22회 회록, 50-53.
39) 제 15회 총회록 (1926), 83.

남량로회와 련합하야 하기로"40) 하였음을 보고하였다. 순천노회 역시 "제쥬련합젼도면려회로 셩즁에 젼도하"41)고 있다는 사실, "졔쥬 젼도사업을 더욱 확쟝하"기로 했다는 사실, 그리고 "특별사항"으로 "본로회에셔 경영하는 졔쥬도젼도사업을 위하야 총회 내디젼도부에셔 조력하신 것과 젼북로회가 슌텬로회와 본 로회 련합졔쥬젼도부회에 련합하기로 결뎡되야 협력함으로 목사 일인과 조사 일인을 더 파숑하야 젼도"42)하기로 한 사실을 총회에 상세히 보고했다. 1926년 총회록에 나타난 제주선교에 대한 전남노회의 보고는 순천노회의 보고와 토씨 하나 틀리지 않고 똑같았다.43) 공동의 목적을 추구하는 연대의식이 그대로 보고 속에 반영되었다.

1927년 1월 10일 회집된 제 20회 전북노회는 연합선교를 하기로 결정한 이후 진행된 상황을 전북노회 전도부 위원장 이창규 목사 이름으로 다음과 같이 보고했다:

一, 졔쥬련합 젼도부에셔 졔쥬 한림촌에 죠수 쥬택 하나를 五百한 도 ᄒ고 사달나는 쳥원은 올이오니 허락ᄒ고 쥬퇵 쇼유와 관리권은 본 로회에 잇게 ᄒ심을 바라오며

二, 졔쥬련합젼도부에 부담ᄒ흔 젼도비 五00원을 지불ᄒ기로 ᄒ오며

三, 금번에 각 교회에 비뎡흔 젼도비의 슈입이 영셩ᄒ오니 로회에셔 잘 슈입되도록 권면ᄒ여 쥬시기를 바라오며

四, 본부에셔 경영하고져 ᄒ는 젼도사업은 지졍 형편을 짜라 시쟉ᄒ겟스니 이 일은 본부에 젼권 위임ᄒ여 쥬시기를 바라오며

五, 졔쥬련합젼도부 규칙디로 션교수 김셩원 씨를 젼남로회로 이명ᄒ여 쥬기를 바라오며

六, 졔쥬련합젼도부 규칙에 의ᄒ야 련합젼도부원을 샹비로 여좌히 션졍ᄒ여 쥬시오며 … 44)

---

40) 제 15회 총회록 (1926), 85.
41) 제 15회 총회록 (1926), 85.
42) 제 15회 총회록 (1926), 106.
43) 제 15회 총회록 (1926), 106.

재정적 한계로 중단의 위기를 맞았던 제주선교가 다시 원상으로 회복되기 시작했다. 연합의 힘이 얼마나 큰가를 보여준다.

하지만 재정 부담은 여전했다. 할당된 선교비를 여러 교회로부터 지원받기는 쉽지 않았다. 전북노회는 각 교회로부터 지원과 협력이 부족해 연합회에 500원의 지원금을 내는 것도 힘겨운 상황이었다. 재정적 어려움은 전북노회 전도부 위원장 이창규가 제 21회 전북노회 앞에서 한 보고서에 그대로 나타난다:

> 一. 쟉년도에 젼도비로 각 교회에 비당흔 금익이 잘 슈입되지 못ᄒ야 제쥬년합젼도부에 부담금 오백원(五百圓)만 지불ᄒ고 본 로회에 젼도사업은 착슈치 못 ᄒ엿사오니 로회가 비당금 미랍흔 교회에 곳 완랍ᄒ도록 쥬의ᄒ여 주심을 바라오며
> 二. 금년도는 단슌히 제쥬젼도비만 위ᄒ야 각 교회의 셩찬 참예ᄒ는 교인 미 명에 二十젼 비례로 슈입ᄒ야 쓰게ᄒ여 주시기를 바라오며
> 三. 제주련합젼도부의 쟉년에 산익 부족금 육십원(六十圓)을 각 로회 디경에서 이십원식 부담흔 것은 금년만 흔ᄒ야 본 젼도부에셔 지출케 ᄒ여쥬심 바라오며. …

전북노회의 보고를 통해 우리는 제주선교에 대한 몇 가지 중요한 정보를 얻을 수 있다. 첫째, 제주선교를 위해 전남노회가 600원, 전북노회가 500원, 그리고 순천노회가 200원을 지원하고, 부족한 금액 650원을 총회가 지원했다.

둘째, 제주에서 활동하는 전도목사는 김성원과 리경필 목사, 2명이고, 강호연 조사가 협력하고 있었으며, 이들의 연봉은 김성원이 600원, 이경필이 780원, 그리고 강호연이 480원이었다. 전체 수입 1,950원 중 1,860원이 선교사 사례비로 지출된 것이다. 사례비 외에 직접 선교에 지출할 수 있는 비용은 거의 없었다. 최소한의 생활비를 지급

---

44) 전북노회 제 20회 회록, 18-19.

하는 데도 전체 예산 중 사례비가 차지하는 비율이 매우 높았다. 게다가 이경필이 선교사역에 진력하다 그만 신경쇠약증에 걸린 것이다. 이런 어려운 형편 속에서도 제주선교가 중단되지 않은 것이 놀랍다:

> 선교상항은 리경필 목사는 전도사무에 너무 로력흔 결과 신경쇠약증으로 [여]러달 신고ᄒᆞ여 치료ᄒᆞ는 중 아즉 효차가 업셔이 압흐로 젹어도 六七개월을 류디에 나와셔 슈양ᄒᆞ여야 되겟기로 금년 十二月 ᄭᅡ지 슈양케 ᄒᆞ고 그 후의 일은 사무국에 위임ᄒᆞ엿사오며 김성원 목사 보는 디방에는 차챠 자미가 잇는 고로 금년 총회에서 전도비를 여전히 주시면 그대로 계속케 ᄒᆞ기로 ᄒᆞ엿사오며 강호연 조사의 보는 산븍디방은 교회가 전보다 전진홈으로 더 일년간 계속케 ᄒᆞ기로 ᄒᆞ엿사오며 지나간 본 로회시에 제쥬 흐림촌에 쥬댁 대금으로 오백원 허락흔 것은 리경필 목사의게 위임ᄒᆞ야 적당흔 집을 매수ᄒᆞ기로 하엿사오며.45)

우리는 밤중에 노래하게 하시는 하나님의 역사를 여기서도 발견한다. 허리를 졸라매고 끼니를 걸러 가며 심지어 빚까지 내 제주선교를 계속했던 한국교회와 충분한 선교비를 지원받지 못하는 상황 속에서도 건강을 잃을 정도로 최선을 다해 선교 사역을 감당했던 선교사들이 자랑스럽다. 이경필은 1927년 3월 말 모슬포교회 성례 집례를 끝으로 제주사역을 중단하고 섬을 시작했다.46)

제주는 참으로 힘든 선교지였다. 제주 땅에서 배겨날 인물은 없었다. 이기풍, 윤식명, 이경필에 이르기까지 오랫동안 제주선교를 각오하고 사역했던 이들 가운데 정상적으로 제주를 떠난 사람은 드물었다. 때로는 성음을 잃어야 했고, 수토증에 시달려야 했으며, 심지어 "신경쇠약증"을 앓아야 했다.47) 육체적, 정신적 고통이 절정에 달하

---

45) 전북노회 제 21회 회록, 54-56.
46) 1927년 3월 20일자 모슬포교회 당회록.
47) 제 16회 총회록 (1927), 82.

이경필 목사

는 선교지 제주에서 자신의 생명을 아끼지 않고 수고한 이들의 헌신은 제주기독교 역사와 함께 길이 보존되어야 할 것이다.

비록 짧은 기간이지만 이기풍이 제주를 떠난 후 1918년 성내교회를 담임하면서 제주선교에 동참했던 최대진, 1918년 최대진의 뒤를 이어 부임한 김창국, 그 뒤를 이어 제주에 입도해 한림, 금성, 내도교회 등 산북지방을 순회하며 복음을 전한 이창규(1923-1924. 2), 그리고 이창규의 후임으로 제주에 부임하여 성내교회를 시무하면서 제주를 섬겼던 김정복(1924. 2) 모두 제주선교를 위해 헌신해온 선구자들이었다.

이경필은 1921년부터 1926년까지 5년을 제주에서 사역했다. 당시로서는 상당히 긴 기간이었다. 복음 때문에 자신의 생명을 아끼지 않는 선교사, 민중과 함께 고락을 같이하는 그런 선교사가 필요했다. 그런 의미에서 이경필의 사역은 더욱 아름답다.

전남노회는 이경필이 "신경쇠약증을 인하야 금년 사월부터 십이월까지 휴양하기로 결의되여 지금 휴양 중"48)인 사실을 알리면서도 "졔쥬전도사업을 더욱 확쟝"49)할 것이라고 보고했다. 전북노회 역시 "졔쥬선교사업은 계속하야 선교하오며"50)로, 순천노회는 "졔쥬련합전도"51)로 제주선교에 대한 희망을 노래했다.

1928년 6월 29일 군산개복교회에서 회집된 제 22회 전북노회에서

---

48) 제 16회 총회록 (1927), 83.
49) 제 16회 총회록 (1927), 82.
50) 제 16회 총회록 (1927), 106.
51) 제 16회 총회록 (1927), 100.

는 "제쥬도 목사 김영식 씨의 청원한 주택매수비 五百七十원 중 부족액 七十원은 지출"52)하기로 결정했다. 이날 노회록에는 과거 계속되어 오던 제주 파송 전도목사의 제주 선교현황에 대한 보고를 의미 있게 기술하고 있다:

> 김영식 목사의게 십분간 언권을 허락하야 제쥬전도상황을 듯기로 결의된 후 김영식 목사가 제쥬교회발전상항을 말함에 회원 일동이 깃브게 듯다.53)

이창규의 뒤를 이어 제주에 파송된 김영식의 제주 활동에 대해 구체적인 기록이 나타나지 않아 알 수 없다. 다만 "제쥬교회발전상황"을 들고 회원 일동이 기뻐했다는 사실은 선교의 결실이 적지 않았음을 암시해준다. 1927년 9월에 회집된 제 **16회** 총회회록에는 그동안 제주에 설립된 23개 교회 명단이 수록되었다.

1908-1927년까지 제주에 설립된 교회들

	교회(敎會) 명칭(名稱)	조직(組織)과 미조직(未組織)	소재지(所在地)		
1	성내(城內) 교회	조직(組織)	제주도(濟州島)	제주면(濟州面) 삼도리(三徒里)	
2	삼양리(三陽里)교회	同	同	同	삼양리(三陽里)
3	조천리(朝天里)교회	미조직(未組職)	同	新左面	조천리(朝天里)
4	세화리(細花里)교회	同	同	舊左面	세화리(細花里)
5	연평리(演坪里)교회	同	同	同	연평리(演坪里)
6	성읍리(城邑里)교회	同	同	東中面	성읍리(城邑里)
7	법환리(法還里)교회	同	同	右面	법환리(法還里)
8	중문리(中文里)교회	同	同	左面	중문리(中文里)
9	화순리(和順里)교회	同	同	中面	화순리(和順里)
10	안성리(安城里)교회	同	同	大靜面	안성리(安城里)
11	모슬포(摹瑟浦)교회	조직(組織)	濟州島	大靜面	모슬포(摹瑟浦)

---

52) 전북노회 제 22회 회록, 24-25.
53) 전북노회 제 22회 회록, 25.

12	일과리(日果里)교회	미조직(未組織)	同	同	일과리(日果里)
13	영락리(永樂里)교회	同	同	同	영락리(永樂里)
14	고산리(高山里)교회	同	同	舊右面	고산리(高山里)
15	지사포(池沙浦)교회	同	同	同	지사포(池沙浦)
16	용수리(龍水里)교회	同	同	同	용수리(龍水里)
17	두모리(頭毛里)교회	同	同	同	두모리(頭毛里)
18	협재리(挾才里)교회	同	同	同	협재리(挾才里)
19	한림리(翰林里)교회	同	同	同	한림리(翰林里)
20	수원리(洙源里)교회	同	同	同	수원리(洙源里)
21	금성리(錦城里)교회	同	同	新右面	금성리(錦城里)
22	내도리(內都里)교회	同	同	濟州面	내도리(內都里)
23	사수동(沙水洞)교회	同	同	同	사수리(沙水洞)

자료: 1927년 <제 16회 총회록>, 168-169.

    1928년 9월 7일 대구에서 회집된 제 17회 총회에서 전남노회는 "계쥬전도사업을 여전히 유치"하고 있다고 보고했다.54) 전남노회 소속이었던 "김재선씨는 계쥬삼양교회의 위임목사로 청빙되여 목사로 장립하야 시무"55)를 시작했다. 순천노회는 "전북 전남 슌텬 삼로회가 련합하야 계쥬젼도사업을 진행하는 일"로 제주선교 보고를 함축했다.

    그러나 흥미롭게도 1928년 총회 때 전북노회는 제주선교에 대해 한 마디도 언급하지 않았다. 다른 두 노회가 총회에 제주선교를 주요 전도사업으로 보고했는데도 전북노회만 제주선교 보고를 생략한 것이다. 제주선교에 대한 갈등이 노회 내에 존재했음을 암시해준다. 실제로 1929년 5월 28일 전주남문밖교회에서 회집된 제 23회 전북노회에서는 전도부장 "마노덕"(馬路德, Luther O. McCutchen, 1873-1960)은 "계쥬련합젼도에 관하야 현지 수입된 금젼원을 명년부터 민년 오빅원식 이년간만 지불하고 기후는 련합젼도부에서 탈퇴하는 것이 가한 줄 아오니 차 사유를 예히 젼남슌쳔 량로회에 통지하심"56)을 바란다고 보고했다.

---

54) 제 17회 총회록 (1928), 95.
55) 제 17회 총회록 (1928), 95.
56) 전북노회 제 23회 회록, 26.

전북노회는 약정한 500원을 2년간만 납부하고 그 후에는 연합전도부에서 탈퇴하겠다는 입장을 분명히 표명한 것이다. 이유가 무엇인지 노회록에는 나타나지 않는다. 다만 한 가지 가능한 추론은 제주선교보다도 전북노회 산하 교회들을 지원하는 것이 더 시급하다고 판단했기 때문으로 보인다. 그것은 전북노회가 연합전도부에서 탈퇴하기로 한 사실을 보고하면서 동시에 "전도 목사 일인을 본 로회 ㄴ에 셰워 금년부터 사업을 시작하게 하시오며"[57]라고 한 보고 내용에서 짐작할 수 있다. 전북노회가 당장 제주선교를 중단한 것은 아니지만 이미 제주선교에서 상당히 마음이 멀어졌다. 1929년 제 18차 총회 때 전남노회와 순천노회가 제주선교에 대해 보고했지만 전북노회 보고 중에는 제주선교에 대한 기록이 전혀 나타나지 않는다.

총회는 오랫동안 공백이 진행된 제주동부(정의)지방의 선교 사역을 더 이상 방치할 수 없었다. 총회는 이 지역을 "총회직할로 양셩츈 목사를 파송"[58]했다. 제주도 동편지방은 황해노회가 전담하던 선교지역이었다. 황해노회가 제주선교를 중단한 이후 이 지역은 전담선교사가 입도하지 못해 선교가 제대로 진행되지 못했다. 총회가 그 구역을 총회직할 선교구로 인수하여 전도목사를 파송하기로 결정한 것은 늦었지만 그래도 잘한 일이다. 총회가 제주선교에 직접 참여함에 따라 제주선교는 전남, 전북노회와 총회, 세 기관이 맡아 진행하게 되었다.[59]

1922년 황해노회가 제주선교를 중단한 이후 1930년 제주노회가 분립되기까지 8년간은 참으로 힘들고 긴 여정이었다. 전남, 전북, 순천, 세 노회는 헌신적인 지원을 아끼지 않았다. 극심한 경제난 속에서도 제주선교를 중단하지 않고 지속했다. 1930년 제 19회 총회 때 전북노회는 그동안 힘겹게 달려온 제주선교에 대한 보고를 "전남슌텬량로회와 련합하야 계쥬전도사업을 계쇽하며"로, 전남노회는 "계

---
57) 전북노회 제 23회 회록, 26.
58) 제 18회 총회록 (1929), 126.
59) 그러다 1930년 제주노회가 분립됨에 따라 총회는 제주선교를 측면에서 지원하고 제주노회가 제주선교를 주도하는 형식을 취했다.

쥬와 추자도 사업은 여전히 계속하오며"로 집약했다.

맺는 말

지금까지 살펴본 것처럼 1922년부터 1930년까지 제주선교는 고난의 기간이었다. 제주선교를 진행하는 전남, 전북, 순천노회 입장도 그랬고 파송 받은 전도목사나 제주교회의 입장에서도 마찬가지였다. 1922년 황해노회가 제주선교를 중단하고 윤식명 목사가 제주를 떠나고, 이어 김창국마저 제주를 떠나면서 새로운 변화를 맞기 시작했다. 황해노회가 맡았던 선교지는 후임자가 오지 않아 제대로 관리가 되지 않았고, 전북노회는 성내교회 사택문제와 재정난으로 제주선교를 중단할 상황까지 갔었다. 극심한 재정난으로 황해노회가 담당하던 선교구를 놓고 전북노회와 전남노회가 힘겨루기를 한 것이다. 전북노회는 전남노회가 담당하던 선교구를 맡지 않기로 했고, 잠시 선교를 중단하기도 했다. 그러나 선교에 대한 한국교회의 열기를 전북노회 역시 막을 길 없었다. 개교회에 선교비를 할당하면서까지 제주선교를 지속하기 위한 각고의 노력을 기울였다.

전남노회와 순천노회가 제주선교를 연합으로 진행함으로 어느 정도 재정적 부담을 줄일 수 있었다. 두 노회가 전북노회에 연합전도부에 동참할 것을 요구했고, 1926년부터 전북노회가 여기에 동참해 제주선교를 3노회가 연합으로 실천에 옮길 수 있었다. 참으로 감사한 일이고 고무적인 일이다. 전북노회와 전남노회, 그리고 순천노회는 자신들이 감당할 수 없을 만큼 제주선교를 후원했지만 경제문제는 감당하기 쉽지 않았다. 연합이 그 문제를 풀어준 것이다.

제 8 장

황해노회 철수 후
제주선교의 침체(1922-1930)

모슬포교회 부흥 제주도 대정면 모슬포 교회의 쥬최로 제쥬전도 각 교회가 련합부흥코져 수월 젼브터 특별긔도 중三월十九일브터 김익두 목ᄉ를 쳥빙ᄒ여 부흥사경회를 열고 수 빅명이 회집ᄒ야 오젼 오시로 六시 시벽긔도회 十시반으로 十二시와 오후 二시반으로 四 시ᄭ지 성경공부ᄒ고 져녁마다 강연회로 모히는 즁방텽직이 구름 ᄀ치 모힌바 례비당 마당에 림시 쟝막을 치고 일쥬일 간 대부흥을 밧앗는디 특히 감샤흠은 만흔 환쟈가 각식 병을 곳침 밧은 것이며 례비당 건축비로 연보흔 것이 一쳔 二빅원에 달 ᄒ엿슴으로 쥬씌 영광을 돌리다.

"모슬포교회 부흥," 긔독신보 1923. 5. 23.

1922년 황해노회가 제주선교를 철수한 후 정의지방 제주선교는 깊은 침체기를 맞았다. 황해노회가 파송한 임정찬 목사는 1922년 9월 2일 세화교회 문답을 마지막으로 제주사역을 마무리했고, 황해노회는 후임을 파송하지 않았다. 임정찬이 맡았던 정의지방은 심한 타격을 받았다. 게다가 김창국도 광주 양림교회로 떠났고, 윤식명도 김제읍교회로 전임했다. 마치 약속이나 한 듯이 제주에서 사역하던 전도목사 3명이 거의 동시에 제주를 떠났다. 전남노회의 산남지방, 전북노회의 산북지방, 황해노회의 동부(정의)지방으로 3분되어 진행되어 오던 제주선교의 삼각 구도가 완전히 틀어지고 말았다.

산북지방, 산남지방, 그리고 정의(동부)지방이라는 영토적 3구도는 그대로 존속하면서도 전도목사는 두 지역만 파송됨으로 제주선교가 제대로 진행되지 못했다. 모슬포를 중심으로 한 산남지방의 경우 윤식명의 뒤를 이어 이경필 목사(1921-1926), 김성환(1926-1928) 목사가 파송되어 그의 사역을 그대로 계승했고, 성내교회를 중심으로 한 산북지방의 경우 이기풍의 뒤를 이어 부임한 최대진(1915-1917), 김창국(1917-1922)이 떠난 후에 이창규(李昌珪, 1923-1924.2), 김정복(金正福, 1924.2-1927), 이기풍(1927-1931)이 부임했다. 이들은 성내교회를 담임하면서 한림, 금성, 내도교회 등 산북지방을 순회하면서 사역했기 때문에 산북지방의 경우 큰 목회적 공백이 없었다.

그러나 황해노회가 맡았던 정의지방은 달랐다. 임정찬이 담당했던 성읍교회, 조천교회, 세화교회가 소속된 정의지방은 전담 전도목사가 파송되지 않아 산남지방의 이경필, 김성환이 1년에 2차례 정도 순회하며 회무를 감당했다. 이 같은 구도는 1930년 제주노회가 조직되기까지 계속되었다. 목자 없는 양같이 유리되기 시작한 조천교회, 성읍교회, 세화교회는 윤식명이 제주를 떠나던 1922년의 교세를 전혀 회복하지 못한 채, 그 후 제주의 여타 교회에 비해 침체의 침체를 반복할 수밖에 없었다.

임정찬, 김창국, 윤식명이 제주를 떠나던 1922년은 확실히 제주기독교 역사의 분기점이었다. 1922년부터 1930년까지 고난의 제주기독교 역사를 살펴보는 것은 제주기독교사의 통시적 이해를 위해 매우 중요하다.

1. 제주 산북지방 선교

김창국의 후임으로 파송된 이창규(1922-1924)는 부흥에 관심이 많았다. 그는 제주에 입도하기 전 삼례교회를 담임하면서 장로교 안에서 전국적으로 한창 추진하고 있던 진흥운동을 돕는 "노회 진흥목사"였다. 그의 제주 부임은 침체된 제주교회를 회복시킬 수 있는 좋은 기회였다. 이런 이유로 1923년 제 12회 전북노회는 "삼례교회에서 시무하던 이창규 목사를 전도목사로 허락"1)했다.

이창규가 부임한 후 행한 첫 번째 일은 성내교회 예배당을 건축한 일이다. 1923년 4월에 시작한 건축은 4개월 후인 그해 8월에 완공을 했다. 그는 5,400원의 건축비를 들여 4개월 만에 반 양옥식의 예배당을 완성했다. 6,000여 원에 해당하는 이 모든 건축비 대부분은 교인들의 헌금으로 충당했다. 그는 타고난 재능을 지닌 부흥사경회 인도자였다. 이창규는 재임기간 동안 이경필과 함께 동부(정의)지방의 몇몇 교회에서 부흥사경회를 인도하여 영적 재충전을 주는 아주 소중한 일을 감당했다. 그러나 이창규는 제주 부임 불과 2년 만에 "사세를 인하여" 전도목사직을 사임하고 제주를 떠났다. 개인 사정이 무엇인지 구체적인 언급은 알 수 없다.

산북지방에서 성내교회와 더불어 가장 오래된 금성교회는 그동안 큰 발전이 없었다. 1908년에 설립된 이래 담임 목회자를 모시지도 못했고, 그렇다고 교인들이 많이 모여 외적인 성장을 이룩한 것도 아니었다. 10여 명이 근근이 신앙생활을 유지하여 오고 있었다. 그러던 차에 영수 이덕련이 자기의 초가집을 교회로 헌금하여 예배당이 세워졌다:

> 계쥬도 금성이란 곳에는 十여년젼브터 쥬의 빗치빗최여셔 쥬예수를 밋고 남녀 십여인이 모혀 례비하나 례비당이 업셔 一반이 우려흐는터이나 쇼수의 교인이라 물질뎍 힘이 부죡흠은 스실이러니 그 교회 령슈 리덕련씨가 즈긔의 쥬턱 초가 흔치를 례비당으로 드렷슴으로 一반은 씨의 셩의를 축하흐며 열렬흔 츙심에 감복흔다더라.2)

비록 성내교회와 비교할 수 없지만, 금성교회 교인들의 헌신과 교회 사랑도 대단했음을 읽을 수 있다.

---

1) 한국교회사학회 편, 조선예수교장로회사기 하 (서울: 연세대학교 출판부, 1968), 286.
2) 긔독신보, 1923년 7월 18일.

성내교회 김정복 목사 부임

1924년 이창규 목사 후임으로 김정복(1924-1927)이 부임했다. 1924년 7월 23일 기독신보에 "제주 서문교회와 연합하여 김정복 목사를 위임 동시 목사로 청빙"한 것이라고 보도된 것처럼 그는 성내교회와 삼양교회가 공동 당회장으로 초빙 받았다. 1924년 2월 23일 성내교회에서 열린 김정복 목사의 환영식에서 전임 이창규 목사는 축사를 맡아 그의 성내교회 부임을 축복하였고, 3월 2일에는 이경필 목사와 함께 김정복의 위임식도 주관했다. 전임과 후임의 아름다운 사역계승이었다. 이것은 한동안 제주성내교회의 아름다운 전통으로 자리 잡았다. 그해 8월 24일에 열린 성내교회 장로장립식에서도 이창규는 "권면"을 맡아 김정복의 사역을 지원하였다.[3]

김정복은 성내교회 담임목사로 재임하는 동안 다음 몇 가지 면에서 성내교회와 삼양교회, 그리고 산북지방의 선교발전에 큰 공헌을 했다.

첫째, 중앙유치원 개원과 사숙 영흥학교의 운영이다. 1924년 4월 전라남도 도지사의 허가를 얻어 정식으로 유치원을 개원했다. 개원하고 학생이 200명이 재학하게 되었으며, 재정은 교회 제직들이 전담하기로 하였다. 1924년 10월 22일자 기독신보는 "셩늬교회의 유치원 창설"이라는 제목으로 이 소식을 다음과 같이 전했다:

> (濟州) 제쥬셩늬교회에셔는 금년 四月에 중앙유치원 긔셩회(中央幼稚園期成會)를 조직ᄒ고 크게 활동ᄒ던 바 거번에 도지사의 인가싯지 엇어 본월一일브터 개원ᄒ고 二빅여 학싱이 공부ᄒᄂ 즁인디 원쟝은 김정복씨 교ᄉᄂ 홍보영씨요 경비는 본교회 졔직의 젼담으로 쟝ᄎ 더욱 확쟝홀 계획이라 ᄒ며 이것을 쳐음으로 본 제쥬 一반사회에셔는 미우 찬셩ᄒ며 동졍ᄒᄂ 뜻을 표ᄒᆫ다더라.[4]

---
3) 긔독신보, 1924년 8월 27일.
4) 긔독신보, 1924년 10월 22일.

제주에서 관인 유치원이 개원했다는 것 자체가 경사였다. "이것을 처음으로 본 제주 일반사회에서는 매우 찬성하여 동정하는 뜻을 표"5)했다는 기독신보의 보도는 정확한 진단이었다. 200여 명의 학생이 재학했다는 사실은 제주사람들이 교육에 얼마나 목말라했는가를 단적으로 말해준다. 또한 성내교회에 영흥학교를 운영하고, 삼양교회에 영신학교를 운영했으며, 학생은 1924년 현재 각 53명과 20명이었다. 1925년에는 남녀 학도 43명, 유아원 50명, 영흥야학부 50명으로 발전했다.6) 학교 교육을 통해 미래 지도자를 양성하고 제주지역에 대 사회적 책임을 다한 것이다. 1925년 3월 15일 제 1회 "유치원 보육(保育)식을 거힝"하여 "보육증셔를 밧은 ᄋ동은 12(十二)명"7)이었다. 경성에서 변호사업을 하는 이창휘는 중앙유치원을 돌아본 후 10원을 후원금으로 내 놓았다.8)

둘째, 부흥사경회 인도다. 해마다 제주에서 열리는 부흥사경회를 1925년 1월 23일부터 30일까지 일주일간 개최하였다. 강사는 이기풍 목사였다. 이 기간 동안 성내교회는 건축부채 500원을 청산할 수 있었다. 1925년 4월 1일자 기독신보는 "셩니(성내)교회에셔도 리목ᄉ의 인도로 일월 이십삼일부터 일쥬간 부흥ᄉ경회을 ᄒᆞᆫ 결과 일반교인은 크게 감동되여 오백원의 부치를 쳥쟝ᄒᆞ게 연보ᄒᆞ엿다."9)

셋째, 성내교회 예배당 헌당이다. 1926년 8월 15일 성내교회는 모든 부채를 청산함으로 성대하게 예배당 봉헌예배를 드렸다. "졔쥬도셩니교회는 6(六)년 젼에 교우들이 잇는 힘을 다ᄒᆞ야 6쳔(六千)원을 연보ᄒᆞ여 가지고 52(五十二)평 긔시제 와가 반양제로 례비당을 화려ᄒᆞ게 건축ᄒᆞ야 4(四)년 젼에 락셩은 ᄒᆞ였나 부치가 잇셔 봉헌식을 우금 못ᄒᆞ고 잇던바 이제는 쳥쟝되엿슴으로 8(八)월 15(十五)일

---

5) 긔독신보, 1924년 8월 27일.
6) 김태혁, 濟州教育史 (제주: 제주도 교육청, 1999), 519.
7) 긔독신보, 1925년 4월 8일.
8) 긔독신보, 1924년 2월 11일.
9) 긔독신보, 1925년 4월 1일.

1926년 유치원 졸업

김정복목사의 사회로 리경필 목사의 강도와 릐빈의 축사 등으로 봉헌식을 성대히 거힝하엿다더라."10) 김행권의 사랑에서 예배를 시작한 성내교회는 박영효 대감의 헌금으로 훈련청을 구입하여 예배당 겸 사택으로 사용하다 자체적인 예배당을 건축하게 된 것이다. 교인들의 헌신은 물론 외부에 있는 사람들까지 헌금을 아끼지 않았다:

> 졔쥬도셩니교회에셔는 수년 젼부터 셩젼을 신건축코져 하더니 4(四)월부터 공사에 착슈하야 진힝하는 중이나 금젼의 공항이 여간 아닌 즁에 일본대판에 가셔 쥬야 로동싱할 하는 동포 즁 밋는 형뎨 몃분이 곤경에 쳐흠을 알고 70(七十)여원을 긔집하여 보내엿슴으로 신불신쟈가 감샤하기마지 안는다하며 긔부쟈의씨 명과 금익은 여하하니 고지만, 셔三용, 쟝二보, 김수진 각 10(十)원, 쟝두만, 문긔쳔, 김지하, 무명씨 각 5(五)원, 좌용쥰 3(三)원 30(三十)젼, 김경

---

10) 긔독신보, 1926년 9월 8일.

찬, 우병싱 각 3(三)원, 리즁화 2(二)원 강좌규 1(一)원.11)

그 외에도 아름다운 이야기는 많다. 김수사나라는 "신앙독실훈" 70세 노파의 헌신이다. "슬하에 일뎜 혈육이 업시 독신으로 쇼쇼훈 샹업을 경영ᄒ야 현시 510(百五十)원 가격의 가디를 쟉만ᄒ고 싱활ᄒ던" 이 여인은 "쥬의 ᄉ업을 위ᄒ야 그가 디를 교회에 긔부"한 것이다. 그녀의 아름다운 이야기는 기독신보에 소개되었고, "일반은 그의 특지를 칭숑"12)하지 않을 수 없었다. 교회 건축을 위해 많은 사람들이 헌신한 것을 알 수 있다.

넷째, 그가 재임하는 동안 삼양교회가 예배당을 건축하고 교회가 부흥되었다. 김정복은 부임할 때부터 성내교회와 삼양교회를 같이 맡는 것을 전제로 부임했기 때문에 성내교회와 삼양교회 두 교회의 당회장이었다. 그가 삼양교회에 부임한 후 삼양교회는 활력이 넘쳤다. 교회는 자리가 모자라 새로 예배당을 건축해야 했다:

> 제쥬삼양교회는 팔(八), 구(九)년 전에 전북로회에셔 김창국 목ᄉ를 파송ᄒ야 열심 전도훈 결과 교회의 긔초가 완전이 되엿ᄂ디 금년 봄에는 제쥬셩니교회와 련합ᄒ야 김정복 목ᄉ를 위임동ᄉ 목ᄉ로 쳥빙ᄒ고 지금은 팔간 례비당이 좁아셔 증축훌 예산으로 육월 이십구(二十九)일에 일반교인의 츌연훈 금익이 이백이십칠(二百二十七)원 육십(六十)전인고로 불일니로 사(四)간을 증축ᄒ기로 작뎡ᄒ엿ᅀ더라.13)

삼양교회는 예정대로 건축이 진행되었다. 당시 교인들이 227원을 헌금했다는 것은 적은 금액이 아니다. 교회가 예배당을 건축한다는 소식을 들은 삼양교회 출신들도 고향교회를 위해 헌금을 주저하지

---

11) 긔독신보, 1923년 6월 13일.
12) 긔독신보, 1925년 10월 7일.
13) 긔독신보, 1924년 7월 23일.

않았다. 특별히 생활 형편으로 일본 대판에 가서 노동을 하며 살아가는 삼양교회 출신 교인 14명은 정성을 다해 모 교회 건축을 위해 헌금을 한 것이다. 1924년 9월 24일 기독신보에는 "삼양교회의 연"이라는 제목으로 이 기사를 실었다:

> 졔쥬삼양교회 교우 수십인이 싱활관계로 인ᄒᆞ야 본교회를 리별ᄒᆞ고 대판에 건너가서 각공장에 투신ᄒᆞ야 로동싱활을 ᄒᆞ여가는 터인 디 본 교회례비당을 증축ᄒᆞᆫ다는 쇼식을 듯고 그들은 ᄌᆞ긔싱활의 곤란ᄒᆞᆫ 것도 불구ᄒᆞ고 각각힘잇ᄂᆞᆫ디로 좌긔와 ᄀᆞ치 연보ᄒᆞ엿슴으로 일반교인은 감샤ᄒᆞᆷ을 마지 아니ᄒᆞᆫ다 더라. 문괴천 이원(二圓) 김챵길 이원(二圓) 셔삼용 십원(十圓) 박슌전 일원(一圓) 김명호 십원(十圓) 문이옥 일원(一圓) 김병식 이원(二圓) 쟝이보 십원(十圓) 문명옥 오원(五圓) 양지원 오원(五圓) 최응슌 일원(一圓) 고평슌 일원(一圓) 홍계싱 오십(五十)전 우병싱 일원오십(一圓 五十)전 합계(合計) 오십이원(五十二圓)14)

생활고로 일본에 건너간 이들이 자신들의 형편을 뒤로 하고 고향 교회의 예배당 건축을 위해 혼신을 다해 헌금을 모아 보내온 것이다. 참으로 눈물겨운 아름다운 이야기이다. 제주에 선교가 시작된 지 십수년 만에 이 같은 신앙의 사람들이 생겨났다는 것은 매우 고무적이다. 이들 14사람이 정성을 다해 모은 금액은 비록 52원이지만, 이 금액은 교회 전체 교우가 헌금한 금액 20%를 상회하는 액수였다. 교회를 건축한 후 삼양교회는 1925년 3월 2일부터 4일까지 이틀간 이기풍 목사를 청해 사경회를 열었다. 부흥회를 통해 "만흔 은혜를 밧ᄂᆞᆫ중 부쳬[치]에 디ᄒᆞᆫ 의연금이 百三十여원에 달ᄒᆞ엿다."15) 삼양교회는 꾸준한 발전을 이룩했다. 그 결과 삼양교회 장립식을 거행할 수 있었다. 1928년 10월 31일 기독신보는 이를 간단히 보도했다.

---

14) 긔독신보, 1924년 9월 24일.
15) 긔독신보, 1925년 4월 1일.

1927년 유치원 졸업식

"제쥬 삼양교회는 셜립된지 십(十)년에 오쥬병 쟝로의 열심 슈고로 교인이 백육십(百六十)여인에 달하고 지난 칠(七)일 쥬일에는 리긔풍 목사의 사회로 김근서(金根瑞)씨의 쟝로 쟝립식을 성대히 거행하엿다."16)

이선광의 헌신

성내교회와 삼양교회, 금성교회 등 산북지방의 복음전도를 위해 헌신한 또 하나의 아름다운 이야기가 있다. 그것은 1908년 이 지역에 이기풍과 함께 파송되어 헌신한 이선광 전도부인에 대한 이야기다. 주지하듯이 이선광은 1908년 평양여전도회의 5년 약정으로 제주에 파송되어 이 기간을 채운 후에도 여전히 제주에 남아 사역을 계속했다. 1908년부터 1913년까지 평양여전도회의 지원을 받아 파

---

16) 긔독신보, 1928년 10월 31일.

송 받은 이선광은 이기풍이 제주를 떠난 뒤에도 여전히 제주에 남아 선교를 계속했다. 1914년부터 1917년 8월까지 제주를 섬긴 기록을 **성내교회제직회록, 노회록, 총회록** 등을 통해 확인할 수 있다. 그 후에는 전라노회의 후원을 받으며 제주선교를 지속했다. 여러 기록들을 통해 확인된 그녀의 제주선교 사역과 이에 대한 헌신은 대단했다. 그녀의 제주에서의 사역 중 특히 여성들을 대상으로 한 사역은 그녀가 제주기독교 역사에 남긴 가장 큰 공헌이다. 이선광은 이기풍이 부임한 후 이기풍 여사와 함께 부인들을 대상으로 사역하면서 부인전도에 크게 힘썼다. 이것은 1915년 이기풍이 제주를 떠난 뒤에도 1917년 전라노회가 전도인을 폐지할 때까지 계속되었다.

이런 이유로 성내교회는 이선광을 여전도인으로 모시고 싶었다. 1919년 10월 24일 성내교회 제직회록에는 "본 교회에서 일년간 여전도인을 세우기로 결정하고 월급은 12원씩 지불하기로 하다. 여전도인은 이 선광씨로 택정하다."17)라고 기록되었다.

이 결정에 따라 이선광은 다시 제주사역을 시작했다. 그녀의 제주사역은 산북지방 사역에만 국한 된 것은 아니었다. 황해노회가 맡았던 동부지방사역으로도 확장되었다. 그것은 현존하는 **제주 동부지방회(정의)회록**에서도 확인되는 바이다. 1920년 3월 7일 "제주동지방 목사 임정찬"과 함께 성읍리교회를 순회하였을 때 전도부인 이선광이 동행했으며18) 그해 1920년 12월 19일 임정찬이 한동리 예배처소에 갔을 때도 이선광이 동행했다. 1921년 2월 20일 임정찬이 성읍교회 문답차 순회할 때도 "전도부인 이선광"이 동행했고 또한 그해 7월 31일 성읍교회에 임정찬이 교회 사무를 위해 순회할 때도 "전도부인 이선광"이 교회 사역을 지원하기 위해 동행했다. 이로 보건대 이선광은 적어도 1919년 가을부터 1921년 가을까지 2년간을 제주에서 사역했다.

---

17) 성내교회제직회록, 1919년 10월 24일.
18) 제주동지방회(정의)회록, 45.

그녀의 제주 사역은 이것으로 끝나지 않았다. 1925년 6월 24일 **기독신보**에 "이부인의 교회ᄉ업"이라는 간단한 글이 소개되었다:

> 전남계쥬셩ᄂᆡ교회 리선광 부인은 十여 셩상을 교회를 위ᄒᆞ야 힘쓰던바 거금 량년은 셩ᄂᆡ교회에서 시무ᄒᆞ면셔 식비도 못되는 월급을 가지고 매삭 五원식 ᄌᆞ담ᄒᆞ야 본교회에 부속한 ᄉᆞ수동 긔도쳐소에 김한옥 씨를 보ᄂᆡ여 쥬일과 삼일에 도와주게 ᄒᆞ엿다더라.19)

위의 짧은 기록을 통해 이선광에 대한 몇 가지 사실을 확인할 수 있다. 첫째, 이선광이 1925년 현재 제주를 위해 10여 년 이상을 섬겨왔으며, 1925년 6월 현재 성내교회 여전도인으로 2년째 섬기고 있다는 사실이다. "거금 량년"20)이라는 사실은 1924년과 1925년을 말한다. 그렇다면 이선광은 1919년 가을부터 1921년 가을까지 2년을 섬긴 후 육지로 갔거나 혹은 제주에 남아 주의 일을 감당하다 다시 제주 성내교회에서 1924년과 1925년 2년간을 "시무"21)한 것이다.

둘째, 이선광 선교사는 자신의 얼마 되지 않은 월급을 가지고 다시 그 돈으로 다른 사람을 파송하여 제주선교 확장에 헌신했다. 참으로 희생적인 헌신이다. 그녀는 화려한 조명을 받지 못했지만 분명 제주선교에 가장 큰 공헌을 한 인물 가운데 한 명이었다. 그녀의 제주에 대한 헌신이 남다른 것을 여기서도 읽을 수 있다. 그렇다면 그녀가 제주에 섬긴 기간은 다음과 같이 정리할 수 있다.

1908-1913년 평양여전도회 파송 제주 여전도인
1913-1917년 전라노회 파송 여전도인
1919-1921년 성내교회 여전도인
1924-1925년 성내교회 여전도인

---

19) 긔독신보, 1925년 6월 24일.
20) 긔독신보, 1925년 6월 24일.
21) 긔독신보, 1925년 6월 24일.

가슴에 꽃을 달고(이도종 목사)

확인된 공식적 기록을 통해서만도 이선광은 무려 13년간 제주를 섬겼다. 제주에 대한 그녀의 사랑과 섬김과 희생이 남달랐다. 이기풍 선교사가 제주를 섬긴 햇수가 전체 11년 정도인 것과 비교할 때 그녀가 섬긴 13년의 기간은 결코 짧지 않은 기간이 아니었다. 이선광의 이 같은 긴 섬김은 동역하는 남자 선교사와 성내교회 교우들의 전폭적인 신뢰가 뒷받침되지 않았다면 불가능한 일이었다.22)

김정복은 어려운 시기에 부임했지만 동역자들과 교인들의 헌신적

---

22) 평양 여전도회에서 파송 받아 오랫동안 제주선교를 위해 한 알의 밀알이 되었던 이선광의 노고는 그동안 너무도 간과되어 왔다. 그녀는 공식적으로 선교사라는 호칭을 받지 못했지만 가장 오랫동안 제주를 섬겼던 실질적인 여선교사였다. 이기풍이 입국하던 1908년 제주에 입도하여 이기풍 보다 더 오래 제주에 머물렀고, 할 수 있는 대로 제주에 와서 한동안 제주선교를 위해 협력을 아끼지 않았던 이선광은 한국교회가 낳은 최초의 여선교사였다. 그녀는 제주에서 사역하는 동안 선교사들의 존경과 이기풍의 깊은 신뢰 그리고 제주도 사람들의 사랑을 한 몸에 받았다. 이기풍이 최초의 선교사로서 영광과 환대를 동시에 받았지만 이선광은 별로 세인이 주목하지도 학계가 관심을 갖지도 않았다. 제주선교에 희생적인 섬김과 봉사로 귀중한 업적을 남긴 이선광 선교사에 대해 지금부터라도 바른 평가가 있어야 할 것이다.

인 지원에 힘입어 교회를 부흥시키는데 크게 공헌했다. 1925년 성내교회에는 교인이 "150명 미만"이었고, 그해 수입은 2,481원 89전 5리였고, 지출은 2,387원 21전 5리였다. 1926년 예산으로 2,950원을 세웠는데 이는 제주에서 가장 큰 규모의 예산이었다. "一百五十명에 미만ᄒᆞᆫ 교우의 힘"23)으로 대단한 기적을 이룬 것이다.

이런 가운데 1926년 2월 22일부터 28일까지 신우면 금성교회 당에서 "제주 북 지방 부흥대사경회"가 열렸다. "선교사 김성원 씨 인도"로 열린 이번 사경회 기간 동안 "오전에는 사십명이 공부ᄒᆞ고 오후에는 三百명 이샹이 텽강ᄒᆞ야 六十명의 신쟈"24)가 결신했다. 참으로 놀라운 결실이 아닐 수 없다. 성내교회, 삼양교회에 이어 금성교회도 활기가 넘친 것을 알 수 있다.

내도교회에서도 1926년 7월 25일부터 31일까지 저녁집회가 열렸고, "리덕련"의 열변을 통해 "큰 유익"을 얻었다. 확실히 김정복은 성내교회와 삼양교회를 부흥시킨 주역 가운데 한 명이었다. 그가 재임 기간 많은 일을 감당했지만 삼양교회와 성내교회에 너무 집중된 나머지 다른 지역의 전도나 선교사역에 많은 시간 투자를 하지 못했다. 두 교회의 당회장 그 이상의 사역을 감당하기에는 너무나도 짧은 시간적, 체력적 한계가 있었다. 150명의 교인들을 돌보는 일은 쉽지 않은 일이었다. 이렇기 때문에 1922년 이후 제주성내교회에 부임한 이들에게는 비록 선교사라는 호칭이 주어졌지만, 그 주된 역할은 역시 담임목회였다. 게다가 김정복은 두 교회를 맡아야 했다.

이기풍의 성내교회 부임

성내교회와 산북지방에서 자신의 사역을 다 했다고 판단한 김정복은 1927년 제주를 떠나 벌교읍으로 임지를 옮겼다. 그리고 제주선교

---

23) 긔독신보, 1926년 1월 20일.
24) 긔독신보, 1926년 4월 7일.

의 개척자 이기풍이 그의 후임으로 성내에 부임했다. 이기풍은 1927년 2월 2일 섬기던 고흥읍교회를 떠나 제주성내교회에 부임해 7월 31일 위임식을 거행했다. 그의 위임식이 "김성원 목사의 주례로 성대히 거행ᄒ엿ᄂ듸 청년회와 조력회에서는 례물을 진정ᄒ엿다."[25] 제주선교가 위기를 만나고 있던 그때 제주선교 개척자요, 제주의 수많은 교회를 설립하면서 제주를 위해 헌신했던 이기풍이 12년 만에 다시 제주로 돌아온 것이다. 제주선교 개척의 중심 거점이었던 성내교회에 이기풍이 부임한 것은 한편으로 제주교회 교인들의 향수와 간청도 크게 작용했지만, 자신의 남은 목회 여정 동안 제주선교를 제대로 마무리하고 싶은 마음이 그 이면에 있었다. 성내교회와 삼양교회, 모슬포교회를 제외하고는 당회가 조직되지 않은 제주교회 형편은 당시로서는 참으로 열악한 수준이었다. 역사에는 가정이 없다고 하지만 만약 이기풍이 1915년 제주를 떠나지 않고, 계속 제주에 남아 사역을 계속했었다면 제주기독교는 달라졌을 것이다.

이기풍은 보이지 않는 모종의 책임의식을 느꼈을 것이다. 그런 의미에서 그의 제주성내교회로의 부임은 기대가 컸다. 그러나 그가 재임하는 1927년부터 1931년까지 그가 이룩한 결실은 이전과 비교할 수 없을 정도로 미미했고, 그는 많은 사람들이 그토록 고대했던 목회적 모델도 보여주지 못했다. 그런 현상은 그의 부임 초기에 더욱 심했다.

이기풍은 성내교회에 부임한 후 교회와 주민들이 하나 되는 모종의 축제의 장을 마련하고 싶었다. 그것은 지역을 섬기는 교회로서의 이미지를 심어주고 싶었기 때문이다. 이것은 종종 특별한 날 성내교회가 오랫동안 해왔던 방식이기도 했다. 크리스마스 행사를 주민과 함께 하며 축제로 발전시켰던 것은 대표적 사례라고 할 수 있다. 성내교회와 삼양교회에서 개최한 꽃주일은 그의 야심작이었다. 1927년 6월 12일 "김창현씨의 강도와 학생들의 유희, 창가, 군악, 동화"가 어

---

25) 긔독신보, 1927년 8월 17일. "李基豊牧師委任式". 긔독신보, 1927년 8월 17일. "(濟州) 졔쥬셩ᄂᆡ교회에서는 七月 三十一日 본교회 리긔풍목사의 위임식을 김셩원목사의 쥬례로 셩대히 거ᄒᆡᆼᄒ엿ᄂᆞᆫ듸 청년회와 조력회에서는 례물을 진뎡ᄒ엿다더라"

우러진 "쏫주일" 행사를 치러 그 현장에 참석한 "천 여 명 청중"에게 큰 감동을 주었다.26) "쏫주일"은 셩내교회와 삼양교회에서 일자를 달리해서 열었다. 1927년 7월 13일 기독신보는 다음과 같이 전한다:

셩닉교회쏫쥬일

六月十二日 졔쥬도셩닉교회는 쏫쥬일을 직혓는디 김셩퇴씨 스회 하에 김창현씨의 강도와 학싱들의 유희, 창가, 군악, 동화가 잇서 쳔여명 즁에게 큰 감동을 주엇다더라.27)

삼양에쏫쥬일

졔쥬도 삼양교회는 六月 二十六日에 쏫쥬일을 직힐시 김져션 조스 의 스회로 리긔풍 목스의 쥬일학 략스보고와 ㅇ동의 연셜, 유희, 군 악등으로 큰 자미를 보왓느디 동부ᄌ동챠부와 셔부ᄌ동챠부에서 는 셩닉교회의 학싱과 직원들을 무료로 태워 두 학교 련락에 편리 를 도모ᄒ여 주엇슴으로 그들의 후의를 깁히 샤례흔다더라.28)

이기풍은 부임 후 1927년에는 "수해를 당하여 아픔을 겪었던 형 제자매를 위하여 150여원을 구제"하고 안수집사와 최정숙 장로를 임직하고,29) 신년부흥사경회를 인도하며 교인들의 영적각성을 도모 하는 일을 했다. 이기풍이 제주에 부임하면서 제주에 대한 육지교회 의 관심이 이전보다 더 많아졌다. 그 사례 중의 하나가 제주선교를 오랫동안 지원했던 타마자 선교사 선교구역의 조사들이 제주를 단기 선교 차 탐방한 일이다. 당시로서는 쉽지 않지만 1928년 여름에는 타 마자 선교사 관할 하에 있는 지방의 조사들이 허화준 목사의 인도로 8월 2일 제주 한라산을 구경하고 "성내, 삼양리, 한림포, 신양리, 고 산, 룡슈, 디사" 등 각 교회를 심방하고 전도도 하는 일이 있었다.30)

---

26) 긔독신보, 1927년 7월 13일.
27) 긔독신보, 1927년 7월 13일.
28) 긔독신보, 1927년 7월 13일.
29) 1929년 9월 29일 최정숙 장로 장립식이 있었다. 긔독신보, 1929년 10월 9일.
30) 긔독신보, 1928년 8월 19일.

이도종 목사, 김도전 권사

이기풍의 이런 초기의 긍정적인 평가에도 불구하고 이기풍의 2차 제주선교 사역은 1차에 비해 결실이 그리 많지 않았다. 그의 재임 기간 동안 성내교회의 자랑이었던 영흥학교가 재정난으로 문을 닫았으며, 유치원도 근근이 유지하는 정도였다. 그는 1928년 전북노회 앞에 "경제곤란으로 사숙은 정지하였으나 유치원은 근근이 유지하여 가오며"31)라고 보고했다.

이런 와중에 이기풍 회갑연이 성대하게 성내교회에서 베풀어진 것은 이해하기 힘들다. 1928년 사경회를 하며 교회의 발전을 위해 노력했지만, 이전의 패기와 감화는 찾을 수 없었다. 그가 다시 제주를 찾은 것은 훌륭한 결단이지만 기대 이상의 결실은 없었다.

게다가 그동안 전남노회와 협력을 하던 순천노회가 1929년에 접어들어 제주선교를 중단하기로 결정했다.32) 이 중단이 이기풍과 직접 연관이 있었던 것은 아니다. 이것은 경제적인 형편상 제주선교보다는 자신들의 열악한 지역을 지원하려는 경제적인 동기에서 비롯

---

31) 이기풍, 서문교회 보고서, 1928년 6월 5일.
32) 제 18회 총회록 (1929), 122.

된 결단이었다. 하지만 전북노회가 1928년 연합전도부에서 탈퇴하기로 결정한데 이어 순천노회마저 제주선교를 중단한 것은 참으로 애석한 일이 아닐 수 없다.

그런 가운데서도 이기풍의 2차 제주선교 재임 기간에 특별한 의미를 부여할 수 있는 한 사건이 있었다. 그것은 1930년 제주노회가 전남노회에서 분립한 것이다. 19회 총회는 제주노회 분립 청원을 받고 명칭은 "제주노회"로, 노회 조직 장소는 "제주 서문교회"에서, 시일은 1930년 11월 이내로, 제주노회 조직 노회장은 최흥종씨로 하고 "제반 문무는 전남노회에 위임하기로"하고, 재정은 전남노회가 청원한 대로 3분의 2는 전남노회가 맡고, 3분의 1은 제주노회가 감당하는 것으로 결정했다. 전남노회 선교사 가운데 1명을 제주노회 언권회원으로 세우는 것도 허락했다.33)

총회의 결정에 따라 1930년 11월 14일 서문교회(성내)에서 역사적인 제주노회가 조직되었다. 노회장에 최흥종, 부노회장에 김재선, 서기에 이도종, 회계에 김재원이 피선되었다.34)

2. 산남지방 선교

1922년부터 1930년까지 동부(정의)지방 선교는 산남지방을 담당한 전도목사에 의해 진행되었다. 따라서 이 기간 산남지방과 동부(정의)지방 선교는 같은 사역자가 두 지역을 담당하는 형태를 취했다. 1914년 부임한 임정찬(1914-1922)이 1922년 이임하고, 그 뒤를 이어 이경필(1922-1926)과 김성원(1926-1928)이 부임하여 사역을 감당했다. 1922년 임정찬이 이임한 후 그가 맡았던 조천에서 서귀읍 효돈에 이르는 동부(정의)지방의 사역은 이경필 목사가 맡아 진행했다. 윤식명의 뒤를 이어 1921년 전남노회가 파송한 이경필 목사는 1926년까지 윤식명

---

33) 제 19회 총회록 (1930), 34.
34) 긔독신보, 1930년 12월 17일.

이 맡고 있던 모슬포교회를 담임하면서 제주 산남지역 외에 임정찬의 정의지역까지 커버해야 했다. 하지만 윤식명의 경우는 "대정지방목사"라는 호칭이 늘 따라 다녔고, 임정찬의 경우도 "제주동지방목사"라는 호칭이 따랐으나 이경필의 경우 공식적인 호칭은 "전도목사"였다. 제주의 어느 특정지역을 담당하는 지역 호칭이 없고 그저 "전도목사"였다. 이경필은 이미 제주에 파송될 때 모슬포교회를 담임하면서도 지역의 벽을 넘어 사역을 감당하도록 전도목사의 호칭을 부여했던 것이다. 이것은 임정찬의 철수로 인해 생긴 공백을 메우기 위한 의도에서도 그랬던 것으로 보인다. 만약 제주에 파송하면서 임정찬의 경우처럼 "대정지방목사"라는 타이틀로 부임했다면 정의지방의 교회들은 이경필의 치리와 권징에 순복하기가 힘들었을 것이다. 이것은 제주라는 선교지의 특성을 충분히 배려한 처사였다.

깨어나는 모슬포교회와 산남지방 교회들

모슬포교회 교역자 명부에 있는 대로 이경필은 1922년부터 1926년까지 모슬포교회를 담임했다. 그는 모슬포를 담임하면서 그 교회를 거점으로 주변 지역의 교회를 순회하며 전도를 했던 것으로 여겨진다. 1925년까지 산남지방에 세워진 교회는 모슬포교회(1909), 용수교회(1913), 중문교회(1914), 고산교회(1916), 법환교회(1918), 두모교회(1920), 그리고 협재교회(1921)이다. 이들 교회 대부분은 윤식명이 1914년부터 1921년까지 이 지역을 맡으면서 이룩한 결실이었다. 윤식명이 산남지역을 맡은 이후 산남지역은 많은 성장을 이룩했다. 특히 모슬포교회는 가장 많은 성장을 이룩한 교회였다. 모슬포교회는 1921년 8월 말에 이르러 장년이 70-80명에 이르렀다. 명월 옹포 협재리 금릉리에 전도인을 파송하여 10여 명이 모여 예배를 드리는 예배처소도 생겨났다. 협재교회는 이때 태동된 것이다. 윤식명이 모슬포교회를 맡은 이후 헌신된 사람들이 많았다. 1921년

9월 7일 기독신보에는 모슬포교회와 산남지방 교회의 모습을 짧지만 감동적인 기사가 실렸다:

> 제쥬도 디정 모슬포교회는 셜립된지 八九년에 신자 수 七八십명에 달흔바 최정슉찌는 모친 시하에 샹업으로 넉넉지 못한 싱활을 흐는 중에 금검 적츅흐얏든 몟빅원 샹업자본 중에셔 수빅원을 교회 위해 밧치여 명월웅포 협지리 금릉리 큰 동늬에 전도인을 두워셔 전도한 결과 지금 모히는쟈 十여명에 달흐엿스니 씨는 과연 우리 숑교계의 모범덕 인물들이라 흐겟더라.35)

이경필이 부임한 후 1922년 3월 20일 모슬포교회에서는 산남 지방의 교회들이 다 모인 가운데 "부흥사경회"가 열렸다. 이기풍, 도대선, 이경필 세 명이 인도한 이번 부흥사경회는 산남지방교회들의 큰 행사였다. 두 명의 한국인 목사와 한 명의 외국인 선교사가 사경회를 인도한 것이다. 여기 외국선교사 도대선(**都大善**, Samuel K. Dodson)은 1911년 남장로교 선교사로 내한하여 광주 선교부 소속으로 농촌지역 전도활동에 헌신했던 선교사였다. 화순, 순창, 장성, 광주 등을 순회하면서 순회전도를 하다, 1927년 바이오렛 양(Violet K. Dodson)과 결혼하고 그 이듬해 1928년 귀국했다.36)

이번 부흥사경회 저녁집회는 이기풍이 맡았다. 노련한 이기풍은 자주 제주도에 부흥강사로 청빙을 받아 제주도민들의 정서를 잘 읽으며 적절한 말씀을 전했다. 이번 집회 역시 참석자들이 상당한 유익을 얻는 기간이었다. 기독신보는 1922년 5월 31일 이 사실을 이렇게 전했다:

> 모슬포교회 부흥사경회(復興査經會). 제쥬도 모슬포 교회에셔는

---

35) 긔독신보, 1921년 9월 7일.
36) 김승태, 박혜진 엮음, 내한 선교사 총람 **1884-1984** (서울: 한국기독교역사연구소, 1994), 201.

제주노회 청년연합전도회 제 4회 하기 수양회

구역니 각 교회를 합ᄒᆞ여 三月 二十일부터 부흥사경회를 긔최ᄒᆞ엿 는디 교ᄉᆞ는 리긔풍 도대션 리경필 三목ᄉᆞ오 공부ᄒᆞ는 남녀 四十 여명이며 시벽긔도회와 하오공부와 져녁젼도회에 무한ᄒᆞᆫ 은혜와 지혜와 지혜를 엇고 밧앗스며 특히 져녁에는 리긔풍 목ᄉᆞ의 열렬 하난 강도에 一반신쟈가 통회ᄒᆞ여 대대뎍부흥이 되는 즁에 더욱이 감샤ᄒᆞᆫ가ᄉᆞᆫ 시로 밋은쟈 二十여명이엿다더라.(모슬포[慕瑟浦])37)

이번 사경회 기간 동안에 모슬포 지방 교인들이 얼마나 많은 은 혜를 받았는가를 보여준다. "무한한 은혜," "대대적 부흥"이라는 말 이 그 은혜의 깊이와 강도를 대변해 준다. 대정지방의 선교는 윤식 명 이후 활기가 넘쳤다. 1920년대에 접어들면서 더욱 결실이 두드 러지게 나타났다. 이경필이 모슬포교회에 부임한 후 개최한 김익두 부흥회에는 모슬포 지방으로는 보기 드물게 수백 명이 모였고, 능력 과 병 고침의 역사도 나타났다:

모슬포교회 부흥 제쥬도 대정면 모슬포 교회의 쥬최로 제쥬젼도

---

37) "모슬포교회 復興査經會," 긔독신보, 1922년 5월 31일.

> 각 교회가 련합부흥코져 수월 젼브터 특별긔도 三月十九일브터 김
> 익두 목수를 빙ᄒᆞ여 부흥사경회를 열고 수빅명이 회집ᄒᆞ야 오젼
> 오시로 六시 시벽긔도회 十시반으로 十二시와 오후 二시반으로 四
> 시ᄭᆞ지 셩경공부ᄒᆞ고 져녁마다 강연회로 모히는 방긱이 구름 ᄀᆞ치
> 모힌바 례비당 마당에 림시 쟝막을 치고 일쥬일 간 대부흥을 밧앗
> 는되 특히 감샤ᄒᆞᆷ은 만흔 환쟈가 각식 병을 곳침밧은 것이며 례비
> 당 건축비로 연보흔 것이 一쳔 二빅원에 달 ᄒᆞ엿슴으로 쥬ᄭᅴ 영광
> 을 돌리다.38)

 김익두가 1920년에 이어 1923년에도 제주에 온 것이다. 얼마나 성령의 역사가 강도 높게 나타났는가는 "특히 감샤ᄒᆞᆷ은 만흔 환쟈가 각식 병을 고침 밧은 것"이라는 말 속에 함축되었다. 1908년 이기풍이 부임한 이후부터 계속된 성령의 초자연적 능력은 우상으로 찌든 제주민들에게 전능하신 하나님의 위대하심을 분명하게 선포하는 계기가 되었다. 김익두는 이 점에 있어서 특별하게 쓰임 받은 인물이었다.

 이경필의 대정지방은 이런 노력에 힘입어 꾸준하게 성장을 계속했다. 이경필은 1924년 3월 15일부터 모슬포교회에서 산남지방 대사경회를 개최하여 영적분위기를 계속해서 이어가기를 원했다. "리경필량 목ᄉᆞ의 ᄌᆞ셔ᄒᆞᆫ 교슈와 열렬ᄒᆞᆫ 강연은 八교회 百여명 교인의 신령ᄒᆞᆫ 량식을 만히 공급ᄒᆞ엿스며 새로 밋은쟈도 적지 안았다."39) 윤식명과 이경필로 이어지는 훌륭한 목회자들의 사역계승으로 확실히 모슬포지방의 영적 분위기는 점점 더 성숙한 단계로 발전했다.

 1921년에는 광주 박재하 씨가 전도인 한 명을 세워 고산리에서 복음을 전해 1923년에 이르러서는 10여 명이 예배를 드리다 "추합나" 노인이 이 세상의 집이 아닌 영원한 집을 위해 자신의 재산을 교회에 헌금하였다:

---

38) "모슬포교회 부흥," 긔독신보, 1923년 5월 23일.
39) 긔독신보, 1924년 4월 16일.

황해노회 교역자와 윌리엄 헌트(오른 쪽 맨 뒤), 둘째 줄 오른 쪽 김익두 목사

츄합나부인헌당. 졔쥬도 고산리교회눈 一九二一년에 광쥬 박지하 씨가 젼도인을 셰워젼도흔 결과 십여명의 신쟈가 회집ᄒ야 례비ᄒ 눈디 쟝소의 불안으로 미우 유감이더니 금번에 츄씨합나는 六十八 셰의 로인으로 복음의 진리를 끠다라 영원흔 집을 예비키 위ᄒ야 三빅원자리 가디를 사셔 례비당으로 밧친고로 一반이 씨의 셩의를 감츅히 싱각흔다 더라.[40]

1926년 7월 26일부터 모슬포교회에서 제 3회 광선의숙이 개원하여 입학생 30여 명이 성경, 유희, 음악, 수공, 습자를 배웠다. 교장에 박남규, 교사에 문공언, 강규언, 정신경이 섬겼다.[41] 모슬포교회는 공간이 좁아 어려움을 겪어 오던 차 1926년에 새로운 예배당도 신축했다.[42] 모슬포교회를 중심으로 제주 산남지방의 교회들이 살아 움직이기 시작했다. 이런 분위기는 1922년 부임한 이경필이 1922년부터 1926년까지 이 지역을 섬기는 동안 나타난 두드러진 특징이었다. 모

---

40) "츄합나부인헌당," 긔독신보, 1923년 4월 25일.
41) 긔독신보, 1926년 9월 1일.
42) "모슬포교당 건축," 긔독신보, 1926년 9월 1일.

슬포교회는 주변의 교회들을 독려하며 함께 한 공동체를 이루어갔다.

1928년 2월과 3월 개성의 김상준을 청빙하여 부흥사경회를 각 교회에서 연 것이 이를 그대로 보여준다. 산남 지방의 두모교회는 2월 15일부터 19일까지 개성 김상준을 강사로 모시고 사경회를 열었다. 이 교회는 1920년에 시작되어 매우 연소한 교회이지만 사경회를 통해 큰 은혜를 받은 교인들이 자신들의 예배당을 짓기 위해 620원이나 헌금했다. 1928년 3월 7일 기독신보는 각 지방에서 진행되고 있는 사경회 소식을 소개하면서 이렇게 전했다. "졔쥬도 두모교회는 二月 十五일노 十九일까지 사경회를 열고 개성 김샹쥰 목사를 쳥하야 인도한 결과 교인들이 큰 감샹을 엇는즁 례배당 건축하기 위하야 六百 二十원의 연보가 되엿다."43)

김상준은 두모교회만 아니라 산남 지방의 여러 교회를 돌면서 부흥회를 인도하였고 모슬포교회에서도 사경회를 인도했다. 이 집회 동안에 정신병자가 고침을 받는 치유의 역사도 나타났다. "졔쥬도 모슬포교회에는 디방 각교회 부흥사경회를 열고 개성 김샹쥰목사의 열렬한 강도에 모다 마음 씰님을 밧아 부흥이되는 즁 정신병자인 리샹이란 녀자가 완인이 되고 새신쟈도 십여명에 달하엿다." 이 소식은 "양(兩) 이씨(李氏)의 미거(美擧)"라는 타이틀로 기독신보에도 실렸다.44)

산남지방에는 새로운 교회들이 꾸준하게 생겨났고 헌신도 대단했다. 생긴지 얼마 되지 않은 지사포교회에서는 이순학 성도가 자기 집을 교회에 드리는 일도 있었다. "디사포교회 리슌학 씨는 쥬를 밋은지 불과 몃날에 이셰상 모든 것이 하나님의 것임을 쌔닷고 수년전부터 밋어오던 자긔의 안해와 의론한후 자긔집 三百원 자리를 교회에 밧쳣고 또 리일호(李日浩)씨는 四十원 가격의 토디 七十평을 례배당 긔디로 밧쳣다."45) 이런 고무적인 분위기 속에서 김익두가 1929년 1월 10일부터

---

43) 긔독신보, 1928년 3월 7일.
44) 긔독신보, 1928년 3월 14일.
45) 긔독신보, 1928년 4월 4일.

1940년 8월 고산교회

18일까지 모슬포에 와서 부흥회를 인도했다. "일반교인은 큰 부흥을 밧는 중 손을 들고 새로 밋기 작뎡한 쟈가 二백명에 달하엿다."46)

대정지방의 교회들은 꾸준하게 성장하면서 그 어려운 고비를 넘기고 있었다. 1930년 11월 5일 기독신보에는 이 지역의 교회들이 얼마나 모이고 어느 정도 열심을 갖고 신앙생활을 하고 있는가를 보여주는 흥미로운 기사가 실렸다. 산남지방의 두모교회, 용수교회, 지사포교회, 고산교회 등 4개 교회 남녀 교인들이 추석을 맞아 주일날 200여 명이 고산 근처 당산봉에서 모여 헌금을 해서 어느 한 교회 회계에게 맡겨 유용하게 훗날 사용하기로 하고, 참석자들이 날 연보를 작정했으며, 매월 십분의 일에 해당하는 3일씩 1년 36일을 작정하여 목사의 사역, 즉 전도하는 일을 돕기로 거수로 결정하고 흩어졌다는 이야기다:

> 산남지방(山南地方) 두모리(頭毛里) 용수리(龍水里) 지사포(池沙浦) 고산리(高山里) 사교회(四敎會)는 거(去) 주일(主日) 구(舊) 팔월(八月) 십사일(十四日), 즉(卽) 추석(秋夕) 계절(桂節)을 당(當)하여 이백(二百)여명 남녀교인(男女敎人)이 고산촌전(高山村前)에 재(在)

---
46) "摹瑟浦敎會雜報," 긔독신보, 1929년 2월 13일.

한 당산봉(堂山峯)에 회집(會集)

一, 당일(當日) 연보(捐補) 지방회계(地方會計)의게 맛겨 두엇다가 일후(日後) 주의 몸에 긴요(緊要)하게 헌용(獻用)키로 하엿스며

二, 모든 교우남녀노소(敎友男女老少)가 전(前)후로 일개년간(一個年間) 일연보(日捐補)를 하는 대로 십일죠(十一條)로 년(年) 삼십육개일(三十六個日[매월 삼일(每月三日)])을 작정(作定)하고 목사(牧師)의 사역(事役) 즉(卽) 전도(傳道)하는 일로 조력(助力)하기로 일절(一切) 거수기명(擧手記名)해[흔] 후(後) 임시천국(臨時 天國)을 낫비 보고 석양(夕陽)을 싸라 월색(月色)을 씌여 각기(各自) 귀택(歸宅)하엿다.47)

참으로 아름다운 모습이다. 매우 간단하지만 산남지방의 교회 모습, 그것도 모슬포교회가 아닌 다른 교회 교인들 200여 명의 형제자매들이 모여 연합하고 고난 가운데 서로를 격려하며 천국을 바라본 것이다. 이 땅에 존재하는 교회가 참으로 아름답다면 이런 모습은 너무도 좋은 사례일 것이다. 이 모든 아름다운 미담들은 모두 이경필과 그 후임 김성원이 재임하는 동안 일어난 일들이다. 이런 역사는 그 지역을 전담한 전도목사의 헌신과 희생이 없이는 쉽지 않았을 것이다.

3. 동부(정의)지방 선교

1922년부터 1930년 제주노회가 조직될 때까지 동부지방은 산북지방이나 산남지방과 달리 전도목사가 부임하지 못한 가운데 힘겹게 신앙생활을 감당해야 했다. 이 지역 교회들을 전담한 것은 전남지방에서 파송한 이경필 목사(1922-1926)와 김성원 목사(1926-1928)였다. 마치 생존을 위해 처절하게 고투해야 할 그 시점에 그래서 다른 일에 신경을 쓸 겨를이 전혀 없는 그 시대 이들 교회들은 목자 잃

---

47) 긔독신보, 1930년 11월 5일.

은 양처럼 방황해야 했다. 이경필과 김성원 목사의 헌신과 노력이 없었다면 동부지방의 교회는 완전히 도태되었을 것이다.

이경필은 1922년 11월 12일 조천리교회, 그해 12월 3일 성읍리교회, 12월 5일 세화교회를 차례로 순방하며 교회 사무를 집례하면서 1922년 11월 30일부터 12월 4일까지 4일간 성읍리 예배당에서 마태복음 산상보훈을 가지고, "지방소사경회"48)를 인도했다. 38명의 남녀 성도가 참석했고, 12월 3일 주일에는 성찬식도 거행했다. **제주동지방회(정의)회록**에는 여기에 대한 반응이 나타나지 않지만 참석자들이 깊은 감동과 은혜를 받았을 것으로 여겨진다. 갑작스러운 임정찬 목사의 이임으로 당황했던 이 지역의 교회들이 사경회를 통해 영적 재충전을 받고 마음을 새롭게 다진 것이다.

이경필은 1923년 5월 31일부터 6월 3일까지 제주 성읍리교회에서 집회를 가졌다. 이것은 일종의 지역 부흥사경회였다. 금요일부터 월요일까지 4일간 집회를 가지면서 여러 번의 예배가 드려졌다.49) 이 기간 제일 먼저 처리한 것은 교회 사무였다. 5월 31일 오후 4시 30분에 예배당에 회집하고, 집회를 갖기 전 이경필은 성내교회와 산북지방 전도목사로 부임한 이창규 목사와 함께 예배당에 교우들을 회집한 후 교회 사무를 처리했다. 책벌이 억울하다고 호소하는 신OO 부부를 권면했다. 이어 이경필 목사가 기도와 경건회를 인도하고 이창규 목사가 성경을 가르쳤다. 이어 같은 날 5월 31일 오후 9시에 다시 저녁집회를 갖고 이경필과 이창규 목사가 참석한 가운데 이경필 목사가 로마서 12장 11절 "열심을 품고 주를 섬기라"는 주제로

---

48) 제주동지방회(정의)회록, 55-56.
49) 제주동지방회(정의)회록, 59. 이 기간 세화교회 일도 돌보았다. 이경필은 이창규 목사와 함께 정의지방 교회를 순방하며 사역했다. 이미 성읍리교회에서 집회를 통해 큰 은혜를 끼친 차에 이경필은 그 같은 열기가 다른 교회에도 이어지기를 원했다. 1923년 6월 2일 저녁 이경필은 이창규와 함께 세화리교회로 향했다. 6월 2일 저녁부터 그다음 날 6월 3일 주일 저녁까지 3번의 집회가 열렸다. 토요일 저녁 8시 30분에 시작된 첫 집회에서 이창규는 사도행전 2장 40절의 말씀을 가지고 말씀을 증거했다. 그의 설교는 참석한 10명의 사람들에게 "다대한 감상"을 일으켰다. 그다음 날 6월 3일 주일 오전 9시 이창규는 고전 16장 22절과 엡 6장 24절의 본문을 가지고 "은혜를 변치 말라"라는 제목으로 설교하였다.

설교하고 이어 이창규 목사가 히브리서 3장 13절 "인생의 금일"이란 제목으로 강연하였다. 그날 저녁집회에 200여 명이나 참석했다. 다음날 6월 1일 오전 이창규 목사가 집회를 인도한 후 이경필 목사가 "성찬의 뜻을 설명하신 후에 떡과 포도즙을 가지고 축사한 후에 온 회중이 경건한 마음으로 성찬에 참예했다."[50]

6월 2일 저녁 8시 30분에 이경필 사회로 이창규 목사가 누가복음 9:1-마지막까지 말씀으로 "신도는 평계하지 말고 일하자"는 제목의 설교를 했다. 이날 문답과 권징과 권면을 했다. 특별히 김연화는 5개월간 주일을 범한 죄로 불러 권면하고 권징 하였고, 양OO와 조OO는 조OO가 데리고 온 아들로 인한 불화로 서로 화합한 후 성찬에 참여하도록 하였다.

6월 3일 주일 오전 이경필 사회로 이창규가 마가복음 10장 13-16절로 "교육"이라는 주제로 설교하고 오후 3시에는 성찬식을 거행했으며, 이어 이경필 목사가 고린도전서 11장 23-32절의 말씀으로 "주께서 하신 유언"이라는 제목으로 설교했다. 6월 3일 주일 저녁 8시 30분에 저녁집회 때는 이경필 목사의 사회로 이창규가 로마서 7장 19-25절 본문으로 "나의 깨달은 한 법"이라는 제목으로 설교했다.

그다음 날 6월 4일 마지막 오전에 새벽기도로 회집하여 이경필 목사가 에베소서 6장 24절의 말씀을 가지고 "사랑함으로 은혜를 받으라"는 문제로 설교했다.[51] 성읍교회에서 4일간의 집회를 통해 교인들은 큰 도전과 은혜를 받았다. 정의지방에서 성읍교회는 조금씩 자리 잡기 시작했다. 200여 명이 집회에 참석했다는 것 자체가 놀랍다. 김창규의 능력 있는 설교와 감동적인 집회 인도는 임정찬의 이임으로 흔들리기 쉬운 정의지방에 새로운 활력을 불어 넣었다.

이런 분위기에 힘입어 성읍교회는 1923년 12월 9일 주일에 김일석을 영수로 택정하고, 그동안 생긴 예배당 부채 180원을 청산하기 위

---

50) 제주동지방회(정의)회록, 56-58.
51) 제주동지방회(정의)회록, 56-60.

해 다음날 12월 10일 새벽기도회 때 연보하여 164원을 모을 수 있었다. 보통 감정적인 기록을 하지 않는 **동부지방회회의록**의 이날 기록은 달랐다. "익일 10일 새벽기도회에 예배당 부채 180원을 보상키 위하여 당석연보하는데 164원이 되므로 전반교인이 주께 감사와 영광을 돌리고 제 5장 찬송가를 합창하고 축복폐회한 후 제직으로 더불어 교회 제사(祭祀)를 의논하고 산회하다."52)

그 어려운 시절 새벽기도에 참석한 사람들이 정성을 다해 헌금했고, 하나님께서는 그들의 헌신을 받으시고 놀라운 은혜로 채워주신 것이다. 1924년에 접어들어 이경필은 춘계 순방을 시작했다. 그가 제일 먼저 순회한 교회는 조천교회였다.

> 주후 1924년 5월 24일 하오 8시에 조천교회에서 기도회로 모이는데 성경 아가 1장을 낭독하고 '고별하러 오신 예수'라 하는 문제로 강도하고, 익일 25일 주일에 월보공부를 교수하고 예배 시에는 성경 히 4장 12절과 마 1장 21-22절을 낭독한 후 '오직 하나뿐이라' 하는 문제로 강도하고, 오후 2시로부터 3시까지 마태복음 5장을 절절이 해석하여 가르치고, 동일 8시로 9시까지 예배 시에 요일 4장과 고전 15:58절의 뜻을 해석하여 '피차 사랑과 주의 일을 부지런히 하자'는 권면으로 예배를 필하다.53)

이경필은 5월 24일과 25일 조천교회를 순방하고, 26일과 27일에는 세화교회에서, 다시 28일에는 성읍리교회 기도회를 인도했다. 그 다음 날 29일 성내교회 새벽기도를 인도하고 그날 밤 저녁 8시에 다시 집회를 열었다.54) 그다음 날 30일 성읍교회 새벽기도를 인도했다. 31일 저녁 학습문답을 마친 이경필은 6월 1일 저녁 세화리교회 학습문답을 했다. 이경필은 보통 3개월 단위로 정의지역을 순회

---

52) 제주동지방회(정의)회록, 60.
53) 제주동지방회(정의)회록, 52.
54) 제주동지방회(정의)회록, 52.

하며 교회 일을 돌아보았다. 이것은 당시 일반적인 패턴이었다. 춘기 순회를 마친 이경필은 모슬포교회 사역에 전념하며 쉴 겨를이 없었다.

이경필이 다시 이 지역 순회사역을 시작한 것은 1924년 8월 말이었다. 1924년 8월 23일부터 25일까지 그는 성읍리교회, 세화리교회, 조천리교회를 차례로 돌아보며 정기적인 학습문답과 세례문답을 실시하고 제직회를 열거나 성경공부를 가르치거나 성찬식을 거행했다. 이번 순회전도에는 원용혁 조사가 동행했다. 원 조사는 성읍리교회에서는 로마서 12장 11절로 "열심을 품으라"는 설교를, 24일 저녁 세화리교회에서는 갈라디아서 4장 19절로 "인생의 본형"이라는 설교를, 25일 오후 8시 조천리교회에서는 골로새서 3장 1-12절로 "변화신감"이라는 설교를 했다.55) 지난번 순방 때 성내교회와 산북지방 전도목사 이창규가 교인들에게 큰 도전과 감동을 주었던 듯이 원용혁 조사 역시 시의적절한 말씀을 전했다.

다시 3개월 후 1924년 11월 10일부터 19일까지 이경필은 원용혁 조사를 동반하고 성읍리교회, 조천리교회, 세화리교회를 차례로 순방하며 말씀을 전하고 교회 일을 돌아보았다. 10일부터 14일까지 4일 동안 성읍리교회에서 집회를 열고 원용혁 조사가 말씀을 전했다. 이경필은 순회를 하는 동안 단순히 교회 회무만 처리하지 않고 집회를 인도하며 교우들이 영적인 재충전을 받을 수 있는 기회를 제공했다.

15일부터 16일 주일까지는 조천리교회에서 원용혁 조사와 이경필이 각각 골로새서 3장 14절, 에베소서 4장 4절 말씀으로 "사랑의 띠에 매인 우리는 힘써 지킬 것," 베드로전서 2장 11절, 빌립보서 3장 20절을 본문으로 "우리는 나그네와 행인"이라는 제목의 말씀을 전했다. 18일과 19일에는 세화리교회로 향했다. 18일 저녁에는 세화리교회에서 원용혁이 벧전 3장 1-6절로 "심화(心花)를 발하라"는 문제로 설교했고, 19일에는 이경필이 앞서 조천교회에서 했던 "우리

---

55) 제주동지방회(정의)회록, 55-56.

는 나그네와 행인"이라는 제목의 설교를 했다. 거의 매번 순회 때마다 부흥사경회, 권징, 임직자 임명, 세례 학습 문답이 있었는데 이번 순회전도 때도 예외는 아니었다.56)

　이경필은 1925년 5월 10일부터 18일까지 성읍리교회, 세화리교회, 연평리기도회, 조천리교회를 차례로 순방하면서 부상규를 세화리교회 영수로 택정하고 각 교회를 치리하거나 학습과 세례문답을 실시했다. 특별히 남장로교 선교회 소속 서서평 선교사 부인이 내도하여 5월 11일부터 18일까지 세화리교회, 성읍리교회, 조천리교회 세 곳에서 각각 이틀씩 집회를 인도했다.57) 보통 3개월 단위로 순회했던 것과 달리 1925년의 경우에는 전기와 후기로 나누어 5월에 순회하고, 12월에 하반기 순회사역을 했다. 이경필은 1925년 12월 5일부터 11일까지 조천리교회, 7일에는 세화리교회, 9일에는 연평리기도처소, 그리고 11일에는 성읍리교회를 순회하면서 사역했다.

　이경필이 제주 동지방 순회를 마지막으로 한 것은 1926년 3월 7일 조천리교회에서이다. 1921년 윤식명의 뒤를 이어 전남노회의 파송을 받고 제주에 부임한 이경필은 모슬포교회를 담임하면서 그 주변의 교회들은 물론 정의지역의 교회들까지 순방하며 목양해야 하는 그 힘든 사역으로 그만 건강을 잃고 말았다. 영적 전투가 심한 제주에서의 고된 사역으로 인해 신경쇠약증이 발생했다. 그는 노회에 도움을 요청했고, 전남, 전북, 순천, 세 노회 연합전도부는 이경필을 6개월 동안 휴식을 취하도록 배려했다. 그러나 이는 사실상 그가 제주선교를 그만두는 것을 의미했다. 1922년부터 1926년까지 **제주동지방회(정의)회록**에 나타난 이경필의 순회사역을 정리하면 다음과 같다.

이경필 전도목사 동부(정의)지방 순회 일지(1922.11.-1926. 3)

순회일자	순회교회 이름	주요업무	기타

---

56) 제주동지방회(정의)회록, 56-57.
57) 제주동지방회(정의)회록, 56-57.

1922.5.12	성읍교회	임정찬자녀유아세례	
1922.11.12	조천교회	추기세례문답, 성찬	
1922.12.3	성읍교회	성찬	
1922.12.5	세화교회	성찬	
1922.11.30-12.4	성읍교회	지방소사경회	이창규와 함께
1922.5.31-6.3	성읍교회	개교회사경회	이창규와 함께 200명 참석
1923.6.2	세화교회	성찬및 해벌	이창규와 함께
1923.6.2	성읍교회	세례및 책벌	이창규와 함께
1923.12.8	성읍교회	세례및 성찬	김일석 영수로 택정
1924.5.24-25	조천교회	성경공부, 예배	
1924.5.26-28	세화교회	권면, 예배	
1924.5.28-29	성읍교회	권면, 예배	
1924.5.31	성읍교회	학습	
1924.6.1	세화교회	학습	
1924.8.23	성읍교회	성찬	원용혁 동행
1924.11.10-14	성읍교회	세례	원용혁 동행
1924.11.15-16	조천교회	책벌	원용혁 동행
1924.11.18-19	세화교회	세례, 학습,유아세례	원용혁 동행
1924.12.23.	모슬포	신재흥 학습	
1925.5.10	성읍교회	학습 유아세례 권징	
1925.5.11	세화교회	학습 세례 권징	원용혁 동행 부상규 영수택정
1925.5.12	연평리기도회	세례, 성찬	원용혁 동행
1925.5.13	조천교회	책벌	
1925.5.11-18	세화, 성읍, 조천 교회 사경회	세화(11-13), 성읍(14-16), 조천(17-18)	서서평 여선교사
1925.12.5	조천교회	학습, 입교문답,성찬	
1925.12.7	세화교회	학습, 세례	
1925.12.9	연평리박명진집	학습	김재진傳道人동행
1925.12.11	성읍교회김일석집	학습	
1926.3.7	신촌리김갑생집	학습	김재진동행
1926. 3.7	조천교회	학습	

출처: <제주동지방회(정의)회록>

 이경필이 제주를 떠난 후 그 사역을 계승한 사람은 1925년 제주에 부임한 김성원이었다. 그는 부임 후[58] 1928년까지 "전도목사"라

---

58) 제주동지방회(정의)회록, 61. 그가 1925년에 부임했다는 사실은 제주동부지방회회록

는 호칭을 갖고 사역했다.

김성원이 본격적으로 제주사역을 시작한 것은 부임 1년 뒤인 1926년 4월부터이다. 그는 1926년 4월 18일부터 20일까지 조천리교회, 세화리교회, 성읍리교회를 돌면서 학습과 세례문답을 실시하고 1926년 10월 30일부터 11월 27일 사이에 다시 순회전도를 실시했다. 이 기간 김성원은 전임자들이 그랬던 것처럼 책벌도 게을리하지 않았다. 1926년 10월 30일 조천교회에서는 무려 10명이 "예수를 배반하고 출세한지 4,5년에 달하므로 책벌하고 전○○, 주○○, 김○○, 강○○ 등 4인은 배교로 인하여 책벌한지 수년이로되 회개치 아니하므로 출교하고 주○○는 서리 집사인데 양성학교에서 공부하므로 시무치 못하게 됨으로 직분을 거두"59)었다.

권징을 엄격하게 시행한 것은 성읍리교회에서도 마찬가지다. 1926년 11월 6일 "예수를 배반하고 세상에 나가 우상을 섬기고 하나님이 없다"고 하는 이씨○○를 "회개하도록 책벌"60)하였다. 11월 20일에는 세화리교회에서 문○○을 "예수를 배반하고 세상으로 나간 지 만 4년이로되 회개치 않는 고로" "책벌 출교"하였고, 정○○을 "배교, 간음죄로 책벌·출교"하였고, 이형신은 "4주일을 범하므로 금반(今般)만 성찬불참케"61)하기로 권징했다. 이로 보건대 제주라는 특성상 주일성수를 범하는 일은 물론 배도 및 배교와 간음으로 인한 범죄로 책벌 받거나 출교를 당하는 사례가 참으로 많았던 것을 알 수 있다. 책벌로 인해 교인들이 상처를 많이 입을 수도 있었지만, 지도자들은 교회 앞에 그런 사람들을 공개적으로 책벌하는 일을 게을리하지 않았다.

그렇다고 김성원의 사역이 책벌에만 집중된 것은 아니다. 그는 정기적으로 교회를 순방하며 세례와 학습문답을 실시하고 성찬을 실

을 통해 확인할 수 있다. 1925년 5월 제주동부지방회회록에는 "전도목사 이경필"과 나란히 "전도목사 김성원"이 게재되었다. 이것은 김성원이 이 지역의 순회 사역에 이경필과 동역하고 있음을 보여주는 것이다.

59) 제주동지방회(정의)회록, 65.
60) 제주동지방회(정의)회록, 65.
61) 제주동지방회(정의)회록, 66.

시하였으며 임직자들을 임명하기도 했다. 그러나 김성원이 제주 동부(정의)지방 순회목회 방식은 다음 몇 가지 점에서 전임자 이경필이 했던 것과 약간 차이가 있었다.

첫째, 이경필은 순회 기간이 봄과 가을, 두 차례만 하지 않고, 거의 3개월 단위로 실시한 것에 반해, 김성원은 봄과 가을 두 차례만 실시했다.

둘째, 이경필은 한 교회에서 2박 혹은 3박 적어도 1박을 하면서 교회 회무도 처리하고, 저녁집회, 새벽 혹은 낮 집회를 인도하면서 교인들의 영적인 갈급함을 채워주려고 했으나, 김성원의 경우는 잠시 들러 교회의 공적인 회무를 처리하는 것이 주였다.

셋째, 이경필의 경우는 필요할 경우 영적인 필요를 채워줄 수 있는 제주에서 함께 사역하는 동료 목회자나 조사를 동반하고 순회전도를 했으나 김성원의 경우는 주로 혼자 담당했다. 다양한 방식으로 교인들의 필요를 채워주려고 한 이경필과 달리 김성원의 경우는 그런 증거들이 나타나지 않는다. 1926년부터 1928년까지 김성원의 사역은 세화교회, 성읍교회, 조천교회, 삼양교회에 집중되었다. 1926년 4월 그가 부임한 후 1928년 4월 이임할 때까지 김성원 목사의 순회 사역을 정리하면 다음과 같다.

김성원 목사 동부(정의)지방 순회 일지(1926.4.-1928.4)

순회 일자	교회 이름	주요 업무	기타
1926.4.17	삼양교회	학습, 입교, 유아세례	
1926.4.18	조천교회	학습문답및 성찬식	
1926.4.19	세화교회	입교및 학습문답	
1926.4.20	성읍교회	성찬	
1926.10.30.	조천교회	책벌및 출교	
1926.11.6	성읍교회	학습문답및 책벌	
1926.11.20	세화교회	책벌및 출교	
1926.11.27	삼양교회	학습, 세례, 유아세례	
1927. 3.11	세화교회	학습, 세례, 유아세례	
1927.3.26.	성읍교회	세례문답	
1927.4.3	조천교회	성찬	

1927.5.7	삼양교회	학습, 세례, 유아세례	
1927.10.4	조천교회	성례	
1927.10.5	세화교회	성례	부상규영수직사임
1927.10.15.	성읍리교회	세례	
1927.10.29	삼양교회	학습및 세례	
1928. 4. 1.	삼양교회	학습및 세례	
1928. 4. 22.	세화리교회	"전부주일범함"	성찬불거행
1928. 4. 22	조천리교회	학습문답	
1928. 4. 29	성읍리교회	성찬식	

출처: <제주동지방회(정의)회록>

맺는말

　1922년부터 1930년까지 제주교회들은 험난한 여정을 가야 했다. 이 기간 동안 1914년 윤식명의 부임 이후 분할되어 진행되던 산남, 산북, 동부(정의)지방에 속한 모든 교회들이 참으로 어렵고 힘든 시기를 맞았다. 그래도 산남과 산북의 경우는 전임전도목사가 파송되어 그나마 나았다. 산북지방의 경우 성내교회를 중심으로 성내교회에 부임한 김창규(1923-1924.2), 김정복(1924.2-) 등이 그 공백을 메꾸어 주었고, 산남지방의 경우 모슬포교회를 중심으로 이경필(1921-1926), 김성환(1926-1928)이 담당했지만 정의지방의 경우는 1922년부터 1930년까지 전임 전도목사가 한 명도 없었다. 가장 큰 피해를 본 지역이 바로 이 지역이었다.

　이경필과 김성환이 정의지방을 춘기와 추기에 순회하며 학습 및 세례문답을 실시하고 성찬을 거행하며 권징도 실시했지만 자기 지역도 담당하기 벅찬 가운데 정의지방까지 순회하면서 교회를 돌본다는 것은 쉽지 않은 일이었다. 이 두 사람이 제주의 절반에 해당하는 정의지방까지 담당한다는 것 자체가 무리였다. 이들은 최선을 다 했지만 늘 결과는 역부족이었다. 자연히 1922년부터 제주노회가 분립되던 1930년까지 제주 동부(정의)지역의 교회는 험난한 여정을 가야 했다. 목자 없는 양처럼 유리하는 교인들이 늘기 시작했다. 영적 메시지를 공급받았을 때 그들이 세상을 이겨나갈 수 있는 힘을 공급받을 수 있는 것은 자명한 일이다. 하지만 그들은 제대로 신학훈련을 받지 못한 소양과 능력을 갖추지 못한 동료 평신도들이 전해주는 말씀을 먹고 살아야 했다. 이들 중에서는 칠계를 범하거나 다른 부도덕한 일로 권징을 받은 이들도 많았다.

때문에 이들은 영적 갈급함을 채우기 위해 3개월 혹은 6개월마다 순회하는 순회전도목사에 의존해야했다. 하지만 이들 역시 자신들의 사역에다 이들 지역까지 담당해야 했기 때문에 교회 회무를 처리하는 일 그 이상을 감당하기 힘들었다. 산북지역이나 산남지역에 비해 열악한 환경과 싸워야 했다. 방치되었다는 표현을 쓸 수 없지만 제대로 목양이 되지 못한 상황에서 권징을 받은 것이다.

우리는 1922년부터 1930년까지 제주교회의 형편을 살펴보면서 몇 가지 사실을 확인할 수 있다.

첫째, 제주교회, 특별히 정의지방의 교회들의 영적상태는 1922년 이전에 전남, 전북, 황해노회가 협력 선교하면서 파송된 선교사들이 각 지역을 책임지고 전담할 때보다 훨씬 떨어졌다는 사실이다.

둘째, 그런 가운데서도 이경필 목사가 동부지방의 순회를 맡았을 기간에는 한 교회에 며칠을 묵으면서 사경회도 인도하고, 교인들을 영적으로 독려하여서 성도들이 탈선하는 경우가 적었으나, 김성원 목사가 부임하면서는 교회의 정치적인 예식을 인도하는 일에 초점을 두어 실제로 영적인 돌봄이 제대로 이루어지지 않았다. 그래서 교회에서 이탈하는 성도들이 참으로 많았다. 1908년부터 1922년까지 제도적인 틀을 더해가던 제주교회가 그 이후 큰 발전을 이룩하지 못했던 것은 영적인 침체와 깊이 연관이 있고, 영적인 침체는 교인들이 목회자들을 통해 말씀의 재충전을 받을 수 있는 기회를 갖지 못한데 그 원인이 있다.

셋째, 권징의 경우도 1922년까지 견고하게 실시하던 것이 1925년까지 어느 정도 명맥을 유지하다 권징을 받아야 할 대상들이 너무도 많아서인지 아예 책벌이나 권징을 실시하지 않았다. 제주교회는 우상이 범람하고, 성적 타락이 심한 지역이어서 어느 지역보다 권징이 엄격하게 시행되어 교인들이 배도하거나 우상에 물들거나 성적으로 타락하지 않도록 배려했어야 했다.

넷째, 이 모든 것보다 더 중요한 것은 일차적으로 한국교회가 제주선교에 대한 열의가 식어지고 제주교회는 제주지역의 전체 복음화를 위해 열심을 내지 못했다. 한국교회는 자신들의 교회 유지도 힘든 상황이어서 전도와 선교에 매진할 수 없었다. 한국교회가 제주에 대한 지원이 1920년대에 접어들면서 눈에 띄게 줄었고, 제주선교를 후원하는 열심도 시들었다. 1920년대에 접어들면서 제주는 여느 육지의 교회들처럼 하나의 지역교회로 인식되어 점차 제주가 선교지라는 인식을 하지 않게 되었다.

다섯째, 제주는 1922년 황해노회가 제주선교를 포기한 이후에도 지역의 분할이 지속되어 정의지방 교회들은 그들 교회대로, 그 지역을 담당한 이경필과 김성원은 그들대로 힘들었다. 정의지방의 경우 임정찬의 헌신으로 정착한 이 지역 교회들이 제대로 뿌리를 내리기 위해서는 목양과 양육을 전담하면서 과거의 전통을 계승하고 발전시켜 나갈 수 있는 목회자가 절대로 필요했다.

틀을 다지는 기간이 지난 후 이들을 목양할 수 있는 기회, 그래서 실제로 자립할 수 있는 단계로 교회를 이끌어 올려야 했다. 제주기독교 특별히 정의지방 교회는 그런 기회를 갖지 못했다. 그 결과 1922년이나 1930년 제주노회가 분립될 때나 수적인 면에서 큰 차이가 없었다. 이것은 1922년 이후 1930년까지 제주의 교회가 별로 성장하지 않았음을 의미한다. 당시 한국의 시대적 상황이 너무도 열악하여 교회를 새로 설립하고 발전시켜 나갈 수 있는 여건이 마련되지 않았던 시대였음을 감안한다 해도 그렇다. 이런 가운데 1930년 제주노회가 분립되면서 제주교회는 새로운 변화의 시대를 맞았다.

제 III 부

영광과 고난의 제주기독교(1930-1945)

1930년 노회가 조직된 후부터 해방을 맞던 1945년까지 제주는 제주노회 시대를 열어갔다. 제주는 1930년 노회가 조직된 후 새로운 시대를 맞았다. 힘든 상황을 이겨내기 위해 어느 지역보다 노회가 자주 열렸고, 현안의 문제들을 함께 머리를 맞대고 숙의했다. 노회가 조직된 후 제주교회들은 이전과 다를 것이 없었지만 외적인 환경을 극복하는 체질이 더욱 견고해졌다. 그러다 1938년 제주노회가 신사참배를 결정하면서 제주기독교는 배도의 길을 걷기 시작했다. 배도의 길은 한국교회가 전철을 밟았던 대로 곧 제주교회의 영적 침체로 이어졌고 다시 교세의 하락을 낳았다. 그로 인해 제주교회는 곧 닥쳐올 태평양 전쟁과 그로 인해 제주가 전쟁기지로 돌변하게 되는 고난의 시대를 대비할 수 없었다. 심지어 해방 후에도 제주는 수난의 늪으로 빠져야 했고, 1948년 4·3 사건이라는 엄청난 비극을 겪어야 했다.

제 9장 제주노회의 분립: 자립의 길, 고난의 길(1930-1938)
제 10장 제주노회의 신사참배 결정과 교회의 변화(1938-1945)

제 9 장

제주노회의 분립: 자립의 길, 고난의 길(1930-1938)

> 제쥬시찰구역은 형편에 의하야 금번 로회 결의로 분립 원을 하오며 제쥬모실 포 디경에셔는 반죵교운동의 핍박으로 교역자와 직원의 곤란이 잇사오며.
>
> 1930년 제 19회 총회록, 91.

    1930년부터 1945년까지 제주기독교의 역사는 한 마디로 영광과 고난의 역사였다. 1930년 제주노회의 분립은 제주기독교의 새장을 여는 중요한 사건이었다. 그것은 선교지 제주가 이제 총회 산하 여느 노회들처럼 당당한 한국장로교 총회의 일원이 되었다는 의미를 담고 있기 때문이다. 장로교 총회에서 시찰회와 노회는 조직적 구조에서 엄연히 다르다. 시찰회는 하회이고 그 상회가 노회이다.
    노회는 총회의 산하 전국적인 조직으로 총회의 총대로 참여하여 투표권과 의결권을 행사할 수 있는 기관이다. 따라서 노회로의 분립은 제주교회로서는 대단한 영광이 아닐 수 없다. 비록 교회 수와 교세에 있어서 다른 노회와 비견할 수 없지만 제주노회는 이제 총회의 당당한 구성원으로 중앙기구에 진출할 수 있는 자격을 갖춘 것이다. 물론 교회의 조직은 세상의 기구나 조직과 달리 권력지향형은 아니다. 하지만 총회-노회-시찰회라는 제도적 상하 관계가 존재하는 교회 조직 상 노회의 분립은 상당히 중요한 의미를 지닌다.
    비록 17개의 교회로 노회가 조직되었지만 제주교회의 문제와 고민들을 직접 총회 앞에 내놓을 수 있는 공식기구가 제주에 발족된 셈이다. 1908년 선교지로 출발한 제주교회로서는 너무도 감격스럽고 자랑스러운 사건이었다. 제주교회는 무언가 이제 새로운 전기를 마련하고 발돋움할 수 있는 밑거름을 구축한 셈이었다.

1930년부터 제주선교 30주년을 맞는 1938년까지 제주노회는 가장 놀라운 발전과 성장을 이룩하며 새로운 시대를 맞았다. 그것은 피와 땀과 희생이 만들어 낸 산물이었다. 외부의 특별한 도움 없이 자립의 길을 걸어야 할 제주기독교는 자립을 위한 피나는 노력을 기울여야 했고, 그만큼 헌신과 책임이 요구되었다. 제주교회는 이 일에 열심을 다했고, 기대 이상의 결실을 거두었다. 외형적인 수치에서도 성장을 했지만 이 기간 제주기독교가 이룩한 결실은 외형적인 수치 그 이상이었다.

1. 제주노회의 조직과 의미

1930년 제주노회 분립은 확실히 제주기독교 역사상 매우 중요한 전환점이었지만 정상적인 성장과정에서 태동된 분립은 아니었다. 보통 노회 분립은 그 지역의 요청에 의한 것이 대부분이다. 원활한 교회 조직과 전도활동을 독립적으로 추진하거나 교회가 성장하고 있을 때 개교회 목회와 선교 활동을 지원하기 위해서 노회 설립은 필요하다. 하지만 제주노회 분립의 경우는 좀 달랐다. 제주노회 분립의 경우 시찰회가 성장함에 따라 노회 분립의 필요성이 제기되어 자연스럽게 조직된 노회는 아니었다. 제주시찰회 소속 교회들이 17개에 불과했고 또한 대부분이 매우 유약한 교회들이었다. 제주노회 분립 이면에는 당시 복잡하고 복합적인 시대적 상황이 강하게 작용했다. 전남노회는 전북노회와 순천노회를 아우르면서 제주선교를 지속해야 했다. 이것은 전남노회의 큰 부담이었다. 게다가 선교비 모금의 한계로 인해 3개 노회가 연합전도부를 결성하여 제주선교를 지원하기로 했지만 태동 된지 불과 2년 만에

1936년 제6회 청년면려회 제주연합회

전북노회가 연합전도부에서 탈퇴하겠다고 선언한 것이다. 전북노회가 연합노회 탈퇴를 기정사실화 하고, 이미 전남노회와 순천노회에 이를 통보한 상태에서 전남노회는 내심 제주노회를 분립시켜 정신적, 경제적 부담을 덜고 싶었다. 이것은 앞으로 제주선교의 전략적 틀을 다시 짠다는 의미다. 제주선교를 제주노회가 주도하고 전남노회가 측면에서 후원하는 형식을 취하는 것이 더 효과적이라는 판단했던 것이다.

분립은 제주시찰회 쪽에서도 원하는 바이다. 전임교역자들이 제주를 떠나고 선교가 제대로 진행되지 못하는 상황에서 제주교회로서는 차라리 제주노회가 분립하여 제주선교를 독자적이고 제주형편에 맞게 현실적으로 추진할 필요가 있다고 느꼈다. 하지만 제주노회가 분립하기까지 일련의 과정들을 돌아볼 때 당시 제주노회의 분립은 지역 교회의 왕성한 성장에 따른 여타 노회 독립과는 차이가 있었다.

그럴지라도 제주노회의 분립은 제주교회의 발전을 위해 시기적절했다. "아직까지 청년의 활동기관이 없어 유감이던" 제주에서 "김영식 목사의 주선"으로 1929년에 "4교회의 연합으로 면려청년회를 조직"하여 청년활동을 위한 외형적 틀을 만들었다.1) "제쥬련합전도대원 김영식, 기재선, 김구슉, 한림유, 김현철, 제 씨는 三月 十일부터 신창교회를 비롯하야 전도내를 순회전도하엿는대 일반 민중의게 만흔감동을 주엇다."2) 이도종이 제주에서 본격적으로 사역을 시작했고,3) 순천노회 조상학 목사가 제주 산남지방 전도목사로 피선되었으며,4) 모슬포를 중심으로 일기 시작한 부흥의 분위기는 1930년에 접어들어 더욱 확대되었다:

> 광주군(光州郡) 내(內) 사교회(四敎會)를 크게 부흥(復興)시킨 경성(京城) 계신 주정국(朱偵國) 선생이 육(六)월 십(十)일에 입도(入島)하여 고산(高山) 신창(新昌) 모슬포(摹瑟浦) 협재(挾才) 한림(翰林) 성내(城內) 육처 교회(六處 敎會)에서 일삭간(一朔間) 간절(懇切)한 설교(說敎)와 열렬(烈烈)한 권면(勸勉)이 매야(每夜)에 모이는 청중(聽衆)과 매일(每日) 새벽긔도에 모이는 청중(聽衆)에게 감동(感動)을 주어 회개(悔改)의 눈물을 흘리는 자도 많고 신입(新入)자도 불소(不少)하고 성신(聖神)의 은사(恩賜)를 여러 방면(方面)으로 나눠주었고 제주도(濟州島)를 일주(一週)할 예정(豫定)이라더라.5)

주정국이 집회를 인도한 교회가 6개 교회나 되었다. 은혜를 사모하는 분위기가 제주에서 일고 있음을 보여준다. 비록 제주노회 조직을 위한 외형적 조건이 준비되지는 않았지만 은혜를 사모하는 움직임이 조용하게 확산되고 있었다.

그렇다고 영적 분위기가 긍정적인 방향으로만 진행된 것은 아니다. 영적각성이 강하게 일고 있던 모슬포교회 "지경에서는 반 종교운동의 핍박으로 교역자와 직원의 곤란"6)이 일고 있었다. 돌이켜 볼

---

1) "제주청년면려회 조직," 긔독신보, 1930년 2월 27일.
2) "제쥬순회전도," 긔독신보, 1929년 4월 10일.
3) 제 19회 총회록 (1930), 61.
4) 긔독신보, 1930년. 7월. 9일.
5) "각지교회부흥운동(제주도)," 긔독신보, 1930년 7월 30일.

때 1922년부터 1930년까지로 특징되는 고난의 시기는 합력하여 선을 이루시는 하나님께서 제주기독교의 앞날과 성숙한 미래를 위해, 또 환란과 시련을 통해 제주교회를 정금같이 단련시키시는 거룩한 섭리였다. 이 점은 그 시대 제주기독교 역사를 돌이켜 볼 때 더욱 그렇다.

제주노회가 총회로부터 분립인준을 받은 것은 1930년이다. 1930년 9월 12일부터 18일까지 평양 서문 밖에서 열린 제 19회 총회(총회장 홍종필) 때 전남노회는 "계쥬시찰구역은 형편에 의하여 금번 로회 결의로 분립청원"을 총회에 올렸고 총회로부터 제주노회분립을 인준받았다.[7] 1930년 "6월 전남노회의 결의와 9월 총회의 승인"[8]에 따라 제주선교 개시 21년 만인 1930년 11월 14일 제주성내교회에서 제주 각 지역에 흩어진 17개 교회에서 파송된 총대 목사 6명, 장로 7명, 언권방조회원 선교사 3명, 목사 1명이 참석한 가운데 역사적인 제주노회가 열렸다. 제 1회 제주노회 노회장에는 최흥종 목사, 부노회장은 김재선 목사, 서기 이도종 목사, 부서기 부상규, 회계 김재원 장로, 부회계 이덕연이 각각 선출되었다.[9] 이 역사적인 제 1회 **제주노회록**은 다음과 같다:

> 본년(本年) 유월(六月) 전남노회(全南老會)의 결의(決議)와 구월(九月) 총회(總會)의 승인(承認)으로써 조선(朝鮮)예수장로노회(敎長老會) 제주노회(濟州老會) 제 일회(第一回)가 조직장(組織長) 최흥종(崔興琮) 씨(氏)의 사회(司會) 하(下)에 조직(組織) 급(及) 결의(決議)한 촬요(撮要)는 좌(左)와 여(如)하다.
> 一. 장소(場所)　제주(濟州) 성내교회당(城內敎會堂)
> 二. 일시(時日)　11월(十一月) 14일(十四日) 하오 8시(下午 八時) - 17일(十七日) 하오 1시(下午 一時)
> 三. 회원수(會員數)　목사 6(牧師 六) 장로 7인(長老 七人) 언권방조

---
6) 제 19회 총회록 (1930), 90-91.
7) 제 19회 총회록 (1930), 90-91.
8) "제주노회 제 1회 촬요," 긔독신보, 1930년 12월 17일.
9) "제주 선교," 기독교대백과사전 13권 (서울: 기독교문사, 1984), 1177.

회원(言權帮助會員) 선교사 3인(宣敎師 三人) 목사 1인(牧師 一人)

四. 임원선거(任員 選擧) 회장 최흥종(會長 崔興琮) 부 김재선(副 金在善) 서기 이도종(書記 李道宗) 부 부상규(副 夫尙奎) 회계 김재원(會計 金在元) 부 이덕련(副 李德連). 목사 이동(牧師 移動) 이도종 목사(李道宗 牧師) 중문리 법환리 서귀포 효돈 4처(中文里 法還里 西歸浦 孝敦 四處) 교회전도목사(敎會傳道牧師) 김재선 목사(金在善 牧師) 성읍리 세화리 2처 교회(城邑里 細花里 二處 敎會)와 남원리 표선리 오조리 성산포 김녕지방(南原里 表善里 吾照里 城山浦 金寧地方) 전도목사(傳道牧師)

六. 삼양리 조천리 2처교회(三陽里 朝天里 二處 敎會)가 연합(聯合)하야 목사(牧師)를 청빙(請聘)키로 함

七. 장로 선택(長老 選擇) 4인(四人) 허락(許諾)

八. 시찰구역(視察區域)은 동서 2구역(二區域)으로 하되 동구역(東區域)은 성내(城內)로 서귀포(西歸浦)까지. 서구역(西區域)은 법환리(法還里)로 내도리(內都里)까지

九. 성경학원(聖經學院) 위치(位置)는 성내(城內)에 치(置)키로 함

十. 노회(老會) 재산은 재단법인(財團法人) 분립(分立)될 시(時)까지 전남노회(全南老會) 재단법인(財團法人)에 보관(保管)하야 두기로 함

十一. 별 신학생(別 神學生)은 김재선 씨(金在善 氏) 주일학교(主日學校) 강습생(講習生)은 김영식 씨(金英植 氏)로 함

十二. 규칙(規則)은 당분간(當分間) 래(來) 정기노회(定期老會) 시(時)까지 전남노회(全南老會) 규칙(規則)을 준용(準用)키로 함

十三. 내회 장소(來會 場所)는 신우면(新右面) 금성리(錦城里) 교회당(敎會堂)으로 정(定)함10)

제주노회는 노회 규칙도 채택했다.11) 첫 제주노회에서는 이도종

---

10) 긔독신보, 1930년 12월 17일.
11) 본서 부록을 참고하라.

목사가 "중문리, 법환리, 서귀포, 효돈 4처 교회 전도목사"로 인준했고, 김재선 목사를 "성읍리, 세화리 2처 교회와 남원리 표선리 오조리 성산포 금령 지방 전도목사"로 인준했다. 삼양리, 조천리 2처 교회가 연합하여 목사를 청빙키로 한 것과 장로 선택 4인을 청원한 것도 허락했다. 무엇보다 제주노회가 분립됨에 따라 시찰구역을 동서 2구역으로 나누어 동 구역은 성내에서 서귀포까지로, 서 구역은 법환리에서 내도리까지로 했다.

말씀교육을 통한 제주교회의 성숙을 위해 성경학원을 성내교회에 위치시키기로 합의했고, 노회 재산은 제주노회가 재단법인으로 분립될 때까지 전남노회 재단법인에 그대로 존속시키고, 규칙도 당분간 다음 정기노회 때까지 전남노회 규칙을 준용하기로 의견의 일치를 보았다. 그리고 다음 노회 장소로 신우면 금성리교회당을 내정했다.[12] 제주노회가 분립되고 첫 두 번의 노회를 제주에서 가장 오래된 역사적인 교회에서 열기로 한 것은 의미 있는 일이었다. 제주노회 분립 당시 제주노회 창립에 동참한 17개 교회는 다음과 같다.[13]

1930년 제주노회 조직 당시 제주교회

(총회록 기록순)

교회 이름	주소			교회 이름	주소		
성내(城內)	濟州道 城內			고산(高山)	濟州道	求雨面	高山梨
삼양(三陽)	同	濟州面	三陽里	지사포(池沙浦)	同	同	龍沼里
조천(朝天)	同	新左面	朝天里	용소(龍沼)	同	同	龍沼里
세화(細花)	同	舊左面	細花里	두모(頭毛)	同	同	頭毛里
성읍(城邑)	同	東中面	城邑里	협재(俠才)	同	同	俠才里
서귀포(西歸浦)	同	右面	西歸浦	한림(翰林)	同	同	翰林里
법환(法還)	同	同	法還里	금성(錦城)	同	新右面	錦城里
중문(中文)	同	左面	中文里	내도(內都)	同	濟州面	內都里
모슬포(摹瑟浦)	同	大靜面	摹瑟浦				

출처: <제 20회 총회록> (1931), 201.

---

12) "제주노회 제 1회 촬요," 긔독신보, 1930년 12월 17일.
13) 1927년 제 16회 총회에 보고된 23개 교회와 차이가 있는 것은 기도처소는 제외했기 때문으로 보인다.

"20여 년 동안 불모의 땅에 이만한 교회가 세워졌다는 것은 큰 발전임에 틀림이 없다."14) 1931년 6월 16일부터 18일까지 제 2회 제주노회가 목사 6명, 장로 10명이 참석한 가운데 신우면 금성리교회에서 열렸다. 회장에 이기풍, 부회장에 김재선, 서기에 이도종, 부서기에 최정숙, 회계에 최정숙, 부회계에 김계공이 선출되었다.15) 역사적인 제주노회가 창립되고, 제 2회에 제주선교의 개척자 이기풍이 노회장에 선임된 것은 그 자신에게도 의미 있는 일이다. 이기풍은 1915년 제주를 떠나 육지로 나갔다 다시 제주로 돌아와서 성내교회를 담임하며 제주선교에 동참했다.

제 2회 제주노회에서는 총회 총대로 김재선, 조상학, 최정숙, 김계공이 선임되었다. 교역자 이동이 있었는데 그동안 성내교회를 섬기던 이기풍 목사는 성내교회를 사임하고 순천노회 벌교교회로 이명을 청원했고, 김재선 목사도 동북지방을 사면하였으며, 모슬포교회를 섬기던 최흥종 목사 역시 수토(水土) 불면증으로 모슬포교회를 사임하고 1년간 휴양을 가져야 했다. 장로 3명의 선택과 조상학이 별신학과로 김재선이 종교교육과로 신학을 하는 것도 허락했다. 인재 양성이 필요한 때 제주교회의 지도자 양성을 위해서도 제주노회가 허락할 일이었다. 이 모든 것보다 이제 하나의 정규노회로 분립된 상황에서 제주노회는 제주교회의 발전을 위해 제주의 형편에 맞는 무엇인가를 논의하고 결정해야 할 필요가 있었다.

이를 위해 젊은 지도자들의 양성은 가장 시급한 과제였다. 무엇보다 노회가 분립됨에 따라 노회 산하 교회 청년모임을 연합하고 전국적인 기구들과 연대하여 전도 사업을 추진하거나 동참하도록 배려할 필요가 있었다. 2회 제주노회는 제주지역의 청년들의 복음전도를 진작하고 활발한 친목을 도모하도록 하기 위해 제주연합면려청년회 조직의 필요성을 느끼고 이를 장려하기로 결정했다. 또한 "총

---

14) 姜文昊, 文泰善, 濟州 宣敎 70年史 (서울: 대한예수교장로회 총회 교육부, 1978), 48.
15) "제주노회 2회 활요," 긔독신보, 1931년 7월 22일.

제2회 제주노회 부인 전도부 총회

회 농촌부장 정인과 목사 일행을 청유(請遊)하야 농촌사업 강습회를 대대적 개최키로"16) 결정했다.

그러나 제주노회는 독립하기에는 너무도 재정적으로 빈약했다. 자립교회는 몇 개에 불과했다.17) 총회의 지원이 절대적으로 필요한 상황이었다. 게다가 제주노회에 소속된 외국선교사들이 한 명도 없어 한국에 파송된 선교회와의 유대관계를 통해 지원을 이끌어 내거나 도움을 요청할 기회도 없었다. 이기풍이 이끄는 제 2회 제주노회는 이를 위해 "지역상 관계로 부득이 노회는 조직되었으나, 심히 미약함으로 전라 미순회에 선교사 1인을 파송하야 제반 사업을 방조하여 달라고 청원"했고, "노회 존폐 관계가 유함으로 총회에 애원하야

---

16) "제주노회 2회 촬요," 긔독신보, 1931년 7월 22일.
17) "졔쥬교회지졍상항" 긔독신보, 1926년 1월 20일. "(濟州)젼남졔쥬셩니교회의 지졍보고를거흐면 一九二五년슈입고가二千四百八十一원八十九젼이며 본년도는二千九百五十圓으로 예산흐여논대 一百五十명에 미만흔교우의힘이이와굿다더라." 성내교회가 긔독신보에 교회 재정을 공개한 것이다. 당시로서는 참으로 드문 일이었다.

년 백원 금 기 년간 계속 보조"[18)]해 달라고 요청하기로 결정했다. 제주노회는 분립되었지만 여전히 독립할 수 있는 여건이 갖추지 않았다. 제주노회가 스스로 "심히 미약"이라는 표현을 쓴 것은 결코 과장이 아니었다. 어떤 면에서 적절한 표현이다.

1932년 5월 4차 주일 후 화요일 하오 8시 한림포에서 열린 제 3회 제주노회에서 어떤 결정을 했는지 기록이 남아 있지 않아 알 수 없지만 1932년 총회에 올린 제주노회의 보고를 통해 어느 정도 개략적인 윤곽을 읽을 수 있다. 먼저 "직분은 목사 五인, 장로 十五인, 안수집사 六인, 셔리집사 六十四인, 젼도사 一인"으로 전년도에 비해 목사는 1명이 줄었고 장로는 1명 늘었다. "교인은 다소 증가되엿싸오며"라는 개괄적인 보고로 미루어 볼 때 교세는 전년도에 비해 약간 증가한 수준이었다. 무엇보다 제주노회 산하 교회들 중에는 "경졔공황중에도 례배당을 셜립증축슈리한 곳"[19)]도 있고 "야학과 유치원"도 운영했다. 야학은 성내교회와 모슬포교회가, 유치원은 성내교회가 운영했다. "목사 업난 교회와 디방에 목사를 셰우고자" 하는 움직임도 있었다.

그러나 제주노회 안에 문제도 생겨났다. "교인들이 독신전도단에 해독을 밧어서 유급교역자와 치리회를 경히 보며 교역자에 대한 연보와 상회 상랍금에 대한 연보와 기타 각항연보의 힘을 일코 교역자 세우기에 크게 곤란한 일"[20)]이 생겼다. 독신전도단은 1928년 전주의 배은희 목사와 광주의 강순명 목사 등이 중심이 된 신앙단체로, 누가복음 14장 26절과 마태복음 19장 12절의 말씀을 기초하여 다음과 같은 핵심 행동 강령을 표방한다.

1. 인류는 다 유물의 길을 밟는다. 우리는 신국운동을 기함.
2. 시대는 예수 재림의 불원을 고한다. 우리는 복음선전을 촉진함.
3. 경제는 교역의 현제(現制)를 위협한다. 우리는 가족책임을 초월

---

18) "제주노회 2회 촬요," 긔독신보, 1931년 7월 22일.
19) 제 21회 총회 (1932), 118-119.
20) 제 21회 총회 (1932), 119.

함.

도시나 농촌이나 막론하고 가족을 동반하지 않고 전력을 다해 헌신하는 이들의 모습은 마치 초대교회의 성경적 헌신의 모델처럼 비추어지기도 했다. 게다가 이들은 "농촌지역에서 조합운동, 농사개량을 장려하고 주일에는 농민들을 집합시켜 복음을 전하고," "목사 농업기사, 그리고 교사로서의 역할을 담당하면서 교회가 세워질 때까지 독신"으로 지내면서 "헌신적이며, 이타적인 사랑의 실천을 목표로 한다."21) 경제적으로 목회자들을 모실 수 없는 형편의 제주교회들은 이들을 초청하여 목회자의 공백으로 인해 발생한 영적 공백을 메우려고 했다. 때문에 제주지역에서 피해는 컸다. 총회는 독신전도단에 대해 "제주노회에서 헌의한 독신전도단은 … 작년 총회 시에 승인치 않았으니 해 단원을 교회 교역자로 채용할 수 없"22)음을 분명히 했다.

어느 곳이나 부작용이 있지만 제주노회의 경우 독신전도단의 피해가 더욱 심했다. 정상적인 목양 속에서는 목회자와 교인의 관계가 지속적으로 유지되어 목회자는 양들을 위해 생명을 바쳐 헌신하고 교인들은 목회자를 신뢰하고 존중한다. 그러나 제주의 경우 목회자 이동이 심하고, 목회자 없는 교회에 목회자가 부임해서 제대로 목양을 하지 못하는 경우가 허다해 목회자에 대한 신뢰가 부족한 편이었다.

2. 제주노회 조직 후 교회에 찾아온 변화들

그런 가운데서도 제주교회들은 이전과 다른 모습이었다. 1930년 제주노회가 조직된 후 다음 몇 가지 중요한 변화가 나타났다.

첫째, 성경학원의 개설이다. 제주노회의 결정에 따라 1931년 음력 정월 15일부터 2월 15일까지 1개월 동안 제주성내교회 유치원에서

---

21) 차종순, 성안교회 90년사 (제주: 성안교회, 1999), 202-203.
22) 제 20회 총회록 (1931), 24.

성경학원이 열렸다.23) 남녀 30명의 참석자들은 강사 이기풍, 김재선, 조상학 세 목사의 강의를 통해 "큰 은혜"24)를 받았다. 타마자 선교사가 성경학원 원장직을 맡으면서 부터 원장직을 사임하던 1939년까지 성경학원은 지속적인 발전을 이룩했다. 보통 성경학원은 구정 이후 1달간 대표적 교회에서 돌아가며 개최하다 성내교회에서 모이는 것으로 정착했다. 교장에 타마자, 교감에 최희준, 강사에 정순모, 정태인, 이도종 3인이 섬기기로 했다. 학생들은 1년 반과 3년 반으로 구분하기로 했다.

다음 노회에 보고된 내용을 통해 확인할 수 있듯이 성경학원은 학년에 따라 등급을 나누어 열렸으며, 1년 급을 대상으로는 마태복음, 신학, 창세기, 구약사기, 찬송가, 주교조직법을 교수했고, 2년 급은 사도행전, 출애굽기, 인류학, 구약사기를, 3년 급을 대상으로는 신학, 사사기, 구약사기, 에베소, 골로새, 찬송가, 주교 조직법을 교수했다. 강사진은 해마다 조금 변동이 있지만 원장 타마자와 제주에서 사역하는 목회자들이 섬겼다.25) 2회에는 반응이 좋음에 따라 학생들이 더 모여 성경학교를 진행할 수 있도록 다음 장소를 모슬포로 옮기기로 하였다. 당시 이들이 받은 교육은 다음과 같다.

제주성경학원 커리큘럼

	1년	2년	3년	4년	5년
신약	마태복음	사도행전	에베소	고린도전후	형편 따라 매년 변경교수
구약	창세기	출애굽기	사사기	레위기	
신학	신학	인학	구원학	성경총론	
구약사기	창세-시내산	- 엘리	- 합국시대	- 분국시대	교회사기

---

23) "성경학원개원," 긔독신보, 1931년 4월 29일.
24) 긔독신보, 1931년 4월 29일.
25) 제주노회 제 5회 회록, 9.

학생들이 사용한 교재는 "본(本) 학원(學院) 타마자(打馬字) 목사(牧師) 저술(著述)한 신구약(新舊約) 열람(閱覽)을 제정(制定)"하고 학생들이 신구약 지식을 갖추도록 했다. 신학원 안에는 신약열람과정과 구약열람과정을 두었고, 각 학년별 성경이 달랐다. 2학년 신약열람과정에서는 마가복음과 야고보를 구약열람과정에서는 창세기와 룻기를 선택하도록 하였다. 각 학년별 신약열람과정과 구약열람과정은 다음과 같다.

학년	신약 열람 과정		구약 열람 과정	
2	마가복음	야고보	창세기	룻기
3	누가복음	베드로전후		
4	요한복음	요한 1,2,3서	출애굽기	민수기
5	디모데전후	데살로니가전후	사무엘전후	욥기
6	에베소	고린도전후서	열왕기 상하	에스더
7	골로새	갈라디아	소 선지서	역대 상하
8	히브리	묵시	에스라 느헤미야	잠언
9	사도행전	유다	여호수아	에스겔
10	로마, 빌레몬	디도	다니엘, 전도	아가

타마자가 원장을 맡았고, 교재는 그가 저술한 **신구약열람**으로 그리고 10학년으로 나누어 신구약 성경을 다 배우도록 커리큘럼을 만들었다. 1935년 2월 12일부터 3월 8일까지 한림교회당에서 열린 성경학교에서는 33명이 수강했다. 주일학교협의회를 둘로 대별하여 남북 지역에 두고 주일학교 교육을 활성화시키려고 한 것도 이전과 다른 것이다.

둘째, 제주노회 조직 후 나타난 또 하나의 변화는 청년면려회(CE)의 활성화다. 청년면려회의 조직은 제주와 중앙을 연결하고, 다른 지역의 청년들의 활동을 통해 제주의 청년들의 영적발전을 도모할 수 있는 좋은 기회였다. 제 1회가 1930년에 열렸고, 제 2회 모임이 1931년 4월 26일 협재교회에서,[26] 제 3회 정기총회가 1931년 6월

---
26) 긔독신보, 1931년 5월 20일. "(濟州) 舊右面 挾才里 敎서는 四月 二十 六日 下午 …

28일 한림교회에서 열렸다:

> 한림(翰林) 야소교회(耶蘇敎會) 면려청년회(勉勵靑年會) 제(第) 삼회(三回) 정기총회(定期總會)를 일구삼일년(一九三一年) 유월(六月) 이십팔일(二十八日) 오후(午後) 한시(一時)에 전교회(全敎會) 내(內)에서 개최(開催)하고 좌기(左記)와 여(如)히 임원개선(任員改選) 급(及) 각부(各部) 설치(設置) 가(可)하고 전오후(全午后) 삼시(三時)에 폐회(閉會)하얏다한다.
> 회장(會長) 서화식(徐化植) 부회장(副會長) 김현철(金賢喆) 서기(書記) 전인홍(全仁洪) 부서기(副書記) 강대선(姜大先) 회계(會計) 문명옥(文明玉) 계사부장(繼事部長) 안남규(安南圭) 전부원(全部員) 홍보국(洪寶國) 전김을룡(全金乙龍) 기도부장(祈禱部長) 문명옥(文明玉) 전부원(全部員) 강대선(姜大先) 전홍보국(全洪寶國) 음악부장(音樂部長) 김현철(金賢喆) 전부원(全部員) 김원룡(金元龍) 사찰(事察) 강대선(姜大先) 계독부장(戒督部長) 김현철(金賢喆) 전부원(全部員) 안남규(安南圭) 전노남유(全盧南由) 전도부장(傳道部長) 신계인(愼桂人) 전부원(全部員) 홍보국(洪寶國) 전이순배(全李順培).27)

제주지역의 여러 교회에 흩어진 젊은 남자들이 결성한 면려청년회가 활발하게 활동하기 시작한 것이다. 청년면려회는 개교회 조직과 제주지역 연합조직으로 나뉘어 유기적으로 활동했다. 한림교회면려청년회가 주관해서 1931년 7월 21일부터 8월 4일까지 집회를 가

本敎會內에서 第 壹回 基督靑年勉勵會 定期總會를 會長 李柄華 氏 司會 下에 左記와 如히 改選함. 開하고 事務를 處理한 後 可否 討論會를 開催한바 만흔 興味 …會長 李柄華 副會長 張良善 書記 張子華 副書記 金圭鉉 會計 張炳善 副會計 高斗禎 顧問 金英植 張炳淑 〇〇副長 張石振 部員 張子華 金圭鉉 祈禱副長 姜公享 部員 조정아 리양아 戒毒部長 박귀덕 部員 금신흥 홍인덕 音樂副長 張子華 部員 李柄華 장병선 尋訪部長 박여수 部員 금신흥 姜公享 救濟副長 금신흥 部員 리양아 장순효 智育部長 張良善 部員 조정아 양복덕 傳道副長 홍순민 部員 張石振 조정아 交際副長 금경옥 部員 홍간난 홍인덕 通信部 金斗天 李柄華 靜時部 조정아 금신흥 식화부 죄우정 張子華."

27) 긔독신보, 1931년 9월 2일.

성내교회 하기성경학교(1932년)

졌던 것처럼 각 교회 청년면려회 주관으로 개 교회에서 집회도 열었다.28) 8월 1일부터 1주일간 성경연구와 토론의 시간도 가졌다:

> 한림(翰林) 야소교회(耶蘇敎會) 면려청년회(勉勵靑年會) 주최(主催)로써 하기성경연구회(夏期 聖經 硏究會)를 조직(組織)하야 팔월(八月) 일일(一日)로부터 향(向) 칠일간(七日間) 매일(每日) 오후(午后) 팔시(八時)로부터 구시(九時)까지 일시간(一時間)에 긍(亘)하야 회원(會員)들이 회집(集合)하야써 성경연구(聖經硏究)와 토론(討論)을 시(試)한다는대 소기(所期)의 효과(效果)와 성적(成績)을 거제(擧提)하리라고 관찰(觀察)한다.29)

각 교회 면려청년들의 활동이 활발했다. 이와 같은 노력에 힘입어 1931년 10월 18일 성내교회에서 제주도 내 9개 청년면려회 대표들 32명이 참석한 가운데 "제주기독청년면려회연합회"가 창립되었다.30)

---

28) 긔독신보, 1931년 9월 2일. 유사한 모임이 다른 교회에서도 있었다. 예를 들어 모슬포교회에서도 청년면려회가 1932년 1월 31일 모였다. 기독신보, 1932년 3월 2일.
29) 긔독신보, 1931년 9월 2일.
30) "제주기독청년면려회 연합회 창립," 긔독신보, 1931년 12월 9일.

고문에 김영식(金英植), 고영흥(高永興), 회장에 지동국(池東國), 부회장겸 총무에 김종하(金宗夏), 서기에 김영범(金永範), 회계에 전우현(田雨玄)이다.31) 제주청년면려회연합회는 제 2회 총회를 1932년 5월 21일 모슬포교회에서 개최하고 전우현이 회장에 취임하고, 조직을 보완하는 한편 조선연합회 가입을 추진하고 면려회의 "진흥" 방법을 논의했다.32) 제주청년면려연합회는 1933년 2월 9일 성내교회에서 제주청년면려연합회 주최로 12-15세 소년, 소녀들을 대상으로 "제1회 소년소녀현상동화대회"를 개최하였다.33) 이날 예상을 넘어 "三백여명의 군중이 모여 대성황을 일우엇다."34)

셋째, 노회 조직 후 제주도 내 여러 교회들이 활기가 넘쳤다. 성내교회의 경우 1931년 4월 5일 주일에는 피택 장로 강흥섭이 장로장립을 받았으며, 4월 16일부터 23일까지 목포의 마율리 선교사가 남녀전도인 두 사람을 데리고 와서 여자 사경회를 인도하고 근처 일곱교회로 흩어져 복음을 전해 이들 교회가 "만혼 은혜를 밧앗다."35)

> 전라남북도 미순회에서 해마다 선교부인 한 사람식 택하야 제주에 보내여 녀 대사경회를 도와 주는 일이 잇섯는대 금년은 목포게신 마률리 부인끠서 남녀전도인 두사람을 다리고 와서 四月十六日부터 二十三日까지 제주성내교회에서 녀사경회로 六十여명이 모혀 오전은 공부하고 오후에는 전도와 심방과 낙심한 교인들을 차자 권면하고 밤이면 전도 강연회로 모혀 마부인과 갓치 온 二十一세 되는 전도인 웅변가 윤치호씨의 렬렬한 강연에 청중이 큰감동을 밧아스며 사경을 필한 그 훗날부터 동서촌 七처교회에 나아가서 하로 밤식 전도하얏는대 새로 밋기로 작정한 사람이 수십 명이요 七처교회가 만혼 은혜를 밧앗다.36)

---

31) 긔독신보, 1931년 12월 9일.
32) "제주도 기독청년 면려회 연합 제 2회 정기총회," 긔독신보, 1932년 6월 8일.
33) 긔독신보, 1933년 1월 18일.
34) 긔독신보, 1933년 3월 22일.
35) 긔독신보, 1931년 5월 20일.

그동안 예배당이 없이 신앙생활을 해오던 한림교회는 외지와 내지의 여러 교우들의 헌금으로 22평의 예배당 건축을 완료하여 1931년 5월 24일 헌당식을 거행했다.37)

변화는 삼양교회에서도 나타났다. 가난과 궁핍으로 생존을 위해 일본에 건너간 교우들이 모교회를 헌신적으로 지원한 것이다. 그 같은 헌금에 감동을 받은 삼양교회 교인들은 도전을 받고 배나 더 열심을 내기 시작했다:

> 전남(全南) 제주도(濟州島) 삼양교회(三陽敎會) 교인(敎人)들은 생활곤란(生活困難)으로 이산(離散)되야 대판(大阪[오사카])에서 노동생활(勞働生活)로 그날그날을 살아가는 중(中)에도 본(本) 교회(敎會)의 목사봉급(牧師俸給)을 위(爲)하야 매삭(每朔) 가족생활자(家族生活者)는 일원(一圓) 단신생활자(單身生活者)는 오십전씩(五十錢式)을 수합(收合)하야 보내기르 작정(作定)하고 오월(五月)부터 실행(實行)함으로 그 혈한(血汗)의 금전(金錢)에 감동(感動)된 삼양교회(三陽敎會)는 배일층(倍一層) 열심(熱心)이 분발(奮發).38)

이 같은 헌신과 노력에 힘입어 삼양교회는 1932년 7월 27일 김재선의 집례로 정태인 목사의 취임식이 성대하게 거행되었다.39) 정태인 목사가 부임한 후 삼양교회는 활기가 넘쳤다. 그는 다각도로 교

---

36) 긔독신보, 1931년 5월 20일.
37) 긔독신보, 1931년 6월 17일. "제주도 한림표는 예배당이 업서 유감으로 생각하야 지방목사 김영식씨는 백방으로 주선중 경성련동교회 류명근 령수의 二十圓 연보와 전남부인 조력총회서 十圓연보와 수십명의 극력연보로 금춘에 二十二坪의 양제로 건축하야 五月 二十四日 주일에 헌당식겸 文明玉씨 장로장립을 김영식 목사 인도로 리긔풍 목사의 강설과 김영식 목사 집행으로 헌당식과 조상학 목사 사회로 장로 장립식을 감사와 깃븜으로 거행하고 삼양교우들의 만흔 축하례물과 구세군 참위 리긔성씨와 성내교우 지동국씨의 축사가 잇섯고 깃븜의 잔채로 산회가 되엿는데 모힌수효는 남녀로 유합근 이백명이나 되엿다"
38) 긔독신보, 1932년 7월 17일.
39) 긔독신보, 1932년 8월 31일.

회 진흥책을 모색하면서 새벽기도, 개인전도에 열심을 내었으며, 이도종 목사를 초청하여 영적각성 집회도 열었다. 삼양교회의 이 같은 모습은 "제주교회진흥활동"을 대변하는 사례가 되었다:

> 졔쥬삼양교회에서는 조선진흥운동의 시기와 방법에 수응하야 진흥활동을 개시한바 十月 十六일부터 개인전도공과를 매 수요일마다 가라처 제六회에 마치고 十一월十三일부터 一주간은 남녀제직을 표준하야서 새벽기도를하고 十一월二十일부터 一주간 부인조력회를표준하야 새벽기도회를 하고 十一월二十七일부터 一주간 서귀포(西歸浦)교회목사 이도종(李道宗)씨를 청하야 매일 오전 오시부터 六시까지 교회一동이 령적부흥을 위하야 모이고 오후 七시부터 八시까지는 불신자를 위하야 전도하고 오전九시부터 오후 四시까지는 제직회와 조력회를 합하야 전도대를 조직하고 十一대로 나누어 四방十리안에 四천여호되는 각 마을을 十一구로 나누어 매일 一대 一구로 전도하야 매구역마다 七일간 매일 다른 전도대를 파송하게 하엿는바 이 진흥운동으로 말미암아 크게 부흥하엿다고 한다40)

김영식 목사가 맡고 있는 지역에서도 큰 변화가 나타났다. 김영식은 1928년 전북, 전남, 순천, 세 노회 연합전도부에서 파송한 전도목사로 어려운 가운데서도 선교를 계속했다. 그는 이미 이창규의 후임으로 제주에 부임했다가 1년 만에 돌아간 실패의 경험이 있었기 때문에 1928년 제주에 부임한 후에는 가진 고난을 겪으면서 사역해 많은 결실을 거두었다. 1932년 7월 13일 기독신보는 그의 사역을 매우 의미 있게 소개했다:

> 김영식 목사는 일도에 전북 전남 순천 세 노회련합전도국 전도목사의 사명을 받아 제주도에 부임하야 지금까지 이 섬 안에 사는 二

---

40) 긔독신보, 1932년 12월 21일.

十만 생령을 위하야 복음을 전하는 중에 그사이에 말할수 없는 파란곡절과 어려운 일을 격거가면서 五개 성상을 꾸준이 성심성의로 노력한 결과 그의 사업이 날로 발전하야 一九三〇년에 금성례배당을 신축하고 작년도에는 한림포에 새로 교회를 설립하고 협재리와 도회리에는 교회를 설립하고 례배당까지 건축하엿음으로 네 지방 교인들은 기쁨에 넘치어 하느님께 영광을 돌리엇다 하며 기독청년면려회와 주일학교도 날로 왕성한다 한다41)

이 같은 분위기에 힘입어 한림교회 역시 새로운 변화가 일면서 성내교회와 모슬포교회에 이어 제주선교를 대변하는 대표적 교회로 부상하기 시작했다. 1933년 5월 29일 제 3회 제주청년면려연합회가 한림교회에서 열린 것은 우연이 아니다. 연합회는 이날 회장에 정상규, 총무에 전우현을 선출하고, 연합회 주최로 "하기수양회"를 개최할 것도 결의했다.42)

연약한 교회들 가운데서도 크고 작은 변화들이 이어졌다. 제주노회 산하 교회 중에는 "경제곤란에도 열심연보하야 례배당을 신 혹 슈리한 곳"도 있었다. "금성교회는 양제 이십평, 내도교회는 양제 십이평 한림교회는 양제 이십일평을 신건하엿사오며 셔귀포 신셜교회는 중국인과 일본인 시민들에게 동정금을 모집하야 시가 오백원의 구대를 매슈"43)하였다. "총회전도구역 셔귀포교회가 새로 설립"되었다. 교인 수는 전반적으로 "다소증가"한 것에 그쳤고, 비록 제주노회 산하에 총 목사 6명, 장로 14명이지만 제주노회는 산하 여러 교회들과 "야학 유치원," "쥬일학교와 하긔아동셩경학교"44)를 장려하며 제주노회를 발전시키기를 원했다.

넷째, 제주노회 조직 이후 제주 전역과 지역교회를 대상으로 한

---

41) 긔독신보, 1932년 7월 13일.
42) 긔독신보, 1933년 6월 14일.
43) 제 20회 총회록 (1931), 96.
44) 제 20회 총회록 (1931), 96.

부흥사경회가 활발하게 진행되었다. 이전에도 사경회가 없었던 것은 아니지만 이후에는 해마다 남장로교 선교회 소속 선교사들이 내도하여 1주일 혹은 2주일씩 부흥사경회를 인도했다. 이것은 선교사들과 제주교회를 연결해주는 중요한 통로가 되었다. 제주에 와서 사경회를 인도하는 선교사들은 제주교회의 형편을 직접 눈으로 확인하면서 선교적 열정을 재충전 받았고, 현지 교회들은 선교사들의 도움과 지원을 통해 경제적 한계로 인한 사역의 제약들을 조금이라도 해소할 수 있는 기회를 제공받았다. 보통 제주선교를 후원하는 선교사들은 제주교회와 지속적인 관계를 유지하면서 헌신적으로 지원을 했다. 1932년 12월 제주성내교회에서 남장로교 선교사 서국태, 타마자, 구례인, 삼인이 와서 제주도 전 교회 제직들을 대상으로 제직사경회를 개최하였다. 강사로 온 이들 세 사람은 조선에 파송된 선교사들과 마찬가지로 특별히 준비된 선교사들이었다.

타마자(打馬子, John Van Neste Talmage, 1884-1964)는 1910년 남장로교 선교사로 내한하여 광주선교부 소속으로 담양, 화순, 옥과 지방에서 선교활동을 하고 미자립교회를 지도하면서 담양읍내에 담양성서학원을 설립하여 운영했으며, 광주숭일학교 교장으로 재직하면서 여수 애양원을 지원했다. 그는 1941년 일제에 의해 스파이 죄로 체포되어 4개월간 옥고를 치렀고, 1942년 4월 가석방되어 추방을 당했다. 1948년 재내한한 타마자는 광주에서 선교사업을 추진하고, 신안지역 도서지방 교회를 지원하는 등 오지와 낙도에 깊은 관심을 깊이 가졌다.[45] 그의 두 자녀 역시 한국을 위해 헌신했던 선교사들이었다. 그의 아들 타요한(打約翰, John Edwards Talmage, 1912-1978)[46]과 딸 타적애(打籍愛, Janet Crane Talmage, 1917-2000)[47]

---

[45] 김승태, 박혜진 엮음, 내한 선교사 총람 1884-1994 (서울: 한국기독교역사연구소, 1994), 470.

[46] 타요한(John Edwards Talmage)은 전북 광주 양림동에서 출생해 평양외국인학교를 졸업하고 미국 멜빌대학에서 물리학을 전공한 후 1933년 컬럼비아신학교를 진학하여 졸업하고 1937년 남장로교 선교사로 내한했다. 군산, 목포 광주 지방 등지에서 농촌선교를 하면서 17개 교회를 개척했다. 1941년 일제에 의해 강제 추방되었

도 한국선교사로 내한하여 전라지역에서 헌신했다.

서국태(徐國泰, Donald Augustus Swicord, 1894-1969) 선교사는 1921년 남장로교 선교사로 내한하여 전주선교부 소속으로 1949년까지 신흥학교에서 봉직하면서 교육과 선교활동을 겸했던 선교사였다.48) 구례인(具禮仁, John Curtis Crane, 1888-1964)은 1909년 콜로라도 대학을 졸업하고 이어 루이빌신학교를 마치고 1913년 남장로교 선교사로 내한하여 순천선교부에서 순천매산학교 설립, 1937년부터 평양장로회신학교 조직신학 교수, 성서공회 성서번역위원으로 활동하였다. 1938년 평양신학교가 폐교된 후 귀국해 미시시피주에서 잠시 목회하다 1946년 재내한하여 순천에서 문서선교와 서울 총회 신학교에서 교수로 강의하면서 조직신학을 영문과 한글로 출간하였다.49)

이들이 인도한 제직사경회는 제주도에 새로운 활력을 불어 넣었다. 무엇보다도 이를 계기로 제주도 연합제직회가 결성된 것은 큰 수확이었다. 제직회 회장에 이도종 목사가 선임되었고, 부회장에 정태인 목사, 서기에 고영홍 장로가 선임되었다.50) 이미 오랜 선교 경험을 가진 이들 세 명의 선교사들의 지도는 갓 조직된 제주노회에 새로운 방향을 제시하였다. 미국교회의 안정된 제도와 조선, 그것도 제주의 형편을 고려하여 적절한 방법과 방향을 제시할 수 있는 것

다 1948년 재내한하여 목포에서 활동했다. 1960년에는 대전대학(현 한남대학) 학장에 취임했다. 김승태, 박혜진 엮음, 내한 선교사 총람 1884-1984, 469-470; 미국장로교한국선교회 편, 미국장로교 내한 선교사 총람 1884-2020 (서울: 미국장로교한국선교회, 2020), 179.

47) 마타자의 딸 타적애(打籍愛, Janet Crane Talmage)는 1947년 남장로교 선교회 의료 선교사로 내한하여 간호사로 활동했다. 1956년 켈러와 결혼 후 함께 전주에서 의료 활동을 하였으며 1967년 남편 사망 후에도 여전히 한국에 남아 전주 목포에서 의료 활동을 하다 1976년 귀국했다. 김승태, 박혜진 엮음, 내한 선교사 총람 1884-1984, 469.

48) 김승태, 박혜진 엮음, 내한 선교사 총람 1884-1994, 466; 미국장로교한국선교회 편, 미국장로교 내한 선교사 총람 1884-2020, 177.

49) 김승태, 박혜진 엮음, 내한 선교사 총람 1884-1994, 185-186.

50) 차종순, 성안교회 90년사, 201.

은 아무나 할 수 있는 일이 아니었다. 얼마 후 1933년 4월 4일 서국태 선교사는 전주지방 교역자 13명을 대동하고, 다시 제주를 방문하여 제주도 전역을 분할하여 각 지방에서 춘기부흥회를 열었다.51) 전주덕진교회 이상귀 목사를 비롯한 13명의 교역자들은 제주의 교회들을 돌면서 부흥사경회를 인도하였다.52) 성내교회에서도 고득순 목사가 와서 부흥사경회를 인도하였다. 53)

전남노회 파송을 받고 제주 산북동지방에서 활동하는 정순모 목사의 메시지도 제주의 영적 분위기를 더욱 사모하도록 도전을 주었다. 그는 1934년 현재 제주도 구좌면 금령리에 터를 닦고 1,400호 인구 10,000여 명을 대상으로 사역하면서 많은 도전을 주었다. 그는 제주노회 임시회와 면려연합회 하기 수양회에서 잠자는 영혼을 깨웠으며, 삼양교회와 한림교회 부흥을 통해 도전의 메시지를 전했고, 제주 산북동지방 세화리교회 대전도집회를 인도하여 "신자들이 크게 부흥을 받고 새로 믿고 나온 자와 세례를 받은 자들도 많아 하느님의 은혜가 풍성하였다."54)

제주노회 조직 후 각종 부흥집회나 부흥사경회가 계속되었다. 1934년 4월 2일부터 8일까지 정순목, 최희준, 정태인 목사를 강사로 춘기사경회가 모슬포교회에서 열렸으며 참석자들이 "풍성한 성은"55)을 받았다. 1935년 4월 2일부터 일주일간 김창국 목사를 모시고 성내교회에서도 부흥회가 열렸다. 4월 21일에는 고산, 모슬포, 두모, 용수, 지사포, 조수 등 제주 산서지방 여섯 교회가 연합야외예배를 가졌다.56)

4월 14일부터 19일까지는 제주 삼양교회에서 부흥회가 열렸다. "조선과 기독"이라는 제목으로 설교하던 부흥강사 정태인 목사가

---

51) "춘기 부흥회," 긔독신보, 1933년 5월 10일.
52) 이상귀, "제주도부흥전도기"(一) 긔독신보, 1933년 10월 18일; 이상귀, "제주도부흥전도기,"(二), 긔독신보, 1933년 10월 25일.
53) 차종순, 성안교회 90년사, 206.
54) "제주산북동지방생명문이 열려," 긔독신보, 1934년 2년 14일.
55) "제주 모슬포교회 사경회," 긔독신보, 1934년 5월 23일.
56) "제주산서지방연합야외예배," 긔독신보, 1934년 5월 15일

순경이 호출하는 바람에 유치장에 구금당하는 어려움 속에서도 부흥집회는 계속되었다.57) 1936년 5월 13일자 기독신보는 이와 관련하여 이렇게 보도하였다:

> 삼양교회(三陽敎會)에서 사월(四月) 십사일(十四日)부터 십구일(十九日)까지 육일(六日)간 정태인(鄭泰仁) 목사(牧師)를 청(請)하여 부흥회(復興會)를 개최(開催)하여 자미(滋味) 있게 순서(順序)를 진행(進行) 중(中), 제 이일 야(第 二日 夜)에 '조선(朝鮮)과 기독(基督)'이란 제(題)로 열렬(烈烈)히 강도(講道)하다가 소관 주재소(所管 駐在所) 경관(警官)이 호출(呼出)하여 유치장(留置場)에 수금(囚禁)하고 1야간[夜間]) 중지(中止)하므로 교인(敎人) 등(等)은 대소동(大騷動)하여 낙망(落望) 중(中) 본(本) 교회당회장(敎會堂會長) 정순모(鄭順模) 목사(牧師)를 급속(急速)히 청(淸)하여 계속(繼續) 부흥회(復興會)를 진행(進行) 중(中) 양적(量的)으로는 성황(盛況)을 이루지 못하였으나 질적(質的)으로는 영적부흥(靈的 復興)이 되어 근 십년간(近 十年間) 목사(牧師)가 없이 영(靈)의 고갈(枯渴)을 당(當)한 교우(敎友)는 열심(熱心)을 내어 목사(牧師)를 청빙(請聘)하기로 결정(決定)하고 이십구일(二十九日) 주일(主日)에 예찬예배(禮餐禮拜)를 거행(擧行)하고 동(同) 야(夜)에 정순모(鄭順模) 목사(牧師)의 '주(主)를 유(由)하여 살라'는 제(第)로 곡진한 강연(講演)을 한 후(後) 당석(當席)에서 월(月) 연금(捐金)을 작정(作定)하니 삼십(三十)원 예산(豫算)은 완성(完成)되므로 목사(牧師) 청빙(請聘)할 수속(手續)을 당회장(堂會長)에게 일임(一任)하고 일반교우(一般敎友)는 기쁨에 넘쳐 하느님께 영화(榮華)을 드리며 희생적으로 양(羊)을 위(爲)하여 헌신(獻身)할 목사(牧師)를 고대(苦待)하며 기도(祈禱) 중(中)이다.58)

1932년 12월 제직사경회 이후 제주도 제직회가 조직된 것이 보여

---

57) "제주도 삼양교부흥회," 긔독신보, 1936년 5월 13일.
58) "제주도삼양교부흥회," 긔독신보, 1936년 5월 13일.

제주도 연합 부인 조력회 임원

주듯 제주노회가 생긴 이후 이어진 선교사들이 인도한 사경회는 단순히 사경회로 끝나지 않았다.

1933년 6월에는 제 1회 성내교회 면려청년회 주최로 하기수양회가 성내교회에서 서서평 선교사와 엄현숙 선생을 강사로 모신 가운데 열렸다. 면려 청년회의 유래와 진흥책, 주일학교 조직 및 관리법, 음악, 청년지도 및 예배훈련, 농촌진흥과 청년, 제주의 농업에 이르기까지 다양한 강의가 있었다.59) 이 사경회 기간 동안에 제주도의 각 교회 여전도회에서 파견한 총대 8명이 제주장로교조력회를 결성하였다.60) 회장에 강계생, 서기에 윤진실이 선출되었으며, 연합회 총대에 홍순희, 강형신, 한신귀, 장돈필 등을 선임했다. 제주의 각 교회의 조력회가 결성된 것은 1925년의 일이다. 1925년 서서평

---

59) "제 1회 하기 수양회," 긔독신보, 1933년 10월 11일.
60) 이미 제주에는 개교회 차원이지만 여전도회 전신 "부인조력회"가 존재했었다. 1933년 8월 서서평 선교사와 엄현숙 선생의 발기로 연합회가 결성된 것으로 보인다. 姜文昊, 文泰善, 濟州宣敎 70年史 (서울: 대한예수교장로회 총회 교육부, 1978), 53.

제주 부인 조력회 창립 총회와 서서평 선교사

선교사가 내도하여 성안교회를 비롯하여 여러 교회에 부인 조력회를 결성했다.61) 이들 각 교회의 부인조력회가 1933년 6월에 성내교회에서 연합회를 결성한 것이다.

제 1회 제주도장로교조력총회는 1934년 3월 8일 성내교회에서 소집되었다. 이날 각 교회 대표로 참석한 사람들은 성내조력회 량순자, 삼양리조력회 현영식, 성읍리 강계생, 세화리 서귀포 고광운, 법환리 이영신, 협제리 홍석표, 그리고 하림리 박홍례 등이다.62) 청년면려회연합회 조직, 제직회 조직, 여전도회연합회 조직을 통해 제주교회의 젊은이, 제직들, 여전도회는 전국적인 조직의 일원이 되었으

---

61) 조력회의 명칭은 1934년부터 1936년까지는 제주도장로교조력회, 1937년부터 1938년까지는 제주기독교장로회부인조력회, 1939년부터 1943년까지는 제주도부인전도부연합회, 1944년부터 1946년까지는 제주교구회내 부인연합회, 1947년부터 1948년까지는 제주부인조력회, 1949년에는 제주노회여전도지방연합회, 그리고 1950년부터 현재까지는 제주노회여전도회연합회로 조금씩 바뀌었다. 최순신, 제주노회 여전도회 80년사 (제주: 제주노회 여전도회연합회, 2008), 55.
62) 고산리, 세화리, 모슬포는 유고 불참으로 중문리, 용수리, 지사포, 두모리, 금성리는 이름이 나와 있지 않았다. 1934, 졔쥬조력총회 제 一회록, 1.

1938년 제주 부인 조력회

며 총회 산하 노회의 조직을 통해서만 얻을 수 있는 전국교회의 귀한 전통과 소중한 영적 유산들을 그대로 공유할 수 있었다. 특별히 여전도회연합회는 제주기독교 발전에 큰 공헌을 이룩했다:

> 1933년 8월 광주 주재 남장로교 선교회 서서평 선교사와 엄현숙 선생의 발기로 제주 성내교회에서 창립총회가 모였다. 부인 조력회라는 명칭으로 조직된 초대회장에는 강형신 전도사를 선출하였으며, 그 후 부인 전도회라 불리워 오다가 다시 명칭을 여전도회로 변경하여 오늘에 이르기까지 교회 봉사, 전도사업, 개척교회 재정지원, 교육사업을 위한 재정지원, 여성들의 신앙향상을 위한 사경회, 강습회 등 많은 사업을 계속해 왔다. 그중에도 개척교회를 위한 재정보조는 성산포교회, 화순교회를 비롯하여 하귀, 외도, 신산, 애월, 용흥, 모슬포, 신예, 행원, 성읍, 예리, 신촌, 신양, 봉계, 도두, 금성, 송당 등 20교회 이상에 달한다.63)

---

63) 姜文昊, 文泰善, 濟州宣敎 70年史, 53.

제주교회가 비로소 시대적 흐름에 본격적으로 합류할 수 있는 제도적 틀을 갖춘 것이다. 제주 안에서 일어난 금연·금주운동은 제도적 틀이 창출한 결집된 힘, 그 대표적인 사례라고 할 수 있다. 성내교회 청년면려회가 중심이 되어 1933년부터 매년 정기적으로 실시한 금주선전대운동은 제주에 신선한 도전이었다. 1930년대 한국교회 안에는 금연·금주운동으로 대변되는 절제운동이 전국적으로 강하게 일고 있을 때였다. 사경회 강사로 제주에 입도한 서서평 선교사와 엄현숙 두 사람의 활동 덕분에 제주 안에서도 금주운동이 활발하게 전개되기 시작했다. "8월 2일 저녁에는 서서평 선교사의 금주강연을 들은 다음에 8월 8일에 금주선 전기 행렬을 앞세우고 금주선전문을 배포하는 등 크게 활동하였다. 이러한 활동은 곧 바로 이어진 8월 11-15일까지의 여름 성경학교 기간 동안에 더욱 고조되었다."64) 성내교회 면려청년회는 그 후에도 계속 금연·금주운동을 확산시켜 나갔다. 1935년 8월 12일에도 금주가를 부르고 시가행진을 했다. 1935년 9월 11일 긔독신보에 다음과 같이 상세하게 소개했다:

> 졔쥬읍 서문(西門) 교회에서는 면려회 주최로 팔(八)월 십일일(十一)일부터 십사(十四)일간 교수하엿는대 삼(三)반으로 나누웠고 과목은 성경, 한글, 동화, 과제장들이엇고 교장 고창눈(高唱炳)씨요 교감 최희쥰(崔熙俊)씨와 교사는 강봉민(康泰珉)씨외 삼인(三人) 생도는 육십오인(六五人).65)

한편 1935년 10월 종교시보에도 같은 내용이 실렸다. 기독신보보다 더 상세하게 보도했다:

---

64) 차종순, 성안교회 90년사, 207.
65) 긔독신보, 1935년 9월 11일.

제주지방 제 2회 연합사경회(1940)

제주읍내 서문교회 면청(CE) 주최로 제3회 금주선전대운동은 8월 12일 오후 8시 반 당 교회 유년주교 및 일반신도가 총집합 리에 무려 300-400명된 대행렬은 악대를 선두로 금주가를 언창하며 금단연이라고 쓴 등을 일제히 들고 금주 비라를 산포하며 시내를 일순하니 천지를 진동할 듯한 금주가의 고창소리에 몰려드는 신민들은 인산인해를 이루어 죄악이 천지를 깨우치는 듯하였으니 하나님께 많은 영광과 존귀를 돌리었다더라.66)

제주기독교 청년면려회는 금연·금주운동만 아니라 여름방학을 이용하여 "하기아동성경학교"를 개설하여 성경, 한글, 동화를 가르쳐주었다.67) 영적 전투가 심한 할 일 많은 제주에서 제주노회 산하 청년면려회는 활발하게 모임을 가졌다. 1937년 4월 27일부터 28일까지 "CE 제주연합회 제 7회 정총"이 제주 한림교회당에서 모였다. 회장에 이기방, 부회장에 이관종, 서기에 김봉현이 선출되었다. 여기서는 제 3회 하기 수양회를 모슬포 예배당에서 개최하는 일, 세화지방전

---

66) 종교시보, 1935년 10월.
67) 기독교보, 1936년 1월 28일.

도를 1년간 계속하기로 하고 매월 17원씩 전도비를 지원하는 일, 제주 CE 각 지회 진흥을 위해 힘쓰기로 결정하였다.68) 연합회의 결정에 따라 지회 모임도 활성화되었다. 1937년 3월 28일에는 제주한림교회 청년면려회 제 8회 정기총회가 개최되었고,69) 10월 29일에는 제주성내 서문교회에서 그 교회 청년면려회 정기총회가 열려 임원 개선을 했다.70)

사회주의의 도전도 제주의 젊은이들이 맞서야 할 도전이었다. 이 시대 제주의 젊은이들도 여타 다른 지역의 젊은이들이 만나는 시대적 사조와 사상적 움직임에 노출되기 시작했다. 비록 눈에 띌 정도는 아니지만 공산주의와 사회주의 사상이 제주의 젊은이들 가운데도 조용히 파고들고 있었다. 그 시대 제주를 방문한 서로득(M. L. Swineheart)이 지적한 것처럼 "볼세비키주의와 무신론 선전이 일부 지역에서 자라고 있으며 선교사들에 대한 적대감도 최소한으로 생겨나고 있었다."71) 서서평 역시 1933년 프레스비테리안 서베이(*The Presbyterian Survey*)에 "우리의 한국 내지 선교"라는 제목의 글에서 제주도 안에 일고 있던 공산주의 사상에 대해 깊은 우려를 나타냈다:

> 일찍이 일본에 가서 볼세비키즘의 해악스러운 독을 마신 젊은이들 사이에서 공산주의가 강력하게 성장하고 있다. 이들이 교회를 둘러싸고서 그 지도자들을 부추긴다. … 이들에 대하여 왜 걱정을 해야 하는가? 이들의 끔찍스러운 가난, 엄청난 무식, 정상적인 훈련을 받은 지도자의 부족, 엄청난 격리, 열광적인 공산주의적 지도자들의 공격적인 반대, 하나님을 알지 못하는 여인들 사이에서의 미신의 성행과 악령에 대한 두려움.72)

---

68) "CE 濟州聯合會 第 七會 定總," 기독교보, 1937년 7월 6일.
69) "濟州 翰林 CE 第 八會 定總," 기독교보, 1937년 7월 6일.
70) "濟州基靑定總," 기독교보, 1937년 11월 23일.
71) M. L. Swinehart, "Korea," *The Presbyterian Survey* (May 1932), 차종순, 성안교회 90년사, 241에서 재인용.

제주도 역시 공산주의와 사회주의 영향에서 면죄될 수 없는 곳이었다. 특별히 일본에서 교육받고 돌아온 이들에 의해 사회주의 사상은 더욱 확산되었다.

3. 제도적 틀을 견고하게 다지는 제주교회

1933년 5월 30일 하오 8시 30분부터 6월 1일 하오 5시 30분까지 한림교회당에서 목사 3명, 장로 11명이 참석한 가운데 제 4회 제주노회가 열렸다. 이날 최희준 목사가 "제주 성내교회 위임목사"로 인준을 받았고,[73] 임원선거에 들어가 노회장에 정태인, 부노회장에 이도종, 서기에 최희준, 부서기에 고영흥, 회계에 허성재, 부회계에 고영흥이 선정되었다. 노회에서는 제주노회 산하 면려부를 설치하기로 하고, 부장에 김재선, 서기에 고영흥, 부원에 최희준을 선출했다. 총회 총대로는 목사 이도종, 정태인, 장로 고영흥, 오공화가 선출되었다.

흥미로운 사실은 보통 총회 총대로 당대 노회장이 일 순위로 가는 것이 상례인데 이도종이 앞선 것이다. 이는 제도권에서 서열 순으로 권위를 찾는 일반적 관례에서는 이례적인 일이다. 영적권위를 존중하는 교회에서 연륜과 경력보다 그 일에 적임자인지 여부를 가지고 판단, 선정한 것으로 보인다.[74]

노회 기간 연합청년면려회는 각교회를 순회하면서 면려회 사업을 확장하기로 하고, 유급 총무 인선권을 면려회에 일임해 달라고 요청

---

72) Elisabeth Shepping, "Our Korean Home Mission," *The Presbyterian Survey* (December 1933): 745-747, 차종순, 성안교회 90년사, 207에서 재인용.
73) 종교교육부 총무 겸 순회전도사로 활동을 하다 성내교회에 부임했다. 1933년 4월 12일 기독신보는 다음과 같이 최희준 목사를 소개했다. "전남노회 종교교육부총무 겸순회전도목사로 많은 활동을 하던 崔희준목사는 금번 제주도 성내담임목사로 전임하게 되엇는바 崔씨는 고향인 황해도 재령 서부교회에서 六, 칠년간전도사로 렬심의 시무하다가 三년전에 전남노회로 전근하엿는바 고향에 연노하신부모님을 두고 간다고 한다." 기독신보, 1933년 4월 12일.
74) 그런데 어찌 된 일인지 해 노회에서 그동안 서귀포, 법환리 양 교회를 섬기던 이도종 목사가 사면되었다.

1934년 제주지방 제1회 교역자 수양회

했다. 노회 산하에 자치 기구가 조직되고 자체적으로 움직이기 시작한 것이다. 노회는 이 문제를 협의한 후 "노회 면려부와 연합 면려회와 협동하여 유급 총무를 목사 중에 청빙하여 어느 교회에 취임케 하고 각 면려회 지회를 총찰 진흥케 할 일"을 결정했다. 연합사업은 노회 조직 후 두드러지게 나타난 현상이다.

성경학교를 1934년 3월 초부터 1개월간 개최하고, 여름에 연합 면려 청년회, 종교교육부, 노회 면려부, 지방 도제직회 연합 사업으로 휴양회를 개최키로 결정했다. 노회는 연약한 노회의 경제 형편을 고려하여 제주노회를 지원하는 타마자, 서국태, 구례인 3명을 본 노회 회원으로 허락해달라고 총회에 청원키로 가결했다. 이들은 1932년 12월 제주 서문교회에서 열린 제주도 전교회를 대상으로 한 제직사경회 강사로 와서 큰 도전을 주어 제직사경회를 조직할 수 있도록 기회를 제공한 주인공들이었다.

제주노회가 이들 세 사람을 제주노회에 소속해 달라고 총회에 청원한 것은 잘한 일이다. 제주노회가 청원한 이들 세 명은 제주선교에 관심이 많았다. 이 중에서도 타마자는 특별했다. 그래서인지 이들 세 사람 중에서 타마자만 허락을 받은 것으로 보인다. 선교사들이 노회에 소속된 경우는 이들을 통해 선교회와 연락하고 선교회의 지원을 받아 내는 등 여러 가지 면에서 유익했다. 이를 제주노회가 잘 알고 있었다.

제주노회가 조직되고 3년이 지난 다음 제주노회는 제도적으로나 교회 조직 면에서나 노회 산하 연합기관의 결성과 정착 면에서나 조금씩 발전했다. 제주노회는 1933년 9월 8일에서 15일까지 선천교회당에서 회집된 제 22회 총회에 다음과 같이 보고했다:

十. 제주로회상황보고
一, 감사할것
1. 본 로회 十여 교회가 과거 一년간 평안히 지냇사오며 2. 재정은 곤란이라도 례배당을 수리하며, 금종을 사 달며 기도쳐소를 마련하엿사오며 3. 남미순회에서 타마자, 셔구래, 국례인, 三시로 본 로회 방조위원이 되게 하신 일이 오며 4. 교인의 신앙과 신령적 사업이 일층 전진하오며
二, 교회형편 1. 교회는 죠직교회 十一쳐, 미조직교회 七쳐, 긔도쳐소 四쳐 2. 교직은 목사 五인, 쟝로 十四인, 쟝립집사 四인, 서리집사등이 오며, 신학생 一인이 오며 3. 긔도는 은밀긔도, 특별긔도, 가정긔도, 련합긔도를 힘쓰오며 4. 성경은 개인, 가정성경읽는자, 성경통신과, 공부자, 사경회로서 공부하오며 5. 전도는 개인전도, 련합공중전도하난 대 개인전도방침을 하고 예수 행적책과 각종 전도긔를 들고 대선전하며, 특별히 광쥬서 셔평부인이 녀전도인을 파숑하야 동 지방에 一년간 전도한 일이 오며 면려청년회 전도부와 부인조력회 전도부의 활동으로 힘써 전도하며 련합전도부에서 동 지방으로 정순모 목사를 파숑하엿는대 동 지방 각 교회는 전도 목사와 협력할 전도인을 세워 전도하는 일이 오며 6. 연보는 쥬일연보, 특별연보, 정식연보, 一원비례로 실행하는 일이 오며
三, 교육형편 1. 쥬일학교, 하긔학교, 야학교, 유치원, 성경학교 사업을 힘쓰오며

四, 특별형편 1. 방조원, 서국태 목사 외 十三인 교역자로 조직된 전도대일행이 제쥬도에 널이여 부흥전도 일쥬일 간을 힘쓴 일이 오며 2. 본 로회 四개 단체의 련합 주최로 수양회를 개최한 일이 오며 3. 방조원, 서국태, 목사후원으로 지방도 제직회죠직을 하고 지방 제직 사경회를 개최한 일이 오며 4. 서귀포교회경비부담으로 지방남녀사경회를 진행한 일이 오며

五, 장래경영 1. 본 로회 방조원, 서국태, 타마자, 구례인, 三씨를 본 로회 회원이 되야 달나는 청원을 총회에 보낸 일이 오며 2. 면려청년회 제주련합회 활동으로 유급총무목사 一인을 세워 면려회 사업과 교회를 원죠케하랴 하오며 3. 각 시찰 구역에서 전도대를 죠직하야 순회전도하는 일이 오며 4. 방조원, 타마자, 목사의 허락으로 본 로회 재산을 속히 재단법인 수속코져 하오며 5. 서귀표, 고산, 한림三지방에 교역자를 청빙한 일이 오며 6. 남북 二구역에 쥬일학교 협의회를 두어 종교 교육사업을 진흥시키랴 하오며 7. 부인죠력 총회사업을 힘써 후원할 일이 오며 8. 교회 남녀 청년을 교육하야 그리스도의 일군을 양셩식힐 일이 오며

六, 치리는 헌법대로 실행하오며

七. 총게는 별지하여 하나이다.75)

위 보고를 통해 몇 가지 제주노회의 현황을 읽을 수 있다.

첫째, 제주에 11개의 조직교회, 7개의 미조직교회, 4개의 기도처 총 22개의 공동체가 존재했으며, 교직자는 목사 5명, 장로 14명, 장립집사 4명, 신학생 1명이었다.

둘째, 광주 서서평(徐舒平, Elizabeth Johnanna Shepping, 1880-1934) 여선교사가 여전도인 1명을 보내 제주 동 지방에서 1년간 사역했고, 면려청년회전도부와 부인조력회전도부가 연합으로 전도했으며, 전남노회와 순천노회의 련합전도부에서 동 지방에 정순모 전도

---

75) 제 22회 총회록 (1933), 123-125.

1935년 하기성경학교

목사를 파송했다. 서귀포, 고산, 한림, 세 교회가 교역자를 청빙했고 남북 2구역에 주일학교 협의회를 두어 종교교육사업을 추진하였다.

셋째, 주일학교, 하기학교, 야학교, 유치원, 성경학교를 운영하면서 기독교 교육에 힘쓴 일이다. 마지막으로 복음전파를 위해 여러 집회를 가진 일이다. 서국태 목사 외 13명으로 구성된 교역자 전도대가 제주도 전역에 흩어져 부흥전도를 1주일간 가졌고 본 노회 4개 단체가 연합수련회를 가졌으며, 방조원, 서국태 목사의 후원으로 지방제직사경회를 개최하였으며 서귀포교회의 경제 지원으로 제주지방남녀사경회를 개최하였다.[76]

제주노회는 다양한 방법을 동원하여 교회의 활성화를 추진했다. 확실히 1920년대의 침체된 모습과는 분명히 달랐다. 사경회를 개최하고, 면려회가 독자적으로 모임을 갖고, 개교회가 후원하는 연합사경회가 개최되었다는 것 자체가 이전에는 찾을 수 없는 모습이었다.

---

76) 제 22회 총회록 (1933), 124-125.

1934년 1월 29일 한림포교회에서 회집된 제 4회 제주노회는 수적인 면에서는 이전과 다를 것이 없었다. 하지만 이전에 찾을 수 없는 해결책을 찾으려는 진지한 모습들이 눈에 띄게 나타났다. 참석자들은 노회의 여러 현안들을 심도 있게 논의했다. 이날 노회에는 제주에서 사역하는 정태인, 최희준, 리도종, 정순모 목사, 강흥섭, 고영흥, 김계공, 김일석, 리덕연, 문명옥, 오공화, 오주병, 허성재 장로 등이 대거 참석했다.77) 이날 각 교회 당회의 보고, 장로 청원 문제, 노회 농촌부 설치 등 제반 안건들이 다루어졌으며, 농촌지역이 중요한 제주의 특성상 농촌부를 보강하기 위해 최희준, 고영흥, 리덕연, 김일석 등을 농촌부원으로 선정하였다.

중문리교회에서 이도종을 당회장으로 청원하였으나 이날 노회 인사부는 이미 당회장이 있다는 이유로 반려했다.78) 또한 "분열되었던 고산 지방은 련합하고 당회장 청원 건은 접수하야 임의부터 고산 교회 당회장 정태인 목사에게 위임"79)했고, "한림 지방에 리도종 목사로 당회장 청원 건은 본 지방에서 취소 청원 하옵기 래 정기로회 시까지 여전히 김재선 목사로 유안하는 것이 가"80)하다고 결정했다. 이도종 목사에게 어떤 이유에서인지 노회가 제재를 가한 것이다. 이날 노회에서는 게다가 "중문리 교회에서 리도종 목사로 당회장 청원 건은 임의 당회장이 있사옵기 반려"81)한다고 결정했다.

노회 다른 회원들과 이도종 사이에 불편한 관계가 감지되었지만 다행히 당해 노회에서 원만하게 해결되었다. 이날 노회에서는 "리도종 목사는 저간 권고 사임 중에 근신이더니 오늘부터 시무 회복됨"을 결정했고, "시무 회복령을 받은 리도종 목사는 회중에 감루를 흘려 답사했다."82) 이도종 목사와 노회와의 불편한 관계가 일단 봉합된 것이다.

---

77) 제주노회 제4회 제 1차 임시노회록, 1.
78) 제주노회 제4회 제 1차 임시노회록, 2.
79) 제주노회 제4회 제 1차 임시노회록, 2.
80) 제주노회 제4회 제 1차 임시노회록, 2.
81) 제주노회 제4회 제 1차 임시노회록, 2.
82) 제주노회 제4회 제 1차 임시노회록, 4.

성내교회 1939년 야외예배

농촌부장 최희준 목사는 리도종 목사를 전도목사로 "교섭하야 허락"을 받고, 2월 1일부터 시무를 시작하되 "전도 장소는 동중면 표선리 지방으로 지정"[83]하였다. 봉급은 년 300원으로 하고 총회 농촌부 보조금 년 120원과 제주노회 농촌부 지원 년 180원으로 충당하기로 했다.

1934년 4월 16일 오후 8시에 회집된 제주노회 제 4회 임시노회에서 정순모 목사가 한림지방 담임목사로 부임을 인준하고, "정순모 목사 전도하던 김령 지방은 본회가 련합 전도국에 교섭하야 계속 전도하는 것"[84]으로 결정했다. 이날 정태인, 정순모, 리도종, 최희준 목사가 참석했고, 리재순, 고영흥, 오공화, 문명옥, 오주병, 김일석 장로가 참석했다. 이날 "정태인 목사의 중문리 지방 당회장 사면 건은 지금 청빙하는 강문호 목사가 취임될 때까지 시무키로 가결"했다.

제주노회는 자주 모임을 가지며 현안을 신속히 논의하고 원만하게 처리했다. 크지 않은 노회에서 할 수 있는 장점을 제주노회가 살

---

83) 제주노회 제4회 제 1차 임시노회록, 4.
84) 제주노회 제4회 제 1차 임시노회록, 6.

성내교회 1939년 유치원 보육식

린 것이다. 자주 모임을 가지며 자신들의 문제를 논의하고 앞으로 방향도 모색할 수 있는 기회를 가진 것은 노회 차원만 아니라 개인들의 입장에서도 유익한 일이었다.

1934년 5월 1일부터 4일까지 한림교회에서 열린 제 5회 정기노회에는 정태인 정순모, 리도종, 최희준 등 4명의 목사와 김기평, 오주병, 김일석, 리덕연, 오공화, 김계공, 강홍섭, 최정숙, 문명옥, 정응표 등 10명의 장로가 참석했다. 특별히 서국태 선교사가 "방조(傍助)"로 참석했다. 이번 노회 기간 일본 주재 남장로교 선교사 "로-간 박사" 일행이 제주에 내방하여 요한복음 21장을 가지고 설교를 하고 서국태 선교사가 통역을 했다.[85] 로간 박사가 특별강사로 노회원들을 대상으로 집회를 인도한 것이다. 그날 저녁 로간 박사는 요한복음 5장을 가지고 "하나님의 아들 되신 예수"란 제목으로 강의했다.[86] 제주전역을 대상으로 10일간 열린 춘기 부흥사경회의 강사도 로간 박사였다.[87]

---
85) 제주노회 제 5회 회록, 4.
86) 제주노회 제 5회 회록, 5.

이날 노회는 노회 구역과 관련하여 다섯으로 분립하고 5인에게 맡기기로 결정했다. 표선과 성읍은 리도종, 세화, 조천, 김령, 삼양은 정태인, 읍내, 내도, 금성, 한림은 미정, 협재, 두모, 지사, 용수, 고산, 조수는 정순모, 모슬, 중문, 법환, 서귀, 추자는 최희준에게 맡기기로 했다.[88] 한 곳만 담당이 정해지지 않고 나머지 4곳이 정해졌다. 이와 같은 구도에 따라 제 5회 노회는 제주지역을 5분할하여 각 지역의 당회장을 임명했다.

제주노회의 제주지역 분할

구역 당회장	구역
정태인	고산 당회, 두모 당회, 지사 당회, 모슬 당회, 롱수교회, 조수교회
리도종	성읍 당회, 표선
정순모	한림당회, 금성당회, 협재당회, 세화교회, 조천당회, 김령
최희준	읍내 당회, 삼양당회, 내도교회, 추자교회
미정	중문 당회, 서귀포교회, 법환교회

출처: 제주노회 제 5회 회록

제 5회 정기노회에서는 몇 가지 중요한 결정과 변화가 찾아왔다.

첫째, 그동안 불리던 제주지역 선교구 명칭을 좀 더 현실적으로 조정하여 "동(東)시찰을 북(北)시찰 구역이라 개정하고, 지경은 협재로 성읍리까지"로 하고, "서(西)시찰을 남(南)시찰 구역이라 개정하고 지경은 두모로 서귀포까지"로 정했다.[89] 지금까지 동시찰과 서시찰로 불리던 이름을 북시찰과 남시찰로 명칭을 변경한 것이다.

둘째, 장로와 전도사 자격을 명시하여 장로는 27세 이상 성경학교 2년 이상 수업자, 국한문 통독하는 자로 "신자의 합당한 영업을 하는 자," "과분한 채무가 없는 자," "확실한 신앙의 가정을 가진 자"로 하되 "시취 기간은 6개월로 정"했다. 전도사의 자격은 25세 이상으로 중등학교 졸업자나 동등학력이 있는 자로 하되 기타 자격

---

87) 차종순, 성안교회 90년사, 208.
88) 제주노회 제 5회 회록, 5.
89) 제주노회 제 5회 회록, 10.

은 장로 자격에 준하기로 했다. 시취 과목은 성경, 정치, 신경, 학력, 신행이었다. "주초를 사용자로는 교직을 불허"하기로 결정했다.

셋째, 교역자의 신변에 변화가 찾아온 것이다. "로회의 위탁 받은 대로 법환리 교회에 대한 리도종 목사의 사면원은 형편에 의하야 그대로 받았고," 서귀, 법환, 중문, 3교회가 연합하여 강문호 목사를 청빙하기로 했다. 북시찰(前 동시찰)부장 최희준은 교역자가 없는 삼양, 조천, 세화, 성읍리 교회를 전도목사 정순모로 하여 섬기게 하였다.

넷째, 조수리 기도처를 교회로 승인한 일이다. 세례교인 6명, 학습교인 11명 등 30명이 회집되는 조수리교회는 기도처에서 교회로 승인했다.

제 5회 제주노회는 2월부터 표선리에 리도종 목사를 농촌부 전도목사로 파송케 하고 가족은 중문리에 두고 시무하도록 하였다.90) 당시 노회 상납액은 성내, 모슬포, 한림, 서귀포교회 순이었다. 제 5회 제주노회는 제주 전역의 균형 잡힌 성장과 발전을 위해 제주지역을 분할하여 전도집회를 열기로 했다. 이미 제주노회가 조직된 후 제주 안에서는 지역별로 사경회가 열리고 있었다. 1934년 4월 2일부터 8일까지 모슬포교회에서는 산북지방의 교인들을 대상으로 정순모, 최희준, 정태인 목사를 모시고 부흥사경회가 열렸다. 저녁집회는 정순모가 담당했고, 새벽기도회는 최희준이 담당했다. 4백여 명의 참석자들이 큰 은혜와 도전을 받았다.91)

1934년 8월 6일 읍내교회당에서 회집된 제 5회 임시노회에서는 "모슬포교회 목사 청빙 건"과 "희년 기념식 건," "제주 성경학원 규칙 통과의 건"을 당석에서 직결로 가결하여 결정했다. 모슬포교회서 청원한 전북 로회 내 윤식명(尹植明) 목사를 담임목사로 청빙한 건은 승인하고 청빙서는 정정하여 경유시켰다.92) 1914년부터 1921년까지 산남지역 선교를 맡아 충실하게 감당했던 윤식명을 제주교

---

90) 제주노회 제 5회 회록, 6.
91) 차종순, 성안교회 90년사, 208.
92) 제주노회 제 4회 임시노회록, 2.

성내교회 유치원 원족(1939년)

회가 다시 청빙한 것이다. 제주를 떠난 뒤에도 윤식명은 노회 전도부 위원장을 맡으며 제주선교에 지속적인 관심을 갖고 후원해왔다. 따라서 이미 제주에서 사역하면서 다년간의 경험을 통해 제주의 상황을 어느 누구보다 잘 알고 있는 그가 제주에 온다면 제주로서는 참으로 큰 힘이 될 것이 분명했다.

 1934년은 한국선교 50주년을 맞는 뜻깊은 해이다. 그해 평양숭실대학에서는 한국선교 50주년을 기념하는 희년대회가 성대하게 열렸다. 1884년 9월 20일 호러스 알렌이 입국하면서 시작된 한국선교가 50주년을 맞는 1934년 제주에서도 한국선교 50주년 희년 기념식을 "1934년 8월 7일 하오 2시 30분에 읍내교회당에서 거행"했다. 준비위원은 "정순모, 최희준, 리도종, 강문호, 최정숙" 등이 섬겼다. 1934년 8월 제주 출신 경기노회 강문호가 제주노회 노회원으로 정식 가입하였다. 당시 노회록에 나타난 제주에서 활동하고 있는 목회자들의 명단은 7명이었고, 그 중 다섯 명이 제주읍내, 서귀지방, 표선지방, 고산지방, 한림지방 등 각 지역을 담당하는 목사였고 2명은 무임목사였다. 명단은 다음과 같다:

김재선(金在善)	대판	무임
최흥종(崔興琮)	광주	무임
최희준(崔熙俊)	제주읍내	제주읍내
강문호(康文淏)	우면 법환리	서귀지방
이도종(李道宗)	동중면 표선리	표선지방
정태인(鄭泰仁)	구좌면 고산리	고산지방
정순모(鄭順模)	구우면 한림포	한림지방[93]

1934년 8월 현재 제주의 11개 당회가 있는 교회들과 여타 교회들의 형편을 알 수 있는 보고가 노회록에 실렸다. 1933년 5월부터 1934년 4월까지 1년 동안 제주노회는 읍내, 삼양, 조천, 성읍, 중문, 모슬, 고산, 지사, 두모, 한림, 금성 등 11개 조직교회와 최희준 지방, 정순모 지방, 김재선 지방, 정태안 지방으로 분류하여 사무 행정을 처리했다.

이 기간 동안 제주에는 조직교회 11개, 미조직 교회 8개 등 총 19개였다. 이중 시무 목사가 있는 교회는 성내교회, 모슬포교회, 한림교회였고, 나머지는 시무 목사가 없었다. 조직교회 11교회에 시무하는 장로는 총 14명으로 성내교회가 3명, 모슬포교회가 2명이고, 나머지 교회는 각 1명씩이다. 출석교인 수로는 모슬포교회가 200명으로 가장 많았고, 성내교회가 196명, 삼양교회가 120명이었다. 주일학교 학생 수를 기준으로 할 때 모슬포가 300명으로 가장 많았고, 성내교회가 222명, 삼양교회가 100명이었다. 주일학교 교사 수도 모슬포가 19명으로 가장 많았고, 그 뒤를 이어 성내교회가 16명이었다. 반면 청년면례회의 경우 성내가 40명으로 가장 많았고, 그 뒤를 이어 모슬포와 한림이 각각 30명이었고, 삼양이 25명이었다.

---

[93] 제주노회 제 5회 임시회록, 5.

제주기독교 교세

1934년 4월

	읍내	삼양	조천	성읍	중문	모슬포	고산	지사	두모	한림	금성	최희준지방	정순모지방	지재선지방	정태인지방	합계	1933 합계
교회 수	1	1	1	1	1	1	1	1	1	1	1	2	1	1	4	19	
등록 교인	234	119	14	13	43	257	40	28	53	92	26	109	57	15	104	1204	1266
주일출석 평균	196	120	29	30	60	200	40	30	60	35	25	30	33	30	139	1067	993
주일학교 학생총수	222	100		75	65	300	40	25	35	78	15	60	40	20	182	1237	1294

1935년 4월

	읍내	삼양	조천	성읍	중문	모슬포	고산	지사	두모	한림	금성	최희준지방	정태인지방	강문호지방	정순모지방	리도종지방	작년합계
교회 수	1	1	1	1	1	1	1	1	1	1	1	2	2	2	3		20
등록 교인	229	172	23	43	29	267	95	51	78	89	30	98	63	87	63	49	1566
주일출석 평균	188	130	20	40	40	240	80	35	75	93	30	40	60	140	64	60	1335
주일학교 학생총수	224	175	15	55	40	300	100	35	65	33	30	69	60	140	47	75	1606

자료: 제 6회 제주노회록, 11-14.

　야학과 하기성경학교를 개설한 교회는 성내교회와 모슬포교회 2교회였다. 이들 학교에 재학하는 학생 수는 야학의 경우 학생은 성내가 45명, 모슬포가 50명이었고, 하기성경학교는 성내가 55명이었고, 모슬포가 50명이었다. 제주에서는 유일하게 성내교회가 유치원을 개설하였으며, 유치원에는 34명의 원생들이 재학하고 있었다.94)

교회 재정은 성내교회가 모슬포교회보다 압도적으로 많았다. 교역자의 사례도 성내교회는 모슬포교회의 2배가 넘었으며, 삼양교회와 중문교회를 제외하고 여타 교회들의 목회자 사례비는 너무도 빈약했다. 예를 들어 성내교회가 1년 목회자 사례비가 600원인 데 비해 조천교회의 경우 15원에 불과했다. 이로 볼 때 제주에는 교회간의 재정 규모 격차가 아주 심했고, 또한 읍내에 있는 교회와 시골에 있는 교회 사이에도 현격한 재정적, 수적 차이가 나타남을 알 수 있다. 이런 격차는 노회 분립 후 개 교회 교세가 증가하면서 나타난 현상이라는 점에서 노회 분립은 제주기독교에 새로운 시대를 열어주었다.

제주노회가 분립된 후 1930년대 중반에 접어들어 확실히 이전에 비해 제주지역 교회들이 활기를 되찾았다. 1908년 이기풍이 부임하고, 1915년 이임할 때까지 나타났던 열기가 다시 그들 가운데 찾아왔다. 교인들은 새 힘을 얻고 신앙생활에 더욱 전진하기 시작했다. 제주노회장 정순모는 지난 1년을 돌아보면서 1934년 제 23회 총회에 "본 로회 각교회가 하나님의 보호 중 일 년간 평안히 지내엿"음과 "일반교회는 전진 중 새로 밋난 자 만"코 "긔도회처소가 수처요 신설교회가 일처"95)라고 보고했다. 그는 제주교회가 한 마디로 "질과 양으로 진흥하는 중"96)이라고 집약했다.

이 기간 제주노회 안에 있었던 특별한 감사 조건 가운데 무엇보다 "서국태 선교사가 후원하여 교역자 하긔수양회를 강사 리성휘 박사를 청하여 회원 六十여인이 회집하여 五일간" 가지며 참석자들

---

94) 제 24회 총회록 (1935), 153. 제 24회 총회의 보고에 따르면 성내교회 중앙유치원의 원장은 최희준이었고, 교직원은 1명이었으며 학생은 남자 15명, 여자 20명이었고 졸업생 수는 남자 47명, 여자 50명이었다. 1936년에 남자 7명, 여자 5명 합 12명을 배출했다. 1924년 관인 유치원으로 개원한 후 재정적인 압박을 받으면서 졸업생을 많이 배출하지는 못했다. 차종순, 성안교회 90년사, 214.
95) 제 23회 총회록 (1934), 140.
96) 제 23회 총회록 (1934), 140.

이 "만혼 은혜를 받은 일"97)이었다.

    1935년 5월에 모인 제 6회 제주노회에는 정순모, 최희준, 정태인, 리도종, 강문호 등 다섯 명의 목회자들이 참석했고, 고영흥, 문명옥, 리덕련, 김계공, 김기평, 허성재, 오공화, 오주병 등, 8명의 장로가 참석했다. 제주노회는 노회가 틀을 다져감에 따라 조직교회로서 갖추어야 할 장로의 피택 조건을 명문화했다. 당회조직은 "세례인 20명 이상"으로 하고 "장로 선택 허락을 받은 당회는 투표 선택하고 6개월 이상 학습 후에 시취부 시취를 경유하야 로회의 허락으로 시찰부와 협의 장립"98)하며, "장로 선택 청원은 정기 로회에서만 수리"하기로 했다. 이와 함께 장로자격을 "5년 이상 무흠 세례인," "27세 이상 남자," "성경학 2년 이상 수업한 자," "신자의 합당한 영업하는 자," "과분한 채무 없는 자," "확실한 신앙의 가정을 가진 자," 그리고 "국한문 성경을 통독하는 자"99)로 했다.

    1934년 4월부터 1935년 5월까지 지난 한 해 동안 제주에서는 활발한 전도활동이 있었다. 제주도 "도내를 5개 구역으로 분하야 성내 구역에 강문호 목사, 서귀포 구역에 최희준 목사, 고산 구역에 정순모 목사, 세화 구역에 정태인 목사, 표선리 구역에 리도종 목사로 각각 희년 기념사업으로 대 전도를 실행하였다."100) 과거에 볼 수 없는 새로운 움직임이다. 전도 앞에 "대"(大)를 붙여 이전에 했던 전도운동과 차별화된 큰 규모의 전도집회였음을 말해준다. 동 회기 동안 정태인 목사가 모슬포교회 당회장 사면을 청원했고, 노회는 이를 허락했다. 그가 사임한 것은 "고산 지방 5개 교회에서 정태인 목사를 담임목사로 청빙"했기 때문이다. 노회는 이를 허락했다. 그러나 "김재선 목사의 사직원은 받아서 보류하고 회장 서기로 권위 편지"하기로 결정했다. 이 회무 기간 모슬포 당회장은 강문호 목사로 정했다.

---

97) 제 23회 총회록 (1934), 141.
98) 제주노회 제 6회 회록, 6.
99) 제주노회 제 6회 회록, 6.
100) 제주노회 제 6회 회록, 6.

4. 눈에 띄는 영적 질적 변화와 교회성장

1935년에 접어들어 제주노회는 이전에 비해 활기가 넘쳤다. 시무목사가 3명에서 5명으로 늘어났고, 목사 있는 당회가 3개 교회에서 8개 교회로 증가했으며, 제주노회 산하 교회들의 전체 교인 수도 1934년 1,266명에서 1935년에는 1,566명으로 증가했다. 출석교인도 993명에서 1,335명으로 급증했다. 주일학교 학생 수도 1,294명에서 1,606명으로 증가해 주일학교부터 장년부까지 전반적으로 교세가 증가했음을 보여준다. 재정면에서도 마찬가지다.

지난 한 해 동안 제주교회들이 거의 모든 지표에서 전년에 비해 상당히 증가했다. 이 같은 증가는 당시 제주의 형편에서는 참으로 대단하고 놀라운 것이었다. 과거 1920년대 제주지역 교회들이 영적 침체와 극심한 정체 현상에 빠졌던 모습과는 사뭇 대조적이다. 돌이켜 볼 때 1920년대 제주교회들이 힘들어했던 진짜 이유는 단순히 재정적인 문제가 아니라 영적인 공급을 받지 못한 데 있었다. 그것은 침체로 치닫던 1920년대라고 할지라도 제주지역을 순회하면서 전도목사가 영적인 것을 제대로 공급했을 때 교회들이 역동적으로 움직였던 것에서도 알 수 있다. 선교 초와 1910년대의 영적 활기를 1930년대에 다시 회복한 것이다. 1935년 제 24회 총회 때 제주노회는 총회에 다음과 같이 보고했다:

조선예수교장로회총회 제 二十三 회의록(1934)
5. 제주 로회상황보고
一, 감사할 것
1. 본 로회 각 교회가 하나님의 보호 중 일 년간 평안히 지내엿사오며
2. 일반교회는 전진 중 새로 밋난자 만사오며

3. 긔도회 처소가 수처요 신설교회가 一처이오며

二, 교회형편
1. 질과 양으로 진흥하는 중 현재 담임목사를 청빙하여 위임식을 거행한 교회와 담임목사를 청빙 수속을 하는 교회도 잇사오며 신설교회에 三백여원으로 례배당을 장만한 곳도 잇고 례배당과 목사주택을 二천여원으로 증축하려고 설계하는 곳도 잇사오며
2. 긔도난 개인, 연합, 특별, 공중으로 하오며
3. 성경공부, 성경학교, 주일학교, 수양회 등으로 하고 혹 통신과 개인연구도 하오며
4. 전도 지방제직회주최로 전도대를 조직하여 추긔대 전도와 연합전도부파송한 전도사 一인으로 무 교회처에 전도와 본 로회 전도부와 총회농촌부와 연합하여 전도사 一인을 파송하여 농촌전도와 개인전도로 하오며
5. 연보 주일연보, 교역자연보, 전도연보와 그 타 총회 지정대로하오며

三, 교육형편 유치원과 야학과 하긔학교로 하오며
四, 특별사건 본 로회 방조위원 서국태선교사가 후원하여 교역자 하긔 수양회를 제一회로 개최하고 강사 리성휘 박사를 청하여 회원 六十여인이 회집하여 五일간만혼 은혜를 받은 일이오며
五, 치리 장로회 헌법에 의하여 진행하오며
六, 장래경영 전도사업과 종교교육사업과 면려 청년회사업을 일층 확장키로 하오며
七, 총계는 별지와 갓슴니다.101)

제주기독교는 이제 새로운 시대로 접어들었다. 질적, 양적으로 성장하면서 꿈틀대기 시작한 것이다. 1936년 8월 21일 한림 예배당에서 모인 제 7회 임시노회 때 강문호, 정순모, 정태인, 리근호, 리도종 목사가 참석했고, 김재원, 리덕연, 오주병, 문명옥 장로가 참석했다. 정순모 목사는 한림지방 시무를 사임하고, 성내교회 위임목사로 청빙을

---

101) 제 24회 총회록 (1935), 111-112.

성내교회 1939년 아동성경학교

받았다. 삼양교회는 정태인 목사를 청빙했으나, 정태인 목사가 청빙에 응하지 않자 노회에서 "전권위원을 리근호, 정순모, 리도종 3씨로 선정"하여 문제를 처리하기로 결정한 것이다. 참으로 이례적인 결정이었다. 그 이면에 어떤 일이 있었는지 모르지만 단순히 개교회의 청빙에 응하지 않는다고 노회가 전권위원회를 결성하여 강압적으로 문제를 해결하려고 한 것 자체가 좀체 보기 드문 현상이다.

1936년 제 25회 총회 때 제주노회의 보고는 이전에 비해 활기가 더욱 넘쳤다. 노회 내 20여 교회가 평안하며, 이근호 목사가 모슬포교회에 부임했고, 성내교회에서 성경학교 기숙사 건축을 위해 부지 50평과 300원을 헌금했다. 교인도 "작년보다 증가"했고 성경공부와 전도를 비롯하여 "모든 일이 차차 진보"했다. 유치원 1개소를 유지하고 있으며, 동지방 목사 이도종 목사를 계속 시무하게 하고 전남노회 선교사 "타마자 목사와 부인조력회제주연합에서 협력하야 강게생 녀사를 제주 순회전도인으로" 세웠다. 김영지방 전남순천연합전도국과 면려회제주연합회에서 임씨를 임시 전도인으로 세워 제주전도를 감

서귀포교회에서 있었던 산상예배

당하게 했다. 제주지역의 인재 양성을 위해 성경학교 기숙사를 건축하기로 한 것이다.102) 폭풍으로 중문리 예배당이 반파되는 일이 있기는 했지만 총회의 보고는 거의 다 고무적인 일들이었다. 1936년 제주노회의 보고는 이전과 달리 "다소 증가"라는 말 대신 "증가"였다. "모든 일이 차차 진보"했다는 표현이 제주노회의 지난 한 해동안의 발전을 그대로 함축하고 있다.

1930년 제주노회가 조직되고부터 6년 후인 1936년 교세는 1,500명을 넘어섰다. 곽안련(Charles Allen Clark)은 이렇게 집약했다:

> 1930년에 전체 1,078명의 교세를 가진 17개 교회에서 사역하는 6명의 자립목회자들, 2명의 전도사들이 제주에서 독립된 제주노회를 조직했다. 그로부터 6년 후인 오늘날[1936] 그곳에는 7명의 목회자와 4명의 안수 받지 않은 목회자들, 그곳의 작은 지역까지를 상당히 커버하는 20개 교회, 1,534명의 신자들이 있다.103)

---

102) 제 25회 총회록 (1936), 164.
103) Charles Allen Clark, *The Nevius Plan for Mission Work* (Seoul: Christian Literature Society, 1937), 242.

1930년 제주노회가 분립된 후 서서히 일기 시작한 양적, 질적변화가 1936년에 접어들어 뚜렷하게 감지되기 시작했다. 불과 4명의 목사지만 호흡을 맞추어 제주노회를 이끌어 가면서 만들어 낸 작품이었다.

하지만 바로 그 때 적신호가 찾아들었다. 함께 뜻을 같이하고 지속적으로 제주교회의 변화를 선도해야 할 목회자들이 타 지역으로 이동하기 시작한 것이다. 1936년 10월 19일 한림예배당에서 정태인, 정순모, 리근호, 리도종이 참석한 가운데 회집된 제 7회 임시노회에서는 전남노회로 이명을 청구한 강문호 목사의 이명 청원을 다루어야 했다. 노회는 이를 허락하기로 결정했다.[104]

그로부터 약 4개월 후 1937년 2월 8일 한림교회에서 열린 제 7회 임시노회 4차 회의에서는 그동안 함께하던 정태인 목사도 고산지방 시무를 사면하고 노회에 이명을 청구했다. 그동안 제주를 위해 사역하던 정태인, 정순모, 리근호, 리도종, 강문호 5명 가운데 강문호와 정태인 2명이 4개월 사이에 제주를 떠났다. 이제 제주에는 리도종, 정순모, 리근호 목사만 남았다.[105] 1938년 4월 신사참배를 제주노회가 결정하던 그 때까지 이들 세 사람이 제주노회를 이끌어가야 했다. 그래도 다행한 것은 전남노회 박창욱 목사가 한림, 협재, 금성, 세 교회에 부임하면서 제주노회에 합류한 일이다. 하지만 그 역시 1938년 11월 제주를 떠남으로 그가 실제로 제주에 머문 기간은 너무도 짧았다.[106]

이런 가운데 정순모 목사마저 당회장 사면을 제주노회에 청원했다. 제주노회는 이를 수락할 수 없었다. 1937년 7월 13일 한림교회

---

[104] 그러나 이동 수속을 법대로 처리하지 못한 잘못을 들어 "강문호 목사에게 경고문"을 보내기로 가결했다. 여기서 "서귀포, 법환리, 중문리 3지방 당회권은 리도종 목사에게 맡기기로 결정하다." 제주노회 제 7회 임시회록(2), 2.

[105] 리도종 목사도 변동이 있었다. 그러나 제주 출신 이도종은 고산지방의 청빙을 받고 고산교회 위임목사로 부임했다.

[106] 제주노회 제 9회 림시회록(2), 3. 1938년 11월 17일 제 9회 임시노회에서 그는 사면신청을 했고, 노회가 수락했다.

에서 정순모, 리도종, 리근호, 박창욱 등 목사 4명, 오주병, 최정숙, 리덕련, 문명옥, 김계공, 김기평, 장양선, 허성재, 오공화 등 장로 9명, 합 13인이 참석한 가운데 열린 제주노회 제8회에서는 정순모 목사의 추자도, 세화, 금령, 조천, 삼양, 5처 당회장 사면 청원을 유안시켰다.107)

이런 상황에 제 8회 제주노회는 그동안 4년이나 보류해 오던 김재선 목사 면직을 결정하고 노회장이 "김재선 씨의 면직됨을 선언"108)했다. 이제 제주에서 사역하는 목회자는 성내교회를 담당하는 정순모(鄭順模), 한림지방을 담당하는 박창욱(朴昶旭), 고산지방을 담당하는 이도종(李道宗), 그리고 모슬포를 담당하는 이근호(李根浩) 등 4명이다.

목회자의 부족, 목회자의 잦은 이동에도 불구하고 제주교회는 꾸준하게 성장을 지속했다. 목회자 수가 적기는 하지만 과거, 노회가 분립되기 전보다는 상주하는 목회자들이 꾸준하게 유지되고 있고, 장로들이 노회에 참석해 노회와 개교회의 현안 문제들을 숙의할 수 있다는 것 자체가 과거와 다른 점이었다. 1936년 5월부터 1937년 4월까지의 통계는 2년 전보다 더 증가했다.

모슬포교회는 267명에서 385명으로 증가했고, 한림교회는 89명에서 174명으로 증가했고, 고산교회는 95명에서 122명으로 증가했다. 성내교회가 229명에서 192명으로 감소하는 등 몇 교회는 오히려 줄어들었지만, 전반적으로 제주지역은 교세가 증가했다. 가장 뚜렷한 성장을 이룩한 교회는 모슬포교회였다. 과거 수적으로는 성내교회보다 앞서면서도 재정면에서는 뒤졌었는데, 1937년에 접어들어서는 수적으로나 재정적인 면에서 성내교회를 앞질렀다. 제주노회 조직 후 제주지역에 전반적으로 일어난 변화였다.

---

107) 제주노회 제 8회 회록, 6.
108) 제주노회 제 8회 회록, 12.

제주기독교 교세(1936. 5. - 1937. 4.)

	성내	삼양	성읍	중문	모슬	고산	지사	두모	한림	금성	정순모지방	박창욱지방	리도종지방	합계
등록교인	192	150	32	46	385	122	55	93	174	31	139		202	
주일학교 학생	216	250	17	35	359	205	51	115	168	25	167		197	

1937년 제 26회 총회에 제주노회장 이도종이 제주노회의 형편을 설명하면서 "교세는 점점 진전"되었다고 보고한 것도 그 때문이다:

二, 교회형편
1. 교세는 점점 전진되어 모슬포 교회에서 대정읍으로 一지교회가 분립되었사오며
2. 기도, 가정, 개인, 은밀, 특별 기도로 하오며
3. 전도, 동쪽 지방에 주력하여 과거 三四년간 전도목사를 파송한 결과로 신풍리와 남원리에 二교회가 신설되었사오며 금춘에 제주부인 전도회의 사업으로 전도부인을 파송하여 三四개월간 열심 전도한 결과 성산포에 교회가 신설이 되고 지금은 본 노회와 부인 전도회가 연합적으로 전도사 一인을 파송하였사오며
4. 성경공부는 주일학교와 성경학으로 하오며
5. 연보는 주일헌금과 추수연보와 특별연보로 하오며
6. 치리, 조선예수교장노회 헌법대로 하오며"교회 형편 1, 교세는 점점 전진되어 …. 헌법대로 하오며 … 109)

이제는 제주노회가 노회 관할 지역 내 전도인을 파송할 수 있을 만큼 힘을 갖추었다. 그 결과 남원리에 전도인을 파송하고 성산포에 전도사 1명을 파송하는 일을 제주노회가 지난 한 해 동안 실시한

---

109) 제 26회 총회록 (1937), 150.

것이다. 성내교회에서 하는 유치원과 성경학원의 활성화는 제주교회들에 교회에 대한 대 사회적 책임의 이미지를 심어주고 말씀 연구를 통해 지속적으로 영적전투에서 승리할 수 있도록 영적활력을 지속시켜주었다.

따라서 성경학원의 독립과 안정은 제주선교의 미래를 위해 가장 필요한 사업이었다. 제주노회는 "남녀교역자 배양"이야말로 제주노회의 가장 긴요한 사업이라고 여겼다.110) 1936년 10월 19일 제주임시노회에서 정순모, 이도종을 성경학교 건축위원 모금 위원으로 선정하고 모금에 나섰다. 이들은 황해도, 함경남북도, 평안도 전역의 교회를 돌며 모금했다. 기독교보와 기독신보에 이들의 순회모금 계획에 대한 기사가 실렸다. 1937년 1월 19일 기독교보에 실린 광고 형식의 호소문은 다음과 같다:

> 하나님의 은혜와 보호로 교제들이 한 달 동안 경성과 황해도의 각처 교회로 다니면서 여러 형제자매의 도와주신 덕택으로 몸도 평안하고 소기의 성경학원 건축연보도 뜻대로 잘 되었으므로 우선 우리 두 사람은 제주노회를 대표하여 감사함을 마지아니하는 바이며 연하여 아직 다니지 못한 북선, 서선, 영남 방면에는 음력 정초를 지나서 착착 방문하려 하오니 모쪼록 잘 후원하여 주시기를 바라나이다.111)

1937년 3월 17일자 기독신보 역시 정순모와 이도종의 모금활동을 소개하면서 이들의 이름을 빌려 제주성경학원 모금에 동참해줄 것을 다음과 같이 호소하였다:

> 제주도 성경학원 근축위원, 정순모(鄭順模), 이도종(李道宗) 양목사는 조선장로회 각 교회를 순회하야 청연하기로 하였다 함은 루

---

110) 제 26회 총회록 (1937), 150. 또한 제 28회 총회록 (1939), 126을 보라.
111) 기독교보, 1937년 1월 19일.

보한 바 어니와 양씨는 황해도를 순회하여 좋은 성적을 얻고 지금 함경남북도를 거쳐 평안남북도까지 청연의 길을 떠나리라는 데 각 교회는 많이 후원하여 주기를 바란다고 한다.112)

이 기간 정순모와 이도종이 한국교회로부터 모금한 헌금은 제주성경학원 건물 건립의 초석이 되었다.113) 제주노회에서 꾸준하게 시행하고 있는 "성경학원"은 1937년에 이르러 상당히 정착했다. 1937년 2월 17일부터 3월 17일까지 열린 성경학원에는 52인이 참석했다. 타마자, 박영로, 박창욱, 리근호가 강사로 참여했다. 원장 타마자는 흔들리지 않고, 제주노회 특별히 성경학원을 지원했다.114) 뿐만 아니라 선교사 타마자는 "성산포와 애월에 전도인을 보내어 전도"115)했다.

이제 체계적이고 안정적인 운영을 위해 성경학원은 독립된 장소에서 독립된 건물을 갖추어야 한다는 의견들이 일기 시작했다. 이런 차제에 제주읍 성내(서문통)교회가 성경학원을 위해 부지와 건축비 3백원을 성경학원 기성회에 기부한 것이다. 1937년 11월 30일 리도종, 정순모, 리근호 목사가 참석한 가운데 서문통교회에서 회집된 제 8회 임시회에서는 다음과 같은 중요한 결정을 하였다:

> 성경학 연보 수집 건은 공사를 착수하야 건축하여 가면서 수집하되 위원을 파송치 말고, 문서 운동으로 하기로 가결하다. 학원 위치는 본회 제6회 결의대로 성내로 하기로 하고 건물 기지는 성내 교회에서 2백 평을 성경학 기성회에 기부키로 한 바, 례배당 북편에 집단지로 2백 평을 분할하여 주기로 하니, 성내교회 목사 주택은 성경학 기지 안에 있게 되고 성경학 기숙사는 례배당 기지 안에 교환하야 건축하게 되다.116)

---

112) 기독신보, 1937년 3월 17일.
113) 제주 1호 목사 이도종의 생애와 순교 (제주: 이도종기념사업회, 2001), 72-74.
114) 제주노회 제 8회 회록, 7.
115) 제주노회 제 8회 회록, 10.
116) 제주노회 제 8회 림시회록, 1.

어렵게 성경학원은 건축이 완료되었지만 400원의 건축비가 부족했다. 이 문제를 상의한 노회는 건축비 부족액을 노회가 책임지기로 했다. "성경학 건축비 부족액 400원은 로회가 책임지기로 하고 당분간 리기방, 오공화 양씨로 연대하고, 김재원, 오주병 양씨가 채무자가 되어 차용키로 가결하다."117) 건축을 완료했지만 발생한 빚을 갚아야 했다. 빚을 갚기 위해 노회는 노회 산하 각 교회에 성경학 연보를 결의하고 요청하기에 이르렀다.

매년 1개월씩 열리는 성경학은 1938년 2월 3일부터 3월 3일까지 제주 성내예배당에서 열렸다. 리근호, 리도종, 정순모, 량동혁이 강사로 섬겼으며, 1학년 44명, 3학년 7명, 4학년 9명이 수업을 받았다. 이기방, 조남수, 고차숙, 좌환겸, 김태화, 윤재상, 이태주, 문태길, 강성립 등 60여 명의 학생들은 성경학에서 수업을 받으면서 거룩한 꿈을 꾸었다.118) 성경학 원우회는 성경학원의 활성화를 위해 성경학원 개강기간을 음력 1월에 하던 것을 양력으로 바꾸어 달라고 노회에 청원했다. 노회는 이를 허락했다.

1937년 5월부터 1938년 4월까지 제주노회는 가장 견실한 성장을 이룩할 수 있었다. 제주지역에 당회가 조직된 성내교회, 삼양교회, 한림교회, 두모교회, 룡수교회, 고산교회, 모슬포교회, 중문교회, 금성교회은 물론 정순모 지방, 박창욱 지방, 리도종 지방, 리근호 지방 모두 꾸준한 성장을 이룩했다. 이 중에 가장 큰 교세를 가진 교회는 모슬포교회였다. 모슬포교회는 장년 주일 평균 360명이 출석했고, 주일학생 수도 장년과 같이 360명이었다. 그 다음이 성내교회와 고산교회였다. 성내교회는 매주일 평균 200명이 회집하고, 주일학생이 360명이었으며, 고산교회는 장년과 주일학생 평균 출석이 각 200명이었다. 그 다음으로는 한림교회, 삼양교회, 두모교회, 룡수교회, 중문교회, 금성교회 순이었다. 한림교회는 165명의 장년 출석에 290명

---

117) 제주노회 제 9회 임시회록, 4.
118) 기독교보, 1938년 4월 12일.

제주기독교 교세(1937년 5월 - 1938년 4월)

		성내	삼양	한림	두모	룡수	고산	모슬	중문	금성	정순모지방	박창욱지방	리도종지방	리근호지방	합계
一.	직원 총수	17	6	14	9	7	11	14	3	6	18	7	24	4	140
1	목사수	1		1			1	1							4
2	장로수	3	2	1	1	1	1	2	1	1			1		13
3	장립집사			2				2		2					6
4	서리집사(남)	7	3	5	4	3	6	6	2	2	9	5	13	2	67
	(여)	5		4	3	2	3	4			1	4	1	8	35
5	전도사(남)										2		1		3
6	전도인(여)	1		1								1		1	4
7	영수		1			1	1				3		2		8
二.	교인총수	190	124	162	105	100	169	452	34	21	746	66	241	70	1910
15	금년 학습인 수	18	3	34	5	5	14	13	2	3	23	16	21	11	175
18	주일 평균 회집 수	200	100	165	95	85	200	360	30	26	144	100	260	71	1836
19	주일학교 총 수	1	1	1	1	1	1	1		1	5	1	6	2	22
20	주일학생 총 수	360	210	290	105	95	200	360	60	13	161	120	262	157	2363
21	주일학교 교사 수	17	9	18	8	8	14	19	1	2	12	8	16	7	139
22	면려회 수	1	1	1			1	1	1		2	1	3		12

의 주일학생이 출석했고, 삼양교회는 장년 100명에 주일학교 210명 이었다. 두모교회는 장년 95명에 주일학생 105명이었고, 룡수교회는

장년 85명에다 주일학생 95명, 중문교회는 장년 30명, 주일학생 60명, 금성교회는 장년 26명, 주일학생 13명이었다. 정순모 지방, 박창욱 지방, 리도종 지방, 리근호 지방의 경우 장년주일 출석이 각 144, 100, 260, 71명이었고, 주일학생수는 161, 120, 262, 157명 이었다.

제주지방 전체 매주일 평균 장년 출석이 1,836명이었다. 이는 1930년 제주노회가 분립될 당시에 비해 배가 증가한 것이다. 1938년 제주노회 교세를 통해 몇 가지를 관찰할 수 있다.

첫째, 등록교인과 출석교인이 큰 차이가 없다는 사실이다. 당회가 조직된 교회 중 모슬포교회와 삼양교회를 제외하고는 대부분의 교회들이 오히려 등록교인수보다 출석교인이 더 많았다. 그러나 예외적인 경우도 있다. 정순모 목사가 맡은 지역의 경우는 등록교인이 746명인데 반해 출석은 144명으로 너무 저조했다. 등록교인이 1,910명인데 평균 출석이 1,836명인 것은 교회가 건실하다는 증거이다.

둘째, 주일학교 출석이 장년 주일 출석보다 평균 500여 명 정도가 많았다. 이것은 당시 주일학교 학생들의 출석이 장년 출석에 비해 상대적으로 많았다는 사실을 보여준다. 교회학교에서 주일학교의 중요성을 여기서도 재확인할 수 있다. 당시 여타 다른 지역에서도 장년교회 출석보다 주일학교 학생들이 더 많았다.

셋째, 권징이 엄격하게 시행되고 있었다는 사실이다. 금년에 제명한 교인이 51명이었고, 책벌한 교인이 23명이었다. 반면 해벌한 사람은 3명에 불과했다. 당시 한국교회 안에 엄격히 시행되던 권징을 제주노회에서도 집행한 것을 보여준다. 제주노회가 엄격한 권징을 실시하는데도 불구하고 이렇게 꾸준하게 교세가 증가하고 있다는 사실은 교회가 건강하게 성장하고 있다는 것을 증거해 준다.

넷째, 상대적으로 교역자가 부족했다는 사실이다. 제주노회에는 네 명의 교역자가 전체 교회를 감당했으며, 장로도 13명에 불과했다. 적은 목회자가 감당하는 가운데서도 교세가 꾸준하게 증가하고 있다는 사실이 이전과 차이가 있는 부분이다. 제주교회에 대한 노회의 책임이 크게 작용한 것으로 보이며, 노회의 교회 감독이 건강한 성장을 도모한 것이다.

맺는 말

확실히 1930년부터 1938년까지 제주노회는 성장을 구가하는 기간이었다. 제주교회가 선교 이래 가장 탄력을 받으며 성장의 틀을 다지는 역사가 이 기간에 나타났다. 복음의 불모지 제주에 복음이 확산되고 생명력 있는 교회들이 생겨난 것은 참으로 놀라운 일이다. 꾸준하게 교회가 성장하고, 복음전파의 열정이 꾸준하게 증가했으며, 세례교인과 학습교인이 꾸준하게 늘어났다. 하지만 1938년 신사참배를 노회가 결정하면서 형극의 길로 접어들었다. 그 후 신사참배 강요, 태평양전쟁 기지로의 수탈, 그로 인한 교회의 극심한 피해와 교세의 침체는 또 다시 제주를 어두운 터널로 몰아넣었다.

제 10 장
제주노회의 신사참배 결정과 교회의 변화(1938-1945)

> 종래 신사 참배는 허배 우상으로 인식하고 굳게 항의하여 오던 바 금번 시대에 처하야 당국으로서 신사 참배는 종교가 아니오 국민의 의무라고 루루히 훈시함에도 불구하고 일부러 우리가 종교를 만들어서 스스로 고민을 당할 필요가 없이 국법에 순종하자는 문제가 결의된 후에 경찰서 고등계 주임이 승석하야 신사 참배는 국민의 의무요 종교 의식이 아니라는 설명을 직접 듣고 회원 일동은 의문을 일소하다.
>
> <1938년 제 9회 제주노회회록>, 3.

제주노회가 양적, 질적 성장의 균형을 이루며 절정을 달하던 1938년 장로교 총회 안에는 신사참배 문제가 최대의 현안으로 떠올랐다. 일제가 1935년부터 신사참배를 강요하기 시작한 후 1936년 천주교가 이를 수용하고 1937년 감리교도 신사가 종교적인 예식이 아니라 국가에 대한 예의라는 총독부의 지시를 그대로 받아들였다. 한국장로교 역시 이를 수용하느냐 말아야 하느냐는 귀로에 섰다. 자연히 신사참배 문제는 1938년 한국장로교 총회의 최대 현안으로 떠올랐다. 해외선교회와 한국교회, 장로교와 타교단, 장로교총회와 해외장로교 선교회 사이에 미묘한 신경전이 벌어졌다.

천주교와 감리교가 총독부의 신사참배 강요 앞에 무릎을 꿇은 상황에서 총독부는 장로교 총회로 하여금 신사참배를 가결하도록 압력을 가하기 시작했다. 그들이 바라는 일정은 1938년 9월 제 27차 총회였다. 이를 위해 일제는 전국의 노회로 하여금 신사참배를 가결하도록 압력을 가했다. 제주기독교 역시 "이와 같은 신사참배의 강요에서 예외일 수는 없었다. 제주시를 비롯하여 서귀포, 한림, 모슬포, 성산포, 기타 읍면 소재지마다 신사를 세워놓고 관공리, 유지, 학생들에게 신사참배를 강요하였고, 국가 행사가 있을 때마다 신사광장에 모여 일본인(日本人) 신주(神主)의 집례(集禮)로 참배(參拜)케 하였다."[1]

한창 새롭게 전의를 다지고 교회성장을 위해 고군분투하던 제주노회로서는 예기치 못한 일은 아니었지만 이 거대한 도전 앞에 너무도 약자였다.[2] 불과 4, 5명의 목회자들과 10여 명의 장로들 그리고 약 1,000명의 교인들로는 용기 있게 맞설 수 없었다. 어쩌면 그것이 그토록 장애라는 생각을 하지도 못했던 것 같다. 과거 일제의 도전 앞에 항일운동과 몽고의 침략 앞에 굴복하지 않고 맞섰던 제주도 사람들의 기질을 여기서는 전혀 찾을 수 없었다.

1. 제주노회의 신사참배 결정

1938년 4월 26일 제주읍 삼도리 예배당에서 회집된 제9회 노회가 열렸다. 이날 누가 참석했고, 어떤 결정을 했는지 노회록이 그대로 증언해 주고 있다. 이날 리도종, 정순모, 리근호, 목사 3명이 참석했고, 장로는 정응표, 장량선, 김기평, 김계공, 문명옥, 리덕연, 김재원, 오주병, 오공화 등 제주를 대변하는 장로들이 거의 다 참석하였다. 비록 3명의 목사와 9명의 장로가 참석했지만 그 노회의 정통성을 의심할 자는 아무도 없었다. 참석할 사람이 다 참석한 것이다. 이날 제9회 노회록 서문은 이렇게 시작하고 있다:

---

1) 姜文昊, 文泰善, 濟州 宣敎 70年史 (서울: 대한예수교장로회 총회 교육부, 1978), 57.
2) 제주노회사는 이렇게 말한다. "제주시를 비롯하여 서귀포, 한림, 모슬포, 성산포, 기타 읍면 소재지마다 신사를 세워 놓고 관공리 유리 학생들에게 신사참배를 강요하였고 국가 행사가 있을 때마다 신사광장에 모여 일본인 신주의 집례로 참배케 하였다. 이로 인하여 기독교 지도자들과 교인들 어린 교회학교 아동들까지 신사참배의 강요로 인해 어려움을 겪었으며 신앙적 양심에 큰 고통을 당하였다." 제주노회사출판위원회, 제주노회사 (제주: 대한예수교장로회 제주노회, 2000), 31.

한국교회 지도자들의 일본신궁 참배 사진

국가 합창과 황거(皇居)요배와 황국 서사 랑독이 있은 후에 회장 리도종 목사가 찬송 32장으로 인도 합창하고 리근호 목사로 기도케 한 후에 성경 이사야 1장 1-9절을 봉독하고 이사야의 원각이라는 제목으로 하나님이 누구이며 자아가 누구임을 나타내고 회장이 기도한 후에 서기가 좌기 회원을 점명하니 목사 3인 장로 9인 합 12인이라. 회장이 조선 예수교 장로회 제주 로회 제 9회가 개회됨을 선언하다.3)

"황거요배와 황국서사 랑독"이 먼저 노회 시작 전에 있었던 일은 일찍이 없었다. 하나님을 섬기는 이들이 먼저 천황숭배로 노회를 시작한 것이다. 이날 리도종은 이사야 1장 1-9절의 본문으로 "이사야의 원각"이라는 설교를 하면서 하나님이 누구이며 자아가 누구인가를 설교한 것이다. 리근호 목사는 이날 일어날 일들에 대해 사전에 충분히 숙지가 있어 잘 알고 있었다. 그는 차분하게 이사야 1장의 말씀을 읽어갔다:

---
3) 제주노회 제 9회 회록, 1.

슬프다 범죄한 나라요 허물진 백성이요 행악의 종자요 행위가 부패한 자식이로다. 그들이 여호와를 버리며 이스라엘의 거룩한 자를 만홀히 여겨 멀리하고 물러갔도다. 너희가 어찌하여 매를 더 맞으려고 더욱더욱 패역하느냐 온 머리는 병들었고 온 마음은 피곤하였으며 발바닥에서 머리까지 성한 곳이 없이 상한 것과 터진 것과 새로 맞은 흔적뿐이어늘 그것을 짜며 싸매며 기름으로 유하게 함을 받지 못하였도다 너희 땅은 황무하였고 너희 성읍들은 불에 탔고 너희 토지는 너희 목전에 이방인에게 삼키웠으며 이방인에게 파괴됨같이 황무하였고 딸 시온은 포도원의 망대같이, 원두밭의 상직막같이, 에워싸인 성읍같이 겨우 남았도다 만군의 여호와께서 우리를 위하여 조금 남겨 두지 아니하셨더면 소돔 같고 고모라 같았으리로다.

리도종은 이날 이미 "황거요배," "황국서사 랑독"으로 거룩한 하나님의 전을 더렵혔다는 깊은 죄의식과 뉘우침 속에서 이 본문을 택한 것인가? 아니면 하나님께서 자신들 가운데 9절의 말씀처럼 은총의 기회를 주실 것을 믿음으로 바라고 이 본문을 택한 것인가? 이날 유치원생들까지 동원하여 "유희"가 있었다고 노회 서기는 기록하고 있다. 그렇다면 자신들만 황거요배를 한 것이 아니라 장로들과 어린아이들까지 동원하여 거룩한 성전에서 "황거요배와 황국서사 낭독"을 한 것이다. 유치원생들의 유희가 있은 후 바로 이어진 신임원 투표에서는 노회장에 이도종 목사가 선출되었고, 부노회장에 정순모가, 서기에는 리근호가, 부서기겸 김계공이 선출되었고, 김재원은 부회계에 선출되었다. 참석할 만한 사람들이 다 참석하고, 노회임원은 될 만한 사람들이 다 차지했다. 제주 출신 제 1호 목사 이도종이 노회장에 올랐고, 제주 출신 제 1호 신자 김재원이 회계를 맡았다. 이날 신구 임원의 교체식을 마친 후에는 신구 임원들은 "성내교회 부인 조력회에서 미려한 휘장을 제정하매 받았다"고 노회록에는 기록되었다. 그리고 기립박수가 이어졌다.

다음날 4월 27일 이근호 목사의 인도로 새벽기도를 드린 노회원 일동은 오전 9시에 예배당에 모여 계속 시무를 진행했다. 이날도 전날과 마찬가지로 황거요배와 황국서사를 낭독하고 시작했다. 이날은 "일본 국가 합창"까지 있었다. 제 9회 제주노회록은 이렇게 기술하고 있다:

> 동일 오전 9시에 본회가 동소에 회집하야 국가 합창과 황거요배와 황국 서사를 랑독한 후에 회장이 제36장 찬송으로 인도 합창하고 엡 4장 11-14절을 봉독한 후에 김재원 씨의 기도로 계속 시무하다.4)

이도종은 이날 성경을 펴서 에베소서 4장 11절부터 14절까지 읽어 내려갔다. "그가 혹은 사도로, 혹은 선지자로, 혹은 복음 전하는 자로, 혹은 목사와 교사로 주셨으니 이는 성도를 온전케 하며 봉사의 일을 하게하며 그리스도의 몸을 세우려 하심이라. 우리가 다 하나님의 아들을 믿는 것과 아는 일에 하나가 되어 온전한 사람을 이루어 그리스도의 장성한 분량이 충만한 데까지 이르리니 이는 우리가 이제부터 어린아이가 되지 아니하여 사람의 궤술과 간사한 유혹에 빠져 모든 교훈의 풍조에 밀려 요동치 않게 하려 함이라." 그가 왜 하필 이 부분을 택했는지 모른다. 숭실대학을 졸업하고 평양장로회신학교 정규 코스를 밟은 제주가 낳은 엘리트 이도종은 어느 사람보다도 성경에 대해 해박한 지식을 갖춘 인물이었다.

이날 전날에 참석했던 모든 노회원들은 하나도 빠지지 않고 다 참석했다. "서기가 회원을 점명하니 참석원은 여전하다." 그렇다면 그 자리에는 리도종 목사 외에 정순모 목사, 리근호 목사, 정응표, 장량선, 김기평, 김계공, 문명옥, 리덕연, 김재원, 오주병, 오공화 장로가 있었다는 것이다. 이들은 제주를 대변하는 인물들이다. 이들의 행동은

---

4) 제주노회 제 9회 회록, 3.

외국 문헌에 실린 일본의 신도의식 모습

곧 제주 그리스도인들의 모델이 될 것이다. 이들은 누구보다 제주의 복음화를 위해 일생동안 노력하고 헌신해온 사람들이다. 이들의 행동이 장차 어떤 결과를 미칠지 이들은 전혀 예측하지 못했단 말인가?

이날 이호근은 신사참배 수용을 "국법순종"이라는 항목 아래 이렇게 기록했다:

> 서기가 회록을 랑독하니 채용하다. 종래 신사 참배는 허배 우상으로 인식하고 굳게 항의하여 오던 바 금번 시대에 처하야 당국으로서 신사 참배는 종교가 아니오 국민의 의무라고 루루히 훈시함에도 불구하고 일부러 우리가 종교를 만들어서 스스로 고민을 당할 필요가 없이 국법에 순종하자는 문제가 결의된 후에 경찰서 고등계 주임이 승석하야 신사 참배는 국민의 의무요 종교 의식이 아니라는 설명을 직접 듣고 회원 일동은 의문을 일소하다.[5]

위 기록을 보면 참으로 흥미롭다. 그 현장에 경찰서 고등계 주임

---

5) 제주노회 제 9회 회록, 3.

이 참석했으며, 그가 단에 올라가 행한 국민의 의무요 종교의식이 아니라는 설명을 듣기 전 이미 제주노회는 신사참배를 수용하기로 "결의"를 한 것이다. 비록 여기까지의 과정을 노회록에 소상하게 기록하고 있지 않지만 제주노회에 참석한 사람들은 그 의미가 무엇인지를 정확히 읽고 있었다. 신사참배를 "국법의 순종"으로 받아들였고 그렇게 결정한 것이다.6) 궁정요배와 황국신민의 서사 낭독으로 연 이틀을 시작하고 거룩한 교회에서 가장 부끄러운 신사참배를 결정한 것이다.

하지만 제주노회는 이것으로 끝나지 않았다. 일제가 새로운 교육령을 실시하고 조선의 젊은이들을 전쟁에 대거 끌어들이는 지원병 축하식에 축전을 보내고 신사 참배키로 결의한 통지를 총회장에게 보내기로 결의하였다. 이호근 서기는 이렇게 노회록에 적었다:

〔축하 전보〕
교육령 실시와 조선인 지원병 축하식에 우리 제주로회로서 남 총독에게 축하의 전보를 치기로 결의하다. 신사 참배키로 결의한 통지를 총회장에게 보내기로 하다.7)

하회가 상회에 순종하는 것은 자랑스럽고 바람직한 일이다. 그러나 총회가 신사참배를 결정하기 전에 먼저 제주노회는 신사참배를 결정했다. 더구나 상회가 하회에 요구한 배도의 길을 결정하고, 상회에 그 결과를 알린다는 것은 제주노회로서는 그동안 상회로부터 받은 은혜가 컸기 때문에 그렇게 해서 보답하려는 의도가 있었는지 모르지만 참으로 부끄러운 일이 아닐 수 없었다. 상회가 부끄러운 일을 요구할 때 하회는 상회에 시정을 요구하는 것이 성경적일 것이다.

---

6) "신사참배는 국민의 의무요 종교가 아니라는 훈시가 유함에도 불구하고 고집 항의는 국민상 의무가 아니라는 양해 하에 당국의 지시대로 하기로 결의하다." 기독교보, 1938년 5월 17일.
7) 제주노회 제 9회 회록, 3.

그러나 우리는 노회록에서 그런 고민을 전혀 읽을 수 없다. 제주 노회는 여느 노회보다도 앞서 신사참배를 적극 수용하고 그 일에 앞장선 것이다. 게다가 교육령 실시와 조선인 지원병 축하식에 즈음하여 노회 이름으로 일본 총독에게 축전을 보내기를 결정했다. 노회가 해서는 안 될 결정을 너무도 많이 하고 말았다.

이날 노회의 결정은 이도종 한 사람만의 책임도 아니다. 제주를 대표하는 목회자들이 다 모였고, 제주를 사랑하고 제주를 위해 지금까지 헌신해온 평신도 지도자들이 다 모였다. 그렇다면 제주노회의 결정은 곧 제주기독교 전체의 결정이나 마찬가지였다. 총회장 홍택기는 전국의 노회에 하나의 공문을 보냈다. 제주노회도 이 공문을 접수하고 많은 사람들 앞에서 이를 낭독했다:

〔공문 랑독〕
총회장이 보낸 정신 보국 주간의 실시 법에 대한 공문을 서기로 회중에 랑독케 하다.

이날 박창옥 목사는 "유고" 미참했다. 그는 자신이 미참한다는 사실을 서기를 통해 노회에 알렸다. 그가 어떤 일 때문에 미참했는지 알 수 없다. 신사참배 결정을 사전에 인지하고 미참한 것인지 아니면 단순히 일이 생겨 미참한 것인지 노회록은 밝히고 있지 않다. 왠지 그가 미참했다는 사실이 더 자랑스럽고 동정적인 이유는 무엇인가?

인간의 실수와 약점에도 불구하고 여전히 하나님은 당신의 교회를 사랑하고 은혜를 베풀어 오셨다. 죄에 대한 대가를 분명히 요구하셨지만 그것은 하나님의 사랑의 깊은 은혜가 있었기 때문이다. 이제 제주노회는 자신들이 행한 죄과에 대해 하나님 앞과 역사 앞에 갚아야 했다. 1938년 4월의 신사참배 결정은 제주기독교에 거룩한 하나님의 전을 더럽힌 너무도 강도 높은 배도의 결정이었다. 수많은 교회와 너무도 많은 제주 영혼들의 영적 생명을 앗아가게 만든 세상적인 표현을 빌린다면 너무도 잔인한 4월의 사건이었다. 앞으로 4

월에 인간의 생명을 앗아가는 잔인한 사건이 발생한다면 그것은 신사참배 결정과 무관하지 않을 것이다. 하나님은 사랑의 하나님이시지만 또한 공의의 하나님이시다. 그 분은 일곱 번씩 일흔 번이라도 용서하시는 분이시지만 그 하나님은 영적간음을 제일 미워하셨고, 가차 없이 심판하셨다.

제주노회의 배도의 결정 그에 대한 심판은 신사참배를 결정한지 불과 10년 만인 1948년 4월에 제주에서 일어났다. 1948년 4월 3일 일어난 4·3 사건이 바로 그것이다. 그토록 많은 생명을 그토록 잔인하게 잃어버린 사건은 일찍이 제주에 없었다. 1948년 4·3 사건은 1938년 4월 신사참배 결정과 깊이 맞물려 있다. 너무도 가혹하고 혹독한 해석인지 모르지만 제주기독교는 4·3 진상규명을 위한 노력보다 신사참배 결정에 대한 진실된 회개가 선행되어야 할 것이다. 불행하게도 제주기독교는 노회적인 차원에서도, 개교회 차원에서도 이에 대한 깊은 자성과 반성과 회개가 지금까지 단 한 번도 없었다. 이제라도 제주기독교는 신사참배의 과오를 깊이 뉘우치고 하나님 앞에 눈물로 회개해야 할 것이다. 약속의 땅 가나안을 향해 나가는 길목에서 바알과 아세라 상에 절하며 하나님 유일신 신앙에서 멀어졌던 지난날의 부끄러운 모습을 청산해야 할 것이다.

신사참배 결정, 그것은 제주노회만의 결정도 제주노회만 더욱 그 일에 앞장 섰다는 의미도 아니다. 한국교회가 배도로 인해 받은 그 깊은 상처를 제주노회 역시 가슴에 안고 가야했다는 것이다. 제주노회가 보여준 역사적 사건을 통해 하나님 앞에 선다는 것은 곧 역사 앞에 서는 것이라는 진리를 배울 수 있다. 하나님이 이들에게 베푸신 은혜가 참으로 크고 놀라운데 왜 이 같은 배도의 길을 부끄럼 없이 결정했는지 아쉽다.

이날 노회장 이도종은 고산교회 당회장으로서 자신이 섬기는 고산교회가 "그 1년간 하느님의 은혜로 안과(安過)"했다고 기록하고 있다. 그와 교회는 "기도와 전도를 열심으로 하는 결과 주일 평균

200여 명"이 모이고 "례배당 건축 채무를 정리하고 헌당식 겸 리도 종 목사 위임식을 4월 24일에 성대히 거행"했다. 또한 "량동혁 목사를 청하야 1주일 동안 부흥 사경회"를 개최하여 "230여 원을 출연하야 특대 종 1좌를 주문"하였고, "신도리 2구에 기도회 처소를" 세울 수 있었다. 하나님의 은혜가 참으로 놀랍다.

이 같은 축복은 이도종만의 전유물은 아니었다. 이날 이근호 역시 "하느님의 은혜로 1년간 본교 구역 내 4처 기도회가 안과"했고, "새벽 기도하는 교인이 많아졌고,""무명씨로 종을 사서 달아달라고 백 여원을 출연하야 특대 종을 주님께 드리는 동시에 일반 교인도 일치 감응으로 2백여 원의 다액을 연보하야 종각을 신축"하는 놀라운 축복을 받았다. 이것은 정순모에게도 예외는 아니다. 삼양교회에 매주일 100여 명이나 모이고 성내교회는 200여 명이 회집하는 아주 든든한 교회를 맡으며 "하나님의 은혜로 전 교회가 안과 중 제반 사업이 순조롭게 진행"했다.8) 이토록 하나님께서 하늘 문을 여시고 은혜의 단비를 부어주셨는데 신사참배를 앞장서서 결정한 것이다. 노회는 총대를 선출했다.

 목사 원총대 리도종, 부총대 정순모
 장로 원총대 김계공, 부총대 리덕연

1938년 신사참배를 결정하던 그해 제주노회는 또 하나의 의미 있는 것을 결정했다. 그것은 총독부의 방향과 정확히 일치하는 것이었다.

1938년 6월 18일 한림교회에서 모인 제 9회 임시노회에서 "제주 면청 연합회와 부인 조력 총회의 해소 청원은 방계 단체가 필요가 없으니 해소케 하고 해 양 단체에서 하여오던 전도 사업은 로회가 인수하야 경영하되 각 교회 안에는 청년 전도부와 부인 전도부를 두고 본 로회 안에는 특별 청년 전도부와 부인 전도부를 두어 계속 진행"9) 하기로 결정한 것이다. 독립된 청년면려회연합회와 부

---

8) 제주노회 제 9회 회록, 12.

인 조력총회를 해산하고 노회 산하 한 부서로 편입시킨 것이다. 어찌 보면 둘 사이의 차이가 없는 것처럼 보인다. 그러나 그것은 전국의 교회 단체 청년연합회와 부인연합회를 해체시키려는 총독부의 정책을 그대로 수용한 것이다. 신사참배를 결정하더니 자생할 수 있는 신앙의 곁가지와 싹을 아예 잘라 버린 것이다.

이도종은 그해 치욕의 제 27차 총회에 참석하여 신사참배를 결정하는데 한 몫을 톡톡히 감당했다. 이미 23개 노회 중에 16개 노회가 신사참배를 결정한 상황에서 1938년 9월 9일의 총회는 아무런 힘도 결집력도 없었다. 그저 신사참배를 결정하는 일에 앞장선 것이다. **1938년 총회록**에는 각 노회의 보고도 나타나지 않는다. 그 후 한국장로교는 정통성을 상실했다. 제주노회 역시 예외가 아니었다.

2. 신사참배 결정 이후 계속되는 배도

1938년 신사참배를 결정한 정순모, 리근호 목사와 문명옥, 오공화, 오주병, 김재원 장로가 참석한 가운데 1938년 11월 17일 성내교회에서 회집된 제 9회 임시노회에서는 그동안 한결같이 성경학원을 지원하고 후원하던 성경학원 원장 타마자가 제주노회에 사임 청원을 냈다.

1933년 5월 30일 제 4회 제주노회가 열렸을 때 타마자는 서국태, 구례인과 더불어 상회에 제주노회 회원이 되게 해달라고 요청했던 인물이다. 그는 그 후 제주노회와 깊은 인연을 맺고 제주노회를 헌신적으로 지원했다. 타마자는 특별히 제주노회의 성경학원 원장을 맡으면서 성경학원 강사로 가장 지속적이고 일관되게 헌신해온 인물이었다. 아니 유일한 선교사라고 해도 과언이 아니다. 뿐만 아니라 복음의 불모지 제주, 거기에서도 복음이 닿기 힘든 성산포와 애월에 전도인을 보내 전도를 했던 인물이다.

제주에서 전도인을 파송할 때 재정의 어려움을 마음 놓고 지원해

---

9) 제주노회 제 9회 회록, 1.

달라고 요청할 때도 그는 언제나 일 순위였다. 매년 성경학교 경비 중 상당 부분을 타마자가 지원했다. 타마자가 성산포 지역에 박유덕을 파송해 전도한 20여 명의 교인들이 생겨 "전북로회 박순남 장로를 청빙하여 시무케 한 바 현재 40여인이 례배"하는 일도 있었다. 제주노회가 독립할 수 있도록 뒤에서 남장로교 선교회와 지속적인 유대관계를 유지하는 코디네이터 역할을 하면서 실제로 제주에 자주 내도하여 제주선교를 지원하였다. 그러던 타마자가 성경학원 원장직을 사임을 한 것이다. 신사참배를 끝까지 거부한 남장로교 선교회 소속 선교사로서 제주노회에 깊이 실망한 것이다.

풀턴 선언을 통해 남장로교는 미션스쿨을 폐교하면서까지 신사참배 강요에 맞섰다. 제주노회는 전남노회와 깊은 유대관계를 갖고 있어 이를 너무도 잘 알고 있었다. 더구나 선교분할로 볼 때 제주는 엄연히 남장로교 선교회 선교구나 마찬가지라고 할 수 있다. 그런 제주노회가 신사참배를 결정하자 타마자는 깊이 실망했을 것이다. 헌신적인 지원과 희생이 아무런 의미가 없다고 느꼈을 것이다. 제 9회 임시노회록은 이렇게 기록하고 있다.

〔타마자 성경학 원장 사임〕
종교교육부장 정순모 씨의 타마자 목사의 성경학 원장 사임청원서는 받고 다시 보조받지 않기로 하였다는 보고는 채용키로 가결하다.10)

성경학원 원장에 정순모가 앉았다.11) 그동안 제주노회의 영적 지도자였던 타마자를 잃은 것은 가장 큰 손실 가운데 하나였다. 타마자 선교사가 성경학원 원장직을 사직하고 제주노회와 완전히 손을 끊은 것이다. 그 후 제주노회록에는 타마자에 대한 기록이 전혀 등장하지 않는다. 말 그대로 제주노회에 실망하고 더 이상 관계를 끊

---

10) 제주노회 제 9회 회록, 3.
11) 1938년부터 1943년까지 정순모 목사가 교장을 맡았고 1943년부터 1949년까지는 이도종이 1949년부터 1971년까지는 강문호 목사가 맡았다. 姜文昊, 文泰善, 濟州宣敎 70年史, 50.

성내교회 산상예배(1940년)

은 것이다. 타마자와의 관계 청산은 곧 가장 보수적이고 복음적인 남장로교 선교회와의 단절을 의미했다. 타마자마저 사임함으로써 제주노회는 신사참배 결정 이후 그 정통성을 상실하고 말았다.

제주노회는 1939년 제28회 총회 때 "주님의 은혜로 二十三 교회가 과거 一년간 무고 안과"하고 "각 교회가 전진하는 중 분립 혹신 건축한 곳"도 있고 "성찬 참여자가 58명이나 증가"하였으며, "열심으로 전도하는 중 성찬포에 교회가 신설"되었고, "순석재 四十평의 성경학원과 아연 제 三十五평의 기숙사를 건축하여 남녀 교역자를 배양"12) 하고 있다고 보고했지만 영적으로는 위기의 시기가 도래했다. 1938년 4월 신사참배를 결정하던 바로 제 9회 노회 이후 열린 모든 노회록은 하나도 예외 없이 그동안 사용하던 서기(西紀)가 아니라 소화(昭和)로 연도를 기술했다. 1940년 1월 22일 성내교회에서 열린 제 10회 제주노회 임시노회에서 국민총력 "련맹회 결성식에 관한 것"13)을 다룬 후 "제주로회 지맹을 결성키로 가결하였

---

12) 제 28회 총회록 (1939), 125-126.

다."14) 1940년 소화 15년 11월 30일 한림교회에서 열린 제 11회 제주노회 임시노회(1차)는 노회 개회에 앞서 궁성요배(宮城遙拜), 묵도(默禱), 황국신민서사 제창(皇國臣民誓詞 齊唱)으로 이어진 "국가의식"을 먼저 하고 개회선언이 있었다. 강문호는 자신들의 이 같은 행동에 대해 일제의 "강요"에 의한 마지못한 "굴복"이었으며15) "이로 인하여 기독교 지도자들과 교인들, 어린 교회학교 아동들까지 신사참배의 강요로 인해 어려움을 겪었으며 신앙적 양심에 큰 고통을 당하였다"16)고 주장하지만 제주노회록과 여타 기록에도 그런 깊은 고민들은 나타나지 않았다.

이날 노회의 주요 안건은 일본천황 2600년 봉축식 경성 신도대회 소집에 참석하는 건이었다. 이날 산내의환, 삼본기평, 두 사람이 제주노회 대표로 참석하기로 결정했다. 이날 노회록에는 다음과 같이 기술하고 있다:

황기 2600년 봉축식 경성 신도대회 소집에 관한 건
一. 신도대회에 참석할 대표자 2인을 여좌히 택하야 파송키로 가결하다.
산내의환(山內義煥), 삼본기평(森本基平)
一. 여비는 1인당 40원 가량씩 회계가 지출케 하기로 가결하다.
一. 신도대회의 건에 각 교회에 통지하야 갈 자를 장려키로 가결하다.17)

---

13) 제주노회 제 10회 임시회록(3), 4.
14) 제주노회 제 10회 임시회록(3), 4.
15) 제주노회사출판위원회, 제주노회사 (제주: 대한예수교장로회 제주노회, 2000), 31.
16) 姜文昊, 文泰善, 濟州宣敎 70年史, 57. "일제는 교회에서의 예배의식에까지 간섭하려 들었다. 동방요배(東方遙拜-일본천황이 있는 도오쿄를 향해 최경례하는 일)를 강요했으며 예배 시 일본어 사용, 일본 국기에 대해 경례하는 일, 천황 사진에 절하는 일 가정마다 가미다나(일본국신 천조대신을 모신 것)를 벽에다 설치하여 위하게 하는 일 등 기독교 신앙인으로서 도저히 할 수 없는 일을 강요하여 믿음이 약한 신도들을 굴복시키려 하였다."
17) 제주노회 제 11회 임시회(1), 1.

신사참배를 결정한 제주노회는 이제 아무런 제약이 없었다. 지난 번 신사참배가 마지못해 결정한 것이라면 이번 신도대회 참석은 마치 자원하는 마음으로 참석하기를 원한 듯하다. 천황을 숭배하는 신사참배에 하나님 유일신 신앙을 견지해야 할 교회와 그 신앙의 순결을 책임져야 할 목회자들이 이 일에 뛰어든 것이다. 제주지역의 모든 교회 목회자들과 장로들을 대표하여 노회장 산내의환 목사와 삼본기평 장로가 참석한 것이다.18) 참석자들의 이름도 일본식으로 개명하여 낯설다. 여기 산내의환은 조의환 목사를, 삼본기평 장로는 김기평 장로를 말한다. 이들의 이름만 아니라 제 11회 제주노회 참석자들의 모든 이름이 일본식으로 개명되었다. 1940년 11회 제주노회 임시노회 1차 참석자는 산내의환(山內義煥), 김촌응규(金村應圭), 광전경작(廣田耕作) 목사와 오주병(吳周炳), 삼본기평(森本基平)이었다. 1941년 1월 18일 삼양교회에서 열린 제 11회 2차 임시노회에서도 궁성요배, 묵도, 황국신민서사 제창으로 시작했다. 이날 참석자들의 명단은 다음과 같다.

목사 : 산내의환(山內義煥), 김촌응규(金村應圭), 하동순모(河洞順模), 광전경작(廣田耕作), 양천혁(梁川爀)
장로 : 고전영흥(高田永興), 김해윤숙(金海允夙), 김성근서(金城根瑞), 고산고안(高山固岸), 삼본기평(森本基平)

모두 일본식으로 창씨개명을 한 것이다. 마치 일본 사람들이 모여 노회를 여는 것 같은 느낌이 든다. 이름도 일본 이름으로 바꾸고 일본의 천황을 섬기고, 일본의 요구에 부합하는 기독교를 만들어 일제에 충성하겠다는 결연한 의지를 천명한 것처럼 느껴진다. 일제의 강요에 의한 불가피한 처사라 할지라도 제주노회의 모습은 성경적 기독교의 모습과는 너무도 거리가 멀었다. 1938년 신사참배를 결정한

---

18) 제주노회 제 11회 임시회(1), 1.

이후 배도의 길을 치닫던 총회에 제주노회는 충성하였고, 총회와 제주노회는 뜻을 같이한 것이다. 1941년 소화 16년 4월 29일 고산교회당에서 모인 제 12회 제주노회에 참석한 7명의 목사와 9명의 장로 16명은[19] 일제의 충성의 의미로 국방헌금을 했다. 이날 제 12회 **제주노회록**은 이렇게 기록하고 있다.

〔국방 헌금〕
국가를 위하야 김촌응규 씨가 기도한 후 국방 헌금하니 10,46전이 되다.[20]

이제 노회는 더 이상 신앙을 치리하는 기관도 복음전파의 상회기관도 아니었다. 창씨개명한 목회자들과 장로들이 모여 신사참배에 앞장서고, 노회에 앞서 궁성요배와 황국신민의 서사를 낭독하고, 일본제국주의의 무궁한 영광을 위해 국방헌금을 앞장서서 수행하는 일제의 시녀로 전락한 것이다. 배도의 길은 여기서 끝나지 않았다. 하동순모(河東順模), 산내의환(山內義煥), 김촌응규(金村應圭), 양천혁(梁川爀), 김해정광(金海政光) 목사와 풍광재원(豊光在原), 고산고원(高山固原), 삼본기평(森本基平), 김해윤숙(金海允夙), 강홍섭(康弘燮) 장로가 참석한 가운데 1941년 11월 13일 한림교회당에서 회집된 제 12회 제주노회 임시노회에서는 제주 도내 교회 교인들을 대상으로 시국 강습회를 열기 위해 평양신학교에 안내서를 배

---

19) 제주노회 제 12회 회록, 1.
  一. 城內敎會　牧師 河東順模　長老 豊光在原
  二. 翰林敎會　牧師 金村應圭　長老 森本基平
  三. 挾才敎會　牧師 廣田耕作
  四. 頭毛敎會　　　　　　　　長老 金原桂珙
  五. 龍水敎會　牧師 森山道宗　長老 金田基平
  六. 高山敎會　牧師 梁川爀　　長老 大山良善
  七. 慕瑟浦敎會 牧師 山內義煥　長老 康原鴻涉
  八. 金細敎會　　　　　　　　長老 金海允夙
  九. 朝天敎會　　　　　　　　長老 高山固岸
  十. 三陽敎會　牧師 金海政光　長老 豊川周炳
20) 제주노회 제 12회 회록, 23.

부해 달라는 요청과 비행기 헌납식에 노회장이 참석하기로 했다.

- 시국 강습회(時局 講習會) 건(件)은 평양신학교(平壤神學校)에 통지(通知)하야 노회(老會) 내(內) 각(各) 목사(牧師)에게 안내서(案內書)를 배부(配付)케 하고 각(各) 교회(敎會)에 강습회(講習會) 이유(理由)를 통지(通知)키로 가결(可決)하다.
- 좌기(左記) 사건(事件)은 긴급(緊急)함으로 결의(決議)키로 가결(可決)하다.
1. 래(來) 17일에 상모리 광장(上慕里 廣場)에서 **호 비행기 헌납식(飛行機 獻納式)에 노회장(老會長)을 파송(派送)키로 가결(可決)하다.21)

신사참배를 결정하고, 동방요배와 황국신민서사를 낭독하는 것으로 노회를 열고, 시국 강습회를 여는 문제를 노회의 주요 현안 문제로 논의하고, 전도헌금 대신 국방헌금을 하고, 국방헌금으로 마련한 비행기 헌납식에 노회장을 파송하기로 한 것이다. 확실히 제주노회는 이제 일제의 시녀로 전락했다. 1942년 3월 10일 열린 제 12회 임시노회에서는 "시국행사(時局行事)에 대한 건(件)"이 임시노회의 중요 현안 중 하나였다. 이날 하동순모(河東順模), 산내의환(山內義煥), 김촌응규(金村應圭), 양천혁(梁川爀), 김해정광(金海政光) 등 4명의 목사와 풍광재원(豊光在原), 고산고원(高山固原), 삼본기평(森本基平) 등 3명의 장로 합 7명이 참석한 가운데 시국과 관련하여 다음과 같은 11개 항을 결의하고 교회에 통지하기로 결정했다.

시국행사(時局行事) 건(件)은 여좌(如左) 11항으로 결정(決定)하야 서기(書記)로 각(各) 교회(敎會)에 통지(通知)하고 당회 지시(堂會指示)하기로 가결(可決)하다.
1. 정기회집(定期會集) 일시(日時)는 일요일(日曜日) 오전(午前)

---

21) 제주노회 제 12회 임시회(一), 1.

오후(午後)만 회집(會集)하고 수(水), 금요일(金曜日) 회집(會集)
은 **할 사(事)
2. *국 **일 및 신사참배(神社參拜)는 정례(定例)로 매월(每月) 일
차 주일(一次 週日)로 결정(決定)함
3. 신* 봉사를 각 신도의 가*에 *치하고 장려할 사
4. 애국헌납금(愛國獻納金) * 급 **** 函(함)을 교회당 내에 *치케
할 사
5. キリスマス 축*회 *폐(廢)할 사(事)
6. 일요일 *** **** **봉사(奉仕)와 공중(公衆) 사업(事業)에 한
(限)할 사(事)
7. *******방침(方針)** 생산보국(生産報國)에 매진(邁進)할 사
(事)
8. 국어 장려(國語 獎勵)키 爲하야 강습회(講習會)를 개최(開催)할
사(事)
9. 타종(打鐘)은 전폐(全廢)할 사(事)
10. ****도 전폐(全廢)할 사(事)
11. 찬송가(讚頌歌)도 총회(總會) 지시(指示)대로 개정(改定) 사용
(使用)할 사(事)[22]

여기 11개의 결정은 상상을 초월하는 결정들이다. 교회를 지도해야 할 노회가 예배 폐지를 결정하고, 모든 교회가 매월 첫 주일에 전 교회와 교우들이 신사참배를 할 것을 결의한 것이다. 어떻게 이와 같은 결정을 할 수 있는지 알 수 없다. 교회를 치리하고 이끌어야 할 제주노회가 교회의 본연의 사명을 근본적으로 상실하고 말았다. 제주노회사는 "교회의 각종행사 예배에까지 일본 경찰이 입회 감시함으로써 교회의 활동을 구속하였고 1942년에 와서는 집회를 주일 낮과 밤에만 국한시키고 삼일 저녁과 오일 저녁 모임을 폐지시켰다"[23]며 자의적인 행동이 아니었다고 변명하고 있지만 분명 이

---

22) 제주노회 제 12회 임시회(二), 2-3.
23) 제주노회사, 31.

이도종 목사와 성내교회 교우들

결정의 주체는 제주노회였다.24)

이미 1938년 4월 신사참배를 제주노회가 결정할 때부터 충분히 예견된 일이었지만 4년 후 제주노회의 모습은 과거 배도했다고 교인들을 책벌하고 출교했던 그 죄보다 더 무섭고 강도 높은 죄를 결정한 것이다. 선생된 자들에게 더 많은 것을 요구하시는 하나님의 원리를 상기할 때 제주노회의 지도자들의 결정은 부끄러워 견딜 수 없다. 오 주여! 이 땅의 교회를 긍휼히 여겨 주옵소서! 주님이 피 값으로 사신 교회들이 배도의 길을 자청한 것을 용서하옵소서!

일단 배도의 길에 접어든 후 그 강도는 더 깊어만 가게 마련이다. 찬송가 중에서 전투적인 부분들을 빼야 했고, 구약 성경에서 전투적인 성격의 책들을 제거하고 새로운 성경과 찬송가로 예배를 드려야 했다. "찬송가 가운데서도 그들의 국시에 어긋난다하여 '삼천리반도 금수강산,' '피난처 있으니 환난을 당한 자' 등 그 외에도 그들의 마

---

24) 姜文昊, 文泰善, 濟州宣敎 70年史, 58. 강문호와 문태선은 1938년 신사참배부터 해방까지 일련의 결정들에 대해 "폐지시켰다," "삭제시켜버렸다," "총회를 해체시키고," "통리개편시켰"다며 결정의 주체가 일제인 것처럼 주장하지만 결정의 주체는 그들 자신들이었다.

음에 거슬리는 찬송들을 삭제시켜 버렸다."25) 거룩한 주일 동방요배, 천황에 대한 묵도, 황국신민서사 낭독을 행한 후 예배를 시작해야 했다. 누구를 위한 예배란 말인가! 누구에게 드려진 예배란 말인가!

노회의 결정은 일선교회에 그대로 전달되었고, 일선교회는 노회의 지시에 따라 그대로 시행했다. 그 교회를 맡고 있는 이들 노회 지도자들에 의한 결정, 그리고 그 당회에 함께 참여하는 자신들이 선출한 장로들이 결정한 노회의 결정을 거부할 수도 거부하고 싶지도 않았다. 무엇이 잘못되었는지 확인해야 할 필요성도 느끼지 못한 채 그저 함께 그 배도의 길에 동참한 것이다.

일단 배도의 방향으로 접어든 후에는 배도가 더욱 더 심화되었다. 1942년 소화 17년 4월 28일 성내교회에서 회집된 제 13회 제주노회에는 김촌응규 노회장과 참석자들은 동방요배, 묵도, 황국신민서사 낭독을 한 후 찬송가 155장 "성신이 오심"을 함께 불렀다.

> 이 기쁜 소식을 온 세상 전하세.
> 큰 환난 고통을 당하는 자에게 주 믿는 성도들 다 전할 소식은 성신이 오셨네
> 성신이 오셨네 성신이 오셨네 내 주의 보내신 성신이 오셨네
> 이 기쁜 소식을 온 세상 전하세 성신이 오셨네.26)

천황숭배를 한 후 성신을 보내주신 하나님께 영광의 찬송을 올린 것이다. 전혀 어울릴 것 같지 않은 순서가 진행된 것이다. 천황숭배를 할 수 있도록 성령을 보내주셔서 감사하다는 말인가! 1938년 4월 신사참배를 결정하는 그 때를 제외하고는 일본 경찰이 입회하지 않았다. 그동안 제주교회를 섬기던 목회자들과 장로들이 참석하여 노회를 열었고 노회 안에 일들을 처리하면서 너무도 이전과 단절된

---

25) 제주노회출판위원회, 제주노회사, 31.
26) 김춘배 편집, 찬송가 (서울: 대한기독교서회, 1949), 83

제주노회여신도회(1940년)

방향으로 진행된 것이다. 이미 영적감각을 상실한 이들에게서 교회는 더 무엇을 기대할 수도, 찾을 수도 없는 일이었다. 이날 삼본도종(三本道宗) 목사의 기도가 있은 후 김촌응규는 고린도전서 4장 1-4절로 "맡긴 자에게 구할 것은 충성"이라는 제목으로 설교했다. 대체 그가 요구한 충성의 의미가 무엇인가! 무슨 충성이며, 누구를 위한 충성이란 말인가! 노회 개회 그 이튿날 4월 29일 제13회 제주노회에 참석한 이들은 성내교회(城內敎會) 하동순모(河東順模) 목사, 고전영흥(高田永興) 장로, 삼양교회 김해정광(金海政光) 목사, 풍천주병(豊川周柄) 장로, 조천교회 고산고안(高山固岸)장로, 서귀포교회 김촌응규(金村應圭) 목사, 금녕교회(金寧敎會), 김해윤숙(金海允夙) 장로, 모슬포교회 산내의환(山內義煥) 목사와 서원응표(西原應杓) 장로, 고산교회 양천혁(梁川爀) 목사와 대산양선(大山良先) 장로, 용수교회(龍水敎會) 삼산도종(森山道宗) 목사, 두모교회(頭毛敎會) 김원계공(金原桂珙) 장로, 협재교회 대산만(大山滿) 장로, 한림교회 김원봉헌(金原奉憲) 장로는 국가의식을 다시 거행하고 회무를 계속했다. 제주노회록은 이렇게 기술하고 있다:

[1942년] 동월(同月[4월]) 29일 오전 9시에 본회(本會)가 동장소(同場所)에 회집(會集)하야 서기(書記)로 국가의식(國家 儀式)을 거행(擧行)케 하고 김원봉헌(金原奉憲) 장로(長老)로 찬송(讚頌) 6장을 인도(引導) 합창(合唱)케 한 후(後) 하동순모(河東順模) 목사(牧師)로 기도(祈禱)케 하고 회장(會長)이 성경(聖經) 빌 1:12-21을 봉독(奉讀)하고 계속시무(繼續 視務)하다.27)

이날 산내의환 목사의 공천부 보고가 있은 후 신사참배를 위해 잠시 정회했다. 동방요배로 시작하고, 천황에 대한 묵도, 황국신민서사 낭독으로 시작한지 얼마 되지 않아 제대로 회무도 진행하지 않았는데 참석한 목회자들과 장로 전 회원들이 신사참배를 하기 위해 정회를 한 것이다. 이날 노회록에는 이렇게 기술하고 있다:

〔정회〕
회원일동(會員 一同)이 신사참배(神社參拜)키 위(爲)하야 양천 목사(梁川 牧師) 기도(祈禱) 후(後) 회장(會長)이 정회(停會)하다.
서기(書記) 김해정광(金海政光)28)

이날 국민총력 제주노회 연맹 이사장 하동순모의 보고를 들은 참석자 일동은 일장기를 향해 배례를 하고 그 보고를 받기로 했다. 제주노회 안에 국민총력 연맹이 결성되어 있었던 것이다. 그리고 그 책임을 맡은 사람이 바로 노회의 책임을 맡은 지도자였다. 국민총력과 노회는 이제 떨어질 수 없는 관계가 맺어져 진행된 것이다. 이날 하동순모 목사의 연맹보고에 대해 노회록은 이렇게 기록되었다:

〔연맹 보고〕
국민총력(國民總力) 제주노회(濟州老會) 연맹(聯盟) 이사장(理事

---

27) 제주노회 제 12회 임시회록(二), 2.
28) 제주노회 제 13회 회록, 3.

모슬포교회 담임 조의환 목사

長) 하동순모(河東順模) 씨(氏)가 여좌(如左)히 보고(報告)하매 회원일동(會員 一同)이 국기(國旗)를 향(向)하야 *례를 하고 받기로 가결(可決)하다.29)

이날 이어진 각 교회 당회의 보고를 비롯하여 노회에서 다루어진 내용들은 제주노회의 결정들이 얼마나 깊이 개 교회들 가운데서 실천되고 있는지, 노회가 얼마나 배도의 길을 걸으며 일제의 시녀 역할을 하고 있는지를 여실히 보여준다. 삼양교회 당회장 김해정광(金海政光) 목사는 "장래경영"으로 "교인(敎人)의 ***을 더욱 인식(認識)케 하야 직역봉공(職域奉公)을 실시(實施)"하기로 한 것과 "노회(老會)의 지도(指導)를 따라 교회(敎會)를 혁신(革新)하야 완전(完全)한 일본적 기독교(日本的 基督敎)로 전환(轉換)시키려 하오며"30)라고 보고했다.

---

29) 제주노회 제 13회 회록, 5.
30) 제주노회 제 13회 회록, 7.

두모 당회장 양천혁(梁川爀) 목사는 두모교회 장래경영으로 "비상(非常) 시국(時局)에 종교보국(宗敎報國)을 철저히 실행(實行)코저 하오며"31)를 보고했다. 이보다 더 강도 높고 노골적인 황국신민화에 대한 어용적 보고는 제주노회장이자 모슬포교회 당회장 산내의환(山內義煥)의 보고다. 그는 모슬포교회의 "장래경영"을 발표하면서, "일본적 기독교의 임무 실행," "국체 순응," "황국신민의 정신 발휘"라고 보고했다. 마치 총독부의 지시를 대독하고 있는 느낌을 받는다:

> 일본적(日本的) 기독교(基督敎)의 임무(任務)를 실행(實行)하와 국체(國體)에 순응(順應)하며 또한 황국신민(皇國 臣民)의 정신(情神)을 발휘(發揮)할 일이오며32)

어떻게 교회의 장래경영이 "일본적 기독교의 임무를 실행"하고 "국체에 순응"하는 것이란 말인가! 게다가 "황국신민의 정신을 발휘"하는 것이 장래경영이란 말인가! 김해정광이 보고한 대로 노회의 지도를 따라 교회를 혁신하여 완전한 일본적 기독교로 전환시키는 것이 노회 산하 교회의 가장 시급한 과제요 사명이 된 것이다. 그렇다면 황국신민의 정신을 발휘하는 것이 장래 경경의 일차 목표라는 생각은 산내의환 목사만의 입장은 아니다. 삼양교회 당회장 김해정광, 국민총력 제주노회 연맹 이사장 하동순모를 비롯한 제주노회 목회자들의 일치된 견해였다.

금령 세화 당회장 하동순모는 당회 보고를 하면서 늘 서두에 썼던 "하나님의 은혜로 …"라는 말 대신 "신의 은혜로 …"33)라는 말로 대신했고, 도종 지방을 보고하면서 삼산도종(森山道宗)은 과거 하나님의 은혜 대신 "신의 은총"34)이라는 말로 바꾸었다. 전도부장

---

31) 제주노회 제 13회 회록, 8.
32) 제주노회 제 13회 회록, 9.
33) 제주노회 제 13회 회록, 11.
34) 제주노회 제 13회 회록, 11.

김원봉헌(金原奉憲)은 청년회 보고를 하면서 전통적인 기독교 유일신 하나님 표현 대신 아예 "상제(上帝)의 은총(恩寵)"35)이라는 지극히 일반적인 종교적 용어로 대치시켰다. 그동안 한국기독교가 일반적으로 채용하던 "하나님의 은혜 중" 대신 "주은 중," "신의 은총," "상제의 은총" 등 다양한 방식으로 표현되기 시작했다. 기독교적 색깔을 일본적 기독교로 전환하려는 일에 솔선수범한 것이다.

다음날 노회 참석자들은 국방헌금을 현장에서 헌금해 20원 50전을 모금하고, 각 교회의 금종을 국방헌금으로 헌납하기로 만장일치로 결의했다:

-. 황군위문(皇軍 慰問) '日の丸' 의자헌납(倚子 獻納) 건(件)의 **에 대(對)하야 당석(當席) 연보(捐補)하기로 가결(可決)하고 삼산도종(森山道宗) 목사로 기도(祈禱)한 후 실시(實施)하니 현금(現金) 20원 50전이라. 이 돈을 회계(會計)에게 보내어 가금(加金)하야 의자 300본을 당국(當局)으로 통하야 헌납(獻納)키로 가결(可決)하다.
-. 제주노회(濟州老會) 구내(區內) 각(各) 교회(敎會)에 금종(金鐘)은 일치(一致)로 국방헌금(國防 獻納)하되 그 수속(手續)과 방법(方法)은 상치부(常置部)로 일체(一切)을 위임(委任)하야 각(各) 교회(敎會)에 통지(通知)하기로 가결(可決)하다.36)

노회는 일본적 기독교를 넘어 일제의 시녀로 전락하고 말았다. 국방헌금을 혼신을 다해 모금하고 성도들이 궁핍한 가운데 헌신적으로 헌금해서 마련한 종들을 일본에 헌납하기로 한 것이다. 하나님 앞에 더 드리지 못해 끼니를 건너가며 드린 헌물과 헌금이 이제는 "하나님" 대신 "천황"으로 대치되어 실천에 옮겨졌다. 일본의 황국신민화 정책에 교회는 가장 선두에서 그 책임을 수행했다. 노회적인

---
35) 제주노회 제 13회 회록, 14.
36) 제주노회 제 13회 회록, 18.

차원에서 시행하던 것이 이제는 개 교회적인 차원으로 다시 이제는 각 가정으로 깊이 침투시켜 그 일을 하도록 노회가 결정한 것이다:

-. 도내교인(島內 敎人)의 가정(家庭)에 **** 설치(設置) 건(件)은 상치부(常置部)에 위임(委任)키로 가결(可決)하다.
-. 강문호(康文昊) 목사(牧師)의 이명증서(移名 證書)가 오면 즉시(卽時) 서기(書記)에게 교부(交付)키로 가결(可決)하다.
-. 이기풍 목사(李基豊 牧師) [조선교회 원로목사(朝鮮敎會 元老 牧師)] 가족 구제(家族 救濟) 청원(請願) 건(件)은 구제부(救濟部)로 보내고 구제책(救濟策)은 상치부(常置部)에 일체(一切)을 위임(委任)키로 가결(可決)하다.
-. 구(舊) 회계(會計) 풍광재원(豊光在原) 씨(氏)가 별지(別紙)와 여(如)히 보고(報告)하니 채용(採用)키로 가결(可決)하다(부록[附錄])
-. 교회(敎會)에서 고물(古物)로 기념(記念)할만한 물품(物品)이 있으면 총회(總會) 사료부장(史料部長) 김화식(金化湜) 목사(牧師) [평양부(平壤府) 창전리(倉田里) 218]에게 교부(交付)키로 가결(可決)하다.37)

아 배도의 한국교회! 1938년 4월 제주노회의 신사참배 결정 이후 제주교회는 더 이상 기독교가 아니었다. 그것은 일본의 식민통치를 지원하는 협력기관이었다. 그것도 가장 충성스러운 기관이었다. 충성스러운 하나님의 종이라는 신앙적 개념이 가장 충성스러운 일본 식민화의 도구로 대체된 것이다. 제주노회의 책임이 과연 누구에게 있는가. 물론 총회가 그 연대적 책임을 져야 할 것이지만 그 책임이 일차적으로 제주노회 지도자들에게 있다는 사실은 피할 수 없다.

1938년 4월 신사참배를 결정한 후 제주노회는 영적 쇠퇴의 길로 접어들었다. 마치 선악과를 따 먹고 정녕 죽으리라는 아담에게 육신

---

37) 제주노회 제 13회 회록, 19.

제주노회 제 2회 대사경회

의 생명이 쇠하는 그날까지 잠시 죽음을 보류하셨던 것처럼 당장 그 진노의 잔을 제주교회에 쏟으시지는 않았다. 제주교회는 당장은 외형적으로는 눈에 띠는 차이가 없었다.

    1939년 8월 22일 중문리교회에서 회집된 제 10회 임시노회에서는 정순모, 김응규, 리도종, 조의환, 리근택 목사, 고영홍, 오주병, 허성재, 오공화, 리기방 장로가 참석해 목사 참석자들이 이전에 비해 오히려 더 늘었다. 신사참배를 결정한 후 노회에 참석한 목회자들이 늘었고, 장로들의 참석도 줄어들지 않았다. 그리고 심지어 각 교회의 외형적인 숫자도 줄어들지 않았다. 그러나 그런 현상은 오래가지 못했다. 1937년 5월과 1938년 4월 사이에 매주일 평균 출석이 성내교회 200명, 삼양교회 100명, 한림교회 165명, 두모교회 95명, 용수교회 85명, 고산교회 200명, 모슬포교회 360명이던 각 교회의 교세[38] 등 제주교회 전체 1,910명이던 교세는 그 이듬해 2,049명으로, 그리고 다시 2년 후 1939년 5월부터 1940년 4월 사이에는 2,150명으로 증가했

---

[38] 제주노회 제 9회 회록, 22.

으나 그 후 1941년 2,096명으로, 그리고 1942년에는 1,578명으로 급감했다. 1942년 성내교회에는 매주일 200명이 출석했고, 삼양교회는 100명, 조천교회는 33명, 김령교회는 30명, 세화교회는 8명, 모슬포교회는 200명, 고산교회는 107명, 용수교회는 70명, 두모교회는 120명, 한림교회는 80명, 서귀포교회는 23명, 법환교회는 70명, 중문교회는 55명, 성읍교회는 7명, 신풍교회는 16명, 협재교회는 70명, 금성교회는 30명, 성산교회는 32명, 그리고 내도교회는 17명 총 1,578명이었다. 남원교회와 추자교회만 통계가 나와 있지 않아 알 수 없지만 너무도 미약해서 통계를 낼 수 없었던 것으로 미루어 1942년 1,578명의 통계는 믿을 수 있는 것으로 보인다. 1938년 4월 신사참배를 결정한 후 신사참배와 교회생활을 병행하자 불과 2년 만에 그 결과가 나타나기 시작한 것이다.

3. 일제의 시녀로 전락한 제주교회

1940년 제 29회 총회 때 제주노회장 조의환은 "과거 一년간 본 노회 내 二十三교회가 하나님의 은혜로 무고"하였고, "一반교인등의 신앙이 질적으로 진흥"하였으며, "성찬참례하는 교인 百一인이 증가"[39]하였고, 하나의 교회를 설립했다고 보고했지만 한 해 동안 노회 내의 배도(背道)의 강도는 더욱 깊어갔고 실제로 그 이듬해 1941년 제 29회 총회에 제주노회장 하동순모(河東順謨) 목사는 총회에 "국민총력제주노회연맹결식"[40]을 단행했음을 보고했다. 그해 총회에서 하동순모 노회장은 "중산촌(中山村)에 전도(傳道)키 위(爲)하야 전도목사(傳道牧師) 1인(一人)을 총회(總會)에 청원(請願)"하고 "전도사업사(傳道事業師) 확장(擴張)과 교역자(教役者) 양성(養成) 교회진흥(敎會振興)에 주력(主力)"[41]하겠다는 야심을

---
39) 제 29회 총회록 (1940), 117.
40) 제 30회 총회록 (1941), 91.

1939년 성탄절 행사를 마치고

드러냈지만 이미 영적 생명의 중추신경은 끊어진 상태였다. 그것은 1942년 총회에 올린 제주노회 보고에서 그대로 읽을 수 있다:

4. 徵兵制實施祝賀講演ヲ島警察署高等係ノ後援ノ下ニ老會內 二十餘個所 二開催 シタリ
5. 各敎會ノ吊種ヲ獻納シ愛國機獻金眞鍮扇子等ヲ獻納並ビ國防獻金慰問袋等ヲ以テ銃後 國民ノ誠ヲ盡セリ
6. 老會聯盟主催ニテ夏期 信徒鍊成會ヲ開催シ多大ナル成果ヲ收メリ…
四. 將來計劃, 傳道事業ト國語普及ヲ獎勵シ日本的基督敎ニ邁進セントス[42]

제주노회는 제주도내 경찰서 고등계의 후원 하에 제주노회 산하 20여 개 장소에서 "징병제실시축하강연(徵兵制實施祝賀講演)"을 개최하였고, 비행기 헌납헌금 등 국방헌금에 충실했으며, 노회연맹

---

41) 제 30회 총회록 (1941), 91.
42) 제 31회 총회록 (1942), 74.

1939년 성탄절 행사를 마치고

주최로 신도연성회를 개최한 것이다. 일본적 기독교화 운동에 교회가 앞장서서 감당했다는 것이다. 영적으로 타락한 목회자와 장로들이 이끌어가는 교회는 이미 그 생명력을 상실한 것이다. 더 이상 성령의 역사, 위로부터 내리우시는 하나님 앞에서 영적인 힘을 충실히 공급받을 수 없었다. 궁성요배와 신사참배가 구체적으로 실시되면서 노회, 교회, 가정이 영적으로 시들어 갔고, 자연히 교세가 급감한 것이다. 기독교의 생명력인 질적, 영적 타락은 곧 양적 성장에 영향을 미친다는 사실을 여실히 보여준 것이다. 그것은 다음 통계가 여실히 보여준다.

노회조직 이후 제주교세(1930-1942)

년 도	교회	등록교인	출석교인	목사	당회 (*표는 목사 없는 당회)
1931(20회)	17	1,078	951	6	6 + (*4) = 10
1932(21회)	17	1,053	1,013	5	8 + (*3) = 11
1933(22회)	17	1,266	991	3	3 + (*8) = 11
1934(23회)	19	1,329	1,067	6	3 + (*8) = 11
1935(24회)	20	1,534	1,335	7	7 + (*4) = 11

1936(25회)	22	1,566	1,365	6	3 + (*8) = 11
1937(26회)	21	1,529	1,393	4	4 + (*6) = 10
1938(27회)	22	1,910	1,836	4	4 + (*5) = 9
1939(28회)	23	2,049	1,970	5	4 + (*4) = 8
1940(29회)	24	2,105	1,951	6	4 + (*5) = 9
1941(30회)	24	2,096	1,690	7	5 + (*4) = 9
1942(31회)	24	1,606	1,578	6	4 + (*5) = 9

(출처: 장로회 총회록 1931-1942년)

1940년 대비 1941년 교인 출석이 현저하게 줄어들더니 1941년과 1942년 사이 등록교인이 무려 500여 명 가량이 줄어들었다. 비록 1930년 제주노회를 결성할 때에 비해서는 상당히 높았지만 노회 조직 후 꾸준하게 성장하던 제주교회가 침체를 달리기 시작한 것이다. 우리는 일련의 제주기독교 교세의 변화를 진단하고 읽을 수 있다. 1930년 1,078명이던 교세는 1941년 2,196명으로 2배가 급증했다. 하지만 영적으로 제주노회와 교회들이 배도의 길로 접어들면서 뚜렷한 침체가 도래해 1942년 교세는 급감하여 1,606명으로 줄어든 것이다. 영적 타락이 교세의 타락을 가져온 것이다. 분명 제주교회의 성장과 침체의 그 본류를 거슬러 올라가면 1938년으로 귀착되는 것을 발견할 수 있다.

신사참배를 결정하던 1938년 4월 이후 제주노회 안에는 변화가 일고 있었다. 교역자들의 이동이 너무 잦았다. 어려운 시기일수록 교인들과 동고동락을 해야 할 텐데 그렇지 못했다. 그것은 신사참배를 하면서 이미 배도의 길에 접어든 목회자가 생명력 있는 메시지를 전할 수 없었고, 때문에 교인들의 영적 상태는 침체되어 자신들이 감당할 수 없었던 것이다. 자연히 교회 안에는 제 문제들이 발생하기 시작했다.

1939년 8월 22일 제 10회 제주노회 임시노회에 보고된 것처럼 "회계 지불난의 건,"[43] "세화리 부정휴 씨 고소의 건,"[44] "중문리

---
43) 제주노회 제 10회 림시회, 1.

1942년도 제5회 제주 연합청년회

교회 분란 사건,"45) 등 여러 문제들이 발생했다. 그러나 이보다도 더 직접적인 피해는 영적 침체였다. 목회자의 잦은 이동과 함께, 영적인 생명력의 메시지를 공급받지 못한 교인들이 영적인 침체에 빠지기 시작한 것이다. "서귀포교회는 1년간 교역자가 없는 관계로 교회가 매우 연약한"46) 상태에 놓였고, "성읍리 신풍리와 같은 연약한 교회들도 지금 지도자가 없어서 많이 퇴보한 일"47)이 발생했다.

이 같은 상황은 1941년과 1942년에 접어들어 더욱 심해졌다. 다음은 당시 양천혁 목사가 맡고 있던 제주지방의 영적 모습이다:

> 금성교회(錦城敎會)는 청년(靑年) 전도부(傳道部)와 연합(聯合)하야 교역자(敎役者)가 시무(視務)하는 중(中) 사면(辭免)하고 갔음으로 목자(牧者) 없는 양(羊)과 같은 형편(形便)이오며 … 교역자(敎役者)를 청(請)하여 영적기아(靈的 飢餓)를 면(免)하려 하오니

---

44) 제주노회 제 10회 림시회, 1.
45) 제주노회 제 10회 림시회, 2..
46) 제주노회 제 12회 회록, 10.
47) 제주노회 제 12회 회록, 10.

		職員							敎人						
		직원총수	목사	장로	장립집사	서리집사 (남)	서리집사 (여)	전도사 (남)	전도사 (여)	영수	교인총수	금년입교한수	금년제명한수	성찬교인	유아세례총수	학습인수	원입인수	주일평균회집수
	성내	20	1	2	3	7	6			1	202	3		99	11	24	65	200
	삼양	15	1	3		6	6			1	119	2	9	36	15	20	35	100
	조천	5		1		2	1	1			31		7	15		5		33
	김령	7		1		3	2	1			74	3	1	17	1		2	30
	세화	2				2					9	1		8				8
	모실포	10	1	2	4	7	6				417	2	3	103	17	22	70	200
	고산	11	1	1		5	3			1	230	4	5	53	32	20	100	107
	용수	6	1	2		2	1	1			88			25	7	17	39	70
	두모	7		1		3	2				136	3		41	4	10	80	120
	한림	12		3	2	2	4			1	192	8	14	64	28	30	3	85
산내	인성 영락	8				5	1	1			80	5		26	3	13	53	80
김촌	서귀	7	1			3	2			1	30	3	2	12	1	2	12	23
	법환	4				2	1	1			37	7		28	2	9	33	70
	중문	5				3	1	1			46	5	4	12	9	8	6	55
	남원	2		1		1					6			5				
	성읍	4		1		1	1		1		7			7				7
	신풍	3				2	1				17	1		6	2	1	6	16
양천	협재	5				2	2			1	70	4		28	4	7	26	70
삼산	금성	5				2	2			1	54	2	6	17	4	12	15	30
	조수	2				1				1	47			14	4	4	20	33
하동	성산	7				4	2	1			49	11		20	5	8	14	32
	내도	3				2				1	20		1	8	2	3	5	17
	추자																	
	계	180	6	18	9	67	44	5	4	6	1506	68	55	644	654	211	653	1578

제주노회 제13회 총계 보고(자소화16년 5월 지소화 17년 4월)

노회(老會)에서도 사랑으로 선(善)히 지도(指導)하여 주시기 바라고 기도(祈禱)하오며48)

  1938년 4월 신사참배를 결정한 후 확실히 제주기독교의 양적, 질적상황은 그 이전과 너무도 차이가 있었다. 이 모든 출발은 지도자들의 영적 타락에서 출발했다. 영적으로 교회를 이끌어야 할 목사들과 장로들이 부끄럽게도 배도의 길에 앞장선 것이다.
  버림받고 상처 깊은 조정으로부터 반정부 활동의 본산지로 낙인찍히고 일본과 몽고로부터 계속적인 침략을 받았던 제주민들은 그런 환경 속에서도 나라와 민족에 대한 사랑이 남달랐다. 하지만 항일운동의 본산지 가운데 하나로 일제에 항거하며 맞섰던 제주가 일제통치 말엽에는 그렇지 못했다.
  민족애와 나라 사랑에 가장 불타올라야 할 기독교인들이 너무도 쉽게 신사참배를 허용하고 배도의 길로 접어들었다. 교회는 저항운동에 앞장서지도, 일제의 압제와 탄압 속에서 사회와 민족을 선도하는 본연의 사명을 감당하지도 못했다. 제주 출신으로 흔들리지 않고 제주를 사랑하고 고향 사람들과 생사를 같이 하려고 했던 이도종도 그렇지 못했다. 그는 제주노회 노회장으로서 1938년 4월 신사참배를 순순히 수용했다. 그것을 교회가 수용해야 하는지 말아야 하는지 깊은 고민도 나타나지 않는다.
  그는 제주 출신 지도자 가운데 한 사람으로 교회의 공백을 훌륭히 메웠지만, 기독교 본연의 끈질긴 영적 생명력은 보여주지 못했다. 제주의 기독교를 지켜온 자존심이었지만 신사참배 문제에 있어서는 그렇지 못했다.
  그러나 이들만의 탓은 아니다. 총회가 모범을 보이지 못했고, 유약한 노회를 선도하지 못했으며, 제주교회 형제들이 힘든 터널을 통과하고 있을 때 생명을 나누는 친구가 되지 못했다. 힘겨운 경제 공

---
48) 제주노회 제 13회 회록, 13.

황, 일제의 찬탈 앞에 고향을 등지는 이들이 수두룩한 시골교회를 감당하는 것 자체가 무거운 짐이었다. 따라서 총회가 형제의 아픔에 동참할 겨를도 여유도 없었다. 없는 살림에 독립해야 하였던 제주노회는 독립을 몸으로 배워야 했다. 지도자의 공백 속에서 최선을 다했지만 역시 한계가 있었다. 1938년 신사참배를 수용했고, 이를 제주노회 산하 모든 교회에 당연히 받아야 할 국민의 의무라고 가르쳤다. 그리하여 정통성을 상실하고 만 것이다.

1930년 노회 조직 때 17개의 교회였던 교회수가 1942년까지 24개가 되었다.[49] 7개의 교회가 더 증가했을 뿐이다. 이것은 노회가 조직된 상황에서 너무도 적은 성장이다. 강문호가 "1945년 해방을 맞이하기까지 교세가 부진하였다"[50]고 말한 것은 너무도 부드러운 표현이다. 정통성을 상실한 제주교회는 걷잡을 수 없는 침체의 늪으로 떨어졌다. 이것은 1908년부터 1942년까지 제주기독교의 통계를 통해서 그대로 읽을 수 있다. 1942년 4월 현재 제주에 설립된 교회와 교세는 다음과 같다.

1908년부터 1942년까지 제주교세통계

년도	1908	1910	1911	1912	1930	1936	1940	1941	1942
교회	1	3	교회 3 기도처2	교회 3 기도처5	17	20	24	24	24
성도	20	100	160	400	1,078	1,534	2,105	2,196	1,606

1908년 1개 교회 20명의 성도, 1911년 3개 교회, 3기도 처소에 160명, 1912년에 3개 교회, 5기도 처소에 400명의 성도, 1930년에 17개 교회 1,078명, 1936년에 20개 교회에 1,534명, 1941년 24교회

---

49) 24개 교회는 노회록에 근거한 것이며 그 명단은 제주선교 70년사와 차이가 있다. 姜文昊, 文泰善, 濟州宣敎 70年史, 163.
50) 姜文昊, 文泰善, 濟州宣敎 70年史, 48.

에 2,196명, 그리고 1942년에 24교회 1,606명이었다. 1942년 기록까지만 찾을 수 있어 그 이후의 교세를 정확히 파악할 수 없지만 1942년 이후에는 제주기독교가 급락했을 것으로 여겨진다.

1908년부터 1941년까지 꾸준하게 증가하던 교세가 그 후부터 급감하기 시작했음을 보여준다. 제주기독교 지도자들은 제주기독교를 다시 살리고 싶었고, 그런 조짐이 전혀 없었던 것도 아니었다. 1940년 2월 제주에서는 순천중앙교회 박용희 목사를 모시고 제주노회 대사경회를 개최하였을 때 400명이나 참석했다. 1940년 3월 13일자 **장로회보**는 이렇게 보도했다:

> 제주노회 제 2회 대 사경회는 예정과 같이 2월 15일부터 동 22일까지 한림항교회에서 개최되었는데 입회원이 208인이며 방청까지 합하여 400여인이 운집하였다. 특별강사인 순천중앙교회 박용희 목사의 인도로 대성황을 이루어 진리에 굶주린 영들이 신령한 은혜에 도취되어 새로운 힘을 얻게 되었다. 특별한 일은 임시구제위원회를 조직하고 그 실시방법은 2월 26일, 27일, 28일 3일간 점심을 금식하고 (전 노회적으로) 교우 가정마다 미곡을 수합하여 재지 (재지) 동포를 구제하기로 하고 위원장 이근택 목사, 서기 겸 회계 이기방 장로를 선정하였으며 주일학교 양성과 입학지원자로 20여 인이나 모집하고 22일 밤에 폐회하였다.[51]

제주기독교는 노회적인 차원에서 제주기독교의 중흥을 위해 노력했다. 1941년 9월에는 이명직 목사를 초청하여 부흥회를 개최했다. 하지만 배도의 길에 접어든 제주기독교가 본래의 신앙을 회복하기에는 너무 늦었다. 부흥회를 인도하는 강사도, 교회 목사도, 교인도 모두 다 신사참배에 합류하여 배도의 길을 걷고 있는 상황에서 하나님의 주권적인 선물인 부흥이 임할 리가 없었다. 영적각성은 유일신 하나님에 대한 신앙이 절대적으로 요구되기 때문이다.

---

51) 장로회보, 1940년 3월 13일.

일단 일제의 시녀로 전락한 교회는 생명력도 갱신의 능력도 없었다. 일제의 압력에 저항할 능력과 의사도 없었다. 1943년 6월 10일에는 제주노회가 해체 당하고, 일제 말 교단 통합에 따라 제주도의 모든 교회들이 일본기독교 조선교단 제주교구에 편제되었다.52) 정순모 목사가 교구장, 강문호 목사가 부교구장에 임명되었다. 1943년 6월 10일 제주노회가 해산되고 일본기독교단조선교단제주교구로 개편된 후 1944년 제주조력총회도 제주교구회 내 부인연합회로 명칭이 바뀌었다.53) "도내에 있는 목사를 비롯한 교직자들이 일본 경찰에 의해 '요시찰인'(要視察人)으로 감시를 당했다."54) 이 시련은 시작에 불과했다. 제주기독교는 단지 영적인 고통만 아니라 물리적인 고통도 감수해야 했다. 그것은 이제까지 제주기독교가 만나지 못했던 상상할 수 없이 큰 고통이었다. 제주는 전략상 지정학적으로 너무 중요한 위치에 있었다.55) 제주가 전투기지로 전락하여 20만의 관동군이 주둔하면서 제주기독교는 너무도 혹독한 시련을 겪기 시작했다. 조남수는 자신의 회고록에서 이렇게 증언한다:

> 제 1차 세계대전에서 어부지리를 거둔 일본제국주의자들은 극동에 눈독을 들이고 제주도에 군사기지를 구축하려는 계획을 세웠다. 이것은 조선해협을 제압하고 황해를 수중에 넣으면 극동을 마

---

52) "신사참배, 예배시 국민의례, 일본어 사용, 교회행사의 감시 찬송가의 삭제 등 온갖 방법으로 종교탄압을 해오던 그들은 1943년 5월에 이르러서는 교회의 명칭과 조직 구조에까지 간섭을 하고 조선예수교장로회 총회를 해체시키고 일본 기독교 조선교단으로 통리 개편시켰으며 이에 따라 1943년 6월 10일에 와서는 제주노회가 해산되고 일본기독교 조선교단 제주교구로 개편할 수밖에 없는 고배를 마셔야 했다." 姜文昊, 文泰善, 濟州宣敎 70年史, 58.
53) 최순신, 제주노회 여전도회 80년사 (제주: 제주노회여전도회연합회, 2008), 61.
54) 제주노회사출판위원회, 제주노회사, 31.
55) "제주도는 군사적, 정치적, 경제적 요충 지대로써 일본, 중국대륙의 어선, 상선의 기항지요, 특히 세계전사의 전략상 결정적인 요충지대로 보는 것이다. 그 이유는 제주도를 제압하면 황해를 제압할 수 있고 그리되면 일본 중국은 물론 아시아 전체 소련까지도 넘나 볼 수 있는 지정학적인 요충지대라고 보는 까닭이다. 이런 점을 일본은 재빨리 착안하고 선수를 쳤다. 돌이켜보면 1937년 8월에 중국대륙 동양폭격의 비밀기지로, 일본 해군이 대륙항공 작전 기지로 선수를 쓰게 된 것이다." 조남수, 四·三 眞相 (제주: 도서출판 관광제주, 1988), "머리말."

음대로 요리할 수 있다는 독장수의 망상에 사로잡혀 혈안이 되었다. 이에 대륙을 향한 침략의 마수를 제주도에 내뻗고, 우선 무선전신과 해양기지를 설치하였으며 중·일 전쟁시에는 대륙병참기지로써 군사적 활동을 강화하였다. 한편 대미(對美) 야망에 찬 일본제국은 결전 기지로써 활용하기 위하여 여러 가지 군사시설을 확충하였다. 태평양전쟁을 선포하고 바로 제주도를 제1급 대미 결전 전초기지로 삼았다. 1943년부터 군대를 투입 44년 말까지는 각지에서 패배한 관동군과 남방군을 제주도 군대에 증강, 무려 20만을 투입하였다.56)

제주에 관동군 20만이 투입되었다는 것은 대단한 숫자다. 제주가 군사기지화 된다는 것은 제주민들의 농토를 수탈당하고, 식량을 공출로 내어바쳐야 하며, 군사시설물 건축을 위해 강제부역에 동원되어야 한다는 의미였다. 쇠붙이라는 쇠붙이는 심지어 제사(祭祀) 기구는 물론 놋수저마저 수탈당했다. 교회에서는 예배 시간을 알리는 생명 같은 종을 공출 당했다. "1940년대 일본제국주의의 종말적인 최후발악은 한반도 전역에서 극도에 달했지만 그중 지리적 여건이 숙명적인 제주섬은 그 어느 곳보다도 더 참혹할 수밖에 없었다."57)

한라산을 비롯하여 농, 어촌 할 것 없이 각 학교, 관공서, 교회당은 물론 큰 민가도 모두 군용기지로 강제 징용되었다. 농경지도 군사 작전상 모두 징발되고 겨우 경작해 놓은 농산물도 남김없이 군량 물자로 공출되었다. 조상대대로 내려오는 제기(祭器)등 놋수저하나 남기지 않고 쇠붙이는 모조리 공출명목으로 수탈해 갔다. 교회당이나 사찰의 성종까지도, 그뿐이랴 도민들은 20만 군인들의 뒷바라지에 거의 24시간을 빼앗겨야 했다. 비행장과 토치카의 건설, 군용도로의 시설, 보수, 특공대를 위한 항만시설에 혹사를 당하였다. 모슬포 '알뜨르'와 제주 '정뜨르'에는 소위 '함바'라는 수용소

---

56) 조남수, 四·三 眞相, 4-5.
57) 조남수, 四·三 眞相, 4.

를 수 10채씩 지어놓고 한 곳에 백명 내지 이백명씩 합숙시키고, 2개월 3개월 반으로 연중 교대하면서 전도민을 우마와 같이 혹사시켰다. 굶주리고, 매맞고, 혹사에 못이겨 골병들고, 죽어서 나가는 사람이 부지기수였으나, 신원할 곳이 없었다. 청년들은 학병으로, 장년들은 징용으로 끌려가서 만주벌판, 남양군도, 북해도 탄광 등지에서 짐승과 같이 혹사를 당하다가 쓰러지고 적군의 총알받이로 죽고, 행방불명이 된 사람이 부지기수이다.58)

대동아전쟁 또는 태평양전쟁이라고도 불리는 제 2차 세계대전이 종전되기 전 약 1년간은 일제의 수탈이 극에 달했다. "1944년에는 전 제주도가 군사 요새화가 되어 어디를 가든지 군사기지로 화하였고 더욱이 성내, 한림, 모슬포교회 등은 일본군에 징발당하여 일본군인의 숙소가 되었다."59) 모질게 이어져온 제주조력총회도 1944년 5월 4일 제주도 교구회 내 부인연합위원회 제 6회 제주부인조력총회 임시회 (회장 김진현, 서기 정순일)가 마지막이었다.60) 여기에 언급된 피해는 그 일부에 지나지 않는다. 제주기독교가 당한 수난은 말로 형언할 수 없을 정도였다.61) 그것은 말로 형언할 수 없는 참혹한 고통이었고, 제주기독교를 완전히 황폐화시키고 말았다. 조남수는 일제 말엽 제주도의 당시 상황을 이렇게 기술했다:

> 1945년에 접어들면서 제주도는 미군의 공격 대상지가 되었다. 전투에 장애가 되는 비전투인은 모두 본토에 소개하라는 명령이 내렸다. 그해 5월 7일 황화환(晃和丸)에 280여명을 태우고 목포항으로 떠났다. 이배가 진도 앞바다에 이르렀을 무렵에 일본 수송선으로 오인한 미군 폭격기와 잠수함이 이를 폭격 전원 수장되었다. 이 희생자 중에는 필자가 시무하고 있는 서귀포교회 장로 정동규(鄭

---

58) 조남수, 四·三 眞相, 4-5.
59) "제주 선교," 기독교대백과사전 13권 (서울: 기독교문사, 1984), 1177.
60) 최순신, 제주노회 여전도회연합회 80년사, 62.
61) 최순신, 제주노회 여전도회연합회 80년사, 62.

棟圭) 가족 4명(부인과 자녀들)도 참변을 당하여 오랫동안 비통에 잠겼으며 시체도 찾지 못하여 더욱 슬프게 만들었다. 본도에는 13명의 목사가 있었는데 이런 구실 저런 핑계로 소개시키다 못해 후에 일본말 설교와 기도찬송을 못하는 자는 목사자격이 없다고 단정 무자격자라고 모두 강제 축출하여 두 사람만 남겼다.62)

제주에 남은 목회자는 한림의 강문호 목사와 서귀포의 조남수 목사뿐이었다. 일본어를 구사할 수 없는 목회자를 다 육지로 소개할 때 이들은 일본어로 설교할 수 있었기 때문에 남아 있게 된 것이다. 그러나 이들의 삶은 비참했다. 조남수는 교역자라는 신분 때문에 강제 "징용대상에서 면제"는 되었으나 "교역자는 놀고먹는 자라 하여 3개월간 배급을 중단하여 전분 찌꺼기로 겨우 연명"해야 했다.63) "5월 13일에는 비양도 앞바다에서 일본수송선(日本輸送船)과 호위함(護衛艦) 4척(隻)이 정박중(碇泊中), 심야(深夜)에 미군 잠수함(美軍潛水艦)에 의해 격침되어 많은 피해(被害)를 냈으며, 산지항(山地港)에 정박중(碇泊中)인 일본 군함(日本 軍艦)과 제주주정공장(濟州酒精工場) 군수창고(軍需倉庫) 등이 미군기(美軍基)에 의해 폭격당(爆擊當)하였고, 제주시(濟州市) 상공(上空)에서 공중전(空中戰)이 벌어져 일본기(日軍機) 4대(臺)가 격추되는 등 제주도는 완전 전쟁터로 화해가고 있었다."64) 이 때 지뢰가 폭발하고 가옥이 파괴되어 미공군의 공습으로 42평의 한림교회와 12평의 사택이 전파되었고, 담임목사 강문호는 부상을 당하였다. 그의 여동생 강연아와 한림교회 교인 어린이 5명, 부인 3명, 합 8명이나 공습으로 사망했다.65) 가옥 400호가 파괴되었고, 30명이 사망했으며, 200명이 부상했다.66) 강문호는 자원해서 육지로 소개되었다. 가족을 잃은 상황에서 또 언제 다시 공습이 재개될지 모

---

62) 조남수, 四·三 眞相, 6.
63) 조남수, 四·三 眞相, 5.
64) 姜文昊, 文泰善, 濟州宣敎 70年史, 59.
65) "제주 선교," 기독교대백과사전 13권, 1177.
66) 姜文昊, 文泰善, 濟州宣敎 70年史, 60.

르는 상황에서 그 참혹한 현장에 머물러 있을 수 없었다.

가도 가도 끝이 보이지 않는 암흑이었다. 오랫동안 버림받고 상처로 얼룩진 제주가 다시 힘든 터널을 통과해야 했다. 언제 끝날지 모르는 어둠의 길이었다. 조정으로부터 버림받고 마지막으로 찾았던 유배지, 백제와 신라와 고려와 조선으로 이어지는 조공의 땅, 몽고의 침입과 일제의 침략이 끊이지 않았던 침략의 땅, 그러면서도 조정의 보호와 힘이 미치지 못해 스스로 왜적과 맞서야 했던 땅 제주가 또다시 고난의 터널에 들어선 것이다. 강문호의 표현을 빌린다면 그것은 "질식직전의 위기"67)였다. 조금만 더 암흑의 상태가 계속되었다면 제주기독교는 회복하기 힘들었을 것이다. 하나님께서는 한국기독교에 우상을 강요하며 배도의 길로 몰아넣었던 일본을 징계하셨다. 그것은 신앙인의 관점에서는 분명 하나님의 심판이었고, "악랄한 일제"에 대한 하나님의 "천벌"이었다.68) "일본 본토에서는 8월 6일 히로시마에, 9일에는 나가사끼에 원자폭탄을 투하하여 수십만 명이 떼죽음을 당하는 등 도저히 감당하기 어려워서 8월 15일에는 무조건 항복을 선언한 것이다. 너무나도 당연하고 필연적인 하나님의 심판이었다."69)

---

67) 姜文昊, 文泰善, 濟州宣敎 70年史, 60.
68) 姜文昊, 文泰善, 濟州宣敎 70年史, 61.
69) 조남수, 四·三 眞相, 6.

제 IV 부

해방 후 제주기독교(1945-1960)

1945년부터 1960년까지 제주의 기독교 역사는 놀라운 부흥과 성장의 단계를 거치며 한국기독교 전체가 만난 부흥을 경험하였다. 1945년 이후 제주기독교는 비로소 선교지라는 탈을 벗고 한국교회의 당당한 일원으로 발전할 수 있었다. 1948년 4·3 사건과 1950년에 발발한 한국전쟁은 세상적으로 민족 비극의 사건이었지만 이를 계기로 놀라운 부흥이 일어나 제주기독교를 한 단계 도약시키는 전기가 되었다.

제 11장 해방과 이데올로기의 대립(1945-1950)
제 12장 한국전쟁과 제주기독교 부흥(1950-1960)

제 11 장

해방과 이데올로기의 대립(1945-1950)

> 1945년 8월 15일 일제의 억압으로부터 해방되었을 때 공산주의자들의 지하운동은 [제주에서] 이미 존재하고 있었다. 이들의 운동은 허약한 정부 행정 하에서 규모나 강도 면에서 성장을 거듭했고 외부로 공산주의의 촉진을 증대시켰다.
>
> 1948년 4월 1일, 미군정 보고서

> 경찰에서 총을 쏘지 않으면 안되는 이유가 어디 있으며 그보다 먼저 경찰을 향해 총을 쏘지 않으면 안되는 이유가 어디 있었던가. 그것은 제주도만의 슬픔이 아니라 한국의 슬픔이며 민족의 슬픔이 아닐 수 없다. 평화의 신은 어디로 가고 이 땅은 그토록 잔인스런 민족상잔의 비극으로 충만되어야 했던가.
>
> 1948년 4월, 4·3 사건 현장의 목격자,
고문승, 〈박헌영과 4·3 사건〉, 306.

    1945년 8월 15일 정오 일본천황 유인(裕仁)의 떨리는 음성이 라디오 특별방송을 통해 흘러나왔다. "우리의 선량하고 충실한 신민(臣民) 여러분! …" 아메리카합중국, 영국, 중국, 소비에트연방 등 연합국에 무조건적 항복을 천명한 것이다.[1] 처음 일본천황 유인의 항복 선언이 방송에서 흘러나올 때 제주도 주민들은 믿어지지 않았다. 그러다 재방송이 라디오를 통해 흘러나오면서[2] 비로소 드디어

---

1) 조남수, 四·三 眞相 (제주: 도서출판 관광제주, 1988), 1.

고대하고 사모하던 해방이 찾아왔다는 사실을 알게 되었다. 제주도민들은 흥분을 감출 수 없었다.3)

해방! 그 소식은 제주도민들을 감격의 도가니로 몰아넣었다. 해방은 어두운 터널을 통과하고 있던 이 민족에게 최고의 감격의 소식이었다. "이 소식이 전해지자 온 겨레 3천만의 가슴에는 새 생명이 뛰었고 민족적으로 종교적으로 이중 삼중의 탄압에서 시달리던 우리 가슴에는 신천지가 열리는 듯하였다."4) 특별히 일제의 찬탈이 극에 달하고 일본의 전쟁 기지로 전락한 제주도 민중들에게는 더욱 그랬다. 더 이상 강제 징병도, 강제 부역도, 예배당 공출도, 목회자의 강제 소개도 없는 자유와 평등, 안정과 번영의 시대가 도래할 것이라는 흥분으로 가득 찼다.

하지만 이런 기대와는 달리 해방 후 제주는 우파와 좌파의 이데올로기의 대립의 장이 되었고, 급기야는 이 민족의 역사에 가장 비극적인 사건 가운데 하나인 4·3 사건이 발생했다. 제주도 역사상 가장 많은 희생자를 내고, 가장 많은 피해를 입은 상상할 수 없는 비극이 초래된 것이다.5) 젖 먹이 어린아이부터 늙은 노파에 이르기까지 4·3의 비극을 피할 수 없었다. 교회 역시 그 무섭고 혹독한 시련을 비껴갈 수 없었다. 1945년 해방부터 1950년 한국전쟁이 발발할 때까지 이데올로기의 대립이라는 무서운 시련을 통과해야 했다. 좌익과 우익의 대립 속에 수많은 민중들이 생명을 잃었다. 서귀포교회당이 소실되었고, 제주가 배출한 최초의 목회자 이도종이 순

---

2) 조남수, 四·三 眞相, 18. "[8월] 14일 밤부터 솔동산 강성모 선생 댁에 사람들이 모여들어 라디오 주변을 겹겹이 둘러싸고 앉아 방송에 귀를 기울이고 있었다. 15일 아침 방송에 12시 정오를 기하여 천황의 중대 발표가 방송된다고 하였다. 사람들은 만사 제쳐놓고 라디오 있는 집으로 몰렸다. 아니나 다를까 정오에는 일본의 항복선언 ○○의 침통한 방송이 흘러나왔다. 솔직히 말해서 모든 사람은 식음을 잊다시피 라디오에 몰렸다."

3) 조남수, 四·三 眞相, 3. "그 토록 위세 당당하고 옥쇄 필승을 다짐하던 제국주의 일본이 연합군에 무조건 항복을 선포하였다. 처음에는 우리의 귀를 의심케 하였으나, 재방송을 통하여 확실히 알게 되었다."

4) 姜文昊, 文泰善, 濟州 宣敎 70年史 (서울: 대한예수교장로회 총회교육부, 1978), 61.

5) 姜文昊, 文泰善, 濟州宣敎 70年史, 63.

교했다. 일어나서는 안 될 비극이 발생한 것이다.

1. 해방 후 좌익과 우익의 대립

해방 이후 민족의 최대 과제는 건국이었다. 이 일에는 학벌, 종파 빈부, 남녀, 지역이 따로 없었다. 민족의 해방 그 감격과 국민적 열정을 잃어버린 나라 건설에 힘을 모아야 했다. 누구도 이의를 제기하지 않았다. 그것은 우리 민족의 최대의 과제였기 때문이다. 그 민족적 열기는 제주도에서 유독 뜨거웠다. 일본의 찬탈과 압제가 어느 곳보다도 가혹했던 제주에서 민족의 통일과 독립과 건국은 시대적 요청이었다.

일제의 36년의 속박에서 해방된 제주도민(島民)들은 손에 태극기를 들고 애국가를 부르며 그토록 악질로 놀던 일본인을 찾아다니며 시위를 벌였다. 자유의 시대 각종 집회를 자유자재로 소집하고, 각종단체가 결성되었고, 방위대, 보안대, 치안대, 자위대, 청년단이 아무런 제재 없이 조직되었다. 말 그대로 자유와 해방을 맞은 것이다.[6] 온 제주도민은 조국의 광복으로 들떠 있었다. 이 시기에는 좌도 우도 학벌도 종파도 구별도 없었다. 하지만 그런 와중에서도 여전히 일본을 두둔하는 자들이 있었다.[7]

일본군이 자신들의 패전을 인정하지 않고 아직 무장해제를 하지 않은 58,320명의 일본의 패잔병들이[8] 제주에 남아 있는 상황에서, 제주농업학교 학생들 800여 명은 청년학도단을 조직 8월 16일 일본

---

6) 조남수, 四·三 眞相, 7-8.
7) 조남수, 四·三 眞相, 3. "서귀포에서는 부면장이던 김(金)모가 '일본이 패전한 것은 사실이나 우리는 내선일체(內鮮一體)이기 때문에 조용히 황국신민의 위치를 지키고 상부의 지시를 기다려야 한다.'는 망언으로 서귀포 유지와 청년들의 들뜬 마음을 더욱 흥분시켰다."
8) 제주 4·3 사건 진상규명 위원회, 제주 4·3 사건 자료집 7 (서울: 제주 4·3 사건 진상규명 및 희생자명예회복위원회, 2003), 23. 조남수는 10만이 넘었다고 말하는데 이는 좀 과장된 것으로 보인다.

군 무기고를 점령하고 일본군과 대치하는 사태가 벌어졌다. 안정과 질서를 유지할 수 있는 전 도민의 창구가 절대적으로 필요했다. 1945년 8월 20일 건국준비위원회가 결성되었다.9)

서귀포에서도 서귀면 건국준비위원회가 결성되어 오용국(吳龍國)이 위원장에, 부위원장에 강성모(康性模)가 선출되었고 조남수 목사가 문화부장을 맡았다.10) 9월 10일에는 제주도건국준비위원회가 제주농업학교에서 결성되었다. 조남수, 강성모, 오대진, 안세운을 비롯한 7명의 건국준비위원회 도위원회는 일본군 사령관과 경찰책임자와 면담하면서 "1. 우리의 건국준비위원회 활동과 치안유지 활동을 간섭하지 말라" "2. 제주도의 모든 행정과 치안은 우리 건국준비위원회가 맡아 할 것이다" "3. 일본의 군대와 경찰은 지난 8월 15일로 끝났으니 군경의 무장을 즉각 해제하라"고 요구했다. 하지만 상부의 지시가 없다는 이유로 건준 도위원회의 요구는 묵살되었다.

1945년 9월 15일 미군 선발대가 제주에 도착하고 이어 28일 라우엘 대령의 미군부대가 제주에 상륙했다.11) 관덕정 마당에서 제주도 도민 1만 명은 미군의 제주 입성을 대대적으로 환영했다. 제7보병 사단 요원들로 구성된 무장 해제단이 구축함 1척의 호위를 받으며 2척의 LSM편으로 한국의 남서쪽에 위치한 제주도에 08시에 도착하였다. 1945년 9월 27일 미군은 제주농업학교에서 제주도 주둔 일본군 제 58군의 도야마(Toyama) 중장으로부터 항복문서를 받

---

9) 조남수, 四·三 眞相, 11.
10) 조남수, 四·三 眞相, 1.
11) 조남수, 四·三 眞相, 12-13. "9월 15일경 중대 규모의 미군이 선발대로 모슬포에 상륙하여 日本군의 동태를 감시하기 위하여 왔었다. 9월 28일에는 라우엘 대령이 지휘하는 2척의 LST함정과 10여대의 항공 군용기로 다수의 미군부대가 제주도에 상륙하였다. 관덕정 마당에서 도민 1만여 명이 모여서 환영식을 가졌고 제주농업학교 교정에서 일본군 제주도사령관에게서 항서를 받았다. 도사로부터 조인식을 끝냄으로서 군정이 시작되게 되었다. 군정장관에는 스타우드소령이었다. 미군정에서는 지체하지 않고 그날로서 일본군에게 무장해제를 命하고 무기탄약은 깊은 바다에 버리도록 命하였다. 그러나 전도적으로 감시불가능 한 것을 기회로 일부는 바다에 버렸으나 일부 大量을 한라산 밀림과 동굴 속에 버려서 후일 4·3 폭도들의 무장 강화에 도움을 주게 되었다."

아냈다.12) 항복조인식이 오전 10시 15분 제주농업학교에서 거행되었다. 항복접수단은 육군, 해군, 정부 관리들로부터 정보를 얻어낸 후에 항공기 편으로 서울로 귀환했다.13)

이어 군정장관 스타우드 소령 아래 미군정이 제주에서 실시되었다.14) 미군정의 명령에 의해 일본군의 무장해제와 일본군의 철수가 시작되어 1946년 2월까지 진행되었다. 스타우드는 맥아더 장군의 포고문과 하지 중장의 성명서(聲明書)를 제주에 공포하였다:

포고문 제 1 호
1. 조선 북위 38도선 이남의 지역과 동 주민에 대한 모든 행정권을 당분간 본관의 권한 안에서 이행한다.
2. 住民은 本官의 권한 안에서 발표한 命令에 적극 복종한다.
3. 점령군에 대하여 반항운동을 하거나 또는 질서보안에 문란한 行爲를 하는 자는 용서 없이 엄벌에 처한다.15)

미군정의 시작과 더불어 제주에는 좌익과 우익의 분열이 생기기 시작했다.16) 9월 28일 미군의 제주상륙 이전에는 좌익과 우익의 색채 없이 서로 협조하며 진행하다 미군정이 시작되면서 10월 9일 제주극장에서 좌익들만 참석한 가운데 건국준비위원회(건준)를 개편하

---

12) 제주 4·3 사건 자료집 7, 203.
13) 제주 4·3 사건 자료집 7, 203.
14) 제주 4·3 사건 자료집 7, 207. 미군정·제 59중대 본부가 1945년 11월 5일 제주를 향해 인천을 출발했다.
15) 조남수, 四·三 眞相, 13.
16) 조남수, 四·三 眞相, 19. "9월 28일에 미군이 상륙할 때까지는 좌·우익의 색채도 없이 서로가 협조하면서 잘 해 나갔었다. 군정이 들어서고 군정에 있어 건준이란 사회단체가 유일한 협조 단체일 수밖에 없었다. 그런데 같은 건준인사라 할지라도 우익인사와는 의사가 통하고 협조체제가 이루어지면서도 좌익계 건준 인사들과는 의사가 상반될 뿐 아니라 사사건건 트집과 시비로 나왔기 때문에 은연중 좌익과는 간격이 생기고, 우익진영 인사들과는 손을 잡을 수밖에 없었다. 이런 것들이 작용하여 좌·우익으로 구분되더니 마침내는 한 울타리 안에 같이 지낼 수 없다하며, 10월 9일에 좌익진영들만 제주극장에서 건준을 개편하고 통보해 왔다. 우익인사들도 대책을 상의하고 제주향교에서 우익인사들로만 건준을 개편하였다."

였다. 우익인사들도 제주향교에서 자신들만의 건준을 개편하였다. 건건준이 두 개로 나뉜 것이다. 우익의 건준은 유명무실해졌고, 좌익진영의 건준은 건준 치안대를 통해 우익인사들을 공격하거나 테러를 감행하면서 영향력을 확대해 나갔다. 10월 9일 건준이 우익과 좌익으로 분열된 후 우익 건준은 거의 은퇴 잠적하였으나 좌익계 건준은 계속하여 미군정과 투쟁하면서 우익인사에 대한 테러를 자행하였다. 좌익 건준의 치안대는 1945년 연말까지 계속 테러와 난동, 살상과 파괴를 일삼았다. 사회적 불안이 가중되고, 공포의 상황이 연출되었으며, 제주는 좌익의 장이 되고 말았다.17)

이런 상황은 우익 단체인 서북청년과 철도경찰이 내도하면서 반전되었다. 이들의 활동으로 좌익으로 인한 혼란이 눈에 띄게 줄어들었고, 건준의 치안대의 횡포도 잠잠해졌다. 서북청년의 활동은 제주도 내 좌익의 활동과 테러를 견제하는 기능을 했지만 서북청년단들이 좌익의 색출을 분별없이 하는 바람에 우익의 인사들까지 좌익으로 잡아들여 억울한 희생을 당하는 자들이 늘어났다. 그로 말미암아 좌익은 더욱 세를 결집하고 확장하기 위해 혈안이 되었고, 선량한 주민들은 극우 세력에 대해서도 우려했다.

건준이 좌익과 우익으로 나뉘고, 서북청년들이 입도하면서 제주에서는 이데올로기의 대립이 눈에 띄게 나타났다. 1945년 10월에 접어들어 좌익과 우익의 대립이 표면화되었다. 좌익세력들이 제주읍을 중심으로 활발하게 움직이기 시작했다. 좌익 지도자들은 청년들의 기호에 맞는 선전과 충동을 하면서 많은 학생들과 청년들을 끌어들였다.18) 여세를 몰아 좌익계는 10월말부터 12월 사이에 공산당청년동맹 제주도위원회, 제주도인민위원회, 조선공산당 제주도위원회 소비조합, 부녀동맹, 협동조합, 제주문화협회 등을 조직했다.

한편 좌익의 선동을 받은 청년학생들이 질서를 파괴하고 사회적

---

17) 조남수, 四·三 眞相, 20.
18) 조남수, 四·三 眞相, 23.

혼란을 야기하자 김희석, 양경운, 김태윤 등이 중심이 되어 "한라단"을 조직 좌익 청년단체에 맞섰다. 우익인사들과 농업학교 학생들이 이에 합류하면서 한라단은 강력한 우익단체로 발전했다. 이들은 좌익의 건준의 치안대를 견제하고 젊은이들이 좌익에 물들지 않도록 하려는 것이 본래의 의도였으나 강력한 세력으로 발전하면서 정치 세력화되어 친일파와 민족반역자를 색출하여 처단하려고 하였다.

우익의 단체는 한라단과 서북청년단 외에도 이승만의 독립촉성국민회 제주 지부가 결성되고, 그 산하단체인 독립촉성청년연맹이 조직되고, 민족청년단이 결성되었다. 1947년 이들 우익단체들이 대동청년단을 결성하고 그 산하 반공청년단을 조직했다.[19]

1946년에 접어들어 우익과 좌익의 대립은 더한층 심해졌다. 제주읍 내 학생 4-5백 명이 좌익 선동에 넘어가면서 반미운동은 점차 노골적으로 진행되었다. "격렬한 구호를 외치며 가두시위를 벌이며 사회를 혼탁하게 하였다."[20] 이들이 외쳤던 구호는 미국 제품을 구입하지 말고, 미국과 결탁하는 모리배를 일소하고, 학원의 자유와 자율을 보장하며 교육시설을 확충하라는 것이다:

1. 양과자는 조선을 좀먹는 독약이다.
2. 양담배와 미제상품은 사지도 말고 팔지도 말라.
3. 미제국주의와 결탁하는 모리간상배를 일소하라.
4. 학원의 자치, 관권 간섭 절대 반대
5. 교육시설을 확충하라
6. 한일친미 반동분자는 절대 배격하라.[21]

이들은 미제 물러가라는 플래카드를 들고 시가행진을 벌이며 군정청 앞에 "과격한 행동"을 서슴지 않았다.[22] 좌익세력은 점점 더

---

19) 조남수, 四・三 眞相, 23.
20) 조남수, 四・三 眞相, 34.
21) 高文昇, 박헌영과 4・3 사건 (제주: 신아문화, 1989), 297.

세력을 형성하며 반미운동을 노골적이고 격렬하게 벌이며 우익인사들과 충돌하였다.

좌익에 편승하는 세력들이 점증하는 가운데 미군정은 수많은 학교를 제주에 설립하였다. "日帝의 민족말살 암흑정책으로 인하여 28萬에 가까운 島民을 가진 제주도 全城에 4년제 농업학교 1개교와 2년제 고등보통학교 2개교와 44개의 초등학교가" 전부였다.23) 통계는 약간 다르나 김태혁에 의하면 해방 전에 제주에 설립된 학교는 제주시에 7개, 서귀포시에 6개, 북제주군에 25개, 남제주군에 14개 합 52개에 불과했다. 그러나 1945년부터 1948년까지 미군정 3년 동안 제주에 초등학교만 무려 42개가 설립되었다. 지역별로는 제주시에 5개, 서귀포시에 4개, 북제주군에 14개, 남제주군에 19개 합 42개였다.24) 이 중 33개는 1946년 한 해 동안에 설립된 것이다.25) 1945년부터 1946년까지 불과 2년 사이에 초등학교 33개, 중학교 5개가 생겼다.26)

짧은 기간 동안 이렇게 많은 학교가 설립된 것은 미군정과 제주도민들의 요구가 서로 맞아 떨어졌기 때문이다. 제주도민들은 해방 이후 교육에 관심이 매우 높아졌다. 이들은 교육을 통해 내일의 희망을 심기를 원했고,27) 미군정은 공교육을 통해 국민의 지적 도덕적 수준을 증진시키고 반공교육을 강화시키기를 원했다. 1945년부터 1948년까지 3년간 미군정 하에서 초등교육과 중등교육이 많은 발전을 이룩했다. 많은 중학원이 설립되었다.28) 이들 중학원은 정규중학

---

22) 조남수, 四·三 眞相, 35.
23) 김태혁, 濟州敎育史 (제주: 제주도 교육청, 1999), 394. 김태혁은 해방 이전에 제주에 52개 초등학교가 설립되었다고 말한다.
24) 김태혁, 濟州敎育史, 394.
25) 김태혁, 濟州敎育史, 394.
26) 조남수, 四·三 眞相, 22. 4·3폭동으로 인하여 1950년까지 국민학교 314개교, 중학교 7개교가 불에 탔거나 파괴되어 버렸다. 교실을 잃어버린 학생들은 부락공회당에서 공부를 계속했고 도민들은 갯더미를 헤치고 학교재건에 정성을 쏟았다.
27) 조남수, 四·三 眞相, 22.
28) 김태혁, 濟州敎育史, 395. 1945년 10월 4일 중문중학원, 11월 18일 하귀중학원, 12월 1일 제주중학원, 1946년 1월 20일 애월중학원, 2월 15일 제주제일중학원, 그해 조천중학원, 9월 1일 김녕중학원, 9월 3일 신성여자중학원, 10월 1일 한림중학원,

1950년도 제주초등교원 양성소 졸업사진

교는 아니었지만 사설 학술 강습소로 중등과정의 교육과정을 가르치다 후에 정규 중학교로 승격되었다. 제주공립농업학교가 1946년 9월 1일 6년제 제주공립농업중학교로 개편되어 농업과 6학급, 축산과 6학급으로 미 군정기간 본도의 유일한 중등학교였다. 1946년 10월 3일 제주도공립농업전수학교는 서귀공립초급중학교로 개편되었다.

수많은 공민학교가 이 때 설립되었다. 해방 한국은 일제 식민잔재를 청산하고 자주적인 독립국가를 형성하기 위해 가장 시급한 과제는 민주시민으로서의 기본적 자질을 교육시키는 일이었다. 1946년 5월 공민학교 설치요령을 공포하고 전국에 수많은 공민학교를 설립하였다. 소년과 성년과 보수과를 두되 지방의 실정에 따라 조정할 수 있게 하였다. 소년과는 수업연한이 2년 혹은 3년으로 13세 이상의 국민학교 미취학자가 다니면서 공민, 국어, 국사, 지리, 산수, 이과, 음악, 체조, 가사 및 재봉을 배웠다. 성년과는 1년 혹은 2년으로 18세 이상의 국민학교 미취학자들이 공민, 국어, 산수를 배웠다. 보수과는

1947년 1월 15일 남원중학원, 1947년 3월 성산중학원, 그리고 그해 9월에 추자청년중학원이 설립되었다.

국민학교를 졸업한 13세 이상의 학생들이 1년간 공민, 국어, 국사를 공부했으며 이 보수과는 후에 고등공민학교로 개편되었다. 1946년 제주에는 34개 공민학교에 60명의 교사, 2,925명의 학생들이 재학하고 있었고, 1947년에는 35개 학교에 3,637명으로 증가했다.[29]

2. 해방 후 제주교회

해방이 되었을 때 제주에는 조남수 목사 혼자 사역하고 있었다. 강문호 목사가 일제 말까지 한림교회에서 사역했다가 미군의 폭격을 맞고 교회가 폭파되면서 육지로 나갔다. 일제 말엽 집회가 불가능했다. 의식 있는 이들은 개인적으로 신앙을 유지하면서 하루속히 하나님의 공의로운 심판이 내려지기만을 학수고대하고 있었다.[30] 해방이 되자 조남수는 제주도 내 24개의 교회를 돌보아야 한다는 책임감으로 "우선 교회들을 찾아서 위로하고 격려하는 일부터 해야 하겠다고 생각하고 서쪽으로 순회하기를 시작하였다."[31]

> 가는 곳마다 환희에 넘쳐 우리 기도를 들어주신 하나님께 감사한다며 활기에 찬 모습들이었다. 교회마다 교역자를 속히 보내 달라는 한결 같은 소원이었다. 중문 화순을 거쳐 모슬포에 들렀을 때에는 허성재 장로가 날을 것만 같았다.[32]

"가는 곳마다 환희에 넘쳐"라는 말이 당시 그리스도인들이 만난 해방의 감격을 함축해 준다. 모두가 제주를 떠난 상황에서 조남수 혼자 24개 교회를 돌본다는 것은 불가능한 일이었다. 마침 고산지방

---

29) 김태혁, 濟州敎育史, 554.
30) 曺南洙, 曺南洙 牧師 回顧錄 (서울: 신경도서출판사, 1987), 126.
31) 曺南洙, 曺南洙 牧師 回顧錄, 127.
32) 曺南洙, 曺南洙 牧師 回顧錄, 127.

1947년경 주일학교(성내교회)

을 지날 때 그는 고산지방에서 오랫동안 목회하다 1942년부터 노회나 교회와 관계를 끊고 귀농생활을 하고 있던 이도종 목사를 찾아갔다. 조남수는 이도종을 찾아가 함께 제주교회를 섬기자고 제의했다. 처음 주저하던 이도종은 조남수 목사의 간절한 청원에 "항복"하고 눈물로 회개의 기도를 드렸다.33) 그리고 바로 산북과 산남으로 제주를 양분하여 목자 잃은 양처럼 흩어진 교인들을 다시 모으고 돌아보기로 약속했다. 산북은 이도종 목사가, 산남은 조남수 목사가 맡기로 했다. 조남수는 훗날 이렇게 회고했:

> 승락하여 주었다. … 나는 뒤이어 감사의 기도를 드리면서 한참동안 감격하였다. 성령의 크신 역사였다. 바로 즉석에서 제주도를 양분하여 산북 쪽은 이 목사가, 산남 쪽은 내가 맡기로 하고 활동을 개시하였다. 이 목사도, 기쁘게 생각하고 열심으로 순회했으며 교회들도 반갑게 환영하였다.34)

---

33) 曺南洙, 曺南洙 牧師 回顧錄, 128.
34) 曺南洙, 曺南洙 牧師 回顧錄, 128.

제주에 태어나 제주를 가장 사랑하고 아끼는 이도종과 조남수의 만남과 소명의 재확인은 제주기독교 역사에 특별한 의미를 지닌다. 후배의 간곡한 청을 주님의 명령으로 받고 일어선 이도종은 1938년 4월 그 부끄러운 신사참배를 결정할 때의 모습과는 달랐다. 지나온 세월동안 그는 연단과 시련과 시험을 통해 자신의 과거를 반성하고 깊이 회개하였다.

그렇게 두 사람의 사역은 시작되었지만 공신력이 없었다. 제주노회가 이미 해체된 상황에서 두 사람으로는 노회를 만들 수도 열 수도 없어 제주도 내 "당회의 명목"으로 "도제직회"를 결성하기로 합의를 보았다. 1945년 10월 제 1차 도제직회가 회집되었을 때 40여 명이 참석했다. 여기서 매우 중요하고 의미 있는 결정을 했다:

1) 해방감사예배를 드리기로 하고 장소는 서부교회로 하고 모든 진행은 두 분 목사에게 일임하기로
2) 두 분 목사로 하여금 각 교회를 순방하며 성례를 거행하기로
3) 한림교회 강문호 목사를 빠른 시일 안에 올 수 있도록 주선하고 각 교회에 교역자 청빙을 두 분 목사가 적극 서두르기로
4) 달 성경학교를 계속하여 우선 제직 훈련을 중점적으로 시행하기로 하여 1946년 1월 달부터 성경학교를 개강하였다.[35]

교회는 공개적으로 대중집회를 계속 열었고, 성경학교를 개설하여 교인들을 말씀으로 다졌다. 일제 치하에서 마음 놓고 성경을 공부할 수 없었던 제주도민들은 성경을 배울 수 있는 기회가 주어지자 70명, 100명씩 모여들었다. 1946년 1월에는 제주서부교회를 중심으로 성경학교(지금 YMCA 자리)가 개설되어 제주 전역에 흩어진 20여개 교회 청년 및 제직들 80명이 참석해서 성경을 공부하고, 성경학교가 열리는 주말에는 동지방에 나가 순회전도를 했다. 조천, 함덕, 김녕까지 나가서 전도해서 많은 결실을 얻었다. 좌익과 우익의 대립 속

---

[35] 曺南洙, 曺南洙 牧師 回顧錄, 130.

1926년 제20회 평양신학교 졸업사진

에서 그리스도인들이 함께 모여 성경을 공부하고 전도해 많은 결실을 얻었다. 1947년 1월 삼양교회에서 열린 성경학교에는 100명이 참석했으며 저녁에는 서울의 강태국 목사를 강사로 모시고 강연회를 가졌는데 "대성황"이었다.36) 제주부인조력 간사회 재생창립 2회가 1947년 2월 28일 열렸다. 조남수, 이도종, 강문호에 이어 부인조력회까지 그동안 제주교회의 발전에 중요한 밑거름이 되어 온 이들이 다시 살아 움직이기 시작한 것이다.37) 좌익청년들이 사상교육을 위해 매일 저녁 모임을 가질 때 제주의 믿는 청년들은 공개적으로 교회에서 모임을 가졌다:

> 좌익청년들은 무슨 학습을 한답시고 밤에 비밀 집회를 하는 것이 상례였으나 교회에서는 공개적으로 대중집회를 계속하였다. 전도

---

36) 曺南洙, 曺南洙 牧師 回顧錄, 130.
37) 제주조력총회 간사회 회록 (1). 75. 최순신, 대한예수교장로회 제주노회 여전도회 80년사 (제주: 제주노회여전도회연합회, 2008), 62.

용수리교회 신자들

(全道)적으로 교회당이 있는 소재지에는 빼지 않고 4·3 사건 이전까지 전도를 순방하면서 북치고 노방전도하며 야간에는 대중전도 집회를 열었는데도 한 번도 충돌이 없었다.38)

해방 후 제주교회가 만난 가장 시급한 과제는 목회자 없는 제주교회가 목회자를 신속히 구하는 일이었다. 도제직회가 이 일을 주관했기 때문에 조남수 목사와 이도종 목사는 도제직회를 모여 이 문제를 상의했다. 도제직회는 여러 차례 모여 교역자 청빙문제를 논의했으나 육지에서 오려는 교역자가 없기 때문에 해결책이 없었다.

1947년 5월 제주도 도제직회가 서귀포교회에서 회집되었을 때 교역자 문제로 장시간 토의가 있었다. 이 때 세 가지 합의를 보았다. 첫째, "우선 큰 교회에 목사가 있어야 함으로 서부교회와 모슬포교회에 목사를 배치하게 한다." 둘째, "산북지방은 이도종 목사로, 산남지방은 조남수 목사로 담당 순시케 한다." 셋째, "이 목사가 가정 형편상 고산에 거주하면서 순시케 해 달라는 요청은 그대로 허락하기로 한다."39)

---

38) 조남수, 四·三 眞相, 27.
39) 曺南洙, 曺南洙 牧師 回顧錄, 130.

이도종 목사와 어느 시골교회 교우들

이도종 목사는 고산에 거주하면서 지역교회들을 순회했고, 조남수 목사는 도제직회의 결정에 따라 1947년 7월 서귀포교회를 떠나 모슬포교회로 옮기고 여기를 거점으로 산남지방의 교회들을 돌아보았다.

3. 비극의 4·3 사건

1948년 4월 3일 발생한 4·3 사건은 역사상 유례를 찾을 수 없는 비극적 사건이었다. 국제법이 금하고 있는 제노사이드(Genocide)를 범한 사건인데다[40] 너무도 오랫동안 금기시되었다. 이로 인해 제주도민이 겪은 비극과 "눈물과 한"[41]은 그 무엇으로도 표현할 수 없다. 이 모든 것보다 더 안타까운 것은 진실이 왜곡되어 전수되고 있다는 사실이다.[42]

---

40) 조남수, 四·三 眞相, 36.
41) 조남수, 四·三 眞相, 37.
42) "4·3 해결의 과제"라는 세미나가 1998년 9월 21일-23일까지 제주기독교여선교회 연수원에서 민족선교연구소와 기독교대한감리회제주지방이 공동으로 주최하여 열렸다. 이날 양조훈이 "제 4·3의 역사적 조명,"에 대해 발표했고, 서중석이 "제주 4·3의 민족사적 의의"에 대해, 그리고 김종민이 "대만 2·28 사건"에 대해 발표했다.

1948년 4월 4일과 5일자 미국의 보고서는 4·3 사건의 발단을 이렇게 기술했다. "1948년 4월 3일- 4일 동안 좌익분자들이 경찰지서 습격을 선동했다. 이 사건으로 경찰 4명과 우익인사 9명, 좌익인사 3명이 숨졌다. 또한 경찰 5명이 부상을 입었고, 우익인사 16명이 다쳤으며, 경찰 3명과 우익인사 4명이 실종됐다. 폭도들은 미제 칼빈총 6정과 일본제 소총 1정, 그리고 탄약 119발을 노획했다."43) 4·3 사건은 우발적인 사건이 아니었다.44) 四·三 眞相에서 조남수는 이 사건의 발단과 과정을 이렇게 집약했다:

> 4·3 사건은 1948년 4월 3일에 돌발적으로 일어난 사건이 아니고 남노당 지령에 의하여 1946년부터 태동되고 47년 3·1절 사건으로 서전을 이룬다. 계속하여 48년 2·7사건에 이어 4·3 사건으로 폭발했으며 6·25동란을 거쳐 1957년 4월 최종 공비 오원권을 생포할 때까지 10년간이나 계속된 사건이다. 동시에 많은 제주도민이 학살을 당한 억울한 사건이며 10만 이재민을 발생케 한 엄청난 비극의 사건이다.45)

대부분의 우익인사들은 4·3 사건이 제주도민들끼리의 단순한 투쟁이 아니라 "남노당이 단선단정을 저지하려고 경찰과 우익단체와 양민학살 등 만행으로 공포 분위기를 조성 순진한 도민들을 좌경화하려 할 때 군대와 경찰을 투입하여 진압하기에 이른" 사건으로 본다. 미군정 보고에 의하면 "공산주의자들은 1948년 2월 중순부터 3월 5일 사이에 폭동을 일으키도록 명령"을 하달하였다.46)

이들은 4·3 사건을 항쟁이라는 관점에서 조명하였다. 4·3 해결의 과제, 1998년 9월 21일 민족선교연구소, 기독교대한감리회제주지방, 1-11, 12-25, 26-31을 참고하라.
43) 제주 4·3 사건 진상규명 및 희생자명예회복위원회, 제주 4·3 사건 자료집 8 (서울: 제주 4·3 사건 진상규명 및 희생자명예회복위원회, 2003), 38.
44) 高文昇, 박헌영과 4·3 사건, 295.
45) 조남수, 四·三 眞相 36.
46) 제주 4·3 사건 진상규명 위원회, 제주 4·3 사건 자료집 7, 50.

4·3 전초에 일어난 사태들: 3·1사건, 2·7폭동

많은 사람들이 동의하는 것처럼 4·3 사건의 "전초"는 1947년의 3·1사건과 1948년의 2·7사건이다.47) 1946년이 지나고 1947년에 접어들어 남로당도당부는 민전에 훈령하여 3·1절과 8·15광복절을 이용하여 "반미시위와 단정수립 계획을 분쇄"하라는 명령을 내렸다. 정보를 미리 입수한 미군정은 행정관서와 경찰에 1947년 3·1절 기념행사를 간소하게 치르도록 지시하는 한편 좌익의 계획을 단호히 분쇄하라고 경찰에 지시했다.

민전은 매일 모임을 가지며 동원문제를 집중논의하고 방법을 모색했다. 그 결과 제주읍 6천, 애월면 2천, 한림읍 3천, 대정읍 1천, 안덕면 5백, 중문면 5백, 서귀면 1천, 남원면 5백, 표선면 8백, 성산면 8백, 구좌면 1천, 조천면 1천, 모두 2만 명에 가까운 인원을 동원할 수 있었다.48) 비록 이것은 미군정으로부터 "허가받지 않은"49) 불법 집회였지만 미군정은 묵인했다. 삼일절 기념행사 장에서는 삼일운동과 관계없는 "미군정 물러가라"는 구호가 외치며 군중심리를 자극했다. 인원 동원에 성공한 이들은 친일파 처단, 친미 민족반역 숙청을 외치며 군중들을 선동했다.

바로 이때 공교롭게도 관포 출신 기마경관 김순경의 말발굽에 돌멩이가 튀어 구경하러 나온 여인이 안고 있는 어린아이 머리에 맞아 아! 하고 울음을 터트렸다. 앞서 달리던 기마경관 임영관 경위가 이 일로 말을 돌려 뛰어오다 골목에서 튀어나온 5-6세 된 소년이 말에 부딪쳤다. 평소 같으면 문제가 되지 않을 일이었지만 민감한 상황이라 좌익청년들과 기마경관 사이에 시비가 붙었고, 이 과정에서 경찰

---

47) 제민일보 4·3 취재반, 4·3은 말한다 (서울: 전예원, 1994), 361-362.
48) 제주 4·3 사건 진상규명 위원회, 제주 4·3 사건 자료집 8, 31. 미군정의 보고는 제주읍에 모인 인파가 1천명이라고 보고하였다.
49) 제주 4·3 사건 진상규명 위원회, 제주 4·3 사건 자료집 8, 31.

이 총을 쏴 6명이 죽고, 10여 명이 부상하는 사태가 벌어졌다.

남로당은 사건대책위원회를 열고 이를 구실로 제주도 각 직장 투쟁위원회를 조직하여 대대적인 파업운동을 전개했다. 이어 제주도 내 곳곳에 사건의 진상을 "大書特筆한 벽보"50)가 나붙기 시작했다. 제주에서 좌익의 세력 확장을 더욱 부채질한 것은 3월 11일 서울에서 일어난 민전주체 총파업 항의투쟁이었다. 이들은 삼일절 기념대회에 만행을 저지른 경찰관 즉시 처벌, 노동자의 권리 보장과 노동조합의 자유 보장, 박헌영의 체포령 취소, 그리고 인민일보, 중앙일보, 해방일보의 정간을 취소하라고 요구하였다.

3월 22일 서울, 부산, 인천, 광주, 부평, 대구 등 전국의 주요도시에서 24시간 시간제 파업이 있었고, 이때 제주도에서도 일어났다. "제주의 일부 경찰과 군정청 직원들이 3월 13일 파업에 들어갔다. 파업은 남로당이 공작한 것으로 보고됐다."51) 남로당 프락치들이 각 기관과 여러 업체에 잠입 활동하는 바람에 모든 공공기관과 70여 학교들이 여기에 휩쓸렸다. "상당수의 선박회사를 포함한 모든 운송기관의 경영진과 노동자들," "한국인이 소유한 공장뿐 아니라 군정이 감독하는 공장," "모든 학교의 교사와 학생들," "미군정의 한국인 직원 75%가" 파업에 동참했고,52) 심지어 3월 22일 군정관리 약 150명이 도청 뒷마당에 "불법집회"를 열었다.53) "미 제국주의를 비난하는 벽보가 모슬포 전역에서 발견되었고,54) 6월 13일에는 제주여중이 동맹휴교에 들어갔다.55)

제주에서의 총파업은 겉으로는 1947년 3·1사건 때 경찰의 잔악성에 대한 항의로 촉발된 것이지만 실제 배후에는 공산주의 세력이 있었다.56) 남한공산당 상임위원회 요원들은 또한 남로당 요원들이었

---

50) 조남수, 四·三 眞相, 41.
51) 제주 4·3 사건 진상규명및 희생자명예회복위원회, 제주 4·3 사건 자료집 8, 32.
52) 제주 4·3 사건 진상규명및 희생자명예회복위원회, 제주 4·3 사건 자료집 8, 32.
53) 제주 4·3 사건 진상규명및 희생자명예회복위원회, 제주 4·3 사건 자료집 8, 34.
54) 제주 4·3 사건 진상규명및 희생자명예회복위원회, 제주 4·3 사건 자료집 8, 34.
55) 제주 4·3 사건 진상규명및 희생자명예회복위원회, 제주 4·3 사건 자료집 8, 35.

으며, 1947년 3월 18일자 미군정 보고서에 따르면 이미 제주에 북한에서 공작원들이 파견되어 암약하고 있는 정보를 갖고 있었다.[57] 총책은 남한공산당상임위원회 서기장 박헌영이었다.[58]

3·1사건에 이어 4·3 사건의 또 하나의 배경이 된 사건은 2·7폭동이다. "2·7사건은 전평과 남노당의 지령에 의하여 자행된 전국적 규모의 사건"[59]이다. 남로당의 지령에 의해 1948년 2월 7일 전국적 규모의 폭동과 파업이 발생했다. "해방 직후에는 좌익이라 지목할 수 있는 공산당원이 수명에 불과했으나 46년도에는 수백 명으로 불어났고 이들은 비교적 식견층이 되어 모든 청소년층을 유인하기에 능할 뿐 아니라 공산당 이론이 설득력 있고 일단은 구미에 맞는 이론이기 때문에 많은 청소년 학생들을 유인하여 1947년도에는 수천 명으로 확산되었다."[60]

1948년에 접어들어 남노당은 제주도에서의 무력투쟁을 지령하였다. 모든 준비를 끝낸 좌익세력들은 1948년 2월 7일 새벽을 기해 도내 경찰서를 일제히 습격하여 많은 살상과 방화를 하였다. 서광 지경에서는 순찰 중인 경찰관 한 명을 생매장하였고, 안덕면 지서를 습격하여 지서장을 살해하였다. "이때부터 소위 인민해방군으로 개편하여 일본소총과 수류탄, 일본 검, 죽창 등으로 무장하고 폭도화하였다."[61] 3월에 접어들어서도 경찰서 습격은 계속되었고, 한 달에 몇 번 올려 지던 봉화가 3월 말부터는 거의 매일 올라갔다. 좌익의 공격으로 인한 피해에다 이들 세력을 무리하게 색출하려는 과정에서 피해를 본 이들은 주민들이었다.

---

56) 제주 4·3 사건 진상규명 위원회, 제주 4·3 사건 자료집 10 (서울: 제주 4·3 사건 진상규명 및 희생자명예회복위원회, 2003), 16.
57) 제주 4·3 사건 진상규명 위원회, 제주 4·3 사건 자료집 10, 25.
58) 제주 4·3 사건 진상규명 위원회, 제주 4·3 사건 자료집 10, 22.
59) 조남수, 四·三 眞相, 49.
60) 조남수, 四·三 眞相, 47.
61) 조남수, 四·三 眞相, 48.

4·3 사건의 발흥과 전개

1948년 4월 3일 일요일 새벽 2시 백록담 위에 봉화가 올라갔다. 이어 동시에 전도의 오름 봉오리마다 봉화가 타올랐다. 각 부락 근처에 있는 동굴과 밀림 속에서 완전무장하고 행동개시의 신호만을 기다리고 있었다.62) 이들이 중앙에서 받은 지령은 다음과 같은 내용이었다:

1. 남조선 단선 단정은 민족 분열의 죄악이다.
2. 5·10 단독선거는 절대 반대해야 한다.
3. 응원경찰대 즉시 철수하라.
4. 친일파 민족반역자를 처단하라.
5. 미군을 즉시 철수하라.63)

"단선 단정"은 4·3을 일으킨 핵심 원인이었다.64) 모든 준비가 다 완료된 상태에서 이들은 4·3이 완전히 성공할 것이라고 확신했다. 박갑동은 박헌영에서 4·3 사건이 "중앙당의 폭동지령"65)에 의해 일어난 사건이라고 말한다. 그는 "3월 중순쯤에 현지의 무장행동대 김달삼에게 시달된 것으로 안다"66)고 증언하였다. 4·3 사건은 독자적으로 계획하거나 도발한 것이 아니고 남로당 중앙본부에서 찬탁지령, 3·1절 지령, 2·7 사건 지령과 함께 중앙지령이었다.67) 단순한 시위 차원이 아닌 정권 찬탈을 음모하고 있다는 사실은 그들이 4월 2일 밤에 각 읍면소에 붙인 대문짝 만큼씩 한 벽보가 암시해주고 있다:

---

62) 高文昇, 박헌영과 4·3 사건, 301.
63) 조남수, 四·三 眞相, 50.
64) 高文昇, 박헌영과 4·3 사건, 302, 304.
65) 박갑동, 박헌영 (서울: 도서출판 인간사, 1983), 198.
66) 박갑동, 박헌영, 198.
67) 조남수, 四·三 眞相, 51.

1. 친애하는 경찰관 여러분! 탄압하면 항쟁할 뿐이다. 제주도 빨치산은 人民을 수호하고 人民과 함께 있다. 항쟁을 위하지 않으면 인민의 편에 서라!
2. 양심적 공무원 여러분 하루 빨리 神(조직신)을 찾아 구하고 소정의 임무를 완수하며 직장을 지키고 악질 동료들과 最後까지 용감하게 투쟁하라!
3. 良心的인 경찰관 장병 大靑員 여러분! 여러분은 누구를 위하여 피를 흘리는 것일까? 조선인민이라면 조국과 인민을 압박하는 외적을 몰아내는 폭넓은 투쟁에 서야 함이 명백하지 않은가? 조국과 인민을 팔아먹고 매국자를 학살하는 반역자를 요절하지 않으면 안된다. 총구는 놈들에게 향하라. 결단코 여러분들의 친형제에게 向하는 것은 안된다.
4. 경애하는 부모형제 여러분!
4월 3일 오늘 여러분의 아들 딸 형제들은 무기를 손에 들고 일어났습니다. 매국적 단독선거에 반대하고 조국의 통일과 민족의 독립을 위하여! 여러분들에게 어려움과 불행을 가져준 준 앞잡이의 중업을 배제하기 위하여! 여러분이 골수에 숨겨둔 원한을 없이하기 위하여! 오늘 우리는 궐기하였읍니다. 여러분들의 자유와 행복을 위하여 목숨을 걸고 싸우고 있는 우리를 위하여 우리들과 함께 조국과 인민이 이끄는데 결연히 떨쳐 일어서 행진합시다.

1948년 4월 3일
인민무장대[68]

벽보의 주체는 "인민무장대"였다. 인민무장대는 이른바 "인민자위대"라는 무장대를 말한다. 1948년 4월 3일 주일날 새벽 1시를 전후하여 한라산 중허리 오름마다 봉화불이 타올랐다. 이는 무장봉기의 신호탄이었다. 제주시내 24개 지서 가운데 14개의 지서와 파출소, 서청

---

[68] 조남수, 四·三 眞相, 51.

의 숙소, 국민회, 독립촉성회, 대한청년단 사실 등에 4-5명의 인민무장 폭도를 배치하여 일시에 습격하였다. 이들은 우익인사들의 집, 각 관공서, 교회당과 사찰 등을 습격 파괴하고 방화하여 많은 피해를 주고 인명 살상과 납치도 단행했다.69) 이날 제주경찰서 관내, 화북, 삼양, 조천, 세화, 외도, 신엄, 애월, 한림 지서, 서귀포 경찰서 관내 남원, 성산포, 대정지서 등이 공격받아 경찰관 4명이 사망했고, 8명이 부상했으며, 2명이 행방불명되었다. 일반인은 8명이 사망했고, 19명이 부상했다. 1948년 4월 3일부터 8일까지 경찰과 우익인사들에게 막대한 피해를 입힌 4·3 사건은 미군정 보고서를 빌린다면 "공산폭동"이었다.70) 남로당 제주지구당 군사부 총책은 김달삼(金達三)이었다:

> 남로당은 전라남도위원회 산하에 농민위원회·민애청(民愛靑)·합동노동조합·민주여성위원회 등 좌익단체를 조직하고 군사부(軍事部) 직계로 이덕구(李德九)를 사령관으로 하는 이른바 「解放軍」을 편성하였는데 당시 남로당 제주지구당 군사부 총책은 김달삼(金達三)이었다. [1948년] 4월 중순 무장대는 대책회의에서 무장 조직을 강화하고 5.10총선거를 무력으로 저지하기 위하여 행동지침을 마련하였다. 그리하여 전투경험이 있는 핵심분자를 읍·면별로 30명식 뽑아 「인민유격대」를 조직하였다. 유격대는 3개 연대(聯隊)와 2개 독립대를 편성하였는데 1연대(별칭 3·1지대)는 이덕구를 책임자로 하여 제주읍·조천·구좌면 관내를 맡도록 하고, 2대(별칭 2·7대)는 김봉천을 책임자로 애월·한림·대정·안덕·중문면을 맡도록 하였으며 3연대는 나머지 성산·남원·서귀면 관내를 책임지게 하였다. 한편 독립대는 정찰임무를 맡은 특공대

---

69) 이들이 공격의 대상으로 삼은 우익인사는 박우상, 김충희, 김인선(제주), 김도현, 김봉화, 문영택(애월), 임창현, 김인옥, 양병직, 현주선, 박창희, 진문종, 오요국, 강성전, 강성익, 강필생, 허만필, 허창현, 조남수, 김문경, 이완우, 강창진, 강인옥, 고성중, 홍태국, 김태욱, 김대홍, 김시권, 고군철, 고칠종 등이었다. 조남수, 四·三 眞相, 52.

70) 제주 4·3 사건 진상규명위원회, 제주 4·3 사건 자료집 7, 53.

와 우익인사 및 경찰토벌대의 동정을 파악하는 특경대를 두었다. 특경대는 자체 감시 임무를 맡고 있었다. 이밖에 10명씩 무장대를 조직 마을마다 배치하여 동조 주민들의 이탈을 막고 협동작전을 위한 중간 역할을 하도록 하였다.[71]

이후 남로당 무장대에 의한 경찰서와 우익단체에 대한 습격과 우익인사 살해가 끊이지 않았다. 4월 4일에는 제주읍 영평리 대동청년단원 오승조가 피살되었고, 4월 6일에는 제주읍 이호리 대동청년단원 이도연(李道連, 37), 양남호(梁南浩, 32)가 피습되어 살해되었으며 7일에는 피습으로 한림읍 저지리 대동청년당원 김구원(金九元), 김태순(金太準), 고창윤 3명이 살해당했으며, 봉개리 대동청년단장 이왕우(李旺雨)는 부상을 입었다.[72] 4월 18일 인민무장대의 연쇄공격이 있었다. 이들의 대상은 경찰, 우익청년단, 경찰 가족 그리고 5·10 총선거 저지를 위한 선거사무소와 선거관계 공무원이었다. 오라리의 송인규, 곽지리, 김문봉, 박영도가 피살되었고, 21일에는 대정면 동일리 선거관리위원장 강왈침(姜曰沈), 28일에는 화북 3구 선거관리위원장 오두현(吳斗鉉)이 납치 살해되었다. 제주비상경비사령관 김정호는 4월 8일 포고문을 발표하고,[73] 18일에는 가능한 속한 시일

---

71) 도제 50년 제주실록 1945-1996 (제주: 제주도공보관실, 1997), 34.
72) 제민일보 4·3 취재반, 4·3은 말한다 II, 67-68.
73) 제주신보, 48년 4월 10일. 8일에는 가능한 속한 시일 내 사태를 진압하기 위해 다음과 같은 포고문을 발표했다. 포고문 내용은 다음과 같다. "(1) 본관은 제주도내에 산발적으로 발생하는 폭도에 대하여 전 경찰력을 출동, 소탕전을 전개하려 한다. (2) 친애하는 도민 제위는 경찰에 협력하여 적의 준동상태를 방지하기 위하여 부락별로 향보단을 조직하고 불량도배의 침입을 방지하라. (3) 폭도에 대하여는 추상열일(秋霜烈日) 같은 태도로 임할지나 부화뇌동한 순진한 도민에 대하여는 최선을 다하여 애무하려 한다. (4) 폭도도 우리 동족이니 회개하고 귀순함에 따라 본관은 포용의 용의를 가지고 있다. (5) 민간이나 청년단체이나 혹은 기타 단체에 있어서 자위방어책으로 무기를 소지한 자는 사령부에 제공하고 본관의 무기회수 방침에 협력하라. (6) 각 부락민은 지서장과 협력하여 교통로 보수에 전적 협력을 요망한다. (7) 폭도에게 정보, 식량, 숙사 등 편의를 제공한 자에 대하여는 엄중 처단할 방침이니 폭도의 위협, 감언이설에 끌리어 후회 없기를 바란다. (8) 경찰 토벌대에 대하여 협력을 거부하고 행동을 방해하는 자는 엄중 처단할 것이다. (9) 경찰관서 및 기타 양민에 대하여 폭행을 가하고 민심을 소란케 하는 시에는 경찰은 추호도 무기사용을

4·3 사건 때 피신한 주민들

내 사태를 진압하기 위해 다음과 같은 경고문을 발표했다:

> 30만 도민제위여 3천만동포가 동경하는 자주독립은 목하 실시 중에 있는 총선거실시로써 목처에 박두되고 있다. 그럼에도 불구하고 남로당 계열의 악렬분자 등은 우리 3천리강토를 소련에 팔아 공산사회를 건설하여 정권을 장악하려고 갖은 모략과 수단을 다한 나머지 최후발악으로 인명살상 파괴 방화 강간을 연일 감행하여 민생을 도탄에 힘입케 하고 있다. 그러므로 선량한 도민제위는 그 기만적인 선전에 빠지어 파괴적 폭동에 부화뇌동치 말라. 그리고 단시일 내로 1. 폭동의 주모자와 직접 행동으로 범죄를 감행한 자는 자수하라 2. 무기와 흉기를 가진 자는 신속히 경찰관에 납부하라 3. 폭도에게 식량을 보급한 자 또는 금전물품 등을 제공하고 부화뇌동한 자는 자수하라. 그리하여 개준한다면 정상참작하여 은전
>
> 주저치 않을 것을 언명한다. (10) 본관은 본도 32만 도민의 고침안면(高枕安眠)을 보장하기 위하여 전력을 경주하고 있다. 우리의 존경하는 도민 제위는 본관의 방침에 전적 협력하여 후회 없기를 요청한다.
>
> 1948년 4월 8일
> 제주도 비상경비사령부 사령관 김정호"

을 받을 것이다. 그러나 개준의 빛이 없이 끝끝내 망국적 폭거를 계속할진대 본관은 부득기 눈물을 머금고 일거에 소탕할 것을 명언하여 둔다.

1948년 4월 18일
제주비상경비사령관 김정호[74]

4·3 사건 이후 계속된 무장대의 피습과 이로 인한 피해는 그치지 않았다.[75] 1948년 4월 28일 대정면 구억국민학교 교실에서 9연대장 김익렬 중령과 김달삼(金達三, 본명은 李承晉) 무장대 총책과 합의를 통해 "72시간 내에 전투는 완전히 중지하되 산발적인 충돌이 있으면 연락미달로 간주하고 5일 이후의 전투는 배신행위로 본다." "무장해제는 점차적으로 하되 약속을 위반하면 즉각 전투를 재개한다." "무장해제와 하산이 원만이 이루어지면 주모자들의 신병을 보장한다"는 3개 조항의 합의를 보았다. 하지만 합의대로 진행되지 않았다. 5월 1일 인민무장대의 공격으로 제주읍 오라리 마을 대동청년단 가족들이 살해되었고, 장례 후 격분한 대동청년단원이 연미마을의 좌익 활동을 하는 사람들이 집에 불을 질러 "연미마을 방화사건"[76]이 발생했다. 4월 3일부터 5월 10일까지 경찰관 12명과 가족 6명, 민간인 58명, 공무원 5명, 방황 35건, 납치 21명의 피해가 있었다.

인민무장대는 남한 단독으로 진행하는 5월 10일 제헌국회의원 총선을 결사반대하였다. 이들은 "1. 단선단정은 목숨 걸고 분쇄한다. 2. 단독선거에 투표하면 인민의 반역자다. 3. 단선에 참여하는 매국노는 기필코 처단한다."[77] 이들에 의한 5·10선거 반대투쟁이 극심

---

[74] 제주신보, 1948년 4월 20일.
[75] 제주 4·3 사건 진상규명 위원회, 제주 4·3 사건 자료집 11 (서울: 제주 4·3 사건 진상규명 및 희생자명예회복위원회, 2003), 45.
[76] 제민일보 4·3 취재반, 4·3은 말한다 II, 158-168.
[77] 高文昇, 박헌영과 4·3 사건, 302, 304. 5월 10일 총선을 앞두고 남로당이 외친 구호 역시 단선 단정 반대였다. "1. 단선을 기어이 분쇄하고 단정을 절대 부인하라. 2. 투표하면 인민의 반역자이다. 3. 단선에 참가한 매국노를 단죄하라."

4·3 사건 때 압수된 무장대의 무기

하게 전개되었다. 좌익정당 단체 및 중도파 정당들은 남한 단독정부 수립이라며 불참했고, 좌익무장대는 각 마을선거관리위원장 및 선거 간계 공무원을 위협하여 선거를 방해했으며, 이들의 습격을 받아 선거관리위원장, 이장 등 많은 사람이 세상을 떠났다:

> 5.10일을 전후하여 최악의 사태가 벌어졌다. 9일에는 새벽부터 도처에서 봉화시위가 벌어지고 조천, 중문, 안덕, 대정증지에서는 투표인 명부를 탈취당하는 등 투표함 배치가 어려운 상황이었다. 10일에는 제주읍사무소 투표장과 세무서(투표장)을 습격하였으며 투표장으로 나가는 유권자들을 납치해 가는 등 공포분위기를 조성하였다. 이날 삼양지서를 비롯하여 외도, 고산, 무릉, 화순, 중문, 예례, 도순, 남원, 위미 등 지서가 습격을 당하고 조천면사무소를 비롯하여 여러 투표소등을 습격하여 투표함 선거인명부 투표용지 등을 소각하는 소동으로 선거가 사실상 불가능하게 되었다.[78]

---

78) 조남수, 四·三 眞相, 57.

제주에서 선출하는 의원은 북제주군 갑구, 북제주군 을구, 남제주군, 각 1명씩 3명이었는데 제주도 전체적으로는 127,751명의 유권자 가운데 63,870명이 투표에 참여하였으며,[79] 남제주군에서는 유권자 37,040명 중 32,062명이 참석하여 86.6%의 투표율을 보였다. 남제주군에서는 오용국이 당선되었으나 북제주군 두 지역에서는 43%와 46.5%에 그쳐 선거무효가 되었다. 전국적으로 93%라는 놀라운 투표율을 보였으나 제주에서는 인민무장대의 방해로 투표가 제대로 이루어지지 못했다.

인민무장대의 공격이 심한 가운데 상급지도자들의 4·3대책회의가 열렸다. 5월 5일 총선 직전 제주에서는 군정장관 딘 소장, 민정장관 안재홍, 경무부장 조병옥, 경비대 사령관 송호성, 제주군정장관 맨스필드 대령, 제주도 지사 류해진, 9연대장 김익렬 중령, 제주경찰국장 최천, 딘 소장 전속 통역관 등 9명이 참석한 가운데 4·3대책회의가 열렸다. 김익렬이 입산자들이 늘고 있는 데는 경찰의 실책도 크다며 "적의를 가진 폭도와 일반 민중 동조자를 분리시켜 폭도를 도민으로부터 고립시켜야 한다. 그러기 위해서는 무력위압과 선무귀순공작을 병용하는 작전을 전개해야 한다. 일반은 회유과 선무를 하여 이에 응하지 않는 자에 한하여 토벌하여야 한다"는 의견을 개진하고 "작전의 통일성을 기하기 위하여 제주경찰을 나의 지휘 하에 있게 해 달라"고 건의했다. 문제를 해결하기 위해서는 적의를 가진 폭도와 일반주민을 분리시켜 문제를 풀어가야 한다는 입장이었다.

딘 소장이 조병옥을 향해 "이게 어찌된 일이오? 당신의 보고 내용과 다르지 않소?"라고 말하자 당황한 조병옥은 김익렬을 공산주의자라며 공개적으로 몰아붙였다. 조병옥과 김익렬 두 사람 사이에 격렬한 논쟁과 싸움이 벌어졌다. 조병옥은 계속해서 김익렬을 공격했고, 김익렬은 흥분을 억제할 수 없어 조병옥의 멱살을 잡았다. 김익렬 연대장은 해임되고 박진경 중령이 연대장으로 임명되었다.

---

79) 제주 4·3 사건 진상규명 위원회, 제주 4·3 사건 자료집 7, 168.

박진경이 부임한 후 대대적인 좌익혐의자 체포가 계속되었다. 5월 12일 오동마을 부근 동굴에서 좌익 혐의자 193명, 애월면 광평 2리에서 25명을 각각 체포하고, 5월 14일에는 한림리를 공격해온 무장대를 격퇴시키고 무장대 5명을 사살했으며, 이어 송당리와 교래리 지역 동굴을 수색 무장대 7명을 사살하고 166명을 검거했다. 송당리와 교래리 사이 숲에서 여자 21명을 포함 200명을 검거하였고, 산간지대 마을 주민들과 무장대의 격리를 위해 이들을 해안부락으로 소개시켰다.

이런 상황에서 6월 18일 인민무장대 토벌에 앞장서던 박진경 연대장이 부하에 의해 암살당하는 사건이 발생했다. 범인은 문상길, 오일균 임이 밝혀졌다. 인민무장대와 토벌대 간의 극한의 대치가 계속되는 위기의 순간에 토벌의 책임을 맡은 연대장 박진경의 피살, 그것도 부하에 의해 살해당한 사건은 불행한 사건이었다. 4·3은 말한다에서 김익렬이 증언하는 것처럼 박진경이 이끄는 토벌대는 "양민과 폭도를 구분하지 않고 폭도 출현지역 내에 거주하는 주민을" "무차별 토벌"[80]하였다. 박진경 연대장을 살해한 범인들은 자신들의 죄상을 순순히 인정한 후 "자기들은 공산주의자가 아니며 다른 정치적 목적도 없었고 국가와 민족을 수호하는 군인으로서 국가와 민족을 해치는 민족 반역자를 총살한 것은 당연한 일이며 그것이 군인의 임무라고 끝내 주장하였다."[81] 문상길은 경북 출신이고 나머지 두 사람은 경남 출신이었다. 제주도 출신은 한 사람도 없었다. 놀라운 사실은 김익렬에 따르면 범인 세 사람 모두 기독교 신자였고, 문상길 중위는 특히 신앙심이 강하였다. 7월 말 군법회의에서 문상길은 세 사람을 대신해서 한 최후 진술에서 이렇게 말했다:

> 우리는 박진경 연대장님을 사살하였으나 본인 개인에 대해서는 대단히 죄송하게 여깁니다. … 박진경 연대장은 먼저 저 세상에 갔고 수일 후에는 우리도 갈 것입니다. 그리고 재판장·이하 전원도

---

80) 제민일보 4·3 취재반, 4·3은 말한다, 347-352.
81) 제민일보 4·3 취재반, 4·3은 말한다, 347-352.

장차 노령하여지면 저 세상에 갈 것입니다. 그러면 우리와 박진경 연대장과 이 자리에 참석한 모든 사람들이 저 세상 하나님 앞에서 만나게 될 것입니다. 인간의 법정은 공평하지 못하여도 하나님의 법정은 절대적으로 공평합니다. 그러니 재판장은 장차 하나님의 법정에서 다시 재판을 하여 주기를 부탁합니다.[82]

수주일 후에 수색에서 범인들에 대한 총살형이 집행되었다. 이들은 사형집행 전 하나님께 최후의 기도를 드렸다고 한다. "우리들의 영혼을 받아들이시고 우리들이 뿌리는 피와 정신이 조국 대한민국의 독립을 위하여 밑거름이 되게 하소서." 그리고 대한독립만세를 삼창한 후 군가 "양양한 앞길을" 부르며 형을 받았다.[83] 이들은 진술에서 제주도민들의 더 이상의 희생을 막기 위해 불가불 군인의 정신으로 연대장을 살해했다고 강변했다. 공산주의와는 전혀 관계없고 오직 신앙인으로 의협심에 불타 상관을 살해했다는 그들의 강변이 만약 사실이라면 선임자 연대장 살해 사건을 어떻게 이해할 것인가? 기독교의 정신과는 배치된다. 목적이 선하면 방법도 선해야 한다. 기독교는 철저하게 비폭력을 가르치고 있다. 결코 정당화될 수 없다.

범인들이 공산주의자가 아니라는 주장에 대해 많은 이견이 있다. 조남수에 따르면 자신들이 공산주의자가 아니라는 문상길의 진술은 사실이 아니었다. 문상길과 오일균은 "진짜 빨갱이"였다. 박갑동의 표현을 빌리면 "문상길이 부대 장병들을 속여 완전무장시킨 뒤 3대의 트럭으로 제주경찰 감찰청과 제주경찰서를 기습, 점령하는 것을 신호로 도배 124개서를 모조리 습격했다."[84] 문상길은 "부하사병들에게 공산주의 사상을 심었으며 … 세뇌시킨 사병으로 집단탈영을 시키고 많은 무기와 실탄을 빼돌려 공비들에게 돌려주었으며 … 연대장 이치업 소령을 음독살해하려는 음모를 꾸몄으나 미수에 그쳤다."[85] 오일

---

82) 제민일보 4·3 취재반, 4·3은 말한다, 347-352.
83) 제민일보 4·3 취재반, 4·3은 말한다, 347-352.
84) 박갑동, 박헌영, 198-199.

균은 "문상길과 손을 잡고 공산폭도를 진압한 것이 아니라 경찰과 우익인사를 숙청하는 데 열중"하였고, "사병들의 정신교육을 자신이 직접 담당하면서 경찰과 경비대와의 이간, 경찰 민간인과의 이간책을 공공연히 교육하면서 좌익을 선호했으며 군의 월권으로 토벌대와 경찰을 제한하는 흉계를 썼다."86)

　범행 동기의 진실 여부를 떠나 한 가지 분명히 할 것이 있다. 그것은 4·3 사건을 중심에서 주도했던 좌익 지도자들이 대거 제주를 탈출한 일이다. 중앙의 지령 하에 움직이면서 제주 4·3 사건의 불을 지르고 제주를 혼란의 장으로 몰아넣었던 김달삼 등 남로당 핵심 간부들 "대부분은 48년 7월 소위 거물급 탈출 기간에 도주하고 말았다."

　　혁명과업 완수를 장담한 남노당은 20여명이 피살되고 4·3과업은 완전(完全)실패를 자인하여 그 지휘부들을 부락 근방에서 철수하여 밀림 속으로 들어가 새로운 진지를 구축하고 지구전을 계획함과 동시에 조직을 강화하였다. 도당 총책에 안요검(安要儉), 조몽구(趙夢九), 김류환(金流煥), 강규찬(姜圭燦), 김용관(金龍寬). 군사부(軍士部): 김달삼(金達三), 오대진(吳大進), 이덕구(李德九), 총무부(總務部): 이좌구(李佐九), 김양근(金良根), 조직부(組織部): 김종우(金鐘佑), 고치종(高致鐘), 농임부(農林部): 김완배(金完培), 경리부(經理部): 현복유(玄福有), 선전부(宣傳部): 김은환(金恩煥), 청년부(靑年部): 강대석(姜大錫), 부녀부(婦女部): 고진희(高珍姬). 이들 중에 대부분(大部分)은 48년 7월 소위 거물급 탈출기간에 도주하고 말았다. 이들은 한 때 제주도에 집결하여 "인민공화국 세상이 목전(目前)에 다가왔으며 제주도는 조선의 해방지구로써 전도민이 가장 잘 살게 되었다." 불원에 붉은 군대가 물밀듯이 밀려들어올 것 아니 대대적(大大的)으로 환영준비를 해야 한다고 호언장담 하던 허위 선전자들이었다. 그러나 저들은 모두 뺑소니치고 도주했

---

85) 조남수, 四·三 眞相, 71.
86) 조남수, 四·三 眞相, 71-72; 박갑동, 박헌영, 332-333.

으며 무지몽매한 맹종자들만 감언이설(甘言利說)에 현혹되어 이를 철석같이 믿고 한라산 동굴과 밀림 속을 야생마처럼 뛰어 다니다가 귀중(貴重)한 청춘을 헌신짝 같이 던져버렸다.[87]

김달삼과 그 일행은 자신들이 의도하는 대로 일이 진행되지 않은 데다 토벌대의 대대적인 토벌작전이 전개되자 제주를 떠났다. 김달삼은 "1948년 8월 29일 38선 이북의 해주에서 열린 소위 남조선인민대표자회의에 홀연히 나타나 모인 사람들을 깜짝 놀라게 했다."[88] 김익렬은 4·3은 말한다에서 "내가 아는 한 김달삼이 사상성분 등에 관하여서는 불투명한 점이 많다. 그가 골수 공산주의자인지는 확실하지 않다"[89]고 강변하지만 이를 의심 없이 받아들이기는 쉽지 않다.

남은 상처는 이들에게 현혹된 순진한 제주민들의 희생뿐이었다. 4·3 사건의 진행 과정에서 피해가 속출했다. 6월 24일에는 인민 무장대에 의해 토벌대 28명 전원이 전사하는 사태가 발생했다. 토벌대의 토벌은 계속되었고 이후 진행된 토벌대의 작전으로 너무도 많은 선의의 희생자가 생겨났다. 1948년 5월 이후 무자비하게 토벌이 계속되었고 이로 인한 생명의 피해는 상상을 초월했다. 좌익세력을 척결하는 과정에서 적의를 가진 폭도와 저들에게 마지못해 혹은 무서워 강제에 의해 협력한 일반 민중들을 구분하지 못해 민간인들의 피해는 더욱 극심했다.[90]

1949년 6월 10일 제주도 폭동사령관 이덕구가 살해되고,[91] 그해 10월 12일 계엄령이 해제되었지만 여전히 제주는 치안의 불안과 자식과 부모와 형제와 친척과 이웃을 잃은 슬픔, 여전히 계속된 좌익

---

87) 조남수, 四·三 眞相, 53-54.
88) 박갑동, 박헌영, 199.
89) 제민일보 4·3 취재반, 4·3은 말한다, 354.
90) 박갑동, 박헌영, 341-344.
91) 제주 4·3 사건 진상규명 위원회, 제주 4·3 사건 자료집 7, 131. 김달삼은 치악산 부근에서 1950년 3월 22일 게릴라 부대 80명과 북상하다 8사단 병력과 교전 중에 사망했다고 알려졌으나 확인되지는 않았다. 제주 4·3 사건 자료집 7, 131-132; 제민일보 4·3 취재반, 4·3은 말한다, 353을 보라.

과 우익의 대립과 갈등 속에 제주도민들은 이 모든 슬픔과 아픔을 비분으로 삼키며 눈물과 한숨으로 하루하루를 이어가야 했다. 제주민들의 심령은 가난할 대로 가난해졌다. 그런 고난의 과정을 통해 우상에 물든 제주도민들의 강퍅한 심령이 옥토로 바뀌었고 이들은 의지할 대상이 세상 나라가 아니라는 사실을 깨닫기 시작했다.

4. 4·3 사건과 제주기독교의 부흥

확실히 4·3 사건은 제주기독교에 또 한 번의 기회를 제공했다. 그러나 그 기회는 화려하게 찾아오지 않았다. 제주기독교의 희생과 섬김과 사랑과 순교의 피 값을 지불하고서야 주어졌다. 1948년 4·3 사건으로 교회도 적지 않은 피해를 입었다. 인민무력대와 좌익은 기독교인을 우익으로 간주하고 경계와 감시를 계속해왔다. 이도종과 조남수 등 목회자와 교회 지도자들은 좌익의 회의와 협박에 넘어가지 않고 교회를 지키며 신앙생활을 계속했다. 처음에는 매일 저녁 교회에서 대중 집회를 갖다가 사태가 심각해지면서 대중전도집회를 잠시 중단하였다. 하지만 제주 전역을 삼분하여 이도종이 산북지방을 맡고, 조남수가 산남지방을, 강문호가 동부지방을 책임지는 상황에서 흩어진 교회들을 돌아보며 예배를 인도하는 일은 중단할 수 없었다.

이런 상황에서 제주 출신 1호 목사 이도종이 인민무장대에 의해 붙잡혀 순교했다. 1948년 6월 13일(혹은 16일-아들의 증언) 자전거를 타고 심방가기 위해 "인성과 화순교회를 향하여 고산리의 자기 집을 출발한"[92] 이도종 목사는 대정읍 무릉 2리 인향동 부근 속칭 고린다리 근처에서 재산 인민무장대에 붙잡혔다. "이 목사가 무장대들에게 잡혀가는 것을 본 것은 이 무렵이 보리 걷이를 하던 철이라 근처 밭에서 보리를 베던 농부들이었다."[93] 이도종은 19일 순교했다. 생포된

---

92) 이도종 목사 기념사업회 편, 제주 제 1호 목사 이도종의 생애와 순교 (제주: 대한예수교장로회 제주노회, 2001), 84.

공비가 이도종의 체포와 마지막 순교 장면을 증언하면서 그 전말이 세상에 드러났다. 그 공비가 증언한 핵심 내용은 이렇다.

6월 13[16]일 오후에 신령리 노사에서 자전거를 타고 가는 이 목사를 납치하여 공비들의 소굴에 끌고 가서 여러 가지 심문을 하였다. 이도종 목사는 목사라는 신분을 밝히고 여러 가지 심문에도 순순히 응하였다. 그런 다음 유창한 설교를 시작했다. 그의 유창한 설교와 권면에 10여 명의 공비들이 숙연하여졌다. 그의 인격과 늠름한 모습에 함부로 하지 못하고 존대했다. 이도종을 상사의 지시에 따라 사형장으로 끌고 갈 때에도 본부를 떠나서는 공손하게 모시고 갔다. 파놓은 구덩이 형장에도 순순히 들어가면서 자네들이 하나님의 사람을 몰라보고 잘못하는 일이라고 하면서 시종 미소를 지었다. 그러더니 저기 내 가방을 달라고 하고서는 성경, 찬송과 회중시계를 땅에다 놓고는 이제 내가 하나님 앞으로 가면서 이것을 자네들에게 선물로 주는 것이니 자네들도 예수 믿고 후일 하늘나라에서 만나보자고 하고는 두 팔을 들어 기도를 올렸다.[94] 이도종의 마지막 순교 장면은 스데반의 순교를 방불케 하는 장면이다.

이 같은 이야기는 "몽치"라는 별명의 무장대 중 한 사람이 붙잡히면서 세상에 드러났다. 이 무장대는 마을에 내려왔다 이도종의 아들 기종과 성종 형제에게 붙잡혀 고산지서에 끌려갔고, 취조 과정에서 이도종 목사를 살해하여 방치한 장소를 알아냈다. 인향동 부근 야산의 일본 군인들이 파놓은 1인호에서 이도종 목사의 부패한 시신이 발견되었고 그 옆 참호에는 달걀장사를 하던 대정 사람과 신도리에 사는 기독교인 처녀가 시체로 발견되었다.

무장대는 이도종이 목사라는 사실을 잘 알고 있으면서도 살해한 것이다. 제주가 배출한 첫 목사 이도종은 이렇게 해서 제주의 첫 순교자가 되었다.

---

93) 이도종 목사 기념사업회 편, 제주 제 1호 목사 이도종의 생애와 순교, 84.
94) 조남수, 四·三 眞相, 74.

이도종 평양신학교 졸업사진

그의 생애는 제주기독교 역사 그 자체라고 해도 과언이 아니다. 그는 1908년 제주 첫 교회 가운데 하나인 금성리교회가 설립되었을 때 그 현장에 있던 11명의 신자 중 한 사람이었다. 1892년 이덕련 장로의 장남으로 태어나 제주에 잠시 유배되어 왔던 남강 이승훈의 영향으로 숭실중학과 평양신학교를 졸업했다. 1919년에 '독립희생회 군자금모집사건'이 발생했을 때 재학생의 신분으로 이 사건에 연루되어 40명이 검속될 때 함께 체포되었으나 1919년 9월 25일 광주지방법원 제주지청에서 무죄판결을 받고 풀려났다. 1921년에는 모슬포교회에 부임한 이경필 목사의 산남지방 전도인이 되어 협재교회를 섬겼고, 그 후 평양신학교에 진학해 1926년 12월에 졸업했다.

1927년 전북노회에서 목사장립을 받은 이도종은 김제읍중앙교회를 섬기다 1929년 11월 19일 제23회 전북노회 제3차 임시회의 허락을 받고 전남노회로 이명했다. 그 후 그는 제주선교를 위해 자신의 젊음을 바쳐 헌신했다. 1930년경부터 서귀포교회와 법환교회를, 1932년에는 남원교회를 개척하고, 1935년 제6회기에, 1937년과 1938년 제8, 9회기에 제주노회장을 맡았으며, 1942년까지 고산교회와 용수교회, 조수교회, 화순교회를 섬겼다. 제주 출신으로 학식과 실력과 영력을 겸비한 빼어난 기독교 지도자를 제주 사람, 그것도 이웃 동리 사람이 죽인 것이다.

4·3으로 인한 기독교의 손실은 참으로 컸다. 제주에서 사역하는 세 명의 제주 출신 목회자 이도종과 조남수, 그리고 강문호 가운데 한 명을 잃은 것은 너무도 큰 손실이었다. 이도종의 죽음과 그의 죽음으로 인한 목회적 공백은 제주기독교 역사에 그대로 남아 있다. 그의 죽음은 제주기독교의 가장 큰 손실 가운데 하나였다.

무장대의 피습으로 생명의 위협을 받기는 조남수 목사도 마찬가지였다. 이도종이 무장대에 의해 순교당한지 약 5개월 후 1948년 11월 20일 이른 새벽 인민무장대가 조남수 목사의 사택을 습격하고 완전히 포위를 했다가 돌아가 위기를 모면한 적이 있다. 그는 4·3의 발단과

이도종 목사와 가족들

진행과정을 제주도민의 한 사람으로서 처음부터 목도하며 더 이상의 무고한 희생자를 막아야 한다는 사명감으로 모슬포 경찰서를 찾아갔다. '우향도 좌향도 못하는 무지하고 무고한 양민의 희생'자들을 막기 위해 11월 25일부터 "자수선무강연"을 전 제주도에서 실시했다. 무장대의 압력에 의해 할 수 없이 협조한 이들이 자수하도록 하고 이들에 대해서는 사면한다는 것이 그 핵심이다. 이를 통해 수 천 명의 무고한 희생자를 막았고, 군경과 주민들의 일체감을 가져다주었다. 그리고 부락 주위에 축성을 쌓아 공비들의 부락 침입을 막을 수 있었다. 모슬포 지역에서는 4·3으로 인한 희생자를 최소화하면서 주민들과 경찰과의 긴밀한 협력 관계가 지속되어 인민무장대의 피습으로 인한 피해를 줄일 수 있었다.95)

공비에 의해 서귀포교회, 협재교회, 삼양교회, 조수교회, 세화교회 사택이 전소되었고, 모슬포 1, 영락리 4, 협재 6, 인성 3, 성읍 2, 서귀포 1, 중문 2, 삼양 20여 채 등 40가옥이 전소되었으며, 작전상

---
95) 조남수, 四·三 眞相, 125-201.

소개로 말미암아 조수 30, 영락 11, 한림 11, 인성 2, 남원 3, 청수 10 등 67가옥이 전소되었다.[96] 공비에게 약탈당한 호수도 삼양 1, 외도 5, 금성 1, 서귀포 1, 인성 1, 영락 1, 모슬포 3, 고산 3 등 모두 16호나 되었다. 그 외 확인되지 않은 피해는 얼마나 많았겠는가? 이보다도 더 큰 피해는 역시 인명피해였다. 4·3 사건으로 인해 희생된 사람은 이도종 목사 외 17명이었다.[97]

4·3 사건으로 희생된 순교자와 사망자

교직	성 명	소속교회	피해상황
목사	이도종	화순교회	공비에게 납치 피살됨
장로	허재성	모슬포	야간에 자택에서 공비에게 피살됨
집사	부양은	김녕	야간에 자택에서 공비에게 피살됨
집사	진시규	중문	노중 공비에게 납치 피살됨
교인	오대호	중문	자택에서 공비에게 납치 피살됨
교인	진학인	중문	노중에서 공비에게 납치 피살됨
교인	임명선	서귀포	교회당 소각 시 공비에게 피살됨
교인	오병필	서부	자택에서 소각 시 공비에게 피살됨
교인	오병필 동생	서부	자택에서 소각 시 고비에게 피살됨
교인	최순임	모슬포	승차운행도중 공비의 습격으로 피살됨
교인	허영국	모슬포	국군 차에 치어 사망함
교인	고창선	모슬포	국군 오발로 인해 사망함
교인	권찰	삼양	자택에서 공비에게 피살됨
교인	학생	삼양	자택에서 공비에게 피살됨
교인	김승은	두모	승차운행도중 공비의 습격으로 피살됨
교인	지성익	대정영락	은신 중 폭도 혐의를 받고 국군에게 피살됨
교인	지성익동생	대정영락	은신 중 폭도 혐의를 받고 국군에게 피살됨

자료: 제주선교 70년사

조남수 목사가 4·3 사건 속에서 중요한 리더십을 발휘하고 있을 때 교회의 토대를 구축하는 일에 헌신한 인물이 강문호 목사였다. 강문호 목사는 제주 중문리 출신으로 중문교회에서 주님을 영접한 후 일찍 눈을 뜨고 어린 시절부터 신앙으로 교육받았다. 전북 옥구

---

96) 姜文昊, 文泰善, 濟州宣敎 70年史, 66.
97) 제주노회사출판위원회, 제주노회사 (제주: 대한예수교장로회 제주노회, 2000), 34.

조남수 목사

의 구암리교회 부속 영명학교 고등과를 다니던 1919년 3월 6일 영명학교 교사인 박안세, 김수영, 이두영이 축이 되어 군산 개복동교회 신도들과 학생들이 참가하는 대규모 만세운동을 계획했다가 전날 발각되어 교사들이 연행되었다. 학생들은 구암리에서 군산경찰서까지 만세를 외치며 행진했다. 처음 100여 명에 불과하던 사람들이 곧 500명으로 증가했다. 이들은 구속교사 석방과 대한독립만세를 소리 높여 외쳤다. 이날 강문호 목사를 포함하여 47명의 학생들이 연행되었다 5일 만에 훈방으로 풀려났다. 다시 피검되어 대구복심법원에서 징역 6개월을 언도받자 담당검사에게 "남의 나라 빼앗은 강도들이 제나라를 찾겠다는 사람에게 죄를 준다는 것이 무엇이냐?"고 외쳤다. 재판장은 즉시 형을 1년 6개월로 올렸다. 그 후 그는 일본의 고오베(神戶)에 소재한 중앙신학교를 졸업하고 경기노회에서 목사 안수를 받았다. 잠시 그곳에서 목회하다 1934년 제주 서귀포교회, 법환교회, 중문리교회 담임목사로 부임했다.98) 1934년 제7회 제주노회 때 노회장을 지내며 3년을 섬기다 1937년 2월 전남 무안으로 임지를 옮겼으며, 그러다 1942년 다시 한림교회에 부임하였다. 1945년 7월 6일 "미공군기의 폭격으로 한림, 옹포, 수원, 3개 리가 수라장이 되고 한림 일대는 초토화가 되었다. 한림교회당 42평과 사택 12평

---

98) 그의 제주노회 부임은 "1934년 5월 1일 한림교회에서 열렸던 제주노회 제5회 회록에 기록되어 있을 뿐만 아니라 이를 뒷받침하기 위한 사료로 조선총독부의 '관보' 기록에는 1936년 8월 25일 서귀포교회를 명칭으로 하여 그의 명의로 포교소 설립계를 제출한 것으로 되어 있다."

도 전파되어 잿더미가 되었고 강목사도 부상을 당했으며 한림교회 신도 어린이 5명과 부인 3명, 강목사의 여동생인 강연아를 포함한 주민이 30명이나 희생되었고 200여 명의 부상자와 민가 400여 채가 부서졌다. 더 이상 제주에 머물 수 없었던 강 목사는 육지로 갔다."

1945년 해방이 되어 목회자가 모자라 제주교회들이 목회를 애타게 기다리고 있을 때 1947년 봄 그는 다시 제주로 돌아와 한림교회를 재건하며 제주기독교 안에서 중요한 리더십을 발휘하기 시작했다. 이미 제주사역에 헌신하고 있던 조남수, 이도종과 함께 도제직회의 일원이 되었고, 과거 동부(정의)지방인 산 동편을, 조남수 목사는 서귀포에서 한경까지의 교회를, 이도종 목사는 인성교회와 화순교회를 맡았다.99) 제주교회는 다시 조금씩 활기를 찾기 시작했고, 그 혹독한 피해 속에서도 제주선교에 헌신했다.

강문호는 일제의 찬탈과 이데올로기의 대립, 급기야는 4·3 사건으로 심한 타격을 입은 제주기독교를 복구하는 일에 늘 선두였다. 1949년 4월 19일부터 23일까지 서울 새문안교회에서 회집된 제 35회 총회 때 제주노회장 강문호는 "전도목사 파송청원 건"100)을 총회에 올렸고, 제주교회가 심각한 피해 상황을 보고했다:

청원서

제주도는 개벽 이래 처음 보는 민족 상쟁의 처참한 사태에 빠져 사상자는 양민이 一五二一명, 반도가 수 만명 가옥손실은 三만四천六백十一동, 이재자 八만六천七백五십七명, 학교소실은 초등학교 一백 七十五교 중등학교 十一교, 교회관계피해는 피살자 十五명 이도종 목사는 작년 六월 十六일 교회로 가던 도중에 납치된 후 종적이 없아오며 허생제 장노는 중학생에게 살해를 당하였고 서귀포 교회 임씨는 예배당소제를 하던중 폭도에게 피해를 당하였고 교회 건물 피해는 서귀포, 협방, 삼양, 조수 사처 예배당이 소실되고 서

---

99) 姜文昊, 文泰善, 濟州宣敎 70年史, 67.
100) 제 35회 총회록 (1949), 35.

귀포 세화 이처 목사 댁이 소실되었고 교인 가옥 손실은 서귀포 一 중문 一 인성 三 협방 六 삼양 十五 제주읍 二 외도 三 남원 三 이상 합 三十三호이오고 농작물 형편은 전경작지의 五분의 一에 불과하오며 총성이 끝칠 사이 없으므로 민중은 공포에 싸여 실로 생지옥을 이루고 있습니다. 이런 사태에 당하여 중앙정부에서는 반도진압에 주력함과 동시에 이재민 구호에 힘쓰고 있고 신구양 선교사 단체에서는 구호 물품을 가지고 가서 분급하기도 하며 진상을 조사하는 등의 활동이 있으나 같이 동포된 우리 민족에서는 아직까지 개인이나 단체로서 여기에 대한 여하한 동태도 없음은 실로 유감천만사외다. 민족의 동맥이 되어야 할 우리 총회는 급속한 시실에 위문단을 특파하여 진상을 조사하시며 조국의 평화 수립과 아울러 동포의 구령을 위하여 유효한 대책을 강구하여 주시옵고 또 총회로서 중앙정부에 종군목사제도 설치를 건의하여 주시옵기 자에 청원하오니 조량하시옵소서.101)

동족의 피해가 그토록 심각한 상황에 어떻게 제주교회에 대해 총회가 무관심할 수 있었는지, 게다가 같은 동족이 제주 동포들이 그토록 많은 희생을 당하고 있는데도 외면할 수 있었는지 참으로 아쉽다는 솔직한 심정을 토로한 것이다. 동경대지진으로 한국인들이 누명을 쓰고 수만 명이 무참하게 살해당했을 때 총회는 침묵했다. 중요한 일에 총회가 침묵한 것이다. 제주의 교회들은 언제나 홀로서야 했다. 이런 상황에 돌파구를 만들어 준 힘은 바로 제주로부터 나왔다. 순교자 이도종이 흘린 거룩한 피가 하늘보좌를 움직인 것이다. 이도종이 세상을 떠난 후 그의 죽음은 헛되지 않았다. 강문호의 호소와 조남수를 비롯한 목회자들의 호소에 힘입어 제주에 여러 명의 목회자들이 입도했다.

---

101) 제 35회 총회록 (1949), 67-68.

4·3 사건 후 찾아온 제주교회 부흥

1948년 4월 3일을 전후해서 찾아온 그 혹독한 시련과 혼란 속에서 제주교회는 오히려 최고의 성장과 부흥을 이룩했다. 제주교회는 시련을 통해 오직 하나님께만 소망이 있다는 확신을 갖기 시작했다. 감사한 것은 4·3 사건으로 인해 피해를 입었지만 일반 사람들이 입은 피해와 비견할 때 별로 큰 피해는 아니었다. 제주기독교는 공산주의 사상에 분명한 반대의 입장을 취하면서도 가능한 우익단체

동서부연합예배

에 직접 참여하며 좌익과 투쟁하는 일을 앞장서서 하는 것을 조심했다. 때문에 좌익들이 경계하고 기회를 노린 것은 사실이지만 혹독한 공격을 피할 수 있었다. 오직 하나님만이 의지할 대상이라는 사실을 그리스도인들은 물론 제주 사람들도 깊이 인식하기 시작했다. 4·3 사건은 제주교회에 깊은 교훈을 가져다주었다. 문제의 해결은 오직 하나님께 있다는 신앙은 한두 사람의 의견은 아니었다. 1949년 3월 12일 오후 7시 한림교회 사택에서 모임 노회 임원회에서는 "악화된 도내 사정과 교통사정"으로 정기노회를 무기 연기하기로 하고 긴급 안건은 임원회에서 논의하기로 했다. 그해 6월 고산교회

에서 노회를 소집하고 4·3 사건으로 인한 순교 또한 희생당한 성도들을 위해 추도식을 노회장 강문호 목사의 사회로 진행하고 소실된 교회에 노회가 20만원씩 보조하기로 결정했다.102)

1949년 열린 제 20회 총회에서는 "제주도 부흥전도대"를 조직하여 전도적(全島的)인 전도운동을 전개했다. "4·3의 상처를 아물게 하고 치유하기 위해서는 복음의 처방 외에는 없다"고 판단한 것이다. "악화된 시국 속에서 교회는 더욱 믿음으로 무장하고 하나님께 눈물의 기도를 드렸으며 이 어려운 사태 아래서 하나님께로 귀의하는 사람들도 많이 있었고 전도의 문이 열리게 되었다."103) 시련이 제주교회에 새로운 기회를 가져다준 것이다. 부흥전도대는 일곱 명의 목사와 일곱 명의 전도인과 각 교회에서 지원한 자들로 구성되었다. 송영호(宋英浩), 최희준(崔熙俊) 목사가 제주읍 동부에서부터 성산포까지를 담당했고, 한기춘(韓基春), 김윤옥(金允玉) 목사가 성산포에서부터 서귀포까지를, 조남수(趙南洙), 김영모(金永模) 목사가 서귀포에서부터 고산까지를, 그리고 강문호(姜文昊), 이윤학(李允學) 목사가 고산에서부터 제주읍 서부까지를 담당했다. 전도대는 구역을 정하고 낮에는 호별 방문, 오후에는 전도강연집회를 갖고 많은 결신자를 얻었다. 이때의 결실은 1951년 이후 피난교인들이 제주도에 입도하여 각 지방에 흩어져 전도활동 하는 것으로 연결되어 1950년대 교회가 없는 마을에 교회가 설립되었다.104)

당시 이윤학 목사가 섬기는 제주 서부교회에서 1950년 1월 3일부터 제주노회 도사경회가 모여 "큰 은혜를 받고 2월 12일부터 박재봉(朴在奉) 목사(牧使)를 청빙(請聘)하여 1주일 [간] 은혜(恩惠)를"105) 받아 4·3의 그 혹독한 시련 속에서 오히려 교회는 영적으로 각성했다. 순교자를 배출하고 박해를 받으면서도 믿음의 사람들

---

102) 제주노회사출판위원회, 제주노회사, 35.
103) 제주노회사출판위원회, 제주노회사, 35.
104) 제주노회사출판위원회, 제주노회사, 36.
105) 제주노회 제 21회 회록, 5.

1949년 성내교회

은 주님 앞에 더욱 더 나아갔다.

　1950년 3월 29일 한림교회당에서 모인 21회 제주노회에는 1930년 제주노회가 조직된 이후 가장 많은 목회자들이 참석했다. 강문호(康文昊), 조남수(趙南洙), 김영모(金永模), 송영호(宋英浩), 이윤학(李允學), 한기춘(韓基春), 최희준(崔熙俊) 등 일곱 명의 목사와 김동수(金東秀), 이규황(李珪晃), 고원숙(高元淑), 조응만(趙應萬), 김두현(金斗鉉), 오송화(吳公化), 정응표(鄭應杓), 장양선(張良善), 김계향(金桂香), 강남서(康南瑞), 강치현(姜致現), 장병숙(張炳淑) 등 12명의 장로가 참석했으며, 선교사 라빈선(羅賓善)도 참석했다.

　라빈선(Robert K. Robinson)은 1948년 남장로교 선교사로 내한하여 목포와 대전에서 사역하다 1982년에 귀국한 선교사였다. 이날 노회는 4·3 사태로 인한 어려움을 지원하기 위해 "구제물자(救濟物資) 제주도(濟州道) 분(分) 운반(運搬)" 비용을 노회가 협력하기로 하였다.

　제주 서부교회에서는 시국이 혼란한 상황에서 "본도(本道)와 국가 통일(國家統一)을 위하여 청신기도회(淸晨祈禱會)를 계속(繼續)"[106] 했다. 1950년 3월 5일 주일(週日)에 육십여 만원의 헌금을 해서 4월 5

일부터 증축 공사(增築工事)를 시작했다. 이윤학 목사가 당회장으로 있는 내도교회는 장년 57명의 교인과 유년주일학교 74명이 모이는 교회가 되었다. "읍내(邑內) 서부교회(西部敎會)에서 매월(每月) 5천원씩 교역자(敎役者) 봉급(俸給)으로 보조(補助)"하여 "신학생(神學生) 김신영(金信永) 씨 3개월간 열심으로 전도(傳道)하여 부흥(復興)"하였고, "예배당(禮拜堂) 수리(修理)"로 마쳤다.107)

금성교회는 장년 10명, 유년 30명이 모이는 교회이지만 노회와 청년회의 협력 속에 "연약한 중에도 애월에 전도를"해서 "1949년 7월에 교회가 서게 되어 재경 일립(一粒) 동신회(同信會)에서 김윤옥 전도사를 보내어 주어서 금성과 애월 양 교회가 날로 부흥"108)하였다.

강문호 목사가 맡고 있는 한림교회는 그가 돌아온 후 활기를 되찾았다. 새벽기도에 열심하면서 "예배당 완성을 위하여 97만여 원을 연보"109)하였으며, "2월 1일부터 김종수 전도사를 청빙 시무"110)하면서 많은 도움을 받았다.

강문호가 당회장으로 섬기고 있는 협재교회의 경우 "개인기도, 가정기도, 특별기도에 힘쓰"면서 "주일공과, 성경학을"111) 하면서 "예배당 재건에 전력을 다"하였다. 협재교회는 "김의화 선생과 김인옥 전도인이 힘써 일하여 현재 평균 70여 명이 모이"는 교회가 되었다.

조남수 목사가 당회장으로 섬기는 모슬포교회는 "질과 양으로 발전 중"이었고, 1949년 "7월부터 김치수 전도사를 청빙하여 부흥하는 중"112)이며 "최순신 선생을 통하여 하기 아동성경학을 개강"하였고, "정봉은 선생을 강사로 사경회 개최하여" 많은 유익을 얻었다. 무엇보다 "남북통일 기도회를 통일될 때까지 모이기로 하여 새벽마

---

106) 제주노회 제 21회 회록, 5.
107) 제주노회 제 21회 회록, 5.
108) 제주노회 제 21회 회록, 5.
109) 제주노회 제 21회 회록, 5.
110) 제주노회 제 21회 회록, 5.
111) 제주노회 제 21회 회록, 5.
112) 제주노회 제 21회 회록, 5.

1948년 아동성경학교

다"113) 계속 모였다. 모슬포교회는 제주라는 지역의 복음화만 아니라 통일을 위해 기도하는 교회로 발전한 것이다. 제주라는 선교지가 이제는 선교하는 교회로 눈을 떠나고 있는 것이다.

교회가 새롭게 움직이기 시작한 것은 조남수 목사가 당회장으로 섬기고 있는 화순, 인성, 영락교회도 마찬가지다. "화순, 인성 양 교회는 부인 연합회의 연보로 정찬준 씨를 청하여 시무케 하는 중 자미를"114) 보았고 "영락교회는 모슬포교회 보조로 송인택 씨를 청하여 시무 중"115)이다. "화순교회에서 조남수 목사를 청하여 부흥회하고 70만원 연보하여 예배당 신축 계획 중"116)이었고 "인성교회에서는 이윤학 목사를 청하여 부흥회하고 40만원 연보하여 예배당 신축 계획 중"117)이며, "영락교회에서는 조남수 목사를 청하여 부흥회하고, 32만원 연보하여 신축 계획 중"118)이다.

---

113) 제주노회 제 21회 회록, 5.
114) 제주노회 제 21회 회록, 5.
115) 제주노회 제 21회 회록, 5.
116) 제주노회 제 21회 회록, 5.
117) 제주노회 제 21회 회록, 5.

서귀포교회는 4·3 사건으로 교회당이 소실되었다. 하지만 실의와 좌절에 빠지지 않고 다시 일어섰다. "소실된 교회 식구들은 갈 바를 모르다가 총회 파송 받은 전도목사 한기춘 씨가 내도하여 교회가 재건"119)되었다. 1949년에 접어들어 "원래에 있던 교인들이 힘을 얻고 새로 회개하고 돌아오는 신자가 증가"120)되었으며 "새 신자 중 최영자 여사는 대지 200평을 기증"하였고, "홍영옥 여사는 자기 재산 300만원의 가옥을 예배당으로 헌납하고 반액 150만원을 기증"121)하였다. "대구 신임복 집사님이 성종 대품을 기증"122)하였고, "강유찬 씨는 이삭간 6천원, 삼삭간 3천원씩 부인 전도회에 기증"123)하여 "김은선 전도인을 작년 6월부터 10월 말일까지 시무케"124)하였다. 또한 "기독청년 하령회를 청하여 1주간이나 전도"하였고, "김병보 씨가 소년 '밀알회'를 조직하고 少年 60여명을 모집 예배"125) 보았다. "소실된 교회 기지 대사 15만원과 노회로 온 교회 구제금 13만원을 위시하여 한기춘 목사께서 교회 재건 연보를 모집차 상경하여 하나님의 은혜로 수 십 만 원을 얻어 재건 90만원을 보상"126)하였다. "선교부 전도구역 순회하기로 승낙한 한기춘 목사의 보조비 600원과 서귀포교회 연보와 合하여 이경준 전도사를 청하여 1월부터 시무하오며 탁명숙 선생이 당분간 서귀포교회에 오셔서 전도"127)를 지원해주었다. 교회당이 소실되어 위기를 만났지만 서귀포교회는 시련만큼 주님의 은혜와 축복도 컸다 고난 가운데서도 하나님이 베푸신 일련의 변화로 인해 교

---

118) 제주노회 제 21회 회록, 5.
119) 제주노회 제 21회 회록, 5.
120) 제주노회 제 21회 회록, 5.
121) 제주노회 제 21회 회록, 5.
122) 제주노회 제 21회 회록, 5.
123) 제주노회 제 21회 회록, 5.
124) 제주노회 제 21회 회록, 5.
125) 제주노회 제 21회 회록, 5.
126) 제주노회 제 21회 회록, 5.
127) 제주노회 제 21회 회록, 5.

1947년 7월 제주 중앙유치원

회와 교인들은 큰 위로와 힘을 얻었다.

이도종 목사가 섬기던 고산교회는 김영모 목사가 조수, 두모, 용수도 겸하여 섬겼다. 고산교회는 "청수, 조수 예배당 건축"[128]을 도왔고, 조수교회(造水敎會)는 새로운 신자가 많아졌으며, "예배당 건축은 신 신자 조성천 씨의 열성과 교우의 노력으로 [3월] 27일에 상량식"[129]을 거행했다. 무엇보다 감사한 것은 "조수, 청수 양 교회를 위하여 서울 초동교회에서 교역자 1인 보내주기로 허락"[130]을 받은 일이다. 두모교회(頭毛敎會) 역시 "재정도 곤난치 않고 교인도 날로 증가"[131]하고 있으며 장차 "담임을 청빙할 계획"[132]을 세웠다. 용수(龍水敎會)는 주일 평균 130명이 모이고 있으며 "교회 주택을 새로 건축"[133]했다.

---

128) 제주노회 제 21회 회록, 5.
129) 제주노회 제 21회 회록, 5.
130) 제주노회 제 21회 회록, 5.
131) 제주노회 제 21회 회록, 5.
132) 제주노회 제 21회 회록, 5.
133) 제주노회 제 21회 회록, 5.

한기춘 목사가 맡고 있는 중문교회는 지난 일 년 동안에서 "교인 수가 약 배나 증가"134)하였고, "신자 자녀들이 중문학교 기독학생회를 조직하여 전도에 힘쓰는 일"135)이 있으며, 1950년 3월에는 "한기춘 목사와 탁명숙 전도사를 청하여 사경부흥회를"136) 열어 "많은 자미"를 보았다. "제주읍 동부교회 고창현 씨가 시가 평당 500원 가치의 전(田) 199평을 교회에 기증"하였으며, "교회당 수리 및 증축을 경영 중 우선 6만원을 연보한 일"137)도 있었다. 하지만 "신자 중 장년, 유년 합 9명의 별세"138)하는 아픔이 있었다. 그 이유가 무엇인지 밝히고 있지 않지만 "섭섭한 일"139)이라는 표현을 통해 이들의 죽음이 정상적인 것이 아니었음을 암시하고 있다. 그렇다면 4·3사태 이후 진행된 학살 사건의 연속으로 여겨진다.

한기춘 목사가 맡고 있는 법환교회(法還敎會)는 "강성빈 전도인을 청하여 자미를 보"140)았고, "강정리, 이득홍 전도사를 모시고 分立하여 교회 부흥 중"141)이다. "교회 수리와 성종 하기로 하고 20만원 헌금"142)하였다.

성장하기는 송영호 목사가 섬기는 교회들도 마찬가지이다. 그가 섬기는 금령(金寧)교회와 세화교회(細花敎會)는 "양과 질로 부흥 중"143)이고 "김령교회는 주택 건축 중"144)이고 "세화교회는 교역자를 청빙" 중에 있었다. 송영호 목사가 섬기는 "제주읍 동부교회"는 "1949년 5월 첫 주일부터 서부교회와 분리하여 신은으로 증진하오

---

134) 제주노회 제 21회 회록, 8.
135) 제주노회 제 21회 회록, 8.
136) 제주노회 제 21회 회록, 8.
137) 제주노회 제 21회 회록, 8.
138) 제주노회 제 21회 회록, 8.
139) 제주노회 제 21회 회록, 8.
140) 제주노회 제 21회 회록, 8.
141) 제주노회 제 21회 회록, 8.
142) 제주노회 제 21회 회록, 8.
143) 제주노회 제 21회 회록, 8.
144) 제주노회 제 21회 회록, 8.

제주노회 교회 및 교역자 명부

교회명칭	조직/미조직	장　　소	당회장	전도사	전도인
동부	조직	북제주군 제주읍 일도리	송영호		양순자
서부	〃	삼도리	이유학	김봉녀	
금성	〃	애월면 금성리	강문호	김윤옥	
한림	〃	한림면 한림리	강문호	김종수	
협재	〃	협재리	강문호		김인옥
두모	〃	두모리	김영모	이**목사	
용수	〃	용수리	김영모		
조수	〃	조수리	김영모	김용남	
고산	〃	남산리	김영모		
모슬	〃	남제주군 대정면 모슬포	조남수	정봉은	
삼양	〃	북제주군 제주읍 삼양리	이유학		
인성	虛位	남제주군 대정면 인성리	조남수		
중문	〃	중문면 중문리	한기춘		김두혁
외도	미조직	북제주군 제주읍 외도리	이유학	조*행	
애월	〃	애월면 애월리	강문호	김윤옥	
월령	〃	한림면 월령리	강문호	김의화	
함명	〃	제주읍 함명리	송영호		유달수
청수	〃	한림면 청수리	김영모	김용남	
화순	〃	남제주군 안덕면 화순리	조남수		정찬준
영락	〃	대정면 영락리	조남수		송인택
상예	〃	중문면 상예리	한기춘		김두혁
도순	〃	중문면 도순리	한기춘	이득홍	
법환	〃	서귀면 법환리	한기춘		강성빈
서호	〃	서귀면 서호리	한기춘		강성빈
서귀	〃	서귀포	한기춘	이경준	
위미	〃	서귀면 위미리	한기춘		유화평
남원	〃	남원면 남원리	한기춘	이원근	
표선	〃	표선면 표선리	한기춘	손정현	
성읍	〃	성읍리	최희준		
신산	〃	성산면 신산리	최희준	김치수	
성산	〃	성산포	최희준		
세화	〃	북제주군 구좌면 세화리	송영호		차병호
행원	〃	구좌면 행원리	송영호		전창희
김령	〃	김령리	송영호		문오봉
조천	〃	조천면 조천리	이유학	이경준	

며 송영호 목사의 위임식과 조응만 장로의 취임식을"145) 거행하였고, "김청천 집사는 성종 시가 십 만 원 짜리를 교회에 헌납"하였다. "청신기도회(淸晨 祈禱會)"146)를 계속 가지면서 "함명리에 본

---

145) 제주노회 제 21회 회록, 8.

교회 직원회서 전도사 1인 파송"했다. 이와 같은 성장에 힘입어 동부교회는 "유치원은 독립으로 할 것"147)을 계획하고 "구국 전도에 합력 총 궐기하여 倍加 운동을"148) 전개하기로 했다.

조천교회와 삼양교회 역시 "교세가 날로 부흥"149)하고 있어 두 교회는 교역자를 청빙 중에 있다.

1930년 노회가 조직된 이래 이처럼 모든 교회들이 하나같이 부흥하고 있다고 보고한 경우는 없었다. 1930년 노회가 조직될 때 겨우 17개 교회였고, 1942년 노회가 마지막으로 열릴 때도 교회는 24개 교회에 불과했다. 1948년 4월 3일 4·3 사건이 발생할 때만 해도 교회는 큰 변동이나 변화가 없었다. 그러나 4·3 사건을 전후하여 수많은 학살과 습격과 공격을 받으면서 좌익과 우익의 대립 속에 수많은 사람들이 피를 흘리며 쓰러지는 것을 목도하면서 사람들의 심령에 하나님을 찾고 의지하는 마음이 더욱 생겨나기 시작했다.

제주기독교는 불과 5년도 되지 않아 24개 교회에서 35개로 증가했다. 제주교회는 지금까지 제주민들이 만난 가장 혹독한 시련과 고난 속에서 부흥을 경험하기 시작한 것이다. 마치 1894년 청일전쟁과 1904년 러일전쟁을 통해 인간의 심령을 가난할 대로 가난하게 만드셔서 하나님을 목마르게 찾도록 하셨던 것처럼 4·3 사건을 통해 심령이 가난해진 제주도민들은 복음을 목마르게 찾았다.

맺는 말

1945년 해방, 그것은 고대하고 기다리던 우리 민족의 최대의 선물이었다. 그러나 그 감격과 기쁨은 오래 가지 못했다. 특별히 제주

---

146) 제주노회 제 21회 회록, 8.
147) 제주노회 제 21회 회록, 8.
148) 제주노회 제 21회 회록, 8.
149) 제주노회 제 21회 회록, 8.

에서는 더욱 그랬다. 해방과 더불어 불어 닥친 좌익과 우익의 심각한 갈등은 제주도민 전체를 대립의 세계로 몰아넣었다. 해방 이후 시작된 좌익과 우익의 대립은 남로당의 지령에 의해 활동하는 공산주의 세력이 제주 안에 자생하거나 존재하는 좌익세력들과 연합하여 젊은이들을 1948년 5월 10일 남한 독자선거 반대운동과 미군정 통치의 반미운동에 동원하면서 제주를 걷잡을 수 없는 소용돌이에 휘말렸다. 그들이 원하던 원치 않던 제주민들은 좌익과 우익의 대결구도 속에서 휩쓸리고 말았다.

이 일은 이미 1945년 제주도 건준이 둘로 나뉠 때부터 예견된 일이었다. 인민무장대는 처음부터 공산당과의 협력 속에 움직여 갔다. 2·7 사건과 3·1 사건은 명분이 삼일운동이지 실제로 주목적은 군중을 이용하여 반미운동과 5·10 선거반대를 전개하는 것이었다. 좌익과 우익의 대립 속에서 좌익세력이 우익인사와 경찰서 습격이라는 투쟁의 방식을 채택했을 때 제주경찰과 진압대는 인민무장대와 주민을 구별해야 했다. 조남수 목사가 지적한 것처럼 처음부터 이것을 분명히 했다면 훨씬 더 인명 피해를 줄일 수 있었다. 그리고 그렇게 오랫동안 투쟁에 휘말리지 않았을 것이다. 인민무장대 간부들은 제주에 불을 질러 놓고는 4·3이 실패하자 바로 7월 제주를 대거 탈출하였다. 이들의 탈출 후에도 일단 시작된 좌익과 우익의 싸움은 그칠 줄 몰랐다.

그 혹독한 어둠 속에서 제주기독교는 한치 앞을 예견할 수 없었다. 그러나 이 시대 제주기독교는 참으로 지혜로웠다. 기독교는 우익의 입장이었지만 우익 단체에 가담하고 직접 좌익과 투쟁하는 선봉에 서지 않았다. 이도종과 조남수 그리고 강문호는 간접적으로 심정적으로 그들을 지원하고 협력하면서도 교회가 휘말리지 않도록 교육을 시켰다. 이재수 난 때 천주교가 부패한 관리와 함께 민중의 반대편에 섬으로써 엄청난 생명의 손실을 보았던 천주교의 역사적 우를 다시 범하지 않도록 노력한 것이다. 기독교를 우익으로 분류했지만 기독교가 우익단체에 합류하는 것을 자제하여 피해를 줄일 수 있었다. 좌익 세력은 기독교를 경계하면서도 노골적인 공격을 할 수 없었다.

조남수 목사의 "자수선무강연"은 제주 민중들의 심령에 올바른 기독교상을 강하게 각인시켜 주었다. 기독교 지도자들이 말로 신뢰할 수 있는 사람들이라는 인식을 갖게 만들어 주었고 결국 4·3 사건 이후 수많은 사람들을 교회로 영입하는 기회를 제공했다. 조남수의 자수선무강연을 통해 제주 안에 수많은 잠재적 그리스도인들을 만들어 내었다. 모슬포교회가 4·3 사건 이후 놀랍게 성장한 것은 우연이 아니다.

4·3 사건은 제주교회를 한 단계 도약시키는 전기를 마련해주었다. 1948년 4·3 사건으로 서귀포교회가 불타고 이도종이 순교하는 등 교회 역시 큰 시련을 만났지만 그것은 확실히 제주교회에 또 다른 기회였다. 인간의 시각을 넘어 역사하시는 하나님의 손길을 여기서도 읽을 수 있다. 마치 바울이 고백한 것처럼 환란은 인내를 인내는 연단을 연단은 소망을 이루시는 하나님의 역사를 눈으로 확인할 수 있었다.

제 12 장

한국전쟁과 제주기독교 부흥(1950-1960)

> 주의 복음은 이미 50 여 년 전 장로교에서 선교하여 한 60여 교회가 설립되어 있고 캐톨릭교회도 수십년전 선교되어 30여 처에 가까운 교회가 설립되어 있다. 혹은 성결교회 그리스도교회 기독교장로회 이단적인 전도관이나 여호와의 증인이니 하는 교회까지 들어와 있다. 이러한 곳에 우리 감리교회도 육이오사변의 덕택으로 교회가 선교된 것이다.
>
> 1958, 제주지방 감리사 박성은

4·3 사건의 상처가 채 아물기도 전에 제주기독교는 또 한 차례의 비극을 만났다. 1950년 6월 25일 북한군이 남침을 단행한 것이다. "민족 최대의 비극" "6·25 사변이 북한 공산군의 남침으로 말미암아 일어나고야 말았다."[1] 한라산의 무장대의 습격이 있으면서 좌익세력은 또 한 번의 기회를 잡으려고 혈안이 되었다. 좌익과 우익의 격전지였던 제주는 전쟁의 우려가 한층 더 컸다. 그러나 전쟁이 나면서 선포되었던 계엄령도 1년 후에는 해제되었고, 수많은 피난민이 제주에 유입되면서 제주는 전쟁 기간 동안 가장 안정과 번영을 누리는 장소가 되었다. 특별히 예수를 믿는 사람들이 대거 제주에 유입되면서 제주교회들이 큰 성장을 하였다. 전쟁 앞에서 제주민들은 하나님께 기도하지 않을 수 없었다.

전쟁 기간 동안 놀라운 부흥과 영적각성이 제주에서 일어났다. 마

---

1) 姜文昊, 文泰善, 濟州 宣敎 70年史 (서울: 대한예수교장로회 총회 교육부, 1978), 68.

치 1904년 러일전쟁 때 원산부흥운동이 일어나고 고종의 퇴위가 있던 그해 평양대부흥운동이 일어났던 것처럼 한국전쟁 기간 제주에는 놀라운 부흥이 교회마다 일어났다. 전쟁을 피해 피난 온 피난민들은 4·3 사건으로 기왕에 시작된 제주교회의 부흥에 한몫을 더했다. 민족의 위기 앞에 깊이 자성하고 회개하고 각성하는 움직임이 제주 안에 일기 시작한 것이다. 한국전쟁은 제주기독교의 재편을 가져다주었다. 기성의 교회들이 놀랍게 성장하였을 뿐만 아니라 수많은 교파들이 제주에 유입되어 다양한 교파와 교단이 제주에 설립되었다.

1908년 이기풍이 제주도에 파송된 이후 해방 전까지 제주선교는 장로교가 주도했다. 그러다 한국전쟁 이후 감리교회, 성결교회, 침례교회, 순복음교회, 그리스도교회를 비롯한 다양한 교단들이 제주에 설립되었다. 제주에 피난 온 이들이 다양한 교파의 사람들이었기 때문에 이것은 자연스러운 일이었다. 장로교가 주류를 이루고 있지만 다른 교단의 교회들도 성장의 틀을 다지고 있었다. 이것은 장로교 한 교단의 교회로 시작된 제주에 내려진 또 하나의 축복이다. 서로가 서로를 통해 배울 수 있는 기회가 주어지고 서로를 위해 기도하고 협력하는 진정한 장이 마련되었기 때문이다. 그러나 제주기독교는 주어진 절호의 축복의 기회를 늘 선용하지만은 않았다. 오히려 그 반대가 심했다.

1950년대에 제주 장로교는 분열의 아픔을 경험했다. 1952년 고신의 분열, 1953년 기장의 분열, 그리고 1959년 통합과 합동의 분열이 있었다. 한국전쟁, 놀라운 부흥, 분열과 대립이라는 전혀 어울릴 것 같지 않은 이 같은 복잡한 현상들이 제주교회에 있었다. 그러나 이것은 결코 이상한 것이 아니다. 한국교회가 만났던 그 시대의 모습들이다. 그런 면에서 제주기독교는 여타 모든 교회들이 만났던 시대적 아픔을 그대로 공유했다. 본장에서는 1950년 전쟁이 발발한 이후부터 1960년까지 이와 같은 제주교회의 모습을 역사적으로 조명하려고 한다.

1. 한국전쟁과 제주기독교

한국 역사상 가장 많은 피해를 준 한국전쟁은 어느 한 지방에만 상처를 주지 않았다. 민족 전체가 깊은 상처를 입었다. 전쟁의 발발은 제주민들에게 한층 더 강한 위기의식을 갖게 하였다. 또 다시 이데올로기 대립으로 인한 인명피해를 볼 수 있다는 위기감이 제주민들에게 생긴 것이다. 게다가 1950년 8월 8일 전쟁 발발 2주 후 전국적으로 비상계엄이 선포되었다. 제주도에는 신현준(申鉉俊) 해병대령이 제주지구 계엄사령관에 임명되었다. 계엄사령부가 관덕정을 사용한 관계로 도청 직원들은 임시 사무실 대부분을 계엄사령부에 내주고 한쪽 방에서 겨우 사무를 보았다.2) 전쟁으로 인해 제주에는 7월 제 5훈련소가 설치되었고, 공군제주기지부대가 창설되었다. 전쟁이 발발하자 8월 3일 민족애가 강한 제주에서 중고생들이 학도돌격대를 결성하였다.3) 8월 27일에는 제주도 청년들이 해병 3기로 지원 출정하였고, 9월 1일에는 제 5훈련소에 입대했으며, 9월 17일에는 중고등학도병으로 구성된 해병(海兵) 4기생이 출정하였다. 이들은 인천상륙작전에 참가하였다.

10월 31일에는 광양에 있는 제주농업학교에 해군병원이 설치되었다. 제주는 전쟁을 지원하는 중심 센터가 되어갔다. 전쟁으로 인해 부모를 잃은 고아나 부모와 헤어져 방황하는 서울의 고아 1,000명을 미 군목 브라이젤과 헤스 미공군 대령이 UN군 사령부로부터 수송기 7대로 16편에 걸쳐 제주로 수송하였다. 이들은 제주농업학교의 천막과 교실에 연령별로 수용되었다. 이들을 위해 사무실, 의무실,

---

2) 도제 50년 제주실록 1945-1996 (제주: 제주도공보관실, 1997), 56.
3) 도제 50년 제주실록 1945-1996, 57. 이들은 독립부대를 유지시켜 줄 것과 학생 간부들에 의한 지휘 통솔, 신병훈련 후 곧 전선에 투입시켜 줄 것, 그리고 통일 후 지체 없이 복학 조치를 시켜 줄 것을 요구해 신현준 제주지구 계엄사령관으로부터 들어주겠다는 약속을 받아 학생들의 해병대 입대가 결정되었다.

창고, 취사장 등을 임시로 마련하였다.4) 피난민들이 대거 제주에 유입됨에 따라 이들의 주택난은 심각한 문제로 떠올랐다. 제주도 동부 지구에 피난민 2만 명이 수용되어 있었는데 이들은 군경 가족과 일반 피난민으로서 주택난으로 인해 대부분 천막과 임시 건물에 수용되어 있었다. 불어난 피난민을 수용할 수 있는 주택문제는 제주가 만난 큰 문제였다.

4·3 사건 주동 무장대의 잔멸

그러나 이보다 더 큰 문제는 4·3의 비극이 아직 끝나지 않았다는 사실이었다. 정부는 인민무장대의 침투와 공격으로 심각한 피해를 입은 제주가 한국전쟁으로 또 다시 좌익 세력이 창궐하여 혼란이 야기되지 않을까하는 우려를 하지 않을 수 없었다. 북한군의 남침으로 서울이 함락되고 대전이 함락되었다. 북한군이 계속 남하를 하자 정부는 제주 안에 사상적으로 의심스러운 사람들을 사전에 처단한다는 명분 아래 4·3 사건에 연루된 자들 중에서 이미 훈방되거나 석방된 사람들을 대대적으로 예비 검속하였다. 이들 중에서 사상 전향자 모임인 보도연맹(保導聯盟) 가입자와 입산자 가족들도 포함되었다. 이들은 서귀포와 모슬포 등에 수용되었다 그들 중 많은 사람들이 제주 비행장과 모슬포 비행장 등지에서 처형되었고,5) 1950년 8월 20일 모슬포에 예비 검속된 130여 명은 일본군 탄약고 터에서 집단 사살되었다.6) 또 한 번의 비극이 제주에서 발생한 것이다.

무장대가 다시 기승을 부릴지 모른다는 우려가 현실로 나타났다. 실제로 전쟁이 발발한 후 한라산 무장대의 습격전이 개시되었다. 인민 무장대의 습격은 그 후에도 계속되었다. 1951년 11월 "남로당 제주지구 책임자 조몽구가 부산에서 체포"7)되었고, 1952년 9월 16

---
4) 도제 50년 제주실록 1945-1996, 59.
5) 도제 50년 제주실록 1945-1996, 58.
6) 제주도지 II, 112.

일 한라산 무장대 6명이 제주 방송국을 습격하여 방송과장 김두규(金斗圭, 31), 기술견습직원 채종식(蔡鐘植, 18), 노무직원 김석규(金碩奎)를 납치하였다. 이들은 9월 20일 경찰수색대에 의하여 조천면 선흘지경 야산에서 시체로 발견되었다.[8] 그해 10월 31일에는 무장대가 서귀포 수력발전소를 습격해 시설물 일체를 전소시켰다.[9]

방송국을 공격하고 발전소를 공격해 시설물을 파괴시키는 일을 계속하자 1953년 1월 29일 "유격전 특수부대인 무지개 부대(부대장 朴蒼岩 소령)가 한라산 작전지역에 투입되었다. 육군 첩보부대(부대장 李哲熙 대령) 직속부대로 5개월 동안 모두 7차례의 토벌작전을 벌여 잔여 무장대들을 거의 소탕하였다."[10] 1953년 무장대 40여 명이 김녕리에 침입 경찰대와 교전 끝에 도주하였다.[11] 그해 11월 3일 "현병두 경감이 지휘하는 필승중대는 중문면 "다래오름" 부근에서 무장대 2명을 사살하고 11월 12일에는 자칭 삼지군단책(三支軍團責) 고대성(高大成)을 생포하였다."[12] 다시 12월 3일 제주도 비상경비사령부는 "한라산 무장대 지휘자 김성규(金成奎), 김만옥(金萬玉), 김상훈(金相訓)을 포함한 무장대 80여명을 사살하고 고대성(高大成) 등 14명을 생포하였다. 이 밖에도 귀순자 22명, 자체 숙청된 무장대 15명으로 잔존 무장대는 11명으로 발표하였다. 또 노획 총기 35정, 실탄 352발, 의류 다수, 아지트 파괴 42개소, 식량 82석, 우마 35두, 천막 27개를 노획했다고 발표하였다."[13] 이 일 후 무장대는 거의 섬멸되다시피 했다.

1954년에 접어들어서 무장대가 완전히 힘을 잃은 가운데 2월 8일에 도두리 출신 양모씨가 무장대에서 이탈, 귀순하여 경찰 토벌대에

---

7) 제주경찰사, 316-317.
8) 제주도지 Ⅲ, 523; 도제 50년 제주실록 1945-1996, 71.
9) 제주도지 Ⅱ, 114; 도제 50년 제주실록 1945-1996, 72.
10) 제주도지 Ⅱ, 114.
11) 도제 50년 제주실록 1945-1996, 72.
12) 제주경찰사, 317; 도제 50년 제주실록 1945-1996, 77-78.
13) 제주경찰사, 317.

가담하였다.14) 2월 13일에는 여자무장대원 한순애(韓順愛)가 귀순했고, 그로부터 얼마 후에는 한경면 출신 여자대원 조화옥(趙花玉)이 투항하였다.15) 3월 15일에는 남로당 거물 이도백(李道伯)이 자기집 은신처에서 발견되어 광주고등법원에서 징역 2년이 선고되었다.

1954년 9월 21일 제주도 경찰국장 신상묵(辛相黙)은 한라산 금족지역(禁足地域)을 해제하고 지역주민들에게 부과되었던 마을 성곽 보초 임무도 철폐하였다. 4·3 사건이 발생한 후 6년 6개월 만에 제주전지역이 평상시 체제로 환원된 것이다. 경찰은 잔여 무장대 수를 5명 정도로 추정, 관음사 옛터에 신선대(神選隊) 본부를 두고 막바지 작전을 전개하였다.16)

1955년 1월 3일 무장대 자위대장 박동우(朴東雨: 한림면 출신)를 부산에서 검거하였다. 박동우는 일본에서 공원 생활을 하다 해방 후 귀국해 1947년 남로당에 가입하고 1948년 5월 8일에 무장대 사령관 김달삼(金達三)의 직속 자위대장(自衛隊長)이 되었다. 박동우는 1948년 5.10 총선거 방해지령을 받고 무장대 3명을 지휘하여 한림리를 습격하여 남자 1명을 살해한 장본인이다. 그는 그 밖에 무장대 수십 명을 지휘하여 몇 차례 경찰관 및 양민 살해, 방화, 약탈 행위 등을 하다가 부산으로 탈출하였다. 그러던 그는 1월 3일 부산 영도(影島)에서 제주도경찰국 수사계원에 의하여 검거되었다. 검찰은 동년 1월 21일 국가보안법위반, 살인, 강도, 방화 등으로 그를 구속기소하였고, 동년 6월 15일에 제주지방법원은 무기징역을 선고하였다. 같은 해 10월 19일 광주고등법원에서 징역 10년이 선고되었으나, 동년 11월 29일 대법원에서는 무기징역이 선고되었다."17)

무장대가 마지막으로 체포된 것은 1957년 4월 2일이다. 최후의 무장대원 오원권(吳元權)이 구좌면 송당지경 토굴에서 생포되었다.18)

---

14) 제주경찰사, 318.
15) 제주경찰사, 318.
16) 제주도지 II, 114; 제주경찰사, 318; 도제 50년 제주실록 1945-1996, 85.
17) 제주경찰사, 78; 도제 50년 제주실록 1945-1996, 89-90.

경찰토벌대는 무장대원 4명이 제주시 월평동 견월악 부근에 나타났다는 정보를 입수하고 출동해 추격한 끝에 여자무장대원 한순애(韓順愛: 완산리 출신 23)를 생포하였다. 3월 27일에는 한라산 평안악(平安岳) 부근에서 김성규(金成奎)와 변창희(邊昌熙)를 사살하고, 4월 2일에는 유일하게 남아 있는 오원권(吳元權: 송당리 출신 39)을 송당리 장기동(場基洞)에서 생포하였다. 이로써 9년간의 4·3 사건은 완전히 종식되었다.19) 4·3 사건이 종식됨에 따라 "4·3진압을 위하여 설치하였던 제주도 비상경비사령부 제 100전투경찰서사령부를 해체하였다."20)

활발한 학교 재건

전쟁 이후 제주에 교육의 기회도 주어졌다. 전쟁 기간 육지에서 밀려온 피난민들과 학교들이 제주에서 수업을 진행하거나 활동을 함으로써 제주민들에게도 교육을 받을 수 있는 기회가 많아졌다. 제주도에는 당시 10개의 고등공민학교가 있었다. 그중 송죽학원(松竹學院)은 1·4 후퇴 때 제주에 피난 온 전 무임소 장관 박현숙(朴賢淑)이 1951년 서부교회 부속 건물을 이용하여 빈궁 아동 150명을 수용 교육한데서 시작되었다.21) 서울 수복 이후 박씨가 서울로 돌아간 뒤 금련 지부장 조용만, 제주주정공장 사장 이종렬이 재단이사장을 맡았으며 1956년 당시 300명의 학생이 재학하고 있었으며, 이

---

18) 제주도지 II, 114; 제주경찰사, 318; 도제 50년 제주실록 1945-1996, 85.
19) 도제 50년 제주실록 1945-1996, 116. "당시 경찰기록에는 무장대의 숫자가 한 때는 1만6천9백여 명에 달하였으며 그 중 7천 8백 93명이 토벌대에 의하여 사살되었고, 2천40명이 귀순하고 7천여 명이 생포되었다고 밝히고 있다. 또 경찰 토벌대는 연인원 1백64만9천4백 71명이고 이외에 경찰전문학교 1,2기생과 각 시도 경찰국 특별응원대원 5천명이 지원하였고 육군 제 9연대, 2연대, 7연대와 해병대들이 작전에 참가하였다고 하였다. 또 사망한 경찰관이 1백 20명, 군인 89명이고, 공무원과 납치 살해된 도민이 1천3백여 명이라고 57년 4월 3일자 제주신보는 보도하고 있다."
20) 도제 50년 제주실록 1945-1996, 118.
21) 김태혁, 濟州敎育史 (제주: 제주도 교육청, 1999), 555.

학교는 1957년 송죽기술학교로 전환하였다.

제주도에 피난 온 학생들을 수용하기 위하여 한국대학 제주도분교가 설치되었고, 1952년 8월 20일 첫 졸업식을 거행하였다. 그러다 한국대학이 서울로 이전함에 따라 제주에는 1952년 11월 5일 제주대학원이 설립되었고, 거의 같은 기간 도립 제주초급대학도 설립되었다. 1952년 4월 25일에는 지방자치선거가 진행되었고, 5월 10일에는 도의원 선거가 있었으며, 8월 5일에는 제 2대 대통령 선거가 진행되었다.

1955년 4월 6일 4년제 대학 도립제주대학이 설립되었다. 영문학과, 국문학과가 각 160명, 법학과 240명, 상학과, 수의축산학과, 농학과가 각 160명으로 합계 1,040명의 정원을 허락받았다. 제주가 도로 승격된 후 4년제 대학이 제주에 설치되어 대학교육의 공백을 메울 수 있게 되었다.22) 1955년 7월 27일 행정적으로도 제주읍이 제주시로 승격되었다. 이제 제주도는 시를 가진 하나의 도로서 틀을 갖추게 되었다. 4·3의 극심한 피해를 입었지만 본토와 달리 한국전쟁의 직접적인 피해를 입지 않은 것은 그나마 다행이었다.

전쟁 속에 피어난 제주기독교 부흥

전쟁은 우리 민족에 말할 수 없는 상처를 남겼다. 좌익과 우익의 대립으로 국론이 분열되었고 재산피해와 인명피해도 대단했다. 피난민의 물결이 이어졌고, 북한에서는 자유를 찾아 1·4 후퇴 때 피난민들이 대거 남쪽으로 밀려왔다. 제일 안전한 제주로 사람들이 물밀듯이 몰려왔다. 한국전쟁은 동족상잔의 비극이었지만 제주에는 오히려 새로운 기회였다. 특별히 제주기독교는 더욱 그랬다. 전쟁 후에 엄청난 기독교인들이 제주에 유입되면서 제주기독교는 새로운 시대를 맞았다. 피난민의 대열이 제주도에 맨 처음 들어온 것은 1950년

---

22) 도제 50년 제주실록 1945-1996, 94.

피난민 성도 연합예배

  7월 16일이었다. 6·25 사변이 일어나자 제주항, 성산포 등지로 1만여 명의 피난민들이 입도하였고, 1951년 1월 14일 1·4후퇴로 내려온 피난민들이 계속 제주도에 와 닿았다. 그 중에는 수천에 달하는 신도들이 끼어 있었고, 제주시를 비롯한 제주도 일원에 걸쳐 분산 수용되었다.23)

  1951년에는 순천 주재 보이열(보계선 목사의 부친) 목사가 많은 구호품을 싣고 와서 6·25 사변으로 어려움을 겪고 있는 교인을 구호하는데 협력하였다.24) 보이열(保伊烈, Elmer Timothy Boyer, 1893-1976)은 풀턴의 웨스트민스터대학을 졸업하고 루이빌신학교와 동대학원을 졸업하고 신학석사 학위를 취득했다. 1918-1921년 아칸소노회에서 목사 안수를 받고 목회를 하다 1921년 남장로교 선교사로 내한하여 농촌선교, 성경학교, 나병환자를 돕는 일에 일생을 헌신했던 선교사였다. 그는 일제시대 전주, 무주, 완주, 진안 등지에 많은 교회를 설립하고 달성경학교를 열어 성경을 교육하였다. 그는 1940년 일제에

---

23) 姜文昊, 文泰善, 濟州宣敎 70年史, 68.
24) 제주노회사출판위원회, 제주노회사 (제주: 대한예수교장로회 제주노회, 2000), 39.

의해 강제 출국을 당했다가 1947년 재내한하여 여수의 애양원 나환자 병원에서 나환자 선교사업을 진행했고, 순천 매산학교, 순천성경학교 재건에 동참했으며, 구례 곡성지방의 농촌교회 순회, 가난한 교역자 지원을 헌신적으로 감당했다. 1962년에 남원, 율촌 등지에 음성 나환자 재활정착촌 건설에 주력하다 1966년 귀국했다.25)

그와 그의 아들은 대를 이어 제주와 제주기독교 발전을 위해 선교사로 헌신했다. 미국인들과 미국 그리스도인들은 전쟁으로 인해 폐허가 된 한국인들을 헌신적으로 지원하였다. 선교사들은 한국을 지원하고 돕는 일에 언제나 선두였다. 장로교와 감리교, 그리고 수많은 자선단체와 구호단체들이 한국지원에 나섰다. 이들의 도움이 없었다면 우리 민족과 한국교회는 큰 위기를 극복하기 힘들었을 것이다.

전쟁은 인간의 심령을 가난하게 만들었다. 전쟁 속에서도 하나님의 백성들은 신앙을 잃지 않고 주님을 의지했다. 제주에 밀려온 피난민들은 하나님께 이 민족을 구원해 달라고 간절히 기도했다. "제주도 피난 온 성도들 중 다수가 제주시에 집결되어 제주시 삼도2동(묵은성)에 수용소촌(收容所村)을 이루어 살았으며 그들이 중심(中心)이 되어 피난민 교회가 설립되었다. 비록 예배당 건물은 판자집이었으나 교인은 수백 명에 달했으며, 이 판자 교회야 말로 피난 성도들의 유일(唯一)한 마음의 안식처요 성도들 서로가 피난생활의 괴로움과 슬픔을 달래며 하나로 뭉쳐지고 협력하는 신앙생활의 본거지였다."26) 이 피난교회의 담임은 이환수(李煥秀) 목사와 김재호(金載湖) 목사였으며, 이인식(李仁植), 오응식(吳應植) 목사 등 한국교회 원로급 목사들과 김봉하(金鳳河), 라송덕(羅頌德) 장로 등이 주역이었다.27)

통계에 의하면 1951년 7월 1만 명의 북한 출신 피난민들이 제주에 유입되었다. 그 후에도 계속해서 피난민들이 제주에 유입되어 한국전

---

25) 김승태, 박혜진 엮음, 내한 선교사 총람 1884-1994 (서울: 한국기독교역사연구소, 1994), 139.
26) 제주노회사출판위원회, 제주노회사, 36.
27) 제주노회사출판위원회, 제주노회사, 36-37.

전쟁 중에 열린 연합부활절

쟁 기간에 제주도에 유입된 전체 피난민은 적어도 3만 명이 훨씬 넘었을 것으로 추론하고 있다. 제주에 유입된 대다수의 피난민들이 자유를 찾아 북한에서 넘어온 피난민들이었다. 그 중에는 상당수의 기독교인과 교역자도 포함되었다. 1951년 1·4 후퇴 시에는 기독교인들만 가득 태운 미군의 대형 수송선이 제주도에 유입되기도 했다.

이 같은 기독교 인구의 제주 대거 유입은 제주기독교에 새로운 영적 변화를 가져다주었다. 전쟁 기간 선교가 활발하게 진행되어 제주선교가 시작된 이래 가장 폭발적인 성장을 이룩했다. 이 시대 제주선교에 대해 김수진은 이렇게 기록했다:

> 해방과 6·25의 격동 속에서도 제주노회에 속한 모든 교회들은 계속 부흥의 길로 나아갔으며, 또한 6·25 사변으로 이북에서 피난 나온 성직자들과 교인들이 모여 들자 피난민교회가 세워지기 시작했다. 바로 이들이 세운 교회가 제주영락교회, 도두교교회, 한라교회, 라북교회, 신촌교회, 함덕교회, 시온교회, 효돈교회, 보목교회, 토평교회, 추광교회 등이다. 6·25사변 당시 제주노회 출신인 김재선 목사는 목포에서 순교 당했다.[28]

이 시대 이환수(李煥秀), 김재호(金載湖), 이인식(李仁植) 목사는 제주선교에 크게 공헌했다. 전쟁이 제주에 새로운 기회를 제공한 것이다. 복음은 환경을 넘어서는 생명력을 가졌다. 살아 있는 믿음의 사람들은 어떤 환경에서도 복음을 전하는 것을 생명으로 삼았다. 강문호가 지적한 대로 제주에서 피난민들은 고난 중에서 신앙의 공동체를 이루어갔다:

> 그들은 6·25동란으로 구사일생(九死一生) 월남한 실향민(失鄕民)이요, 피난 성도들로서, 사랑하는 가족들과의 생사(生死)를 모른 이별, 굶주림과 추위, 고독 등 말로 할 수 없는 고난 중에서도 이곳 제주도 각처에 흩어져 살며 교회를 도왔고 전도에 힘썼으며, 교회가 없는 곳에서는 피난 성도들끼리 모이고 피난 목사들이 예배를 인도하여 도처에 교회가 이루어졌으니 피난 성도들로 인하여 이루어진 교회는 제주영락교회를 비롯하여 도두, 한라, 화북, 신촌, 함덕, 시온, 효돈, 보목, 토평, 추광 등 11개 처에 달했다.[29]

1948년 4·3 사건 이후 시작된 부흥은 한국전쟁 속에서도 계속되었다. 전쟁 후 제21회 제주노회 임시노회가 1950년 10월 3일 동부교회에서 회집되었다. 이날 참석한 회원들은 최희준, 한기춘, 이윤학, 김영모, 조남수, 조시병, 조응만, 김동수, 김계공, 윤재상 등이었다. 이날 회의에서는 두모교회 김영모 목사의 사임을 수리하고 경기노회에서 이명해 온 이준수 목사를 두모교회 위임목사로 인준했다. 또 서부교회 문기성을 종군목사로 허락하고 목사 안수를 주었고, 금성, 애월, 양 교회를 맡고 있는 김윤옥 전도사를 목사로 안수하였다. 그리고 표선교회당 신설을 위해 3만 5천원을 지원하기로 하였다. 노회에서는 전쟁과 관련된 특별한 결정을 하지 않았다. 전쟁으로 인해 생긴 변화에 대한 언급도 찾을 수 없었다.

---

28) "제주 선교," 기독교대백과사전 13권 (서울: 기독교문사, 1984), 1177.
29) 姜文昊, 文泰善, 濟州宣敎 70年史, 69.

전쟁 기간의 제주노회

노회가 이에 대해 반응하기 시작한 것은 1951년에 접어들어서부터이다. 전쟁 후 1951년 1월 24일(수요) 하오 7시 제주읍 동부교회당에서 제22회 정기노회가 회집되었다. 이날 한기춘 목사는 성경 창세기 35장 1-14절을 본문으로 '야곱(이스라엘)의 역사를 통하야 현재 우리 교회와 민족이 큰 교훈을 받자'는 설교를 했다. "야곱과 그의 가족이 만난 위기를 타개할 수 있는 길은 눈물을 흘리며 벧엘로 올라가 그곳에서 하나님께 단을 쌓는 일이다. 이를 위해서는 우상을 버리고 정결케 하고 의복을 바꾸어야 한다."30) 그가 이 본문을 택한 것은 전쟁의 위기 앞에 우리 민족이 주 하나님께 자신들과 민족의 죄를 자복하며 주의 자비를 구해야 한다는 의미에서였을 것이다.

이날 노회에 참석한 자들은 이윤학, 강문호, 조남수, 김영모, 한기춘, 최희준, 이준수의 목사와 고원찬, 조시병, 이기방, 장병숙, 김계향, 김복렬, 윤채상 장로였다.31) 이윤학이 노회장에 선임되고 조남수가 부노회장에 올랐다. 그 다음날 이윤학은 마태복음 17장 1-끝 절까지 봉독하고 '성산의 성회'라는 제목으로 경건회 설교를 했다. 1951년까지 제주노회는 제주를 남시찰과 북시찰로 나누었다. 남시찰에는 한기춘, 조남수, 김영모, 조시병, 이윤학이 속했고 북시찰에는 강문호, 김윤옥, 최희준, 이준수, 장병숙이 속했다.32)

1951년에 열린 노회에서는 목사후보생 가입과 전도사 시취가 눈에 띄게 많았다. 최신호, 이관영, 김찬명, 장규환, 박윤삼, 백응수가 목사후보생 가입을 청원했고, 김종수, 송인택, 이득홍, 김두혁, 유화평, 문오봉, 이경준 전도사가 전도사 시취를 청원했다. 뿐만 아니라 여준성, 노재남, 임택진, 이병선, 이치복, 최영순, 최진모 목사의 안

---
30) 제주노회 제 22회 정기회 회록, 1.
31) 제주노회 제 22회 정기회 회록, 1.
32) 제주노회 제 22회 정기회 회록, 3.

수 청원이 있었다. 특별히 눈에 띄는 것은 장로회 신학교 개강이었다. 이날 강성빈, 정찬준 두 사람이 전도사로 인준을 받았다. 이날 노회에서는 "전재민(戰災民) 수용으로 인하야 장소 관계로 도사경회와 성경학원은 일시 중지하기로 했다."33)

이날 영락교회를 무릉교회로 명칭을 변경하는 것을 허락해주었고, "평북 최신호, 김찬명, 백응숙, 황해 이관영, 장규환, 평양 박윤삼 목사 후보생 가입 청원 건은 총회 규정에 의하야 허락"을 해주었다. 이날 "함덕리 송후용 장로 외 17인"은 교회 설립을 청원하여 "임시 기도처소로 허락"을 받고 "조천 구역 당회장이 관리"하도록 가결했다. 이날 성경학우회는 4·3 사건으로 순교한 이도종 목사에 대한 보고를 받고, "기념비석을 성경학원 정원 내에 건립하기로 가결했다."34) 제주 출신으로 제주를 위해 일생을 섬긴 목회자에 대한 옛정을 생각해서라도 이 일은 잘한 일이었다. 이날 교역자의 변동이 있어 "유화평 씨를 화순으로, 정찬준 전도사를 대정 한 교회만, 문오봉 씨를 외도교회로, 최희준 목사를 김령으로, 행원으로 남시찰장 이윤학"이 섬기게 되었다. 김종근 전도사가 제주노회에 가입했고 노충섭 목사가 목사 후보생으로, 장규환, 박윤삼, 이관연, 백용수, 최신호, 최용문, 6명은 강도사로 허락을 받았다.

특별히 주목하는 것은 수용소 전도부에 관한 기록이다. 1951년 제주노회는 전재민 수용소 전도 보고를 받았다.35) 수용소 전도부 박진규는 제주 각 지역의 수용소 전도 담당자에 대한 보고를 했는데 지역과 담당 전도목사는 표선 한승직 목사, 삼양 한석주 목사, 애월 김윤옥 목사, 성읍 김한면 전도사, 성산 노충섭, 세화 임관영, 협재 최용문, 위미 김봉룡, 비양도 최신호였다.

전도목사로 제주 복음화를 위해 헌신하는 일에 있어서는 열린 마음을 가지면서도 피난민으로 제주에 입도한 이들을 강단에 세우는

---

33) 제주노회 제 22회 정기회 회록, 5.
34) 제주노회 제 22회 정기회 회록, 7.
35) 제주노회 제 22회 정기회 회록, 9.

일은 조심스럽다고 판단하고 전도부장 강문호는 다음 내용을 결정했다:

1. 6·25 사변 후 이북에서 월남한 교역자에게 형편상 당분간 강단을 허락지 않음이 가한 줄 아오며 2. 노회장 또는 당회장의 소개가 없는 자에게는 강단을 허락지 않을 것이며36)

이 결정은 타 교단의 목회자들만 아니라 같은 교단의 목회자들에게도 적용되는 결정이었다. 이 같은 결정은 행여 강단에 세워 혼란이 야기되는 상황이 벌어질까봐 사전에 예방하려는 취지로 해석할 수 있다.

전쟁으로 새로운 목회자가 제주에 영입되기 시작했다. 1951년 노회에서 새로 인준 받은 당회장 5명은 "김령, 행원, 세화, 성산, 신산"의 최희준, 중문의 조남수, 금성, 애월의 김윤옥, 조수, 반포, 월령의 이준수, 청수의 김영모였다. 이들 가운데는 물론 기성의 목회자들도 있다.37)

1951년 제주교회들은 활기에 넘쳤다. 서부교회는 "새벽기도회를 4년간 계속 중"이었고, "1년간에 학습인 24인, 세례인 37인"을 배출했으며 "조천, 삼양, 외도교회에 춘추로 당회장이 성례를 거행"했다. 교인들이 힘을 모아 "외도교회 교역자 생활비"를 지원하였다. 피난 교우들이 영입되어 헌금이 늘어나 일정액을 "수용소 전도부에 드려서 개척전도지 교역자를 파송키로" 결정했다. 이전에 비해 역동적이고 활기찬 모습을 읽을 수 있다.38)

동부교회 역시 매우 역동적이었다. 무엇보다 "대 전란 중에도 일년간 무사히" 지냈고, "동 서부 교회 분립 후 지금까지 새벽기도회"를 모이고 있으며, "매주일 오후에는 직원 전원과 기독학생회에서

---

36) 제주노회 제 22회 정기회 회록, 10.
37) 제주노회 제 22회 정기회 회록, 10.
38) 제주노회 제 22회 정기회 회록, 12.

개인전도"를 실천하였다. "매주일 오후 2시에 기독학생 예배"가 드려졌고, 1950년 12월에 임시 종각을 세웠고 피아노를 구입하였으며 "전재 교우와 합하여 성가대를 조직"했다. 1950년 9월에는 일주일간 김지호 전도사를 강사로 부인 사경회를 열었으며, 11월 중에는 박재봉 목사를 청하여 4일간 부흥회를 했다.39) 봄과 가을에 학습문답과 세례문답을 해서 학습인 30명, 세례인 20명을 세웠다. "크리스마스에 양곡 13석을 특배 받아 전재인과 극빈자에게 구제"하였으며, "고아원에 가서 크리스마스 예배와 축하병을 분배"하였고, "제주중학교에 수용 당한 전재인 교우에게 매 주일 예배 인도와 만원 기증"을 했다. 그리고 해군병원 부상병들에게 위문품을 가지고 가서 위문하고 예배를 드리고, 1951년부터는 수용소 전도부를 통해 개척전도사 파송하는 일을 지원하였다.40)

금성교회는 장, 유년 합하여 40명이 모이고 있었으며, 애월교회 김윤옥 목사의 지원으로 교회가 "진흥"하였다. "일립 동신회에서 김윤옥 목사를 보내주셔서 전도로 애월교회를 신설하고 성종 4만원, 종각 7만원 들여" 설치하였으며, 1950년 "7월 중에 애월교회에서 안봉철 선생을 청하야 일주일간 어린이 부흥회"를 개최하였다.41) 83명이 주일날 회집하는 애월교회는 새벽기도를 계속하였고, 금성교회도 주일날 42명이 모이고 있었다. 두모교회는 "교회 설립 30년 만에 담임목사를 청빙하고 여전도사까지 청빙"했으며 "유년 주일학교 시작"했고, "8만원 들여 증축"했다. 또한 "이준수 목사 위임식과 교회 설립 30주년 기념식을 거행"하였고, "한기춘 목사를 청하여 일주일간 부흥회"를 개최하였다.

조수교회는 1950년 12월부터 "월령, 반포, 조수 합동하여 김의화 전도사를 청빙"했으며 "교회당 신건축에 온 교인이 힘을 써 교회당을 마련하였다. 협재교회는 "개인전도, 성경연구"에 힘썼으며, 청년

---

39) 제주노회 제 22회 정기회 회록, 12.
40) 제주노회 제 22회 정기회 회록, 13.
41) 제주노회 제 22회 정기회 회록, 13.

연합회에서 김인옥 여전도인, 수용소 전도부에서 최용문 전도사를 보내어 교회가 부흥하였다.42)

한림교회는 "특별 전도대를 조직하여 각 부락 집회 또는 개인 전도에 힘"썼으며, 예배당을 수축했다. "피난 교우들에게 가옥과 필수품을 알선"하였다. 서귀포교회는 "한기춘 목사를 청빙하여 자립"하였으며, "교회 재건 기념비"를 세웠으며, "조승제 목사를 청하여 일주일간 부흥회"를 개최하였다. 또한 "탁명숙 여전도사를 청빙"했다.43)

삼양교회는 "한석주 목사의 도움으로 발전"하고 있었으며, "강준식 장로의 일심 전도로 화북에 기도처소" 모임이 생겼다. 이도종이 섬기던 고산교회는 "교회당 3평 증축하고 교회 발전에 전도, 새벽기도, 미신타파 계몽 강연으로 힘썼다."44) 이도종이 세상을 떠난 후 고산교회는 크게 위축되어 자립도 힘든 형편이 되었다. 용수교회는 "주택을 15평 신축"했고, "교회 발전을 위하여 전도, 기도 계몽, 구제"에 힘쓰고 있으며, 무엇보다도 "신 신자가 증가"했다. 성산포교회는 "서울 남대문교회 파송 전도목사 최희준 목사 오셔서 부흥"을 하였으며, 중문교회는 1951년 "1월부터 이득홍 전도사 시무"하기 시작했으며, "유년주일학교 부흥"하였고, "피난민 적극 구호하는 일"에 앞장섰다.

조남수의 모슬포교회는 "발전 중"에 있었으며, 기도, 전도, 성경 연구에 힘쓰고, 1950년 4월 11-16일까지 구국기도회를 가졌고, 5월 3일부터 며칠간 가파도의 청년들에게 전도했다. 1950년 "10월 14-18일까지 박재봉 목사를 청하여 부흥회"를 개최하였고, 예배당을 완전 수축하였다.45) 모슬포지방의 "인성, 화순이 자립하야 인성에 정찬준 전도사를, 화순 유화평 전도인을 청"해 인성교회와 무릉교회가 예배당을 새로 신축했다.

---

42) 제주노회 제 22회 정기회 회록, 14.
43) 제주노회 제 22회 정기회 회록, 14.
44) 제주노회 제 22회 정기회 회록, 14.
45) 제주노회 제 22회 정기회 회록, 15-16.

김치수 여 전도사도 1950년 7월 19일에 도착하여 방 한 칸을 얻어서 전도를 시작한 신산교회는 1950년 8월 27일에 10명이 모여 첫 예배를 드렸다. 8월 24-30일까지 부락 집회 전도를 하고, 10월 1일부터 호별 방문 전도를 했으며, 11월, 12월 1일부터 두 달 동안 호별 방문 전도 특별 기도회를 갖고 조남수 목사, 이학림 전도사를 청하여 전도 강연회를 개최하였다. 그 결과 1951년 현재 장년 20명, 유년 37명이 모이고 있었다.

김문회 집사 댁에서 예배를 시작한 강정교회는 "김문행 씨가 예배당 건축으로 식량 재목을 연보"했고, "피난민 적극 구호와 전도"에 힘썼다. 남원교회는 "고등공민학교를 전부 인계한 후 교회 발전에 큰 도움"이 되고 있었으며, 장년과 유년을 합하여 80명이 모이고 있었다. 조천교회는 어려운 형편 속에서도 "매월 1만 5천원을 전도 사업비로 지출"하고 있었으며, 금성교회는 "최희준 목사를 청빙하고 사택을 완전 건축"했고, 세화교회는 "이관영 전도사를 청빙"했으며, 행원교회는 좌달륙 씨가 15만원을 보조하여 유지하고 있었다. 외도교회는 문오봉 전도사를 청빙하였다. 1951년 제주노회의 교회 보고를 통해 분명히 확인할 수 있는 사실은 제주지역의 교회들이 과거와 달리 담임교역자를 모시고 열심히 전도하고 성장을 하고 있다는 사실이다. 또한 비록 강도 높은 것은 아니지만 전쟁 속에서 제주교회가 사회적 책임과 민족적 책임을 서서히 느끼기 시작했다. 제주교회가 어려운 가운데서도 피난민들을 지원하고 협력하고, 그들에게 복음을 전하는 일을 애써 감당하고 있는 것은 고무적인 일이다. 제주여전도회 연합회에서도 하도에 6개월간 여전도사 파송하였고 화순교회를 보조하는 등 전도에 더욱 열심이었다. 제주청년연합회 역시 미자립 협재교회와 애월교회에 선교비를 지원했다.

제주노회는 이후에도 여러 차례 노회를 소집했다. 1951년 3월 10일 서귀포교회에서, 1951년 5월 17-18일 제주읍 서부교회에서, 1951년 8월 20-21일 한림교회에서, 1951년 9월 12-13일 제주읍 동부교회 예배당에서, 1951년 9월 18-19일 제주읍 서부교회 예배당에서 노회를 개최하였다. 정기노회 외에 무려 1년에 다섯 번이나 노회를 개최한 것이다. 이것은 그만큼 논의할 일이 많았다는 것을 의미한다.

1951년 3월 현재 제주기독교 교세

교회명		동부	서부	모슬림	한산	고모	두환	법귀	서양	삼수	용문	중화	세천	금산	조정	성수	대재	조도	협월	외릉	애순	무성	화읍	금원	성호	남명	서함
담임		이윤학	조남수	강문호	김영모	이준수	강성빈	한기춘		김영모	이득홍	이관형	최희준	이경준		정찬준	김의화	최신호	문오봉	김윤옥		유화평					
교인총수	세례교인	80	114	76	65	45	51	25		35	40	35	28	36		14	23	18	22	30	10	12	8	5	11	9	5	10
	학습교인	25	15	30	20	15	20	30		10	15	10	4	26		10	10	9	8	7	6	10	7	3		18	10	3
	원입교인	95	20	40	20	30	20	20		10	30	20	35	25		19	7	30	60	5	38	20	5	23	5	12	10	2
평균집회수		200	185	146	140	90	136	80		60	90	70	50	60		43	40	50	80	42	54	40	20	34	16	39	25	15

자료: 제주노회록

    1951년 3월 10일 서귀포교회에서 모인 제 22회 1차 임시노회에서는 남조수, 강문호, 한기춘, 최희준, 김윤옥, 김영모, 이윤학 목사가 참석했고 이기방, 현응철, 고원찬 장로가 참석했다.46) 다시 5월 17일-18일 제주읍 서부교회에서 이윤학, 조남수, 강문호, 한기춘, 최희준, 김영모, 김윤옥 목사, 이기방, 고원찬, 서영국, 윤재학, 장병숙, 조시병 장로가 참석한 가운데 제 2차 임시노회가 열렸다.47)

    이 날 박찬선, 박영환, 최진모, 윤광섭, 최인원 다섯 사람이 강도사 인허를 받고 최용수, 장규환, 최신호, 기만명, 최용문, 이관영, 박윤삼, 김신영 8인이 목사 안수를 받았다.48) 제주노회가 생긴 이래

---

46) 제 22회 임시노회 회록 (1차), 1.
47) 제 22회 임시노회 회록 (2차), 3.

이렇게 많은 사람들에게 목사 안수와 강도사 인허를 하기는 처음이었다. 육지에서 신학교를 졸업하고 피난 온 이들 가운데 제주노회에 소속되어 안수 받기를 원하는 자들이 늘었기 때문이다.

1951년 8월 20-21일 한림교회에서 모인 3차 임시노회에서는 이윤학, 강문호, 조남수, 한기춘, 최희준, 김윤옥, 김영모, 이관영, 장규환, 최신호, 김찬명, 백웅수, 김신영 목사, 고원찬, 이기방, 강치현, 장병숙 장로 등 13명의 목회자와 4명의 장로가 참석한 가운데 열렸다.49)

13명의 목회자가 참석했다는 것은 이들이 노회의 정식회원임을 감안할 때 제주교회를 담당하는 목회자가 그만큼 늘었다는 것을 말해준다. 이날 노회에서는 종군 목사를 보조하기로 결정했지만 노회의 주된 회무는 이강목, 김봉서 2인의 강도사 인허와 박영환, 최진모, 이강목 3인의 목사의 안수식이었다.

1951년 9월 12-13일 제주읍 동부교회 예배당에서 회집된 제 4차 임시노회에서는 이윤학, 최희준, 강문호, 김신영, 김윤옥, 최진모, 김찬명, 윤광섭, 장규환, 최신호, 박윤삼, 최인원, 이관영, 김영모 등 14명의 목사와 고원찬, 장병숙, 조시병, 윤재상 장로 등 4명의 장로가 참석했다.50) 지난번 임시노회 때보다 1명이 더 늘은 것이다. 1개월도 채 지나지 않아 임시노회가 다시 열리는 주된 이유는 이정근 씨의 강도사 인허와 김봉서, 이정근 양인의 목사 안수식 때문이었다. 한국의 어느 대형 노회의 경우도 이렇게 자주 임시노회를 회집하여 목사 안수를 줄 만큼 지원자들이 많지 않다. 또 설령 많다고 해도 이렇게 자주 노회를 회집하여 안수를 주는 경우는 거의 없다. 1년에 한 차례 혹은 많아야 1년에 두 차례 노회를 열어 안수를 주는 것이 일반적이다.

1951년 9월 18-19일까지 제주읍 서부교회 예배당에서 또 다시 임시노회가 회집되었다. 이날 이윤학, 강문호, 최희준, 김윤옥, 백웅

---

48) 제 22회 임시노회 회록 (2차), 5.
49) 제 22회 임시노회 회록 (2차), 6.
50) 제 22회 임시노회 회록 (2차), 9.

1954년 모슬포교회 야외예배 기념사진

수, 박윤삼, 최신호, 김봉서, 최진모, 장규환, 윤광섭 목사 등 11명의 목사와 조시병, 장병숙, 고원찬, 윤재상 장로 등 4명의 장로가 참석했다.51) 이날 이경준, 이순구, 이상인, 윤동현 4인의 신학 천서 청원, 김인옥의 전도사 시취 청원, 이두욱, 강원균, 김선목, 김의화, 노윤경 5인 강도사 시취 청원을 허락했다. "신성국 씨 해병대 종군 목사 청원 건과 이현보, 노충섭, 박만식, 이영철 4인을 피란 교역자 구호 제주지부에서 목사로 청빙 건은 허락하고 당석에서 장립"하는 것을 허락했다.

이날 노회의 주된 업무 역시 강도사 인허와 목사 안수였다. 이날 신성국, 이현보, 노충섭, 박만식, 이영철, 5인의 목사안수식이 있었다. "제일훈련소 종군 목사 윤광섭 씨가 훈련소 전도상황 보고"를 했지만 이것은 강도사 인허와 목사 안수 과정의 부차적인 회무처럼 보였다. 3차 임시노회가 회집되고 20일 만에 4차 임시노회를 열고 다시 1주일 만에 임시노회를 열어 강도사와 목사안수를 거행한 것

---

51) 제 22회 임시노회 회록 (2차), 11.

은 상식적으로 이해가 가지 않는다. 1주일 만에 안수를 다시 줄만큼 안수가 급했는지 모르지만 노회가 열린 지 1주일 만에 목사 안수를 위해 다시 노회를 연다는 것은 상식적으로 이해가 가지 않는 일이다.

이 모든 일은 노회장 강문호 목사가 주도했다. 1951년 들어 열린 다섯 차례의 임시노회 과정에서 첫 3회까지 참석하던 조남수 목사가 4회와 5회에는 불참했다. 이도종, 조남수, 강문호로 대변되는 제주사역의 주역들 가운데 이도종이 4·3 사건으로 순교하고 조남수와 강문호, 두 사람이 남았는데 두 사람 사이에 균열이 생긴 것이다. 이것은 한국신학대학의 김재준 목사의 신학 문제가 일면서 제주노회 안에 보이지 않는 갈등이 시작되었음을 암시해 준다.

5차 임시노회에서는 강도사 시취를 둘로 나누어 시행했다. "이두욱, 강원균, 김선옥, 김의화, 노윤경 5인 강도사 시취 청원 건"과 "이현보, 노충섭, 박만식, 이영철, 신성국, 이유순, 이무호, 정봉은, 임택진, 김선준, 노재남, 정상운, 김봉룡 13인 강도사 시취 건"을 구분한 것이다. 같은 노회에서 "이두욱, 강원균, 김선목, 김의화, 노윤경 5인의 강도사 시취 청원 건은 시취부"로 보내고 "이현보, 노충섭, 박만식, 이영철, 신성국, 이유순, 이무호, 정봉은, 임택진, 김선준, 노재남, 정상운, 김봉룡 13인의 강도사 시취 건은 시취부로" 보냈다. 두 그룹을 구분한 것이다.

그리고 바로 그 노회에서 시취부는 "이현보, 노충섭, 박만식, 이영철, 신성국, 5인은 시취한 결과 합격되었사오니 강도사로 인허해 주심이 가"하고 보고했다. 반면 이유순에게는 구약으로 본 그리스도의 상징을 강연하고 이무호에게는 성경 주해(마태 1장 1절 신구약 분해)를, 정봉은, 임택진, 김선준, 노재남, 정상운, 김봉룡 등 6인에게는 "성경영감설과 그 비판"[52]에 대한 논문을 써서 제출할 것을 요구하고 "이상 8인은 전기 해당 과목을 내 정기노회 시에 제시케 하는 것

---

52) 제주노회 제 22회 (제 5차) 회록, 13.

이 옳은 줄"안다고 결정했다.53) 성경의 영감설과 그 비판이라는 제목 자체가 자유주의 영감설에 대한 보수주의 입장이 무엇이고 어떤 성경관을 가져야 할 것인가를 확인하려는 것이 분명하다. 이는 김재준의 목적 영감으로 인한 신학적 갈등이 일고 있는 상황을 고려할 때 강문호는 제주노회 안에 목회자들이 될 이 사람들이 분명한 성경관을 갖기를 원했던 것을 알 수 있다. 시취부장 강문호는 강도사 인허를 받은 5명에게도 신학적 입장을 확인하기를 원했다. "시취부에서 이현보, 노충섭, 박만식, 이영철, 신성국 5인의 강도사 구두 시문을 당석에서 시행"했다는 노회의 보고가 이를 말해준다. 강도사 인허를 받는 사람들에게 구두시문을 한 것은 이전에는 찾을 수 없는 일이다.

예장과 기장의 분립 전야 제주노회

이런 가운데 1952년 1월 31일부터 2월 2일까지 조남수 목사가 시무하는 모슬포교회당에서 제주노회 제 23회 정기노회가 열렸다.54) 강문호, 이윤학, 한기춘, 최희준, 조남수, 김윤옥, 김영모, 최신호, 김찬명, 김봉서, 박윤삼, 이영철, 김신영, 이준수, 이관영, 노충섭, 최진모 목사 등 17명의 목사와 조응만, 서영국, 김두헌, 장병숙, 박제옥, 최영숙, 현응철, 임영일, 김계향 등 9명의 장로, 합 26명이 모인 가운데 정기노회가 열렸다.55) 제주노회 역사상 이렇게 많은 목회자들과 장로들이 한자리에 모여 노회를 연 것은 처음이다. 제주노회가 외형적으로 상당한 발전을 이룩하고 있음을 그대로 보여준다. 이전에도 당회장이 없는 교회가 많은 데다 4·3 사건 이후 부흥이 일면서 제주지역에는 여러 교회가 조직되어 당회장이 없는 교회들이 더 늘어났다. 그래서 1952년 제 23회 제주노회 임사부에서는 각 교회의 당회장을 선임했다.56) 제주노회가 성장함에 따라 재산 규모가 커

---

53) 제주노회 제 22회 (제 5차) 회록, 13.
54) 제주노회 제 23회 회록, 1.
55) 제주노회 제 23회 회록, 1.

져 체계적인 노회 재산 관리와 운영을 위해 노회 재단 설립이 필요했다. 그래서 23회 노회는 강문호, 조응만, 임영일을 위원으로 한 노회재단위원을 선정했다.57)

확실히 4·3과 한국전쟁이 제주에 새로운 기회를 제공해 준 것이다. 고난 가운데 제주교회는 성장의 가도를 달리기 시작했다. 이날 노회장에 강문호 목사가, 부노회장에 조남수 목사가 선출되었다. 조남수가 부노회장에 오른 것은 모슬포교회에서 회집된 노회였고, 오랫동안 제주선교를 위해 헌신해온 입장이었기 때문에 자연스러운 일이었다. 그렇다고 부노회장에 올랐다는 것이 곧 노회장에 오를 것을 예견하는 것은 아니었다. 부노회장이 노회장에 자동적으로 오르는 인사제도가 당시 제주노회에서는 통용되지 않았다. 여하튼 신학적 입장은 서로 달랐지만 두 사람은 제주기독교의 살아 있는 기둥들이었다.58)

1952년 제주노회는 1953년 제주노회가 기장 제주노회와 예장 제주노회로 분립되기 직전 노회라는 면에서 의미가 있다. 여기서는 몇 가지 중요한 의제들이 다루어졌다. 이들 의제들은 당시 제주노회의 성격과 분위기를 파악하고 이해하는데 매우 중요하다.

첫째, 전도가 이전보다 눈에 띄게 활발하게 진행되었다. 김봉룡, 임택진, 김선준, 이두욱, 4인에게 목사 안수를 준 후 김봉룡은 추자도 대영교회 및 그 부근 전도목사로, 임택진은 서귀포 토평 방면 전도목사로, 이두욱은 보목교회와 그 부근 전도목사로, 김선준은 성산포와 그 부근 전도목사로, 그리고 김봉서는 화산교회와 그 부근 전도

---

56) 제주노회 제 23회 회록, 1. 조남수(무릉, 인성, 화순), 한기춘(중문, 강정, 열리, 법환, 서호, 신효), 이두욱(보목), 김봉서(표선, 화산, 성읍), 김성준(성산포), 최희준(김녕, 행원, 신산), 최진모(함덕), 이윤학(동부, 외도, 함명, 하귀, 화북, 삼양, 신촌, 조천), 김윤옥(애월, 금성), 강문호(비양도, 월평), 김한명(협재), 이준수(두모, 판포, 조수), 김영모(청수, 용수), 김봉룡(추자도), 노충섭(도두) 등이 임명되었다.
57) 제주노회 제 23회 회록, 8.
58) 1952년 초까지 제주는 북시찰과 남시찰로 구분되었다. 북시찰은 이준수, 김윤옥, 강문호, 최희준, 장병숙이 속해 있었고 시찰장은 이준수가, 서기는 김윤옥이 맡았으며, 남시찰은 한기춘, 조남수, 이윤학, 김영모, 최영숙이 소속되었고 한기춘이 시찰장을, 조남수가 서기를 맡았다.

이성봉 목사 모슬포교회 부흥회

한경직 목사 강병대교회 특별집회

1955년 서부교회 춘기대부흥회

목사로 허락했다.59) 제주노회 안의 대표적인 연합기구인 청년회연합회와 여전도회연합회도 전도에 주력했다. 청년회연합회는 "하기 수양회"를 개최하고 "기독학생 조직 운동에 주력"하며 "매월 한 번씩 문서로 교회 소식과 주일학교 지도 교본을 각 지회에 송달"하기로 했다.

여전도회연합회 역시 "연제 성경학교"를 지원하고 "화순 지방" 선교사업을 보조하는 등 활발하게 움직였다. 그런 현상은 1952년 1월에 열린 제23회 제주노회에서의 각 교회 당회장들의 보고를 통해 확인할 수 있듯이 각 지역교회들에게서도 공통적으로 찾을 수 있는 현상이었다. 1952년에 접어들어 제주시내 각 교회들이 제주지역의 복음화를 위해 전도인을 파송하는 일이 어느 때보다 활

---

59) 제주노회 제 23회 회록, 11.

강병대교회 부흥회 후 단체사진

발했다. 강문호 목사가 당회장으로 섬기고 있는 한림교회와 협재교회의 경우, 청년연합회에서 김인옥 전도사를 협재에, 한기련에서 김찬명 목사를 협재에, 최신호 목사를 비양도에, 서부피난민교회에서 한시현 전도사를 비양도에, 조득신 권사와 최도선 집사를 월평에 파송했다.

이것은 이전과 다른 모습이다. 제주교회는 이전과 달리 각 지역에 많은 교역자들이 장 단기적으로 파송 받아 전도했다. 이윤학이 당회장으로 맡고 있는 "제주 서부, 동부, 외도, 삼양, 도두, 함덕, 함명, 조천, 추자"에도 새로운 교역자들이 상당히 많이 파송되었다. 피란 교역자 대책위원회에서 이치복 강도사를 하귀에, 문오봉 전도사를 외도에, 한기련에서 노충섭 목사를 도두에, 한석주 목사를 삼양에, 최진모 목사를 함덕에, 이유순 강도사를 함명에, 그리고 김봉룡 목사를 추자에 각각 파송했다. 동부에 설교목사로 최거덕 목사와 강홍수 목사가 각각 3개월과 6개월씩 섬겼다.

조남수가 당회장으로 섬기는 "모슬포, 중문, 인성, 화순, 무릉, 강정" 역시 신임교역자들이 장 단기적으로 부임해서 섬겼다. "중문에 2월로 5월까지 윤반웅 목사"가, "6월로 2월까지 윤상호 목사"가, "무릉에 1월로 12월까지 한기련 파견 김신영 목사"가, "신양리에 한기련 파견 김영찬 전도사"가, "덕수리, 구억리 1월부터 한기련 파견 김신영 목사"가, 그리고 "모슬포에서 청빙 유성덕 전도사"가 섬겼다.

최희준이 당회장으로 맡고 있는 "김녕, 세화, 성산, 신산"에서도 "세화에 한기련에서 이관영 목사"가, 하도에 김명순 강도사가, 성산포에 한기련에서 1월로 8월까지 장희진 목사가, 9월부터 2월까지 김선준 목사가, 그리고 신산에 김치수 전도사가 섬겼다. 한기춘이 당회장으로 있는 "서귀포, 법환, 서호, 효돈, 표선, 화산, 남원"에서는 서귀포에 한기춘 목사가 위임식을 거행했고, 한기련에서 표선에 한승직 목사를, 화산에 김봉서 목사를, 효돈에 노재남 전도사를, 토평에 임택진 전도사를, 보목리에 이두욱 전도사를, 성읍리에 김찬명 목사(1월로 6월)를 파견했다. 서호에서는 이성영 목사가 섬겼다.

제주교회 역사상 이렇게 짧은 기간에 집중적으로 제주 전역에 흩어져 복음을 전한 일은 없었다. 부흥을 통해 제주에 전도열이 뜨겁게 일기 시작한 것이다.

둘째, 눈에 띄는 부흥회 개최이다. 제주교회는 이전에 일 년에 한 차례 지역 사경회나 도 사경회를 여는 정도였으나 4·3 사건 이후 부흥이 일면서 모든 교회들이 1년에 두 차례 정기적으로 부흥회를 개최하였다. 1952년 노회에 올린 개교회의 보고 중 부흥회 보고는 모든 교회들에게서 찾을 수 있는 공통적인 특징이었다. 한림교회는 2월에 한병혁 목사를 강사로 청빙해서 부흥회를 개최하였고, 5월에 다시 이대영 목사를 강사로 청빙해서 부흥회를 개최하였으며, 비양도에서는 박치순 목사를 강사로 청빙하여 부흥회를 개최하였다. 서부교회에서도 1951년 5월에 오응식 목사를, 여름에는 이대영 목사를 강사로 청빙해서 부흥회를 개최하였다. 1951년에 서귀포교회에서도 이대영을 강사로 청빙하여 부흥회를 개최하였고, 보목교회에서도 1951년 1월에 채필근 목사를, 남원교회는 1951년 3월에 전재선 목사를 강사로 청빙하여 부흥회를 개최했다. 모슬포에서도 3월에 한병혁 목사와 이대영 목사를 강사로 청빙하여 부흥회를 개최하고, 인성교회에서도 한병혁 목사를 청빙하여 부흥회를 가졌다. 김녕교회는 강사 최희준 목사를, 세화교회는 1951년 2월에 김능백 목사와 최정

강병대교회서 열린 친목연합음악예배

환 목사를, 성산포교회에서는 6월에 구연직 목사와 김용복 목사를, 그리고 신산교회는 1951년 12월에 조남수 목사를 강사로 청빙하여 부흥회를 열었다. 조수에서는 4월에 조남수 목사를 강사로 청빙하고, 애월교회는 2월에 박진구 목사를 강사로 청빙하여 부흥회를 개최하였다. "부흥회"라는 이름으로 제주교회들이 이렇게 활발하게 집회를 가지며 은혜를 사모한 것은 좀처럼 드문 일이다. 교회의 생명은 복음전도에 있다. 제주교회가 살아 움직인다는 사실은 개 교회들이 복음전도에 얼마나 매진하고 있는지, 그리고 그 일이 얼마나 효과적으로 진행되고 있는지를 통해 판별할 수 있다. 이것은 교회가 성장하고 있다는 증거이다. 확실히 1952년에 접어들어 제주교회들의 영적 분위기는 달랐다.

셋째, 군선교의 활성화이다. 1951년 9월에는 제주의 제 1훈련소 종군목사 윤광섭이 제주노회에 참석하여 군선교 상황을 보고했고,[60] 1952년 1월 31일 모슬포에서 열린 23회 제주노회에는 장성칠 군목이

---

60) 제주노회 제 22회(제5차) 회록, 14.

1951년 한기련 모슬포 분회 부흥회

참석하여 노회 앞에서 군목교회에 대해 보고하였다.61) 노회는 3월 셋째 주 제주노회 산하 각 교회에서 군목교회를 위해 헌금하고 이를 군목교회 건축비로 지불하기로 결정하였다. 이런 노력에 힘입어 군선교의 상징 강병대교회가 1952년 9월 건축되었다. 이 일은 육군 제1훈련소 제 9대 소장으로 부임했던 장도영 장군이 중심이 되어 진행되었다. 강병대교회는 한국기독교사에 새로운 역사를 창조했다. 무엇보다 자고 나면 전쟁터로 배치될 수많은 훈련병들에게 영혼의 안식처를 제공했고, 한 치 앞을 예견할 수 없는 젊은이들에게 마음의 안정과 용기를 북돋아 주었다. 강병대교회는 1952년 전쟁 속에서도 모슬포 지역의 첫 유치원인 샛별유치원을 태동시켰다. 전쟁을 넘어 다음 세대를 준비하는 일에 젊은 군인들이 동참한 것이다. 강병대교회를 통해 한국교회 안에 군선교의 중요성이 새롭게 일어났다. 훌륭한 목회자들이 군목을 자원했고 한국교회는 전쟁의 폐허 속에서도 지원을 아끼지 않았다.

넷째, 대부분의 제주교회들 가운데 교회 건축이나 증축이 마치 약

---

61) 제주노회 제 23회 회록, 12.

속이나 한 듯이 진행되었다. 4·3 사건과 한국전쟁을 통해 놀라운 성장을 구가하기 시작한 제주교회들은 제주지역의 복음화를 위해 노력하였고, 개 교회는 공간이 작아 교회를 신축 혹은 증축하는 일이 주된 일이었다. 제주 서부, 동부에서 예배당을 증축하였고, 도두에서 예배당을 신축했으며, 삼양에서 예배당을 재건축하였다. 중문교회에서도 예배당을 수리하고, 열리교회가 예배당을 신축하고, 무릉교회와 강정교회도 예배당을 신축했다. 세화교회 역시 예배당을 수리하고 성산포교회도 예배당을 증축했다. 효돈, 보목, 화산, 표선교회가 예배당을 신축했고 법환교회가 예배당을 증축했다. 이준수가 당회장으로 맡고 있는 두모교회와 조수교회도 예배당을 수리하고 신축했다. 김영모가 당회장으로 섬기고 있는 고산교회와 용수교회 역시 예배당을 각각 수리하거나 증축했다. 김윤옥이 당회장으로 섬기는 애월교회와 금성교회의 경우 예배당을 수리했다.

　제 23회 제주노회에서는 여러 회무들을 처리했지만[62] 주요 논점은 복음전파, 부흥회, 군선교, 교회건축, 네 가지로 압축할 수 있다.

　4·3 사건 이후 부흥이 일면서 복음전도가 활발하게 진행되어 복음이 닿지 않은 곳이 없을 정도로 제주도 구석구석에 활발하게 복음이 전해졌고, 교회마다 부흥회가 1년에 한두 차례 열렸으며, 교회가 성장함에 따라 공간 부족으로 교회 증축 혹은 신축이 활발하게 진행되었다. 제주기독교가 복음전도, 부흥회, 교회건축으로 대변되는 성장과 부흥의 시대를 만난 것이다. 1952년에 접어들어 제주교회는 이전과 확실히 달랐다.[63]

---

[62] 제주노회 제 23회 회록, 12. 이들 세 가지 외에도 23회 노회에서는 "장성칠 군목의 언권을 허락하니 군목교회에 대한 설명이 있으매 군목교회 건축비 청원 건은 허락하기로 하고 3월 3차 주일에 각 교회가 연보하되 그 금액은 건축할 때에 지불하기로 가결"하고 "국립 맹아학교 책임자 고택규 목사에게 언권을 허락하고 맹아학교 상황"을 들었다.

[63] 다음 통계가 보여주듯 1952년 1월 현재 평균 주일 출석이 동부교회 600명, 서부교회와 한림교회가 각 400명, 법환교회가 320명, 모슬포교회가 300명, 세화교회가 285명, 서귀교회가 250명, 협재교회가 235명, 김녕교회가 205명, 삼양교회가 200명, 성산교회 160명, 고산교회와 외도교회 각 150명, 두모교회 141명, 표선교회가 120명, 판포교회, 용수교회, 화순교회가 각 100명 그리고 그 외 남원교회, 도두교회, 신산

교회명	성읍	화산	남원	법환	화순	모슬	무릉
1952년 평균출석	15	40	80	320	100	300	40
1951년 평균출석	34	20	39	80	20	146	40

한국전쟁 기간 제주기독교 교세 증가(1952년 1월 현재)

 피난민들이 대거 제주를 떠난 뒤에도 제주교회는 계속 활성화되었다. 1953년 10월 다수의 피난민 교인들이 미태평양 함대 소속인 L. S. T. 함대 편으로 부산과 서울로 떠났고, 이에 따라 10월 6일에 예배당과 숙직실 2동과 부속시설물을 이환수 목사를 비롯한 교회 대표들의 명의로 제주노회에 이양했다. 제주교회들은 이전과 다른 많은 것을 피난민들과 목회자들을 통해 공급받았다.

 제주노회는 4·3을 통해 놀라운 발전을 이룩하더니 1950년 한국전쟁을 통해 피난 온 피난민들과 피난 온 목회자들을 통해 본토교회의 교회운영과 신앙의 관습을 구체적으로 배울 수 있는 기회였다. 이미 일기 시작한 각성운동을 통해 전쟁이라는 시대적 상황에서 메마른 심령들이 말씀을 사모하고 영적 은혜를 간절히 구하기 시작했다. 이런 시대적 상황이 더욱 하나님을 바라보도록 만들었다. 이것은 피난민들에게도 제주의 기독교인들에게도 마찬가지였다. 피난민들이 모이는 교회는 제주에 또 하나의 축복이었다.

 1954년 제주시에 잔류한 피난민들은 피난민 교회를 중부교회로 명칭을 바꾸고, 제주시 관덕정 동남쪽에 있는 건물을 매입하여 교회당으로 사용했다. 이 교회는 이두옥 목사에 이어 정찬준 목사가 담임하다 1964년 전남노회로 떠나기까지 제주에서 피난민교회로서 중요한 역할을 했다. 피난민교회는 육지에서 신앙생활하던 그 모습의 교회를 이룸으로써 제주교회들이 자신들이 경험하지 못했던 새로운 교회생활을 배울 수 있는 기회를 갖게 되었다.

 그러나 제주노회 안에 고무적인 일만 있었던 것은 아니다. 1951년

교회가 각 80명, 애월교회 70명, 보목교회 64명, 금성교회 50명, 조천교회, 화산교회, 무릉교회 각 40명, 강정교회 45명, 함명교회 30명, 성읍교회 15명이었다.

한 해 동안 제주노회가 한 일은 강도사 인허와 목사 안수를 시행한 것 밖에 없다고 할 정도로 그것이 주된 일이었다. 대거 피난민들이 제주에 유입되고 그중에 안수를 받아야 할 사람들이 제주노회 안에 들어오면서 이들의 자격 유무를 구체적으로 검증하는 작업이 부족했다. 그 결과 안수 과정에서 문제가 발생했다. 목회자들의 임직도 중요하지만 그들의 자질을 충분히 점검하여 주 앞에 신실한 준비된 목회자들을 세우는 일은 더 중요한 일이다. 제주노회는 적어도 1951년 제주노회의 모습은 그렇지 못했다. 정기노회 외에 1년에 다섯 차례의 노회를 개최했고 어떤 경우는 1주일 간격으로 임시노회를 열어가면서 목사 안수를 남발한 것이다. 피난시절이라 어쩔 수 없다고 해도 그것은 정도를 넘어섰다. 총회가 이 사실을 알고 제주노회에 "통첩"을 보냈고 1952년 23회 노회에서 이를 보고하지 않을 수 없었다:

전 회장 이윤학 목사가 총회 통첩 받은 내용을 설명하매 총회에서
목사 불법 장립 취소 통지의 취소 조건에 관계되는 사건에 대하여
는 총회에 문의하야 총회 지시를 받기까지 보류하기로 하다.64)

총회에서 발송된 "목사 불법 장립 취소 통지"는 제주노회에 충격이었다. 제주노회가 정상적인 목사 장립을 하지 못했다는 사실을 보여주는 것이기 때문이다.65) 이런 이유 때문인지 제 23회 노회는 강도사 시취를 청원한 대한신학교 졸업생 김의화의 경우는 "대한신학교를 다른 신학교와 동등정도의 학교로 인증할 수 없으므로 자격 있는 신학교 졸업할 때까지 보류"66)하기로 결정했다.

---

64) 제주노회 제 23회 회록, 2.
65) 불법안수를 준 자들에 대해 시정명령이 상회로부터 내려옴에 따라 기장 측 24회 노회에서는 다음과 같은 결정을 했다. "장로회 36 총회 임원회의 명령, 즉 상회의 취소하라는 명령에 의하여 목사 장립을 취소함. [장립 취소한 자의 명보] 김신영(무릉), 이관영(출류), 장규환(출류), 박윤삼(제주읍), 김찬명(김녕), 김봉서(한림), 최보모(출류), 최신호(출류), 이유순, 이현보, 이영철(옹포), 김봉룡(출류), 노충섭(도두), 박만식, 박영환(출류)," 기장 제주노회 제 24회 회록, 7.
66) 제주노회 제 23회 회록, 7.

2. 제주장로교의 분열

　제주노회가 전에 없는 부흥을 구가하고 있을 때 제주노회는 분립의 아픔을 경험했다. 이것은 한국장로교회의 분열과 깊이 맞물려 진행되었다. 주지하듯이 한국장로교는 1950년대 세 차례의 분열을 겪었다. 1952년 신사참배 문제로 고신이 분열하고, 1953년 성경관 문제로 기장이 분립했으며, 1959년 에큐메니칼 문제와 WCC 문제로 통합과 합동이 분열되었다. 하나의 장로교단에 소속된 제주의 교회들은 이들 분열과 더불어 고려파, 기장, 통합, 합동으로 분열되었다.67)

　1953년 기장과 예장이 서로 분리될 때에 제주서부, 모슬포, 중문, 화순교회가 분열로 인해 큰 어려움을 겪었고, 제주동부교회가 기장에 남았다. 1959년 통합과 합동이 분열될 때 거의 절대다수의 교회들이 통합측을 택했다. 1959년 통합과 합동이 분열된 후 지금까지 제주선교를 주도한 것은 통합측이었다. 합동총회가 제주노회 복구를 결정한 것은 1971년의 일이다. 그 후 제주도에 선교가 진행되었지만 한동안 결실이 미흡하다 2005년 총회의 결의에 따라 제주도 내 예장합동 교회들과 개혁측 교회가 합동하면서 어느 정도 교세를 가진 교단으로 성장할 수 있었다.68)

---

67) 장로교 분열의 갈등은 제주도 교회들에서도 예외는 아니었다. 1953년 기장이 분열되면서 장로교회의 전국적인 분열로 서부교회도 기장(조신파)과 예장(장신파)으로 분열되어 기장은 교회당에서 예장은 성경학교에서 나누어 예배드렸다.
68) 기독신보, 1985년 4월 13일. 참고로 제주교세와 다른 지역 교세를 비교하면 다음과 같다. 참고로 1985년 4월 현재 합동교단의 교세는 다음과 같다. 1985년 현재 제주에 합동측 교회는 교회수 10개, 교직자 목사 5명 전도사 4명 여전도사 8명, 합 17명에 남자 세례교인 312명, 여자 세례 교인 531명, 일반성도 남 174명, 여 282명 전체 교인 1,299명이다.

1954년 모슬포교회 수세기념

기장 제주노회의 분립

1953년 제주노회가 기장과 예장으로 분립되었다. 1953년 7월 16일(목요일) 기장 제주노회 제24회가 모슬포교회당에서 조남수 목사의 사회로 개회되었다. 이날 조남수는 "말세에 처한 기독자의 임무"라는 제목의 설교를 한 후 "제주노회 제22회, 23회, 24회까지의 불법성을 설명한 후, 대한 예수교 장로회 제주노회 제24회 제주노회 정비회가 개회됨을 선언"하였다. 이날 노회장에 조남수 목사가, 이윤학 목사가 부노회장에, 서기에 김윤옥 목사, 회계에 김복렬 목사가 선출되었다. 이날 몇 명이 참석했는지는 노회록에 등장하지 않는다. 이날 제주도 내 각 교회 당회장을 임명한 것에서 당시 기장 제주노회에 소속된 목회자들이 누구인지를 가름할 수 있을 것 같다. 이윤학이 동부, 외도, 표선, 성읍, 성산, 세화, 조천교회의 당회장을, 김윤옥이 애월과 금성교회 당회장을, 강문호가 협제교회 당회장을, 이준수가 용수, 조수, 청수, 고산교회 당회장을, 윤상호가 열리교회와 강정교회

1954년 모슬포교회 세례자기념

당회장을, 최희준이 김령교회, 삼양교회, 함명교회 당회장을, 그리고 조남수가 무릉, 인성, 사계의 당회장을 맡기로 했다. 그렇다면 이윤학, 김윤옥, 강문호, 이준수, 윤상호, 최희준, 조남수 등 7명으로 집약할 수 있을 듯하다. 기장 24회 제주노회는 여전히 제주를 북시찰과 남시찰로 대별하여 북시찰에는 "이준수, 김윤옥, 이윤학, 임영일"이 속했고 남시찰에는 "조남수, 윤상호, 김복렬, 최희준"이 소속되었다.

그동안 하나의 노회가 둘로 나뉜 것이다. 예장 제주노회나 기장 제주노회 모두 분립으로 혼란이 야기되었다.[69] 1953년 7월 모슬포에서 열린 기장 제주노회에서 조남수는 남시찰부를 보고하면서 최

---

[69] 기장과 예장의 분립으로 인한 교회의 갈등은 기장 제주노회 제 24회 회록에서 그대로 읽을 수 있다. "서부교회는 7월 5일 주일에 강문호 목사 외 2인이 불법하게 강단을 강탈하려다가 미수한 후, 폭력으로 점령하려고 피난민 교우, 대한 신학생, 영락교회 피난민 중고등 학생 400여명으로 성군작당하여 토족으로 예배당에 침입하여 남녀 교인을 난타하며 의복을 찢고, 중경상자가 20여명이 생기며, 교인 문중택 씨는 중상을 입어 2주간 진단을 받았으며, 고봉오 여 집사는 임신 2개월 중 낙태를 당하고 도립 병원에 입원 중이며, 상금까지 강문호 씨는 교인들을 충동하여 예배에 지장을 일으키고 있사오며"라고 보고한 것으로 짐작할 수 있다.

근에 일어난 노회의 분란에 대해 다음과 같이 보고했다:

<남 시찰부 보고>
시찰장 조남수 씨가 여하히 보고함에 채용하다.
1. 모슬포, 화순, 중문, 2. 교회는 노회가 불법을 시정하지 않고, 하려고도 아니하여 불법하게 장신파를 만듦으로, 교회 평화를 위하여 불법 장신 노회에서 탈퇴하였으며 …
3. 모슬포 교회에는 강문호, 이영철, 이영춘, 나기환 4인 목사가 불법하게 강단을 강탈하려다 미수하여 폭력으로 점령하려고 최영숙 장로를 시켜 폭행케 하며, 모슬포 교회 직원 및 목사에게까지 난폭한 행동을 감행하여 잠시 요란한 일이 있었사오며.[70]

제주노회 안에 많은 갈등과 대립이 존재했던 것을 알 수 있다. 기장 제주노회 24회 노회는 이전의 22회부터 진행된 노회가 정상적으로 운영된 노회가 아니었다고 규정했다. 그리고 다음과 같은 결정을 내렸다:

1. 22회 및 23, 24회 노회는 장로회 헌법을 이탈하여 장신파를 만들려는 경향의 불법 결의를 취소하고, 본 노회는 장로회의 빛나는 전통을 계승하여 종전대로 장로회 헌법 그대로 나아가기로 가결하다.
2. 서귀포 노회 및 동부 노회 시 장립 받은 목사 24인 중 아래 15명은 불법으로 장립하였다고 장로회 36회 총회 임원(장신파측 임원)으로부터 그 목사 장립을 취소하라는 통첩이 유한 바, 다음 세 가지 불법 조건하에 아래 16명은 그 목사 장립을 취소하고 총회에 보고하기로 가결
   1) 지 교회 청원 없이 한기련이라는 명목하에 청원했으므로 장로회 헌법 정치 제4장 제4조에 반하여 불법 장립함.

---
[70] 기장 제주노회 제 24회 회록, 4.

2) 그들 중에는 목사 장립 후 성직에 대한 사명감이 없이 편당심으로 각 교회를 소란케 하며, 목사 직권을 남용하는 불법을 감행함.
3) 장로회 제 36 총회 임원회의 명령, 즉 상회의 취소하라는 명령에 의하여 목사 장립을 취소함.

   〔 **장립 취소한 자의 명보** 〕
   김신영(무릉), 이관영(출륙),
   장규환(출륙), 박윤삼(제주읍), 김찬명(김녕)
   김봉서(한림), 최보모(출륙),
   최신호(출륙), 이유순, 이현보, 이영철(옹포)
   김봉룡(출륙), 노충섭(도두), 박만식, 박영환(출륙)
3. 읍 서부 및 모슬포 교회의 강단을 강탈하려다가 미수한 강문호 목사는 폭력으로 강단을 점령하기 위하여 외부 세력인 수백 명의 피난민 교우들로 성군작당하여 서부 교회를 침입, 폭행 난타함으로 수 십 명의 중경상자를 내며 예배에 일대 지장을 일으키고, 일반 사회에까지 불미한 여론을 일으킨 데 대하여 묵과할 수 없는 범죄 사실임에 향후 일개월 이내에 강문호로 각 교회에 사과하는 성명서를 발표하도록 하기로 가결하다.[71]

기장 24회 제주노회는 상회의 결정에 따라 "김신영, 이관영, 장규환, 박윤삼, 김찬명, 김봉서, 최보모, 최신호, 이유순, 이현보, 이영철, 김봉룡, 노충섭, 박만식, 박영환, 이상제 씨의 목사 장립은 불법으로 장립된 것을 36회 총회가 취소하라는 통첩"에 따라 그대로 시행했다. 한국신학대학이 속한 기장의 입장에서 소위 "장신당파"가 대한예수교장로회 헌법을 이탈한 것으로 규정하고 이에 대한 부당성을 노회 앞에서 선포하였다. 1953년 기장의 분립으로 인한 한국장로교회의 대분열이 제주노회 안에서도 영향을 미쳐 제주노회도 그 여파로 기장과 예장으로 분립된 것이다. 제주에서는 "한신파"와 "장신파"로 각각 기장과 예장을 대변하여 노회가 둘로 나뉘었다. 이

---

71) 기장 제주노회 제 24회 회록, 7-8.

날 기장 제 24회 제주노회에서는 그동안 진행된 제주노회 안에 예장의 불법성을 다음과 같이 성토했다:

> 대한예수교장로회(大韓예수敎 長老會) 헌법(憲法)을 이탈(離脫)하여 장신당파(長神黨派)로 탈선(脫線)하게 된 불법성(不法性)을 여하(如下)히 적발(摘發)함.
>
> 1. 36, 37, 38회 총회(總會)의 불법성(不法性)
> (1) 총회직영신학(總會 直營 神學)인 한국신학대학(韓國神學大學)을 기만(欺瞞)으로 취소(取消)함.
>   (가) 직영신학(直營 神學)이 엄연(嚴然)히 있음에도 불구(不拘)하고 장신파쟁(長神派爭)을 목적(目的)한 장신학교(長神學校)의 직영(直營)을 허락(許諾)함이 불법(不法)
>   (나) 직영(直營) 양신학(兩 神學)을 병립(合立)한다 구실(口實)하고 한국신학대학(韓國神學大學)만 취소(取消)하고 장신(長神)을 제삼신학교(第三神學校)하여 기만(欺瞞)으로 설립(設立)함.
> (2) 대구(大邱)에 불법(不法) 신학(神學)을 세워 소위 총회신학(總會 神學)이라 함.
>   (가) 각 노회(老會)에 수의(垂議)하여 놓고는 각(各) 노회(老會)의 답안(答案)도 없이 노회(老會)를 기만(欺瞞)하고 설립(設立)함이 불법(不法)
>   (나) 총회분쟁(總會 分爭) 중 계장회(啓長會) 결의(決議)라 하여 개체적(個體的) 입장(立場)에서 설립(設立)
> (3) 김재준(金在俊) 목사(牧師) 파문(破門)의 불법(不法)
>   (가) 목사(牧師)는 소위(所屬) 노회(老會)에서 관계(關係)하는 것을 총회(總會)가 월권(越權)하여 파문(破門)하고 소위(所屬) 경기노회(京畿老會)에서 선언(宣言)하도록 명(命)하고 불응(不應)하면 총회(總會)가 선언(宣言)한다고 불법(不法) 결의(決議)함.
>   (나) 책벌(責罰)은 헌법(憲法) 권징조례(勸懲 條例)에 의하여 3회(三回) 이상을 소환심의(召喚 審議)한 후에 함이 합법(合法)인데, 한 번 심의(審議) 없이 파문(破門)함이 불법(不法).

(4) 조선신학교(朝神) 출신(出身) 및 그 지지(支持) 옹호자(擁護者) 파문(破門)의 불법(不法)

본인(本人)의 결점(缺點)이나 과오(過誤), 범과 사실(犯過 事實) 없이 파쟁심(派爭心)으로 파문(破門)함.

(5) 그 신학출신(神學 出身)에게 강단봉쇄(講壇 封鎖)하는 불법(不法)

총회(總會)가 직영출신(直營 出身)케 하고 그들을 총회(總會)가 배기(排棄)함은 자신을 목독(冒瀆)하는 것이다.

(6) 불법(不法)으로 총대(總代)를 접수(接受)함.

교회(敎會)와 노회(老會)의 행정권(行政權) 없는 삼팔이북(三八以北)의 총대(總代)를 다수(多數)히 접수(接受)함이 불법(不法). 헌법(政憲) 없이 다수가결(多數 可決)임.

(7) 삼팔총회(三八 總會)는 편당적(偏黨的)으로 개인(個人) 혹은 노회(老會)를 불법(不法)으로 정비(整備)해 버리고 완전히 대한(大韓) 예수교 장로회(長老會)에서 이탈(離脫)한 이상(以上) 각(各) 항(項)은 대한(大韓) 예수교 장로회 (長老會) 헌법정치(憲法 政治) 제12장 제2조 및 권징조례(勸懲 條例) 제4장 제20조를 범한 것.

2. 22, 23, 24회 제주노회(濟州老會)의 불법성(不法性)

(1) 무수교회(無數敎會) 무청빙 목사(無請聘 牧師)를 장립(將立)함이 불법(不法)

(가) 목사 장립(牧師 將立)은 지(支) 교회 청빙(敎會의 請聘)을 받은 자라야 장립(將立)하는 것이 헌법(憲法)인데 한기연(韓基聯)이란 단체(團體)의 명의(名義)로 압력(壓力)을 가(加)하여 장립(將立)함.

(2) 독재(獨裁)로 당회장(堂會長) 권리(權利)를 박탈(剝奪)함이 불법(不法)

(가) 지(支) 교회(敎會)들이 청원(請願)함도 무시(無視)해 버리고 이윤학(李允學), 조남수(趙南洙), 김윤옥(金允玉) 제(諸) 목사(牧師)의 당회장권(堂會長權)을 박탈(剝奪).

(3) 당회장권(堂會長權) 임명(任命)을 독재(獨裁)로 명령(命令)함.
 (가) 각(各) 지교회(支敎會)가 원(願)치 않는 목사(牧師)를 강압적(強壓的)으로 임명(任命)하여 교회(敎會)를 혼란(混亂)케 함이 불법(不法).
(4) 불법(不法)으로 회원가입(會員 加入)
 (가) 교회(敎會) 맡지 아니한 목사(牧師)를 손 많이 들기 기술(戰術)로 가입(加入)시킴이 불법(不法).
(5) 무임목사(無任 牧師)에게 손 많이 들기 위하여 결의권(決議權) 부여(賦與)함이 불가(不可).
 (가) 타(他) 노회(老會)에 속(屬)한 교회(敎會)를 담임(擔任)한 목사(牧師)가 회원(會員)이 된 대로 수년(數年)을 나가며, 무임목사(無任 牧師)에게 결의권(決議權)을 줌이 불법(不法).
(6) 정기노회(定期老會) 2회(2回) 결정(決定)은 불법(不法)
 (가) 임시노회(臨時老會)를 없이 하자는 것을 전제(前提)로 노회(老會) 중견장로(中堅 長老)들이 극력(極力)으로 반대(反對)함에도 불구하고 규칙(規則)도 수정(修正)하지도 않고 손 많이 들기로 불법가결(不法 可決)함.
(7) 임시노회(臨時老會)를 2회(回) 모임이 불법(不法)
 (가) 노회(老會)가 결정(決定)하여 안 모이기로 임노(臨老)를 다시 노회(老會)에 아무 결의(決議)도 없이 임시노회(臨時老會)를 2회(回)나 모임은 불법(不法).
(8) 불법재판(不法 裁判)
 (가) 재판국원(裁判局員)이 될 자격(資格)은 그 사건(事件)의 자초지종(自初至終)을 아는 자라야 할 수 있는데, 재판국장(裁判局長)이란 자는 최근(最近)에 분쟁(紛爭)키 위(爲)하여 가입(加入)된 자임에, 타(他) 국원(局員) 중에도 재판(裁判)하는 사건(事件)의 근본의의(根本 意義)를 모르는 맹목국원(盲目 局員)이 다수(多數)임.
 (나) 읍서부(邑 西部) 장로(長老)들에게 이윤학목사(李允學 牧師) 대리(代理)로 자복서(自服書)를 제출(提出)하면 무사(無事)히 해

주겠다고 감언이설(甘言利說)로 꾀여 자복서(自服書)를 받고 유
죄판결[권징](有罪判決[勸誡])를 내려 합법적(合法的)으로 강단
(講壇)을 점령(占領)하려다가 미수(未遂)하고, 이중판결(二重判
決)인 면직처분(免職處分)을 내렸다.[(벌써 그 불법(不法) 집단
(集團)에서 탈퇴(脫退)하였으니 면직(免職)은 효과(效果) 없음)]
(다) 슬하단체(膝下團體)가 각리(各異)하매 면직(免職)의 효과(效
果)는 없지마는 탈퇴(脫退)한 외인(外人)에게 가혹(苛酷)한 판결
(判決)을 내림은 무서운 범죄(犯罪)의 불법(不法). 사상(思想)이
다르다면 제명처분(除名 處分)은 할 수 있지만, 면직(免職)을 결
의(決議)함은 하나님이 주신 성직(聖職)에 침범(侵犯)한 두려운
불법(不法)을 감행(敢行)함.
(9) 무근지설(無根之說) 유포(流布)
(가) 강문호(康文昊), 라기환(羅基煥) 양씨(兩氏)는 모슬포교회(慕
瑟浦敎會) 직원(職員) 30여명과 공동회석(共同會席)에서 축자영
감설(逐字靈感說)로 본 성경유오설(聖經有誤說)을 전기(前記) 양
씨(兩氏)가 주장(主張)하여 청중(聽衆)을 경악(驚愕)케 한 일을
부인(否認)하느니 등 무근지설(無根之說)을 유포(流布)함.
(10) 교회(敎會) 불법(不法) 침입(侵入)
　　사전(事前)에 아무 연락(連絡)이나 예고(豫告)도 없이 돌연(突
然)히 모슬포교회(慕瑟浦敎會)와 서부교회(西部敎會)에 수십 명,
혹은 오륙 명의 '테러'를 거느리고 폭력(暴力)과 불법(不法)으로
침입(侵入)함.
제2조를 범하여 완전히 대한(大韓) 예수교 장로회(長老會) 헌법(憲
法)의 권내(圈內)를 탈선(脫線)하여 장신파(長神派)로 흘러나갔
다.72)

위 내용에는 기장의 입장이 그대로 반영되었다. 총회와 노회의 문
제점을 지적한 것이다. 총회의 문제는 한신대학을 직영으로 인준하
고는 개혁이라는 명분으로 제 3의 신학교를 불법으로 설립하고, 그

---

72) 기장 제주노회 제 24회 회록, 9-10.

1956년 모슬포교회 야외예배

학교를 총회가 인준했다는 사실, 대구에 총회신학교를 불법으로 만들었다는 사실, 김재준 목사의 파문이 적법한 결정이 아니었다는 사실이다. 제주노회의 부당성은 불법재판과 불법진행이 그 핵심이었다. 독자적이고 자의적인 총회와 노회의 파행운행으로 총회와 노회가 본래의 목적을 상실하고 말았다는 것이다. 한국장로교의 헌법을 준수하고 준행하기 위해 노회의 설립이 불가피하다는 변호였다.

기장 제주노회는 기장 총회와 노회 안에 일고 있던 신학적 문제에 대해서는 정확하게 언급하고 있지 않고 기장의 분립이 신학적인 문제에서 발단되었다는 사실은 전혀 언급하고 있지 않다. 1953년 기장과 예장의 분열과 관련하여 예장 제주노회는 이렇게 기술하고 있다.

"제 36회 총회에서 김재준 교수의 파면 사건은 마침내 김재준 교수와 그에게 동조하는 사람들이 총회를 이탈함으로 분열을 가져왔고 그 여파는 전국교회에 그리고 본 제주노회에도 파급(波及)되어 1953년에는 제주시 서부교회와 모슬포교회, 중문교회, 화순교회 등이 분열되었고 제주시 동부교회는 노회를 이탈하는 등 고통을 겪었다. 그러나 그 후 분열되었던 중문교회는 다시 합하여 본 노회로 복귀하여 발전되어 나가는 것은 불행 중 다행이라 하겠다."[73]

1955년 모슬포교회 수세기념

제주노회의 분열은 제주기독교에 깊은 상처를 입혔다. 이로 인해 일선 교회들이 방황했고 같은 교회 공동체가 둘로 나뉘는 아픔을 경험해야 했다. 총회의 분열에 따른 혼란이지만 제주노회 역시 그 일에 영향을 받지 않을 수 없었다.

한 노회 안에 존재하던 교회가 기장과 예장의 분립으로 서로 각기 다른 교단에 소속됨에 따라 목사들의 변동도 많았다.[74] 모슬포교회와 서부교회 안에 장로가 권징을 받았다고 보고했는데 이것은 교회 분립과 무관하지 않는 것으로 보인다.

그렇다고 이들 교회들이 큰 위기를 만난 것은 아니다. 모슬포교회의 당회 보고를 하면서 조남수 목사는 "주은 중 무고히 일 년 이상

---

[73] 제주노회사출판위원회, 제주노회사, 38.
[74] 조남수 목사는 남시찰회 교회들과 목회자들의 변화와 이동을 다음과 같이 보고했다. "화순 교회는 조종협 목사가 성전 건축을 완성하여 재미를 보던 중 도일하시고, 후임으로 김윤옥 씨를 임시 목사로 청빙하였사오며, 서귀포교회 한기춘 목사는 사임하고 이성영 목사가 후임 임시 목사로 청빙한 일이오며, 성산포 교회는 김선준 목사가 사임하여 출타하시고 후임으로 이두욱 목사가 간일이오며." 기장 제주노회 제 24회 회록, 4.

모슬포교회 찬양대

을 지내 옴을 감사"했다. 또한 "질적, 양적으로 일익 발전"하고 있는 중이며 "기도, 전도"를 실시하고 "특별 집회로서 어린이 사경회, 청년회 강연회 및 부흥 사경회는 6회나 한 일"을 보고했다. 모슬포교회 안에 있던 갈등과 대립과 어려움들 속에서도 견딜 수 있었던 것은 그만큼 사경회와 강연회와 부흥사경회를 많이 개최하여 영적으로 교인들을 안정시켰기 때문이다.75)

흥미로운 사실은 모슬포교회가 "교회 창립 40주년 기념식을 거행한 일"에 대해 보고했는데, 이것은 모슬포교회가 40주년을 맞았다는 사실을 보여준다. 서부교회 이윤학 당회장은 "청신 기도회"의 계속적인 진행, "성종, 주초 및 울 담장 수리," "부인회에서는 김정희 씨를 전도사로 청빙하여 작년 11월부터 방문 전도"한 일, "성경 학원 및

---

75) 이것은 기장 제주노회 제 24회 회록에 나타난 조남수의 시찰회 보고에서도 읽을 수 있다. "각 교회가 부흥중이오며 인성교회는 피난민 교우들의 협력으로 예배당 신축을 준공하여 헌당식을 거행한 일이오며, 화순교회는 조종협 목사로 1년간 힘쓴 결과 예배당도 완성되어가며, 전기 목사는 도일 후에 김윤옥 목사를 청빙하여 재미를 보는 중이오며, 사계 예배처소에는 모슬포교회 청년회에서 박장운 장로를 파견 전도하는 중 많은 재미를 보는 중이오며"

예배당 정원에 송죽원 중학을 설립하여 중등부 학생 300여 명을 교도 중 교회는 부흥 중"이라고 보고했다. 중문교회 당회장 윤상호는 "국가와 교회가 어지러운 차제에 일반 신도에게 기도를 장려"하고 1953년 "3월 1일부터 성경구락부를 시작하여 현재 100 여명 아동에게 성경과 한글을 교육하는 일"을 진행하고 있으며, "추수감사 헌금으로 풍금 1조를 2백40만원으로 매입"하고, "금년 맥추절 헌금으로 예배당에 기와를 덮게"되었음을 보고했다. 기장교회는 그 후 제주 안에서 조남수, 이윤학 목사를 중심으로 교회를 안정시켜야 할 막중한 사명을 감당해야 했다.

예장 제주노회의 분립

예장은 강문호 목사를 비롯한 제주노회 절대 다수가 참여한 가운데 1953년 1월 27-29일 한림교회에서 예장 제주노회 제24회 정기노회가 열렸다. 이날 노회장에 강문호, 부노회장에 최희준, 서기에 김봉서, 부서기 좌환겸, 회계에 조시병, 부회계 김동수가 선임되었다. 이날 노회는 노윤경(협재), 박봉윤(제98육군병원), 한성욱(황동노회 위탁청원)를 안수하였고, 이어 그해 8월 18일부터 21일까지 열린 제25회 정기노회에서 김신복(황동노회 위탁청원)을 목사안수를 주었다.

총회로부터 불법안수에 대한 시정 명령을 받았기 때문인지 예장 제주노회는 1951년 한 해 동안 무려 다섯 차례의 노회를 열어 25명에게 안수를 주었던 것과 달리 1953년 이후에는 신중하게 안수를 주어 안수 받은 목회자가 1년 동안 많아야 4명(1953년)이고, 적으면 1명에 불과했고, 1955년부터 1957년까지는 아예 한 명도 없었다. 제주노회가 매우 신중하게 목사 안수를 준 것을 알 수 있다. 이것은 참으로 다행한 일이고 총회의 취지에 부합한 일이다. 이것은 좋은 목회자를 배출하는 것도 곧 제주교회를 발전시키는 일이라는 점에서도 필요한 일이었다.

제주노회가 함부로 목사안수를 준 부분에 대해서 총회가 시정명령을 내린 것은 예외적인 일이다. 목사안수는 노회의 고유권한이기 때문이다. 그러나 전시(戰時) 중이어서 자격을 확인하고 서류를 제대로 갖출 수 없는 상황에서 제대로 심사를 하지 않고 안수를 준 것이다.

예장 제주노회는 강문호 목사 중심으로 노회가 이끌어졌다. 강문호 목사는 예장 제주노회 42회와 43회를 제외하고 1953년부터 1969년까지 계속해서 제주노회장을 맡았다.[76] 그토록 오랫동안 한 사람이 노회장을 계속 맡는 것은 드문 일이다. 이것은 본인이나 노회를 위해서도 바람직한 일이 아니다. 장로교 본연의 정신과도 맞지 않는다. 지도자를 계속해서 배출하고 키워 나가 다음 세대를 준비하기 위해서라도 동료와 후배들에게 리더십을 발휘할 수 있는 기회를 주어야 했다. 하지만 강문호는 자신이 노회장으로 재임하는 동안 제주노회와 산하 교회들을 크게 발전시켜 제주 복음화에 크게 기여했다. 그는 1953년 기장의 분열과 1959년 통합과 합동의 분열 과정에서 중요한 역할을 감당했다.

1959년 한국장로교회는 또다시 분열의 아픔을 겪어야 했다. WCC 에큐메니칼 문제로 이를 찬성하는 이들과 이를 반대하는 이들이 심각한 대립을 하기 시작했다. 1953년 에반스톤에서 열린 제 2차 WCC 총회에 참석한 명신홍과 김현정, 두 사람의 보고는 완전히 달랐다. 명신홍은 WCC가 신학적으로 문제가 있다는 것이고, 김현정은 전혀 문제가 없다는 것이다. 오랫동안 미국에서 신학으로 유학생활을 하면서 영어에 능통했던 명신홍의 보고는 정확한 보고였다. 그러나 총회 안에 WCC를 찬성하는 한경직 목사와 마삼락 선교사를 지지하는 이들과 WCC의 신학적 좌경화를 우려하는 박형룡 박사와 명신홍 목사를 비롯한 이들 사이에 갈등과 대립이 심각하게 일어났다.

총회는 결국 WCC를 지지하는 이들과 이를 반대하는 이들 둘로 나뉘었고, 1959년 제 44회 대전총회에서 WCC를 찬성하는 이들과

---

[76] 제주노회사출판위원회, 제주노회사, 223-225.

이를 반대하는 NAE 사이에 대립이 표면화되었다. 양쪽이 심각한 대립 속에 총대의 수가 첨예한 쟁점이 되었다. 경기노회가 총대를 선출하면서 WCC를 찬성하는 사람이 10명, 이를 반대하는 사람 18명이 총대로 선출되었다. 그런데 어찌된 일인지 받은 표수로는 당연히 총대로 선출되어야 할 이환수 목사가 누락되었다. NAE는 본래대로 준수하려고 했고, WCC를 찬성하는 이들은 재투표를 요구하면서 승동교회에서 임시노회를 회집하여 투표를 해서 총대를 다시 구성했다. 두 사람을 제외하고는 모두 WCC를 지지하는 사람들이었다. 정기노회측과 임시노회측이 경기노회 총대를 두고 노회 안에서 첨예하게 대립한 것이다.77)

대전중앙교회에서 제 44회 총회가 열렸을 때 이것이 총회 안에 문제가 되어 이 문제를 가지고 총회 벽두부터 심각하게 대립했다. 총회 안에 첨예한 논쟁이 진행되는 가운데 총회장은 이 문제를 증경총회장들에게 자문을 구했고, 그들은 11월 24일 새문안교회에서 속회를 하기로 하고 그 때까지 정회를 하기로 했는데 그 순간 안광국 목사가 앞으로 나와 총회 임원들에 대해 불신임을 번개같이 결정하고 내려갔다. 총회를 주도할 수 없는 지위의 사람이 총회 앞에서 회의를 하고 결정을 내리고 간 것이다.78) 안광국 목사는 WCC를 찬성하는 총회 내 대표적인 중견 지도자였다.

WCC를 찬성하는 총대들은 기차를 대절하여 바로 그날 저녁 서울 연동교회로 올라가 속회를 하고 총회장과 임원들을 독자적으로 선출하였다. 이 총회는 처음에 연동측이라 불리다 통합측이라 명명되었다. 총회장은 물론 총회 임원 한 사람도 참여하지 않은 가운데 이루어진 총회였다.79) WCC를 반대하는 이들은 기다렸다가 예정대로 1959년 11월 24일 승동교회에서 총회를 속회하고 WCC를 영구적으로 탈퇴하기로 결정하고, 총회의 화합을 위해 NAE도 잠정적으로 탈퇴하

---

77) 박용규, 한국기독교회사 2권 1910-1960 (서울: 생명의말씀사, 2004), 997-998.
78) 박용규, 한국기독교회사 2권 1910-1960, 1004-1005.
79) 박용규, 한국기독교회사 2권 1910-1960, 1005.

기로 결정하였다. 그리고 고려파와 합동을 추진하면서 합동측이라고 불렀다. 잠시 자신들의 정체성을 나타내는 이름이 50년이 거의 된 지금 고유명사가 되고 말았다.

감부열과 해리 로즈가 북장로교선교사(*History of Korea Mission, PCUSA 1935-1959*)에서 지적한 것처럼 "1959년 9월 28일. 주로 세계교회협의회(W.C.C.)와 에큐메니칼 운동 문제로 한국장로교총회가 분열(disruption)되어, 그 결과 장로교회가 세 번째 가장 큰 분열을 맞고 말았다."80)

이렇게 해서 예장총회는 "연동측과 승동측," "장신측과 총신측" "에큐메니칼측과 NAE측," 그리고 "통합과 합동"으로 대별되는 대 분열을 경험했다. 제주노회는 총회의 분열 과정에서 통합측에 남았다. 당시 노회의 지도력을 가진 지도자가 어느 쪽이냐에 따라 노회의 대세가 움직였던 사례에 비추어 볼 때 강문호 목사가 그 과정에서 결정적인 역할을 한 것으로 여겨진다. 예장통합 제주노회사는 이렇게 말한다:

> 이때에 제주노회에도 약간의 흔들림이 있었던 것이 사실이나, 이전에 한신파의 분열(分列)에서 겪었던 쓰라린 체험이 노회 지도자들의 마음에 교훈이 되어 당시 제주노회만은 그 분열의 소용돌이 속에 말려들지 않고 오늘에 이른 것을 감사하지 않을 수 없다.81)

예장통합 제주노회는 차분한 성장을 계속했다. 남장로교 선교회는 그 과정에서 매우 중요한 역할을 감당했다. 남장로교 선교회는 열악한 경제 형편에서 제주노회가 자립의 길을 걸을 수 있도록 협력을 아끼지 않았다. 1908년 이기풍이 제주에 파송된 이후 지속적으로

---

80) Harry A. Rhodes and Archibald Campbell, eds., *History of Korea Mission, PCUSA 1935-1959* (New York: Commission on Ecumenical Mission and Relations, The United Presbyterian Church, U.S.A., 1965), 416.
81) 姜文昊, 文泰善, 濟州宣敎 70年史, 74.

지원을 아끼지 않은 남장로교 소속 선교사들은 1930년 제주노회가 조직된 후 타마자를 비롯한 여러 명의 광주와 목포 주재 선교사들이 제주에 입도하여 지원을 아끼지 않았다.

타마자(打馬子, John Van N. Talmage 1884-1964)는 제주성경학원 원장으로 섬겼고, 1948년부터 1949년까지는 타마자의 아들 대전 주재 타요한(打約翰, John Edward Talmage 1912-1978) 선교사가, 1950년부터 1959년까지는 라빈선 선교사가 제주담당 선교사로 위미, 남원, 의귀, 신례, 중엄, 하귀 등 신설된 교회의 당회장직을 맡고 순회사역을 하였다.

타요한은 한국 광주 양림동에서 출생하여 평양외국인학교를 졸업하고 미국 멜빌대학에서 물리학을 전공했다. 그 후 1933년 콜럼비아신학교에 입학하여 신학을 마친 후 1937년 남장로교 선교사로 내한하여 군산, 목포, 광주지방 등에서 농촌선교를 하면서 17개의 교회를 개척하였다. 그리고 1941년 일제에 의해 강제 추방을 당한 후 1948년 재내한하여 군산과 목포에서 활동하면서 제주선교를 지원하였다. 또한 제주가 4·3사태로 위기 가운데 있을 때 흔들리지 않고 제주사역을 지원하여 제주기독교 발전에 크게 기여했다.[82] 아버지의 대를 이어 제주선교에 헌신한 것이다. 라빈선(Robert K. Robinson)은 1948년 남장로교 선교사로 내한하여 목포와 대전에 기점을 마련하고 제주를 왕래하면서 제주선교를 지원하였다.

1960년 이후 보이열의 아들 보계선이 제주선교를 지속적으로 지원하였다. 그는 1961년 2월에는 제주노회로 이명하여 제주노회원으로 제주선교를 위해 헌신적으로 지원을 아끼지 않았다. **제주노회사**는 그의 제주선교 공헌을 이렇게 집약했다:

> 1960년 이래 보계선 선교사가 목포에서 선박편으로 왕래하며 신산, 성읍, 남원, 의귀, 신례, 위미, 중엄, 하귀, 도두 등 여러 교회의

---
[82] 김승태, 박혜진 엮음, 내한 선교사 총람 **1884-1994**, 469-470.

당회장으로 순회 협력하였고, 1961년 2월에는 제주노회로 이명하여 제주노회원으로서 제주선교를 위해 협력하였다.83)

보계선(保啓善, Boyer Kenneth Elmer, 1930-)은 1930년 전주에서 출생했다. 그는 컬럼비아 신학교를 졸업하고, 1956년 남장로교 선교사로 내한 대전을 거점으로 선교생활을 시작했다. 보계선은 목포, 광주로 옮겨 주로 농촌선교사로 사역하다 제주도로 이전하여 제주기독교센터 도서관과 기독병원 건립을 주도했으며, 광주사태가 발생한 직후 1980년 6월 귀국하여 버지니아 주에서 목회활동을 했다.

아버지 보이열이 한국전쟁 중 제주의 피난민들과 교회를 위해 구호물자를 제공하는 등 제주선교를 위해 헌신적으로 지원을 했는데 그 뒤를 이어 보계선도 제주선교를 계속한 것이다. 대를 이어 제주선교를 헌신했던 이들의 사역은 제주기독교 역사에 소중한 기록으로 남을 것이다.84)

3. 감리교와 성결교의 제주선교

한국전쟁은 제주에 큰 축복을 가져다주었다. 한국전쟁으로 말미암아 피난 간 사람들에 의해 한국교회를 대변하는 감리교와 성결교가 제주에 설립되었다. 두 교단의 제주선교의 출발이 한국전쟁이라는 점에서 제주기독교는 또 한 번의 큰 축복을 누리게 되었다. 1908년 장로교선교가 시작된 이래 1950년 한국전쟁까지 장로교 선교지로서 장로교만 존재했던 제주에 전쟁으로 피난 온 이들에 의해 감리교회와 성결교회가 제주에 설립된 것이다.

---

83) 姜文昊, 文泰善, 濟州宣敎 70年史, 75.
84) 김승태, 박혜진 엮음, 내한 선교사 총람 1884-1994, 140.

감리교 제주선교와 놀라운 부흥

당시 감리교 제주선교의 개척자 박성은 목사 역시 제주에 "우리 감리교회도 육이오 사변의 덕택으로 교회가 선교된 것이다."[85]라고 증언하였다:

> 제주도에 도착한 감리교 교역자들은 몇 군데로 분산되어 생활하였다. … 제주 중심의 산지 언덕을 비롯하여 월정리와 월평리, 그리고 조천리 등지였다. 제주 중심의 산지 지역을 흔히 동부 수용소라 했는데, 바로 지금의 중앙교회 자리로서 인근에 측후소가 있었다. 제주항에 내린 상당수의 목회자들과 교인들이 이곳에서 살았다. 또한 장로교회인 동부교회 1층에도 일부교역자들과 평신들이 살았다. 부산에 있던 총리원은 이곳에 사무실 한 칸을 빌려 임시 총리원 분원을 차렸다. 그리고 엄재희 목사에게 대표를 맡겼다. 도인권 목사 일행은 제주읍 중심에 있는 옛 공신정 자리로 일제시대에는 신사가 있던 곳에 천막을 치고 살았다.[86]

제주도로 피난 온 이들은 수만 명에 달했다. "상당수의 감리교 교역자들과 평신도들도 6·25전쟁의 환란을 피해 제주도로 피난을 나오게 되었다."[87] 장로교와 감리교 사이에 맺어진 선교지 분할협정에 따라 제주는 장로교 선교지였고, 또한 남장로교 선교회가 전라도지역을 맡고 있어 제주는 장로교가 주를 이루었다. 제주에 장로교 교회는 여러 곳이 있었지만 감리교는 하나도 없어 예배드릴 교회가 필요했다. "감리교 교역자들은 장로교 교역자들처럼 소속교단의 교회를 찾아갈 수 없었다."[88] 이렇게 해서 감리교회는 자연히 피난민들과 피

---

85) 감리회보 (1958. 6), 12.
86) 제주지방 50년사 출판 위원회, 제주지방 50년사 (서울:도서출판 kmc, 2005), 46.
87) 제주지방 50년사 출판 위원회, 제주지방 50년사, 48.
88) 제주지방 50년사 출판 위원회, 제주지방 50년사, 48.

난 온 감리교 교역자들이 함께 모여 예배를 시작했다. 제주감리교회 개척자 도인권 목사는 자신의 회고록에서 이렇게 증언한다:

> 내가 보니 제주시 중앙에 높은 산 같은 둔덕이 있는데 해방 전까지는 일본 사람들이 신사를 세워놓았던 곳인데 잡초가 무성하고 쓰레기가 산더미 같이 쌓여 있었다. 따라서 이곳을 관리하는 사람도 없었고 거들떠보는 사람조차 없었다. 우리는 이곳으로 모여서 판자 집 마을을 이루고 기거하면서 그곳에 모여 예배하며 지냈다. 나는 이곳에 성전을 건축할 것을 결심하였다. 이것은 선교관리자로서의 착안이다. 나는 이 일을 위하여 쉬지 않고 기도했다. 과거의 우상의 터전을 승리로 이끌어 우리 주님을 모시는 성전을 짓는 것은 그야 말로 의의가 깊은 것이다. 더욱이나 쓸모없는 버림받은 곳이니 만큼 나의 마음은 적극적으로 쏠리었다. 나는 이곳이 주께서 내게 내리시는 명령으로 믿고 이에 순종하는 의미에서 확신 있게 일에 착수하였던 것이다.[89]

이렇게 해서 "한국감리교회의 제주선교는 6·25 전쟁으로 인해 제주도로 피난 간 감리교인들에 의해 처음 시작되었다."[90] 감리교회가 제주에 시작된 것이 정확히 언제인지는 불확실하지만 1951년부터로 여겨진다. 1951년 11월에 감리교회가 예배처소 천막을 마련하여 예배를 드리기 시작했던 것을 고려할 때 적어도 그 전에 감리교회가 존재했다. 1951년 11월 1-4일까지 부산시 장로회중앙 예배당에서 개최된 기독교대한감리회 중부, 동부, 서부 연합연회급 총회록에는 제주선교의 출발과 관련된 한 가지 중요한 사료가 등장한다. 유형기 감독의 "연회임명기"에는 "선교지 파송지"라는 항목 하에 "제주도"가 등장하는데 여기 감리교 파송 목회자와 지역이 다음과 같이 명시되었다:

---

89) 도인권, 도인권 목사 자서전, 미간행 73, 제주지방 50년사 출판 위원회, 제주지방 50년사, 60-61에서 재인용.
90) 제주지방 50년사 출판 위원회, 제주지방 50년사, 28.

● 제주도(濟州道)
제주읍구역(濟州邑區域) 명제영(明濟英) 정(正)
월평리구역(月坪里區域) 이순근(李순根) 서(署)
월하리구역(月河里區域) 이정근(李貞根) 서(署)91)

우리는 여기서 몇 가지 사실을 확인할 수 있다. 첫째, 제주를 선교지로 명시하고 있다는 사실이다. 이것은 당시 국외선교가 거의 전무한 상황에서 제주를 선교지로 보았기 때문이다. 둘째, 감리교에서는 파송제이기 때문에 이미 감리교 제주선교가 시작되었음을 보여준다. 셋째, 이미 1951년 11월까지 제주에는 제주읍, 월평리, 월하리 등 3개의 예배 처소가 존재했다는 사실이다. 피난민들에 의해 이루어진 감리교 선교라는 사실을 어렵지 않게 읽을 수 있다.

1951년 부산에서 그것도 장로교회에서 연회를 개최한 것이다. 1952년 1월에 간행된 **감리회보**에는 1951년 11월 1일 피난지 부산에서 열린 감리교 서부, 중부, 동부, 3부 합동연회 및 특별총회를 소개하면서 제주읍교회 담임목사 "명제영(明濟英)" 목사 파송에 대한 기사가 실렸다.92) 1951년 11월 현재 제주에 감리교회가 존재하고 있음을 보여주는 증거이다.93) 거의 같은 기간 혹은 특별총회 기간 직후 "류형기 감독이 1951년 특별총회 직후 도인권 목사를 제주지방선교 관리자 겸 제주읍교회 담임목사로 임명했다."94) 1952년 여름 이미 제주에 "제주읍 [감리]교회 외에 월평과 월정에 예배처소가 존재했고 광양과 조천에도 예배처소가 막 움트고 있었다."95)는 기록에서 확인할 수 있다.

---

91) 기독교대한감리회 중부 동부 서부 연합연회及 총회록 (1951), 29.
92) 감리회보 (1952. 1), 11. 1951년 11월 부산에서 열린 임시총회에서 제주에 파송된 목회자들을 감리회보가 소개한 것이다. 감리회보 1952년 1월호에 따르면 "제주읍 명제영(정)," "월평리 이순근(서)," "월정리 이정근(서)," 그리고 "표선리 미파"였다.
93) 제주지방 50년사 출판 위원회, 제주지방 50년사, 60.
94) 제주지방 50년사 출판 위원회, 제주지방 50년사, 60.
95) 제주지방 50년사 출판 위원회, 제주지방 50년사, 54.

처음 감리교가 제주에 설립되었을 때 피난민들을 염두에 두고 시작한 것이지만 일단 감리교가 설립된 후 피난민들만을 대상으로 하지 않았다. 원주민들에게 복음을 전하기 시작했다. 그 결과 1952년 6월호 **감리회보**에 기록된 대로 제주에 원주민 50명이 모이는 감리교회로 발전했다:

> 노인인데도 청년다운 도인권 목사의 주야불구 맹렬한 활동으로 제주읍에는 오십 여 명의 원주민 신신자를 얻었는데 이들을 환영하기 위하여 지난 오월 육일 주일 아침에 제주 십경의 하나인 사라봉에서 신신자 환영 야외예배를 보았다. 일기불순했으나 삼백여 명의 신도가 모였는데 한영선 목사의 설교가 있은 후 신신자의 대한 최도지사의 권면과 사령과 오대령의 격려사가 있었다. 유희와 기타 여러 순서를 준비했으나 비바람의 해살로 일직 돌아온 것은 자못 유감된 일이다.96)

위 **감리회보** 기록을 통해 우리는 두 가지 사실을 확인할 수 있다. 첫째는 도인권 목사의 적극적인 전도를 통해 50여 명의 제주도민들이 주님을 영접하고 감리교회에 출석하기 시작했다는 사실이고, 둘째는 300여 명의 신도들이 모여 환영 야외예배를 드렸다는 사실이다. 50여 명은 제주도 원주민들이고, 이들을 포함한 300명은 감리교 교인들이나 목회자들이었다. 제주도 도지사와 군사령관까지 참석하는 야외예배였다는 사실을 고려할 때 감리교회가 설립된 지 얼마 되지 않아 상당한 발전을 이룩한 것을 알 수 있다.

민족운동으로 널리 알려진 도인권 목사가 감리교 지도자로 제주에서 활동하면서 일반 사회인들도 존중하고 또한 그런 지도급의 인사들이 감리교회에 출석한 것은 감리교 선교에 큰 도움이 되었다. "도인권 목사는 이런 자신의 위상을 선교의 도구로 적극 활용하였다."97) 감리교 중에서 제주읍교회는 감리교 제주선교의 중심

---

96) 감리회보 (1952. 6.), 7.

센터가 되었다. 제주읍교회가 설립을 기점으로 제주도 안에 여러 감리교회가 거의 동시에 설립된 것으로 보인다.

1952년에 접어들면서 감리교 연회는 제주선교의 발전을 위해 한 가지 중요한 결정을 내렸다. 감리교회는 어느 지방에도 속하지 않은 제주지역을 감안하여 전라선교지방과 제주선교지방을 신설하고, 제주선교지방에 지방책임자와 목회자들을 파송하기로 한 것이다.

제주선교지방의 경우 "지방 책임 도인권" "제주읍 도인권(은)" "조천 명제영(정)" "(월평 김운표)(서)" "今德 이순근(서)"를 임명했다.98) 제주읍, 월평, 월하로 시작된 감리교 제주선교가 1952년에 접어들어 확대되고 있음을 보여준다. 1952년 동안 감리교회가 제주읍, 월정, 월평, 조천, 표선리와 함덕교회 등 여섯 곳에서 시작되었다. 그것은 1953년 3월 18일 대전제일감리교회에서 회집된 "기독교대한감리회 총회 및 중부 동부 연합연회"에서 파송된 목회자들의 명단을 통해서도 확인할 수 있다.

제주선교지방(濟州宣敎地方)	관리자(管理者)	도인권(都寅權)
담당 구역	담당자	주소
제주읍구역(濟州邑 區域)	도인권(都寅權)원(元)	제주읍 일도리(濟州邑 一徒里) 1180
광양구역(光陽 區域)	장영(長英) 서(署)	제주 광양리(濟州 光陽里)
광양구역(光陽 區域)	이배세(李培世) 협(協)	제주 광양리(濟州 光陽里)
도두리구역(道頭里 區域)	강화영(姜華英) 서(署)	제주 도두리(濟州 道頭里)
조천구역(朝天 區域)	임기윤(林基潤) 서(署)	북제주군 조천읍 조천리 중상동 北濟州郡 朝天面 朝天里 中上洞
월하(月河 區域)	이순근(李舜根) 서(署)	북제주군 구좌면 월하리 北濟州郡 舊左面 月河里
월평구역(月坪 區域)	고재룡(高在龍) 서(署)	남제주군 중문면 월평리 南濟州郡 中文面 月坪里
휴직(休職)	김만식(金萬植) 정(正)	

출처: 基督敎大韓監理會 第 四會 中部 東部 聯合年會錄, 41-42.

감리교회는 선교부의 적극적인 지원을 받으며 제주선교를 시작했

---

97) 제주지방 50년사 출판 위원회, 제주지방 50년사, 53.
98) 감리회보 (1952. 2), 11.

1955년 감리회 하기 강습회

다. 이 기간은 제주교회가 부흥기를 맞고 있는 상황이어서 원주민을 대상으로 한 선교도 어렵지 않았다. 감리교의 경우 제주읍교회를 제외하고는 모두 원주민들을 대상으로 한 교회였다. 피난민들이 제주읍에 모여 하나의 공동체를 이루며 신앙생활을 하면서 주변에 선교를 확장해 나간 것이다. 복음은 놀랍게 원주민들을 통해 주변으로 확산되기 시작했다. 1955년 감리회보는 이렇게 설명했다:

> 이제 복음의 씨가 단순한 성격의 소유자인 그들에게 뿌려지자 진실로 민족의 살 길은 기독교요 구원의 방주는 감리교회라고 알게 되자 그들은 입에서 입으로 본토민 자기들끼리 복음전파운동을 전개하게 되어 이 불은 초대교회에 못지 않게 이러나고 있어 주의 복음을 전파하지 않고는 견딜 수 없는 충동을 받은 사실을 역력히 엿볼 수 있는 것이다.99)

제주도 감리교회는 연합으로 각종 강습회와 사경회를 꾸준하게

---

99) 감리회보 (1955. 6), 6. 민웅식, 김영철, 이찬용, 유산성, 박용익, 윤태현 등 여러 명의 감리교 목회자들이 제주 감리교 발전에 크게 공헌했다.

감리교 주일학교 강습회(1956년)

가졌다. 1954년 천막에서 예배를 드리던 1954년 8월 16-22일까지 제주읍교회에서 이환신 목사와 제주에서 사역하는 교역자들을 강사로 전달강습회를 가졌다. 김만식 목사, 이동근 전도사, 김은실, 도감리사, 한경화, 이환신을 강사로 42명의 주일학교 교사들이 참석한 가운데 "제주지방전달강습회"가 열렸다.

해마다 열리는 여름 성경학교를 통일성 있게 교육하기 위해 주제와 공과와 프로그램 일체를 만들어 각 지방에 보급하는 강습회를 말한다. 제주지방의 감리교회의 경우 육지로 나가 교육을 받을 수 없기 때문에 자체적으로 집회를 갖는 경우가 많았다. 1957년의 경우는 총리원 교육국에서 전문적인 강사가 제주에 와서 4월 23일부터 28일까지 강습회를 인도했다. 1957년 4·5월호 **감리회보**는 다음과 같이 보도했다:

> 본 총리원 교육국에서는 오는 4월 23일부터 동 28일까지 일주일간 제주지방 기독교 교육지도자 강습회를 개최하리라 한다. 이는 매

년 하기를 이용하여 여는 전국 지도자 강습회에 거리와 기타 관계로 참석하는 인원이 적은 제주도의 특수 사정을 고려하여 열게 된 것이라 하는데 이번 강습회로 말미암아 제주도 내의 지도자들의 교양이 크게 향상되리라고 한다. 즉 이 강습회는 주일학교부와 청년회부 웨슬레 구락부 등의 각 부로 나누어 지도자들을 강습시킬 것이라 하는바 제주도의 각 교회 주일학교 교사, MYF 지도자 및 임원 웨슬레 구락부 교사들이 참가하리라 한다. 이 강습회를 위하여 강사로는 송정률 교육국 총무를 비롯한 교육국 간사 전원과 선교사 제퍼리 목사, 스탈튼 선생, 볼름 선생, 하퍼 목사, 오걸 선생, 스토퍼 선생들이 수고하리라 한다.100)

감리교 제부리(祭富利, Finis B. Jeffery, 1918-2010), 스탈튼, 볼름, 하퍼, 오걸, 스토퍼 선교사가 제주에까지 와서 강습회를 인도하였다는 것은 참 고무적인 일이다. 여섯 명의 선교사가 함께 제주를 방문해서 집회를 인도한 것은 매우 드문 일이다.

1957년에는 제주지방 감리교회의 부흥을 위해 전도대를 파송하였다. 김용옥 교수와 김철손 교수 등 2명의 지도교수와 6명의 대원들로 이루어진 전도대가 제주에 와서 8월 4일(일)부터 12일(월)까지 전도했다. 이 기간 서귀포교회를 개척하고 수많은 집회를 인도했다.

전도집회 일자	집회 장소	집회 참석 자		합계
		아동	장년	
1958년 8월 4일	제주중앙교회	150	170	320
1958년 8월 4일	제주YMCA주최 연합예배		150	150
1958년 8월 4일	장로교서부교회		150	150
1958년 8월 4일	중앙감리교회	200	250	450
1958년 8월 5일	도두교회	200	250	450
1958년 8월 6일	월평교회	200	200	400
1958년 8월 7일	대포교회	150	150	300

---

100) 감리회보 (1957. 4 · 5), 4.

1958년 8월 8일	서귀포교회개척	300	200	500
1958년 8월 9일	서귀포교회개척	300	300	600
1958년 8월10일	월정교회	200	250	450
1958년 8월11일	함덕교회		150	150
1958년 8월12일	조천교회	300	150	450
1958년 8월12일	제주시고등부 연합집회	학생 150		150
1958년 8월12일	광양교회	250	200	450
총합계		2,400	2,570	4,970

자료: "희망의 제주도" <감리회보> (1957. 10. 11)

　이렇게 많은 사람들이 집회에 참석했다는 사실은 참으로 놀랍다. 제주선교를 시작한 지 얼마 되지 않은 감리교회가 제주에 새로운 희망을 심어준 것이다. 제주에 존재하는 모든 감리교회 집회마다 주일학생과 장년 각 150명 이상이 모였고, 상당히 많은 교회들의 경우 200명 이상이 회집했다.

　젊은이들이 깨어나기 시작했다. 특별히 웨슬리 성경구락부를 만들어 청년들에게 내일에 대한 비전을 심어주는 역할을 꾸준히 하고, 비록 개척단계의 교회일지라도 청년회 모임을 가지며 젊은이들에게 신앙을 북돋아주는 일을 게을리하지 않았다. 제주지방 감리교 청년회로 이루어진 제주지방청년 연합회는 1958년 5월 9일 "청년은 교회의 소망"이라는 표어를 가지고 1박 2일 한라산에서 모임을 가졌다. 비록 십여 명이 참석했지만 "기도와 명상과 신앙토론," 제주지방 검찰청 검사장으로 있는 원용택 장로의 "청년의 용기를 돕는 설교"을 통해 "많은 은혜"를 받았다.[101]

　제주의 감리교회는 놀랍게 발전했다. 1952년에 제주에는 적어도 여섯 개의 감리교회가 존재했다. 감리교 중부동부연합연회록에 따르면 1952년 현재 제주의 감리교주일학교의 경우 유년부는 남자가 224명, 여자가 173명이고 중등부는 남자가 46명, 여자가 30명이며, 장년부의 경우 남자 86명, 여자 281명으로 전체 총합계 남자 356명

---

101) 감리회보 (1958 7), 15.

에 여자 481명으로 총 840명이다.102) 이것은 전국의 감리교 지방 중에서는 가장 낮은 숫자이지만 시작한 지 얼마 되지 않은 제주감리교회가 이 정도의 성장을 이룩했다는 사실은 참으로 놀랍다.

1953년에도 6월 현재 제주에 일곱 개의 감리교회가 존재했다. 이 사실은 감리회보에 실린 글에서도 확인할 수 있다. "피난살이 행객들이 뿌린 씨앗이 제주도 지방에 7개 교회를 구성한바 광양 월평 월정에는 예배당이 건축되었으며 제주읍교회에서는 만 일 년을 계속하여 새벽기도회를 하였는데 최근에 특별집회를 하였던 바 신신자 四十五명을 얻었다 한다."103) 당시 제주에 일곱 개의 감리교회가 존재했다는 사실은 감리교연회록에도 나타난다.104) 1953년 대전제일교회에서 모인 연합연회에서 도인권은 1953년 3월 현재 제주의 감리교회와 회집인원, 그리고 교회당 위치를 정확히 다음과 같이 보고하였다.105)

제주도선교지방보고 (1953년 3월 현재)

구역교회	집회수	주일학교	예배당
제주읍교회	이백팔십인	유소년 이백인	목조건평종각부설사십평
광양읍교회	사십인	유소년 오십인	목재진석축함양이십오평
월평읍교회	오십인	유소년 육십인	자기지목제 석축함양이십팔평
월평하원교회	이십오인		초가 구식 십오평
월하읍교회	오십인	유소년 육십인	목제석축함양이십팔평건축중자기지
도두리읍교회	사십인	유소년 오십인	차용
조천읍교회	삼십인	유소년 사십인	세용

備考 제주읍교회 피난자 四九二 人. 기타구역은 전부 본도인(本島人). 작년 십이월 이십사일부터 일개월간을 계속하여 신종기도회(晨鍾祈禱會)를 하고 있음

1953년 3월 19일
보고인 도인권106)

연회장 귀하

---

102) 기독교대한감리회 총회 및 중부 동부 연합년회회의록 (1953), 138.
103) 감리회보 (1953. 6), 23.
104) 제주지방 50년사 출판 위원회, 제주지방 50년사, 87.
105) 기독교대한감리회 총회 및 중부 동부 연합년회회의록 (1953), 112-113.

위 통계는 매우 보수적인 보고로 보인다. 당시 감리회보에 따르면 월평교회의 경우 1953년 2월 1일 현재 "세례교인 이십 명 원입인 백이십 명에 달하였다."107) 제주읍 광양교회는 1953년 9월 1일 감리회보에 있는 대로 처음 "이십 명도 못 되는 교인이 모여 예배하기 시작한 것이" "지금은 백여 명이 모여 예배"108)하는 교회로 발전했다. 20명의 교인으로 시작한 광양교회는 불과 1년 만에 100명의 신자로 불어난 것이다. 제주의 모든 감리교회들이 급성장했다.109)

1954년 3월 18일 정동제일교회에서 열린 기독교대한감리회 제 五회 중부 동부연합회에 보고된 1953년도 제주감리교회의 현황을 보면 감리교회 수는 제주읍, 광양읍, 월하읍, 조천읍, 월평읍, 하원읍, 도두읍, 함덕읍 등 8개로 증가했고,110) 이들 여덟 개 교회에 전임자들이 다 파송되었다.111) 이 중 함덕은 일종의 기도처라고 할 수 있다.112)

그렇다면 감리교회는 1954년 3월 현재 기도처 1곳까지 포함하면 총 9교회라는 사실을 알 수 있다. 교인의 총수는 수세 입교인 남자 119명, 여자 275명, 합 394명이고, 수세아동은 남 20명, 여 44명, 합 64명이며, 학습인수는 남 110명, 여자가 168명, 합 288명이었다. 원입인 경우는 남자 448명, 여자 674명, 합 1,122명이다. 교역자는

---

106) 기독교대한감리회 총회 及 중부 동부 연합년회회의록 (1953), 111-112.
107) 감리회보 (1953. 2), 19.
108) 감리회보 (1953. 8 · 9), 20.
109) 윤정옥, "제주지방방문기," 감리회보 (1957. 6): 7. 성장하기는 월정교회도 마찬가지다. 제주지방을 방문하고 돌아온 윤정옥은 1957년 6월자 감리회보에 게재한 "제주지방방문기"에서 1957년 4월 28일 월정교회를 방문했을 때 "한 륙십명되는 주일학교(동시에 웨슬레구락부) 학생들이 시편 23편을 노래하며 우리를 기다리고 있었다"고 말한다. 장년들의 회집 수자는 언급하지 않았지만 주일학생들이 60명이 미중을 나왔다는 것은 적어도 주일학생들이 그보다 많았다는 것이다. 교회가 알차게 지어져 가고 있음을 보여준다.
110) 기독교대한감리회 제 五회 중부 동부연합회록 (1954), 94-95.
111) 기독교대한감리회 제 五회 중부 동부연합회록 (1954), 94-95.
112) 기독교대한감리회 제 五회 중부 동부연합회록 (1954), 94-95. 41-42. 도인권은 같은 총회에 올린 3월 13일자 "제주도 선교지방 관리자보고"에서 교회수를 일곱으로 그리고 구역도 제주읍, 도두리, 곽맨광양리, 월평리, 하원리, 월정리, 조천리 등 일곱으로 보고하고 기도처로 함덕리와 대포리, 두 곳을 7개 교회 끝에 같이 보고했다.

정회원 1명, 협동회원 1명, 서리 6명, 은퇴목사 1명, 그리고 여전도사 4명이다.

각 교회에서 모이는 주일학교 수는 8개로 유치부 15명, 유년부 291명, 초등부 146명, 중등부 206명, 고등부 103명, 청년부 116명, 장년부 415명이다.[113] 각 교회에 조직된 청년회는 4개로 전체 회원은 145명이고, 여선교회는 4개로 회원 총 77명이며, 학생회수는 1개로 약 130여 명이다. 지난 1년 동안 교회에 영입된 새 세례자는 남 41명, 여 60명, 합 101명이고, 학습인은 남 65명, 여 116명, 합 181명이며, 유아세례는 남 8명, 여 13명, 합 21명이었다. 새로 영입된 새신자는 남 190명, 여 271명, 합 461명이다.[114]

1954년 연회록에 나와 있는 제주감리교회의 교세 현황은 다음과 같다.

1954년 3월 현재 제주감리교회 통계

지방	구역수	교회	기도처	합계	입교인		유아세례		학습인		원입인		합계		총계
					남	여	남	여	남	여	남	여	남	여	
제주	7	7	1	8	85	157	25	30	77	100	297	430	484	717	1,201

감리교회 교회와 교인(1953년 3월-1954년)

주일학교

지방	영아부		유치부		유년부		초등부	
	남	여	남	여	남	여	남	여
제주	-	-	10	5	145	146	73	73

중등부		고등부		청년부		장년부		합계	
남	여	남	여	남	여	남	여	남	여
94	112	61	42	51	65	119	296	553	739

---

113) 기독교대한감리회 제 五회 중부 동부연합회록 (1954), 219-220.
114) 기독교대한감리회 제 五회 중부 동부연합회록 (1954), 220.

제주 지방 감리교 주일 학교

영아부		유치부		유년부		초등부		중등부		고등부		청년부		장년부		합계	
남	여	남	여	남	여	남	여	남	여	남	여	남	여	남	여	남	여
-	-	10	5	145	146	73	73	94	112	61	42	51	65	119	296	553	739

제주지방 감리교 교역자와 교회직원

	교역자						본장로	권사		유사		탁사		속장		주교장		청장		여회선교장	합계		총계
	정	준	협	은	서	여	계	목	남	여	남	여	남	여	남	여	남	여	남	여		남	여	
명	1	-	-	1	6	4	12	-	2	-	6	2	8	11	8	3	12	25	7	-	4	-	5	47	46	93

제주지방 감리교 교회기관

구분	하기학교			동기학교		강습회	청년회				소년회(학생회)				선교회		속회			
	학교	남	여	남	여	회	회	남	여	계	회	남	여	계	회	회원	회	남	여	계
명	1	230	270	-	-	3	68	77	145	1	14	6	20	4	77	11	215	447	662	

교회 재정

구분	수입								지출		
	주일헌금	월정헌금	추수감사	감사헌금	특별헌금	성탄헌금	건축헌금	기타	수입계	목사봉급	여교역자	기타
금액	68	39	57	33	35	18	59	232	541	70	-	471

1955년에 접어들어 제주감리교회 성장은 더욱 눈에 띄게 나타났다. 이미 제주의 피난민들이 본토로 거의 돌아간 상황에서도 제주감리교회가 꾸준하게 성장한 것이다. 이것은 원주민들이 감리교회에 상당히 영입되었다는 사실을 말해준다. 기독교대한감리회 제 1회 남부연회(1955년 3월 24-27일)의 보고에는 제주감리교회에 파송된 지역은 함덕을 포함하여 8개로 나와 있다. 함덕은 기도처이지만 교역자가 파송되었고 대포리의 경우는 파송이 되지 않았다. "제주도선교

지방 감리사보고"에 의하면 제주에 감리교 구역은 제주읍, 도두리, 광양리, 월평리, 하원리, 월정리, 조천리 등 7개이고, 교회 수도 7개이다.115) 예배당 수는 모두 8개로 이를 건평으로 합산할 경우 161평이다. 기도처는 함덕리와 대포리, 두 곳이다.

교인 총수는 세례입교인이 남자 104명, 여 171명, 합 275명이고, 수세아동은 남 15명, 여 20명, 합 35명이며 학습인수는 남 70명, 여 55명, 합 125명이다.116) 주일학교는 제주에 8개가 있으며, 주일학교에 재학하는 전체 학생은 남 929명, 여 1,126명, 총합 2,055명이다.117) 1년간 세례를 받은 사람이 123명이고, 학습인은 175명, 유아세례자 17명이며, 새로 감리교회에 영입된 새신자는 562명이다. 이 외에도 성경구락부를 운영하고 있는 교회가 6개소로 여기에 속한 학생은 남 157명, 여 366명이다. 선교시작 3년에 세례를 준 숫자는 남 118명, 여 147명, 도합 265명이다. 특별히 주목할 점은 감리교회는 제주에 평해, 화생, 송죽, 3곳에 보육원을 운영하고 있다.118)

1956년 3월 7일에서 11일까지 대전제일예배당에서 회집된 기독교대한감리회 제 2회 남부연회에서 도인권은 "제주지방 감리사 도인권 보고"를 했다. 제주도 감리교 구역은 제주시, 도두리, 조천, 월평, 월정, 광양, 하원 등 7곳이며 교회수도 7개이다. 기도처는 함덕, 대포리, 2곳이다. 도인권이 보고한 제주감리교 교세는 세례 입교인이 남 92명, 여 157명, 합 249명, 유아세례 남 15명, 여 20명, 합 35명, 학습인수 남 99명, 여 104명, 합 203명, 원입인수 665명, 여 806명, 합 1,471

---

115) 기독교대한감리회 제 1회 남부연회 회록 (1955), 176.
116) 원입인수는 남 552명, 여 1,033명, 합 1,585명이며 전체 남 741명, 여 1,319명, 합 2,060명이다. 교역자는 원로 1명, 협동회원 1명, 서리 7명, 여전도사 5명, 휴양(정) 1명이다.
117) 기독교대한감리회 제 1회 남부연회 회록 (1955), 176-177. 주일학교는 제주에 8개가 있으며, 재학생 수는 유치부 남 40명, 여 43명, 유년부 98명, 여 102명, 합 200명, 초등부 194명, 여 131명, 합 325명, 중등부 245명, 여 277명, 합 522명, 고등부 남 59명, 여 87명, 합 146명, 청년부 남 88명, 여 85명, 합 173명, 장년부 205명, 여 401명, 합 606명으로 주일학교에 재학하는 전체 학생은 남 929명, 여 1,126명, 총합 2,055명이다.
118) 기독교대한감리회 제 1회 남부연회 회록 (1955), 177.

명으로 전체 남 871명, 여 1,087명, 총합계 1,958명이다. 전체교인이 1955년도 보고보다 약 100명 가량 줄었다. 교역자는 전해와 큰 차이가 없었다. 원로 1명, 협동 1명, 서리 7명, 여전도사 4명, 휴양 1명이다. 주일학교는 전체 9개가 있으며 여기에 재학하는 학생은 1,804명이고, 교사는 154명이다. 청년회는 6개가 있으며 520명의 회원이 속해 있고, 여선교회도 9개에 161명이 속해 있다. 8개 교회와 1개의 기도처에 총 연수입은 1,081원이고, 지출은 1,025원이다. 지난 한 해 동안 세례를 받은 사람은 남 40명, 여 41명, 합 81명이다. 웨슬리 성경구락부가 7개 있으며, 보육원은 연해(年海), 화생(和生), 송죽(松竹), 3곳이 있다.119)

1956년 8월과 9월 감리회보가 증언하는 대로 제주읍교회가 헌당식을 올리던 1956년 9월 현재 제주에는 9개의 감리교회가 설립되었다. 제주에 선교 개시 "불과 5개년에 도내에 9개 [감리]교회"120) 설립되었다는 사실, 게다가 이들 교회들 예배에 거의 100여 명 이상이 회집하고 있다는 사실은 놀라운 일이다.

감리교회가 제주선교를 시작한 지 불과 5년 만에 이 같은 교세를 이룩했다는 사실은 참으로 기적에 가까운 일이다. 장로교회가 제주선교 30년 만에 도달했던 2천 명의 교세를 불과 5년 만에 달성한 것이다. 이렇게 교회가 성장하기까지 많은 사람들의 헌신이 그 배후에 있었다. 1952년에 접어들어 피난민들 가운데서도 헌신자들이 나왔다. 서울 출신 피난민 정태용 장로는 1952년부터 전도사업을 위해 매월 1만 원씩 1년간 헌금하기로 작정하고 실행하고 있었고, 장세환 장로 송양복 권사는 풍금이 없는 것이 안타까워 풍금을 위해 상당금액의 헌금을 드렸다.121) 한종민 씨와 배형실 부부가 세상을 떠난 딸을 기념하여 제주읍교회에 종을 기증한 것도 그 즈음이었다.122)

---

119) 기독교대한감리회 제 2회 남부연회록, 143-145.
120) 제주지방 50년사 출판위원회, 제주지방 50년사, 71.
121) 감리회보 (1952. 6), 7.

교세가 급성장함에 따라 예배 공간 확보가 시급히 필요했다. 수년 동안 수백 명이 천막에서 예배를 드려온 제주읍교회는 공간 확보가 다급했다. 1954년 1월 16일 임대계약을 마치고 2월 1일 건축허가를 얻고 3월 21일 제주도청으로부터도 건축허가를 받고 1955년 5월 건축을 시작했다. 감리교본부 총리원에서 건축비를 부담해 재정적으로는 문제가 없어 건축의 공정은 순조롭게 진행되었다. 그러나 주민들의 반대가 심했다. 단기 4288년 3월 10일 제주신보에는 주민들의 다음과 같은 진정서가 실렸다:

> 제주읍 일도리(濟州邑 一徒里) 소재(所在) 구(舊) 공진정(供辰亭) 기지(基地)는 원래(元來) 삼천리(三千里) 금수강산(錦繡江山)의 일부국토(一部 國土)로서 그 경치(景致)가 화려(華麗)함으로 우리의 선조(宣祖)들과 자손(子孫)된 우리 민족(民族)은 관민(官民) 일체적(一體的)으로 이 지대를 국유지(國有地)로 공정(公定)하여 자고이래(自古以來)로 제주성내(濟州城內)의 풍경(風景)을 조장(助長)케 하는 전통적(傳統的) 공원(公園)인바 … 차(此) 공진정(供辰亭) 일대(一帶)는 당연(當然)히 만고부동(萬古不動)의 아(我) 국유지(國有地)이며 도민(道民)의 공유지(公有地)임은 거족적(擧族的)으로 공인(公認)되는 바이로다. …그 존엄무비(尊嚴無比)한 국유공토(國有公土)를 적산(敵産)이라는 누명(陋名) 하(下)에 적산취급계원(敵産取扱係員)과 임대계약(賃貸契約)을 하여 감(敢)히 그 지상(地上)에 집회소(集會所) 등을 임대(賃貸)하여 일부교인(一部敎人)들로 하여금 영구독점(永久 獨占)할 계획(計劃) 중(中)이다 운운(云云)하니 그리된다면 당지방민대중(當地方民大衆)은 피난민(避難民)들의 과도(過度)한 의욕(意慾)과 관계당국(關係當局)의 부당처사(不當處事)를 비난통탄(非難痛嘆)의 원성(怨聲)과 여론(輿論)이 ○○하는 바로다.123)

---

122) 감리회보 (1952. 6), 7.
123) 제주신보, 단기 4288년 3월 10일.

주민의 반대, 특별히 제주민들의 반대에 부딪쳐서 건축을 강행하는 일은 쉽지 않은 일이었다. 게다가 **제주신보**마저 주민들의 의견에 동조하는 분위기의 기사들을 싣고 있었다. 도인권은 진정서에 대해 정성스럽고 예의 바르게 반론을 써서 **제주신보**에 게재했다. 주변을 잘 관리 보존하고 공적충혼비를 만들어 봉안하고 극빈자를 위한 무료 진료소를 만들겠다는 내용이었다.

실제로 건축이 시작되자 주민들의 반대는 없었다. 건축은 순조롭게 진행되어 완공되어 "류형기 기념예배당"으로 명명하고 제주읍교회도 교회 이름을 "제주중앙교회"로 바꾸었다. 제주시에서 제일 좋은 고적명승지에 모든 애로를 극복하고 2층 석조 132평의 웅장한 교회당을 신축한 것이다."124) **감리회보**는 흥분을 감추지 못하고 "교우들의 헌신 합력으로 선교에 성황을 이루고 있어 일반사회에도 큰 충동을 주어 제주도에 역사적인 사업이 전개되었다"125)라고 보도했다. 도인권은 1956년 3월 대전제일교회에서 회집된 제2회 남부연회에 제주지방 감리사 자격으로 참석해 행한 "제주지방 감리사 도인권 보고"의 서두는 이렇게 시작되었다:

> 주님의 보호와 감독님 이하 여러 본부직원 제위의 극진하신 애호 편달과 본지방의 남녀 동역자들의 적극 협조로 사업이 발전되는 중 제주도 적으로 일등 되는 명승지인 동시에 제주도 수부에 있는 기지를 점령하고 석조와 가 2층 양옥으로 일백삼십이평의 광대한 예배당을 건축함에 제주도에 선교를 시작케 하신 감독 류형기 박사님의 선교기념예배당으로 세우게 된 것은 하나님 앞에 무한한 영광이요 이 땅에 있는 인간에게 만대 기념사업이 됨을 특히 감사하는 바입니다. 더욱 감사함은 이 불초한 늙은 것으로 성역에 담당케 하심을 감사하는 바입니다.126)

---

124) 감리회보 (1956.8.9), 12. 고난과 영광의 자취, 제주지방 50년사, 71 재인용.
125) 감리회보 (1956.8.9), 12.
126) 기독교대한감리회 제 2회 남부연회록, 143-144.

감리교회가 제주에서 든든하게 세워진 것에 대한 감격의 인사였다. 당시 132평의 건축은 대단한 것이며 총리원의 적극적인 재정지원이 없었다면 불가능한 일이다. 1956년 9월 25일 헌당식을 올렸다. 헌당식에는 유형기 감독, 하퍼 선교사, 조신일 총무, 제주도지사 등이 참석한 가운데 성대하게 올려졌다.127) 제주읍교회가 멋있게 완공된 후 감리교 제주선교는 더욱 탄력이 붙었다. 당장 교세의 변화가 눈에 띠게 있었던 것은 아니지만128) 보육원과 기독사회관을 운영하면서 교회가 제주의 주민들에게 가깝게 다가갔다. 1957년 제주감리교회는 주일학교와 학생회, 여선교회, 웨슬리 성경구락부 등 교회의 조직들이 든든하게 다져졌다.

교세 확장에 따라 교역자 양성이 시급한 과제로 떠올랐다. 도인권

---

127) 도인권 "제주지방 감리사보고," 대한기독교감리회 동부(8회)중부(8회)남부(3회) 연합연회록, 1957, 161. 도인권은 1957년 3월 27일부터 4월 1일까지 정동제일교회에서 열린 대한기독교 동부(제8회), 중부(제8회), 남부(제3회) 연합연회에서 "제주지방감리사보고"를 하면서 다음과 같이 보고했다. "가장 자비하시고 전능하신 주님의 도우심으로 불초한 늙은 종이 복명 중 더욱이 감독님 이하 본부직원 제위와 각 지방감리사님들과 동역자의 애호로 제역량으로는 되여지지 못할 업적을 남기게 됨을 연회 앞에서 감사하는 바입니다. 작년 연회시에도 말슴드린바 제주도에서는 도적으로 가장 명승지인 지대를 점득하고 와가석조이층 일백삼십이평을 감독유형기박사 선교기념예배당으로 건축은 하였으나 헌당식을 못하고 있다가 1956년 9월 이십오일에 거행케된바 감독님과 하퍼 선교사와 조신일 총무님이 오시고 제주전지방 교역자와 신도는 물론하고 타교파의 신우들과 제주지사 이하 각기관장과 일반사회의 유지가 다수 내참하여 전무의 성대한 식을 거행하여 하나님께 영광을 돌리고 감리교단본 광영을 발휘하였습니다. 당일 밤은 축하의 밤으로 즐겁게 지낸바 모-두가 주님 섭리 가운데서 이루어진 일입니다."
128) 도인권 "제주지방 감리사보고," 161-162. 1957년 감리교 교세는 다음과 같다. 제주 감리교 구역은 제주시, 도두, 광양, 하월, 월정, 조천 등 6개이고 교회수는 제주시, 도두, 광양, 하월, 월평, 월정, 조천 등 7개였고, 기도처는 대포와 함덕 2곳이었다. 교인 총수는 세례입교인이 남 126명, 여자 175명, 합 301명이며, 유아세례는 남 32명, 여 15명, 합 47명이고 세례인은 남 32명, 여 18명, 합 50명, 학습인 남 82명, 여 95명, 합 177명이고 원입인은 남 599명, 여 841명, 합 1,440명으로 총합계 1,995명이다. 주일학교 수는 9개로 학생 수는 1,122명이고 교사는 89명이다. 웨슬리 성경구락부가 8개가 있으며 학생은 435명이고, 교사는 21명, 청년회는 9개에 293명의 회원, 여 선교회 수는 9에 161명의 회원이 있다. 사회사업기관으로 보육원이 평해, 화생, 홍익 3곳이며, 기독사회관 1곳을 운영하고 있다. 예배당은 8곳에 총 건평수가 242평이므로 지난해 보다 약간 증가했다. 제주에 사역하는 교역자는 원로 1, 협동 1, 준회원 1, 서리 6명이었다.

1958년 제주감리교 지도자 여름강습회

감리사를 중심으로 제주 안에서 일단 필요한 감리교 교역자들을 양성하기로 했다. 그는 감리교 연회에 이용식(전수과 졸업), 강생옥(본과 2년), 송창언(전수과 3년) 등의 교역자를 양성하고 있음을 보고했다. 제주선교에서 가장 시급한 자립문제를 해결하기 위해 농지를 매입하여 그 수입으로 교회의 부족한 재정을 충당하는 방법도 모색했다. "하월 구역에서는 800평이 공동묘지를 몰하고 구역내에 장사가나면 각자 자기 집에서 식사하고 장례하게하고 조천구역에서는 토지 1,500평을 매수하고 공동 농작하여 교회유지비에 보충케"[129]하였다.

도인권 감리사 이임과 박성은 감리사 부임

그동안 제주지방감리사로 제주선교를 전담하던 도인권이 제주를 떠나고 박성은이 제주지방감리사를 맡았다. 그는 1958년 감리교 연회

---

129) 도인권 "제주지방 감리사보고," 161-162.

1958년 제5회 제주감리교 지방회

에 참석하여 제주지방감리사 보고를 하면서 먼저 개인적인 인사로 서두를 시작했다. "주님의 부르심의 사명을 받고 1957년 4월 16일 임지인 본 지방에 도착하야 1년 동안 인자하신 하나님의 은총과 감독님을 비롯하야 총리원직원 일동의 후언과 각 지방 감리사님 서울 모 모교회 목사님들의 적극적인 원조와 본 지방 동역자에 도우심으로 무사히 과거 일 년을 지내왔음을 하나님께 감사를 드리나이다. 제주에 오기로 결심하고 올 때는 비상한 각오와 사명의 불타는 심정으로 왔으나 아직까지 이렇다는 아무런 일도 못하고 벌서 일 년을 지니게 됨을 생각할 때 유감된 마음 금할 바 없습니다. 이보고를 드리며 나의 무능과 부족과 불 충성을 마음 깊이 늦기며 새로운 각오를 가지면서 이 보고를 드리나이다."130) 이것은 도인권이 하던 방식이었다.

박성은 감리사는 자신이 부임한 후 그동안 진행한 제주선교사역을 차분하게 소개하며 다음과 같이 보고했다:

---

130) 대한기독교감리회 제 4회 남부연회 회의록 (1958), 231-232.

一. 부임 후 이삼차 지방과 교회와 교역자의 어려운 실정을 육지 전국 감리사님 앞과 모모교회 목사님 앞으로 동정의 호소문을 드린바 사랑의 손을 베푸신 금액이 一년간 一六四,〇〇〇환이었읍니다. 시급히 교역자에게 강습회 지방비 등으로 부득이 사용되고 잔액 一十,〇〇〇〇환은 본 지방 자치를 위하여 중문 하원 구역 내에 전지 700평을 매입했읍니다.

二. 지방순회는 四차했읍니다.

(가) 첫번 부임순회

三. 일년 중 신설교회가 설립되었읍니다. 여선교대회에서 선교사 일명을 파송해주시어 서귀포읍 호근리에 교회를 개척하고 현재는 100여명에 교우로 자미봅니다.

四. 특별행사-지난 사월에는 총리원 교육국에서 지도자 강습회를 개최하야 지방적으로 많은 도움이 되었고 금년 이월에는 지방 진급 대사경회로 마경일 목사님을 모시고 대성황을 보았습니다.[131]

당시 제주지방은 제주도 일원이 2군, 1시, 3읍, 10면으로 구성되었다. 감리교가 9개 구역 제주중앙, 도두, 광양, 하원, 월평, 대포, 조천, 월정, 함덕 등으로 구성되었고, 교회 수는 우국역외 호근교회를 포함하여 10개였다. 제주에서 사역하는 교역자 수는 정회원 1명, 준회원 1명, 서리 7명, 여전도사 5명, 합 14명이었고, 교인은 세례입교인이 314명, 세례인이 77명, 학습인이 177명, 원입인이 440명, 합 2,004명이다. 직원수는 장로 3명, 권사 11명, 유사 43명, 탁사 33명, 속장 33명, 주교장 10명, 청년회장 10명, 여선교회장 9명, 합 152명이었다. 주일학교는 10개로 전체 학생이 1,605명이고, 교사는 102명이며, 청년회는 10개에 전체 회원이 415명이었고, 여선교회는 10개에 206명의 회원이 속해 있었다. 웨슬레 구락부는 11개로 학생은 595명이며 사회사업기관으로 화생, 평해, 홍익, 3곳에 보육원을 운영하고 있다. 총수입은 3,038,800환이고 총지출은 2,746,200환이었다.[132]

---

131) 대한기독교감리회 제 4회 남부연회 회의록 (1958), 232.

2천 명이 넘는 외형적인 교세 신장보다도 150여 명의 직원, 1,600명 이상의 주일학생, 100여 명 이상의 교사, 400명이 넘는 청년, 200명이 넘는 여선교회 회원, 600명에 육박하는 웨슬레성경구락부 학생들은 감리교의 잠재력을 그대로 보여준다. 감리교는 사람을 키우는 선교를 한 것이다.

제주에서 감리교회는 "총리원의 적극적인 지원과 교인들의 헌신적인 열심으로 해마다 급속히 자라났다."133) 1958년 6월 **감리회보**에 제주지방 감리사 서리 박성은 목사는 "제주선교지방의 발전과 전망"이라는 글에서 이렇게 말했다:

> 제주지방의 현재 발전상을 볼 때 선교된 지 몇 해가 되지 않았지만 10교회와 1개의 기도처가 설립되어 있고 2,000여 교인이 생겼다. 다른 교회와 비교하여 대 발전을 보았다 해도 과언이 아니다.134)

2천 명이라는 것은 대단한 숫자다. 짧은 선교 역사에 비해 놀라운 성장이 아닐 수 없다. 감리교의 성장과 발전은 1959년에 접어들어서도 마찬가지였다. 1959년 "제주지방감리사 보고"를 통해 제주지방의 감리교회가 얼마나 활기차게 움직이고 있는가를 읽을 수 있다. 제주에 선교를 시작한지 10년도 되지 않아 12명의 교역자에 2,000여 명의 성도를 넘어서는 교단으로 성장한 것이다. 장로교 성장과 비교할 때 대단히 높은 것으로 선교 시작 10년도 되지 않아 그 정도의 교단으로 성장했다는 사실 자체가 놀랍다. 감리교 연회에 참석한 박성은 감리사는 연회 앞에 이렇게 감사했다:

> 주님의 부르심을 받고 할일 많은 제주지방에 온지 2년을 맞이하여

---
132) 대한기독교감리회 제 4회 남부연회 회의록 (1958), 232-234.
133) 제주지방 50년사 출판위원회, 제주지방 50년사, 99.
134) 박성은, "제주선교지방의 발전과 전망," 감리회보 (1958년 6월). 고난과 영광의 자취, 제주지방 50년사, 102.

1959년 제6회 제주감리교 지방회

지방보고를 드리게 될 때 감격의 넘치는 주님의 사랑을 느끼지 않을 수 없읍니다. 주님의 이적으로 살아오는 12명 교역자와 2,000여 명의 교우가 지난 1년간도 무사히 지내왔음을 자비하신 하나님의 은혜로 감사하오며 또한 전 류감독님, 새 김감독님, 총무님들의 지도와 본 지방을 도와주시는 선교사님, 육지의 31지방 감리사님 동역자 여러분의 적극적인 도우심과 끊임없는 기도의 은혜를 감사드립니다.135)

지난 1년 동안도 제주감리교회는 너무도 많은 일을 감당했다. 이미 보육원을 통해 꾸준하게 제주를 섬겨온 제주감리교회는 1개 교회와 2개의 기도처를 더 설립한데 이어 제주기독사회관을 설립한 것이다. 대 사회적 섬김을 실천하겠다는 도인권 목사의 약속이 실천에 옮겨지기 시작했다. 박성은 감리사는 "특별보고사항"이라는 제목으로 일련의 주께서 하신 놀라운 일을 다음과 같이 보고하였다:

---

135) 대한기독교감리회 중부동부남부 연합연회 회의록 (1959), 164.

특별보고사항

1. 본 지방은 현재 11 교회와 2개 기도처로 되어 있사오나 이 개척 지방의 어려움은 말할 수 없으며 특히 예배당 문제올시다. 영구적인 예배당은 4곳, 태풍으로 다 쓰러진 예배당 임시 초가 등이 5처이며 나머지 4곳은 남의 집을 빌려서 예배를 보고 있는 제주개척의 어려운 지방 사정이 올시다.
2. 그러나 금년 한국의 명승지 서귀포에 서귀 제일교회와 회수와 신흥기도처 3처가 더 설립되었읍니다.
3. 중앙교회 소속으로 제주기독 사회관을 설립했읍니다.
4. 지난 1년 동안 육지 각 지방에서 매월 도와주신 결과 동부 중부 연회서 특별헌금 해주는 것과 이 강세 장노님의 약품기증 등 또는 제주지방을 위하여 보내주신 헌금으로 서귀 제일교회 회수 기도처 임시 예배처소를 구입하고 수년간 무서운 태풍으로 수리 한 번 못했던 8교회 수리비를 지출했고 굶주리고 헐벗은 개척교회에서 고생하는 전도사님들에게 매월 생활을 보조하였으며 그 외 개척비, 사무비, 강습회비 등으로 사용했읍니다.
5. 지방순회는 4차 각 교회를 순회하였으며 집회를 갖었읍니다.[136]

1959년에 접어들어서도 여전히 제주감리교회는 성장을 계속했다. 이것은 연회에 보고한 제주감리교 통계를 통해서도 그대로 확인된다. 제주감리교회는 1958년 2004명에서 1959년 2,539명으로 성장했다. 1년 동안 25% 이상이 성장한 것이다. 이것은 당시 제주가 부흥기라는 사실을 감안한다 해도 놀라운 성장이 아닐 수 없다.[137]

---

136) 대한기독교감리회 중부동부남부 연합연회 회의록 (1959), 164-165.
137) 대한기독교감리회 중부동부남부 연합연회 회의록 (1959), 165-166. 1959년 3월 29일자 제주지방감리사 박성은이 1959년 감리교 연합연회에 보고한 통계에 의하면 제주에는 중앙, 도두, 광양, 조천, 신흥, 함덕, 월정, 하원, 회수, 월평, 대포, 서귀제일, 호근 등 11개 구역에 11개 교회와 2개의 기도처가 있었다. 제주에서 사역하는 교역자는 정회원 1명, 준회원 2명, 협동회원 2명, 서리 3명, 여전도사 4명, 합 12명이며 교인 수는 세례입교인 326명, 세례인 60명, 학습인 179명, 원입인 1,148명, 12세 이하 주교생 826명, 합 2,539명이다. 직원은 장로 5명, 권사 13명, 유사 42명, 탁사 32

이 같은 성장세에 힘입어 1951년 제주선교가 시작된 이후 1959년까지 제주에는 제주읍, 월평, 월정, 광양, 도두, 조천, 하원, 함덕, 대포, 호근, 모슬포, 서귀포 등 12개의 감리교회가 생겨났다.

제주에 설립된 초기 감리교회들

	1953	1954	1955	1956	1957	1958	1959
감리사	도인권(관리자)	도인권	도인권	도인권 박성은	박성은	박성은	박성은
제주읍	도인권	임기윤 이동근	도인권 이동근	도인권 박성은	박성은(정)	박성은(정이)	박성은(정3)
월평	고재용	이찬식	한치생		강오생(서)	김창국(준삼)	한치생(서)
월정	이순근	이순근	이찬식	이찬식	이찬식(서)	정성술(협일)	정성술(협2)
광양	정영실(서) 이배세(협)	김만식(정)	강화영	송창언 이배세	장만철(서)	고재영(서)	오기협(서)
도두	강화영	김성주	김성주	김성주	김성주(서)	김성주(준일)	김성주(준2)
조천	임기윤	강화영	정성술	정성술	정성술(서)	이찬식(협일)	이찬식(협2)
하원		김창국	김창국	김창국	김창국(準二)	김창국(준삼)	김창국(준4)
함덕		이배세	이배세	김준호	김준호(서)	김준호(서)	김준호(서)
대포					송창은(서)	송창은(서)	송창은(서)
호근						신은순(서)여	윤농주(서여)
모슬포							신은순(서여)
서귀포							고재영(준1)

1951년 피난민들에 의해 제주에 설립된 감리교회는 설립 후 계속해서 장족의 발전을 이룩했다. 총리원의 적극적인 지원, 제주에서 사역하는 사역자들의 헌신, 그리고 현지교인들의 충성과 섬김은 제주감리교회 성장의 큰 원동력이 되었다. 감리교는 지속적인 총리원의 지도와 연회 총회와의 깊은 유대 관계 속에서 제주선교를 지속

명, 속장 31명, 주교교장 11명, 청년회장 10명, 여선교회장 10명, 합 154명이다. 주일학교는 제주에 11개이며 학생은 2,145명이고, 청년회는 10개에 회원이 338명이며, 여선교회는 10개에 175명의 회원이 있으며, 웨슬레 구락부는 13개에 학생은 810명이다. 여전히 화생 평회 홍익 3곳에 보육원을 운영하고 있으며, 기독사회관 연인원 489명이 참석했다. 재정은 총수입이 3,666,010환이고 지출은 4,238,950환이다.

적으로 추진했다. 이와 같은 감리교의 성장 요인은 다음 몇 가지로 집약할 수 있다.

첫째, 감리교의 조직이다. 감리교는 처음부터 여선교회와 청년회, 주일학교, 웨슬리구락부, 교사강습회, 연합사경회 등을 꾸준하게 가지며 조직과 결속을 다졌다. 본래 웨슬리의 감리교가 놀랍게 성장한 원동력이 웨슬리의 탁월한 조직력이 한몫했다는 사실은 널리 알려진 일이다.

둘째, 감리교 목회자들의 지속적인 헌신이다. 비록 제주 안에서 상호 이동은 있었지만 상당수의 감리교 목회자들이 제주에서 감리교회의 발전을 위해 헌신해 왔다. 감리교가 파송제인데 장로교처럼 정착하면서 제주민들과 호흡을 같이한 것이다. 감리교는 장로교의 장점을 제주에 접목시켜 교인들과의 긴밀한 유대관계를 결속하는데 큰 몫을 감당했다.

셋째, 감리교가 눈에 띄는 정도는 아니지만 보육원과 사회복지관을 운영하면서 대 사회적 관심을 지속적으로 가졌다. 감리교는 본래 대 사회적 문제에 대한 책임의식이 장로교에 비해 강했다. 제주에서는 민중들이 복음에 대한 관심을 갖기 전 민중들의 아픔을 공유하고 나누고 그들의 아픔에 뛰어들어 주민들과 일체감을 이루는 작업이 필요했다. 감리교는 이 일에 꾸준한 관심을 가졌다.

넷째, 감리교의 도인권 목사의 리더십과 박성은 감리사의 리더십이다. 도인권의 경우 민족주의운동을 했던 저명인사로 민족의식이 강했던 제주민들에게 존경의 대상이었고, 제주의 유지들과의 유대관계를 통해 기독교의 품격을 한층 높여주었다. 그는 과거 천주교의 교폐문제와는 달리 자연스럽게 기독교의 위상을 주변의 인사들과의 교류를 통해 증진시키면서 복음의 확장의 길을 모색했다. 게다가 감리교는 제주에서 가장 멋있는 교회 건물을 건축함으로써 우상과 토착문화 전통에 깊이 젖어 있는 제주도민들에게 교회당의 위상을 고양시켜 주었다.

다섯째, 이 모든 것보다도 더 중요한 것은 감리교 선교를 위한 좋은 토양이 준비된 일이다. 1948년 4·3 사건을 통해 심어진 기독교에 대한 긍정적인 이미지는 한국전쟁 기간에도 지속되었다. 게다가 전쟁 기간 부흥이 강하게 일어나 제주 감리교 선교는 지속적으로 박해를 받았던 초기 장로교 선교와 달리 순조롭게 진행되었다. 한국전쟁이라는 극도의 좌절감이 팽배한 그 시대에 종교는 그들에게 유일한 희망이었고, 교회는 그들에게 민족과 미래에 대한 소망을 심어주었다. 가난한 민중들과 피난민들을 외국선교회가 지원해 준 것도 교회에 대한 긍정적인 이미지를 심어주는데 매우 중요한 역할을 했다.

성결교의 제주선교 착수와 발전

성결교회가 제주에서 시작된 것도 한국전쟁 기간이었다. 감리교 선교가 피난민들에 의해 시작된 것처럼 성결교 역시 제주에 유입된 피난민들에 의해 설립되었다. 제주에서 성결교회가 처음으로 예배를 드리기 시작한 것은 1951년이다. 감리교와 마찬가지로 처음 피난온 피난민 성결교회 교인들은 장로교회에 흩어져 예배를 드리기 시작했다. 그러다 1·4 후퇴 시에 제주도에 피난 온 성결교인들이 1951년 5월 6일 건입동에 천막을 치고 모여 예배를 드리기 시작했다. 이것이 제주지역 성결교회의 모교회라고 할 수 있는 제주제일교회의 시작이다. 1953년 12월에 이르러 제주제일교회는 장년 80여 명이 모이는 교회로 성장했다. 이 교회는 감리교와 마찬가지로 제주읍에 있는 성결교회라는 의미에서 제주읍교회라고 불리었다. 성결교단의 대변지 활천에는 지방소식을 실어 전국의 성결교회의 뉴스를 소개하고 있는데 1953년 12월 발행한 활천에는 강진국(康鎭國)은 "제주도 제주읍교회소식"이라는 제목으로 다음과 같이 제주성결교회를 소개하였다:

일구오일년(一九五一年) 일사(一·四) 후퇴시(後退時) 성결교회(聖潔敎會) 피난신도(避難信徒)들이 모여 천막(天幕)을 치고 예배(禮拜)를 시작(始作)하야 간금(干今)에 이르렀는데 오태상 목사(吳台相 牧師) 강진국 장로(康鎭國 長老) 이승춘 전도사(李承春 傳道師) 등(等) 제씨(諸氏)가 원주동포(原住同胞)를 위(爲)하여 열심전도(熱心傳道)한 결과(結果) 피난민(避難民)이 복귀(復歸)한 후(後)에도 원주민(原住民) 사십여명(四十餘名)과 기타(其他) 공장(工場)에 근무가족(勤務家族) 사십여인(四十餘人) 합(合) 팔십여명(八十餘名)이 모힘으로 제주도(濟州道)에도 우리 성결교회(聖潔敎會)가 설립(設立)되엿다.138)

이 글은 강진국 장로가 1953년 하반기에 **활천**에 기고한 것으로 보인다. 당시 교단을 대변하는 **활천**이 제주도 소식을 비교적 무게 있게 소개하고 있는 것에서도 제주도성결교회에 관한 관심을 읽을 수 있다. 위 내용에 있듯이 제주성결교회는 피난민들에 의해 일사후퇴 후에 천막을 치고 예배를 드리면서 시작되었다. 무엇보다 우리의 관심을 끄는 것은 피난민들이 귀국한 후에도 제주성결교회에는 80여 명이 모여 신앙의 공동체를 이루고 있었다는 사실이다. 이들 모두가 원주민들이라는 표현을 통해 피난민들에 의해 시작된 제주성결교회가 얼마가지 않아 제주도의 원주민 교회로 발전하였음을 보여준다. 하나님의 특별한 섭리를 여기서도 읽을 수 있다. 전쟁이 제주기독교에 축복으로 작용한 것이다. 전쟁이 없었다면 성결교회가 제주에 그 같은 기적을 창출하기가 쉽지 않았을 것이다.

장년 80명이라는 숫자는 적은 것이 아니다. 개척한지 불과 2-3년 만에 그것도 피난민들이 본토로 귀국한 상황에서 80명이 회집하여 예배를 드린다는 것은 놀라운 성장을 보여준다. 유년들이 130명이었음을 고려할 때 제주읍성결교회는 210명의 신앙의 공동체를 형성하고 있었다. 1953년 12월 27일에는 조연찬 목사가 와서 학습과 세례

---

138) "地方消息," 活泉 22권 7호 (1953년 12월): 52.

식을 거행해주었다. 1954년 2월에 간행된 **활천**에도 제주읍성결교회에 대한 소식이 실렸다. 당시 제주읍성결교회의 성장과 발전을 알 수 있는 중요한 단서들이 그대로 실려 있다:

> 제주읍교회소식(濟州邑敎會消息). 본교회(本 敎會)는 피난민(避難民) 복귀(復歸) 후(後)에도 여전히 부흥(復興) 중(中) 장년(壯年) 팔십여명(八十餘名) 유년(幼年) 삼사십명(三四十名)이 회집(會集)하여 거(去) 십이월(十二月) 이십칠일(二十七日)에는 조주찬 목사(趙宙贊 牧師)의 주체(主禮) 하(下)에 수세자(水洗者) 육인(六人) 학습인(學習人) 이십사인(二十四人)이었으며 특별(特別)한 사실(事實)은 김(金)복순 집사(執事)는 특남기념(得男紀念)으로 만이천원(萬二千圜)을 바쳐 성종(聖鐘)을 기증(寄贈)하였고 유지(有志) 이(李)종열 선생(先生)도 득남기념(得男紀念)으로 육천원(六千圜)을 드려 강대상(講臺床)을 헌납(獻納)하였으며 유옥란 집사(執事)와 김순애 자매(姉妹)는 삼천원(三千圜)을 바쳐 유년주교(幼年主校) 우승기(優勝旗)를 제공(提供)하여 주(主)께 영광(榮光)을 돌린다더라.139)

제주읍성결교회 교인들이 얼마나 헌신하고 있는가를 그대로 읽을 수 있다. 제주읍교회는 성결교 본부로부터 선교비 지원을 받았다. 성결교단 차원에서 제주선교가 추진된 것을 알 수 있다.

1954년 4월 20일부터 25일까지 서울신학교에서 열린 기독교대한성결교 제 9회 총회에서는 1953년 한 해 동안 제주선교를 위해 지출한 "제주도전도비" 총액이 "三五,〇〇〇"환이었다. 이 금액은 당시로서는, 또 성결교단 차원에서 볼 때는 결코 작은 금액이 아니었다. 청년회보조비가 성결교단 전체 청년회보조비가 "七六, 〇〇〇"이었음을 감안할 때 제주도전도비는 그 50%에 해당하는 큰 금액이다.140) 1954년 기독교대한성결교 제 9회 총회의사록에는 제주가 "기타(제

---

139) "地方消息." 活泉 23권 2호 (1954년 2월): 42.
140) 기독교대한성결교 제 9회 총회의사록 (1954), 21.

주도급(及)일본지방)"으로 분류되어 있고 이름은 "제주교회(濟州敎會)" 주소는 "제주도읍(濟州道邑) 내건인(內健入)"이고 담임교역자는 "강진국(康鎭國)"이었다.141) 이것은 1955년 성결교 총회의사록에도 그대로 나타났다.142) 다만 기타(제주도급(及)일본지방)가 기타(제주도와 일본지방)로 바뀌었을 뿐이다.

제주읍교회는 성결교단과 긴밀한 유대관계를 유지하고 있었다. 신학교 헌금에도 참여하여 1956년 9월 26일 제주교회 신현호는 1,610환을 신학교에 헌금했다. 이것은 신학교를 후원하기 위해 신학교 주일을 정해 드리는 "신학교주일헌금"이었다.143)

제주읍교회는 꾸준한 성장을 함에 따라 공간이 부족하여 교회당을 건축할 필요가 생겼다. 1956년 4월 17일부터 22일까지 서울신학교에서 회집된 기독교대한성결교회 제 11회 총회에서는 제주읍교회가 총회에서 "제주도교회건축보조비청원(濟州道敎會建築補助費請願)"144)을 했고, 이 청원은 "심리부(審理部)"로 넘겨졌다.145) 심리부는 이 문제를 깊이 숙의한 후 다음과 같이 결정했다:

> 제주도교회(濟州道敎會) 건축급(建築及) 전도(傳道)에 관한(關)한 건(件)은 동도(同道)의 특수사정(特殊事情)에 감(鑑)[안]하야 특별전도(特別傳道)에 주력(主力)코 교역자(敎役者)를 입선(人選)하여 파송(派送)하고 신축비보조(新築費補助)하여 주심이 가(可)한줄 아오며 토의결과(討議結果) 재정부(財務部)에 회부(廻附)된 동교회보조비청원건(同敎會補助費請願件)과 합(合)하여 차회의시토의(次會議時討議)키로 하고 보유(保留)하기로 가결(可決).146)

---

141) 기독교대한성결교 제 9회 총회의사록 (1954), 70.
142) 기독교대한성결교 제 9회 총회의사록 (1954), 78.
143) "聖靑主日獻金納付名單," 活泉 25권 10호 (1956년 11월): 52.
144) 기독교대한성결교회 제 11회 총회록 (1956), 34.
145) 기독교대한성결교회 제 11회 총회록 (1956), 34.
146) 기독교대한성결교회 제 11회 총회록 (1956), 50.

총회가 제주라는 특수사정을 고려하여 지원하겠다는 의지를 표명한 것이다. 1956년 총회에는 "제주교회" "제주도읍 내건입" 주소에 신현호(申鉉湖)가 담임교역자로 보고되었고,147) 1956년 총회의 결의에 따라 제주교회에 건축비가 지원되었다. 성결교 총회는 동경교회를 처분하여 확보한 2,089,420환 중에서 1,600,000환을 제주읍교회에 지원하고 이를 총회 재정부를 통해 총회에 다음과 같이 보고했다:

> 동경교회처분유치금(東京敎會處分留置金) 경리보고(經理報告)
> 총액(總額) 2,089,420원(二, 〇八九, 四二〇 圜)
> (1) 내역(內譯) 제주교회(濟州敎會)에 지불(支拂) (제십일회총회결의의거[第十一會總會決議依據])
> 1,600,000원(一, 六〇〇, 〇〇〇 圜)
> (2) 잔액(殘額) 489,420원(四八九, 四二〇 圜)148)

동경교회를 매각하고 그 금액 중 거의 80%에 해당하는 금액을 제주읍교회 건축비로 지원한 것이다. 당시 총회는 제주읍교회에 최선을 다해 지원한 것이다. 총회에서 건축비의 상당액을 지원했지만 제주읍교회 교인들도 최선을 다해 헌금에 동참했다. 이런 노력에 힘입어 제주읍교회 건축은 순조롭게 진행되었다. 제주읍교회는 280여만환을 드려 40평의 현대식 석조건물 예배당을 완공 1967년 6월 첫 주 새 예배당에서 예배를 드렸다. 이렇게 해서 복음의 불모지였던 제주에 훌륭한 제주읍교회가 우뚝 세워지게 된 것이다. 1957년 7월 활천은 "지방소식"란에 제주읍교회 건축소식을 이렇게 전했다:

> 제주도교회낙성(濟州道敎會落成)=거년총회(去年 總會)에 결의(決議)로 성전건축(聖殿建築)을 목표로 기도하는 중 신현호 목사의 눈부신 활약으로 현대식(現代式) 석전조(石殿造) 사십평(四十坪)을

---

147) 기독교대한성결교회 제 11회 총회록 (1956), 72.
148) 基督敎大韓聖潔敎會 第十二回(禧年)總會議事錄 (1957), 22.

총공비 280여만원(二百八十餘萬圜)으로 준공하여 육(六)월 초(初) 주일(主日)부터 예배드린다더라.149)

    1956년 건축을 완공한 감리교회에 이어 제주읍성결교회가 1957년 건축을 완료함으로써 이제 제주읍에는 한국교회를 대표하는 장로교, 감리교, 성결교, 세 교단의 교회가 교회당 건물을 갖추게 되었다. 당시 교회당은 선교의 척도였고, 교회 건축이 최우선의 과제였던 것을 고려할 때 이 같은 교회 건축 완료는 곧 새로운 제주선교를 위한 도약을 의미했다. 제주읍교회는 1957년 제 12회 총회부터는 기타지역이 아닌 전라지방에 소속된 교단의 한 교회로 자리 잡기 시작했다. 그리고 주소도 정확히 나와 제주시 건입동 38번지였다.150)

    그러다 제주는 총회직할 구역으로 바뀌어 다른 지역에 속하지 않고 총회가 직접 관할하는 구역으로 독립되었다. 1959년 4월 21일부터 24일까지 대전중교회에서 열린 "기독교대한성결교 제 14회총회"에서는 "총회직활구역보고(總會直轄區域報告) 동구역목사(同區域牧師) 강진국씨(康鎭國氏)가 교회발전상황(敎會發展狀況)을 간단(簡單)히 보고(報告)"했다.151) 그리고 총회록에는 제주교회가 다른 지역과 별도로 독립된 구역표시와 함께 등재되었다.

    ▲ 제주교회(濟州敎會) 제주도 (濟州道) 제주시(濟州市) 건입동(建入洞) 38(三八) 신현호(申鉉湖)152)

---

149) "地方소식," 活泉 26권 6호 (1957년 7・8월): 79. 제주제일교회 연회록에는 제주읍교회는 총회로부터 일본동경교회 건물 상환 받은 금액 중 일부를 보조받아 건입동 1263번지에 대지 57평 건평 40평의 구 건물을 개축 준공하여 9월 첫 주부터 새 예배당에서 예배를 드렸다고 기록하고 있으나 약간 차이가 있다. "건물 상환 받은 금액 중 일부"라는 말 대신 동경교회를 매각한 금액이라고 하는 것이 더 정확하고, 입당 예배를 드린 시점도 9월을 6월 첫 주로 수정해야 할 것이다.
150) 基督敎大韓聖潔敎會 第十二回(禧年)總會議事錄 (1957), 70.
151) 基督敎大韓聖潔敎會 第十二回(禧年)總會議事錄 (1957), 93.
152) 基督敎大韓聖潔敎會 第十二回(禧年)總會議事錄 (1957), 109.

1958-1959년에 이르러 성결교단 총회는 제주를 총회가 직접 관할하는 별도의 특별구역으로 편제했다. 이것은 성결교회가 총회적인 차원에서 제주선교를 추진하겠다는 의지를 담고 있다. 이런 지속적인 관심과 지원 덕분에 목회자의 잦은 이동에도 불구하고 제주읍성결교회는 지속적이고 꾸준한 성장을 이룩했다. 1951년 9월에 제1대 오태상 목사가 부임해서 1953년 10월까지 섬겼으며 2대 강진국 장로가 담임교역자로 부임해서 1956년 7월 떠났다. 신현호 목사가 1956년 8월에 부임하여 6개월을 섬기다 1957년 2월에 이임하고 1년 후에 이정률 목사가 부임했다 3개월 만에 떠났다. 1958년 5월 강진국 목사가 부임해 1960년 3월 세상을 떠날 때까지 교회를 지켰다. 그 후 성장을 계속하면서 교회를 설립해서 현재 17개 교회가 세워졌다.153)

장로교 중심의 제주기독교가 감리교와 성결교가 제주에 설립, 정착되면서 제주에서도 명실상부 장감성(長·監·聖)으로 대변되는 기독교로 든든히 자리 잡기 시작했다. 새로 정착한 감리교와 성결교는 그동안 장로교가 닦아온 토양 위에 그리스도의 교회를 함께 지어져 가는 기독교 공동체를 형성할 수 있었고, 감리교와 성결교의 정착과 발전과 성장은 제주장로교에 보이지 않는 자극과 도전과 유익을 가져다주었다. 한국전쟁이라는 비극이 역설적이게도 제주기독교를 풍요롭게 만들어준 것이다.

---

153) 이중 상당수가 제주읍교회에서 개척한 교회들이다. 제주읍교회 연혁에 따르면 1962년 8월 지교회로 서귀포읍 서귀 1리 소재에 서귀포성결교회를 개척하다. 1978년 12월 제주시 일도2동 1041-4번지 대지 약 157평, 건평 약 33평의 교회를 이전 입주예배를 드리다. 1983년 5월 지교회로 신제주 연동에 연예인성결교회(현 중앙교회)를 개척하다. 1986년 3월 본당을 70평으로 준공되어 입당예배 드리다. 1989년 2월 지 교회로 에덴교회를 개척하다. 1990년 3월 지교회로 신제주 연동에 친구교회를 개척하다. 2000년 5월 제주시 아라 1동에 새성전을 봉헌하고, 2006년 2월 제 17대 최일만 목사 부임하여 건강하고 행복한 교회와 제주시의 복음화를 위하여 헌신하며 부흥하고 있다.

한국교회 본연의 모습으로의 성장과 발전

1948년 제 19회 제주노회에서 주일학교연합회를 조직하기로 결정했으나 4·3 사건으로 실천에 옮기지 못하였다 "1950년 이후 피난 교역자들의 입도로 주일학교 사업의 발전을 가져왔고 1953년에 이르러 비로소 주일학교 연합회가 조직되었다."154)

제주기독교의 성장과 발전은 사회적 관심에 대한 눈을 열어주었다. 제주기독교가 사회적 책임을 조금씩 인식하기 시작한 것도 1950년대 이후의 현상이었다. 제주에 피난 온 이들은 제주의 선교환경이 너무도 열악한 것을 발견하고 사회적 관심을 갖기 시작했다. 감리교가 보육원을 운영하고 사회관을 건립한 것도 그런 의미에서라고 할 수 있다.

한국전쟁 이전에도 제주교회가 광선의숙과 제주중앙유치원 등 제주도 주민들의 교육에 관심을 갖고 있었던 것은 사실이지만 그것은 너무도 미미했다. 1924년 4월 13일 성내교회가 설립인가를 받아 제주시 일도 2동 159-3에 설립한 최초의 관인 제주중앙유치원, 1935년 12월 21일 지방민간육성회에 의해 남제주군 모슬포에 설립된 모슬포유치원이 있었으나 오래가지 못하고 폐원되었다.

제주교회가 대 사회적 관심을 실천에 옮기기 시작한 것은 해방 이후라고 할 수 있다. 1948년 9월 28일에는 천주교에서 신성유치원을 설립했고 1957년 3월 14일에는 서부교회가 서부유치원을, 감리교 제주중앙교회가 1959년 5월 18일 제주유치원을 설립했다.155) 제주중앙감리교회 박성은 목사는 1959년 5월 제주유치원을 제주시 일도 2동 1186번지에 개원했다. 이 유치원은 1960년 대전의 대전보육대학의 특별지원으로 기반시설을 마련하고 개원했으며 초기 김경탁 (金景卓) 장로에 의해 운영되었다.156)

---

154) 姜文昊, 文泰善, 濟州宣敎 70年史, 51-52.
155) 김태혁, 濟州敎育史, 518.
156) 김태혁, 濟州敎育史, 519.

1957년 기독교 연감에 의하면 제주기독교는 지난 10년 동안 비교할 수 없을 정도로 성장했다. 가장 큰 교세를 자랑하는 예장통합의 경우 1957년 현재 49교회, 8,000명(장년 3,500명, 유년 4,500명)의 교세로 발전했다.157) 예장통합 제주노회에 속한 교회로는 중부, 동부, 외도, 도두, 영락, 서부, 한라, 삼양, 화북, 함명, 한림, 판포, 조수, 협재, 고산, 용수, 두모, 월령, 청수, 라신동, 세화, 금녕, 신촌, 함덕, 신양, 추광, 하귀, 금성, 애월, 모슬포, 인성, 무릉, 법환, 서귀포, 토평, 서호, 보목, 효근, 화순, 중문, 강하, 예리, 위미, 의귀, 남원, 표선, 비양도, 성산, 신산 등 49교회이다.158)

1957년 제주에 설립된 감리교는 제주읍, 월평, 월정, 광양, 도주, 조천, 하원, 함덕, 대포 등 9개 교회 2,000명의 교세를 가졌다. 1957년 현재 기장은 서부, 이도, 모슬포, 하순, 사계, 중문, 서귀포중앙, 한동 등의 구역에 7교회와 1개의 기도처, 그리고 640명의 교세가 있었다. 기성이 제주교회 1교회로 약 150명의 교세를 가졌다.

그 외 그리스도 교회 1교회가 있었지만 교세는 그리 크지 않았던 것으로 보이며, 이단인 안식교가 제주에 6교회나 있었다. 1957년 기독교 연감에 따르면 1957년 현재 제주기독교는 그리스도교회를 포함하여 75교회, 14,061명의 교세로 성장했다.159)

1957년 제주기독교 현황

교파 명	예장통합	감리교	기장	기독교성결교	그리스도교회	안식교	총계
교회 수	51	9		1	1	6	75
교인 수	7,500	3,916	1,610	통계 없음	60	900	14,061

자료: 1957년 <기독교 연감>

---

157) 韓國基督敎聯合會 編, 1957년 基督敎 年監 (서울: 대한기독교서회, 1957), 79.
158) 韓國基督敎聯合會 編, 1957년 基督敎 年監, 121-122.
159) 韓國基督敎聯合會 編, 1957년 基督敎 年監, 268. 이것은 다소 과장된 수치로 보인다. 필자의 연구에 의하면 이단을 제외하고 약 67교회, 6,290여 명의 교세다.

제주기독교 교세 증가 표

	1908	1912	1930	1940	1942	1951. 1.	1957
교회	2	3(5)	17	24	25	27(2)	75
교세	20	400	1,078	2,049	1,578	1,805	14,061

제주기독교 성장 현황

물론 이 통계는 주일학생들을 포함한 통계이다. 1957년 기독교연감의 통계가 다소 과장되었다고 하더라도 제주에서 기독교는 한국전쟁을 통해 놀라운 성장을 구가하기 시작했음을 보여준다. 한국전쟁 이후 제주기독교가 교회 수나 교세에 있어서 놀라운 속도로 발전하였다. 1950년 한국전쟁 이전과 비교할 때 제주기독교가 무려 7배 이상 성장한 것이다. 확실히 제주기독교는 이제 부흥과 성장의 시대를 맞았다.

맺는말

1950년부터 1960년까지 우리 민족은 동족상잔의 비극으로 가장 힘든 세월을 보내야 했다. 그것은 말 그대로 고난이었고, 민족적 슬픔이었다. 이 비극적인 시대 제주기독교는 전에 없는 부흥을 경험했다. 이미 1948년 4·3 사건을 통해 영적으로 메마른 제주민들이 복음에 대해 마음을 열면서 교회가 놀랍게 확장되기 시작했고, 그러다 한국전쟁을 통해 피난민들이 무수히 제주에 몰려들면서 제주기독교는 전에 없는 부흥을 경험했다.

제주에 피난 온 각 교단의 교인들이 처음에는 자신들의 예배처소를 위해 교회를 설립했다. 주체할 수 없는 제주복음화 열정으로 인해 여러 곳에 교회를 설립하고 선교에 매진하기 시작했다. 1951년부터 1953년 7월 27일 휴전이 발효되기까지 3년 동안 장로교, 감리교, 성결교, 세 교단에서 제주에 19교회를 설립했다.160) 피난민들에 의해 장로교회로는 효돈, 보목, 토평, 화북, 모슬포중앙, 추광, 신촌, 함덕, 하도, 도두, 한라, 영락교회가 설립되었고, 감리교로는 제주중앙, 월정, 월평, 조천, 하원, 대포감리교회가 설립되었으며, 성결교단은 제주제일성결교회를 설립했다.161)

상당수의 피난민들이 제주를 떠난 뒤에도 본래의 제주민들에 의해 이들 교회들은 지속적으로 발전하기 시작했다. 감리교의 제주읍교회와 성결교의 제주읍교회는 교단의 지원을 받으며 지속적으로 발전하고 자신들의 독립된 예배당을 건축할 수 있었다. 장로교회만 존재하던 제주에 한국교회를 대표하는 감리교와 성결교가 세워져 제주기독교는 여러 교단들이 함께 신앙의 공동체를 이루어 가는 풍요로운 지역으로 거듭날 수 있었다.

제주기독교 부흥, 그것은 전쟁 속에 피어난 부흥이었다. 환란은 인내를 인내는 연단을 연단은 소망을 이룬다는 바울의 고백이 바로 제주기독교의 고백이었다. 고난의 땅, 비운의 역사 제주가 하늘의 축복, 그것도 생명을 살리는 풍요로운 복음의 시대를 맞은 것이다. 제주기독교는 전쟁을 통해 축복을 받은 것이다. 전쟁과 부흥, 전혀 어울릴 것 같지 않은 이 역설적인 역사의 진리가 다시 제주기독교를 통해 한국 역사 속에서 구체적으로 구현된 것이다. 인간의 생각을 넘어 역사하시는 하나님의 섭리를 여기서도 그대로 읽을 수 있다. 우리가 하나님이 역사의 주인이라고 고백하는 이유가 여기 있다.

---

160) "6·25와 제주교회," 제주기독신문, 2007년 6월 9일, 1면.
161) "6·25와 제주교회," 제주기독신문, 2007년 6월 9일, 1면.

제 V 부

한국근대화 시대 제주기독교(1960-2008)

4·3 사건과 한국전쟁 이후 일기 시작한 놀라운 부흥과 성장은 1960년대에 접어들어서 더욱 강하게 타올랐다. 1950년대에 제주선교를 시작한 감리교와 성결교는 1960년대 이후 더 많은 교회들을 제주에 설립하였다. 침례교와 순복음교회를 비롯한 여타 교단들도 제주선교를 시작했다. 다양한 교파의 유입, 제주에 YMCA, YWCA를 비롯한 초교파 기구들, 감리교와 기장의 차별화된 제주선교, 남장로교 선교회의 제주선교는 제주기독교에 전에 없는 변화를 가져다주었다.

제 13장 한국근대화 시대 제주기독교(1960-현재)

제 13 장

한국근대화 시대 제주기독교(1960-현재)

> 예장통합 제주지역 교인수가 전년대비 1.5%가 줄었다. 기독교 인구가 점차 감소하고 있는 전국 추세가 그대로 반영되고 있다.
>
> 2008년 8월 9일, 제주기독신문

    4·19 의거와 5·16 군사혁명으로 시작된 1960년대 이후 한국현대사는 혁명과 변화의 시대였다. 1960년 4·19 의거와 1961년 5·16 군사혁명 이후 한국은 산업화 시대로 접어들었다. 도시로 인구가 집중되면서 도시화 현상이 두드러지게 나타났고 어느 때보다도 산업화와 수출 증산이 최대의 화두가 되었다. 이 과정에서 한국교회 역시 대단한 변화가 일기 시작했다. 본토와 같은 변화는 아니지만 일련의 변화의 바람이 제주에서도 일고 있었다. 그 출발은 제주에 대한 인식의 변화에서 출발했다. 한국전쟁을 통해 제주는 본토와 동떨어진 단절된 유배지가 아니라 너무도 소중한 한반도의 지체로 평가받기 시작했다. 전쟁이 제주에 대한 시각을 완전히 바꾸어 준 것이다.
    전쟁이 제주에 가져다준 더 큰 의미는 제주에 영적 부흥의 기회를 제공했다는 사실이다. 1948년 4·3 사건 이후 일기 시작한 제주 부흥은 제주기독교에 이전과 비교할 수 없는 놀라운 부흥과 영적 변화를 가져다주었다. 한국전쟁 이후 강도 높은 부흥이 일어나 교세가 급증했고, 장로교 중심의 제주에 감리교와 성결교, 그리고 그리스도교회마저 선교가 시작됨으로 명실상부 다양한 교파와 교단들이

1963년 성내교회 고태종, 좌달육 장로 장립식

활동하는 기독교 공동체가 형성되었다.

4·3 사건과 한국전쟁 이후 일기 시작한 놀라운 부흥과 성장은 1960년대에 접어들어서 더욱 강하게 타올랐다. 1950년대에 제주선교를 시작한 감리교와 성결교는 1960년대 이후 더 많은 교회들을 제주에 설립하였다. 침례교와 순복음교회를 비롯한 여타 교단들도 제주선교를 시작했다. 다양한 교파의 유입, 제주에 YMCA, YWCA를 비롯한 초교파 기구들, 감리교와 기장의 차별화된 제주선교, 남장로교 선교회의 제주선교는 제주기독교에 전에 없는 변화를 가져다주었다.

1. 근대화 시대 제주기독교 성장과 발전

1960년대: 다양한 교파의 제주 유입

1960년대에 접어들어 제주에는 다양한 교단들이 등장했다. 1965

서부교회 김복순 전도사 송별(1956년)

년판 기독교연감에 따르면 1965년 현재 제주에는 예장통합 60교회, 감리교 15교회, 기장 10교회, 기성 2교회, 대한예수교성경장로회 2교회, 한국예수교개혁파장로회 2교회, 예성 1교회, 총 92개 교회가 있었다. 그 외 통일교 2교회, 안식교 2교회, 전도관 1교회, 그리고 천주교 성당 5개 등 총 102개의 교회가 존재했다.1) 이와 같은 통계는 제주기독교의 흐름을 말해주고 있다.

예장통합의 제주선교는 매우 활발했다. 1957년 49개 교회에서 1965년 60개의 교회로 성장한 것이다.2) 1960년대 접어들어 용흥교회(1960), 하귀교회(1960), 신풍교회(1966), 벧엘교회(1966), 제광교회(1969), 태흥교회(1969) 등이 새로 설립되었다.3) 예장 제주노회는 제

---

1) 이상용 편, **1965년 한국기독교연감** (서울: 경천애인사, 1965), 835-840. 1965년 연감에는 100개로 되어 있으나 실제 각 교회 수를 합하면 102개이다.
2) 한국기독교연합회 편, **1957년 기독교연감** (서울: 대한기독교서회, 단기 4290), 121-122.
3) 姜文昊, 文泰善, 濟州 宣敎 70年史 (서울: 대한예수교장로회 총회 교육부, 1978), 163.

주를 동 시찰구역, 서 시찰구역, 남 시찰구역 셋으로 대별하여 선교를 했다. 이들 60개 교회를 지역별로 분류하면 동 시찰구역의 교회로는 동부, 영락, 삼양, 화북(禾北), 함명, 북제주군의 함덕, 신촌, 조천, 세화, 김녕, 하도, 고원, 신양, 추광, 남제주군의 표선, 성읍, 신산, 성산 등 18교회가 있다. 서 시찰구역으로는 외도, 중부, 서부, 도두, 한라, 북제주군의 한림, 옹포(瓮浦), 귀덕, 협재, 월령, 비양도, 하귀, 애월, 금성, 삼암(三巖), 조수, 고산, 용수, 두모, 반포 등 20교회이다. 남 시찰구역으로는 중앙, 모슬포, 인성, 무릉, 화순, 감산, 예리, 중문, 강하, 용흥, 토평, 법환, 시온, 서귀포, 보목(甫木), 효돈, 서호, 위미, 태흥, 의귀, 남원, 덕수 등 22교회이다. 60개 교회가 동 시찰구역 18개, 서 시찰구역 20개, 남 시찰구역 22개 등 골고루 분포되었다. 한국전쟁 이후 다양한 교파와 교단들이 제주선교를 시작해 제주기독교가 다양해졌지만 1965년 현재 전체 102개의 교회 가운데 60개 교회가 통합교단 교회였다.4)

1965년 7월 현재 한국기독교장로회에 속한 교회는 서부, 성내, 수근, 외도, 월령제일, 모슬포, 사계(沙溪), 화순, 중문제일, 서귀중앙 등 10교회였다. 이중 당회가 조직된 교회는 서부교회, 모슬포, 사계교회 등 세 교회뿐이고, 나머지는 당회가 없는 미조직교회였다.5) 교역자는 서부교회의 이윤학, 성내의 이윤옥, 월령제일의 이상길, 모슬포의 홍석우, 사계교회의 강경인(姜庚仁), 서귀중앙의 오형인 등 6명이고, 수근교회, 외도교회, 화순교회, 중문제일교회는 담임 교역자가 없었다.6) 기장은 1960년대 접어들어 제주남부교회(1966), 대정서림교회(1966), 제주중부교회(1970)가 새로 제주에 설립되었으나 송죽학교 문제로 노회 산하 여러 기장교회들과 교역자들이 재판에 휘말리면서 노회가 폐쇄될 위기까지 갔다. 만약 송죽학교 문제만 없었다

---

4) 이상용 편, **1965년 한국기독교연감**, 211-213. 1908년 예장에 의해 선교가 시작되었고, 1930년 제주노회가 조직되었으며, 1953년 소수의 기장교회가 분립되기는 했지만 절대다수의 교회들이 통합에 속해 있어 가장 큰 교세를 이루고 있다.
5) 이상용 편, **1965년 한국기독교연감**, 211-213.
6) 이상용 편, **1965년 한국기독교연감**, 211-213.

면 기장교회는 1960년대에 상당한 발전을 이룩했을 것이다. 송죽학교 문제는 기장의 성장을 막는 치명적인 복병이었다.7) 1953년 예장과 분립되면서 한 차례 심한 홍역을 치른 제주의 기장교회는 또다시 위기를 만나고 말았다.

조남수가 없었다면 기장 제주노회는 폐노회가 되었을 것이다. 1953년 기장 제주노회 분립의 주역이었던 조남수는 제주노회가 송죽학교 문제로 또다시 위기에 처하자 탁월한 리더십을 발휘하여 제주노회가 폐지되는 것을 혼신을 다해 막았다. 제주를 떠나 육지에서 사역하던 그는 서귀포 중앙교회 당회장으로 제주교회에 부임하여 찢어진 기장 제주노회를 복구해 나갔다. 그러나 기왕에 입은 상처를 본래대로 회복시킬 수는 없었다.

송죽학교 문제로 노회가 홍역을 치르면서 기장에 속한 제주의 여러 교회들의 교세가 눈에 띄게 줄어들었다. 300명이 회집하던 모슬포의 경우 180명으로 교세가 줄었다. 교세가 줄기는 기장에 속한 다른 교회들도 마찬가지였다. 게다가 그동안 기장에 속했던 중문교회와 화순교회가 예장통합으로 복귀하였다. 기장교단에서 중요한 역할을 하던 중문교회와 화순교회의 이탈은 기장 제주노회로서는 큰 타격이 아닐 수 없었다. 이런저런 이유로 제주의 기장교회는 1960년대에 접어들어 교세가 상당히 위축되었다.

1951년 피난민들에 의해 시작된 감리교회는 1965년에 접어들어 15교회로 급증했다. 1953년 6교회, 1954년 8교회, 1957년 9교회, 1958년 10교회, 1959년 12교회, 그리고 1965년에 15교회로 증가했다.8) 1960년대에 법환교회(1961)와 정실교회(현 희망의교회, 1964)

---

7) 기장 제주노회 제 34회 1차 임시회록, 3, 7. 기장 제주노회는 "송죽학교 건으로 특별위원"을 선정했다. 위원에는 노회 대표 김성태, 현윤식, 지봉수, 총회대표로 정규태, 박재석, 조남수가 선정되었다. 여기서는 "송죽기술학교 제반 문제를 수습하기 위해서는 대책 특별위원을 선정하여 본위원에게 일체 일임하고 사건 처리하도록 가결"했다. 대한기독교장로회 총회는 김세열을 위원장으로 하는 특별위원회가 기장 제주노회 앞에 입장을 발표하였다.
8) 이상용 편, **1965년 한국기독교연감**, 352-353.

박윤승 선생 세례식(1974년)

가 새로 설립되었다. 장로교에 비해 무려 43년이 늦은 1951년 피난민들에 의해 세워진 감리교회 역시 계속해서 성장했다. 이렇게 감리교가 성장하기까지는 도인권, 박성은, 두 감리사의 리더십과 교단의 지원이 중요한 몫을 했다. 1965년에 접어들어 제주 감리교는 중앙, 광양, 도두, 조천, 함덕, 신흥, 월하, 서귀, 호근(好近), 법환, 하원, 회수, 월평, 대포, 모슬포교회 등 15교회로 성장했다.9)

제주감리교회가 성장함에 따라 제주선교지방이라는 이름으로 진행되던 제주감리교 편제가 이제는 제주지방으로 독립되었다. 이제 제주의 감리교회는 감리교단의 당당한 지체로 활동하기 시작했다.10) 당시 제주에서 섬기고 있던 감리교 교역자들은 제주중앙의 김만식, 광양의 김성욱, 도두의 하윤수, 조천의 송창언, 월하의 서수영, 서귀의 홍양춘, 호근의 최기순, 하원의 윤농주, 월평의 강화영, 모슬포의 이은해 등 10명이었다. 송창언이 조천, 함덕, 신흥, 세 교회를 맡았고 최기순

---

9) 이상용 편, **1965년 한국기독교연감**, 352-353.
10) 이상용 편, **1965년 한국기독교연감**, 352-353.

1975년 성내교회 문학연구반

이 호근과 법환을 맡았으며, 회수와 대포는 목회자가 없었다.11)

1951년 1·4후퇴로 인해 제주에 피난 간 이들로부터 시작된 성결교회는 1965년에 접어들어 2개로 증가했다. 제주읍에 세워진 제주제일교회에서 1962년 서귀포교회를 개척했다. 이어 성산읍 신풍교회가 1964년에 설립되었고, 1970년에 제주성결교회와 표선세화교회가 설립되어 1970년까지 제주성결교회는 5개 교회로 증가했다. 이미 장로교, 감리교와 더불어 3대 교단으로 한국 사회 안에 자리 잡은 성결교가 제주에서도 3대 교단으로서 발전하기 시작했다. 1965년 현재 제주도 제주시 건입리에 자리 잡은 제주제일교회는 조병철 목사가 담임을, 북제주군 서귀포 서귀리에 자리 잡은 서귀포성결교회는 조연찬이 담임을 맡았다.12)

대한예수교성경장로회는 1960년 9월 6일 노회를 설립하였고, 1961

---

11) 이상용 편, **1965년 한국기독교연감**, 352-353.
12) 이상용 편, **1965년 한국기독교연감**, 377.

년 6월 총회를 설립하였다. 제주에 1965년 노회가 조직되었으며, 노회 산하에 신풍교회와 중문제일교회 2교회가 있다.13) 성경장로교의 경우 교단 자체가 작은 데다 제주라는 지역적 특성 때문에 2개의 교회로만 제주노회를 조직했다. 제주노회를 조직했다는 것은 장차 제주에 대한 선교적 관심을 증대시키겠다는 의미를 담고 있다. 신풍교회는 남제주군 표선면 표선리에 있으며, 윤명일이 담임하고, 중문제일교회는 중문면 중문리에 소재하며, 김성태가 담임을 맡았다.

한국예수교개혁파장로회는 1965년 6월 15일 총노회를, 그리고 같은 해 9월 14일 독노회를 조직했으며, 제주노회에 중문교회와 서귀포교회가 속해 있다. 중문교회는 중문면 중문리에 소재하고 김성운이 담임으로 섬기고 있으며, 서귀포교회는 남군 중문면 서귀포에 소재하며 강태화가 담임을 맡았다.14)

침례교가 제주에 태동된 것도 1960년대의 일이다. 1968년 남제주군 표선면 표선리에 침례교회가 설립되면서 제주에는 다양한 기독교가 존재하게 되었다.15) 1966년 15명의 교인들이 침례교선교회와 연결되어 그해 침례교회를 제주에 설립했고, 3년 후인 1969년 제주시에 오라침례교회가 설립되었다.

1965년 천주교는 광주 대교구 산하 "제주대리구"로 운영되고 있었다. 제주대리구 안에는 제주성당을 비롯하여 한림, 신창, 모슬포, 서귀포 등 다섯 개의 성당이 속해 있다.16) 제주성당은 제주시 삼도동 198에 소재하며, 도(都)요왕 신부가 담당하고 있으며, 북군 하림읍 대림리 1818에 소재한 한림성당은 홍요셉 신부가, 북군 한동면 신창리 소재 신창교회와 남군 대정읍 하포리 805에 소재한 신창성당은 엄(嚴)요한 신부가, 그리고 서귀읍 서귀리에 소재한 서귀포교회는 골(梁) 신부가 맡았다.17) 1960년대 천주교 역시 꾸준한 성장을

---

13) 이상용 편, 1965년 한국기독교연감, 558.
14) 이상용 편, 1965년 한국기독교연감, 562.
15) 이상용 편, 1965년 한국기독교연감, 998-1001.
16) 이상용 편, 1965년 한국기독교연감, 623.

이룩하여 1957년에 비해 2개 성당이 더 증가했다. 비록 2개의 성장이 증가한 것이지만 그 이상의 의미를 지닌다.

1957년까지만 해도 제주시, 서귀포, 한림, 3곳에만 존재할 정도로18) 발전하지 못했던 천주교가 그동안의 부정적인 이미지를 극복하고 성장하기 시작한 것이다. 천주교 교세가 불과 8년 만에 3개의 성당이 5개로 증가했다는 것은 제주 천주교 역사상 가장 빠른 성장이다. 개신교와 비교할 수 없는 교세를 갖고 있던 천주교가 1960년대 이후 기독교를 능가하는 교세를 확장할 수 있었던 배경에 대해 기독교는 귀를 기울여야 할 것이다.

이단으로 평가받고 있는 안식교도 일찍이 제주선교를 시작했다. 1965년 현재 안식교는 성산과 모슬포, 2곳에 있었으며, 안식교성산교회는 제주도 남군 성산읍 고성리에, 안식교 모슬포교회는 대정면 하모리(下摹里)에 있었다. 두 교회 모두 신갑송이 담임을 맡고 있었다.19) 흥미로운 사실은 제주의 안식교는 8년 전인 1957년 6개에 비해 상당히 교회수가 감소했다.20)

1954년 5월 1일 교주 문선명(1920-2012)에 의해 설립된 세계기독교통일신령협회(통일교)는 일찍이 1950년대에 제주선교를 착수했다. 1965년 현재 제주와 서귀포, 2곳에 통일교회가 있다.21) 제주시 건입동 983번지에 위치한 제주통일교회는 최익만이, 남제주군 서귀읍 서귀 2리에 소재한 서귀포통일교회는 정명원이 담임을 맡고 있다. 통일교는 전국 각 군 지구 148곳에 거점을 갖고 있으며 이 2곳은 제주선교의 거점이라고 할 수 있다.22)

---

17) 이상용 편, **1965년** 한국기독교연감, 623-624.
18) **韓國基督敎聯合會 編, 1957년 基督敎 年監** (서울: 대한기독교서회, 1957), 265.
19) 이상용 편, **1965년** 한국기독교연감, 406.
20) **韓國基督敎聯合會 編, 1957년 基督敎 年監**, 202. 1957년 제주에는 안식교가 제주시에 2교회, 곽지리, 모슬포, 성산포, 함덕, 한림 등 일곱 교회가 존재했고, 7명의 교역자가 있었다.
21) 이상용 편, **1965년** 한국기독교연감, 593.
22) 이상용 편, **1965년** 한국기독교연감, 593.

지금까지 살펴본 것처럼 1960년대에 접어들어 제주에는 장로교 감리교, 성결교, 침례교, 그리고 이단교회들과 천주교를 비롯한 다양한 교파와 교단의 교회들이 선교를 착수했다. 1968년 한국기독교연감에 따르면 장로교, 감리교, 성결교, 침례교를 비롯한 다양한 교파의 교회들이 제주도 전체에 106개가 있었다. 지역별로는 제주시에 23개 교회, 북제주군에 30개, 그리고 남제주군에 53개 교회다.[23]

1970년대: 안정, 성장, 그리고 부흥

1970년대 한국교회는 평양대부흥운동에 이어 제 2의 부흥기를 맞았다. 한국교회는 민족과 사회에 영향력 있는 조직으로 발전했고, 비록 1907년 평양대부흥운동 시절과는 비교할 수 없지만 부흥에 대한 사모함이 한국교회 안에 일어났다. 자연히 민족복음화와 세계선교에 대한 관심이 교회 안에 놀랍게 발흥, 한국교회는 비로소 세계선교를 본격적으로 감당하기 시작했다. 경제가 발전하고 국민소득이 증가함에 따라 한국교회는 대중전도운동을 통해 결집된 영적 에너지를 해외선교에 쏟아부을 수 있었다.

1970년대 제주기독교는 안정과 성장과 부흥의 시대를 맞았다. 경제적 발전은 제주기독교를 새롭게 도약시킬 수 있는 절호의 기회였다. 재정적 자립을 그토록 강조하면서도 여전히 가난에서 벗어날 수 없었던 제주교회가 극심한 가난에서 서서히 벗어나 안정과 성장과 부흥의 시대에 돌입했다. 하지만 이것은 제주교회의 자체적인 힘에 의해 이루어진 것은 아니다. 한국교회의 전반적인 흐름과 맞물려 진행되었다. 초교파선교단체의 활동, 복음주의운동의 발흥, 대중전도운동, 놀라운 해외 선교열, 전에 없는 경제발전에 힘입어 1970년대 한국교회는 최고의 성장기를 구가하는 기간이었다. 제주기독교 역시 그 혜택을 누리기 시작했다. 제주교계 안팎에서 진행된 다음 몇 가

---

23) 이상용 편, **1968년** 한국기독교연감 (서울: 백합출판사, 1968), 998-1001.

제주화북 감리교회 성경 구락부 졸업

지 요인들은 제주기독교에 활력을 불어넣었다.

첫째, 1970년대에 일기 시작한 대중전도운동이다. 1973년 빌리그래함 서울 전도집회를 시작으로 1974년 엑스플로 74, 1977년 민족복음화대성회로 이어지는 일련의 대중전도운동이 한창 절정에 달하며 전도열이 전국적으로 일어났다. 여의도 광장에 100만의 인파가 모인 것은 건국 이래 처음 있는 일이었다. 이것은 한국기독교 역사상 최대의 기독교 축제였다. 제주에서도 전도를 위한 일련의 노력들이 일어났다.

둘째, 해외 선교회의 적극적인 지원이다. 예장통합 제주노회와 협력관계를 유지해오던 남장로교 선교회는 1970년 11월 제주시 일도이동 949번지에 선교 센터를 설립하여 제주선교사업에 새로운 역사를 시작했다.24) 그 일을 주도한 것은 보계선 선교사였다. 1960년부터 목포에서 선박편으로 제주를 왕래하며 신산, 성읍, 남원, 의귀, 신례, 위미, 중엄, 하귀, 도두 등 여러 교회 당회장을 맡으면서 제주

---

24) 姜文昊, 文泰善, 濟州宣敎 70年史, 75.

선교에 매진하던 보계선이 그 일을 맡는 것은 자연스러운 일이었다. 그는 그 일에 가장 적임자였다. 1970년 6월 9일 선교부 소속 보계선, 조요섭, 부명관이 제주노회 강문호, 장성옥, 문태선과 함께 모임을 갖고 협의를 했으며 선교 센터 건립과 운영을 보계선 목사에게 일임하기로 결정했다. 1970년 11월 공사가 시작되어 1972년 2월에 700평 부지에 의료센터, 학생 센터, 그리고 직원 사택을 준공했다. 선교회 직원 홍은섭 집사가 상주하고 보계선 선교사는 광주에 거점을 두고 활동하면서 주말에 제주를 왕래하며 선교센터 운영 책임을 맡았다.25) 비록 광주에 거점을 두고 있다 하더라도 선교회에 의해 제주에 선교센터를 건립되고, 정기적으로 제주를 왕래하며 선교사역을 진행한 것은 제주 역사상 처음 있는 일이었다. 부정기적으로 제주를 다녀가며 선교지원을 한 사례는 많았지만 주일 단위로 제주를 왕래하며 선교한 경우는 없었다.

1972년 9월 1일 제주도 도지사로부터 제주기독의원이 비영리의료기관 개설허가를 취득했고, 광주기독병원 코딩턴(H. A. Cordington) 박사가 매주 주말 2일간 제주에 와서 진료를 시작하면서 제주기독의원이 출발했다. 1973년부터는 내과, 외과, 산부인과, 치과, 피부과, 정형외과 진료과목이 증설되었다. 광주기독병원, 순천애양원병원의 의료진들이 제주기독의원을 지원하였다. 1974년 8월 코딩턴 박사가 방글라데시로 사역지를 옮긴 후 전주예수병원 원장 직무 대리 소진명 박사가 관리의사가 되어 주말진료를 담당하다 제주기독의원이 1976년 말부터는 전주예수병원 분원이 되었다. 분원장 소진명 박사, 안과 이비인후과 2명의 의사, 간호사 2명이 상주하며 매일 진료하기 시작했다.26)

기독센터의 운영으로 그동안 제주장로교회가 감당할 수 없는 일을 감당했다. 제주교회의 가장 취약했던 교회의 대 사회적 책임을

---

25) 姜文昊, 文泰善, 濟州宣敎 70年史, 75.
26) 姜文昊, 文泰善, 濟州宣敎 70年史, 76.

대정지구 연합 성가대

상당부분 커버할 수 있었다. 이미 기독의원의 개설과 진료는 제주도민들의 교회에 대한 이미지를 점차 바꾸어 주는 계기가 되었다. 기독교의 제주선교의 한계를 극복할 수 있는 절호의 기회였다. 육지가 해외 선교회의 선교지였다면 제주는 한국교회의 선교지였다. 한국교회의 빈약한 경제적 지원으로 인해 제주선교는 해외 선교회가 추진하던 육지의 선교와 달랐다. 본토의 경우 해외선교부가 담당하는 선교지였기 때문에 복음전파와 더불어 학교와 병원 설립을 병행하면서 직접선교와 간접선교의 균형을 이루었다. 그러나 제주의 경우 한국교회가 지원하는 선교지였기 때문에 선교사의 사례비 그 이상을 지원하기 힘들었다. 때문에 병원을 설립하고 학교를 운영할 엄두를 낼 수 없었다. 이런 가운데 제주도민들을 섬길 수 있는 의원과 선교센터가 건립되었다는 것은 제주기독교 역사상 매우 의미 있는 사건이었다.[27] 선교센터는 보계선(1972-1976), 소진명(1976-1977), 문태

---

27) 姜文昊, 文泰善, 濟州宣敎 70年史, 76.

선(1977-)이 담당했다.28)

셋째, 1970년대 접어들어 제주교회 안에는 교회 지도자 양성을 위한 일련의 노력들이 있었다. 남장로교 선교회는 1959년 4월부터 한림리 소재 여자농민복음학교를 설립하였다. 2회 졸업생 5명을 배출하고 학생수가 많지 않아 1962년에 고등성경학교와 합동하고 이름도 제주농민고등성서학원으로 개칭했다. 그러나 이마저 1969년 폐교하고 말았다. 그동안 이보식(1956-1959), 강문호(1960), 김의도(1960-1963), 소규천(1964-)이 강사를 맡아 수고했다.29) 이어 1969년 9월 평신도 훈련원이 개설되어 1971년부터 제주도 내 통합교단 제주노회의 시찰별로 옮겨가며 모임을 계속 가졌다. 한태동, 이동훈, 성갑식, 하종관, 원요한, 김형태, 김두완, 김덕수, 박맹술, 이동범, 김광훈, 한완석, 노정현, 박재훈, 손인환, 김시원, 곽선희 등이 제주에 와서 강사로 섬겼다.30) 평신도훈련원 원장은 제 1대 보계선(1971-1972), 제 2대 문태선 목사(1972-1973), 제 3대 보계선 목사(1973-1974), 제 4대 박은석 목사(1974-1975), 제 5대 장성옥 목사(1975-1976), 제 6대 고대진 목사(1976-) 등이었다.31) 1975년 통합 제주노회가 11명의 학생으로 2년제 성서학원을 시작하여 그 이듬해 1976년 7명의 졸업생을 배출하였다.32) 인재양성이 성공적이었다고 평가할 수 없지만 이 같은 노력은 이전에 찾기 힘든 새로운 모습이었다.

대중전도운동, 선교회의 지원, 인재양성은 이전에 찾을 수 없는 제주교회의 변화들이었다. 비록 이것들이 성공을 거두었다고 평가할 수 없지만 제주기독교가 새로운 변화를 시도하고 있는 것은 분명했다. 제주기독교는 1970년대 꾸준한 성장을 이룩했다. 1956년 75교회, 14,061명이던 제주기독교 교세는 1976년 112교회, 35,588명으로

---

28) 姜文昊, 文泰善, 濟州宣敎 70年史, 77
29) 姜文昊, 文泰善, 濟州宣敎 70年史, 76.
30) 姜文昊, 文泰善, 濟州宣敎 70年史, 81.
31) 姜文昊, 文泰善, 濟州宣敎 70年史, 81.
32) 姜文昊, 文泰善, 濟州宣敎 70年史, 81.

1968년 대정지구 부활절 연합 예배

급증했다. 제주선교를 주도하던 통합교단의 경우 1957년 49교회, 8,000명에서 1970년 10,125명(남 4,511명, 여 5,614명)으로, 다시 1980년에는 17,993명(남 7,367명, 여 10,626명)으로 급증했다.33) 재정수입의 경우 결산을 기준으로 할 때 1972년 29,954,000원에서 1980년 457,669,000원으로 무려 15배 이상 증가했다. 이것은 제주기독교가 1970년부터 1980년까지 재정적인 자립을 이룬 교회들이 상당히 증가했음을 보여주는 것이다. 제주도의 가장 취약한 부분이 재정자립이었는데, 특별히 제주기독교 성장을 주도하는 통합교단이 1970년과 1980년 사이에 재정적으로 놀라운 안정을 기하며 제주기독교는 자립하는 교회로서의 틀을 다진 것이다. 외형적인 성장만 아니라 재정적인 자립까지 이룩함으로써 제주기독교는 안정과 성장을

---

33) 자료에 의하면 전 분야에서 통합교단은 골고루 성장했다. 유아세례의 경우 1970년 550명에서 1980년 5,251명으로 증가했다. 원입인의 경우 6,347명에서 10,119명(중고등학생의 경우도 4,470명에서 4,948명으로, 청장년은 650명에서 2,453명으로 증가)으로, 학습인은 758명에서 1,664명으로, 세례교인은 2,470명에서 5,251명으로 증가했다.

동시에 구가하기 시작한 것이다.

하지만 이것은 통합교단만의 특징은 아니다. 1970년 복구노회가 결성된 후 꾸준한 개척교회 설립을 통해 교세를 확장하며 발전을 거듭한 예장합동의 교회들에서도 읽을 수 있다. 1959년 통합과 합동이 분열될 때 본토에서는 거의 반으로 나뉘었으나, 제주의 경우 모든 장로교회들이 예장통합에 남게 되었다. 예장합동에 속한 교회는 1970년 제주복구노회가 조직될 때까지 단 한 개의 교회도 없었다. 예장합동 교단은 1970년 제 55회 총회에서 제주노회 복구를 위해 복구위원 3인(정규오, 홍근섭, 김일남 목사)을 선정하였다.[34]

1970년 11월 17일 정규오, 홍근섭, 김일남 목사가 참석한 가운데 제 1회 제주노회 복구위원회가 서귀포동산교회에서 모였다. 1971년 9월 15일 대전중앙교회에서 열린 제 2회 모임에서는 총회에 전도목사 1명을 제주에 파송해 줄 것을 청원하기로 했다.[35] 1972년 1월 5일 동문교회 사택에서 제주시 동문통에 동문교회를 설립하기로 결정하고, 박춘원 목사를 전도목사로 동문교회를 개척 시무케 하고 당회장으로 임명하였다. 동산교회 당회장에는 김남일 목사를 임명했다. 1974년 2월 1일 제 6회 모임에서는 홍근섭, 한병기, 박원섭, 김일남, 임명관 목사가 참석한 가운데 한림읍에 임시 기도처를 두기로 하고 당회장을 박춘원 목사로 하기로 결정했다. 제주서문교회는 당회장으로 박춘원 목사를 임명했다.

1974년 12월 12일 제 7회 모임에서는 토산교회와 한림제일교회를 설립하기로 결정하고, 토산교회는 임명관 목사 한림제일교회에 박춘원 목사를 임명했다. 신촌에 개척교회를 설립하고 김정태를 파송하기로 결정했다. 위은국 집사는 500평 대지를 예배당 건축을 위해 헌납했다.[36] 서문교회와 순복음교회가 병합하고 명칭을 제성교회로

---

34) 박창건 편, 제주선교 100주년기념 제주노회사 (제주: 대한예수교장로회 제주노회, 2008), 23.
35) 박창건 편, 제주선교 100주년기념 제주노회사, 24.
36) 박창건 편, 제주선교 100주년기념 제주노회사, 28.

1973년 교회 철거 전 기념 촬영

변경했다. 제주에 예장합동이 복구된 후 여러 교회가 설립되었으며, 각 교회에 당회장이 임명되었다. 제성교회 당회장에 한병기, 서남교회 당회장에 이종록, 한림제일교회 당회장에 김일남, 신촌교회 당회장에 이종록, 토산교회 당회장에 임명관, 가리교회 당회장에 임명관, 북촌교회 당회장에 김경완 목사가 임명되었다. 1977년 3월에 이르러 교회가 꾸준하게 성장해 제성교회 주일 낮 예배에 장년 60명, 저녁 예배에 40명, 그리고 수요예배에 30명이 모이고, 동원교회는 낮예배에 장년 130명이 회집하였다.37)

1970년 복구노회가 조직되면서 합동교단은 제주에 활발하게 교회 설립을 추진해 1970년과 1980년 사이에 10개 이상의 교회를 설립했다. 서울남교회 박원섭 목사가 제주시에 신제주남교회를 설립하고 김종원 목사를 그 교회 전도목사로 허락했다.38) 합동교회는 1980년

---

37) 박창건 편, 제주선교 100주년기념 제주노회사, 34.
38) 박창건 편, 제주선교 100주년기념 제주노회사, 40.

에 이르러 주교연합회, 학생연합회, 청년연합회, 여전도회연합회가 조직되어 활발하게 활동하기 시작했다.39)

1976년에 접어들어 예장합동 제주노회는 10개 교회 장년과 유년 합 1,200여 명의 교세로 증가했다. 평신도 지도자들의 양성이 필요했다. 1976년 6월 29일 제주노회는 성경학원을 개원하여 학원장에 한병기 목사, 교감에 이종록 목사를 임명하고, 8월 16일부터 27일까지 동원교회에서 열었고, 박원섭, 정규오, 한병기, 이종록, 김경완, 김일남, 홍근섭 목사가 강사로 섬겼다.40) 이어 1977년 1월 17일부터 개최된 동기 성경학교는 홍근섭, 박약실, 김일남, 김성찬 강도사가 강의했다.41)

1950년대에 놀라운 성장을 이룩한 감리교회나 1953년 예장통합과 분열될 당시 상당한 교세를 갖추고 있던 기장교회는 1970년부터 1980년 사이에 비교적 성장이 둔화되었다. 기장 제주노회에는 10개의 교회가 존속했지만 교세에 있었는데, 1960년대에 비해 큰 발전을 이룩하지 못했다. 연감에 따르면 1965년 10개였던 기장교회는 1976년에도 수적으로 변화가 없었다. 제주노회를 복구하여 1970년과 1980년 사이 10개 이상의 교회를 설립한 예장합동과 비교할 때 기장은 큰 발전을 이룩하지 못했다. 이는 1960년대 송죽학교 문제로 인한 후유증이 너무도 컸고, 이로 인해 입은 교단 내외적 손실을 극복하지 못한 것이 주된 원인으로 풀이된다.

감리교의 경우는 교세의 침체는 더욱 심했다. 감리교는 1965년 15교회에서 1976년 11교회로 4개나 줄었다. 기도 처소로 운영되는 형태의 작은 교회를 정비하여 자립하는 교회로 재편되었기 때문일 수 있다. 그러나 꼭 그런 것만은 아닌 것 같다. 교세의 침체로 인해 교회수가 감소한 것이다. 1950년대 놀랍게 성장하며 제주기독교 부흥을 견인했던 감리교회가 1960년대 후반에 접어들어 정체를 면치

---

39) 박창건 편, 제주선교 100주년기념 제주노회사, 40.
40) 박창건 편, 제주선교 100주년기념 제주노회사, 31.
41) 박창건 편, 제주선교 100주년기념 제주노회사, 33.

성내교회 기공식

못하다 1970년대 후반에 이르러 교세가 급감한 것이다. 제주지방 감리교회가 간행한 제주선교 50년사에 따르면 1950년대와 1970년대 사이에 제주에서 감리교회가 크게 성장을 이룩하지 못한 이유는 다음 세 가지로 집약할 수 있다.42)

첫째, 목회자들이 오래 목회하지 못하고 제주를 일찍 떠났기 때문이다. "제주도에 피난 온 목회자 중에서 정회원들도 많았지만 너무도 열악한 제주도에서 목회하려는 이들이 거의 없었다. 대부분의 감리교 목회자들이 곧 제주를 떠났다. 이 부분에 대해 원로목사인 송창언 목사는 감리교회가 장로교회만큼 교세가 부흥할 기회가 있었지만 장로교 목회자들은 많이 제주에 남아 목회를 계속한 반면 감리교 목회자들은 육지의 형편이 조금 나아지자 곧 제주를 떠났으므로 교회가 급속하게 약해졌다고 증언했다."43)

---

42) 제주지방 50년사 출판 위원회, 제주지방 50년사 (제주: 제주지방 50년사 출판위원회, 2005), 38.
43) 제주지방 50년사 출판 위원회, 제주지방 50년사, 81.

제주감리교 지도자 강습회(1961년)

둘째, 감리교는 외국의 지원을 받아 생활하는 이들이 많아 자립의지가 약했다. 제주라는 열악한 환경에서 장로교는 혹독하리만큼 자립을 위해 고투했다. 자립을 향한 의지는 네비우스 선교정책이 보여주듯 토착화를 위해 가장 필요한 무기였다. 그런데 장로교와 달리 감리교회는 목회자들의 지원과 교회 건축의 지원을 연회의 지원을 받아 건축했다. 때문에 교회 건축과 목회자의 사례비에 대한 책임의식이 약해지면서 열악한 제주에서 생존을 위한 각고의 노력이 결여되었던 것이다.

셋째, 제주선교를 개척한 목회자들 대부분이 이북에서 넘어온 피난민들이라 반공사상이 너무도 투철했다. 감리교의 **제주 지방 50년사**에서 지적한 대로 4·3 사건을 통해 우익의 극단을 직접 목도하며 수많은 희생자들을 배출한 제주교인들은 목회자들이 설교시간에 공공연하게 반공을 강조하고 공산주의와 사회주의에 대해 비판을 하는 것으로 인해 마음이 편치 않았다:

제주감리교 제1회 교역자 수양회(1961년)

감리교회의 제주선교 시작은 반공을 기치로 내건 우익세력이 주도하였다. 북한군의 침략에 밀려 피난 온 인사들에 의해 교회가 세워졌기 때문에 처음부터 공정한 판단을 할 수는 없었다. 이것이 초기 한국감리교회 제주선교의 결정적인 한계였다. 이데올로기의 한계를 넘어 하나님의 사랑을 선포해야 하는 교회가 상당수 무고한 희생자들의 아픔과 고통을 감싸 안지 못한 것은 분명히 교회의 사명을 다했다고 볼 수 없다. 그러나 이렇게 직접적인 치유는 못했어도 복음은 그 자체에 치유의 능력이 있다. 하나님은 복음을 통해 제주도민의 아픔을 조금씩 치유하여 주셨다.44)

그럼에도 불구하고 감리교회는 제주기독교를 풍요롭게 만들어 주었다. 오직 장로교만 존재했던 제주에 감리교회가 설립됨으로써 요한 웨슬리와 찰스 웨슬리로 대변되는 풍요로운 개신교의 유산을 비로소 제주에 심어줄 수 있었다. 또한 감리교회는 장로교회와 달리

---

44) 제주지방 50년사 출판 위원회, 제주지방 50년사, 38.

군복음화의 요람, 강병대교회

사회적 책임과 봉사를 솔선수범하는 교단으로서 장로교회가 부족한 사회적 관심과 진정한 인류애적 봉사를 실천하는 모습을 통해 제주 안에서 교회에 대한 이미지를 새롭게 심어주었다. 합력하여 선을 이루시는 하나님의 역사를 여기서도 그대로 읽을 수 있다.

1970년대 제주에는 다양한 교단의 교회들이 자신들의 교세를 확장하고 있었다. 1976년 기독교 연감에 실린 주요 교단의 제주교세현황을 교단과 교파별로 분석한 결과 다음과 같다.45) 예장통합, 기감, 기장, 기성, 예성(혁신), 예성, 침례교, 한국오순절하나님의교회, 예장합동, 예장(ICCC), 한국기독교 등 수많은 교파와 심지어 이단인 안식교와 여호와 증인까지 112개 교회가 제주도에서 활발하게 선교하고 있다. 각 교파와 교단의 교회 수는 다음과 같다.

---

45) 한국기독교교회협의회 편, **1976년 기독교 연감** (서울: 한국기독교교회협의회, 1976), 33-196.

1976년 현재 제주기독교 현황

교단	교회	교회명	교직자 목사	부목사	전도사	선교사	계	교인 세례교인	초입신자	계
예장 통합	61	성안, 영락, 제광, 한라, 도두, 외도, 화북, 봉개, 삼양, 신촌, 조천, 함덕, 김녕, 행원, 세화, 하도, 성산포, 신산, 성읍, 표선, 의귀, 태흥, 남원, 위미, 신예, 시온, 토평, 효돈, 보목, 서귀제일, 서귀포, 서귀북, 서호, 법환, 강정, 옹흥, 중문, 예리, 감산, 화순, 대정, 모슬포 중앙, 모슬포 제일, 무릉, 고산, 용수, 두모, 관포, 조수, 월령, 협재, 비양도, 옹포, 한림, 귀덕, 애월, 금성, 중엄, 하귀, 신양, 추광.	23		24	1	48	4,291	8,952	13,243
기감	11	중앙, 서귀, 조천, 법환, 광양, 호근, 정실, 회수, 대포, 하원, 월평.						미확인		
기장	10	모슬포, 서귀중앙, 서귀세기, 사계, 남부, 수근동, 외도, 서부, 서림, 귀일.	8		4		12	936	947	2,883
기독교 대한 복음 교회	1	제주	2				2		299	299
기성	7	제주제일, 서귀포, 신풍, 저청, 신천리, 모슬포, 제주이호						미확인		
예성 (혁신)	1	제주						미확인		
예성	1	제주이호	1				1		30	30
한국 침례교	2	표선제일, 오라	2				2		120	120

연맹							
기독교 한국 오순절 하나님의교회	1	제주	1		1	298	298
예장 합동	10	서문, 동산, 한림제일, 토산, 북촌, 가시리, 신촌, 서남, 동원, 제성	10		10	1,215	1,215
예장 (ICCC)	1	신사				미확인	
한국 기독교	3	서귀포교, 대평교회, 용수리				미확인	
여호와 증인*	2	대정, 제주				미확인	
안식교*	8	제주, 성산, 함덕, 모슬포, 곽지, 애월, 서귀, 표선	1		1	172	172
기타	64		86		86	15,679	15,679
종합	112						35,588

*이단교단

이 외에도 천주교 성당 9개가 제주에 있다. 확실히 제주기독교는 1970년부터 1980년까지 최고의 성장을 구가하는 시기였다. 한두 교단의 교회들을 제외하고는 전반적으로 제주의 기독교가 놀랍게 성장했다. 한국이 근대화 과정에서 본토의 기독교가 놀랍게 성장하던 시기 제주 역시 유사한 성장의 시기를 맞은 것이다.

1980년대: 제주기독교의 전성기

1980년부터 1990년까지 한국은 민주화 발전, 경제부흥, 세계화를 동시에 달성했다. 투쟁과 혼란과 성장이 동시에 어우러진 독특한 현상이 사회 구석구석에서 진행되고 있었다. 1980년 광주민주화의거를 시발점으로 자유를 향한 외침이 거세졌다. 그런 가운데서도 러시아

문기성 목사와 교인들

와 중국, 그리고 여러 공산권 국가들과의 외교관계 수립을 통해 분단의 위협을 최소화시키며 경제발전을 이룩했다. 1988년 서울올림픽은 "세계는 서울로, 서울은 세계로"라는 모토아래 국제화시대를 열었다. 이 기간 우리 민족은 민주화운동이 정착되고, 자본주의가 뿌리를 내리고, 한국이 세계를 향해 발돋움하는 틀을 마련했다. 참으로 중요한 기간이었다.

농촌인구들이 대거 도시로 유입되면서 도시화 현상이 어느 때보다도 강하게 일어났다. 포화된 수도권 인구 분산을 위해 신도시가 생겨나 서구형의 근대화가 본격적으로 진행되었다. 신도시의 발전과 인구 이동은 전통적인 지역교회라는 구도를 메트로폴리탄 교회라는 구도로 바꾸어 대형교회들이 여기저기서 생겨났다. 소망교회, 명성교회, 사랑의교회로 대변되는 대형교회들이 이 시대 서울에서 생겨났다. 반면 전체 기독교는 점차 세속화되고 세상에 동화되어 젊은이들이 교회를 떠나면서 교회는 젊은이 공백 시대를 맞았다. 젊은이 공백은 자연히 그들이 주도했던 주일학교의 공백으로 이어졌다. 젊은이들부터 시작된 교회 이탈은 청소년 이탈로 다시 유년주일학교, 그리고 점차 장년 이탈로 이어져 한국교회 성장이 눈에 띠게 둔화되더니 급기야 정체기를 맞았다. 1988년부터 1992년까지 4년간의 정체기를 거쳐 1992년 이후 한국기독교는 침체기에 들어섰다. 민중신학과 종교다원주의가 정통적인 신앙을 위협하며 수많은 젊은이들에게 파고들어 갔다. 이어 일어난 이단의 발흥, 신도시의 팽창, 그리고 주일저녁예배의 폐지 내지 변경이 한국교회 안에 강하게 일어났다. 1992년 10월 28일 재림론이 활발하게 일어나 온 사회를 혼란으로 몰아넣었고, 신도시의 등장으로 도시인구가 대거 신도시로 이동했고, 이런 환경에 맞추기 위해 저녁 8시에 드리던 전통적인 저녁예배가 오후예배로 바뀌기 시작했다. 확실히 1980년대 후반에 접어들어 한국은 교회사적으로도 새로운 시기를 맞았다.

민주주의와 경제발전, 그리고 세계화는 제주민들의 생활방식과 종교생활에 적지 않은 영향을 미치기 시작했다. 경제발전으로 여유가 있는 이들이 제주를 방문하는 숫자가 급증했다. 김포공항과 제주 사이에 국내선이 활발하게 오가기 시작하면서 제주는 이제 먼 곳이 아니었다. 이와 같은 육지와의 활발한 교류는 제주를 고립된 곳이 아닌 하나의 문화권으로 만들어 주었다. 육지에서 유행하는 것이 제주에서 유행하지 않은 것이 없었다. 이제 제주는 주류 사회에서 경험하는 문화, 사회적 성격을 그대로 공유하는 지역이 되었다. 이것은 종교적인 영역에서도 마찬가지다. 호텔, 음식점, 민박, 유흥업소 등 관광산업의 발전이 눈에 띠게 활발해지면서 제주 사람들은 종교적인 관심보다는 세상을 즐기고 돈을 버는 일에 더 많은 관심을 기울이게 되었다. 제주는 여타 기독교회가 겪는 많은 문제들을 공유하기 시작한 것이다. 전통문화를 계승하면서 종교 활동을 자유롭게 누릴 수 있는 그런 편안한 종교가 1980년대에 점차 요구되고 있었다. 제주의 경우는 더욱 특별했다. 우상숭배와 조상숭배 문화가 깊숙하게 뿌리내린 제주에서는 제사문제가 복음전파에 가장 큰 걸림돌이었다. 1936년 신사참배를 수용하면서 제

서부교회 교인

사까지 받아들인 천주교는 제주도민들에게 더 가까이 다가가는 종교로 비추어졌다. 1970년대와 1980년대 제주민들에게는 고등종교에 대한 관심이 높아졌고, 고등종교 중에서 전통문화와 제사제도를 수용하고 이해할 수 있는 천주교에 대해 깊은 호감을 갖기 시작했다. 게다가 김수환 추기경의 사회정의를 촉구하는 독재정권을 향한 말 한마디 한마디는 사회정의감이 남다른 제주민들에게 매우 호소력 있는 지도자로 비추어졌다. 이런 요인들로 인해 이 시대 천주교는 한국에서 놀라운 성장을 구가하기 시작했다. 제주도 역시 예외는 아니었다. 게다가 천주교가 운영하는 신성여자중학교와 신성여자고등학교, 이시돌목장, 병원의료활동 등 꾸준한 대 사회적 활동은 선대들이 갖고 있던 천주교에 대한 전통적인 부정적 이미지를 일소시키는 역할을 했다. 천주교에 대한 부정적 감정이 눈에 띄게 줄어들었다. 이 시대 제주에서 천주교는 기독교 성장과 비교할 수 없는 기적에 가까운 성장을 이룩했다. 1987년 조승철이 작성한 제주의 종교 실태에 따르면 천주교는 31교회 (본당 12, 공소 19), 99명의 교직자에 23,870명의 교세를 갖고 있었다.46) 이 통계는 170교회, 192명의 교역자, 41,259명의 교세를 갖고 있는 기독교와 비교할 수 없는 것이지만 전혀 소생 가능성이 없는 천주교가 이 정도로 성장을 이룩한 것은 기적에 가까운 일이었다.

민주화, 경제발전, 세계화로 집약되는 1980년대 제주기독교는 교회성장의 전성기를 맞았다. 제주에 설립된 교회는 1976년 112개에서 1987년 170개로 증가했다.47) 이단교회까지 포함하면 그 수는 훨씬 더 많았다. 이 시기 제주에 설립된 장로교, 감리교, 성결교회, 침례교회, 오순절교회, 그리스도교회를 비롯한 모든 교파의 교회들이 성장했다. 1976년 35,588명이던 교세가 1987년에는 41,259명으로 증가해 비록 교회 수의 증가에는 미치지 못했지만 15.9%의 성장을 이룩했다. 1987년 통계에 의하면 제주에 설립된 교단들 가운데 예장통합이 77개 교회로 가장 많고,48) 그 다음이 감리교와 기장으로 23교회와 15교회, 예장합동이 9교회, 침례교가 8교회, 예장 개혁 8교회, 그리스도교회와 기성이 7교회, 기독교대한복음교회가 4교회, 하나님의 성회 순복음 여의도측과 순복음서대문측이 3교회, 예성과 고신과 예장동신이 각 2교회, 예성혁신, 비주류, 오순절성결교회가 각 1교회이다.49)

조승철의 연구에는 1987년 당시 감리교에 대한 통계가 없는데 감리교 50년사에 따르면 1987년 현재 제주의 감리교 수는 23교회, 24명의 교역자, 3,170명의 교세이다. 조승철의 제주의 종교실태에 있는 170개 교회에 감리교 수를 추가하면 제주의 전체 기독교 교회 수는 193교회라고 할 수 있다.

교회의 수에 있어서 예장통합은 1976년 61개 교회에서 1987년

---

46) 조승철, 濟州의 宗敎 實態 (제주: 보라문화원, 1987), 101.
47) 조승철, 濟州의 宗敎 實態, 101. 170개라는 통계 수치는 객관적으로 조사한 자료라는 점을 고려할 때 신뢰해도 좋을 것이다.
48) 조승철, 濟州의 宗敎 實態, 74-81. 예장통합교단에 속한 77교회는 성안, 제광, 영락, 동광, 화북, 삼양, 신동아, 외도, 봉개, 벧엘, 도두, 한라, 서귀포, 서귀포북, 법환, 서호, 용흥, 강정, 중문, 예리, 시온, 서귀포제일, 보목, 효돈, 토평, 조천, 신촌, 협재, 월령, 판포, 함덕, 김녕, 행원, 세화, 하도, 우도, 송당, 추광, 덕천, 모슬포제일, 모슬포중앙, 신례, 위미, 남원, 안귀, 태흥, 표선, 성읍, 신산, 동남, 성산포, 서리, 삼달, 한경, 조수, 저청, 고산, 용수, 납읍, 봉성, 하귀, 중엄, 애월, 금성, 귀덕, 한림, 옹포, 감산, 안덕, 덕수, 서광, 향림, 무릉, 대정영락 등 77교회이다.
49) 조승철, 濟州의 宗敎 實態, 71-85.

77개 교회로 증가했고, 감리교는 11교회에서 23교회로, 기장은 10교회에서 15교회로, 예장합동은 10교회에서 9교회로 1교회가 줄었고, 침례교는 2교회에서 8교회로, 예장개혁은 8교회로, 그리스도교회와 기성교회는 7교회로, 기독교대한복음교회는 1교회에서 4교회로, 하나님의 성회 여의도 측과 서대문 측이 6교회로, 예성과 고신과 예장동신이 각 2교회로 증가했다.

기장에 속한 교회로는 동부, 서부, 남부, 연동, 성풍, 모슬포, 종달, 귀일, 서귀포중앙, 세기, 사계, 서림, 정방, 신흥, 성원 등 15교회이다. 기장교회는 1976년 10개 교회에서 15교회로 증가하였다.

예장합동에 속한 교회는 제성, 신제주, 서문, 동원, 주원, 한림, 북촌, 가시리, 토산 등 9교회이다. 침례교의 경우 제주, 오라, 신제주, 서귀포, 성광, 표선, 공천포, 제일침례교 등 8교회이다. 그 외 예장개혁에 속한 교회는 탐라, 새소망, 제주동산, 제주중앙, 중문제일, 한동, 더럭, 희망원 등 8교회이며, 그리스도교회는 시흥, 여락, 온평, 가마, 난산, 평대, 종달 등 7개 교회이다. 기성으로는 제일, 연예인, 서귀포, 저청, 가나안, 신풍, 가마리 등 7교회이고, 기독교대한복음교회는 제주, 아라, 중앙복음, 신온성 등 4교회이다. 하나님의 성회에 속한 교회는 순복음여의도 측이 순복음제주도, 서귀포, 순복음중앙 등 3교회이고, 하나님이 성회 서대문 측은 제주순복음, 한라순복음, 한림순복음 등 3교회이다. 예성은 동문과 이호, 2교회이고, 고신은 서광과 제남, 그리고 예장동신은 영생, 영광, 2교회이다. 오순절성결교회에 속한 세화교회, 대한예수교장로회(비주류)의 마라도교회, 그리고 예성혁신에 속한 교회로 제주교회가 있다.[50]

이들 통계의 분석을 통해 우리는 1980년대 제주도교회의 몇 가지 특징을 도출할 수 있다.

첫째, 통합교단이 여전히 제주교회 성장을 주도했다는 사실이다. 통합교단의 교회들은 안정과 발전과 성장을 지속하며 제주선교의

---

50) 조승철, 濟州의 宗敎 實態, 71-85.

성장을 견인했다. 자립하는 교회들이 상당히 증가했다. 이것은 통합 교단 교회들의 결산을 통해서도 확인할 수 있다. 이들 1980년 통합 교단의 교세는 1980년 17,993명에서 1990년 23,616명으로 증가했고,51) 재정 역시 결산을 기준으로 할 때 1980년 457,669,000원이던 것이 1990년에는 3,395,432,000원으로 거의 7.42배나 증가했다. 자립이 최대의 과제인 제주에서 이 정도 결산이 증가했다는 것은 그만큼 교회가 재정적으로 발전했다는 사실을 보여준다. 물론 이 같은 견실한 재정적 자립을 통합교단 외에 다른 교단의 교회들에게도 수평적으로 적용할 수는 없지만 제주교회 성장을 견인하는 예장통합의 재정 자립의 증가는 곧 자립교회의 증가를 의미하는 것이다.52)

둘째, 신흥교단들의 급성장이다. 교회 수에 있어서 새로 진출한 교파나 교단들의 교회 설립이 활발하게 진행되어 교회의 수가 급성장했다. 1976년 교회 수는 이단을 포함해서 112교회였다. 그러나 10여 년 후인 1987년에는 이단을 제외하고 170개 교회로 증가했다. 이중 통합측 교회는 77교회로 이를 퍼센트로 환산하면 45%이다. 이는 1976년 제주 전체 교회 수에서 통합측 교단이 55%를 차지했던 것과 비교할 때 다소 떨어진다. 이것은 통합교단 외에 다른 교단들이 제주에 활발하게 교회를 설립했다는 것을 의미한다. 합동교단과 개혁교단, 성결교회, 그리스도교회, 그리고 침례교회 같은 제주선교에 늦게 뛰어들거나 복구노회를 결성한 교단들의 활동이 두드러졌음을 보여준다. 제주기독교가 그만큼 풍요로워진 것이다.

셋째, 이단교회들의 급성장이다. 1987년까지 제주에는 제주통일교회, 신제주통일교회, 서귀포통일교회, 한림통일교회, 함덕통일교회, 대정통일교회, 남원통일교회, 성산통일교회 등 8개 통일교회가 설립되었다. 1957년 2개의 통일교회가 제주에서 활동하였던 것에 비해 무려 4배가 증가한 것이다. 안식교로 불리는 제7일 안식일 예수재림

---

51) 예장제주노회연도별 교회성장 추세 (1970.12.31-1992.12.31), 1.
52) 예장제주노회연도별 교회성장 추세 (1970.12.31-1992.12.31), 1.

교회의 경우도 1987년 제주시, 서귀포, 한림, 어음, 애월, 곽지, 선인동, 함덕, 성산포, 표선, 모슬포 등 11교회가 활동하고 있다. 1957년 6개 교회 600명의 교세를 갖고 있던 안식교회도 1976년에는 8교회로 증가했고, 다시 1987년에는 11교회로 증가했다. 이같은 수적 증가는 정통 기독교 교회의 증가를 상회하는 것으로 1960년대 한때 감소했던 교세가 다시 탄력을 붙은 것을 보여준다. 여호와의 증인도 1987년 현재 6교회가 제주에서 활동하고 있다. 이단인 통일교가 8개 교회, 여호와의 증인이 6교회, 그리고 안식교가 11교회이다. 기성교회도 증가하고 있지만 기성교회의 증가보다 이단 교회들이 더 빠른 속도로 증가하고 있는 현실이다. 통일교회, 안식교회, 여호와의 증인에 속한 교회만도 25교회이며, 그 외 천부교나 기타 이단교회들을 합할 경우 그 수는 훨씬 능가할 것으로 예견된다. 이들 수치는 전체 개신교 170개를 비교할 때 15%에 육박하는 것으로 결코 수적으로 적은 것이 아니다. 제주가 이단교회에 그만큼 노출되고 있다는 의미이며, 이 같은 추세가 계속된다면 제주 역시 이단에 의한 혼란으로 어려움을 겪을 수 있을 것이다.

1990년대: 정체기(停滯期)를 맞은 제주기독교

1980년대 후반부터 나타나기 시작한 제주기독교의 성장둔화는 1990년대에 접어들어 더욱 분명하게 나타나기 시작했다. 한국사회와 문화적 변천도 이 일에 한 몫을 했다. 1990년대 한국사회는 서구 사회가 누리는 근대화와 문명의 이기를 공유하기 시작했다. 신도시의 개발로 자기 집을 마련하는 기회가 더 많아졌고, 자동차를 통해 전국이 하루 생활권으로 점차 다가오기 시작했다. 과거 특권층의 산물이었던 텔레비전, 냉장고, 에어컨, 자동차가 서민들에게도 없어서는 안 될 필수품이 되었다. 1970년대와 1980년대 산업화과정에서 역기능으로 생겨난 빈부격차도 눈에 띄게 줄어들었고, 의료보험의 확대로 온 국민이 의료 혜택을 누리는 복지국가가 되었다. 문민정부의 등장 이후 정착되기 시작한 민주화 발전, 점차 눈에 띄기 시작한 의료보험의 정착은 한국인들의 생활을 더한층 서구화로 인도해 주었다.

노동자의 임금이 놀랍게 인상되었다. 과거, 급료의 현격한 차이로 인한 문제들이 점차 줄어들었고, 중산층의 증가로 서민들의 전반적인 생활수준이 이전에 비해 향상되었다. 생활수준의 향상으로 감귤에 대한 수요가 폭발하면서 기왕에 관광지로 부상한 제주는 관광수입 외에 농업 소득이 증대되어 과거 절대적 빈곤에서 벗어나지 못했던 제주가 비로소 한국사회의 근대화와 산업화의 이기를 공유하기 시작한 것이다.

이런 여러 가지 요인들로 인해 1990년대에 접어들어 제주민들의 생활수준이 상당히 향상되었다. 육지와 제주도의 생활수준의 차이가 현격하게 줄어들었고, 그와 함께 제주기독교는 자립의 틀을 더해갈 수 있었다. 제주와 육지의 교통발전을 통해 그 간극이 이전에 비해 훨씬 줄어든 것도 제주발전에 중요한 몫을 감당했다. 제주는 한국사회가 누리는 문화적, 경제적 혜택과 역기능을 동시에 공유했다. 여성들의 성개방, 교회 중심의 생활 패턴이 가족 중심의 패턴으로 급격하게 변했다. 1980년대 특별히 올림픽을 전후하여 경제발전이 일기 시작하면서 더욱 확산되기 시작한 러브호텔은 한국사회의 역기능을 그대로 대변하는 상징물이었다. 그토록 전국을 물들인 러브호텔은 이 시대 성적타락을 그대로 대변하고 있다.

정도의 차이는 있지만 관광지 제주에서도 예외는 아니었다. 제주는 관광지로서, 육지와의 교통발달로 인한 일일생활권의 정착으로, 한국사회가 갖고 있는 문제점들을 여전히 공유하지 않을 수 없었다.

1990년대에 접어들면서 한국교회가 이단의 발흥으로 몸살을 앓고 있을 때, 제주는 육지의 교회들이 갖고 있는 그와 같은 고통을 피할 수 있었다. 지역적으로 떨어져 있고, 제주에 문제의 이단들이 활동할 수 있는 은거지가 많지 않아 이단으로 인한 피해를 줄일 수 있었다.

1962년 제주감리교 지방대사경회

무엇보다 건전한 예장통합 교단이 제주기독교를 주도하고 있어 주류 교단이 이단에 흔들리지 않아 여타의 교회들도 이단의 피해를 막을 수 있었다. 이것은 돌이켜 볼 때 놀라운 축복이 아닐 수 없다.

1990년대에 접어들어 제주기독교 교세는 비록 이전에 비할 수 없지만 여전히 증가하고 있었다. 1987년 제주기독교회가 170개 교회에서 10년 후인 1996년에는 268교회로 증가했다. 이 숫자는 이단교회들을 제외한 숫자인 것을 감안하면 제주교회는 수적인 면에서 놀랍게 증가한 것이다.[53]

1960년부터 1990년대까지 제주기독교 역사를 살펴보면 모종의 변화를 읽을 수 있다. 1996년 3월 현영립이 작성한 **제주도내 기독교, 개신교 시군읍면별 교회 분포 현황**에 따르면 제주도내 가장 많은 교세를 갖고 있는 교단은 역시 예장통합이다. 예장통합은 99개의 교회를 갖고 있어 제주에 있는 전체 268개 교회 가운데 5분의 2에 육박한다. 이 수는 대단히 많은 수가 아닐 수 없다. 통합교단의 교회는

---

53) 현영립, 제주도내 기독교, 개신교 시, 군, 읍, 면 별 분포 현황 (1996년 3월), 1.

4년 만에 7개의 교회가 더 증가했다.54) 이 같은 교회수의 증가는 다른 교파와 교단에서도 찾을 수 있는 현상이었다. 그 다음으로는 기감으로 28교회가 여기에 속하며, 예장합동이 교회 수에 있어서는 18개 교회로 세 번째이다. 그 뒤로는 기장 17교회, 예장합동개혁 15교회, 기성 14개 교회, 고신 9교회, 그리스도의 교회와 기침 각 8교회, 기독교대한 하나님의 성회 7교회, 예장 대신과 예장합동전통이 각각 5교회이다. 그 외에도 예성 4교회, 예장연합과 예장 한국총무회가 각각 3교회, 예장고려, 예장합동동신, 예장호헌, 대한예수교장로회 2교회, 예수교대한 하나님의 성회 2교회, 기독교대한복음교회 2교회, 예장호헌보수, 예장장신, 예장대신 측, 예장로고스, 예장형제교회, 예장재건교회, 예장합신혁신, 예장총회, 대한예수교오순절성결교회가 각 1교회로 총 268교회가 있다.55)

1996년 제주도내 기독교 개신교 교단별 분포 현황을 1987년과 비교할 때 다음과 같다. 예장통합의 경우 1990년 23,618명이던 교세는 2년 후인 1992년 26,596명으로 증가했다. 비록 이전에 비해 대단한 성장은 아니지만 여전히 성장을 계속하고 있었던 것이다. 교회 수에 있어서도 1987년 77개 교회에서 1992년에 92교회로 증가했다. 제주지역에 통합교단의 교회가 꾸준하게 설립되고 있음을 보여주는 것이다.

감리교는 28교회로 제주에서 두 번째로 많은 교회수를 가지고 있었고, 합동교단은 1987년 9개 교회에서 18개로 배가 증가했다. 기장은 15교회에서 17교회로, 개혁은 8개 교회에서 15교회로, 기성은 7개에서 14개로, 고신은 2개에서 9개 교회로, 그리스도교회와 침례교회는 각각 8개에서 8개 교회 그대로, 예성은 2개에서 4개로, 기하성은 3개에서 7개로, 그리고 복음교회는 4개에서 2개로 줄었다. 우리는 이들 통계자료를 통해 다음 몇 가지 사실을 확인할 수 있다.

---

54) 현영립, 제주도내 기독교, 개신교 시, 군, 읍, 면 별 분포 현황 (1996년 3월), 1.
55) 현영립, 제주도내 기독교, 개신교 시, 군, 읍, 면 별 분포 현황 (1996년 3월), 1.

첫째, 예장통합은 꾸준하게 안정적 성장을 지속하며 제주선교를 견인했다는 사실이다. 가장 많은 교세와 인적자원과 안정적 기반을 갖춘 통합은 큰 변화 없이 성장을 계속했다. 제주에서 통합교단은 상당히 높은 인지도를 갖고 있고, 대부분의 교회가 통합교단 소속이다. 때문에 통합교단은 다른 교파나 교단에 비해 교세확장에 유리한 위치를 점하고 있다. 다양한 교단들과 교파들이 제주선교를 추진하고 있지만 여전히 통합교단이 제주선교의 축으로 인식되고 있어 제주선교의 발전여부는 통합교단의 성격과 방향에 크게 의존할 수밖에 없다. 제주의 기독교는 건전한 신학과 대 사회적 책임을 구현하는 방향으로 이끌어져 갈 때 본래 기독교에 대한 인지도를 높일 수 있을 것이다.

제주 예장통합교세 증가

년도	1951	1957	1970	1980	1990	2007
교세	1,805	8,000	10,125	17,993	23,618	30,619

자료: 통합제주노회 통계 보고

둘째, 기장의 경우 통합에 비해 성장이 늦었지만 여러 위기 속에서도 조금씩 성장을 계속해 2007년 3월 20교회 3,811명의 교세로 증가하다 2008년 3월에는 20개 교회 3,577명으로 감소했다.

셋째, 제주의 감리교 역시 성장을 했지만 굴곡이 심했다. 1980년 2,333명이던 감리교 교세는 1,981년 2,912명으로 급성장을 하다 다시 1982년 2,674명으로 하락했고, 1984년에는 2,444명으로 하락했다 1987년에는 3,170명으로 성장했고, 1992년에는 3,658명으로 급성장을 했다. 성장의 굴곡이 있었지만 1981년 2,912명에서 1992년 3,658명으로 20% 이상이 성장했다. 하지만 1992년 3,658명이던 교세가 1993년에는 2,301명으로 급감하였고, 그 후 성장의 굴곡을 거치면서 2004년 3,842명으로, 2006년 3,897명, 그리고 2007년 3,755명이 되었다. 1992년 3,658명 교세가 15년 후인 2007년 3,755명으로 약간 성장했다. 이는 한국교회가 이 기간 마이너스 성장을 한 것에 비해 양호한 것이라고 할 수 있지만 성장의 굴곡이 심해 앞으로의 방향을 예측하기 힘들다.

50년간 제주의 감리교회 성장 추이

년도	1957	1981	1982	1992	1993	2004	2006	2007
교회 수	9	19	21	26	28	35	37	37
교세	3,916	2,912	2,674	3,658	2,302	3,842	3,897	3,755

자료: 감리교 통계

넷째, 예장합동, 고신, 기성, 예성, 예장개혁의 성장이 두드러졌다는 사실이다. 이들 교단들은 거의 배에 가까운 성장을 10년 동안에 이룩하여 교회수가 1987년에 비해 놀랍게 신장했다. 이들 교단들은 한국교회 안에 주류 교단으로 평가받고 있는 교단이었기 때문에 안정적 기반을 토대로 제주선교를 지속적으로 추진해 제주기독교 발전에 기여했다. 반면 제주선교를 일찍이 추진했지만 교세가 약한 교단의 경우 제주에서도 큰 성장을 이룩하지 못했다. 교단의 인지도가 제주선교에 크게 작용한 것으로 보인다.

통합교단이 제주선교를 주도하지만 다양한 교파와 교단이 제주에 선교를 착수하고 발전하고 있어 통합교단은 다른 교파와 교단들과 협력을 통해 교세를 확장하며 제주선교를 공동체의식을 갖고 추진할 필요가 제기되었다. 천주교는 일사불란한 체제를 갖고 물량적으로 인적으로 많은 재원을 동원하여 꾸준하고 강력하게 제주선교를 추진하고 있는 반면 제주의 기독교는 그렇지 못했다. 이제라도 제주기독교는 교단과 교파를 초월하여 협력과 일치로 협력체제를 구축하여 물적 인적 한계를 극복해야 할 것이다.

제주기독교는 2000년대에 접어들어서도 꾸준한 성장을 이룩했다. 1996년 268개 교회가 2004년에 356교회로 증가해 수적으로 여전히 가파르게 성장했다. 교세에 있어 1987년 41,259명이던 교세는 2004

년에 51,620명으로 증가했다. 1987년 170개교회가 2004년 356개 교회로 배 이상이 증가했으나 교세에 있어서는 약 25% 성장하는데 그쳤다. 2004년을 기준으로 할 때 교세는 통합교단이 116개, 교회 29,082명으로 가장 많고, 이어 기감 35교회, 3,986명, 기장 20교회, 3,314명, 기하성 22교회, 2,405명, 기성 15교회, 2,102명, 예장합동 26교회, 1,964명, 고신 12교회, 1,816명 순이고, 그 외 교파 및 교단의 교회들은 교세가 1,000명 미만이다. 제주기독교 역사라는 관점에서 기독교 교세 증가를 이전과 비교하면 다음과 같다.

제주기독교 교세 증가 현황

년도	1908	1912	1930	1940	1942	1951	1957	1976	1987	2004
교회	2	3(5)	17	24	25	27(2)	75	112	170	356
교세	20	400	1,078	2,049	1,578	1,805	14,061	35,588	41,259	51,620

( )는 기도처/ 출처: 노회록, 총회록, 연감 등 자료를 통해 종합

위 통계는 필자가 **독노회록, 노회록, 총회록, 연감,** 기타 자료를 종합하여 정리한 것으로 제주기독교의 변화를 한 눈에 읽을 수 있다. 제주기독교는 1908년 이기풍이 내도해서 6개월 정도 되었을 때 20여 명의 교인이 생겼고, 4년 후에는 400명의 교인으로, 1930년 제주노회가 조직되었을 때는 1,078명이었다. 노회 설립 10년이 지난 1940년에는 2,049명으로 증가해 노회설립 시기와 비교할 때 교세가 거의 배가 성장했다. 하지만 신사참배와 일제의 박해가 가속화되면서 교세가 급감해 불과 2년 후인 1942년 1,578명으로 줄었다. 그러다 해방이 되고 4·3 사건이 발발하여 교회가 위축되다 그 후 제주교회가 새로운 부흥기를 맞으며 교세를 회복하다 한국전쟁을 기점으로 부흥기를 맞았다. 1951년과 1957년 사이 교세가 1,805명에서 6,290명으로 급성장했다. 그 후 제주기독교는 가파른 성장을 계속했다. 그 결과 제주기독교는 1951년 이후 1987년까지 꾸준한 성장을 이룩 1951년 1,805명이던 교세가 1987년에는 무려 41,259명의 교

세로 22.85배가 성장한 것이다.56)

이 같은 제주기독교의 꾸준한 성장은 참으로 기적에 가까운 일이며 너무도 자랑스럽다. 그러나 1987년부터 2004년까지의 교세 성장은 41,259명에서 51,620명으로 약 25% 성장에 그쳐 성장이 상당히 둔화되었음을 알 수 있다. 정확한 제주기독교에 대한 통계가 나와 있지 않아 구체적으로 분석할 수는 없지만 1987년 41,259명에서 2004년 51,620명이 되기까지 연차적으로 조금씩 성장했다기보다는 1987년부터 1990년대 초까지 성장하다 1990년대 중반 이후 2004년까지 정체된 것으로 여겨진다.

만약 이것이 사실이라면 제주기독교의 성장과 정체는 한국교회 전체의 흐름과 유사하다. 한국교회는 전반적으로 1988년부터 1992년까지 정체 또는 완만한 성장을 이룩하다 1992년부터 정체 내지 침체기를 맞았는데 제주기독교 역시 그 같은 흐름을 공유하고 있다는 사실이다. 한국교회 전체가 급성장할 때는 제주기독교 역시 놀라운 성장을 이룩했고, 한국교회가 침체기를 맞을 때는 제주기독교 역시 교세의 침체를 면키 어려웠다. 이런 점에서 볼 때 제주기독교는 한국교회의 영광과 실패를 거의 공유했음을 볼 수 있다.

2. 성장의 가도를 달리는 제주 천주교

이와는 달리 1960년대 이후 제주의 천주교는 전에 없는 성장을 구가하고 있다. 그리고 그 성장은 지속적이면서 가파르게 진행되었다. 제주 역사상 가장 놀라운 성장기를 맞은 것이다.

---

56) 현영립, 제주도내 기독교, 개신교 시, 군, 읍, 면 별 분포 현황 (1996년 3월), 1.제주기독교 통계에 있어서 차이가 있다. 1999년 7월 제주의 개신교 통계는 다음과 같다. 202개 교회, 299명의 교역자에 30,110 명의 성도다. 지역적으로 살펴보면 제주시가 73교회, 148명의 교역자에 교인 14,376명으로 가장 많고, 그 다음이 서귀포로 44교회, 66명의 교역자, 8,115명의 교인이다. 북제주군에는 50교회, 50명의 교역자, 3,907명의 교인이고 남제주군이 35교회에 35명의 교역자 그리고 3,712명의 신도수가 있다. 제주기독신문, 1999년 7월 21일.

1901년 이재수 난 이후 숨죽이며 조용히 선교를 해오던 제주천주교는 1957년까지만 해도 교세가 아주 미미했다. 1957년 제주에는 성당 숫자가 제주읍 성내리 성당, 제주군 서귀포 서귀포 성당, 북제주군 한림면 한림성당 3개에 불과했고, 교세에 있어서도 개신교에 비해 상대적으로 미약하였다. 그러다 1960년대를 지나 1970년대와 1980년대에 접어들어 제주 천주교는 기적 같은 성장을 거듭했다. 천주교가 1965년에는 5개의 성당으로 증가했고, 1976년에는 9개로, 1987년에는 31개로, 1991년 31개, 1996년에는 32개, 그리고 1997년 이후에는 34개로 증가했다. 수적으로는 큰 차이가 없으나 대부분이 공소였던 이들 성당들이 본당으로 발전하였고, 공소의 수는 줄어들고 본당의 수는 꾸준히 증가했다.

　1987년 본당 12개, 공소 19개였던 것이 1996년에는 본당 16개, 공소 16개, 1997년에는 본당 20개, 공소 14개, 1998년에는 본당 21개, 공소 13개, 1999년에는 본당 22개, 공소 12개, 2001년에는 본당 23개, 공소 12개, 2004년에는 본당 24개, 공소 11개, 2007년에는 본당 24개, 공소 9개로 본당의 수는 증가하고 공소의 수는 줄어들었다. 또한 공소의 수를 줄여 회집의 능률을 높여 운영의 효율을 극대화시켜 간 것을 알 수 있다.

　본당과 공소의 증가와 비교할 수 없을 정도로 천주교세가 급증했다. 그것은 지속적인 증가였다. 1960, 70년대에 성장을 거듭하던 제주 천주교는 1987년에 이르러 23,870명으로 성장했고, 다시 1991년에는 29,698명, 1996년에는 41,938명, 2000년에는 52,468명, 2003년 58,512명, 그리고 2007년에는 64,917명으로 급성장했다. 인구대비 11%를 훨씬 넘어섰다. 1991년 이후 제주기독교가 별로 성장하지 못하며 정체를 거듭하는 제주기독교와 달리 제주 천주교는 1987년과 2007년 사이 무려 배 이상이 성장한 것이다. 기독교가 제주에서 대단한 성장을 이룩했지만 천주교는 더 큰 성장을 이룩하며 제주에서 가장 큰 종교집단으로 우뚝 선 것이다. 기독교의 관점에서 보면 이것은 참으로 놀랍고 무서운 성장이 아닐 수 없다.

1950년대 미약했던 제주 천주교

기독교가 75교회, 14,061명의 교세로 성장하고 있던 1957년 제주 천주교는 교세가 열악하기 그지없었다. 1957년 기독교 연감에 따르면 "제주도(濟州道)"에는 3개의 천주교 본당이 있었다.

  제주교회(濟州 敎會) 제주읍 성내리(濟州邑 城內里)
  서귀포교회(西歸浦敎會) 남제주군 서귀포(南濟州郡 西歸浦)
  한림 교회(翰林 敎會) 북제주군 한림면(北濟州郡 翰林面)[57]

전체적으로 당시 천주교는 개신교의 교세와 비교할 수 없을 정도로 열악했다. **1957년 기독교연감**에 따르면 1957년 당시 전체 한국기독교는 3,501교회, 1,324,256명의 교세를 가진 반면 한국의 천주교는 1,139교회, 242,034명에 불과했다. 교회 숫자에 있어서나 교인 숫자에서 있어서 한국의 천주교는 기독교와 비교할 수 없었다. 기독교와 천주교의 교세 차는 비단 제주에서만의 현상은 아니었지만 제주에서는 천주교에 대한 부정적인 이미지로 인해 포교의 지장이 참으로 많았다. 그러던 제주 천주교가 1960년대부터 깊은 잠에서 깨어나기 시작했다. **1965년 한국기독교 연감**에 따르면 제주에는 다섯 개의 천주교 본당이 있었다.[58]

1965년 제주 천주교 현황

천주교 성당 이름	주 소	담당 신부
濟 州	濟州市 三徒洞 198	都 요왕 神父
翰 林	北郡 翰林邑 大林里 1818	洪 요셉 神父

---

57) 한국기독교연합회 편, **1957년 기독교연감**, 265.
58) 이상용 편, **1965년 한국기독교연감**, 625-626.

新昌	北郡 翰東面 新昌里	嚴 요안 神父
모슬포	南郡 大靜邑 하포리 805	嚴 요안 神父
西歸浦	南郡 西歸邑 西歸里	楊(골) 神父

이상용, <1965년 한국기독교연감>

  1957년 3개의 천주교 성당이 1965년에는 다섯 개로 증가한 것이다. 위 통계 중에서 신창과 모슬포는 엄요안 신부가 동시에 맡고 있었음을 고려할 때 본당이 아니라 둘 중 하나는 공소일 수 있다. 그럴지라도 천주교가 불과 8년 사이에 성당이 2개가 더 증가했다는 것은 작은 성장이 아니다. 1965년에는 제주가 광주대교구에 속해 있지만 "제주대리구"로 성장한 것이다. 광주대교구는 전라남도 일원과 제주도를 포함하는 교구로 1937년에 조직되었다.59)

  1970년대에 접어들어서도 꾸준한 성장을 이룩한 제주천주교는 **1976년 기독교 연감**에 따르면 "대리구"에서 "제주지목구"로 발전하였다.60) 제주지목구장에는 현 하롤드 대주교(꼴), 부지목구장에 원요한 신부, 사무국장에 김병준(요한) 신부, 지목구장비서 문 도날도 신부, 재경국장에 길요셉 신부, 그리고 사무국장에 유효철(까롤로)였다. 1976년 제주에는 중앙, 광양, 동문, 모슬포, 서귀포, 서귀포 중앙, 성산포, 신창, 그리고 한림 등 9개의 성당으로 1965년에 비해 4개가 더 증가한 것이다.61)

1976년 제주 천주교 현황

제주도 내 성당 이름	주소	담당신부
중앙	제주시 3도 1동 108	김창훈
광양	제주시 2도 1동 1256의 1	고요한
동문	제주시 1도 2동 1026의 1	이태수
모슬포	제주도 대정읍 하포리 805	허승조
서귀포	제주도 서귀읍 서귀3리 586	현요한

---

59) 이상용 편, **1965년 한국기독교연감**, 622-623.
60) 한국기독교연합회 편, **1957년 기독교연감**, 209.
61) 한국기독교연합회 편, **1957년 기독교연감**, 209.

서귀포 중앙	제주도 서귀읍 서귀 2리2277-2	지제랄드
성산포	제주도 남제주군 성산면 오조리 61의 10	양 하오르드
신창	제주도 북군 한경면 신창리 705	온 다니엘
한림	제주도 한림읍 대림리	노푸란치스꼬

자료: <1976년 기독교연감>

    제주에 주교가 부임하고 9개의 성당에 책임 담당 신부가 부임하여 천주교가 적극적으로 포교를 하고 있음을 알 수 있다. 이들 성당 외에도 여러 개의 "수도 및 전도 단체"가 제주에 설립되었다. 남자 수도단체로 한국순교복자성직수도회가 제주도 서귀포읍 서홍리 204번지에 설립되었고, 김원국 바오로 수사가 제주 분원장으로 섬기고 있다.[62]

    여자들을 위한 수도회로는 까리따스 여자수도회, 끌라라관상수녀회, 성꼴롬바노 수녀회가 있다. 까리따스 여자수도회는 제주시 용담 1동 244의 6번지에 위치하며 김체칠리아 수녀가 분원장을 맡고 있었고, 끌라라 관상수녀회는 제주시 한림동 금악리에 있으며 메일 다이안 수녀가 원장으로 섬기고 있다. 성꼴롬바노 수녀회는 제주도 한림읍 대림리 28번지에 위치하며 필로미나 수녀가 분원장이었다.[63]

    1980년대에 접어들어 제주천주교는 놀라운 성장을 계속했다. 조승철의 **제주의 종교실태**에 따르면 1987년 현재 제주의 천주교는 본당 12개, 공소 19개 합 31개소이며, 교직자는 주교 1명, 신부 18명이고, 수사 2명, 수녀 38명이다.[64] 이들 교직자 중 외국인 신부가 6명이고, 수녀 5명이 포함된 수이다. 이 시대 기독교의 경우 제주에 상주하는 외국선교사가 침례교 연맹 소속 1명을 제외하고는 없었다. 그런데 천주교 경우 상주하는 외국인 선교사가 무려 11명이나 된다는 사실은 천주교가 외국선교회 차원에서 진행되었음을 보여준다. 제주천주교는 한편으로 신성여학교 운영을 통해, 유치원 경영을 통해 이시돌 목장과 같은 대 사회적, 문화적 책임 구현을 통해, 그리고 제주문화에 맞

---

62) 한국기독교연합회 편, **1957년 기독교연감**, 209.
63) 한국기독교연합회 편, **1957년 기독교연감**, 209.
64) 조승철, 濟州의 宗敎 實態, 101.

는 선교방식을 통해 제주에서 활발한 교세 증가를 이룩했다. 그 결과 1987년 23,870명의 교세를 이룩할 수 있었다.65) 교세가 급증함에 따라 제주 천주교는 제주대리구에서 제주교구로 승격되었고, 주교 1명이 제주에 상주하며 전체 제주천주교를 관장하기 시작했다. 1987년에 접어들어 제주 천주교는 제주시 3도 1동에 108-11에 소재한 천주교 제주교구 교구청을 거점으로 천주교 포교활동을 활발하게 추진하고 있으며, 교구장에 김창렬(바오로) 주교, 총대리 원요한 신부, 사무처장 이태수(미카엘) 신부, 사무국장 허승조(바오로) 신부, 관리국장 이태수(미카엘) 신부 등이다. 제주에 있는 11개의 본당은 다음과 같다.

제주도 내 천주교 본당

	본 당 명	주 소	주임신부
1	제주중앙	제주시 3도 1동 108	홍충수
2	동문	제주시 1도 2동 1029-25	양영수
3	광양	제주시 2도 1동 1258-1	임문철
4	서문	제주 용담 1동 231-9	인수왕
5	신제주	제주시 연동 280-19	고승헌
6	한림	한림읍 대림리 1814	양명현
7	금악	한림읍 금악리 이시돌 목장	P. J. 맥크린치
8	신창	한경면 신창리 705	현상보
9	모슬포	대정읍 하모리 805	온다니엘
10	서귀포	서귀포시 송산동 586	황프란체스코
11	서귀복자	서귀포시 중앙동 277-2	이대원
12	성산포	성산읍 모조리 61-10	김석순

자료: 조승철, <제주의 종교실태> (1987), 91.

위 표가 보여주듯 제주의 천주교의 경우는 특정 지역에 집중되어 있는 것을 알 수 있다. 제주시에 5교 본당이 있고, 한림읍에 2곳, 서귀포시에 2곳, 한경면, 대정읍, 성산읍에 각 1개씩의 교당이 세워져 있는 것을 알 수 있다. 천주교는 본당을 중심으로 선교사들이 상주하면서 장기적인 안목을 가지고 꾸준하게 교세 확장에 나서고 있다.

이들 12개의 본당 외에도 제주에는 19개의 공소가 널리 분포되어

---

65) 조승철, 濟州의 宗敎 實態, 101.

천주교 포교를 활발하게 추진하고 있다.66) 제주 전역에 흩어진 12개 천주교 본당과 19개 공소가 하나의 조직적인 통일된 망을 가지고 제주지역의 천주교 신앙을 전파하며 천주교 교세를 확장하고 있다. 이들 본당과 공소 외에도 천주교 제주교구 안에는 8개의 수도회가 있다.67) 이들 8개의 수도회는 천주교인들이 집중 분포되어 있는 지역에 존재하면서 제주의 천주교 교세 확장에 간접적인 지원을 하고 있다. 여성들의 활동이 활발하고 여성들의 역할이 상대적으로 중요한 위치를 차지하고 있는 제주에서 이들 수도원은 제주의 천주교 확장에 직간접의 영향을 미치지 않을 수 없다.

제주에서 활동하는 기독교와 달리 천주교의 경우는 단일체제로 주교의 리더십 아래 여러 신부들이 협력하면서 통일된 천주교 교세 확장을 펼쳐나가고 있다는 사실이다. 뿐만 아니라 제주 천주교는 학교와 병원, 양로원, 복지회관 그리고 농장까지 운영하면서 총체적으로 선교하고 있다. 자립도 힘든 제주기독교의 활동과는 비교도 되지 않는 강력한 힘을 배경으로 직접선교, 간접선교의 균형, 그리고 제사 수용이라는 모든 면에서 천주교는 기독교와 비교할 수 없는 경

---

66) 조승철, 濟州의 宗敎 實態, 94. 1987년 현재 제주에 있는 19개 공소는 본당이 관할하고 있으며 다음과 같다. 추자면 대서리에 소재한 중앙성당이 관할하는 추자공소, 조천읍 조천리에 소재한 동문성당이 관할하는 조천, 애월읍 하귀리의 신제주성당의 하귀공소, 애월읍 애월리와 한림읍 금능리에 각각 소재한 한림성당의 애월공소와 금능공소, 안덕면 동광리 소재 금악성당의 동광공소가 있다. 한경면 고산리, 용수리, 조수리, 청수리에 각각 소재한 신창성당의 고산공소, 용수공소, 조수공소, 청수공소, 대정읍 무릉리와 안덕면 화순리에 각각 소재한 모슬포성당의 무릉공소와 화순공소, 서귀포시 신효동과 남원읍 남원리에 각각 소재한 서귀포성당의 효돈공소와 남원공소가 있다. 그리고 서귀포시 중문동과 서귀포시 상효동 3리에 각각 소재한 서귀복자의 중문공소와 가나안공소, 표선면 표선리, 우도면, 구좌읍 금녕리에 각각 소재한 성산포성당의 표선공소, 우도공소, 김녕공소가 있다.

67) 조승철, 濟州의 宗敎 實態, 92. 이들 8개의 수도회는 서귀포에 소재한 한국순교복자성직수도회 제주분원, 한림읍에 소재한 글라라관상수녀회 본원, 제주시 용담동에 있는 까리따스수녀회 제주분원과 제주시 3도에 있는 제주중앙이 있고, 한림읍 대림리에 소재한 성골롬바노수녀회 제주분원, 서귀포시 중앙동에 소재한 한국순교복자수도회 신제주와 서귀포시 중앙동에 위치한 서귀복자, 제주시 일도 2동에 위치한 성체회, 한경면 신창리 소재 성체회, 제주시 이도 1동에 있는 영원한 도움의 성모회, 서귀포시에 있는 영원한 도움의 성모회, 그리고 한림읍의 성가회와 대정읍의 성가회 등 수도회로는 8종류이지만 한 수도회가 제주에 2개를 거느리고 있는 수도회가 여럿 있어 수적으로는 총 13개이다.

쟁력을 갖고 제주선교를 펼쳐나가고 있다.

제주의 천주교구가 운영하는 학교, 의료기관, 사회 기관

	기관 이름	주 소	지도 및 대표자
1	신성여고	제주시 도남동 800	김병준 신부
2	신성여중	제주시 도남동 902	김진천(바울로)
3	성 이시돌의원	한림읍 대림리 1820-10	성콜롬바노수녀회
4	이시돌농촌개발협회	한림읍 금악리	임 빠뜨리치오 신부
5	성이시돌회관	한림읍 금악리	임 빠뜨리치오 신부
6	복자회관	서귀포시 서흥동 204	전 미카엘 수사
7	성이시돌양로원	한림읍 금악리	임 빠뜨리치오 신부
8	성요셉양로원	서귀포시 상효동 1421-7	김 베다 수녀
9	한림수직사	한림읍 대림리	로사리이 수녀
10	골롬바노사제관(별장)	제주시 용담 2동 571	
11	성서물보급소	제주시 상도 1동 108-11	정 루실라 수녀
12	제주중앙신용협동조합	제주시 상도 1동 108-11	김경환(분도)

자료: 조승철, <제주의 종교 실태> (1987), 92-93.

1980년대에 접어들어 확실히 천주교 제주선교는 기독교와 완연히 차이가 있다. 이미 상당한 체계와 토대를 구축한 가운데 직접전도와 간접전도, 그리고 제사제도 수용을 통해 제주민들에게 다가가는 종교로 자리 잡기 시작했다. 전통적인 불교문화와 우상문화에 젖어있던 제주민들에게 천주교는 매력적인 종교였다. 경제발전, 민주화발전, 세계화현상이 일면서 고등종교에 눈을 뜨기 시작한 제주도 사람들은 전통문화와 종교를 조화시킬 수 있는 천주교에 매력을 느끼기 시작했다.

1987년 조승철의 아래 연구가 보여주듯 기독교는 천주교보다 제주에서 수적으로 앞서고 있지만 천주교의 성장 속도는 기독교를 훨씬 능가하고 있다. 제주는 본래 다양한 종교가 존재했으며 특별히 불교가 강했다. 우상을 숭배하는 가정이 많지만 이들에 대한 정확한 통계가 확보되지 않아 실태조사 대상인 불교, 천주교, 기독교, 그리고 원불교를 기준으로 할 때 이들 가운데 제주기독교는 제주 지역

에서 두 번째로 많은 종교 인구를 갖고 있다.

제주의 종교별 교세 현황(1987년 현재)

종파명	집회소 수	집회명 분류	교직자 수	전체 신도 수
불교	169 개 (등록 131, 미등록 38)	사찰	승려 252명	58,103
기독교	170 개	교회	교역자 192 명 목사 105 전도사 87	41,259
천주교	31 개 본당 12 공소 19	성당, 공소	59 주교 1, 신부 18(6) 수사 2, 수녀 38(5)	23,870
원불교	11 개	교당	19	15,000

자료: 조승철, <제주의 종교실태> (1987), 101.

1987년 조승철의 종교 실태 조사를 통해서 볼 때 제주에서 가장 많은 종교 인구를 가진 종파는 불교로 169개 사찰에 58,103명의 신도를 갖고 있다. 그 다음이 기독교다. 1908년에 시작한 기독교가 4·3 사건 이후 꾸준한 증가를 이룩하며 제주에서 두 번째로 큰 종파로 성장한 것이다. 제주기독교는 170개 교회에 41,259명의 신자를 갖고 있다. 이어 천주교가 31개 천주교당(공소포함)을 갖고 있으며 23,870명의 교세이다. 비록 교세에 있어서 기독교에 미치지 못하지만 이후 천주교는 탄탄한 기반을 가지고 지속적으로 성장을 계속했다. 제주천주교는 1991년 29,698명, 1996년 41,938명, 2000년 52,468명, 그리고 2005년에는 62,113명으로 그리고 2007년에는 64,917명으로 급증했다. 제주에서 천주교의 성장이 얼마나 가파렀는지 다음의 두 표를 통해 확인할 수 있다.

제주천주교의 교세 증가 현황

1987	1991	1996	2000	2007
23,870	29,698	41,938	52,468	64,917

자료: 천주교 통계 발표

제주 천주교 교세 증가

년도	성당 수			교직자 수			신도수
	본당	공소	계	주교	신부		
1957	3		3				-
1965	5		5		5		-
1987	12	19	31	1	18(6)		23,870
1991	14	17	31	1	23		29,698
1996	16	16	32	1	30		41,938
1997	20	14	34	1	35		44,196
1998	21	13	34	1	36		47,297
1999	22	12	34	1	38		50,761
2000	22	12	34	1	36		52,468
2001	23	12	35	1	35		54,550
2002	23	11	34	2	36		57,198
2003	23	11	34	2	37		58,512
2004	24	11	35	2	37		60,286
2005	24	11	35	2	37		62,113
2006	24	9	33	2	37		63,575
2007	24	9	33	2	36		64,917

자료: 천주교 통계 발표

　제주의 천주교는 1987년부터 2007년까지 20년 동안 거의 3배에 가까운 2.72배의 성장을 이룩했다. 1901년 이재수의 난과 1945년부터 1948년까지 미군정으로 척양사상과 전통이 깊었던 제주에서 이같은 성장을 이룩한 것은 참으로 기적 같은 일이다. 천주교가 꾸준한 성장을 이룩하면서 2007년에는 64,917명으로 증가했다. 2007년 공식적인 제주 인구 통계가 563,388명인 것을 감안할 때 제주 천주교 교세는 전체 인구 대비 11%를 훨씬 넘어섰다. 제주에서 이제 천주교는 가장 높은 종교 인구를 가진 가장 영향력 있는 종교단체로 성장했다. 이와 같은 추세가 계속된다면 제주 천주교는 앞으로 제주기독교 교세를 훨씬 능가할 것이고, 그럴 경우 제주기독교는 선교에 큰 지장이 초래될 것이다. 제주기독교는 그동안의 성장에 자족하거나 자만하지 말고 왜 천주교가 그토록 제주에서 급성장을 하고 있는지에 대해 심도 있는 연구를 해야 할 것이고, 제주 천주교의 성장과 그 원인을 반면교사로 삼아야 할 것이다. 제주에서 천주교의 급신장은 몇 가지 점에서 그 요인을 찾을 수 있을 것이다.

첫째, 천주교 제주선교는 기독교 제주선교와 그 출발부터 달랐다. 천주교 제주선교의 경우 제주는 천주교외국선교회의 선교지로서 물적 인적 지원을 통해 선교사들이 직접 상주하고, 물질적 후원을 받으며 선교활동을 펼쳐 나갔다. 반면 기독교의 경우는 한국교회가 제주선교를 담당해 물적, 인적 자원을 풍부하게 공급받지 못했다. 본토의 경우 외국선교회의 선교지였기 때문에 학교, 설립, 병원, 설립과 함께 복음을 활발하게 전했으나 제주의 경우는 충분한 선교비를 지원받지 못한 가운데 선교가 진행되었다. 선교에는 이기풍 선교사와 몇몇 전도인들이 사례비를 감당하는 수준이었다. 그렇다고 남장로교회 선교회가 재정지원을 헌신적으로 감당하여 한국교회가 할 수 없는 학교설립과 병원 운영을 지원해 준 것도 아니었다. 처음부터 한국기독교의 제주선교는 열악한 환경 속에서 선교를 진행한 것이다.

둘째, 천주교 제주선교는 복음전파와 병원설립과 학교 운영을 통해 직접선교와 간접선교의 균형을 이루며 선교전략을 가지고 제주선교를 추진한 반면 기독교의 경우는 거의 직접선교에 의존했다. 열악한 제주의 환경 속에서 사례비라는 인건비 정도의 지원을 받으며 제주선교를 감당했던 기독교와 달리 천주교는 물적 지원과 함께 직접선교와 간접선교의 균형을 이루며 제주선교를 일관되게 추진한 것이다. 사실 직접선교와 간접선교의 균형은 천주교의 특징이 아니라 한국의 개신교의 특징이었다.

셋째, 천주교는 이시돌 목장과 같은 제주에 적합한 선교전략을 가지고 제주도민에게 다가갔다. 농촌을 개발하여 가난한 제주도 농민들이 자립할 수 있도록 만들어 주는 것은 가장 시급한 과제였다. 천주교는 이시돌 목장을 개발하고 발전시켜 주변 천주교인들에게 분배해 천주교인들이 자립할 수 있도록 헌신적인 지원을 아끼지 않았다. 제주민들의 삶 속에 뛰어들어 그들의 허기진 배를 채워주며, 천

1962년 제주감리교 청년 하계 수양회

주교 교리를 설파한 것이다. 병원 설립과 이시돌 목장 설립을 통해 대 사회적 책임을 꾸준하게 구현한 것이다. 천주교 신앙과 빵을 동시에 제공한 것이다.

넷째, 천주교는 꾸준하게 인재를 양성했다. 제주에서 여성들의 역할은 매우 중요하다. 천주교는 여성들의 위치를 일찍이 간파하고 여성교육을 실천했다. 여성들을 위한 신성여자중학교와 신성여자고등학교를 설립하고 양질의 교육을 시킨 것이다. 신부들과 수녀들과 한국의 열성적인 천주교 신자들이 팀이 되어 천주교 신앙을 가장 민감한 젊은 여성들에게 가르쳐 주면서 긴 안목을 갖고 교육을 시킨 것이다. 이렇게 해서 배출된 여성들이 천주교 신앙을 가지고 자녀들을 양육하고 남편들을 천주교 신앙으로 인도하면서 제주에 꾸준한 천주교 교세 확장을 가져올 수 있었다. 한국의 여느 지역에서보다도 제주에서 천주교가 대 사회적 책임을 활발하게 추진하여 과거 1901년 신축민란의 부정적인 이미지를 극복하고 민중 속으로 다가간 것이다. 천주교는 전략이 있었고, 재정이 뒷받침되었으며, 인력까지 동원한 총체적인 제주선교를 추진하였다. 앞으로 기독교와 천주교의 교세 차이가 점차 좁혀지고 더 나아가 천주교가 제주에서 기독교 교세를 능가할 것이라고 예견된다. 실제로 제주의 천주교는 1990년 이후 급성장을 하면서 개신교를 능가하는 종교로 자리 잡았다.

다섯째, 제주 천주교는 토착적 문화 수용과 더불어 제주의 최대 비극인 4·3 사건으로 인한 희생의 아픔과 응어리를 치유하는 일에 적극적으로 나서며 제주도민들에게 가까이 다가갔다. 기독교가 이에 대한 관심을 전혀 갖지 못하는 상황에서 천주교는 전략적으로 토착문화의 수용과 역사적 고통을 치유하는 일에 앞장선 것이다.[68] 이 모든 요인들이 제주의 천주교 교세 확장에 직간접으로 영향을 미쳤다.

1987년부터 2007년까지 제주에서의 천주교의 교세 신장은 제주만의 특별한 현상은 아니었다. 2005년 통계청 발표에서 보여주듯이 1995년부터 2005년까지 10년 동안 한국천주교는 295.1만 명에서 514.6만 명으로 약 74.4%가 성장했다. 1784년 이승훈이 북경의 그라몽에게 영세를 받고 돌아온 후 시작된 천주교 포교 이후 천주교 역사상 10년 동안에 이렇게 급성장을 이룩한 시대는 없었다. 한국천주교는 가장 놀라운 성장의 시대를 맞은 것이다. 왜 한국천주교가 이토록 급성장을 계속하고 있는지에 대해서는 더 많은 연구가 필요할 것이다. 이 같은 천주교의 급성장에 비할 때 제주의 천주교 성장은 특별한 현상은 아닐 수 있다. 오히려 1996년부터 2006년까지 10년만을 살펴볼 때 제주의 천주교성장은 전국의 천주교 성장률보다 낮은 편이다. 그러나 제주 천주교가 1987년 23,870명에서 1997년 44,196명으로 성장해 1987년부터 1997년 사이에 거의 배에 가까운 성장을 이룩한 이후 다음 10년간에도 44,196명에서 64,917명으로 성장하여 성장의 탄력이 지속되고 있다.

---

68) "지역교회 정체성 세우는 선교 전략," 제주기독신문, 2006년 6월 10일, 1면.

한국 전반의 천주교의 성장추세와 제주에서의 천주교의 지속적인 성장을 고려할 때 별다른 일이 없는 한 제주에서의 천주교는 앞으로도 계속적인 성장을 이룩할 것으로 예견된다.

한국 사회 전반에 불고 있는 천주교 붐에 힘입어 제주의 천주교 교세 증가는 더욱더 탄력을 받을 수 있다는 사실이다. 천주교의 급성장은 제주라는 섬이 갖는 특성을 고려할 때 천주교가 갖고 있는 교패라는 특수한 성격의 천주교 영향력이 더욱 제주에서 확대될 것으로 예견하며, 그럴 경우 앞으로 제주에서 기독교는 그만큼 선교가 힘들어질 것이 분명하다. 한국천주교는 불신자들을 천주교에 끌어들이는 역할과 더불어 개신교에서 이탈하는 성도들을 흡수하고 있어 제주에서 기독교에서 실망한 이들이 제사제도를 수용하고 대 사회적 책임을 구현하면서 좋은 이미지를 구축하고 있는 천주교로 대거 이탈할 가능성도 있다. 제주기독교는 분명 전환점을 맞고 있다. 선교 100년을 맞는 2008년 제주는 이제 새로운 선교전략을 갖고 나아가야 할 것이다.

3. 제주기독교의 침체, 과제, 그리고 전망

선교 100주년을 맞고 있는 2008년 제주기독교의 앞날은 예측할 수 없을 정도로 불확실하다. 한편으로 전반적으로 진행되고 있는 한국기독교의 정체와 침체가 제주기독교에도 나타나고 있고, 다른 한편으로 천주교가 무서운 세력으로 급성장하여 제주에서 가장 큰 종교 세력으로 부상하고 있는 상황에서 제주기독교는 제주 본래의 우상문화와 괸당문화와 맞서 복음을 전해야 할 시대적 사명을 부여받았다. 너무도 중요한 기로에 제주기독교가 놓여있다. 1990년대 후반부터 서서히 나타나기 시작한 제주기독교의 정체현상이 2007년에 현실로 나타나 제주선교를 주도해온 예장통합, 기감, 기장의 교세가 감소하기 시작했다.

그동안 제주기독교 성장을 주도해온 예장통합 교단 교세가 2006년 3만 1,086명에서 2007년 3만 619명으로 교단 내 기독교인이 1.5% 감소했다. 2004년 2만 8,809명, 2005년 3만 373명이던 예장통합 제주노회 교회들의 교세는 2006년 3만 1,086명으로 약간 증가하다가 2007년 12월 현재 3만 619명으로 감소했다[69]. 공신력을 가진 예장 제주노회가 집계한 자료임을 고려할 때 제주기독교로서는 우려되지 않을 수 없다. 이 통계는 2006년 12월 말부터 2007년 12월 말까지의 제주노회 산하 통합교단의 교회들의 교세를 집계한 것이다. 2007년이 평양대부흥운동 100주년을 맞아 부흥에 대한 사모함이 어느 때보다 강한 해였음을 감안할 때 통합측 제주노회 산하 교회들의 교세 감소를 주목하지 않을 수 없다.

2004-2007 예장통합 제주교회의 성장과 감소

년도	2004	2005	2006	2007
교세	28,809	30,373	31,086	30,619

자료: 예장통합 제주노회 통계

세례교인의 경우 2006년 1만6,811명에서 1만 6,359명으로 감소했고, 영아-소년부의 경우 6,725명에서 6,446명으로 감소했으며, 청년대학부의 경우 1,985명에서 1,898명으로 감소했다. 통합교단에서 섬기는 목회자의 수도 182명에서 167명으로 감소했으며 주로 부목사들의 감소가 그 주된 요인으로 보인다. 반면 장로는 357명에서 435명, 안수집사는 621명에서 689명, 권사는 1,050명에서 1,164명으로 증가했다. 교회 안에 평신도의 수는 감소하고 있는 반면 장로, 안수집사, 권사의 수는 증가하는, 교회가 제도화되어 가는 현상을 보이고 있다.[70] 제주선교 100년을 맞는 시점 새로운 100년의 길목에서

---

69) "통합 제주 교인수 1.5% 감소," 제주기독신문, 2008년 8월 9일, 1면.
70) 제주도내 6개 대학 2만 명을 기준으로 할 때 기독청년은 불과 1.5%에 지나지 않으며 청년들의 경우 2%에 그치고 있다. 젊은이가 교회를 떠나고 있다는 사실이다. "제주 청년복음화율 과연 얼마나 될까?," 제주기독신문, 2006년 9월 9일, 1면.

1963년 제주감리교 웨슬레 구락부 강습회

달갑지 않은 소식이 아닐 수 없다. 다행인 것은 중고등부의 경우 2005년 2,896명에서 2006년 3,015명으로, 그리고 2007년 3,036명으로 전체 교인에서 차지하는 비율이 2005년 9.5%에서 2006년 9.7%로, 그리고 2007년에는 다시 9.9%로 증가하고 있다는 사실이다. 제주에 기독교 중고등학교가 설립되어야 한다는 움직임이 일고 있는 가운데 고무적인 일이 아닐 수 없다.

제주지역에서 통합교단만 교세가 감소한 것은 아니다. 제주의 감리교 역시 2006년 3,897명(남 1,657, 여 2,240)에서 2007년 3,755명(남 1,635, 여 2,120)으로 142명이 감소했다. 이것은 전체 교세를 기준으로 할 때 3.65%가 줄어든 것이다. 남성의 경우 1,657명에서 1,635명으로 22명이 감소했으나 여성의 경우 2,240명에서 2,120명으로 120명이 감소하여 약 5.34%나 줄어들었다. 여성의 감소폭이 남성에 비해 더 높다는 사실을 보여준다.

제주감리교회 성장과 감소

년도	1992	2004	2006	2007
교세	3,658	3,842	3,897	3,775

자료: 제주감리교 통계

    같은 기간 제주의 기독교장로회의 교세도 줄어들었다. 2005년 19 교회 3,314명의 교세가 2006년에는 20개 교회, 3,919명으로 18%나 급증했다가 2007년부터 감소하기 시작했다. 2007년에는 20개 교회, 3,811명으로 전년 대비 2.8%가 감소했고, 2008년에는 20개 교회, 3,577명으로 6.1%가 줄었다. 지난 1년 동안 교세 감소를 기준으로 할 때 통합, 감리교, 기장, 세 교단 가운데 기장, 감리교, 통합 순으로 교세가 줄어든 것이다.

제주 기장교회 성장과 감소

년도	2005년 3월	2006년 3월	2007년 3월	2008년 3월
교세	3,314	3,919	3,811	3,577

자료: 제주 기장노회 통계

    제주에서 가장 큰 교단인 예장통합과 기감, 그리고 기장의 교세 감소는 한국전쟁 이후 처음으로 동반 하락한 것으로, 앞으로 이 같은 교세 감소가 지속될지 아니면 일시적인 현상일지 두고 봐야 할 것이다. 한 가지 분명한 사실은 제주기독교가 정체기를 거쳐 교세 감소로 이어졌다는 점이다.

    제주기독교의 정체 혹은 침체는 현재 진행되고 있는 한국기독교의 전반적인 정체나 침체와 맞물려 있다. 2005년 통계청이 한국의 종교 인구를 발표하면서 1995년과 2005년 사이 한국기독교 인구가 144,000명이 감소했다는 통계를 발표했다. 한국천주교가 같은 기간 295.1만 명에서 514.6만 명으로 급성장한 것과는 대조적으로 한국기독교는 하향 길에 접어든 것이다. 비록 수치적으로는 2%에 불과한 마이너스 성장이지만 하필 줄어든 숫자가 천상의 구원 받은 백성의

이도종 목사 순교 기념비 앞에 선 가족들.

수를 상징하는 144,000명이다. 이것은 한국교회가 계속 마이너스로 이어질 것인지 아니면 다시 100년 전의 평양대부흥운동의 영광을 재연할 것인지 기로에 있음을 보여준다. 천주교가 급성장하고 기독교가 쇠퇴하는 구도가 최근 제주에서도 나타나고 있다. 제주선교 100주년을 맞고 있는 2008년 8월 현재 제주기독교가 우려와 기대가 뒤섞인 복합적인 감정에 놓여 있는 이유가 여기 있다. 그동안 성장을 계속해온 제주기독교가 처음으로 교세가 침체하기 시작한 것이다. 하지만 이런 가운데서도 제주기독교 안에는 몇 가지 매우 고무적인 일들이 있었다.

첫째, 뒤늦게 제주선교를 착수한 후발 교단들의 약진이다. 합동교단의 경우 개혁과 합동하면서 38개 교회로 증가했고, 기하성의 경우 2005년 22개 교회에서 2008년 23개로 1교회가 증가했다. 기장과 기성의 경우 각 20(19) 교회, 15교회 그대로 유지하고 있고, 침례교회가 2005년 6개에서 10개로 증가했다. 제주에서 이들 교단의 교회들은 현상 유지를 하고 있거나 아니면 조금씩 성장을 하고 있다. 2006년에 제주에는 제주주님의교회(예장합신), 제주큰빛교회(통합),

이도종 목사 기념비를 제막하고 기념촬영

은혜순복음교회(기하성), 성지교회(고신), 제주아가페교회(개혁정통) 등 다섯 교회가 새로 설립되었다.71)

둘째, 분열된 제주교회에 일치를 향한 연합의 움직임이다. 2006년 4월 4일 예장합동 제주노회와 개혁 제주노회가 토산교회에서 합동으로 역사적인 80회 제주노회를 개최하였다. 2005년 합동교단과 개혁교단의 합동에 따른 후속 조치였지만 제주에서는 "교회 일치 기쁨"이 넘치는 합동노회를 이룩했다.72) 이날 예장 박창건 노회장과 개혁 김병운 노회장이 제 80회 합동정기노회를 통해 한 노회 됨을 선포했다. 과거 장로교단의 상처를 하나로 치유하는 전기를 만든 것이다. 제주선교 100주년을 앞에 둔 시점에서 매우 의미 있는 일이 아닐 수 없다. 합동 후 신임노회장에 이우근 목사가 선출되었다.

셋째, 평양대부흥운동 100주년을 맞는 2007년 제주기독교에서 순교자를 배출했다는 사실이다. 배형규 목사가 바로 그 사람이다. 젊은이들을 이끌고 아프가니스탄에 단기선교를 갔다 아프가니스탄 텔

---

71) "지난해 제주교회 5곳 세워져," 제주기독신문, 2007년 1월 6일, 1면.
72) "예장합동·개혁 '합동노회' 출범," 제주기독신문, 2006년 4월 8일, 1면.

2006년 합동과 개혁의 합동노회

레반에 피랍되어 순교한 배형규는 제주영락교회 출신으로 4·3 사건으로 순교한 이도종 목사에 이어 제주교회 두 번째 순교자가 되었다.73) 순교가 교회의 씨라고 말했던 터툴리안의 증언이 제주기독교는 물론 한국교회와 세계선교의 밑거름이 될 것을 의심치 않는다.

"제주 토종 목사 1호 첫 순교자"74) 이도종의 순교가 제주도의 복음화를 위한 순교였다면 배형규의 순교는 세계선교, 특별히 아시아 복음화를 위한 순교였다. 제주는 한국교회와 세계교회에 거룩한 순교자를 배출한 것이다. 한국교회가 1866년 토마스 선교사의 순교의 터 위에 세워진 교회였다는 사실을 기억하면 이제 배형규의 순교로 인해 머지않아 아프가니스탄에 하나님의 교회들이 세워질 날이 올 것이다. 평양대부흥운동의 결과로 제주선교가 시작되었고, 평양대부흥운동 100주년을 맞는 2007년 제주는 영광의 순교자를 배출한 것이다. 순교자를 배출한 제주교회가 어둠과 암흑 가운데 있는 수많은 영혼

---

73) "고 배형규 목사 제주교회 두번째 순교자," 제주기독신문, 2007년 9월 8일, 1면.
74) "제주토종 목사 1호·첫 순교자-이도종 목사," 제주기독신문, 2007년 7월 28일, 3면.

들을 깨우는 다음 세기의 선교를 책임지는 교회로 발전하기를 기대한다.

넷째, 한국기독교가 제주선교 100주년을 한국교회 부흥과 선교의 새로운 전환점으로 삼으려는 움직임이다. 2007년 1월 26일과 27일 한국교회 24개 교단장이 제주에서 함께 모여 "다양성 속 '하나의 교회' 회복[을] 기대"하는 역사적인 모임을 가졌다. 평양대부흥운동 100주년을 앞에 두고 한국교회를 대변하는 장로교, 감리교, 성결교 등 모든 교파와 교단의 교단장들이 평양대부흥운동 100주년을 단일로 치르며 한국교회의 부흥과 회복과 일치를 모색하는 역사적인 모임을 가진 것이다.75) 2007년 2월 17일 제주기독교 교단협은 "선교 100주년기념연합예배"를 2008년 4월 6일 서귀포 월드컵 경기장에서 드리기로 확정하고 이에 앞서 2008년 3월 6일 기념세미나를 갖기로 결정했다.76) 제주의 젊은이들도 서서히 눈을 뜨기 시작했다. 2007년 5월 27일 제주대 실내체육관에서는 "Again 1907 in 제주"가 열려 제주의 젊은이들이 황무한 이 땅에 부흥을 달라고 간절히 기도했다.77) 학술 세미나와 선교 100주년 기념 연합예배가 성공적으로 개최되었다. 2008년 4월 제주기독교 100주년 연합예배는 제주기독교 역사상 가장 많이 모인 초유의 집회였다.

마지막으로 제주기독교 안에 놀랍게 진행되고 있는 연합운동이다. 제주에는 교단과 교파를 초월하여 연합운동이 활발하게 이루어지고 있다. 장로교, 감리교, 성결교, 침례교, 그리스도교 등의 여러 교파와 교단들이 제주복음화를 위해 통일성을 갖고 협력하며 연합운동에 적극 참여하고 있다. 제주지역 목회자들의 연합기구인 제주시목사회, 제주선교 100주년을 위한 제주기독교 100주년 기념 위원회(대회장 김정서)가 전혀 잡음 없이 하나의 목소리를 내며 연합과 일치

---

75) 제주기독신문, 2007년 2월 3일, 1면; "예수님 이름으로 한국교회여 일어나라" 제주기독신문, 2007년 2월 3일, 3면.
76) "선교 100주년기념연합예배 확정," 제주기독신문, 2007년 2월 17일, 1면; "제주기독교 100주년 연합예배 일정확정," 제주기독신문, 2007년 5월 12일, 1면.
77) 제주기독신문, 2007년 5월 12일.

제주기독교 100주년 기념 세미나

의 모델을 보이고 있다. 최근 연합운동이 활발하지만 제주지역의 경우는 그런 현상이 더욱 두드러지게 나타나고 있다. 이것은 매우 고무적인 일이 아닐 수 없다. 진정한 부흥은 연합 가운데 나타났기 때문이다.

이런 분위기 때문인지 제주에는 수많은 초교파선교단체들과 기관들이 이미 오래전부터 서로 협력하며 긴밀한 관계를 유지한 가운데 선교하고 있다. 제주기독신문, 제주극동방송, 제주기독교방송은 제주기독교를 대변하는 신문과 방송국으로써 본연의 사명을 충실하게 감당하고 있다. 제주기독신문은 제주기독교 전체를 대변하는 대변지로서 보도의 객관성을 갖고 제주기독교의 소식과 방향을 지면에 담아내고 있으며 극동방송은 제주만 아니라 중국과 일본을 비롯한 아시아 전역에 복음을 수출하고 있고, 기독교방송 역시 제주기독교의 중요 방송 매체로서 한국교회와 제주기독교를 연결하면서 제주기독교를 대변하고 있다. 그 외에도 군선교연합회 제주지회, 제주 YMCA, YWCA, 예수전도단 등이 육지의 어느 지역보다 활발한 연합을 통해

2008년 제주기독교 100주년 연합예배(제주 월드컵 경기장)

제주선교를 위해 노력하고 있다.

제주기독교의 과제

복음의 불모지 제주에 이만한 기독교 교세가 구축된 것은 참으로 하나님의 은혜요 축복이 아닐 수 없다. 그러나 제주기독교의 지난 역사는 너무도 많은 교훈을 한국교회와 제주기독교에 안겨주고 있다. 그리고 많은 과제도 숙제로 남겨주고 있다. 지난 100년의 제주 기독교 역사를 회고할 때 감당해야 할 많은 과제들이 있지만 특별히 세 가지를 언급해야 할 것 같다.

첫째, 신사참배 청산이다. 제주노회는 1938년 4월 제주 출신 제 1호 목사 이도종이 노회장으로 있을 때 제주교회를 대변하는 모든 목회자들과 장로들이 참석한 가운데 신사참배를 결정했다. 총회가 신사참배를 결정하기 5개월 전 이미 제주노회는 만장일치로 신사참배를 결정한 것이다. 참으로 부끄러운 결정이 아닐 수 없다. 그 후 제주기독교는 배도의 길로 접어들었고 일제의 시녀로 전락했으며, 더 이상 교회라고 할 수 없는 지경까지 이르렀다. 하나님을 섬겨야 할 제주교회가 천황을 섬기는 일에 앞장선 것이다. 하나님께서는 신사참배를 강요한 일본을 원자폭탄을 투하하여 심판하셨고, 신사참배를 결정한 만 10년 후 1948년 4월 4·3 사건을 통해 신사참배를 결정한 제주를 심판하셨다. 1938년 평양에서 총회가 신사참배를 결정한지 10년 만인 1948년 평양에서 공산정권이 수립되었다. 공교롭게도 제주노회가 신사참배를 결정한지 10년 만인 1948년 4월에 제주 역사상 가장 많은 희생자를 낸 4·3 사건이 발생했다. 평양의 공산화와 한국전쟁이 신사참배 결정과 무관할 수 없었던 것처럼 1948년 4월 4·3 사건은 제주노회의 신사참배 결정과 결코 무관할 수 없다. 그런 참으로 부끄러운 신사참배 결정에 대해 제주기독교는 단 한 번도 이를 철회하거나 취소하거나 하나님 앞에 눈물로 회개한 적이 없다. 1954년 총회는 형식적이지만 제27차 총회의 신사참배 결정을 취소한다는 결정을 내렸는데 제주노회나 제주기독교는 전혀 그런 움직임이 없었다. 제주선교 100주년을 맞는 지금이라도 제주기독교는 그 결정을 취소하고 눈물로 회개해야 할 것이다. 2007년 7월 상암에서 10만 명이 모인 가운데 평양대부흥운동 100주년 기념대회가 성대하게 치러질 때도 신사참배 결정에 대한 회개가 없었다. 다행히 평양대부흥운동 100주년을 맞는 지난해 2007년 제 92회 기장 총회에서는 "제 27회 총회 신사참배 결의에 대한 공식회개와 사과표명 헌의의 건"을 허락하고 각 노회와 교회 별로 2008년 3·1절 기념주일을 신사참배 회개주일로 제정하기로 결정했다. 총회적인 차원에서 전국교회가 신사참배의 과오를 회개하기로 결정한 것은 의미 있는 일이 아닐 수 없다.[78]

둘째, 제주의 지난 역사는 고난과 수난과 핍박의 역사였다. 19세기 끊이지 않았던 민란은 물론 1901년 이재수의 난과 무엇보다

---

78) "신사참배 결의 공식 회개·사과 표명," 제주기독신문, 2007년 9월 22일, 3면.

1948년 4월 4·3 사건으로 인한 너무도 많은 희생자를 배출한 제주에서 제주기독교는 여기에 대해 전혀 주민들을 위로하거나 그들의 아픔을 풀어주려는 노력을 하지 않았다. 제주의 불교와 천주교는 이 일에 헌신적으로 앞장섰다. 제주도민들에게 불교와 천주교는 기독교와 다른 이미지, 민중을 이해하고 사랑하는 종교로 인식되었을 것이다. 기독교는 기독교 신앙 전통으로 제주민들에게 다가갈 수 있는 방법을 찾아야 할 것이다. 제주기독교가 연합하여 추모예배를 드리는 것도 한 가지 방법일 것이다. 제주기독교는 제주도민들의 가슴의 한을 풀어주며 기독교가 진정한 구원의 종교라는 사실을 사랑의 실천과 행동으로 보여주어야 할 것이다.

셋째, 기독교 지도자 인재 양성을 위한 기독교학교의 설립이다. 선교 100주년을 맞는 제주기독교의 가장 시급한 과제이다. 하향의 길로 접어든 제주교회를 다시 잠에서 깨워 부흥의 시대로 돌입하는 일, 여전히 아물지 않은 이재수의 난과 가슴에 맺힌 4·3 사건의 응어리를 보듬으며 제주복음화를 일구어 내는 일, 다양한 교단과 교파가 하나의 골을 향해 협력과 일치를 통해 공동의 목적을 달성하는 일, 그리고 무엇보다 인재양성을 통해 다음세대를 준비하는 일이 제주기독교에 주어진 시대적 사명이라면 기독교학교 설립은 피할 수 없는 과제이다.

선교 100주년을 정리하고 다음 100년을 준비하는 이 시점에서 제주기독교학교 설립은 시대적, 역사적 과제가 아닐 수 없다. 힘들더라도 선대들이 기독교 학교를 설립하고 계속 운영했다면, 한국전쟁 이후, 아니 1970년대와 1980년대 제주기독교가 놀랍게 성장하고 있을 때라도 기독교학교가 제주에 설립되었다면 제주기독교의 판도는 달라졌을 것이다. 지금이라도 늦지 않았다. 제주선교 100년을 맞는 지금 기독교학교 설립을 통한 인재양성은 제주기독교가 다음 100년을 가장 훌륭하게 준비하는 길이다. 이것은 제주 출신 지도자들의 한결 같은 바람이기도 하다.[79] 기독교학교 설립과 인재 양성은 제주를 위한 인재만 아닌 한국교회와 민족, 세계교회와 온 인류를 위해서 절실하게 요청되는 과제이다. 바로 이것이 마지막 유배지, 버림받은 땅 제주가 아시아와 세계의 구심점으로 부상하고, 약속의 땅 희망의 역사를 만들어가는 지름길이다.

---

79) "제주 기독교학교 꼭 세워야," 제주기독신문, 2007년 9월 8일, 1면.

| 맺는 말 |

　역사의 주관자 되신 하나님께서는 오랫동안 제주선교를 준비해오셨다. 비록 공식적인 제주선교가 1908년에 진행된 것이 사실이지만 하나님께서는 제주에 대한 관심을 통해 제주선교를 오랫동안 준비해오셨다. 하멜 일행의 표류, 1816년 맥스웰과 바실 홀 일행의 기록, 1832년 칼 귀츨라프의 기록이 보여주듯 하나님께서는 성실하게 제주선교를 준비하셨다. 동서양을 막론하고 많은 사람들이 지속적으로 오랫동안 제주에 대한 관심을 보여 온 제주는 한국의 전체 문화사적으로도 의미 있는 곳이었다. 서양문화와의 접촉이 본격적으로 시작된 출발지였고, 일본, 중국, 몽고 등 대륙과 대양의 문화가 만났던 장소였다. 앞으로 제주 역사와 문화에 대한 선교사적 조명이 더 많아야 할 것이다. 이기풍이 입도하기 전 하나님께서는 섬세하게 제주선교를 준비하셨다. 1908년 이기풍이 제주도 선교를 착수하기 전 제주에는 천주교 신앙이 전해졌고,1) 이미 세례를 받은 김재원이 있었고, 피득이 제주를 다녀갔으며,2) 부산 주재 베어드의 선상 전도를 통해 제주에까지 복음이 전달되었다.3)

---

1) William Elliot Griffis, *Corea, The Hermit Nation* (New York: Charles Scribner's Sons, 1882), 370. 천주교의 경우는 더 분명하다. "천주교 신앙은 이제 섬의 한 현지인에 의해 제주도까지 전파되었다. 그는 중국 해안에서 난파되어 영국 배로 홍콩으로 이송되었는데 그곳에서 그가 마카오 출신 한 한국학생을 만났고 그가 회심했다." 그러다 1899년 천주교 제주선교가 본격적으로 착수되었다.
2) 비록 피득은 대영성서공회 매서인이었지만 선교사에 준하는 위치를 갖고 있어 그의 제주 방문은 매우 중요한 의미를 지닌다고 할 수 있다. 한국에 입국해 수많은 순회 선교를 하며 성경을 판매해온 피득의 제주 여행도 그 일환으로 보아야 할 것이다.

첫 해외 선교지로서 제주도는 한국교회사적으로 매우 중요한 의미를 갖고 있다.4) 주지하듯이 1907년 독노회 때 첫 안수 받은 일곱 명의 목회자 가운데 한 사람인 이기풍이 독노회의 파송을 받아 1908년 제주도에 도착한 후 1945년 해방을 맞기까지 제주선교는 몇 차례의 어려운 시기가 있었지만 교세가 꾸준하게 성장하고 발전했다. 이기풍에 이어 윤식명을 파송하고, 1913년부터 전라노회가 제주선교를 전담하고, 1930년 제주노회가 조직되어 제주선교는 하나의 틀을 다질 수 있었다. 1930년 제주노회가 조직되었을 때 17개 교회, 1,078명이었던 교세가 1941년 24교회, 2,196명으로 불과 10년 사이 배로 증가한 것으로 볼 때 일제 말엽 수난이 없었다면 제주선교는 더 많은 결실을 거두었을 것이다.

이제 1908년 이기풍 선교사 파송으로 시작된 제주기독교 선교가 100주년을 맞았다. 지난 100년의 제주기독교 역사는 고난과 영광의 발자취였고, 실패와 성공의 역사였다. 조공과 왜적과 몽고의 침략, 탐관오리들의 착취와 학대가 끊이지 않았고, 조정으로부터 버림받은 사람들이 유배되었던 땅 제주는 분명 수난의 땅이었고, 그 역사는 비운의 역사였다. 그곳에 천주교 신앙이 전래되었지만 결국 이재수의 난으로 끝나고 말았던 것을 기억할 때 이기풍이 들고 간 기독교는 버림받은 땅 제주에 생명을 살리는 진정한 구원의 종교였다.

복음의 씨가 뿌려지고 싹이 트고 자라 열매를 맺기까지 생명의 위협을 받으며 원주민들과 싸워야 했던 전도자가 있었고, 끼니를 굶어가며 그들을 후원했던 한국교회와 교인들이 있었다. 목회자들은 노회가 모일 때마다도 자신들의 주머니를 털어 제주선교비를 지원했고, 교회는 제주선교를 위해 혼신을 다해 헌금을 모았다. 개인과 교회와 노회와 총회가 동원되어 지원했던 제주선교는 한국교회의 최초의 선교지이자 선교하는 한국교회의 모델이었다. 제주복음화를

---

3) Harry A. Rhodes, ed. *History of the Korea Mission, Presbyterian Church, 1884-1934* (Seoul: Chosen Mission Presbyterian Church, USA, 1934), 129.

4) Rhodes, ed. *History of the Korea Mission, Presbyterian Church, 1884-1934*, 392-393.

위해 영광을 뒤로하고 낯선 땅 제주로 달려갔던 이기풍, 윤식명, 임정찬, 이경필, 꽃다운 젊음을 제주를 위해 바쳤던 이선광, 제주에서 태어나 제주를 위해 제주에서 순교한 이도종, 반평생을 제주를 위해 헌신한 강문호와 조남수, 그리고 아프가니스탄의 영혼을 사랑하다 순교한 배형규는 제주기독교 역사 속에 빛나는 인물들이다. 어디 이들 뿐인가! 얼마나 많은 이들이 이름도 빛도 없이 제주의 복음화를 위해 한 알의 밀알이 되었던가! 제주선교를 위해 쏟은 이들의 헌신과 희생, 사랑을 잊어서는 안 될 것이다. 이 책에서 그 모든 것을 담아내지 못한 것이 참으로 아쉬울 뿐이다. 주께서 이를 보완할 수 있는 기회를 주시기를 기도한다.

이런 점을 고려하면서 지난 100년의 제주기독교 역사 연구를 통해 몇 가지 중요한 사실을 제주기독교는 물론 한국교회와 나누기를 원한다.

첫째, 제주기독교 역사를 연구하면 각 시대를 구분할 수 있는 너무도 뚜렷한 분기점이 존재했다는 사실이다. 넓게는 이기풍 선교사 입도 이전 1908년까지, 이기풍 입도 이후 제주선교가 시작되면서부터 1930년 노회가 조직되기까지, 1930년 노회 조직부터 1945년 해방을 맞을 때까지, 1945년 8·15 해방부터 4·3 사건과 한국전쟁을 거쳐 1960년까지, 그리고 한국의 근대화가 본격적으로 진행되던 1960년부터 현재까지가 바로 그것이다. 그런 의미에서 제주기독교 역사는 V부 역사로 진행되었다. 이들 각 시대는 분명한 특징을 갖고 있었다. 각 시대는 또 다른 세부적 시대 구분을 할 수 있는 분기점들이 존재했다. 모든 역사에서도 그렇지만 특별히 제주의 경우는 그것이 더욱 두드러졌다.

둘째, 제주가 외국선교회의 선교지가 아니라 한국교회의 선교지였다는 사실이다. 본토의 경우 해외 선교회의 선교지였기 때문에 선교사들이 입국하여 거점을 삼고 선교비 지원을 받아 학교를 설립하고 병원을 설립하면서 직접적인 복음전파와 간접선교를 병행했다. 정도의 차이는 있지만 이런 현상은 북장로교, 남장로교, 캐나다장로교, 호주장로교 등 4개의 장로교선교회와 남감리교와 미감리교 2개의 감리교 선교회에서 일반적으로 찾을 수 있는 현상이었다. 두 가지 균형을 통해 선교의 극대화를 꾀할 수 있었다. 그러나 제주의 경우 한국교회의 선교지였기 때문에 열악한 경제형편으로 충분한 선교비를 지원할 수 없어 학교와 병원을 설립할 수 없었다. 외국선교사들이 입국하여 상주하지도, 그렇다고 재정적인 지원이 있었던 것도 아니었다. 이기풍이 학교를 시작했지만 지속적이지도 못했고 규모를 갖추지도 못했다. 제주선교는 직접선교에 의존하는 선교형태를 취했다. 이와는 달리 외국선교사들이 입국하고 재정지원을 받는 제주 천주교는 오히려 학교설립과 병원설립을 병행한 선교방식을 제주에서 일관되게 실천에 옮겼다. 선교사들의 생활비를 지원하는 것도 힘든 상황에서 학교설립과 병원설립은 전혀 기대할 수 없는 일이었다. 외국선교사들의 지원이 있었지만 그것은 남장로교 선교회 차원이 아닌 개별 선교사 차원이었다. 결국 제주선교는 직접선교와 간접선교의 균형과 조화 속에 진행되었던 본토의 선교와 출발부터 달랐다. 이것이 꼭 부정적인 영향만 미쳤던 것은 아니다. 처음부터 자립하는 교회를 제주에 심어주어 일제의 그 박해와 가난 속에서도 교회공동체가 모질게 살아남을 수 있었다.

　셋째, 지난 제주기독교 역사는 제주기독교가 제주라는 고립된 지역성을 가지고 있으면서도 본토의 기독교와 분리되지 않았다는 사실을 보여준다.5) 제주기독교가 동참했던 1919년 3월과 4월의 3·1

---

5) 제주기독교 역사는 제주기독교가 한국교회와 결코 분리되지 않았다. 제주기독교는 한국교회가 만난 어려움들을 동시에 겪었다. 가톨릭으로 인한 1901년 제주도 신축교난, 일제 말엽 일본 관동군의 주둔으로 인한 교회 수난, 공산당으로 인한 1948년 4월 3일 이른바 "4·3 사건"은 기독교에 중요한 영향을 미쳤던 사건들이다. 1950년대에는 한국전쟁으로 인한 피난민의 유입, 세 차례의 일련의 분열로 새로운 시대에 돌입했다. 제주기독교는 한국교회가 만난 천주교와 개신교의 갈등과 대립, 일제의 식민지배와 한국전쟁과 공산대립의 모든 과정을 동시에 경험했다. 그 강도는 여타 다른 지역에 비해 더 강도가 높았다. 하지만 한국전쟁은 제주선교의 일대 변화를 가져다주었다. 제주가 선교지라는 틀을 벗고 한국기독교 번성기를 공유할 수 있었던 것은 한국전쟁 이후라고 할 수 있다.

독립만세운동, 조봉호의 군자금 모금사건, 일제시대 사회주의와 공산주의 발흥, 신사참배 결정과 배도, 해방 후 진행된 좌익과 우익의 대립과 4·3 사건과 한국전쟁, 다양한 교파와 교단의 활동, 여호와증인, 통일교, 박태선 천부교, 안식교를 비롯한 이단교회의 공존, 1970년대의 대중전도운동의 기독교의 성장, 기독교의 정체와 침체 그리고 천주교의 급부상에 이르기까지 한국교회 전체가 만나는 기독교 역사 속의 중요한 사건들을 제주기독교도 그대로 공유하였다. 제주기독교는 이제 단절된 공동체가 아니라 전체 한국교회의 지체라는 사실을 보여주는 것이다.

넷째, 제주기독교가 단절된 시대를 넘어 한국교회 전체에 편입되기 시작한 것은 한국전쟁을 통해서이다. 민족적 시련이 부흥의 기회가 되었다. 1948년 4·3 사건과 한국전쟁은 제주에 새로운 기회를 제공했다. 전쟁이 민족적 각성을 가져다준 것은 전체 한국기독교의 현상이지만 유독 제주에는 그 현상이 더욱 두드러졌다. 1950년 한국전쟁을 통해 수많은 피난민들이 제주에 유입되면서 제주에 대한 지정학적 중요성과 가치가 재인식되기 시작했고, 피난민들에 의해 수많은 교파와 교단들이 제주에 교회를 설립하면서 장로교 중심의 제주기독교가 감리교, 성결교, 침례교, 그리스도교 등 한국기독교 주류교단들이 동참하는 선교지가 되었다. 1950년대 거의 모든 교파들이 제주선교를 시작한 경우는 다른 지역에서도 있었지만 제주에는 더욱 특별했다. 한국전쟁을 통해 비로소 제주기독교는 한국기독교에 편입되었고, 다양한 종파의 유입을 통해 풍요로운 기독교로 발전할 수 있었다. 한국전쟁이 참으로 비극이지만 확실히 제주에는 대단한 축복이었다. 한국전쟁과 기독교를 통해 제주는 근대화가 가속되었.

지난 100년의 역사를 정리하고 새로운 100년을 준비하는 시점에서 볼 때 제주기독교는 제주선교를 위해 전략이 필요하다. 지난 100년을 회고할 때 한국기독교는 제주선교를 열심을 가지고 감당했지만 일관되지도, 전략을 가지고 접근하지도 못했다. 천주교는 학교를 설립하고 병원을 설립하며 다양한 수도원을 설립하며 4·3 사건 희생자들을 위한 미사를 집도하고 이시돌 목장 등 제주도민들의 삶 속에 뛰어드는 선교를 해왔다.

그러나 제주기독교는 학교와 병원 등의 시도가 있었지만 장기적으로 운영되지 못했고, 영향력도 천주교에 미치지 못했다. 지금은 제대로 된 기독교학교조차 없다. 반면 천주교는 신성여자중학교와 신성여자고등학교를 통해 수많은 제주의 어머니를 배출하고 있다. 이들에게서 교육받은 이들에 의해 자녀들이 천주교 신앙을 가질 확률, 그들의 남편이 천주교 신앙으로 돌아설 확률은 너무도 높다.

1957년 불과 3개의 성당, 미미한 교세의 천주교가 2007년 제주도 인구 대비 11%를 훨씬 넘어섰다는 사실은 어쩌면 당연한 것이다. 앞으로 이 같은 추세가 계속될 것으로 예견되며 그럴 경우 제주는 머지않아 천주교가 지배하는 천주교 왕국이 될 것이다. 그동안 없던 천주교 군목이 최근 제주에 상주하기 시작한 것도 그와 같은 맥락에서 이해할 수 있을 것이다. 이런 상황에 제주기독교는 제주도 복음화를 위한 장단기 전략을 세워야 할 것이다. 제주만이 갖고 있는 지정학적 특성과 문화적 특성을 충분히 연구하고, 제주를 가슴에 품으며 제주를 위해 일생을 헌신할 사역자들이 나와야 할 것이다.

제주기독교는 물론이지만 한국기독교는 제주선교 100년을 부흥의 원년으로 삼아야 할 것이다. 아직도 제주는 선교적 잠재력이 많다. 수백 년 동안 줄기차게 관심을 보여 온 희망의 땅 제주는 사도행전 이후 가장 강력한 평양대부흥운동의 산물로 시작된 선교지였다. 1907년 평양대부흥운동의 결실인 제주선교가 100주년을 맞는 이제는 다시 민족복음화와 세계선교를 앞당기는 새로운 부흥과 선교의 원년으로 기록되어야 할 것이다. 제주선교 100년은 곧 해외선교 100년을 의미한다는 점에서 제주선교 100주년은 참으로 교회사적으로 중요하다. 이제 더 이상 제주는 해외가 아니다. 제주를 여느 해외 선교지와 동일하게 취급하지 않고 또 제주도민들도 그것을 원치 않는다. 본토와 단절되었던 100년 전과 달리 오늘날 교통의 발달로 제주는 하루 문화권에 점점 접어들고 있다. 조심스러운 전망이지만 자치도 승격과 제주대학교가 그 치열하고 어려운 관문을 뚫고 법학대학원 인가를 받은 것은 앞으로 제주의 위상을 한층 높여줄 것이다.

제주기독교는 본토와 달리 교파를 초월하여 일치의 정신이 강하다. 전체 교회들이 연합하여 제주선교를 공동으로 추진한다면 더 많은 결실이 있을 것으로 보인다. 평양대부흥운동을 통해 조선이 선택된 민족이라는 칭호를 받았던 것처럼 새로운 부흥을 통해 제주를 약속의 땅(The Promising Land), 지금으로부터 176년 전 1832년에 칼 귀츨라프 선교사가 꿈꾸었던 복음전파와 세계선교의 전진기지로 삼아야 할 것이다. 지정학적 중요성, 제주가 갖는 자연의 보고와 잠재력, 개발 잠재력을 고려할 때 앞으로 제주는 더 많은 발전을 이룩할 것으로 보인다. 현재 교세가 적다는 것은 그만큼 많은 선교적 잠재력이 있다는 증거이기도 하다. 제주 복음화를 위한 심도 있는 연구와 고민이 요청된다. 제주가 갖는 독특한 지역적 문화적 특성에 대한 심도 있는 연구가 선교사적으로 있어야 할 것이다. 제주는 언어, 문화, 관습에 이르기까지 타문화라고 할 수 있을 만큼 육지와 다르다. 외부인에 대한 배타성이 아직도 내면에 어느 정도 잠재되어 있는 곳이기도 하다. 이 같은 선교적 한계를 극복하기 위해서는 제주도 출신의 목회자의 양성이 절실하게 요청된다.

앞으로 제주가 한국교회 향후 100년의 선교 역사의 새로운 구심점이 되기를 기대하고 소원한다.

| 부록 1 |

제주기독교회사 주요 사건 연표

다음 사건은 제주기독교와 직간접으로 관련된 사건임

297.	중국 진 나라 때 삼국지 동이전에 주호(제주도) 기록
938.	탐라, 고려의 속국으로 조공
1105.	고려 숙종 10년 고려의 지방행정구역에 편입, 중앙관리 파견
1168.	중앙관리를 내 쫓는 양수의 난 발생
1231.	몽고군의 고려 침략
1232.	삼별초의 난
1270.	삼별초가 탐라군을 거점으로 삼아 몽고군에 맞섬
1273.	삼별초군이 연합군에 패배, 제주 몽고지배, 다루가치 파견
1274.	몽고의 제 1차 일본 정벌, 태풍으로 실패
1284.	몽고가 탐라를 고려에 형식적으로 반환
1316.	왜구의 제주 침입 시작
1374.	최영 장군 제주 목호세력 완전 축출
1392.	조선 개국
1592.	임진왜란
1593. 12. 27.	세스페데스 내한
1629.	인조 7년 "출륙금지" 조치
1653. 8. 15.	하멜 일행 제주도 화순포 표착
1667.	하멜 일행 생존자 일본 탈출
1668.	<하멜표류기> 출간
1816. 9.	리라호의 바실 홀 중령과 알세스트호의 머리 맥스웰 대령 서해안 탐사
1817.	John McLeod <조선서해안항해기> 출간
1818.	Basil Hall <조선서해안항해기> 출간

1830.	"출륙금지" 조치 해제
1832.	귀츨라프선교사 서해안 탐사, 고대도 입국
1862.	임술민요(壬戌民擾)
1866.	로버트 토마스 순교
1884. 9. 20.	호러스 알렌 의료선교사 입국
1885. 4. 5.	언더우드와 아펜젤러 입국
1889.	헨리 데이비스 입국
1890.	베어드 선교사 입국 및 부산 선교, 경인민요(庚寅民擾)
1892.	남장로교 선교회 전라도선교 착수
1895.	미국성서공회 권서인 피득 입국, 병신민요(丙申民擾)
1898.	피득과 켄뮤어 제주도 순회 선교, 천주교 제주선교 착수, 무술민요(戊戌民擾)
1901. 5.	~~1901~~ 신축민요
1903.	원산부흥운동 발흥
1905. 9.	장감연합공회 결성
1907. 1. 14-15.	장대현교회서 평양대부흥운동 발흥
1907. 4.	평양신학교에 놀라운 부흥, 이기풍과 신학생 성령 충만
8. 29.	박영효 딸 묘옥과 제주도 유배지로 출발
1907. 9. 17	조선예수교장로회 독노회 조직, 이기풍 선교사 제주 파송 결정
1908.	이기풍 선교사 김재원과 금성리교회 창립, 성내교회, 성읍리교회, 삼양교회 설립, 성내교회에서 남녀 소학교를 설립
1908. 1. 11.	장대현교회에서 이기풍 파송예배, 길선주 설교
1908. 9. 6.	조선예수교장로회 제 2회 독노회. 이기풍 선교사와 김흥련 전도인 제주 전도형편 보고, 제주에 이선광 여전도인 1인 파송하기로 결정
1908. 10.	이선광 제주선교 착수
1909.	조천교회성립,
1909. 9. 1.	모슬포교회 창립
1909. 9. 3.	평양신학교서 제 3회 독노회 개최, 이기풍 독노회 부회장 선출 김형재 제주 파송윤식명 외 7인 목사 안수
1910. 9. 18-22.	제 4회 독노회, 100만인구령운동
1911. 9. 17-22.	제 5회 독노회, 김창문 6개월 제주 파송, 마부인 여 전도인 2명

	파송, 강병담 제주 파송, 제주 예배당 3곳, 예배 처소 2곳, 160명 교인
1911. 10. 15.	제1회 전라노회
1912. 9. 1.	평양신학교서 제1회 총회, 이재순 매서인 피택, 경성 정신여학교 여 전도인 1인 파송
1912. 8. 25.	제 2회 전라노회
1912. 9. 2.	전라노회 제2회 임시회, 제주전도사업을 전라노회가 담당하기로 결의
1912. 9. 7-11.	제2회 총회, 제주전도사업을 전라노회에 위임
	용수교회 설립
1913. 8. 15.	제 3회 전라노회 제주도 전도사업 인수
1914. 9. 6-9.	제 3회 총회, 중문리교회 설립, 이재순 원용혁 김경신이 제주선교
1914. 8. 15.	제 4회 전라노회. 전도목사 1인 제주에 추가 파송 결정, 윤식명 파송
1914. 9. 6-9.	제 3회 총회
1915.	제주 수원교회 설립, 한림교회 설립
1915. 8. 28.	제5회 전라노회, 이기풍 성음부족으로 육지에서 1개년 치료 결정, 최대진 제주 파송, 제주 서문내교회 장로 1인 택정 허락,
1915. 9. 4-8.	제 4회 총회, 김창국, 이자익, 이경필 3인 강도사 인허, 김창국 마로덕 목사와 동사 목사 허락.
1915. 12. 25.	성내교회 성탄절 행사에 3천명이 참석
1916.	고산교회 설립, 고산리교회 70세의 추씨산옥 노인 금 300원 기부
1916. 8.25.	제 6회 전라노회, 전남노회와 전북노회로 분립 결정, 제주전도 승인,
1916. 9. 5.	전라노회 임시회노회에 황해노회로부터 제주에 선교사 1인 파송을 결정하고 전라노회 승인 청원
1916. 3.-5. 30.	70일간 한라산 남북편 대전도, 490명 참석, 복음서 2,946권 매서, 전도지 1만장 배본
1917.	법환교회 창립,
1917. 3. 20.	서문교회에서 부인 대 사경회 겸 부흥회
1917. 4. 1.	김재원, 홍순홍 장로장립, 성내교회 당회 조직
1917. 5. 3.	제 6회 전라노회 임시회, 최대진 목사 사면
1917. 8. 31.	황해노회 임정찬 제주 파송
1917. 9. 2.	전라노회 임시회 전남노회 제주도 구역 확대(산북포함)

1917. 9. 17.		제 1회 전남노회. 제주전도사업 분할과 윤식명, 이경필 파송, 순천노회 분립
1917. 9. 21.		김창국 목사 전라노회 파견
1917. 6. 14-7.		2.임택전 제주 순회선교
1917. 12.		삼양교회 오주병씨 집 헌금
1918.		제주 삼양리교회 설립, 제주세화리교회설립, 광주 봉선리교회에서 원용혁 제주에 파송하여 5년간 전도하고 그 후 김재진 파송
1918. 3. 9-19.		제주사경회, 강사 맹현리, 윤식명, 임정찬, 김창국 최병호
1918. 7. 6.		전남노회, 법환리 출신 하와이 교포 강한준 친족복음화 위해 미화 60원 5년간 부송. 제주지역 3분할 정의지방(황해노회). 산북지방(전북노회), 산남지방(전남노회)
1918. 7. 24.		김창국 제주산북지방선교보고
1918. 9.		제 7회 총회
1918. 9. 2.		윤식명, 원용혁, 김진성, 김씨 나홍, 천씨아나가 태을교도로부터 피격, 윤식명과 원용혁이 중상
1918. 9. 4.		산남지방은 윤식명, 산북지방 김창국, 정의지방 임정찬
1919.		제주 내도리 교회 설립, 제주 형제자매 56명 전주 성경학원에서 1개월 공부, 전남광주문둥병원 교인들이 점심을 굶고 조사 1인 매월 25원 월급 담당
1919. 2. 1.		제 3회 전남노회, 광주 유산동교회에서 제주 여전도인 1인 담당
1919. 3. 1.		제주 만세운동
1919. 4. 2.		제 4회 전북노회 개최, 김창국 치료 결정
1919. 5.		김창규, 김창국, 조봉호, 최정식 독립군자금 모금
1919. 7.		독립자금 조봉호, 최정식, 김창국, 이도종, 문창래, 김창언 등 관련자 609명 구속, 김창국 2년 반 집행유예, 윤식명 집행유예, 조봉호 징역 1년
1919. 9.		제 8회 총회, 이기풍 실음 회복
1919. 9. 9.		제4회 전남노회
1919. 12. 25.		모슬포교회 성탄축하식, 300여 명 참석
1920. 2. 25.		제 5회 전남노회
1920. 4. 28.		조봉호 옥사
1920. 9.		제 9회 총회, 윤식명 제주선교 보고, 80세 노부인 반신불수 치유,

	교회 10곳, 신자 500여 명, 광주문둥병원 제주선교 계속, 강한준 전도비 15원에서 25원으로 증액
1920. 9. 4-7.	제 6회 전남노회, 윤식명과 김창국 제주선교 보고
1920.	가을 모슬포교회 윤식명 광선의숙 설립
1920. 12. 3-13.	김익두 성내교회에서 부흥회, 400명 참석, 각색 병에서 나은자 5-60명
1921.	용수리 교회 설립, 강한준 예배당 건축위해 300원 헌금, 박재하 제주 전도인 1인 후원, 광부부인전도회와 광주 문둥병병원에서 제주 전도인 1명 담당
1921. 1. 28.	제 7회 전남노회, 이기풍 제 7대 전남노회장 선출
1921. 9.	제 10회 총회, 이기풍 제 10대 총회장 선출, 산북지방 담당 김창국 목사 남전도인 1인으로 복음전도하여 교회 3 곳, 남녀전도대 조직, 황해노회 제주선교 중단
1921. 10. 4.	전남노회 임시회서 제주전도목사 윤식명 대신 이경필 파송
1921. 10. 30.	원용혁 기독신보 "윤식명 목사를 석별하고" 기고, 기독신보 1922. 1. 11. 게재.
1922.	협재리교회 설립, 두모리교회, 성읍리교회, 법환리교회 설립
1922. 3. 20.	모슬포교회 부흥사경회, 이기풍 도대선 이경필, 20여 명 결신
1922. 9.	제 11회 총회에 전남노회에서 순천노회 분립 청원, 이경필 제주도 모슬포교회 부임
1922. 9. 11.	전남노회 제 10회 계속회, 황해노회의 제주 전도사업 정지 문제 전북노회와 협의
1922. 12. 5.	황해노회의 "제주 동반부 교회의 애원서" 제출
1923.	고산리교회 설립, 모슬포교회 부인전도회 조직, 부인회에서 부인야학설립, 전북노회에서 파송한 이창규 금성리교회 전도, 대판 교포 성내교회에 건축헌금
1923. 1. 30.	제 11회 전남노회, 봉선리교회 제주전도사업 중단 보고
1923. 3. 19-	김익두 초청 모슬포교회 부흥회, 각색 환자 치유
1923. 7. 3.	전남노회 제 12회, 모슬포교회 장로 2인 피택 허락, 원용혁에게 학습 문답권 허락
1923. 9.	제 12회 총회, 전남노회 황해노회 선교 정지 문제 총회 헌의
1923. 9. 10.	전남노회 총대회 회집
1923. 4. 26.	이기풍 성역 25주년 기념식

1924.	성내교회 영흥학교, 삼양리교회 영신학교,
1924. 3. 2.	김정복 목사 위임식
1924. 3. 15.	산남지방 대사경회, 강사 이창규 이경필, 8교회 100여 명 참석
1924. 9.	제 13회 총회, 제주동편지방 교회 애원서 접수
1924. 10. 1.	성내교회 중앙유치원 인가 개원, 200여 명 학생, 원장 김정복, 교사 홍보영
1925.	제 15회 전남노회, 모슬포교회 광선의숙 교장 최정숙, 교원 3명 학생 보통과 70명, 졸업생 12명, 김녕교회 창립, "전남 제주 성내교회 이선광 부인 10년 제주선교, 1924-1925 성내교회 시무하며 매월 5원씩 자담하여 시수동 기도처소에 김한옥 파송." 당년 70세 무자녀 김수나 여사 150원의 재산 교회에 기부
1925. 3. 15.	성내중앙유치원 제1회 보육식 졸업, 12명 졸업생 배출
1926. 8. 1.	전남노회에서 김성원 목사 제주 파송
1926.	전남노회, 전북노회, 순천노회 연합으로 제주전도하기로 결정, 김정복 제주도 삼양교회 사임하고 제주읍교회 부임, 김성원 목사 제주 동편 구역 담당으로 이동, 추자신양교회 창립
1926. 7. 26.	모슬포교회 광선의숙 개학 입학생 30여 명, 교장 박남규, 교사 문공언 강규언 정신경
1926. 12. 22.	평양신학교 제 20회 졸업식
1927.	김성원 이경필 목사 지방 임시당회장
1927. 2. 2.	이기풍 고흥읍교회 사임하고 성내교회로 전임
1927. 4.-12.	이경필 신경쇠약증으로 휴양, 광주 봉선리교회(라병원) 여수군 이전
1927. 6. 12.	성내교회 꽃주일, 1,000여 명 참석
1927. 7. 31	이기풍 성내교회 위임식
1928.	김재선 목사 삼양교회 위임목사, 서귀포교회 창립, 지사포교회 이순학 자기 집 헌금
1928. 2. 15-19.	사경회 개최, 강사 김상준
1928. 8. 2-16.	광주 타마자 선교사 선교구 교역자들 제주 순회전도
1928. 10. 7.	삼양교회 김근서 씨 장로장립
1928. 12. 19.	모슬포교회, 법환리교회, 중문리교회, 두모리교회, 고산리교회, 용수리교회, 총회 수한재 구제금 참여.
1929.	제주도 동편 구역 총회직할 구역으로 편제, 양성춘 목사 파송, 제주 4개회 연합 면려청년회 조직, 회장 장병숙 서기 김현, 이경필 목사

	고산교회로 이거, 제주 양성춘 목사 전도로 교회 1곳 신설, 신사 40명
1929. 1. 10-18.	김익두 목사 모슬포교회 부흥회, 200명 결신, 대부흥
1929. 3. 11.	김영식 김재선 김구숙 임한유 김현철 등 제주연합전도대원 제주순회전도
1929. 7. 14.	최홍종 목사 모슬포교회 위임식
1929. 9. 29.	이기풍 주례로 최정숙 장로 장립
1930.	이도종 제주전도, 모슬포 지경 반종교운동, 전북노회 제주선교 1년 후 중단 결정
1930. 6. 10.	주정국, 고산 신창모슬포 협재 한림 성내 6곳 부흥회인도
1930. 11. 14-17.	성내교회에서 제주노회 조직(노회장 최홍종 부회장 김재선 서기 이도종), 제주시찰 동서로 구분, 동구역(성내에서 서귀포까지), 서구역(법환리에서 내도리까지).
1931. 1. 15.-2. 15.	제주성경학원 개원, 이기풍 김재선 조상학 강사, 30명 참석
1931. 4. 16-23.	제주성내교회 여사경회, 마률리 부인 강사
1931. 5. 29.	독신전도단원 강순명 목사 제주 모슬포교회 부임
1931. 6. 16-18.	금성리교회에서 제 2회 제주노회 (노회장 이기풍, 부회장 김재선, 서기 이도종), 최홍종 목사 수토불면증으로 모슬포교회 사임, 김재선 동북지방 사면
1931. 7. 1.	이기풍 성내교회 사임, 보성 벌교 지방교회 부임
1931. 10. 18.	서문통교회에서 제주기독청년면려회 연합회 창립
1932.	남원교회 창립
1932. 11. 14-17.	한림교회에서 제3회 제주노회(노회장 김재선 부노회장 김영식 서기 이도종)
1932. 1. 31	모슬포 예배당서 면려청년회 회집(회장 최우헌)
1932. 5. 21.	제주도기독청년면려회 연합 2회 정기총회
1932. 5. 30-6. 1.	한림교회서 제4회 제주노회(노회장 정태인 부회장 이도종 서기 최희준)
1932. 7. 13.	1928년부터 전북. 전남. 순천 세 노회 연합전도국 파송 전도목사 김영식 목사가 5년 동안 사역 금성예배당 신축, 한림포에 교회설립, 협재리와 도화리에 교회 설립
1932. 7. 27.	삼양교회 정태인 목사 위임식
1932. 11. 5.	기독청년면려연합회 임시총회

1933.　　　　　　이도종 서귀포 법환리교회 사임, 제주 고산 모슬포교회에서 여름하기성경학교

1933. 1. 15(음) 제 1회 소년소녀현상동화대회

1933. 3.　　　　남녀성경학 개최

1933. 4. 4.　　　서태국 선교사와 교역자 13인 제주 대부흥회 개최

1933. 6. 11.　　성내교회 최희준 목사 위임

1933. 8. 15-23. 제주도 CE 연합회 외 3단체 주최 제1회 수양회, 60여명 참석, 봄. 광선의숙 보습과 부설

1934.　　　　　　정순모 제주에서 5회 부흥회 인도

1934. 1. 29.　　제 4회 제주노회 제 1차 임시노회

1934. 2. 27-3. 21.성경학 개최

1934. 3. 8.　　　읍내 예배당에서 제1회 제주부인조력총회

1934. 4. 16.　　제 4회 제주노회 제2차 림시로회

1934. 5. 1.-4. 한림교회에서 제 5회 제주노회(회장 정순모 부회장 이도종), 일본주재 로간 박사 집회, 서태국 통역, 법환리교회 이도종 사임, 서귀 법환 중문 3교회 연합으로 강문호 청빙, 조수리기도처 교회로 승인

1934. 4. 2.-8. 춘기사경회

1934. 5. 3.　　　한림지방 정순모 목사 위임식

1934. 8. 2-11. 읍내교회 교역자 수양회, 남녀 62명, 강사 평양신학교 이성휘 박사

1934. 8. 6.　　　제주노회 제 5회 제1차 림시노회, 서귀지방(서귀, 법환, 중문) 강문호 목사 위임

1934. 8. 7.　　　오후 2시 30분 읍내교회에서 한국선교 50주년 희년 기념식

1934. 11. 20.　　제주노회 제 5회 제2차 임시회

1935. 5. 7.-9. 제6회 제주노회(회장 이도종 부회장 정순모 서기 고영홍), 장로 자격 27세 이상 5년 무흠 세례인 성경학 2년 이상 수업자, 희년기념사업 대전도-강문호(성내), 최희준(서귀포), 정순모(고산), 정태인(세화), 리도종(표선)

1935. 2. 12-3. 8.한림교회서 성경학 개최, 최흥종 전남노회로 이명, 강문호 모슬포 당회장

1935. 4. 2.　　　1주간 성내교회 부흥회, 강사 김창국 목사

1935. 4. 14-19.삼양교회 부흥회, 강사 정태인, 둘째 날 "조선과 기독"이란 제목의 설교를 하다 구금

1935. 4. 21.		고산 모슬포 두모 용수 지사포 조수 6교회 제주산서지방연합야외예배
1935. 5. 2.		정태인 두모교회 헌당식 및 위임식
1935. 8. 12.		제주읍내 서문교회 면청주최 제 3회 금주선전대운동
1936.		제 7회 제주노회(회장 강문호, 부회장 정순모, 서기 이도종)
1936. 8. 21.		제주노회 제7회 제1차 임시회. 정순모 목사 성내 담임부임
1936. 10. 19-		제7회 제주노회 제2차 임시회, 강문호 전남노회로 이명, 성경학원 건축 연보 위원 정순모 이도종
1936. 11. 9.		제7회 제주노회 제3차 임시회 한림 협재 금성 3교회에서 전남노회 목사 박창숙 청빙
1937.		김재선 성직 사면 수리, 제주성경학원 건축, 대정교회 창립, 안덕교회 창립
1937. 2. 17-3. 17.		성내교회에서 성경학
1937. 7. 13-		제 8회 제주노회
1937. 9.		성내교회 정순모 목사 청빙
1937. 11. 30.		제주노회 8회 제 1차 임시회
1938.		무릉교회 창립
1938. 4. 24.		이도종 고산지방 고산 룡수 두모 조수 4교회 담임으로 위임식
1938. 4. 26-28.		성내교회에서 제9회 제주노회 목사 3인(이도종 정순모 이근호) 장로 9인(정응표 장량선 김기평 김계공 문명옥 리덕연 김재원 오주병 오공화) 합 12명 참석. 노회장 이도종, 부회장 정순모, 서기 이근호 부서기 김계공 회계 김계공 부회계 김재원, 제주노회 신사참배 결의
1938. 6.18.		제 19회 제주노회 제 1차 임시노회, 타마자 목사 성경학 원장 사임
1939. 1. 4.-2. 4.		제주성경학원
1939. 1. 4-14(음)		도사경회
1939. 5. 2-5.		제주노회 10주년 기념식을 거행하고 이기풍(여수군 우학리교회), 윤식명 목사(완주군 삼례리교회), 이경필 목사(광주 금정교회), 김창국목사(광주 양림정교회), 이창규(군산부 구암교회)에 기념사진 1매씩 보냄, 김윤숙 권사근속 20주년 기념식,
1939. 5. 14.		조의환 목사 모슬포교회 위임
1939. 8. 22.		제 10회 제주노회 제 1차 임시회
1939. 10. 10.		제10회 제주노회 제2차 임시회

1940. 1. 3-2. 2.		성경학원, 88명 청강 4인 합 92명
1940. 1. 22.		제 10회 제주노회 제3차 임시회, 연맹회 제주노회 지맹 결성 가결
1940. 2. 15.		제10회 제 4차 임시회
1940. 4. 30.		제11회 제주노회, 회장 조의환
1940. 11. 13.		제11회 제주노회 제1차 임시회, 국가의식(궁성요배, 묵도, 황국신민서사제창), 제주 목회자 창씨개명, 산내의환, 김촌응규, 광전경작, 오주병, 림본기평, 황기 2600년 봉축식 경성신도대회 참석할 대표자 2인 선택, 신도대회의 건 각 교회에 참석 장려 통지 결의
1941. 1. 18.		제주노회 11회 제2차 임시회, 국가의식(궁성요배, 묵도, 황국신민서사제창),
1941. 4. 29-5. 1.		제12회 제주노회, 국가의식(궁성요배, 묵도, 황국신민서사제창), 모슬포교회 목사와 전도사 잠시 구검, 노회 사경회 연기, 김촌응규 기도 후 국방헌금
1941. 2. 16-2. 27.		한림교회에서 대 사경회
1941. 11. 13.		제12회 제주노회 제 1차 임시회, 조남수 신학 시취 및 전도사 허락, 시국강습회 건 평양신학교에 안내 요청
1941. 12. 17.		상모리 광장에서 OO호 비행기 헌납식에 제주노회장 참석
1942.		이도종 귀농
1942. 3. 10.		제12회 제주노회 제2차 임시회, 11개조 시국행사 건 결정하고 각 교회에 통지, 찬송가서 삼천리 반도 금수강산, 피난처 있으니 환난을 당한자 등 제거
1942. 4.2 8.-15.		제13회 제주노회, 국민총력 제주노회 연맹 이사장 하동순모 보고, 일장기 경례, 각 교회 금종 국방 헌납키로 결정, 황군위문 결의
1943.		조남수 조선신학원 졸업
1943. 5.		조선예수교장로회 총회 해체, 일본기독교 조선교단 통리 개편
1943. 6. 10.		제주노회 해체, 일본기독교 조선교단 제주교구로 개편
1944.		20만 관동군 제주도 주둔, 섬을 요새화, 성내 한림 모슬포교회 예배당 징발, 한림교회 폭격, 강문호 출륙
1945. 5.		제주도민 육지 소개선 미군 공습 받고 500명 중 250명 사망
1945. 5. 13.		한림읍 비양도 앞바다에서 일본 수송선 호위함 4척 미군 잠수함에 피격
1945. 7. 6.		미군기에 의해 한림지역 폭격, 한림교회 전파 한림교회 교인 8명 사망

1945. 8. 15.		해방
	8. 20.	제주도건국준비위원회 결성
	9. 15.	미군선발대 제주도착
	9. 27.	일본군 항복문서 조인, 미군정 실시, 일본군 철수 시작
	9. 28.	라우엘 대령의 미군부대 제주 상륙

1945. 10.   제 1차 도 제직회, 40여 명 참석.
1946. 1.   달성경학교, 순회전도, 강태국 강사
1946. 3.   제주노회
1946. 4. 18-22. 제 33회 총회, 제주도 울릉도 무안에 전도목사 파송 결정
1946. 6. 12. 제27회 총회(남부총회), 신사참배 결정 취소
1946. 5. 1. 모슬포교회 부흥사경회, 강사 임기봉 목사
1946. 8. 1. 제주도 도 승격
1947. 3. 1. 제주 3·1절사건, 총 파업 착수
1947. 5.   도제직회 서귀포교회에서 회집, 산북지방 이도종, 산남지방 조남수가 맡기로 결정
1947. 10. 6-10. 모슬포교회 조선독립기원회 및 강연회
1948.   강정교회 설립, 애월교회 창립, 표선교회 창립
1948. 2. 7. 2·7폭동사건
1948. 3. 28. 조남수 모슬포교회 위임식
1948. 4. 3   4·3 사건 발발, 4·3 사건으로 이도종목사(화순), 허성재장로(모슬포), 부양은 집사(김녕), 진시규(중문), 교인 오대호(중문), 진학인(중문), 임명선(서귀포), 오병필(서부), 오병필의 동생(서부), 최순임(모슬포), 허영국(모슬포), 고창선(모슬포), 권찰(삼양) 학생(삼양), 김승은(두모), 지성의(대정영락), 지성익의 동생(대정영락), 서귀포교회, 협재교회, 조수교회, 세화교회 사택이 소각
1948. 4. 20.-23. 제 34회 총회, 제주선교 지원 결정
1948. 5. 10. 전국 국민투표
1948. 6. 19(18) 이도종 목사 순교
1948. 8. 15. 대한민국정부수립
1948. 11. 15. 모슬포 습격 12명 피살, 20채 가옥 방화, 3명 소년 납치,
1948. 11. 20. 좌익무장대로부터 조남수 습격

1948. 11. 25.		조남수 자수선무강연, 3,000명 자수
1948. 12. 31.		동아일보 보도, "제주도민이 군경과 협조하고 있다."
1949.		봉개교회 창립, 예리교회 창립, 판포교회 창립
1949. 3. 12.		한림교회 사택에서 제주임시노회, 정기노회 무기연기하기로 결정
1949. 4. 19-23.		제 35회 총회, 제주노회장(강문호)이 총회에 4·3 사건관련 피해상황 보고, 총회는 제주지방 피해 예배당 복구비 100,000원을 지원함.
1949. 6.		총회에서 총회장 최재화 목사와 서기 유호준 목사 제주에 파송.
1950.		도두교회 창립, 신산교회 창립, 월령교회, 위미교회 창립, 하귀교회 창립, 함덕교회 창립, 비양도교회창립
1950. 1. 3.		제주노회 도사경회
1950. 3. 29.		제 21회 제주노회
1950. 4. 21.-25.		대구 제일교회에서 제 36회 총회 개최
1950. 6. 25.		한국전쟁
1950. 10. 3.		제주영락교회, 도두교회, 한라교회, 화북교회, 신촌교회, 함덕교회, 시온교회, 효돈교회, 보목교회, 토평교회, 추광교회 등 피난교회 설립
1951.		감리교와 성결교 제주선교 착수
1951. 3.19.		제주 YMCA 창립
1952. 1. 31- 2.2.		모슬포교회에서 제23회 제주노회를 열고 송죽 여 중학교를 경영하기로 하다.
1952. 3. 10.		육군 제1훈련소에는 장도영 준장이 부임한 이래 댄스홀을 군인교회로 만들고 예배를 시작하여 구령운동이 활발함
1953. 7. 27.		휴전발효
1953.		기장 제주노회와 예장제주노회 분립, 감산교회 설립
1955. 1. 21.		제주 YWCA 창립
1959.		사라호 태풍, 예장통합과 예장합동 분립, 여자농민복음학교 개설
1960. 4. 19		4·19 혁명
1961. 5. 16.		5·16 혁명, 기장 송죽학교 문제 발생
1966. 7. 4.		예장제주노회재단법인 인가
1968. 7.		제주에 침례교회 설립
1970. 11. 17.		예장 55총회 결의에 따라 예장합동제주노회복구 모임

1972.	제주기독센터 건립, 제주기독의원 개설인가
1973. 6. 30.	제주극동방송개국
1978. 5. 18.	제주에서 순복음교회 설립
1992. 11. 21.	제주기독신문 창간
1998. 5.	이기풍 선교기념센터 건립
2001. 6. 12.	제주기독교방송(CBS) 개국
2005.	성내교회, 모슬포교회 총회 역사 유적, 유물 지정
2006. 4. 4.	90회 총회 결의에 따라 예장합동제주노회와 예장개혁제주노회 합동
2008. 3. 6.	성안교회에서 제주기독교 100주년 기념 기독교 지도자 세미나
4. 27.	서귀포 월드컵 경기장에서 제주기독교 100주년 연합대예배
2008. 9. 22-26.	예장합동, 예장통합, 기장, 예장합신 제주에서 총회, 총회기간 중 24일 저녁(수요일) 4교단 합동예배

| 부록 2 |

제주노회 현황 및 역대 임원명단

회수	연도	기간	장소	노회장	부회장	서기
1	1930	11.14.-17.	성내교회당	최흥종	김재선	이도종
2	1931	6.16.-18.	금성리예배당	이기풍	김재선	이도종
3	1932	5.30.-6.1.	한림교회당	정태인	이도종	이도종
4	1933	5.30.-6.1.	한림교회당	정태인	이도종	최희준
5	1934	5.1.-5.4.	한림교회당	정순모	이도종	최희준
6	1935	5. 7.-5.9.	고산교회당	이도종	정순모	고영홍
7	1936		한림예배당	강문호	정순모	이도종
8	1937	7.13.-15.	한림포예배당	이도종	정순모	이상호
9	1938	4.26.-4.29.	제주읍 삼도리예배당	이도종	정순모	이상호
10	1939	5. 2.-5.	제주읍 삼양예배당	정순모	김응규	이기방
11	1940	4.30.-5.3.	한림교회당	조의환	김응규	이기방
12	1941	4.29.-5.1.	고산교회당	정순모	김응규	이기방
13	1942	4.28.-5.10.	성내교회당	김응규	양천석	김주현
14	1943			정순모	김응규	이기방
15	1944			강문호	이도종	이기방
16	1945	11.21.-22.	한림문명옥장로자택	강문호	이도종	조남수
17	1946	2.27.-28.	서문통교회당	이도종	강문호	조남수
18	1947	3. 3.- 4.	서문통교회당	강문호	이도종	조남수
19	1948	3.25.-26.	모슬포교회당	강문호	이도종	조남수
20	1949	6. 8.-10.	고산교회당	강문호	이윤학	조남수
21	1950	3.29.-31.	한림교회당	이윤학	강문호	송영호
22	1951	1.24.-26.	동부교회당	이윤학	조남수	김영모
23	1952	1.31.-22.	모슬포교회당	강문호	조남수	김봉서
24	1953	1.27.-29.	한림교회당	강문호	최희준	김봉서
25	1953	8.18.-21.	서귀포교회당	강문호	최희준	김봉서

제주도내 기독교 교단별 교세통계

2004년 9월 수집 현영립

연번	교 단 명	교회수	세례교인수	총교인수	비 고
1	구 세 군	2	30	60	
2	그리스도의 교회	9	135	233	
3	기독교대한감리회	35	2,245	3,986	
4	기독교대한감리회 신진	1			작은교회임
5	예수교대한감리회	1	120	150	
6	기독교대한복음교회	2	59	83	
7	기독교대한성결교회	15	1,089	2,102	
8	예수교대한성결교회	6	232	586	
9	대한예수교오순절성결교회	2	34	47	
10	기독교대한하나님의성회	22	1,517	2,405	
11	예수교대한하나님의성회	2	17	70	
12	기독교한국침례회	6	437	675	
13	기독교한국침례교회	1	50	100	
14	성서침례회	1	30	50	
15	대한예수교침례회	4	290	330	
16	대한예수교나사렛성결교회	1			개척교회임
17	대한예수교장로회 개혁	14	280	550	
18	대한예수교장로회 고려	2	38	90	
19	대한예수교장로회 고신	12	614	1,816	
20	대한예수교장로회 대신	7	107	210	
21	대한예수교장로회 합동	26	1,070	1,964	
22	대한예수교장로회 정통	11	285	567	
23	대한예수교장로회 동신	2	475	760	
24	대한예수교장로회 전도총회	8	375	605	
25	대한예수교장로회 통합	116	14,371	29,082	
26	대한예수교장로회 합신	10	354	760	
27	대한예수교장로회 예총	3	67	140	
28	대한예수교장로회 재건	1	5	5	
29	대한예수교장로회 정신	1	30	50	
30	대한예수교장로회 연합	1	10	15	
31	대한예수교장로회 한국총공회	3	115	290	
32	대한예수교장로회 호헌	1	15	40	
33	대한예수교장로회 중앙	1	27	70	
34	대한예수교장로회 계약	1	20	50	
35	대한성공회	1	30	37	
36	형제교회	3	57	103	
37	형제기독교장로회	20	21,43	3,313	
38	독립교회	1	25	55	
39	무소속	1	50	120	
	계	356	26,848	51,620	

| 부록 3 |

제주기독교회 현황

2017년 10월 기준

<구세군>

교회명	담임	전화번호	주소
구세군제주교회	박철수	751-1793	제주시 광양7길 34 2층(이도2동)
구세군서귀포교회	안종혁	762-3790	서귀포시 동홍중앙로 52번길 42(동홍동)

<그리스도의 교회>

교회명	담임	전화번호	주소
가마그리스도의교회	이길운	787-2257	서귀포시 표선면 가마행남로 37-3
난산그리스도의교회	김성도	784-2169	서귀포시 성산읍 난산로 36번길 36
시흥그리스도의교회	박원길	782-2985	서귀포시 성산읍 시흥상동로 77번길 23
온평그리스도의교회	박상철	784-0357	서귀포시 성산읍 온평애향로 23번길 12
영락그리스도의교회	신동렬	792-1901	서귀포시 대정읍 영락중동로 16번길 3
제주그리스도의교회	오창건	757-2595	제주시 중앙로 24길 26
제주중앙그리스도의교회	함동수	726-8972	제주시 진동로 12
평대그리스도의교회	전수진	783-1325	제주시 구좌읍 평대7길 18-16
신제주그리스도의교회	위동익	747-9932	제주시 다랑곶6길 29 B1

<기독교 대한 감리회>

교회명	담임	전화번호	주소
제주중앙교회	박종호	722-3908	제주시 연사길 17
월정교회	송민호	783-4557	제주시 구좌읍 행원로 20-11
조천교회	고근섭	783-6249	제주시 조천읍 신북로 250
하원교회	김창성	738-2963	서귀포시 구산봉로 51
대포교회	최계원	738-7411	서귀포시 중문관광로 292
서귀포호근교회	이승용	739-1316	서귀포시 호근서호로 102
서귀포교회	최기철	762-3888	서귀포시 중동로 40
법환교회	고영대	739-6715	서귀포시 법환로 20
희망의교회	조승호	746-7047	제주시 연동4길 6-3
회수교회	진성기	738-0016	서귀포시 1100로 221
회복교회	곽영상	742-0931	제주시 선덕로 6길 11
선흘교회	이규봉	783-8659	제주시 조천읍 동백로 15
함덕제일교회	이형연	070-7521-5535	제주시 조천읍 함덕남12길 24
광령교회	강석정	748-1902	제주시 애월읍 광성로 329-1
수산교회	최병준	713-4235	제주시 애월읍 수산4길 67
평강교회	유진형	755-1306	제주시 연북로 553

교회명	담임	전화번호	주소
충일교회	이상구	732-8193	서귀포시 검은여로 223
한림교회	송성호	796-6373	제주시 한림읍 대림로 101
제주반석교회	이재홍	747-9049	제주시 노형로 3071-5
임마누엘교회	최병하	755-1014	제주시 삼화로 36
새예루살렘교회	고웅영	747-8807	제주시 도남로 13 B1
제주광림교회	김병기	755-7275	제주시 고산동산 6길 10
세화성은교회	이광용	783-8063	제주시 구좌읍 새평항로 36
기적의교회	정성학	742-2132	제주시 가원북2길 1
성화교회	윤사무엘	739-4922	서귀포시 태평로 488
대화교회	김광수	796-0280	제주시 한림읍 명월성로 140
주사랑교회	이수재	755-3765	제주시 중앙로 275
함께하는교회	허연범	755-8142	제주시 진동로 5길 45 2층
제주산돌교회	이소영	721-0691	제주시 열녀길 26-1
중문한사랑교회	황동현	738-5140	서귀포시 1100로 37-1
빛과소금교회	김동환	070-8807-2270	제주시 아봉로 381호
제주나눔교회	안주석	010-6324-7004	제주시 도남로 17길 32 다동 302호
신승교회	김상훈	010-5233-6173	제주시 일주서로 7880 3층
제주제일교회	장한경	713-9125	제주시 우평로 321-6
행복한교회	최익두	010-3640-0240	제주시 도남서길 24 202호
믿음교회	박민수	759-4590	제주시 서사로 149-1
섬김의집교회	임사무엘	010-6847-4620	서귀포시 준동로 41-3
새소망교회	류경열	010-2315-7204	제주시 동화로1길 10 주공아파트 406동 105호
하늘사랑교회	김용은	727-1191	제주시 조천읍 함덕서사길 60-9
기드온교회	박헌수	010-8632-5793	서귀포시 신북로 46-1 3층
벧엘교회	원근재	010-4719-7475	제주시 화산북로 90 화산부영아파트 7차 상가동 201호
세운교회	이정섭	010-3794-1751	서귀포시 표선면 표선백사로 61

<기독교 대한 복음교회>

교회명	담임	전화번호	주소
제주교회	이강석	747-0691	제주시 진군길 48(노형동)
아라교회	손진호	702-1076	제주시 아봉로 42(아라1동)

<기독교 대한 성결교회>

교회명	담임	전화번호	주소
제주제일교회	남수은	726-1981	제주시 아란6길 22
제주중앙교회	최일웅	752-5293	제주시 가령로 1길 10-1(이도2동)
애조로교회	김문길	010-3691-8965	제주시 애월읍 애조로 88
에덴교회	이희봉	702-8291	제주시 동광로 1길 30 3층(이도1동)
한라교회	이철우	744-0653	제주시 아연로 113-22
제주수정교회	이재호	758-2795	제주시 원당로 29(삼양1동)
제주열린문교회	김창환	751-0091	제주시 일도1동 1049
제주해변교회	이종수	782-7050	제주시 조천읍 신북로 586-1
보금자리교회	이상준	070-7559-8618	제주시 고마로 19길 2 6층

교회명	담임	전화번호	주소
제주한교회	고상무	010-9277-2704	제주시 오남로 7-6 금원양상블 가동 101호
서귀포교회	이기원	739-3436	서귀포시 중산간동로 8251
신풍교회	소영성	782-0086	서귀포시 성산읍 신풍산동로 14번길 6
청수교회	최창환	772-3059	제주시 한경면 대한로 1067
가나안교회	김경철	787-0691	서귀포시 표선면 성읍2로 47번길 11
가파도교회	홍윤표	794-7175	서귀포시 대정읍 가파리 494
모슬포교회	고민호	794-6489	서귀포시 대정읍 비행장로 74
서귀포강변교회	박건국	767-8005	서귀포시 중정로 91번길 1-1(서귀동)
열방제자교회	박재우	733-3738	서귀포시 서귀동 부두로 4
제주해비치교회	변상영	787-2550	서귀포시 표선면 중앙로 99길 3

〈기독교 대한 하나님의 성회〉(여의도총회)

교회명	담임	전화번호	주소
여의도순복음서귀포교회	차진호	739-5052	서귀포시 일주서로 118
제주순복음교회	표순호	752-0843	제주시 천수동로 16(일도2동)
순복음제주도중앙교회	김대수	742-9130	제주시 일주서로 7881(연동)
제주국제순복음교회	박명일	739-9825	서귀포시 중산간서로 88-5(강정동)
한림순복음교회	김형수	796-7623	제주시 한림읍 대림4길 16-4
함덕순복음교회	김한석	782-8492	제주시 조천읍 함대로 35
순복음행복한교회	장동명	758-4987	제주시 독짓골2길 1(도남동)
금악성산순복음교회	김종숙	796-0165	제주시 한림읍 금악로 2길 39
성산포순복음교회	이상호	782-0691	서귀포시 성산읍 일출로 18 3층
우리순복음교회	박진양	744-4334	제주시 연동 4길 14(연동)
모슬포순복음교회	정민철	794-9182	서귀포시 대정읍 동일하모로 212 2층
하사랑교회	손장수	010-2659-9187	서귀포시 토평북로 70길 2(토평동)
순복음겨자씨교회	강복자	010-6630-5676	제주시 임항로 43(건입동)
이레순복음교회	이재선	723-9191	제주시 태성로 5길 42-1(일도2동)
중문하나교회	조영일	739-9409	서귀포시 천제연로 185 3층(중문동)
예명순복음교회			제주시 애월읍 하가로 43-3
시온산교회	김신혜	010-9155-6061	제주시 애월읍 천덕로 264-12
제주안디옥교회	이순구	010-3699-0883	제주시 고마로 1126 3층(일도2동)
순복음무지개언약교회	한명진	010-6437-7669	서귀포시 명동로 32 3층(서귀동)
아름다운교회	이경훈	010-5494-0218	서귀포시 우남로 20(상예동)
서귀포예일교회	이동세	070-8289-2639	서귀포시 중앙로 101번길 7 4층(서홍동)
순복음주품의교회	양복자	010-2773-8774	제주시 신설로 90길 39 1층(이도2동)
제주국제중국인교회	고근철	010-8246-9950	제주시 연동7길 30
농아지방회			
에바다농아교회	강정란	744-2234	제주시 은수길 117-7

〈기독교 대한 하나님의 성회〉

교회명	담임	전화번호	주소
축복순복음교회	나덕주	726-9191	제주시 선사로 6길 54
제주하베스트교회	장병일	764-9126	제주시 선돌목길 39(아라1동)

교회명	담임	전화번호	주소
큰축복교회	박재현	742-6004	제주시 대통길 3(내도동)
순복음엘림교회	임용묵	070-8711-7610	제주시 중앙로 135(이도1동)
화목한교회	문창호	905-9191	제주시 서광로 205(삼도1동)
순복음잘되는교회	최풍성	351-3197	제주시 사평4길 15(오라2동)
도남순복음교회	양인철	751-0691	제주시 도남로 32(도남동)
은혜순복음교회	김두찬	711-3305	제주시 원노형6길 7(노형동)

〈예수교 대한 하나님의 성회〉

교회명	담임	전화번호	주소
제주한마음교회	김견수	744-9182	제주시 광평동로 31-4
만남의교회	안재홍	764-4960	서귀포시 남원읍 태위로 698
빛내리순복음교회	한영남	758-8291	제주시 삼도1동 전농로 34
제주드림교회	성중경	010-9162-7788	서귀포시 동홍동 태평로 536 삼아빌딩 2층

〈기독교 한국 침례회〉

교회명	담임	전화번호	주소
표선교회	김성태	787-1101	서귀포시 표선면 표선동서로 213길 1-4
제주오라교회	김영재	746-1685	제주시 연사2길 9(오라2동)
온누리교회	한태희	744-2131	제주시 수덕9길 21(노형동)
충만한교회	정윤봉	733-8797	서귀포시 동홍중앙로 51길 4(동홍동)
제주제일침례교회	유기영	753-4274	제주시 신설로 5길 11(이도2동)
서부침례교회	장장수	743-4910	제주시 우령8길 2(외도1동)
예닮교회	정 혁	744-0688	제주시 신광로 12(연동)
중앙교회	김태형	070-7622-3653	제주시 서사로 75(삼도2동)
선인교회	원철호	755-1126	제주시 삼봉로 114(도련1동)
함께하는교회	유수영	747-3927	제주시 도령로 30
제주라이트교회	황길상	727-1218	제주시 동화로 1길 49-5

〈대한예수교 장로회(고신)〉

교회명	담임	전화번호	주소
꿈의교회	임영모	762-5332	서귀포시 효돈로 75(신효동)
남제주교회	신효철	762-5603	서귀포시 일주동로 8648-6 가/603
서귀포샘물교회	채진석	732-9182	서귀포시 중산간동로 7983(동홍동)
선한길교회	서덕섭	723-4123	제주시 중산간동로 25(봉개동)
제주동안교회	강성조	759-0050	제주시 동화로 1길 49-24(화북1동)
제주사랑의교회	강태근	702-7377	제주시 아연로 602(아라1동)
제주삼일교회	노일송	783-3134	제주시 조천읍 남조로 2642
최남단마라도교회	방다락	792-8511	서귀포시 대정읍 마라로 101번길 44
화북서광교회	강창근	727-8291	제주시 진남로 8길 21(화북1동)
비전교회	정종열	759-1009	제주시 서사로 7길 7(삼도2동)
세계평화의섬교회	방다락	799-2848	제주시 애월읍 평화로 2443
신서귀포교회	윤철민	739-9113	서귀포시 신서로 114번길 40(강정동)

교회명	담임	전화번호	주소
외도교회	이동희	743-8291	제주시 우령2길 14(외도1동)
은혜교회	이광은	711-0211	제주시 하귀동남4길 9-2
제주국제교회	조혜길	070-8699-9106	서귀포시 대정읍 하모중앙로 15-6
제주서광교회	현성길	722-5312	제주시 홍낭길 10(삼도1동)
제주연동서부교회	이상성	712-5776	제주시 신대로 21길 16(연동)
호남노회			
지구촌교회	장기완	746-0297	제주시 오복5길 18(연동)
제주한동교회	김대현	782-0026	제주시 구좌읍 한동로 1길 37-13

〈대한예수교 장로회(고신개혁)〉

교회명	담임	전화번호	주소
향기로운교회	윤혜자	010-7317-3557	제주시 한림읍 옹포2길 37-15
해돋는교회	손귀영	783-0701	서귀포시 성산읍 난산로 34번길 153

〈대한예수교 장로회(대신수호)〉

교회명	담임	전화번호	주소
오조리교회	조영제	784-0691	서귀포시 성산읍 오조로 70번길 11
제주성진교회	전효주	725-0191	제주시 삼봉로 162
열리는교회	노찬환	758-6587	제주시 서사로 35(삼도2동)
서부성산교회	오영훈	010-5491-3854	제주시 한림읍 명랑남동길 68

〈대한예수교 장로회(대신백석)〉

교회명	담임	전화번호	주소
주올찬양교회	강흥부	900-5765	서귀포시 남원읍 태위로 226-1
주안교회	이부홍	784-1456	제주시 조천읍 선흘동 1길 58-13
행복한교회	양삼정	722-0691	제주시 한경면 고조로 389-7
꿈의숲교회	임금택	010-2345-9183	

〈대한예수교 장로회(계신)〉

교회명	담임	전화번호	주소
성일교회	이동순	713-4140	제주시 우령8길 76(외도1동)
시편교회	김태완	723-6561	제주시 황사평6길 65-5(화북2동)
주사랑교회	김해준	702-4350	제주시 동광로 1길 5(이도1동)
한림동부교회	조사무엘	010-9019-0546	제주시 한림읍 명랑로 15 2층
제주사랑의교회	유상범	755-1474	제주시 광양9길 41 탑마트 3층
제주오름교회	윤현삼	010-8291-4004	제주시 조천읍 남조로 3길 91
예향교회	송영철	010-9358-1072	제주시 연동 신대로 12길 25

〈대한예수교 장로회(통합)〉

교회명	담임	전화번호	주소
구좌제일교회	황호민	782-1742	제주시 구좌읍 평대13길 46
김녕교회	이혜춘	782-9182	제주시 구좌읍 김녕로 14길
묵리교회	김주백	742-5413	제주시 추자면 묵리1길 31-5
복된교회	김형신	752-0191	제주시 동광로 6길 29(이도2동)
봉개교회	김관진	722-7188	제주시 번영로 561-8(봉개동)
사랑하는교회	서성환	749-8291	제주시 일도2동 113-7
삼양교회	정석범	755-7182	제주시 설촌로 2길 46
선흘중앙교회	김성학	782-0872	제주시 조천읍 선화길 36
세화교회	하태수	783-2280	제주시 구좌읍 세화2길 4-3
송당교회	엄홍일	783-3879	제주시 구좌읍 중산간동로 2222-2
신촌교회	류승남	783-3624	제주시 조천읍 신촌서5길 72-1
아름다운교회	이종한	724-8209	제주시 중앙로 457
영주교회	우광옥	725-9561	제주시 동문로 153
예초교회	김진섭	742-8283	제주시 추자면 예초1길 32-7
우도교회	박태식	783-0006	제주시 우도면 연평리 1338
은성교회	황치호	726-8291	제주시 월두2길 65
제자교회	양두신	726-0153	제주시 동문로 18길 25
제주성산교회	김명식	722-9492	제주시 세바위길 60-33
제주영락교회	심상철	753-1230	제주시 동광로 23길 15
제주화북교회	강은철	758-6500	제주시 진남로 6길 31
조천교회	송정훈	783-6078	제주시 조천읍 조와로 10
추광교회	김태훈	742-3737	제주시 추자면 대서3길 22-14
추자신양교회	고봉남	742-8100	제주시 추자면 신양3길 22
평화교회	김한병	753-0691	제주시 동광로 9길 16 1층
하도교회	여상일	783-3094	제주시 구좌읍 일주동로 3400
함덕교회	고문수	783-8572	제주시 조천읍 신북로 478-1
행원교회	양성균	783-4390	제주시 구좌읍 행원로 44
갈보리교회	고경식		제주시 광양2길 27 양암타워빌 301호
덕천교회	고진석	783-3988	제주시 구좌읍 월덕로 529
도련교회	부순옥	702-8283	제주시 도련2동 매촌안길 10
우리교회	김정호		제주시 동문로 21길 4-7 다/217(건입미화아파트)
제주세광교회	김대환	757-9199	제주시 동광로 16길 15 호연빌딩 B 2호
건강한교회	김신국	713-8291	제주시 귀아랑길 7(연동)
고산교회	박영철	773-0064	제주시 한경면 고산로 12-1
광명교회	고자승	721-8291	제주시 서사로 12-1 3층(용담1동)
금능교회	박영식	796-1553	제주시 한림읍 한림로 177
귀덕교회	박수욱	796-3286	제주시 한림읍 귀덕1길 11
금성교회	태종호	799-0004	제주시 애월읍 금성하안길 3
납읍교회	박재홍	799-3004	제주시 애월읍 납읍로 20
노형중앙교회	박영조	746-7373	제주시 다랑곶1길 4(노형동)
도두교회	정 구	712-0191	제주시 도두1길 2-1
봉성교회	김인주	799-0111	제주시 애월읍 봉성로 83-9
새로운교회	이기용	721-4418	제주시 서사로 179

쉴만한교회	이재훈	711-9106	제주시 우정로 16길 9
애월교회	오병근	799-7676	제주시 애월읍 18길 5
열린교회	신상준	742-2190	제주시 연동6길 13
영신교회	이학식	711-3927	제주시 계명길 6-1
옹포교회	김영민	796-2378	제주시 한림읍 옹포8길 1-7
용수교회	고성봉	773-0460	제주시 한경면 용수길 71
월령교회	김성근	796-3907	제주시 한림읍 월령리 259-2
저청중앙교회	이후재	773-0711	제주시 한경면 중산간서로 3604
제광교회	유병택	756-0851	제주시 도남로 3길 17
제일행복한교회	이승범	799-9182	제주시 애월읍 하소로 681-6
제주산성교회	김상종	721-0461	제주시 북성로 30
제주새길교회	김대곤	747-0153	제주시 연북로 78 성남빌딩 5층
제주성안교회	류정길	729-9191	제주시 중앙로 470
제주성지교회	노경천	743-5633	제주시 우정로 3길 19
제주신광교회	고창진	748-9182	제주시 연동1길 36
제주충신교회	김희식	723-0691	제주시 연화로2길 17-6
제주큰빛교회	김용남	743-6149	제주시 우령2길 50
제주한빛교회	황성은	712-7752	제주시 애월읍 하귀3길 19
제주화평교회	김용일	748-6528	제주시 다랑곶길 29 대성연립 201호
조수교회	김정기	773-0928	제주시 한경면 조수3길 7
중엄교회	송 완	713-4638	제주시 애월읍 일주서로 6741
판포교회	송기오	773-2380	제주시 한경면 판포4길 21
하귀교회	최은표	713-4400	제주시 애월읍 하귀로 19길 41
한가족교회	강철수	748-0191	제주시 애월읍 고내로7길 49 2층
한경교회	윤강현	773-1034	제주시 한경면 두신로 92-6
한림교회	김효근	796-4531	제주시 한림읍 한림로 14길 13
협재교회	신장수	796-3655	제주시 한림읍 협재8길 8
경산교회	고용성	722-4961	제주시 한경면 불그못로 193
고내소망교회	김용순	070-8147-0103	제주시 애월읍 고내북동길 8
새미교회	김미경		
우리평강교회	김동석	070-8900-0698	제주시 일주서로 6813-17
은혜동산교회	김강혁	712-9126	제주시 일주서로 7810
잠힘교회	고성찬	744-0191	제주시 연동11길 3 현숙빌딩 3층
주님동산교회	임동종	070-8226-3308	제주시 신대로 165
행복한우리교회	김동규	747-0191	제주시 노형동 수덕2길 7
남원교회	김시원	764-8291	서귀포시 남원읍 남한로 27
동남교회	제종원	782-3191	서귀포시 성산읍 고성오조로 113번길 18
동서귀포교회	조희철	733-9893	서귀포시 동홍로 165(동홍동)
보목교회	김인수	732-4140	서귀포시 보목로 85-2
삼달교회	권석성	782-4011	서귀포시 성산읍 삼달로 238
서귀포명성교회	이정일	732-1221	서귀포시 동홍중앙로 90번길 30-7
서귀포제일교회	배성열	733-0502	서귀포시 정방연로 48
성산포교회	안광덕	782-2245	서귀포시 성산읍 일출로 294-1
성읍교회	김정주	787-0084	서귀포시 표선면 성읍정의현로 34번길 21
시온교회	이정우	733-2811	서귀포시 516로 453
신례교회	정남식	767-3400	서귀포시 남원읍 신례로 230

신산교회	배순옥	782-3747	서귀포시 성산읍 신산중앙로 11-3
위미교회	강두성	764-0064	서귀포시 남원읍 태위로 115번길 16
의귀교회	류승선	794-9497	서귀포시 남원읍 남조로 381번길 7
태흥교회	정해창	764-5966	서귀포시 남원읍 태신로 50
토평교회	장석준	732-0360	서귀포시 516로 94
평안교회	조복례	732-8880	서귀포시 토평로 172
표선교회	박용석	787-3304	서귀포시 표선면 표선관정로 16
항림교회	김기영	733-4152	서귀포시 남원읍 하례광장로 96
효돈교회	김원배	767-4001	서귀포시 신효중앙로 4번길 25
좋은열매교회	오정록	763-8291	서귀포시 동문로 26
감산교회	정규환	794-9497	서귀포시 안덕면 감산중로 16-11
강정교회	박희식	739-0691	서귀포시 이어도로 578(강정동)
대정교회	류덕중	794-2984	서귀포시 대정읍 추사로 36번길 11
대정영락교회	오익남	792-0588	서귀포시 대정읍 영락하동로 25번길 14
대천교회	김태용	739-1388	서귀포시 일주서로 2155-7(강정동)
덕수교회	이창환	794-3610	서귀포시 안덕면 덕수서로 94
모슬포제일교회	이석만	794-1584	서귀포시 대정읍 신영로 65-12
모슬포중앙교회	이완철	794-9916	서귀포시 대정읍 상모대서로 56
무릉교회	문태국	792-4800	서귀포시 대정읍 서삼중로 113-5
법환교회	신관식	739-2020	서귀포시 일주서로 43번길 38(강정동)
상창교회	김영돈	794-9795	서귀포시 안덕면 한창로 97번길 18
서광서리교회	이현행	794-9956	서귀포시 안덕면 녹차분재로 40
서귀포교회	박동국	733-6111	서귀포시 동홍로 56
서귀포반석교회	김진구	762-0071	서귀포시 장수로 66
서호교회	조영진	739-4718	서귀포시 막동산로 16
신도교회	이상식	792-4346	서귀포시 대정읍 서삼중로 239-4
신성교회	권오형	739-0153	서귀포시 신중남로 8
안덕교회	손범수	794-9084	서귀포시 안덕면 화순재남로 31-18
열방교회	이성방	767-9090	서귀포시 서홍로 17
예래교회	강승일	738-0285	서귀포시 예래로 68번길 8
제주중문교회	오공익	738-9100	서귀포시 색달동 2438
평지교회	문정욱	792-2834	서귀포시 대정읍 무영로 228번길 8-8
제주하영교회	원희종	738-0319	
비양도교회	김일순	796-5950	제주시 한림읍 협재리 2028(비양도)
서광교회	오순선	794-8808	서귀포시 안덕면 화순서동로 397
방주교회	임장원	794-0611	서귀포시 산록남로 762번길 13

〈대한예수교 장로회(합동)〉

교회명	담임	전화번호	주소
가시리교회	심명선	787-1327	서귀포시 표선면 중산간동로 5236-7
대평교회	윤재두	738-1604	서귀포시 안덕면 대평감산로 14-4
더풍성한교회	이수철	733-0691	서귀포시 중산간동로 7929-12(동홍동)
동신교회	김병기	763-7879	서귀포시 동홍중앙로 13(동홍동)
동홍교회	박창건	762-3927	서귀포시 동홍로 109번길 46

교회명	담임	전화번호	주소
새서귀포교회	임진성	739-0096	서귀포시 신서로 48번길 20-8(강정동)
서귀포방주교회	김석숭	732-0098	서귀포시 동홍중앙로 66번길 30-8(동홍동)
서홍교회	박성남	762-0675	서귀포시 홍중로 141-1(서홍동)
성산서부교회	김우영	784-3021	서귀포시 성산읍 고성중앙로 50
열린문교회	이수덕	732-7008	서귀포시 동홍남로 25(동홍동)
제주중앙교회	박병해	732-6731	서귀포시 동홍로 72번길 12-13(동홍동)
큰바위교회	강갑주	070-8147-3292	서귀포시 서홍로 92
토산교회	박은환	787-3227	서귀포시 표선면 토산중앙로 49번길 37
표선행복한교회	김성호	070-8147-0195	서귀포시 표선면 표선백사로 99
한림중앙교회	박영근	796-3201	제주시 한림읍 한림상로 101-2
동제주명성교회	김태희	744-7733	제주시 전농로 115 2층(이도1동)
사랑샘교회	김태수	782-6351	제주시 조천읍 조천우회로 203
삼성교회	최현철	742-1198	제주시 애월읍 하귀로 25-12
새사람행복한교회	박성희	010-3399-4227	제주시 봉개북 3길 43
섬다교회	손현완	010-2839-2976	제주시 우정로 16길 21
신제주갈릴리교회	김덕곤	744-3307	제주시 애월읍 천덕로 312-20
신제주남교회	성철민	742-8616	제주시 연동 12길 29(연동)
예평교회	정재환	712-2686	제주시 애월읍 하광로 208-22
외도평안교회	안기수	713-4616	제주시 우정로 6길 27(외도1동)
이도교회	김성욱	725-0691	제주시 구남로 46(이도2동)
제주광염교회	박준범	010-7615-9990	제주시 신성로 10길 28(도남동)
제주동도교회	이상회	756-3091	제주시 삼성로 5길 13-21(일도2동)
제주동산교회	김경태	749-2361	제주시 연미2길 16-6(오라3동)
제주동신교회	강원익	757-9845	제주시 용문로 120-1(용담2동)
제주목민교회	유윤홍	772-2979	제주시 애월읍 광령북 3길 59-3
제주생명의교회	김병운	743-5804	제주시 도령로 11길 26-7(연동)
제주서문교회	강기옥	712-5593	제주시 용문로 17길 23-6(용담2동)
제주섬기는교회	김성업	070-4624-0223	제주시 우평로 332(외도1동)
제주성화교회	이광준	758-0691	제주시 우령2길 19-5(외도1동)
제주신일교회	정장호	744-0691	제주시 고사마루길 39-6(노형동)
제주와홀교회	임종인	070-8256-6532	제주시 조천읍 중산간동로 388
제주은총교회	우광일	723-5133	제주시 진남로2길 32
제주제성교회	김종철	722-6312	제주시 서사로4길 15-2(삼도1동)
참좋은교회	황의식	744-9142	제주시 연문2길 3(연동)
탐라교회	민경민	758-1009	제주시 정든로1길 36(이도2동)
하늘가족교회	윤일성	742-0691	제주시 월랑로2길 18(노형동)
서귀포동원교회	박성천	732-5006	서귀포시 동홍서로 15
제주기둥교회	정성남	725-9182	제주시 남성로 3길 19

〈대한예수교 장로회(백석)〉

교회명	담임	전화번호	주소
대광장로교회	장을용	748-1001	제주시 중앙로 93-1
제주창성교회	김화정	799-7339	제주시 장전남4길 28-1
신제주교회	김현기	744-0696	제주시 귀아랑길 26 3층

교회명	담임	전화번호	주소
생명샘교회	진봉수	711-7158	제주시 정존7길 3 영주주택 102호
제주명성교회	이상헌	747-3291	제주시 한천로 36
한라교회	김철순	010-6588-8288	제주시 연삼로 374 B동 2층
예수소망교회	조성채	743-0190	제주시 정실1길 11-1 402호
제주영광교회	고왈선	746-6642	제주시 아연로 32-4(연동)
제주충의교회	김동철	010-7685-6742	서귀포시 대정읍 하모중앙로6 대정휴먼시아104동402호
갈보리교회	이 찬	738-3841	서귀포시 일주서로 1017
제주평화교회	최선호	747-5229	제주시 오광로 160
제주광평교회	이대희	743-7706	제주시 광평동로 7
해양경찰교회	김진수	010-3690-8725	제주시 도령로 40 하와이오피스텔 710호
제주삼다교회	박해근	712-6689	제주시 도령북길 1-3
화북소망교회	강학도	756-7190	제주시 일주동로 179
제주본향교회	김진석	711-1925	제주시 중앙로 135(이도1동)
제주북촌교회	유연대	783-8426	제주시 조천읍 북촌7길 25-14
제주평안교회	김종명	745-1191	제주시 과원로 12

〈대한예수교 장로회(합신)〉

교회명	담임	전화번호	주소
제주소망교회	강이균	745-0691	제주시 성신로 18-8(연동)
성도교회	유익순	727-0191	제주시 용담로 93(용담2동)
제주영목교회	최진환	070-8870-3755	제주시 돈내길 4(이도1동)
양촌교회	박태규	799-1450	제주시 애월읍 상가북4길 7
제주주님의교회	김용범	727-9191	제주시 서사로 134 에덴빌딩 3층(삼도1동)
사랑나눔교회	김정수	757-3927	제주시 서광로 181 4층(삼도1동)
푸른열매교회	김천일	782-4232	제주시 조천읍 조천2길 6
중문제일교회	조용대	738-9050	서귀포시 1100로 47번길 11(중문동)
동산위의교회	윤서철	739-0688	서귀포시 엉또로 109 (강정동)
본향교회	신호인	764-7767	서귀포시 태신삼성로 59-64
한라산교회	장덕형	732-0191	서귀포시 동홍로 286-11(동홍동)
포도원교회	함근호	794-0206	서귀포시 송악관광로 143번길 15
제주고백교회	강민창	738-1366	서귀포시 논짓물로 28(예래동)
사랑의교회	김성철	732-8291	서귀포시 검은여로 237-24(토평동)
제주선교100주년 기념교회	이대원	739-0297	서귀포시 1100로 297(대포동)
참즐거운교회	박동익	767-3927	서귀포시 일주동로 8543(동홍동)

〈대한예수교오순절성회〉

교회명	담임	전화번호	주소
제주교회	임말시아	711-6247	제주시 애월읍 하광로 77
삼성교회	고상칠	772-5684	제주시 한경면 낙수로 128
감사교회	안재수	764-2053	서귀포시 남원읍 신흥앞동산로 35번길
갈릴리교회	이부용	784-3511	제주시 조천읍 조화로 1길 42
믿음교회	한근석	782-4509	제주시 성지로 60 2층(일도2동)

<대한성공회>

교회명	담임	전화번호	주소
제주교회	김동규	712-5025	제주시 일주서로 7780(노형동)
서귀포교회	권미카엘	010-7407-3770	

<대한기독교 나사렛성결회>

교회명	담임	전화번호	주소
제주희망교회	한재구	738-9182	제주시 법환로 38번길 4

<성서침례교회>

교회명	담임	전화번호	주소
제주도교회	박영철	756-3776	제주시 오복7길 14
제주열매맺는교회	윤광우		

<예수교 대한 성결교회>

교회명	담임	전화번호	주소
동문교회	박채원	757-5983	제주시 연수로 15
신양교회	안 진	782-3927	서귀포시 성산읍 신양리 864-3
우도제일교회	박병태	782-5520	제주시 우도면 조일리 628-3
이호교회	정현숙	743-6900	제주시 이호1동 467-2
제주교회	이윤영	758-9988	제주시 삼도1동 556-8
제주동화교회	송정철	755-7696	제주시 화북1동 17-6
서초교회	박성봉	010-9752-3311	제주시 북촌1길 58
예수님의은혜교회	문기찬	010-8824-4644	서귀포시 표선면 가마행남로 42

<예수교 장로회 총공회>

교회명	담임	전화번호	주소
새순교회	이강목	744-4727	제주시 수덕5길 50(노형동)
북제주교회	정영호	783-7715	제주시 조천읍 신촌리 4
남제주교회		755-5096	서귀포시 성산읍 서성일로 1009번길 18

<한국기독교 장로회>

교회명	담임	전화번호	주소
제주성내교회	강연홍	753-8201	제주시 관덕로 2길 5(삼도2동)
제주동부교회	최 철	722-0067	제주시 고마로 7길 11(일도2동)
제주남부교회	이성진	722-0637	제주시 삼성로 1길 14-1(이도1동)
제주중부교회	정한진	746-9467	제주시 성신북길 10(연동)
종달교회	이재송	783-3201	제주시 종달로 1길 5(구좌읍)
주영광교회	임종철	713-4071	제주시 하귀로 59-1(애월읍)

교회명	담임	전화번호	주소
제주한신교회	김 철	758-0792	제주시 찬수로 92 3층 301호(산천2차아파트)
성은교회	황인생	711-0919	제주시 용담로 14-1(용담2동)
제주예안교회	김원순	758-1128	제주시 서사로 48 303호(삼도1동)
늘푸른교회	이정훈	712-0675	제주시 과원북4길 3 하나빌딩 6층(노형동)
한사랑교회	손범준	796-7791	제주시 명랑남동길 25(한림읍)
모슬포교회	손재운	794-9427	서귀포시 하모이삼로 15번길 25(대정읍)
사계교회	고준영	794-2083	서귀포시 사계중앙로 7(안덕면)
서귀포중앙교회	이상호	762-3838	서귀포시 태평로 439번길 8(서귀동)
서림교회	황범현	794-3092	서귀포시 서림중앙로 45(대정읍)
성산중앙교회	박성화	782-1165	서귀포시 난고로 28(성산읍)
신흥교회	여상범	764-1190	서귀포시 신흥로 20(남원읍)
대륜교회	김대헌	739-2172	서귀포시 법환상로 2번길 97-22(법환동)
세한교회	김명택	763-2585	서귀포시 중산간동로 8071-5(서홍동)
제주비전교회	조영욱	796-1352	제주시 중산간서로 4135(한림읍)
100주년기념교회	이형우	738-1251	서귀포시 1100로 85번길 13(중문동)
강정생명평화교회	조영배	010-2693-6945	서귀포시 선반로 65번길 61(강정동)
제주이레교회	김홍래	010-2858-0987	제주시 삼무로 78 3층(연동)
한울교회		744-4439	제주시 노연로 106 3층(연동)
제주새밭교회	김형석	010-2879-1998	제주시 태성로3길 32(일도2동)
진리실험교회	송영섭	010-5553-1948	제주시 광령북7길 71 초원발라 나동 302(애월읍)
제주이음교회	최덕환	010-2913-3122	제주시 조찬우회로 525 에덴블라지 101동 201호(조천읍)
늘사랑교회	김성국	010-2252-8334	제주시 동화로 1길 9 제상가동 제2층 201호

〈대한 예수교 장로회(연합)〉

교회명	담임	전화번호	주소
동부교회	한영철	739-5527	서귀포시 일주서로 307

〈한국독립교회 선교단체 연합회〉

교회명	담임	전화번호	주소
제주누리교회	노명환	757-5003	제주시 남광북3길 3

〈기관·단체·수양관〉

교회명	대표	전화번호	주소
제주기독신문	김정서	746-2171	제주시 연동 271-1
제주극동방송	황용진	713-8100	북군 애월읍 하귀리 2761
기독교제주방송	문영기	748-7440	제주시 연동 271-1
제주YMCA	김태성	722-4405	제주시 삼도2동 905
제주YWCA	백진주	755-7034	제주시 이도2동 1024-3
서귀포YWCA	이신선	762-1400	서귀포시 서귀동 280-8
군선교연합회 제주지회	이요한	744-2661	제주시 연동 271-1 제주기독선교회관6층
한국기독교선교회	이순구	744-0881	제주시 연동 271-1
외항선 선교회	오경애	010-7223-5695	제주우체국 사서함 3호
예수전도단	홍성건	784-2981	북군 조천읍 북촌리 82-1

월드비전	최창일	725-6050	제주시 삼도1동 534-17
국제기아대책기구제주지회	이종용	757-7801	제주시 아라동 2478-5
장기기증제주지역본부	강길원	721-0801	제주시 삼도2동 701-8
어린이전도협회제주지회	최희선	746-0544	제주시 연동 2305-4
생명의 전화	표순호	748-9191	제주시 연동 271-1
제주OM선교회	박승언	743-7567	제주시 연동 2305-4(3층)
직장선교회	하수용	722-1717	제주시 삼도1동 564-14
한국운전기사제주연합회	강태종	744-7793	제주시 노형동 58(평안교회내)
이기풍선교센터	안태원	782-6969	북군 조천읍 와흘리 산 14-3
감리교여선교회연수원		794-3139	남군 안덕면 덕수리 1215
성안수양관	고영문	799-7039	북군 애월읍 곽지리 2059-4
YMCA 캠프장	강문규	746-1919	제주시 연동 100-7
제주노회기도원		732-4777	서귀포시 토평동 3170
유수암겟세마네기도원	이명구	799-2249	북군 애월읍 유수암리 1380-6
한라산기도원	임금찬	733-2644	서귀포시 우체국 사서함 14호
가나안기도원	이양숙	754-0528	북군 조천읍 교래리 산61
벧엘기도원	황보옥	733-4032	남군 남원읍 하례2리 산48
서귀포사랑원	김장호	763-5551	서귀포우체국 사서함 10호
공생요양원	윤영화	712-0711	제주시 월평동 292-5
신원복지재단	정석왕	702-2321	제주시 영평동 2166
예담	오공익	762-0211	서귀포시 토평동 949-2
평안요양원	고치환	733-9555	서귀포시 토평동 1702-1
로뎀의 집	예도해	784-9050	북군 조천읍 선흘리 1799
외국인 근로자 센터	임은종	712-1141	제주시 노형동 727 은혜빌딩 6층

참고문헌

영문자료

Annual Report, PCUS, 1908.

Best, Margaret. "A Phase of Women's Work in Pyeng Yang." *KMF* Vol. 8 No. 1 (Janaury 1912).

Blair, William N. and Hunt, Bruce. *The Korean Pentecost and The Suffering Which Followed.* Edinburgh : The Banner of Truth Trust, 1977.

"Brief Notes on the Meeting of Presbytery." *KMF* Vol. 7 No. 11 (November 1911).

Brown, Arthur J. *The Mastery of the Far East.* London: G. Bell and Sons, LTD, 1919.

Clark, Charles Allen. *Religions of Old Korea.* New York : Fleming Revell Co., 1932.

_____. 한국교회와 네비우스 선교 정책. 서울 : 대한기독교서회, 1993.

_____. *The Nevius Plan for Mission Work.* Seoul: Christian Literature Society, 1937.

_____. *Extending the Firing Line in Korea.* New York : The Board of Foreign Missions of the PCUSA, 1914.

Cragg, Gerald. *The Church and The Age of Reason*, 근현대교회사. 서울: 크리스찬다이제스트사, 1999.

Goforth, Jonathan. *When the Spirit's Fire Swept Korea.* Grand Rapids: Zondervan, 1943.

Griffis, William Elliot. *Corea, Without and Within.* Philadelphia : Westcott & Thomas, 1885.

_____. *Corea: The Hermit Nation.* New York: Charles Scribner's & Son, 1882.

Gutzlaff, Charles. *Journal of the Three Voyages along the Coast of China in 1831, 1832, & 1833, with Notice of Siam, Corea, and the Loo-Choo Islands.* London: Fredrick Wesley and A, H, Davis, 1834.

Hall, Captain Basil. *Account of a Voyage of Discovery to the West Coast of Corea, and the Great Loo-Choo Island : With Two Charts.* Philadelphia : Abraham Small, 1818.

_____. *Voyage to Loo-Choo, and Other Places in the Eastern Seas, in the Year 1816.* Edinburgh : James Ballantyne and Co., 1826.

"Island of Cheiju." *KMF* Vol. 7 No. 5 (May, 1911).

McLeod, John, *Voyage of His Majesty's Ship Alceste, Along the Coast of Corea to the Island of Lewchew; With An Account of Her Subsequent Shipwreck.* London : John Murray, 1818.

Nisbet, J. S. "Meet My Friend-Rev. Yi Ki Poong." *KMF* Vol. 24 No. 11 (Nov. 1928).

Longford, Joseph H. *The Story of Korea.* London: T. Fisher Unwin, 1911.

Martin, Julia. "Three Pictures." *KMF* Vol. 7 No. 6 (Jun., 1911).

Rhodes, Harry A. ed. *History of the Korea Mission, Presbyterian Church, 1884-1934.* Seoul: Chosen Mission Presbyterian Church, USA, 1934.

Rhodes, Harry A. and Campbell, A. eds., *History of Korea Mission, PCUSA 1935-1959.* New York: Commission on Ecumenical Mission and Relations, The United Presbyterian Church, U.S.A., 1965.

Pieters, Alexander A. "Early Experiences of Korea." *KMF* Vol. 26 No. 8 (August 1930)

Polluck, John, *Moody The Biography.* Chicago: Moody Press, 1983.

Preston's Letter to Father and Mother, Feb. 1, 1908.

Preston's Letter to Father, June 4th, 1910.

Scharff, Paulus. *History of Evangelism.* Grand Rapids: Eerdmans, 1964.

Shepping, Elisabeth. "Our Korean Home Mission." *The Presbyterian Survey* (December 1933)

Station Reports to the Seventeenth Annual Meeting of the Southern Presbyterian Mission in Korea, September 17-23, 1908.

Station Reports to the Nineteenth Annual Meeting of the Southern Presbyterian Mission in Korea, August, 1910

The Missionary (April 1909)

Swallen, W. L. "God's Work of Grace in Pyeng Yang Classes." *KMF* Vol. 3 No. 5 (May 1907)

Swinehart, M. L. "Korea," *The Presbyterian Survey* (May 1932)

한글문헌

단행본

姜文昊. 文泰善. 濟州宣敎 70年史. 서울: 대한예수교장로회 총회 교육부, 1978.
高文昇. 박헌영과 4·3 사건. 제주: 신아문화, 1989.
금성교회 당회록
기독교대한감리회 연회록(1951-1959)
기독교대한성결교 제 9회 총회의사록(1954)
基督敎大韓聖潔敎會 第十二回(禧年)總會議事錄(1957)
基督敎大韓聖潔敎會 第十四回 總會議事錄(1959)
기독교 연감(1957년)
기장 제 24회 제주노회록
金公七. "탐라어와 반도어와의 관계." 제주도 제 40호 (1969년 9월)
김기석. 남강 이승훈. 서울: 현대교육총서출판사, 1964.
김병모. "제주문화의 고고학적 성격고찰." 국제화시대의 제주도연구, 제주도연구 제 4차 전국학술대회, 1988. 1.
김봉옥. 제주통사. 제주: 도서출판 제주문화, 1990.
_____. 編. 朝鮮王朝實錄 耽羅錄. 제주: 제주문화방송, 1986.
김석익 편. 증보 탐라지: 부기문전설조. 제주: 1954.
김승태 박혜진 엮음. 내한 선교사 총람 1884-1984. 서울: 한국기독교역사연구소, 1994.
金良善. 韓國基督敎史硏究. 서울: 기독교문서, 1971.
김옥희. 제주도 신축년 교난사. 제주: 천주교제주교구, 1980.
김종업. 탐라문화사. 제주: 조약돌, 1986.
김춘배 편집. 찬송가. 대한기독교서회, 1949.
김태혁. 濟州敎育史. 제주: 제주도 교육청, 1999.
김항원. 제주도 주민의 정체성. 제주: 제주대학교출판부, 1998.
대한예수교장로회 뎨 1회-5회 독노회록(1907-1911)
대한예수교장로회 뎨 1회-44회 총회록(1912-1959)
도인권. "제주지방 감리사보고," 대한기독교감리회 동부(8회)중부(8회)남부(3회) 연합연회록, 1957,

도제 50년 제주실록 1945-1996. 제주: 제주도공보관실, 1997.

모슬포교회 당회록

미국장로교한국선교회 편. 미국장로교 내한 선교사 총람 1884-2020. 서울: 미국장로교한국선교회, 2020.

민족선교연구소. <4·3 해결의 과제>, 제주: 기독교대한감리회제주지방, 1998년 9월 21일.

박갑동. 박영헌. 서울: 도서출판 인간사, 1983.

박용규. 한국기독교회사 1권 1789-1910. 서울: 생명의말씀사, 2004.

_____. 한국기독교회사 2권 1910-1960. 서울: 생명의말씀사, 2004.

_____. 근대교회사. 서울: 총신대학교 출판부, 2005.

_____. 평양대부흥운동. 서울: 생명의말씀사, 2007.

_____. 평양산정현교회. 서울: 생명의 말씀사, 2006.

박용후. 제주방언연구. 제주: 동원사, 1960.

박장래. 이기풍 선교사의 제주선교 초기 활동에 관한 연구. 호남신학대학교 대학원 석사학위논문, 1997.

박찬식. 1901년 신축교안에 대한 종합적 검토. 제주 천주교제주교구, 1997.

박창건 편. 제주선교 100주년기념 제주노회사. 제주: 대한예수교장로회 제주노회, 2008.

성내교회 제직회록 1919년 10월 24일.

"聖靑主日獻金納付名單," 活泉 25권 10호(1956년 11월)

심일섭. "한국 민족운동과 기독교 수용사고." 서울: 아세아문화사, 1982.

安大善 편. 第 一會 全朝鮮勉勵會四年大會錄. 경성:基督敎靑年勉勵會朝鮮聯合會, 1934.

예장제주노회연도별 교회성장 추세 (1970.12.31-1992.12.31)

유홍렬. 한국천주교회사. 서울: 카톨릭출판사, 1962.

李炳憲. 三·一運動秘史. 서울: 時事時報社出版局, 4292.

이도종 목사 기념사업회 편. 제 1호 목사 이도종의 생애와 순교. 제주: 대한예수교장로회 제주노회, 2001.

李丙燾. 하멜 漂流記

이상용 편. 1965년 한국기독교연감. 서울: 경천애인사, 1965,

_____. 1968년 한국기독교연감. 서울: 백합출판사, 1968, 998-1001.

이형우. 제주선교 100주년 제주노회 연혁. 제주:한국기독교장로회 제주노회, 2008

장로회 공의회 회의록. 1901.

장로회 공의회 회의록. 1909.

장로회연감(1940년)

전북노회 데 1회-23회 회록(1916-1929)

제민일보 4·3 취재반. 4·3은 말한다. 서울: 전예원, 1994.

제주노회 제 1회-23회 회록(1930-1952)

제주노회사출판위원회. 제주노회사. 제주: 예장제주노회, 2000.

제주동지방회(정의)회록

제주 4·3 사건 진상규명 및 희생자명예회복위원회. 제주 4·3 사건 자료집 1-11. 서울: 제주 4·3 사건 진상규명 및 희생자명예회복위원회, 2003.

"제주 선교" 기독교대백과사전 13권. 서울: 기독교문사, 1984.

濟州城內敎會堂會會錄 一호

계쥬셔문늬교회당회

제주조력총회 간사회 회록.

제주지방 50년사 출판위원회. 제주지방 50년사. 서울: 도서출판 KMC, 2005.

조남수. 四·三眞相. 제주: 도서출판 관광제주, 1988.

_____. 조남수 목사 회고록. 서울: 선경도서출판사, 1987.

조승철, 濟州의 宗敎 實態. 제주: 보라문화원, 1987.

차재명(車載明). 조선예수교장로회사기. 京城: 新門內敎會堂, 1928.

차종순. 제주성안교회 90년사 1908-1998. 제주: 대한예수교장로회 성안교회, 1999.

최순신. 제주노회 여전도회 80년사. 제주: 제주노회 여전도회연합회, 2008.

한국교회사학회 편. 조선예수교장로회사기 하. 서울: 연세대학교출판부, 1968.

한국교회원로목사 체험 수기 편찬위원회. "한국교회 초대 순교자, 이기풍," 목회의 증언. 서울: 도서출판 목양, 1999.

韓國基督敎聯合會 編, 1957년 基督敎 年監, (서울: 대한기독교서회, 1957), 265.

현기영. 변방에 우짖는 새. 서울: 창작과 비평사, 1983.

현영립. 제주도내 기독교, 개신교 시, 군, 읍, 면 별 분포 현황 (1996년 3월)

홍순만. 譯註 增補 眈羅誌. 제주: 제주문화원, 2005.

한글정기간행물과 기타 자료들

"각지교회부흥운동(제주도)," 긔독신보 1930. 7. 30.
감리회보 1952-1958.
"강병담씨 통신," 예수교회보 1913년 7월 24일
긔독신보 1915-1935이기풍. "서문교회 보고서." 1928년 6월 5일.
긔독신보 1926년 4월 7일.
긔독신보 1928년 10월 31일
기독교보 1936년-1938년
기독신문 2007년 4월 14일
김즁슈. "濟州傳道狀況." 긔독신보 1916. 4. 12.
大阪每日新聞 1901. 4. 29-1908. 1. 9.
大阪朝日新聞 1901. 6. 18-1901. 8. 22
대한예수교회회보, 1908년 1월 29일
리지슌. "졔쥬교회시은혜," 긔독신보 1917년 6월 6일.
림택전. "졔쥬여행기," 긔독신보 1917년 8월 1일.
"모슬포교회 부흥," 긔독신보 1923. 5. 23.
"모슬포교회 復興査經會," 긔독신보 1922년 5월 31일
"摹瑟浦敎會雜報," 긔독신보 1929. 2. 13.박성은,
"성경학원개원," 긔독신보 1931. 4. 29.
"셩탄츅하와밋 감샤훈 일," 긔독신보 1920년 2월 18일.
元容赫 "尹植明 牧師를 惜別ㅎ고," 긔독신보 1922. 1. 11.
이상귀. "제주도부흥전도기"(一) 긔독신보 1933. 10. 18.
_____. "제주도부흥전도기,"(二), 긔독신보 1933. 10. 25.
"長老會通信," 긔독신보 1920년 2월 18일
제민일보 4·3취재반, 4·3은 말한다 (서울: 진예원, 1994)
"제 1회 하기 수양회," 긔독신보 1933. 10. 11.
제주기독신문 1999-2008.
"제주기독청년면려회 연합회 창립," 긔독신보 1931. 12. 9.
"濟州基靑定總," 기독교보 1937년 11월 23일.
"제주노회 제 1회 촬요," 긔독신보 1930년 12월 17일.

"제주노회 2회 촬요," 긔독신보 1931년. 7월. 22일.
"제주도 기독청년 면려회 연합 제 2회 정기총회," 긔독신보 1932년 6월 8일.
"제주도 삼양교부흥회," 긔독신보 1936. 5. 13.
"제주 모슬포교회 사경회," 긔독신보 1934. 5. 23.
"제주산북동지방생명문이 열려," 긔독신보 1934. 2. 14.
"제주산서지방연합야외예배," 긔독신보 1934. 5. 15.
"제주선교지방의 발전과 전망," 감리회보 (1958년 6월).
"제주성내교회부흥회," 긔독신보 1921. 1. 1.
제주신보 48.4.10-48.4.20
"제주청년면려회 조직," 긔독신보 1930. 2. 27.
"濟州 翰林 CE 第 八會 定總" 긔독교보 1937년 7월 6일.
"졔쥬교회지졍샹항" 긔독신보 1926년 1월 20일.
제주목사회 편. 2005년 교역자·장로 주소록. 제주: 제주목사회, 2005.
_____. 2006년 교역자·장로 주소록. 제주: 제주목사회, 2006.
"졔쥬슌회젼도," 긔독신보 1929. 4. 10.
"졔쥬통신," 예수교회보 제 4권 29호 (1913년)
종교시보 1935년 10월
"쥬를 영졉흠," 예수교회보 1913년 7월 15일
鎭西日報 1901. 8. 29
"청년면려회(CE) 濟州聯合會 第 七會 定總" 긔독교보 1937년 7월 6일.
"춘기 부흥회," 긔독신보 1933. 5. 10.
"츄합나부인헌당," 긔독신보 1923년 4월 25일.
최선홍. "제주도의 학살 사건과 본당 연혁." 가톨릭 연구 (1935년 9·10월)
한인수. "제주동지방회(정의)회록(1)." 호남교회 춘추 19권 (2003년 5월호)
_____. "제주동지방회(정의)회록(2)" 호남교회 춘추 20권 (2003년 11월호)

색 인

(1)

1·4후퇴　　497-499, 501, 567, 568, 587

1차 대각성운동　16

(2)

2·7사건　458, 489

2차 대각성운동　16

(3)

30년 전쟁　76, 78

3·1독립운동　200

3·1사건　455-457

(4)

4·19 의거　581

4·3 사건　21, 34, 439-441, 443, 452-458, 460, 462-465, 468-470, 475, 477, 479, 480, 484, 488, 490-492, 494, 496, 497, 502, 504, 512, 513, 517, 520, 566, 573, 576, 581, 582, 600, 617, 626, 630, 637, 641, 642,

646-649

4·3대책회의　465

(5)

5·10 총선거　460, 471
5·10선거 반대투쟁　463
5·16 군사혁명　581

(6)

6·25 사변　491, 499, 501, 505

(K)

KMF　16, 32, 87, 88, 123, 134, 141, 148, 155, 157

(L)

L. S. T. 함대　531

(N)

NAE　545-547

(W)

WCC　533, 545, 546

(Y)

YMCA　460, 557, 587, 590, 646

YWCA　587, 590, 646

(ㄱ)

가라국(伽羅國)　30
가라어(伽羅語)　30
가리교회　597
가야잉(加也仍)　41
가옥세(家屋稅)　107
가축세(家畜稅)　107
간선어마사(諫選御馬使)　56
간접선교　148, 180, 593, 624, 628, 646, 647
감리교　191, 269, 396, 500, 540-550, 553, 554, 558, 559, 561, 562, 564, 565, 566, 583-585,

567, 572-577, 579, 581-583, 586, 587, 590, 598-600, 608, 609, 614, 615, 629, 633, 634, 638, 647, 648	강봉헌(姜鳳憲) 101, 107, 108, 111, 114, 115	589, 601, 611, 614, 619, 620, 628, 630, 631
	강사찬 55	건국준비위원회 442, 443
	강성모(康性模) 442	건천 34
감리교본부 556	강성빈 504	검교평리(檢校評理) 53
감리교회 558, 562, 563, 564, 565, 566, 572, 585, 586, 591, 598, 599, 600, 601, 616, 634	강습회 347, 364, 411-413, 546-548, 561, 600, 633	경기노회 378, 476, 502, 528, 537
	강연아 435, 477	경래관 42-44
	강왈침(姜曰沈) 461	경인민요(庚寅民擾) 68
감목사(監牧使) 60	강우백(姜遇伯) 109, 114, 115, 118	경제공황 221
감목절제도위(監牧節制都尉) 62		경제발전 18, 590, 605, 606, 608, 612, 625
갑과(甲科) 39	강원균 511, 512	
갑오개혁(甲午改革) 69, 70	강유석(姜瑜奭) 69, 70	경제수탈 33
강경인(姜庚仁) 584	강정교회 508, 520, 521, 524	경주어 31
강계생 362		계수관(界首官) 51
강규언(姜圭彦) 171	강정리 486	계엄령 469, 491
강규찬(姜圭燦) 468	강제검(姜悌儉) 68	계엄사령관 493
강남서(康南瑞) 481	강제검(姜悌儉)의 사건 33	고구려 31, 38
강도비아(姜도비아) 96	강제부역 433	고구려어(高句麗語) 30, 31
강문호(姜文昊) 382, 385, 409, 430, 432, 435, 436, 448, 451, 470, 477, 478, 480, 481, 502, 503, 505, 509, 510, 512-514, 516, 524-527, 535, 536, 592, 646	강진국 567, 573	고대도 87
	강철호(姜哲鎬) 108	고대성(高大成) 495
	강치현(姜致現) 481	고등공민학교 448, 497, 508,
	강태화 588	
	강형신 362	고등종교 607, 625
	강홍섭(康弘燮) 354, 373, 411	고라복(Coit, Robert Thornwel) 161, 165, 234
강박(姜博) 108	강화도 45	고려 27, 31, 32, 35, 39-41, 44-48, 50-56, 58-62, 71, 81, 91, 436,
강백이(姜伯伊) 108, 111	강희봉(姜希奉) 111	
강병담 161, 165, 168-170	강희봉(姜希鳳) 109	
강병담륙삭월급 174	개신교 76, 77, 121, 122, 130, 178, 180,	고려군 46, 50
강병대교회 515, 516, 518, 519, 602		고려파 523, 538

688 제주기독교사

고말로(高末老) 39	고차숙 392	358, 364, 371, 379, 456, 539, 540, 592
고몰(高沒) 41	고후(高厚) 53	광주 수피아여학교 146, 235
고복수(高福壽) 54	고흥읍교회 314	광주 숭일학교 145, 146, 192, 358,
고산 253, 290, 315, 324, 342, 345, 360, 371, 372, 376, 379, 382, 428, 452, 453, 464, 475, 480, 487, 575, 584	골각기(骨角器) 29	광주 중흥학교 235
	공군제주기지부대 493	광주 초급여자성경학교 236
	공민왕 47, 54-57	광주기독병원(제중병원) 146, 592
	공민학교 447, 448	광주민주화의거 604
고산고안(高山固岸) 410, 416	공산당청년동맹 444	광주선교부 146, 165, 235, 358
고산고원(高山固原) 411, 412	공산주의 367, 368, 456, 465, 467, 479, 489, 600, 648	
고산교회 179, 246, 267, 268, 318, 324, 389, 392, 393, 404, 411, 416, 422, 423, 473, 480, 485, 507, 520, 524		괸당문화 631
	공산화 641	교래리 466
	공주왕비 51	교폐(敎弊) 99, 101, 102, 104, 106, 108, 112, 116-118, 180, 566
	과거제도 39	
	곽안련(Clark, Charles A.) 387	교회성장 383, 397, 608
고산지방 379, 387, 388, 449	곽지리 28, 461	
	관덕정(觀德亭) 70, 114, 442,	구당사(勾當使) 40, 42
고신 492, 523, 608, 609, 614, 616, 617		구라파왕(歐羅巴旺) 94
	관음보(觀音保) 57, 58	구례인(具禮仁, 크레인, Crane, John Curtis) 145, 289, 358, 359, 369, 371, 406
고여림(高汝霖) 46	관인(官印) 41	
고영흥(高永興, 고전영흥, 高田永興) 354, 368, 374, 410, 416, 422	광동 84, 85, 95	
	광무 33, 70, 96-98, 115	구마슬(Lacrouts, L. Marcel) 106, 115
고오노(孤烏弩) 41		
고원숙(高元淑) 481	광선의숙(光鮮義塾) 171, 322, 574	구암리교회 476
고원찬 509, 510		구약열람과정 351
고유(高維) 40	광양교회 549, 551	구좌면 189, 243, 264, 360, 379, 455, 460, 487, 496, 545
고의경(高義敬) 113	광양촌(光陽村) 109	
고인돌 28, 29	광전경작(廣田耕作) 410	
고자견(高自堅) 39, 40	광주 37, 140, 145, 146, 165, 191, 192, 211, 227, 234-236, 246, 276-278, 301, 319, 321,	국민회 206, 445, 460
고조기(高兆基) 40		
고종 33, 45, 47, 51, 68, 69, 97, 98. 492		국제간호협회 235

색인 689

군목교회	519, 520	금강산	36	김공칠	30
군민도달노화적총관부	49	금녕교회(金寧敎會)	416, 486	김구슉	342
군민안무사(軍民按撫使)	51	금령	345, 360, 388, 419	김구원(金九元)	461
군사부(軍士部)	460, 468	금성교회	140, 150, 153, 178, 228, 267, 268, 303, 309, 313, 392-394, 423, 427, 482, 506, 508, 520, 524	김근서(金根瑞, 김성근서, 金城根瑞)	309, 410
군산	193, 203, 215, 216, 232, 234-236, 279, 358, 476, 539			김기평(삼본기평, 森本基平)	382, 397, 400, 409-412
군산 구암예수병원	235			김남윤	70
군산 영명학교	232, 476	기독교대한감리회	542, 545, 551, 553, 554	김남학(金南鶴)	114
군산경찰서	476	기독교대한복음교회	608, 609, 614	김녕(金寧)	52, 450, 475, 517, 527, 584
군선교	518-520				
군자금 모금사건	172, 221, 648	기독교대한성결교	569, 570, 572	김녕교회	423, 486, 517, 525
궁성요배(宮城遙拜)	409-411, 425	기만명	509	김달삼(金達三)	458, 460, 463, 468, 469, 496
		기부인(奇安羅, Greer, Anna Lou)	233-235	김동선(金東善)	171
권극중(權克中)	79, 81			김두규(金斗圭)	495
권만호(權萬戶)	57	기장(한국기독교장로회)	8, 22, 492, 513, 514, 523-528, 531-533, 535, 536, 575, 579, 582-585, 598, 602, 608, 609, 614, 615, 617, 631, 634, 635, 641	김두현(金斗鉉)	481
권신(權臣)	44			김령	376, 428, 487, 504, 505, 514, 515
권징	182, 256, 257, 262, 264, 265, 318, 327, 330-332, 334-336, 395, 531, 533			김령 지방	344, 374
				김만식	586
귀츨라프, 칼(Gützlaff, Karl)	73, 84, 87, 88, 89, 92, 644, 650	기재션	342	김문봉	461
		길선주	15-17, 134, 136, 137, 140, 148	김문회	508
그라몽	630	길요셉	621	김방경(金方慶)	46, 47, 50
그리스도교회	491, 492, 575, 581, 608-610, 614	김경탁(金景卓)	574	김병모	29
		김경하	114	김병준	621
그리피스(Griffis, William E.)	90, 91, 123	김계공	373, 382, 388, 397, 399, 400, 405	김병학	168, 169
				김복렬	503, 525
근대화	72, 582, 604, 605, 611, 612, 646, 648	김계향(金桂香)	481, 490, 503, 513, 523	김복수	94
				김봉년	109

김봉룡	504, 512, 527	김양선	76, 77		343-346, 350, 355, 368, 373, 379, 383, 388, 501
김봉서	510, 513, 514, 527	김영모(金永模)	480, 481, 485, 487, 502, 505, 509, 520	김재연	400
김봉옥	66, 75, 99	김영식	281-284, 297, 341, 342, 344, 354, 356	김재원(金在元, 풍광재원, 豊光在原)	143, 145, 152, 169, 385, 392, 397, 399, 406, 411, 412, 421, 644
김봉주(金鳳周)	171				
김봉천	460	김영원	117	김재준	512, 513
김봉하(金鳳河)	500	김영훈	18	김재호(金載湖)	502
김부열	538	김용관(金龍寬)	468	김정태	596
김상훈(金相川)	495	김운표	545	김정호	461, 463
김석규(金碩奎)	495	김원계공(金原桂珙)	416	김종수	503
김석익(金錫翼)	75, 94	김원국	622	김종업(金宗業)	28
김선목	511	김원봉헌(金原奉憲)	416, 419	김종하	354
김선옥	512	김원영(金元永)	96	김지(金志)	68
김선준	512, 514	김윤병(金潤柄)	70	김지 사건(金志事件)	33
김성규(金成奎)	495, 497	김윤식	114, 117	김지저(金之氏)	45
김성욱	586	김윤옥(金允玉)	480, 482, 487, 502-506, 509, 510, 513, 520, 524, 525, 529	김지호	506
김성운	588			김진천	625
김성찬	598			김찬명	504, 510, 527
김성태	588	김은환(金恩煥)	468		
김세라(金世羅)	171	김응규	422	김찬성	142
김수(金須)	46	김의화	506, 511, 512, 522	김창국	131
김수영	476			김창렬	623
김수진	501	김익두 부흥회	320	김창수	105, 106, 108, 111, 114
김순경	455	김익렬	465, 466, 469		
김신복	535			김체칠리아	622
김신영	527	김인옥	507, 511, 516	김촌응규(金村應圭)	410-412, 415, 416
김씨도전(金氏 道田)	152				
김씨유승(金氏 有承)	152	김일남	597, 598	김치수	482, 487, 508, 517
김양근(金良根)	468	김일석	373, 375		
		김재선	211, 317,	김태능	99

색인 691

김태순(金太淳)	461		460, 464, 475, 478, 487, 500, 517, 521, 539, 575, 584, 591	내지 선교	139, 147, 367
김태윤	445			내지화 정책	32
김태혁	446			네덜란드동인도회사	78
김통정	47	남원교회	423, 473, 508, 517	네비우스 선교정책	18, 600
김한면	504	남장로교	122, 130, 139, 140, 145-148, 165, 173, 175, 180, 192, 229, 232, 235, 236, 319, 330, 358, 359, 364, 375, 407, 408, 418, 481, 499, 538-541, 579, 582, 591, 594, 628, 647	노영희(盧永禧)	46
김항원	28, 34			노위세(盧葦稅)	107
김해윤숙(金海允夙)	410, 411, 416			노윤경	511, 512, 535
김해정광(金海政光)	411, 412, 416-418			노재남	503, 512, 517
김행권(金行權)	152			노정현	594
김혁정	47	남장로교 선교사	145-148, 165, 175, 192, 229, 232, 235, 236, 319, 358, 359, 369, 375, 385, 490, 499, 509, 539, 540	노충섭	504, 511-513, 522, 527
김형재(金亨載)	144			농촌선교	229, 369, 509, 548
김홍련(金洪連)	144, 151, 152				
김흥채(金興采)	68	남장로교 선교회	122, 130, 139, 140, 165, 173, 179, 180, 235, 328, 330, 358, 364, 369, 370, 374, 407, 408, 418, 481, 538, 541, 579, 582, 591, 594, 628, 647	뉴욕 맨하탄	76
김희석	445				
까리따스 여자수도회	622			(ㄷ)	
				다루가치(達魯花赤)	48, 49, 50, 51, 61
(ㄴ)				단국(丹國)	36
나가사키	73, 78, 112	남제주군	446, 465, 487, 545, 574, 584, 588, 589, 590, 620, 622	단기선교	636
나운경(羅雲卿)	111			단발령	68
나폴레옹	86			담라(儋羅)	36
남감리교	647	남조선인민대표자회의	469	담양성서학원	358
남대문교회	507	남조수	509	당나라	38, 39
남로당	455-458, 460-462, 468, 489, 494, 496	남한 독자선거 반대운동	489	당사관(斷事官)	61
		내도	110, 345, 428	당산봉	324, 325
남류	34			대구복심법원	476
남만주무관학교사건	172	내도교회	267, 268, 278, 296, 302, 313, 357, 376, 423, 482	대동청년단	445, 461, 463
남방계통	29				
남원	243, 428,				

대만(Formosa)	78, 79		554, 561, 565, 574, 576, 584, 586, 591, 603		523, 532, 541	
대분열	527				동서아막(東·西 阿幕)	50
대산만(大山滿)	416	도사제(島司制)	33		동성왕(東城王)	37
대산양선(大山良先)	416	도인권	545, 550, 554, 557-560, 563, 565, 566, 586		동신회(同信會)	482, 506
대영성서공회	123				동원교회	605, 606
대전	481, 494, 539, 540, 574	도제직회	369, 450, 452, 453, 477		두량(豆良)	41
					두모	253, 298, 324, 345, 360, 376, 379, 428, 475, 485, 487, 575, 584, 603
대전제일감리교회	545	독노회	15, 17, 22, 94, 121, 126-130, 133, 134, 142-144, 148, 150, 154-156, 174, 189, 588, 645			
대전제일교회	550, 557					
대전중앙교회	537, 596					
대정군	95, 225, 226, 246-249				두모교회(頭毛敎會)	246, 267, 268, 318, 323, 324, 392-394, 416, 419, 422, 423, 485, 502, 506, 520
대정군수	110, 111, 114, 117	독립촉성청년연맹	445			
		독립촉성회	460			
대정서림교회	584	독립희생회 사건	243, 473		둔라(屯羅)	36
대정지방	228, 246, 247, 252, 253, 255, 320, 321, 324	독립희생회(獨立犧牲會)	204, 243			
		독신전도단	348, 349		(ㄹ)	
대정지서	460	독재정권	607		라북교회	501
대정현	69, 108, 109	동검(銅劍)	39		라빈선(羅賓善 Robinson, Robert K.) 481, 539	
		동경(銅鏡)	39			
대정현감	79, 81	동경대지진	478		라송덕(羅㑪悳)	500
대중전도운동	590, 591, 594, 648	동도(東道)	52, 100		량동혁	392, 405
		동문교회	596		러시아 정교회	160
대촌	52, 60	동방요배	412, 415, 417		러일전쟁	91, 488, 492
대포리	553, 554					
대한예수교성경장로회	583, 587	동부(정의)지방	20, 225, 226, 228, 243, 246, 254-256, 258, 260, 263, 266-269, 271, 276, 301, 302, 318, 325-327, 334-336, 470,		레마 섬	84
덕수	584, 608				로라복(魯儸福 Knox, Robert)	197, 229, 230
데이비슨 대학	175					
도(都)요왕	588, 620				로스(Ross, A. R.)	156, 157
도두	364, 502, 516, 520, 527, 539, 551,				로즈 해리(Rhodes, Harry A.) 122, 148, 538	
		동부교회	486, 488, 502, 503, 505, 508, 510,		롱포드(Longford, Joseph H.)	82

색인 693

룡수교회	376, 392-394	Douglas)	192, 239, 241		366, 377, 379, 380, 381, 383, 389, 392-394, 416, 418, 419, 422, 423, 434, 452, 453, 473, 475, 482, 483, 487, 490, 507, 511, 513-515, 524-527, 531-534, 586, 589
루이빌신학교	146, 359, 499	메트로폴리탄 교회	605		
		멜빌대학	539		
류해진	465	면려부	368, 369		
류형기(유형기)	542, 543, 557, 558	면려청년회	354, 364, 372, 375		
리라(Lyla) 호	83-87	명나라	55-57, 59	모슬포유치원	574
리치몬드 유니온 신학교	175	명성교회	605	목사(牧使)	60, 61, 69
리프(Riip) 지방	74	명신홍	536	목포	15, 113, 122, 126, 138-140, 145, 147, 148, 154-156, 176, 187, 192, 203, 215, 216, 226, 229, 230, 233, 239, 276, 354, 434, 481, 501, 539, 540, 591
		명애다(明愛多, McMurphy, Ada Marietta)	229, 230		
(ㅁ)		명월포(明月浦)	46, 58		
마라도교회	609	명위장군(明威將軍)	41		
마량진	85	명제영(明齊英)	543, 545		
마로덕(馬路德, McCutchen, Luther O.)	174-176, 216, 288	명종(明宗)	62-65,	목포 영흥학교	145, 192
		모라비안 공동체	16	목포부흥운동	126, 145
마리-이(馬里伊)	74	모슬포(摹瑟浦)	69, 95, 171, 178, 184, 199, 203, 225-227, 233, 246-250, 252, 253, 268, 269, 297, 302, 318, 320, 321, 324, 342, 350, 360, 364, 366, 377, 379, 380, 388, 397, 433, 448, 456, 474, 475, 487, 494, 516-519, 523, 525, 526, 565, 574, 575, 584-586, 588, 589, 603, 604, 609, 611, 621, 623	목포선교부	139, 145
마부인(馬栗理, Martine, Julia A.)	155, 231-233, 354			목포 정명여학교	192, 229
				목호(牧胡)	31, 54, 56-59
마율리(Martin, Julia A.)	154, 354			몽고	27, 31, 45, 46, 48, 50, 53, 54, 58-60, 71, 91, 397, 429, 436, 644, 645
마찬삼(馬贊三)	111				
마천삼(馬千三)	109				
만호(萬戶)	54, 60, 61, 69				
				몽한군	50
말갈(靺鞨)	36			무디부흥운동	16
매산학교(순천)	146, 359, 500	모슬포교회	153, 167, 171, 179, 191, 206, 245-248, 252, 253, 260, 267, 268, 295, 297, 301, 314, 318-323, 325, 329-331, 334, 342, 345, 346, 348, 354, 357, 360,	무령왕	31
				무릉	464, 516, 521, 525, 527, 575, 584
맥레오드(McLeod, John)	73, 83, 84, 86				
맥스웰(Maxwell, Murray)	73, 83-87, 644			무릉교회	504, 507, 520
맹현리(孟顯理, McCallie, Henry				무술민요(戊戌民擾)	68, 70

무술창의(戊戌倡義)의 죄 112	민족청년단 445	박윤삼 503, 504, 509-511, 513, 527
무신 45	민주주의 606	박윤청(朴允淸) 58
무임목사 380, 531	민주화 604, 608, 612, 625, 633	박장래 97
무장해제 442, 444, 464	밀알회 484	박재봉(朴在奉) 480, 506, 507
무장 해제단 443		박재훈 594
무주 500	(ㅂ)	박전대(朴田大) 111
무진주(武珍州-광주) 37	박갑동 458, 467	박진구 518
문기성 503, 606	박구(朴球) 50	박찬선 509
문명옥(文明玉) 309, 353, 374, 375, 376, 383, 386, 389, 398, 401, 407	박동우(朴東雨) 496	박창옥 403
	박만식 511-513, 527	박창욱 388, 391, 392, 394
문무왕 37, 38	박봉윤 535	박춘원 596
문상길 467-469	박성은 491, 541, 559, 560, 562, 563, 565, 566, 574, 586,	박헌영 456, 457
문선명 590		박현숙(朴賢淑) 497
문오봉 488, 504, 505, 509, 517	박순남 407	반(半)몽고족화 58
	박안세 476	반공교육 446
문정관 81	박약실 598	반공청년단 445
문종 30, 41, 42	박연(朴燕 벨트브레, Weltevree, Jan Janse) 73-77, 80, 81, 82	반미운동 445, 446, 489
문주왕(文周王) 37		
문태선 593-595		반원(反元)정책 54
문행노(文幸奴) 43	박영도 461	방성칠(房星七) 33, 70
뮈텔(Mutel) 96	박영로 391	방성칠의 난 33
미시시피주 359	박영환 509, 510, 527	방어사(防禦使) 61
민당(民黨) 108		방장산 36
민란 33, 43, 44, 60, 68, 70, 99-102, 104, 105, 108, 115-118, 133, 205, 642	박영효 141, 142, 171, 306	방조원 371, 372
	박용후 47, 59	밭농사 34
	박용희 431	배영학교 235
민병석(閔丙奭) 101	박원섭 596-598	배유지(裵裕祉, 벨 유진 Bell, Eugene) 145, 146, 190, 197, 198
민족복음화대성회 599	박유덕 407	
민족주의운동 575		

색인 695

배중손(裵仲孫) 46	병신민요(丙申民擾) 68	부인전도회 187, 191, 227
배형규 636, 637, 646	병인박해 96	부인조력회 229, 356, 363, 370, 372, 386, 451
배화여학교 175	병자호란(丙子胡亂) 76	부인조력회제주연합 386
백령도 87	보계선(保啓善, Boyer, Kenneth Elmer) 499, 539, 540, 591-594	부진무(副鎭撫) 62
백록담 458	보목교회 501, 514, 517	부흥사경회 232, 264, 301, 303, 305, 315, 319-321, 323, 326, 330, 358, 360, 376, 377, 534
백만인구령운동 125, 126, 147	보목리 517	
백응숙 504	보수주의 513	북류 34
백제(百濟) 27, 30-32, 37, 38, 44, 71, 91, 436,	보육원 554, 555, 558, 561, 563, 566, 574	북방대륙계통 28
벌교교회 346		북방문화 28, 29, 31
벌교읍 313	보이열(保伊烈, Boyer, Elmer Timothy) 499, 539, 540	북장로교 647
법환 178, 184, 188, 191, 192, 211, 253, 344, 345, 363, 376, 377, 379, 428, 487, 517, 575, 584, 586, 587	복심원(複審院) 203, 205	북제주군 172, 446, 465, 487, 545, 584, 587, 590, 619, 620
	복음부흥성가단 232	북촌교회 597
	복음주의운동 590	불교 31, 625, 626, 642
법환교회(法還敎會) 199, 267, 297, 318, 376, 377, 423, 473, 476, 486, 487, 520, 521, 575, 584-587	볼세비키즘 367	
	봉건사회 106	브라이젤 493
	봉래산(蓬萊山) 36	블라디보스토크 125
베드포드(Bedford, H. M. S.) 82	봉세관(捧稅官) 97, 99, 101, 107, 108, 111-113, 115-117	비블리컬신학교 235
베르뇌, 장(Berneux) 95		비상경비사령부 462, 495, 497
베스트(Best, Margaret) 149, 150	부(府) 49	
	부명관 600	비서감(秘書監) 56, 57
베어드, 윌리엄(Baird, William M.) 93, 122, 123, 130, 644	부사(副使) 43, 48, 61	비양도 435, 504, 516, 517, 575, 584, 603
	부산 122, 123, 207, 263, 456, 494, 496, 521, 541-543, 644	
변요한(邊約翰, 프레스톤, Preston, John F.) 138-140, 145-148, 165, 229, 230		비영리의료기관 592
		비주류 608, 609
	부위렴(夫偉廉, Bul, W. F.) 232, 233	빗살무늬 토기 29
변창희(邊昌熙) 497		
병마수군절제사(兵馬水軍節制使) 62	부인사경회 234, 236	삐이네(裵嘉祿, Peynet, M.) 96, 98

(ㅅ)

사건대책위원회　456
사경회　138-140, 159, 167, 229-234, 236, 237, 239, 241, 286, 308, 313, 316, 319-321, 323, 326, 335, 358, 360, 362, 364, 365, 370-372, 377, 431, 482, 517, 534, 546
사계교회　584
사랑의교회　605
사록참군사(司錄參軍事)　52
사마광(司馬光)　38
사마랑(Samarang)함　89
사병순　18
사이엥(濟遠)　113
사회주의　367, 368, 600, 648
산남지방(山南地方)　176, 191, 225-228, 233, 246, 267-271, 301, 302, 317-319, 321-325, 334, 342, 452, 453, 470, 473
산도　113, 114
산북지방　176, 183, 191, 225, 226, 228, 233, 234, 236, 238, 239, 241, 245-268, 270, 271, 276, 286, 296, 301-304, 309, 310, 313, 325, 326, 329, 334, 377, 452, 470
산서지방　360
산성별감(山城別監)　45
산업화　581, 611, 612
삼례교회　302, 303
삼별초　31, 44-48, 53, 60, 71
삼신산　36
삼양　176, 178, 228, 241, 244, 268, 315, 345, 376, 377, 379, 380, 388, 460, 475, 478, 504, 505, 516, 520, 574, 584, 603
삼양교회　179, 227, 242, 267, 268, 278, 298, 304, 305, 307-309, 313-315, 333, 334, 355, 356, 360, 361, 379, 381, 385, 392-394, 405, 410, 416, 418, 419, 422, 423, 451, 461, 474, 488, 507, 525
삼양리조력회　363
삼의사비(三義士碑)　118
삼지군단책(三支軍團責)　495
상무사(商務士)　108, 111, 117
상서성(尙書省)　40
상진무(上鎭撫)　62
상해임시정부　204, 243
상호군(上護軍)　41, 54
새문안교회　477, 537
색달리(穡達里)　96
샛별유치원　519
서국태(徐國泰, Swicord, Donald Augustus)　358-360, 369, 371, 372, 375, 382, 384, 406
서귀공립초급중학교　447
서귀면　442, 455, 460, 487
서귀중앙　584, 603
서귀지방　379
서귀포　176, 199, 200, 201, 228, 246, 344, 345, 356, 363, 372, 376, 382, 397, 435, 442, 446, 460, 475, 477, 478, 480, 487, 494, 495, 514, 517, 526, 561, 564, 565, 575, 587-589, 620, 622, 623, 625, 638
서귀포교회　371, 372, 376, 377, 386, 416, 423, 427, 434, 440, 452, 453, 473, 474, 476, 484, 490, 507-509, 517, 548, 549, 587, 588, 620
서귀포동산교회　596
서귀포성결교회　587
서귀포성당　619
서도(西道)　52
서문교회　304, 317, 366, 367, 369, 596
서부교회　450, 452, 480-482, 487, 497, 502, 505, 508-510, 515, 517, 531-534, 548, 574, 583, 584, 607
서북청년단　444, 445
서서평(徐舒平, 서부인, Shepping,

색인　697

Elisabeth Johanna) 234, 235, 330, 331, 362-365, 367, 371, 382		성개방 612		성서공회 165, 192, 260, 359	
서영국	509, 513	성결교 491, 492, 540, 567-573, 576, 577, 579, 581, 582, 587, 590, 608, 610, 638, 648		성안교회 143, 167, 363	
서울 세브란스병원	235				
서울신학교	569, 570			성읍교회 178, 228, 255-258, 266-268, 302, 310, 327, 328, 331, 333, 423	
서울올림픽	605	성경학교 176, 212, 238, 350, 351, 365, 369, 372, 376, 384, 386, 390, 407, 450, 451, 499, 515, 547, 598			
서장로(徐掌老, 스윈하트, Swinehart, Martin Luther) 235, 236, 367					
서장로 부인(스윈하트, Swinehart, Lois H.) 234, 235				성주(星主) 40, 41, 53, 54, 60-62	
		성꼴룸바노 수녀회 622		성지교회	636
서주보(徐周輔) 105, 106, 114		성내교회 140, 150-153, 171, 183, 185, 191, 205, 216, 227-229, 231, 233, 234, 236-239, 241, 243-246, 260, 267-269, 271, 275, 278, 282-285, 287-289, 296, 300, 302-307, 309-316, 326, 328, 329, 334, 343, 345, 346, 348, 350, 353, 354, 357, 358, 360, 362-365, 368, 374, 375, 378-381, 385, 386, 388-390, 392, 393, 399, 405, 406, 408, 414-416, 422, 423, 449, 481, 574, 582, 587, 599		세계교회협의회(W.C.C.) 538	
				세계선교 590, 637, 649, 650	
서학당(西學堂)	103				
서해안	73, 83-87			세계화 604, 606, 608, 625	
서호 487, 517, 575, 584				세례문답 247, 256, 258-260, 270, 329, 330, 332, 334, 506	
서홍리(西供里)	96				
서흥학교	235			세례입교인	554, 561
석기	28			세속화	605
석부(石斧)	39			세인트 헬레나	86
선교지분할정책	191, 269			세화교회 227, 256, 267-269, 301, 302, 326, 328, 331, 333, 334, 376, 423, 474, 486, 508, 517, 520	
선덕여왕(善德女王)	36				
선무사(宣撫使)	61				
선사시대	28				
선전부(宣傳部)	468	성내조력회	363	셔구래	370
선정관	42	성산교회	423	소규천	594
		성산면	455	소진명	592, 593
선천교회당	370	성산포 345, 389-391 397, 406, 407, 460, 480, 487, 499, 514, 517, 611, 621,-623		속관층(屬官層)	52
섭라(涉羅)	36				
섭모라(涉牟羅)	36			속국	38, 39, 119
성갑식	594	성산포교회 364, 507, 518, 520		송계홍(宋啓弘)	33, 69, 70

송계홍 사건	33	순제(順帝)	55	신라	27, 30-32, 35-39, 44, 53, 61, 71, 91, 436
송구호(宋龜浩)	68	순조	32, 33, 66, 84
송당리	466, 497	순창(純昌)	277, 319	신령리	471
송양복	555	순천노회	222, 228, 270, 271, 276, 277, 282, 289, 290, 293, 294, 296, 298-300, 316, 317, 340-342, 346, 372	신사	396, 397
송영(宋英)	53			신사참배	21, 22, 188, 236, 337, 387, 395-397, 401-415, 417, 421-423, 425, 426, 429-431, 450, 523, 606, 617, 640, 641, 648
송영호(宋英浩)	480, 481, 486, 487
송인규	461
송인택	483, 487, 503	순천선교부	165, 359
		순천성경학교	500
송죽기술학교	498	순천애양원병원	592	신산교회	508, 518
송죽원	535	순천중앙교회	431	신상묵(辛相黙)	496
송죽학교	584, 585, 598	순회선교	20, 122	신선설(神仙說)	36
		스왈른(Swallen, William. L.) 16, 136, 137	신성국	511, 512, 513
송창언	559, 565, 586			신성여자고등학교	607, 629, 649
		스코틀랜드 장로교 선교회 121
송호성	465	스타우드	443,	신성여자중학교	607, 629, 649
송후용	504	스토퍼	548, 557
수근교회	584	스패로우 호오크(Sparrow Hawk) 78, 79, 83, 90	신안지역	358
수도원	624, 649			신약열람과정	351
수로방호사(水路防護使) 45	승동교회	133, 138, 173, 187, 275, 277, 537	신엄	460
수목세(樹木稅)	107			신윤협	160
수운나(水雲那)	41	승동측	538	신의군(神義軍)	45
수토증	295	시찰회	192, 216, 339, 340	신주(神主)	397
숙명학원	235			신창교회	588
숙종	31, 42	식목녹사(式目綠事)	43
순무사(巡撫使)	61	식민지배	34, 271	신촌교회	501, 597
순복음여의도측	608, 609	신갑송	589	신축교난(辛丑敎亂, 신축민요 辛丑民擾, 이재수의 난) 33, 94, 98, 99, 108, 113, 115-118, 120, 130, 133, 489, 619, 627, 642, 645
순복음교회	492, 579, 582, 596	신년부흥사경회	315
		신대륙 발견	72
순복음서대문측	608, 609	신도연성회	425

색인 699

신풍교회	423	애월면	178, 455, 466	연합운동	638, 639
신현준(申鉉俊)	493	야명주(夜明珠)	42	연합전도부	288, 289, 299, 300, 317, 330, 340, 341, 356, 384
신현호	570-573	야별초(夜別抄)	44, 45		
실리백(失里伯)	48	야학교	371, 372	열리교회	520, 524
		양경운	445	염분세(鹽盆稅)	107
(ㅇ)		양구미(梁具美)	40	영구류수천	34
아르엣트호	113	양남호	461	영락교회	483, 504
아비슨(Avison, Oliver. R.)	129	양림리 기념각	211	영락리	474
아시아	72, 73, 637, 639, 643	양석봉(梁石峰)	140, 150, 152	영신학교	305
아프가니스탄	636, 637, 646	양천혁(梁川爀)	410, 411, 412, 416, 419, 427	영암	42, 277
안남국(安南國: 월남)	94			영재야학부(英才夜學部)	171
안덕면	455, 457	어망세(漁網稅)	107	영주(瀛洲)	213
안무사	59-62	어의주사(御衣酒使)	55	영주산	36
안방언(安邦彦)	57	어장세(漁場稅)	107	영흥도	46
안봉철	506	엄요안	621	영흥도(靈興島)	54
안세운	452	에반스톤	536	영흥학교	304, 305, 316
안식교(제7일안식일 예수재림교회)	575, 583, 589, 602, 604, 610, 611, 648	에큐메니칼	22, 523, 536, 538	예맥(濊貊)	36
		에흐베르츠(Egbertz)	79	예부상서(禮部尚書)	56
안식교성산교회	589	여몽(麗蒙)연합군	46, 60	예부시랑(禮部侍郞)	40
안요겸(安要儉)	468	여수 애양원	358, 500	예성	583, 602, 608, 609, 614, 616
안재홍	465	여자 사경회	354	예성혁신	602, 608, 609
알렌, 호러스(Allen, Horace N.)	129, 133, 378	여자농민복음학교	594		
		여준성	503	예수전도단	639
알세스트(Alceste) 호	84-87	여진(女眞)	36	예수회	94
암스텔담	74, 75	여호와 증인	602, 648	예장(ICCC)	602
암허스트(Amherst)	84, 85	연경	51	예장개혁	609
애월교회	506, 508, 518, 520	연동측	537, 538	예장고려	614
		연평기도처	266-268	예장대신	614

700 제주기독교회사

예장로고스	614	오원권(吳元權)	454, 496, 497		492
예장장신	614	오월(吳越)	36	원시국가	30
예장통합	22, 538, 574, 581, 583, 585, 591, 596, 598, 602, 608, 610, 613	오응식(吳應植)	500, 517	원요한	594
		오일균	466-468	원용혁	171, 192, 199, 200, 206, 227, 247, 250, 252, 277, 329, 331
		오주병(吳周炳, 풍천주병, 豊川周柄)	373-375, 382, 385, 388, 392, 397, 400, 406, 410, 416, 422		
예장합동	22, 523, 596-598, 602, 608, 609, 614, 616, 617, 636,			원종(元宗)	43, 45-47, 50, 53, 59
				원탁형 고인돌	29
예장합동동신	614	오태상(吳台相)	573, 581	월정	541, 543, 545, 550, 554, 561, 565, 575, 576
예장합신	22	옹포(瓮浦)	584		
예장합신혁신	614	왕지문서(王旨文書)	58		
예장호헌	614	왜(倭)	36	월평	516, 541, 543, 545, 550, 554, 561, 565, 575, 576, 586
예장호헌보수	614	외도	364, 460, 464, 475, 478, 516		
오걸	548			월하	543, 545, 551, 586
오계남(吳季男)	56, 57	외도교회	267, 504, 505, 508, 584		
오공화	368, 373-375, 382, 388, 392, 397, 400, 406, 422			웨스트민스터대학	499
		용수교회	178, 246, 250, 267, 268, 318, 324, 416, 422, 423, 473, 507, 520	웨슬레 (성경)구락부	548, 549, 555, 558, 561, 562, 566, 633
오대진	442				
오대현(吳大鉉)	108, 109, 111, 112, 114, 115, 118			웨슬리, 찰스(Wesley, Charles)	601
		용흥교회	583	유격장군(遊擊將軍)	41
오두현(吳斗鉉)	461	우도	90		
오라침례교회	588	우베르케르크(Ouwerkerck)	74, 75	유경원(劉京元)	56, 57
오료길(吳了吉)	111	우별초(右別抄)	45	유극환(俞棘煥)	114
오송화(吳公化)	481	우복야(右僕射)	40	유리도라(儒李都羅)	38
오수전(五銖錢)	39	우습유(右拾遺)	40	유지별감(有旨別監)	56
오순절성결교회	608, 609	우익청년단	461	유홍렬	116
오승조	461	운휘대장군(雲麾大將軍)	41	유화평	503, 504, 507
오신낙(吳信洛)	108, 117	원산	136	유효철	621
오신락(吳信洛) 사건	117	원산 건내금 중학교	175	윤광섭	509, 510, 511, 518
오용국(吳龍國)	442, 465	원산부흥운동	125, 176,		

윤농주	586	이강목	510		321, 346, 347, 350, 381, 421, 492, 538, 617, 628, 644-647
윤명일	588	이경록(李慶祿)	65		
윤방보(尹邦寶)	48	이경준	484, 487, 503, 511	이덕구(李德九)	460, 468, 469
윤상호	516, 524, 525, 535	이경필	215, 216, 227, 228, 246, 252, 253, 257-261, 264, 265, 267, 269, 271, 294-296, 302-304, 317-322, 325-331, 333-336, 473, 646	이덕연(리덕련, 리덕연)	241, 303, 343, 373, 375, 382, 385, 397, 400, 405
윤시우	54			이데올로기	19, 22, 439, 440, 444, 477, 493, 601
윤식명	19, 131, 154, 171, 175-177, 181, 183-186, 188-192, 198-200, 203, 204, 208, 212, 215, 216, 221, 224, 225, 227, 228, 233, 234, 237-239, 241-243, 246-250, 252, 253, 255, 257-261, 268, 269, 271, 278, 279, 295, 300, 301, 302, 317-319, 321, 330, 334, 378, 645, 646	이관영	503, 504, 508-510, 513, 517, 527	이도백(李道伯)	496
		이관종	366	이도연	461
		이규원(李奎遠)	68	이도종(李道宗, 리도종, 삼산도종, 森山道宗)	9, 145, 150, 152, 205, 312, 316, 317, 342-344, 346, 350, 356, 359, 368, 373-379, 382, 385-392, 394, 397-400, 403-406, 414, 416, 419, 420, 422, 429, 440, 449-453, 470-475, 477, 478, 485, 489, 490, 504, 507, 512, 635-637, 640, 646
		이규황(李珪晃)	481		
		이근택(리근택)	422, 431		
		이근호(리근호)	385, 387, 388, 391, 392, 394, 397-400, 405, 406		
윤채상	503				
윤철규(尹喆圭)	114	이기방(리기방)	366, 392, 422, 431, 503, 509, 510		
윤치호	354				
윤행구	114	이기선(李基善)	111		
은혜순복음교회	636	이기언(李寄彦)	171		
을과(乙科)	40	이기풍	15-19, 21, 93, 120-123, 125-129, 131, 133-145, 147, 148, 150-54, 156-158, 162, 165, 168-171, 176-179, 181-184, 188, 197, 200, 205, 208, 215, 221, 223-225, 227, 228, 230, 231, 233-239, 246-248, 250, 253, 255-261, 263, 267, 269, 295, 296, 302, 305, 308-310, 312-317, 319,	이두영	476
을미사변	68			이두욱	511, 512, 514, 517
을사늑약(을사조약)	33, 91, 120, 196			이득홍	486, 487, 503, 507
응유(鷹遊)	36				
의료보험	611, 612			이명직	431
의병	70, 147			이무호	512
의인(懿仁)	41			이문경(李文京)	46, 47
의종	40, 42, 45, 53			이범주(李範疇)	105, 106, 114

이병선 503	이의종(李義宗) 151, 152, 172	이환신 547
이보식 594	이인식(李仁植) 500, 502	인민무장대(무장대) 460-462, 464-467, 471, 472, 474, 475, 490, 492, 495-497
이선광(李善光) 134, 144, 145, 148-150, 152, 153, 165, 234, 244, 255, 256, 264, 309-312, 646	이재수(李在守) 33, 99, 109, 112, 114, 115, 118, 120, 489, 619, 627, 642, 645	인성교회 477, 483, 507, 517
이순근 543, 545, 565	이재순(리재순) 153, 160, 165, 170, 234, 247, 374	인조 32, 66, 75, 76
이승만 445	이재호 113, 115	일본정벌 50, 51, 71
이승훈 171, 172, 473	이정근 510, 543	일본제국주의 411, 433
이시돌목장 607, 622, 623, 628, 629, 649	이정률 573	일제시대 499, 541, 648
	이종렬 497	임명관 596, 597
이씨호효(李氏昊孝) 152	이종록 597, 598	임밀(林密) 57
이양길 54	이준수 502, 503, 505, 506, 513, 520, 524, 525	임술민요(壬戌民擾) 68
이영신 363		임영관 465
이영철 511-513, 526, 527	이창규 216, 227, 264, 265, 269, 271, 281-284, 287, 289, 293, 294, 296, 297, 302-304, 326, 327, 329, 331, 356,	임영일 523
이왕우(李旺雨) 461		임완 59
이용식 559		임유간(林惟幹) 50
이용장(李用藏) 57		임정찬 20, 131, 186, 187, 189, 191, 209-211, 213-215, 225, 227, 239, 243, 246, 254-266, 269-273, 278, 301, 302, 310, 317, 318, 326, 327, 336, 646
이용호(李容鎬) 105, 114	이치복 503, 516	
이원진 77, 80, 81, 92	이태수 623	
	이태조(李太祖) 32, 60	
이원진(李元鎭) 52, 58, 60, 61	이태황 114	
	이하생(李夏生) 58	임진왜란 65, 66, 94
이유순 512, 516, 527	이현보 511-513, 527	임택진 503, 512, 514, 517
이윤옥 584	이호근 401, 402	임헌대 68
이윤학(李允學) 480-483, 487, 502-504, 509, 510, 513, 516, 522, 524, 525, 529, 530, 534, 535, 584	이화학당 235	
	이환수(李煥秀) 500, 502, 521, 537	(ㅈ)
		자립 자치 자전 18

색인 703

자수선무강연	474, 490		재령읍성경학원	272		전주예수병원	592
자유주의	513		전남노회(全南老會)	19, 20, 131, 134, 187-200, 202-204, 207-212, 216, 219, 220, 222, 224-228, 239, 246, 254, 266, 269-272, 275-280, 282-285, 288-290, 293, 294, 296, 298-301, 316, 317, 330, 340, 341, 343-345, 360, 372, 386-388, 407, 473, 521		정규오	596, 598
잡초세(雜草稅)	107				정기원(鄭岐源)	68
장감연합공회	173				정난주	95
장공윤(張公允)	54				정동규(鄭桐圭)	171, 203
장규환	503, 504, 509-511, 527				정동규(鄭楝圭)	434
					정동제일교회	551
장기동(場基洞)	497				정명원	589
장대현교회	15-17, 124, 134, 136				정병조(鄭丙朝)	105, 106
					정봉은	482, 487, 512
장량선	397, 400		전라노회	19, 122, 146, 163, 164, 171, 173-177, 179, 180, 182, 183, 185-189, 220-222, 224, 227, 230, 232, 238, 239, 246-249, 253, 271, 310, 311, 645		정상규	357
장로교선교회	191, 647				정상운	512
장로교신학교	121				정순모(鄭順模, 하동순모, 河東順模) 350, 360, 361, 372-379, 381, 382, 385, 387, 388, 390-392, 394, 397, 399, 400, 405-407, 410-412, 416-419, 422, 423, 432
장로교총회	122, 339, 396, 538				
장병숙(張炳叔)	481, 503, 509, 510				
장봉헌	100		전북노회	19, 131, 134, 187-191, 193-195, 197, 202, 208, 209, 215-220, 222, 224-226, 228, 232, 239, 243, 244, 246, 254, 269-273, 275, 276, 278-290, 292-294, 296, 298-301, 303, 316, 317, 340, 341, 473		정순목	360
장성(長城)	277, 319				정순일	434
장성옥	592, 594				정실교회	585
장성칠	518				정예군	45
장신파	526, 527, 531				정원장군(定遠將軍)	41
					정응표(鄭應杓, 서원응표, 西原應杓) 375, 397, 400, 416, 481
장양선(張良善)	388, 481		전북노회 전도부	218, 280, 289, 293, 294		
장윤문	43				정의군	98, 109, 225, 226
장윤선(張允善)	105, 110, 114		전염병	32, 67		
			전우현(田雨玄)	354, 357		정의군수	114
장윤화(張允和)	54		전쟁기지	21, 33, 337		정의지방(旌義地方) 20, 167, 225, 226, 228, 243, 254, 256, 258, 260, 263, 266-269. 301, 302, 318,
장자온	57		전주덕진교회	360		
장천년	54		전주병원	147		
장화세(場火稅)	68		전주선교부	359		

	327, 334-336	
정의현	63, 69	
정재륜	75, 77	
정중부(鄭仲夫)	45	
정중부(鄭仲夫)의 난	45	
정찬준	483, 487, 504, 507, 521	
정태인	211, 350, 355, 359-361, 368, 373-377, 379, 382, 383, 385, 387	
제 100전투경찰서사령부	497	
제 2대 대통령 선거	498	
제광교회	583	
제부리(祭富利, Jeffery, Finis B.)	548	
제사제도	607, 625, 631	
제성교회	596, 597	
제주(濟州)	36	
제주공립농업학교	447	
제주관찰부	69	
제주군	225, 226, 619	
제주극동방송	639	
제주기독교 100주년	638, 639	
제주기독신문	639	
제주기독의원	592	
제주남부교회	584	
제주노회	19-22, 181, 271, 299, 302, 317, 320, 325, 334, 336, 337, 339-349, 351, 357, 359, 360, 362, 366, 368-379, 381-383, 385-392, 394-397, 402-422, 424, 426, 428-432, 450, 476, 480, 481, 487, 501-504, 508-510, 512-515, 518-529, 532, 533, 535, 536, 538-540, 573, 574, 583, 585, 588, 591, 592, 594, 596, 598, 617, 632, 636, 640, 641, 645	
제주노회 분립	317, 340, 345, 585	
제주농민고등성서학원	594	
제주농업학교	441-443, 493	
제주대학원	498	
제주도 부흥전도대	480	
제주도인민위원회	444	
제주도장로교조력총회	363	
제주동지방	225	
제주목	29, 52, 69, 79, 109	
제주문화협회	444	
제주선교 100년	18, 632, 642, 649	
제주선교지역	20, 279	
제주성	64, 68, 70, 98, 108, 109, 141, 168	
제주성결교회	567, 568, 587	
제주성경학원	350, 391, 539	
제주순회선교	130	
제주시목사회	638	
제주시찰회	216, 340, 341	
제주영락교회	501, 502, 637	
제주읍교회	543-547, 550, 555-558, 567, 569-572, 577	
제주제일성결교회	577	
제주주님의교회	635	
제주중부교회	584	
제주중앙교회	548, 557, 574	
제주지방감리사	559, 560, 562	
제주지방남녀사경회	372	
제주청년면려연합회(연합청년면려회)	341, 346, 354, 357, 366, 365, 386	
제주청년연합회	508	
제주통일교회	589, 610	
제주향교	61, 444	
제직사경회	358, 359, 361, 369	
조개무지	28	
조균하(趙均下)	68	
조남수(趙南洙)	392, 432, 434, 435, 442, 448-454, 467, 470, 473, 475-478, 480-483, 487, 489, 490, 502, 503, 505, 507-510, 512-514, 516, 518, 524-526, 529, 533, 535, 585, 646	

조대복	85, 87		조의환(산내의환, 山內義奧)	409-412, 416-419, 422, 423		중문교회(중문리교회)	179, 203, 246, 267, 268, 318, 373, 381, 392-394, 422, 423, 426, 475, 476, 486, 507, 520, 532, 535, 585, 588
조득신	516						
조몽구	468, 494		조직부(組織部)	468			
조병옥	465		조창일(趙昌日)	171			
조병철	587		조천교회	150, 153, 167, 179, 227, 228, 255, 256, 259-263, 266-268, 302, 328, 329, 331-334, 381, 416, 423, 487, 488, 508, 524, 549		중문리	169, 171, 186, 199, 243, 344, 345, 374, 377, 386, 475, 588
조봉호(趙鳳浩)	150-153						
조봉호(趙鳳鎬)	171, 172, 204, 205, 208, 221, 243, 648					중문면	96, 455, 460, 495, 588
조봉호 독립군 자금모금 사건	172, 204, 221, 648						
			조천면	455, 464, 495		중문제일교회	584, 588
조불수호조약(朝佛修好條約)	96					중문학교	486
조상학	342, 346, 350		조천포	46		중서성(中書省)	40
			조화옥(趙花玉)	496		중서시랑평장사(中書侍郞平章事)	40
조선공산당	444		종교개혁	72		중앙유치원	171, 304, 305, 485, 574
조선술	39		종교다원주의	606			
조선연합회	354		종군목사	478, 502		중앙집권화	54, 91
조선왕조	32		좌경화	454, 536		중학원	446
조선총독부	49, 396, 405, 406, 419		좌달륙	508		중호장군(中虎將軍)	41
			좌별초(左別抄)	45		지남익(池南翼)	51
조수교회(造水敎會)	376, 473, 474, 485, 506, 520		좌우도지관	60, 62		지동설	72
			좌징수(左澄洙)	151, 152		지리산	36
조승제	507		좌평(佐平)	37, 38		지방민간육성회	574
조승철	607, 608, 622, 625, 626		좌환겸	392, 535		지방자치선거	498
			주군(州郡)	40		지방제직사경회	372
조시병	502, 503, 509-511, 535		주물(周物)	41		지사포교회	298, 323, 324, 345, 360
			주원장(朱元璋)	55			
조연찬	568, 587		주인(朱印)	41		지역교회	139, 165, 336, 357, 453, 515, 605
조용만	497		주일학교협의회	351			
조원길(趙元吉)	150, 152		주정국(朱偵國)	342		지휘사(指揮使)	61
조응만(趙應萬)	481, 487, 502, 513, 514		주호(州胡)	35, 36		직접선교	180, 593, 624, 628, 647
						직할령	48, 52

진(秦)	36, 59	청년부(靑年部)	468		509, 510, 511, 513, 516, 527
진(鎭)	62, 66	청년면려회	341, 351-354, 357, 365-367, 369, 405	최씨정권	45
진도(珍島)	46, 58, 192, 277, 434	청년연합회	406, 508, 516, 598	최영	57-59
진사시(進士試)	39	청년학도단	441	최용문	504, 507, 509
진수(陳壽)	35	청동기	28, 29	최윤의(崔允儀)	43
진수군	50	청수	475, 485, 487, 505, 524, 575	최익만	589
진흥회	188	청신기도회(淸晨祈禱會)	481, 488	최인원	509, 510
		청일전쟁	91, 136, 488	최정숙(崔正淑)	154, 171, 250, 315, 346, 375, 378, 388
(ㅊ)					
찰리사(察里使)	68, 114			최진모	503, 509-511, 513, 516
참령(參領)	114	초교파선교단체	590, 639		
참지정사(參知政事)	40	초동교회	485	최척경	43
채구석(蔡龜錫)	70, 108, 110, 111, 114, 117	초토사(抄討司)	48, 49	최충헌(崔忠獻)	45
채빈(蔡斌)	57	초토사(招討使)	61	최형순(崔亨順)	105, 109, 111, 112
채종식(蔡鐘植)	495	총감부	49		
책벌	255-259, 261-265, 326, 331-333, 336, 395, 414, 528	총리원	541, 547, 556, 558, 561, 562, 565	최희준(崔熙俊)	350, 360, 365, 368, 373-379, 382, 480, 481, 502-505, 507-510, 517, 525, 535
		총회신학교	359, 532		
책벌 출교	332	총회전도국	161, 163-166, 170, 174	추광교회	501
척양사상	627			추자교회	423
천동설	72	최관흘	18, 160, 161	춘기사경회	360
천부교	611, 648	최기순	586	출륙금지(出陸禁止)	32, 33, 66, 92
천씨아라(千氏亞啓, 천아라)	151-153	최도선	516	충렬왕	49-54
천주교 선교	94, 96, 98, 102, 129, 180, 221, 223	최마태(崔馬太, Tate, Mattie Samuel)	229, 230	충숙왕	53, 60, 62
천주교란(天主敎亂)	98	최보모	527	충정왕	60
천주교외국선교회	628	최서(崔瑞)	51	치리회	348
천황숭배	398, 415	최신호	503, 504,	치외법권	103
첨절제사(僉節制使)	60				

칠계 335	탐라군(耽羅郡) 31, 42, 60	판비서성사(判祕書省事) 51
침례교 492, 579, 582, 588, 590, 602, 608-610, 614, 622, 635, 638, 648	탐라왕(耽羅王) 37, 38	팔관회(八關會) 41
	탐모라(耽毛羅) 36	펠릭스 베드로(Felix Dierre) 95
	태을교 198, 200, 218, 250, 252	평북 정주 오산학교 172
	태자 책립(太子冊立) 41	평안남도도사경회 124
(ㅋ)	태평양 72, 74, 87, 92	평안악(平安岳) 497
캐나다장로교 647		평양 숭실중학 144, 473
켄뮤어(Kenmure, Gordon A.) 122, 123, 130	태평양전쟁(대동아전쟁) 21, 33, 337, 395, 433, 434	평양대부흥운동 15-17, 94, 121, 124-126, 129, 130, 134, 179, 236, 492, 590, 632, 635-638, 641, 649, 650
코딩턴(Cordington, Herbert A.) 592	태흥교회 583	
	터툴리안 637	
콜럼비아신학교 539	텔레반 637	평양숭실대학 144, 378, 400
콜로라도 대학 359	토란(土亂) 43, 53	
쿠빌라이 48, 51	토마스(Thomas, Robert Jermain) 637	평양신학교 16, 17, 128, 137, 146, 216, 359, 411, 412, 451, 473
	토벌대 461, 466, 468, 469, 495, 497	
(ㅌ)		평양여선교회 145, 149
타마자(打馬子, Talmage, John Van Neste) 277, 315, 350, 351, 358, 369-371, 386, 391, 406-408, 539	토산교회 596, 597, 636	평해 554, 561
		폴시더(保衛廉, Forsythe, Wiley H.) 138, 147, 148
	토착문화 566, 630	
	토평교회 501	표선교회 502, 520
타요한(打約翰, Talmage, John Edwards) 358, 539	통일교 583, 589, 610, 611, 648	표선리 344, 345, 374, 377, 379, 382, 545, 588
타적애(打籍愛, Talmage, Janet Crane) 358		
	통일신라 38, 39	표선지방 379
탁명숙 484, 486, 507	티몬스(Timmons, Henry Loyola) 146	풀턴 선언 407
		피랍 637
탐라계품표(耽羅計稟表) 55		피터스, 알렉산더(Pieters, Alexander A.) 123
탐라국(耽羅國) 27, 30, 31, 37, 38, 40, 41, 60, 71, 91	(ㅍ)	
	판관(判官) 51, 60, 62, 69, 81	피터르츠, 얀(Pieterz, Jean) 74, 75
탐라국군민도달노화적총관부(耽羅國 軍民都達魯花赤總管附) 49		
탐라국초토사(耽羅國招討司) 48	판병부사(判兵部事) 40	필로미나 630

(ㅎ)

하귀교회 583
하기아동성경학교 366
하도 508, 517, 576, 584
하롤드 621
하멜, 헨드릭(Hamel, Hendrick) 73-75, 77-83, 90, 92, 644
하멜표류기 73, 74, 78, 80, 82, 91
하윤수 586
하종관 594
하퍼 548, 558
학습문답 256-260, 270, 328, 329, 332, 506
학습인수 551, 554
한경면 477, 496, 623
한경화 547
한국대학 498
한국순교복자성직수도회 630
한국신학대학(한신대학) 512, 527, 528, 531
한국예수교개혁파장로회 583, 588
한국오순절하나님의교회 602
한국전쟁 19, 21, 22, 437, 440, 491-494, 498, 500, 502, 514, 520, 521, 540, 567, 573, 574, 576, 579, 581, 582, 584, 617, 634, 641, 642, 646, 648
한군 46
한기련 516, 517,

519, 526
한기춘(韓基春) 480, 481, 484, 486, 502, 503, 506, 507, 509, 510, 513, 517
한논 98
한논성당 98
한라교회 501
한라단 445
한라산 27, 30, 36, 63, 90, 181, 184, 226, 315, 433, 459, 469, 491, 494-497, 549
한림교회 179, 351, 352, 355, 357, 360, 366-368, 375, 379, 387-389, 392, 393, 405, 409, 411, 416, 422, 423, 435, 448, 450, 476, 477, 479, 481, 482, 507, 508, 510, 517, 535
한림리 243, 466, 496, 594
한림성당 588, 619
한림유 342
한림제일교회 596, 597
한림지방 374, 379, 385, 388
한림포 315, 348, 357, 379,
한림포 교회 373
한방언(韓邦彦) 57
한병기 596-598
한석주 504, 507, 516

한석진 18
한선희 114
한순애(韓順愛) 496, 497
한승직 504, 517
한신귀 362
한신파 527, 528
한완석 594
한일합병 33, 91, 120, 162
한족(漢族) 48, 55
한태동 594
할레 공동체 16
함덕(咸德) 52, 450, 502, 516, 551, 553, 554, 561, 565, 575, 576, 584, 586
함덕교회 501, 545, 549
함명 516, 574, 584
함명교회 525
항복접수단 443
항일운동 397, 429
항쟁론(抗爭論) 45
항해술 39
해리슨(Harrison, William Butler) 139
해삼위 선교 160, 161
해외선교 127, 130, 160, 162, 173, 179, 590, 649
행성(行省) 49

색인 709

행원	364, 504, 505	
행원교회	487, 508	
허성재	368, 373, 382, 388, 422, 448	
허철(許澈)	114	
헤리스베르쓰, 디렠(Gijsbertz, Direk)	74, 75	
헤스	493	
현(縣)	53	
현령	42, 43	
현병두	495	
현영식	363	
현위	42, 43	
현유순(玄有珣)	107, 108	
현응철	509, 513	
현종	40, 42	
혈거지	28	
협재(挾才)	171, 228, 246, 318, 357, 376, 474, 504, 516, 575, 584	
협재교회	267, 268, 298, 318, 342, 345, 351, 388, 416, 423, 473, 474, 482, 487, 506, 508, 516, 535, 584	
호국불교	47	
호근	561, 565, 586, 587	
호근교회	561	
호주장로교	647	
홀, 바실(Hall, Basil)	73, 83-87, 652	
홀랜디아(Hallandia) 호	74	
홍근섭	596, 598	
홍다구(洪茶丘)	46, 50	
홍마래(洪瑪大)	171	
홍마리아(洪瑪利亞)	171	
홍서순(洪瑞享)	107	
홍석우	584	
홍석표	363	
홍순만	99	
홍순흥(洪享興)	143, 151, 152, 234, 236, 237	
홍순희	362	
홍양춘	586	
홍종필	343	
홍택기	403	
홍희(洪僖)	114	
화북	460, 461, 502, 507, 574, 576	
화산	517, 520	
화산교회	514	
화산지형	34	
화산회토	34	
화생	554, 555, 561	
화순(和順)	277, 319, 358, 448, 464, 504, 515	
화순교회	364, 470, 473, 475, 477, 483, 487, 507, 508, 516, 521, 523, 526, 532, 584, 585	
화순포(和順浦)	79	
화의론(和議論)	45	
화천(貨泉)	39	
환태평양 시대(環太平洋 時代)	92	
활천	567, 568, 571	
황거요배	398-400	
황국신민서사	409, 410, 412, 415, 417	
황국신민화 정책	419, 420	
황기연(黃耆淵)	114	
황룡사	36	
황사영(黃嗣永)	95	
황사영백서사건	95	
황사평(黃砂坪)	110, 115	
황성신문	117	
황해노회	19, 20, 22, 131, 186, 187, 189-191, 202, 209, 210, 213-215, 220, 222, 224-228, 243, 246, 254, 255, 263, 266, 268-273, 275-278, 289, 299-302, 310, 322, 335, 336	
효돈	228, 254, 317, 344, 345, 502, 517, 520, 576, 584	
효종	77	
효종실록(孝宗實錄)	80	
흔도(忻都)	46, 48, 50

(朴)

朴蒼岩　　　495

한국기독교사연구소 출간도서

한국교회와 민족을 깨운 평양산정현교회
편하설, 강규찬, 조만식, 주기철 같은 걸출한 인물을 배출했던 평양산정현교회는 광복 전 40년간 부흥운동, 기독교민족운동, 신사참배반대운동, 공산정권에 대한 저항운동의 보루로서 겨레와 함께한 교회였다. 본서는 한국교회와 민족과 시회에 지대한 영향을 끼쳤던 평양산정현교회를 조명하여 민족부흥의 기치를 올리고자 했다.

박용규 지음
2006
신국판 양장
423쪽
17,000원

강규찬과 평양산정현교회
본서는 한학자, 기독교민족운동가, 목회자로 한국교회의 중요한 족적을 남긴 강규찬 목사를 조명한다. 그의 영향으로 산정현교회가 조만식 선생과 같은 많은 민족지도자들을 배출할 수 있었다. 본서를 통하여 교회가 민족과 사회에 대한 책임을 어떻게 감당해나가야 할지를 통찰을 얻게 될 것이며, 강규찬 목사와 그 시대 중요한 인물들을 만날 수 있을 것이다.

박용규 지음
2011
신국판
368쪽
12,000원

평양대부흥이야기
본서는 지난 100년 동안 한국교회가 놀라운 영적 생명력을 유지할 수 있었던 원동력인 한국의 오순절, 1907년 평양대부흥운동에 대하여 잘 소개해 주고 있다. 1907년 1월 평양 장대현교회에서 시작된 강력한 성령의 역사인 평양대부흥운동에 대한 관련 자료, 선교사들의 생생한 보고서와 서신과 중요한 문헌들을 담고 있는 이 책을 통해 다시금 한국교회에 부흥운동의 역사를 소망해 볼 수 있을 것이다.

박용규 지음
2013
신국판
182쪽
10,000원

평양노회 지경 각 교회 사기
평양노회는 한국장로교의 중심축이다. 평양대부흥운동이 일어난 곳이고, 평양장로회신학교가 위치한 곳이며, 신사참배를 결정한 곳이다. 영광과 치욕의 역사를 그대로 간직하고 있다. 그 같은 평양노회에 속한 교회의 소중한 역사가 이 책 한권에 그대로 녹아 있다. 당시 평양교회의 산 증인 강규찬, 김선두, 변인서는 평양노회의 교회들의 역사를 생생하게 그려냈다.

강규찬, 김인두, 변인서 편집
2013
신국판
260쪽
10,000원

총회 100년, 한국장로교회 회고와 전망
본서는 2012년 총회 설립 100주년을 맞아 한국장로교를 대표하는 여러 장로교신학교의 역사신학교수들이 지난 100년의 총회 역사, 신학, 논의를 심도 있게 논의하고 발표한 논고들이다. 성경관, 통일문제, 사회참여, 연합운동, 교회분열과 연합 등 다양한 주제들이 다루어졌다. 본서에서 기고자들은 지난 100년의 장로교 역사를 회고·진단하고 앞으로의 방향을 제시할 것이다.

박용규, 이은선 편집
2014
신국판
442쪽
15,000원

조선예수교장로회사기 (상)

한국장로교 역사를 독노회 이전부터 총회가 설립되기 전까지 노회록에 근거하여 객관적이고 체계적으로 정리한 책이다. 조선예수교장로회 사기 上은 총회가 엄선한 위원들이 중심이 되어 기술된 이 분야의 가장 권위 있는 저술로 한문으로 되어 있어 있다. 초판의 편집상의 문제점을 보완하고 현대 독자들이 쉽게 접할 수 있도록 한문에다 한글로 토를 달고 세로쓰기를 가로쓰기로 바꾸고 색인도 첨부하였다.

차재명 편저
2014
신국판
448쪽
20,000원

조선예수교장로회사기 (하)

1912년, 제 1회 총회부터 1923년, 제 12회 총회까지의 장로교 역사를 총회록을 중심으로 기술하였다. 함태영을 비롯한 위원들이 기술하였고 1930년에 교정이 완료되었지만 일제하에 출판을 하지 못하다가 백낙준 박사가 오윤태 목사로부터 원고를 입수하여 1968년에 출간하였다. 초판의 편집상의 문제점을 보완하고 세로쓰기로 된 것을 가로쓰기로 하고, 선교사의 영어 이름을 삽입하고, 색인을 만들어 가독성을 높였다.

양전백, 함태영, 김영훈 편저
2017
신국판
767쪽
30,000원

세계부흥운동사 개정판

본서는 신구약성경과 지난 2천년간의 세계기독교회사에 나타난 놀라운 부흥운동, 영적각성운동 역사를 심도 있게 조명한 책으로서, 세계 각국의 개인, 교회, 민족 가운데 일어난 놀라운 성령의 역사를 생생하게 접할 것이다.

박용규 지음
2016
신국판 양장
1153쪽
55,000원

근대교회사

1648년 웨스트팔리아 평화조약부터 1879년 불란서 혁명과 1861년 남북전쟁에 이르는 이성과 자율의 시대 세계근대교회사를 통시적인 안목을 가지고 재구성한 책으로서, 종교개혁 이후 급속한 변천을 맞은 이 시대 세계 기독교의 역사, 중요사건, 인물을 흥미있게 만날 것이다.

박용규 지음
2016
신국판
394쪽
23,000원

초대교회사

세계초대교회 배경부터 5세기에 이르는 세계초대교회사를 원자료에 근거하여 재구성한 책으로 초대교회 박해, 속사도, 기독교 변증가, 이단의 발흥, 삼위일체논쟁, 기독론논쟁, 어거스틴을 비롯한 초대교회 사상가들, 수도원제도, 교황제도와 세계선교 사건을 생생하게 만날 것이다.

박용규 지음
2016
신국판
621쪽
27,000원

자연과학으로부터의 반기독교적 유추

한국이 낳은 가장 위대한 신학자 중 한 명인 죽산 박형룡 박사의 박사학위 논문을 번역한 책이다. 자연과학으로부터의 반기독교적 유추를 논박하기 위해 '종교, 성경, 하나님의 존재, 하나님의 사역, 인간의 본성에 관한 고등개념, 죄와 구원'이라는 여섯 가지 중심 주제를 제시하며 내용을 전개한다. 학위 논문의 각주와 참고문헌을 현대적으로 다듬었고, 내용 전개 과정에서 생략된 순서를 재조정하였으며, 독자들을 위해 색인을 추가하였다.

박형룡 지음
2016
신국판
300쪽
12,000원

한국기독교회사 1: 1784-1910

저자는 한국과 외국에 흩어진 방대한 자료를 수집하여 1784년부터 1910년까지 한국교회의 모습을 생생하게 담아냈다. 본서에는 한국에 파송된 선교사들의 신학과 신앙, 그들이 남겨준 신앙의 발자취와 결실들이 생동감 있게 그려져 있다. 한국에 파송된 선교사들이 어떻게 복음의 순수성 계승, 복음전파, 복음의 대 사회적 책임을 선교현장에서 구현했는지를 생생하게 만날 것이다.

박용규 지음
2017
신국판 양장
1091쪽
55,000원

한국기독교회사 2: 1910-1960

저자는 1910년부터 1960년까지 반세기 동안 한국교회의 모습을 신학적으로, 역사적으로, 사회문화적으로 균형 있게 고찰하였다. 독자들은 한국교회의 조직부터 해외선교운동, 105인 사건과 3.1독립운동 같은 기독교민족운동, 사회계몽운동, 신사참배반대운동, 해방 후 남북한 교회의 재건과 갈등에 이르기까지 한국교회의 진 모습을 만날 것이다.

박용규 지음
2017
신국판 양장
1151쪽
55,000원

한국기독교회사 3: 1960-2010

한국교회는 한국근대화의 주역이었다. 1960년 4.19혁명이 5.16군사정변이후 급속하게 전개되는 한국사회의 변화 속에서 한국은 민주발전, 경제발전, 세계화를 이룩했다. 본서는 혁명과 정체성파악, 대중전도운동과 교회성장, 전환기의 교회, 복음주의운동과 해외선교, 도전받는 교회, 새로운 밀레니엄 시대의 한국교회를 심도 있게 다루었다.

박용규 지음
2018
신국판 양장
1284쪽
58,000원

제주기독교회사

제주선교는 평양대부흥의 결실이다. 평양대부흥의 주역 이기풍이 제주도에 파송 받아 복음의 불모지 제주에 복음의 씨앗을 뿌리고 오늘의 기적을 가능케 했다. 비운의 땅 제주의 역사는 수난의 역사였다. 그러나 복음이 들어간 후 제주는 희망의 섬, 영광의 땅, 태평양으로 나아가는 세계화의 길목으로 바뀌었다. 본서는 한국 최초의 고난과 영광의 제주기독교통사이다.

박용규 지음
2017
신국판
710쪽
32,000원

개혁주의 신학: 현대 개혁주의 역사

프린스톤신학, 웨스트민스터신학, 화란개혁주의, 남부개혁주의전통과 신정통주의신학 등 미국의 근대개혁주의신학과 역사를 각 분야의 최고의 권위자들이 정확하면서도 심도 있게 그려낸 본서는 개혁주의의 의미를 둘러싸고 발생하는 많은 혼란들을 해결해 줄 것이며, 오늘날 개혁주의가 어떤 의미를 지니는가를 정확히 제시해줄 것이다.

데이빗 F. 웰스 편집
2017
신국판
526쪽
24,000원

기독교역사와 역사의식

기독교 세계관의 근간은 바른 기독교 역사의식이다. 기독교와 역사는 불가분리의 관계를 지닌다. 본서는 이 세상을 살아가는 목회자, 신학생, 그리스도인들에게 기독교 역사에 대한 깊은 안목과 바른 역사의식을 심어줄 것이다.

박용규 지음
2018
신국판
264쪽
12,000원

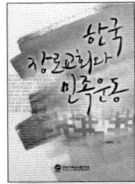

한국장로교회와 민족운동

한국장로교회는 한국교회의 성장과 발전만 아니라 한국의 근대화에 지대한 공헌을 이룩하였다. 특별히 한국의 민족운동에 끼친 영향은 한 마디로 지대하다. 그럼에도 불구하고 그동안 이 분야에 대한 연구가 매우 부족했던 것이 사실이다. 본서는 풍부한 자료와 균형잡힌 역사해석과 함께 한국장로교회와 민족운동의 관계에 대한 통시적인 안목을 제시해 준다.

이영식 지음
2019
신국판
446쪽
22,000원

성령의 복음

본서는 의사 누가가 기록한 사도행전이 처음부터 마지막까지 성령이 중심 주제가 되어 진행된 성령의 복음이라는 사실을 설득력 있게 제시하였다. 본서는 사도행전이 기록된 당시의 역사와 시대적 환경은 물론 요세푸스, 유세비우스, 크리소스톰을 비롯한 고대 교부들, 존 칼빈, 램지와 브루스에 이르기까지 18-20세기의 고전적인 사도행전 연구서들을 통해 성령의 복음의 진수를 이 시대의 메시지로 재현했다.

박용규 지음
2020
신국판 양장
1212쪽
55,000원

성령의 복음 입문

본서는 성령의 복음의 중심 주제와 핵심 메시지를 알기 쉽게 이야기 형식으로 정리하였다. 본서는 사도행전에 대한 안목과 시각과 적용을 새롭게 만들어 줄 것이다. 독자들은 본서를 읽으면 사도행전에 대한 새로운 안목이 열릴 것이고, 사도행전을 더 깊이 알고 싶은 마음이 생길 것이다.

박용규 지음
2020
신국판
268쪽
12,000원

박용규 교수의 저서와 역서 소개

◆ 저서

- 한국장로교사상사. 총신대학교 출판부, 1992.
- 초대교회사. 총신대학교 출판부, 1994, 한국기독교사연구소, 2016.
- 근대교회사. 총신대학교 출판부, 1995, 한국기독교사연구소, 2016.
- 죽산 박형룡 박사의 생애와 사상. 총신대학교 출판부, 1996.
- 한국교회를 깨운 복음주의 운동. 두란노, 1998.
- 한국교회를 깨운다. 생명의 말씀사, 1998.
- 평양대부흥운동. 생명의 말씀사, 2000.
- 한국기독교회사 1권 1784-1910, 2권. 1910-1960, 한국기독교사연구소, 2016.
- 평양대부흥이야기. 생명의 말씀사, 2005, 한국기독교사연구소, 2014.
- 평양산정현교회. 생명의 말씀사, 2006.
- 제주기독교회사. 생명의 말씀사, 2008, 한국기독교사연구소, 2017.
- 부흥의 현장을 가다. 생명의 말씀사, 2008.
- 안산동산교회이야기. 큰숲, 2009.
- 강규찬과 평양산정현교회. 한국기독교사연구소, 2012.
- 사랑의교회 이야기. 생명의 말씀사, 2012.
- 세계부흥운동사. 생명의 말씀사, 2014(수정판, 한국기독교사연구소, 2016).
- 한국기독교회사 3권. 1960-2010, 한국기독교사연구소, 2018.
- 기독교역사와 역사의식. 한국기독교사연구소, 2018.
- 성령의 복음. 한국기독교사연구소, 2020.
- 성령의 복음 입문. 한국기독교사연구소, 2020.

◆ 공저

- 이 땅 부흥케 하소서. 생명의 말씀사, 2004.
- 총신대학교 100년사. 총신대학교, 2002.
- 장로교 총회 100년사. 예장총회, 2006.
- 선교책무. 생명의 말씀사, 2011.
- Accountability in Missions. Eugene: Wipf&Stock, 2011.
- 총회 100년, 한국장로교회 회고와 전망, 한국기독교사연구소, 2014.

◆ 번역서

- Noll, Hatch. Woodbridge. 기독교와 미국. 총신대학교 출판부, 1992.
- John D. Woodbridge. 인물로 본 기독교회사 상 하. 도서출판 횃불, 1993.
- David Wells, ed. 개혁주의신학. 엠마오, 1993, 한국기독교사연구소, 2017.
- Charles Allen Clark. 한국교회와 네비우스 선교정책. 기독교서회, 1994.
- Peter Toon. 가톨릭, 개신교와 무엇이 다른가. 도서출판 솔로몬, 1995.
- George M. Marsden. 근본주의와 미국문화. 생명의 말씀사, 1997.
- John D. Woodbridge. ed. 세속에 물들지 않는 영성. 생명의 말씀사, 2004.

한국기독교사연구소(The Korea Institute of Church History)는 비영리단체로서 복음주의적이고 개혁주의적인 신앙에 입각하여 한국교회사 전반에 대한 역사, 문화, 출판 사업을 통해 역사의식을 고취하고, 이 시대 복음의 대사회적 문화적 민족적 책임을 충실하게 감당하여 한국교회와 사회 전 영역에 그리스도의 주관을 확립하는 것을 그 목적으로 1997년 7월 14일 창립하였다.

2004년부터 정기학술세미나를 개최하고 있으며, 2013년 4월까지 57차 정기학술세미나 및 심포지엄을 가졌다. 평양대부흥운동과 한국기독교회사 1, 2, 3을 비롯해 많은 저술을 발행했으며, 홈페이지 www.1907revival.com(www.kich.org)을 통해 평양대부흥운동, 세계부흥운동, 한국교회의 정체성과 이슈를 포함하여 기독교회사에 대한 심도 있고 균형 잡힌 정보를 제공하고 있다. 2021년 좀더 효과적인 사역을 위해 유튜브 '박용규 TV'를 개설하였다.

주　　소 : 04083 서울시 마포구 성지길 54 (합정동376-32)
전　　화 : (02) 3141-1964 (Fax 겸용)
이 메 일 : kich-seoul@hanmail.net
홈페이지: www.kich.org(www.1907revival.com)
후원계좌: 국민은행 165-21-0030-176 (예금주:한국교회사연구소)
　　　　　우체국 104984-01-000223 (예금주:한국교회사연구소)